2019
国际统计年鉴
INTERNATIONAL STATISTICAL YEARBOOK

国家统计局 编
Compiled by National Bureau of Statistics of China

中国统计出版社
China Statistics Press

图书在版编目 (CIP) 数据

国际统计年鉴 . 2019 = International Statistical Yearbook : 汉英对照 / 国家统计局编 . -- 北京 : 中国统计出版社 , 2020.1
ISBN 978-7-5037-9122-2

Ⅰ . ①国… Ⅱ . ①国… Ⅲ . ①统计资料—世界—2019 —年鉴—汉、英 Ⅳ . ① C831-54

中国版本图书馆 CIP 数据核字 (2020) 第 000702 号

国际统计年鉴—2019

作　　者／ 国家统计局
责任编辑／ 郭　栋
封面设计／ 张　冰　李雪燕
出版发行／ 中国统计出版社
通信地址／ 北京市丰台区西三环南路甲 6 号　邮政编码／100073
电　　话／ 邮购（010）63376909　书店（010）68783171
网　　址／ http://www.zgtjcbs.com/
印　　刷／ 河北鑫兆源印刷有限公司
经　　销／ 新华书店
开　　本／ 880 × 1230 毫米　1/16
字　　数／ 800 千字
印　　张／ 25.75
版　　别／ 2020 年 1 月第 1 版
版　　次／ 2020 年 1 月第 1 次印刷
定　　价／ 498.00 元　Price: 498.00 yuan (RMB)

本书附同版本 CD-ROM 一张，光盘内容以书面文字为准。
中国统计版图书，如有印装错误，本社发行部负责调换。

《国际统计年鉴－2019》

编委会和编辑出版人员

International Statistical Yearbook - **2019**

EDITORIAL BOARD AND EDITORIAL STAFF

编 者 说 明

一、《国际统计年鉴 -2019》是一部综合性的国际经济社会统计资料年刊，收录了世界 200 多个国家和地区的统计数据，并对其中 40 多个主要国家和地区的经济社会发展指标及国际组织发布的主要综合评价指标进行了更为详细的收集。

二、本年鉴包括 17 个部分：1. 中国在世界的地位；2. 自然资源和环境；3. 国民经济核算；4. 人口；5. 就业人员和劳动报酬；6. 投资环境；7. 能源；8. 财政和金融；9. 价格指数；10. 居民收支和贫困；11. 农业；12. 工业和建筑业；13. 运输和通讯；14. 对外贸易和旅游；15. 国际收支和外债；16. 教育、科技、文化和卫生；17. 经济社会综合评价指标。

三、国外的大部分数据经过联合国等国际组织的调整，口径基本可比。

四、许多国家的最新数据是初步数或预计数。

五、中国数据除国土面积外，均未包括中国台湾地区、香港特别行政区和澳门特别行政区。

六、数据取自有关国际组织的数据库、光盘、年报、月报。每张表前均附有资料来源。

七、个别数据的合计项或相对数，因受进位的影响，不一定等于分项累计数。

八、本年鉴所跨年度内，一些国家的名称和疆域有所改变，除非特别注明，本年鉴中所列国家均为现国家名称及其疆域范围。

九、本年鉴中使用的符号含义如下：“…”表示数据不够本表最小单位数；“空格”表示无该项数据或该项统计数据不详；“#”表示其中的主要项；“|”表示因统计口径调整，前后数据不可比。

Editorial Note

I. *International Statistical Yearbook 2019* is an annual comprehensive reference publication on international economic and social statistics. It contains data from as much as 200 countries, regions and territories over the world. More detailed information on the economic and social development of over 40 countries and main comprehensive evaluation indexes of international organizations are also included in the Yearbook.

II. The Yearbook contains the following 17 chapters: China in the World; Geography, Natural Resources and Environment; National Accounts; Population; Employment and Earnings; Investment Environment; Energy; Government Finance and Banking; Price Indices; Household Income and Expenditure and Poverty; Agriculture; Industry and Construction; Transportation and Communication; External Trade and Tourism; Balance of Payments and External Debts; Education, Science and Technology, Culture and Health; Comprehensive Evaluation Indicators.

III. Data for most of the foreign countries or territories have been adjusted by international organizations such as the United Nations, and the scope and coverage is therefore comparable.

IV. The latest data for many countries are preliminary or estimated statistics.

V. All data of China do not cover Taiwan Province, Hong Kong SAR and Macao SAR except data for the surface area.

VI. The data are from the databases, CD-ROMs, yearbooks and monthly publications of international organizations. The sources of data are given at the top of each table in the Yearbook.

VII. Several aggregations or rates may not add up to the sum of the series because of rounding.

VIII. Unless otherwise indicated, the countries included in the Yearbook are the countries under their present names with the present territories, although the names or the boundaries may have changed during the period covered by the Yearbook.

IX. The meanings of the symbols used in the Yearbook are as following,

"…" indicates that the figure is not large enough to be measured with the smallest unit in the table;

"(blank)" indicates that data are not available;

"#" indicates the major items of the total;

"|" indicates that the data to the left are not comparable with those to the right because of the adjustment of scope and coverage.

目 录

CONTENTS

一、中国在世界的地位
China in the World

二、自然资源和环境
Natural Resource and Environment

三、国民经济核算
National Accounts

四、人口
Population

五、就业人员和劳动报酬
Employment and Earnings

六、投资环境
Investment Environment

七、能源
Energy

八、财政和金融
Government Finance and Banking

九、价格指数
Price Indices

十、居民收支和贫困
Household Income and Expenditure and Poverty

十一、农业
Agriculture

十二、工业和建筑业
Industry and Construction

十三、运输和通讯
Transportation and Communication

十四、对外贸易和旅游
External Trade and Tourism

十五、国际收支和外债
Balance of Payments and External Debts

十六、教育、科技、文化和卫生
Education, Science and Technology, Culture and Health

十七、经济社会综合评价指标
Comprehensive Evaluation Indicators

附 录
Appendix

中国在世界的地位

China in the World

1-1 中国主要指标居世界的位次
Ranking of China in the World in Terms of Main Indicators

资料来源：联合国贸发会议数据库、世界贸易组织数据库、世界银行WDI数据库、国际货币基金组织数据库。
Source: UNCTAD Database;WTO Database;World Bank WDI Database;IMF Database.

指　标	Indicator	1978	1980	1990	2000	2010	2017	2018
国土面积	Country Area	4	4	4	4	4	4	4
人　口	Population	1	1	1	1	1	1	1
国内生产总值	Gross Domestic Product	11	12	11	6	2	2	2
人均国民总收入①	GNI per capita ①	175(188)	177(188)	178(200)	141(207)	120(215)	70(189)	71(192)
货物进出口贸易总额	Foreign Trade Total	29	26	16	8	2	1	1
出口额	Exports	31	30	15	7	1	1	1
进口额	Imports	29	22	18	8	2	2	2
外商直接投资	Foreign Direct Investment Inflows	128	55	12	8	2	2	2
对外直接投资	Foreign Direct Investment Outflows	45	63	22	33	5	3	2
外汇储备	Foreign Exchange Reserves	38	36	10	2	1	1	1

注：①括号中所列为参加排序的国家和地区数。
Note:①The number in the parentheses indicates the number of countries or territories the order based on.

1-2 中国主要指标占世界的比重
Major Indicators as Percentage of the World for China

资料来源：联合国贸发会议数据库、世界贸易组织数据库、世界银行WDI数据库、国际货币基金组织数据库、联合国FAO数据库。
Source: UNCTAD Database,WTO Database,World Bank WDI Database,IMF Database,FAO Database.

单位：%　　(%)

指　标	Indicator	1978	1980	1990	2000	2010	2017	2018
国土面积	Country Area	7.1	7.1	7.1	7.1	7.1	7.1	7.1
人　口	Mid-year Population	22.3	22.1	21.5	20.6	19.3	18.4	18.3
国内生产总值	Gross Domestic Product	1.8	1.7	1.6	3.6	9.2	15.0	15.9
货物进出口贸易总额	Foreign Trade Total	0.8	0.9	1.6	3.6	9.7	11.5	11.8
出口额	Exports	0.8	0.9	1.8	3.9	10.3	12.8	12.8
进口额	Imports	0.8	1.0	1.5	3.3	9.0	10.2	10.8
外商直接投资	Foreign Direct Investment Inflows		0.1	1.7	3.0	8.3	9.0	10.7
对外直接投资	Foreign Direct Investment Outflows			0.3	0.1	5.0	11.1	12.8
外汇储备	Foreign Exchange Reserves			3.3	8.6	30.7	27.4	26.9
稻谷产量	Rice Production	35.5	35.3	36.5	31.4	27.9	27.6	27.1
小麦产量	Wheat Production	12.1	12.5	16.6	17.0	18.0	17.4	17.9
玉米产量	Maize Production	14.2	15.8	20.0	17.9	20.8	22.2	22.4
大豆产量	Soybeans Production	10.0	9.8	10.1	9.6	5.7	3.7	4.1

1-3 中国农业主要产品产量居世界的位次
Ranking of China in the World in Terms of Major Agricultural Products

资料来源：联合国FAO数据库。
Source: FAO Database.

项　目	Item	1978	1980	1990	2000	2005	2010	2017	2018
谷物	Cereals	2	1	1	1	1	1	1	1
肉类①	Meat①	3	3	2	1	1	1	1	1
籽棉	Seed Cotton	2	2	1	1	1	1	2	1
大豆	Soybeans	3	3	3	4	4	4	4	4
花生	Groundnuts in Shell	2	2	2	1	1	1	1	1
油菜籽	Rapeseed	2	2	1	1	1	1	2	2
甘蔗	Sugar Cane	10	10	4	3	3	3	3	3
茶叶	Tea	2	2	2	2	1	1	1	1
水果	Fruit	6	8	1	1	1	1	1	1

注：①1990年以前为猪、牛、羊肉产量的位次。
Note: ①Data refer to pork,beef and mutton prior to 1990.

1-4 中国工业主要产品产量居世界位次
Ranking of China in the World in Terms of Major Industrial Products

资料来源：联合国统计月报数据库、联合国FAO数据库。
Source: UN Monthly Bulletin of Statistics Database,FAO Database.

项　目	Item	1978	1980	1990	2000	2005	2010	2017	2018
粗　钢	Crude Steel	5	5	4	1	1	1	1	1
煤	Coal	3	3	1	1	1	1	1	1
原　油	Crude Petroleum	8	6	5	5	5	4	5	6
发电量	Electricity	7	6	3	2	2	2	1	1
水　泥	Cement	4	4	1	1	1	1	1	1
化　肥	Fertilizer	3	3	3	1	1	1	1	1
棉　布	Woven Cotton Fabrics	1	1	1	2	2	1	1	1

自然资源和环境

Natural Resource and Environment

2-1 国土面积与人口密度
Country Area and Population Density

资料来源：世界银行WDI数据库。
Source: World Bank WDI Database.

国家或地区	Country or Area	国土面积(万平方公里) Surface Area(10 000 sq.km)	人口密度(人/平方公里) Population Density(persons/sq.km)		
		2018	2010	2017	2018
世　界	**World**	**13202.5**	**54.4**	**59.0**	**59.6**
中　国	China	960.0	142.5	147.7	148.4
中国澳门	Macao, China	…	18121.9	20479.8	20777.5
孟加拉国	Bangladesh	14.8	1133.7	1226.6	1239.6
文　莱	Brunei Darussalam	0.6	73.8	80.6	81.4
柬埔寨	Cambodia	18.1	81.1	90.7	92.1
印　度	India	298.0	415.1	450.2	454.9
印度尼西亚	Indonesia	191.4	133.5	146.1	147.8
伊　朗	Iran	174.5	45.3	49.5	50.2
以色列	Israel	2.2	352.3	402.7	410.5
日　本	Japan	37.8	351.3	347.8	347.1
哈萨克斯坦	Kazakhstan	272.5	6.1	6.7	6.8
韩　国	Korea, Rep.	10.0	509.8	527.9	529.7
老　挝	Laos	23.7	27.1	30.1	30.6
马来西亚	Malaysia	33.0	85.9	94.7	96.0
蒙　古	Mongolia	156.4	1.8	2.0	2.0
缅　甸	Myanmar	67.7	77.5	81.7	82.2
巴基斯坦	Pakistan	79.6	232.8	269.7	275.3
菲律宾	Philippines	30.0	315.2	352.7	357.7
中国香港	Hong Kong, China	0.1	6689.7	7039.7	7096.2
新加坡	Singapore	0.1	7231.8	7915.7	7953.0
斯里兰卡	Sri Lanka	6.6	323.1	342.0	345.6
泰　国	Thailand	51.3	131.5	135.5	135.9
越　南	Viet Nam	33.1	283.7	305.1	308.1
埃　及	Egypt	100.2	83.1	96.9	98.9
尼日利亚	Nigeria	92.4	174.0	209.6	215.1
南　非	South Africa	121.9	42.2	47.0	47.6
加拿大	Canada	998.5	3.7	4.0	4.1
墨西哥	Mexico	196.4	58.7	64.2	64.9
美　国	United States	983.2	33.8	35.6	35.8
阿根廷	Argentina	278.0	14.9	16.1	16.3
巴　西	Brazil	851.6	23.4	24.9	25.1
委内瑞拉	Venezuela	91.2	32.2	33.3	32.7
捷　克	Czech Rep.	7.9	135.6	137.2	137.6
法　国	France	54.9	118.8	122.1	122.3
德　国	Germany	35.8	234.6	236.6	237.4
意大利	Italy	30.1	201.5	205.8	205.5
荷　兰	Netherlands	4.2	492.6	508.5	511.5
波　兰	Poland	31.3	124.2	124.0	124.0
俄罗斯	Russia	1709.8	8.7	8.8	8.8
西班牙	Spain	50.6	93.2	93.3	93.5
土耳其	Turkey	78.5	94.0	105.4	107.0
乌克兰	Ukraine	60.4	79.2	77.4	77.0
英　国	United Kingdom	24.4	259.4	273.1	274.8
澳大利亚	Australia	774.1	2.9	3.2	3.3
新西兰	New Zealand	26.8	16.5	18.2	18.6

2-2 土地利用(2018年)
Land Utilization(2018)

资料来源：世界银行WDI数据库。
Source: World Bank WDI Database.
单位：万公顷 (10 000 hectares)

国家或地区	Country or Area	陆地面积 Land Area	耕地面积 Arable Area①	多年生作物面积 Permanent Crop Area①	森林面积 Forest Area①
世　界	**World**	**1273432**	**138633**	**16671**	**399582**
中　国	China	93882	11890	1600	20986
孟加拉国	Bangladesh	1302	776	83	143
文　莱	Brunei Darussalam	53	1	1	38
柬埔寨	Cambodia	1765	380	15	933
印　度	India	29732	15646	1300	7086
印度尼西亚	Indonesia	18116	2350	2250	9033
伊　朗	Iran	16288	1469	179	1069
以色列	Israel	216	30	10	17
日　本	Japan	3646	418	29	2496
哈萨克斯坦	Kazakhstan	26997	2940	13	331
韩　国	Korea, Rep.	975	142	22	618
老　挝	Laos	2308	153	17	1895
马来西亚	Malaysia	3286	88	746	2221
蒙　古	Mongolia	15536	57		1246
缅　甸	Myanmar	6531	1091	155	2849
巴基斯坦	Pakistan	7709	3104	80	143
菲律宾	Philippines	2982	559	535	828
新加坡	Singapore	7			2
斯里兰卡	Sri Lanka	627	130	100	206
泰　国	Thailand	5109	1681	450	1643
越　南	Viet Nam	3101	700	454	1490
埃　及	Egypt	9955	279	95	7
尼日利亚	Nigeria	9108	3400	650	658
南　非	South Africa	12131	1250	41	924
加拿大	Canada	90935	4377	465	34702
墨西哥	Mexico	19440	2256	262	6595
美　国	United States	91474	15226	260	31037
阿根廷	Argentina	27367	3920	100	2682
巴　西	Brazil	83581	8098	657	49255
委内瑞拉	Venezuela	8821	270	70	4652
捷　克	Czech Rep.	772	249	5	267
法　国	France	5476	1836	99	1710
德　国	Germany	3494	1176	20	1142
意大利	Italy	2941	660	245	935
荷　兰	Netherlands	337	103	4	38
波　兰	Poland	3062	1081	39	946
俄罗斯	Russia	163769	12312	160	81489
西班牙	Spain	4996	1234	470	1845
土耳其	Turkey	7696	2038	333	1182
乌克兰	Ukraine	5793	3278	90	968
英　国	United Kingdom	2419	603	5	316
澳大利亚	Australia	76920	4605	33	12506
新西兰	New Zealand	2633	57	8	1015

注：①2016年数据。
Note:①Data refer to 2016.

2-3 淡水资源
Freshwater

资料来源：世界银行WDI数据库。
Source: World Bank WDI Database.

国家和地区	Country or Area	可再生淡水资源(亿立方米) Renewable Internal Freshwater Resources (100 million cu.m.)			人均可再生淡水资源(立方米) Renewable Internal Freshwater Resources per capita(cu.m.)		
		2007	2012	2014	2007	2012	2014
世　界	**World**	**433929.6**	**428099.6**	**428099.6**	**6543.0**	**6071.5**	**5929.9**
高收入国家	**High Income**	**110603.8**	**104473.8**	**104473.8**	**9787.1**	**8929.5**	**8822.2**
中等收入国家	**Middle Income**	**294096.6**	**294136.6**	**294136.6**	**5939.5**	**5605.0**	**5477.0**
低收入国家	**Low Income**	**29229.1**	**29489.1**	**29489.1**	**5499.5**	**4794.2**	**4565.2**
中　国	China	28130.0	28130.0	28130.0	2134.5	2082.6	2061.9
孟加拉国	Bangladesh	1050.0	1050.0	1050.0	736.0	695.3	679.5
文　莱	Brunei Darussalam	85.0	85.0	85.0	22668.8	21303.9	20743.4
柬埔寨	Cambodia	1206.0	1206.0	1206.0	8815.8	8159.4	7895.5
印　度	India	14460.0	14460.0	14460.0	1222.1	1142.4	1116.1
印度尼西亚	Indonesia	20190.0	20190.0	20190.0	8688.6	8126.3	7913.6
伊　朗	Iran	1285.0	1285.0	1285.0	1801.3	1701.1	1658.8
以色列	Israel	7.5	7.5	7.5	104.5	94.8	91.3
日　本	Japan	4300.0	4300.0	4300.0	3359.4	3369.1	3378.5
哈萨克斯坦	Kazakhstan	643.5	643.5	643.5	4155.9	3832.2	3722.2
韩　国	Korea, Rep.	648.5	648.5	648.5	1332.1	1291.8	1277.9
老　挝	Laos	1904.0	1904.0	1904.0	32027.2	29544.4	28675.8
马来西亚	Malaysia	5800.0	5800.0	5800.0	21706.3	19953.1	19419.7
蒙　古	Mongolia	348.0	348.0	348.0	13416.5	12319.9	11836.3
缅　甸	Myanmar	10030.0	10030.0	10030.0	20213.0	19508.4	19184.9
巴基斯坦	Pakistan	550.0	550.0	550.0	327.8	293.7	281.6
菲律宾	Philippines	4790.0	4790.0	4790.0	5357.6	4927.3	4765.6
斯里兰卡	Sri Lanka	528.0	528.0	528.0	2661.0	2585.1	2541.2
泰　国	Thailand	2245.0	2245.0	2245.0	3392.2	3309.5	3280.3
越　南	Viet Nam	3594.0	3594.0	3594.0	4207.5	4002.1	3918.7
埃　及	Egypt	18.0	18.0	18.0	23.0	20.8	19.9
尼日利亚	Nigeria	2210.0	2210.0	2210.0	1510.2	1321.5	1252.8
南　非	South Africa	448.0	448.0	448.0	912.1	847.9	821.3
加拿大	Canada	28500.0	28500.0	28500.0	86655.1	82098.9	80423.4
墨西哥	Mexico	4090.0	4090.0	4090.0	3746.4	3487.6	3398.3
美　国	United States	28180.0	28180.0	28180.0	9354.9	8978.1	8850.9
阿根廷	Argentina	2920.0	2920.0	2920.0	7358.1	6996.8	6843.3
巴　西	Brazil	56610.0	56610.0	56610.0	29774.3	28406.2	27919.2
委内瑞拉	Venezuela	8050.0	8050.0	8050.0	29543.9	27416.0	26793.0
捷　克	Czech Rep.	131.5	131.5	131.5	1276.8	1251.1	1249.4
法　国	France	2000.0	2000.0	2000.0	3124.2	3046.0	3015.9
德　国	Germany	1070.0	1070.0	1070.0	1300.7	1330.4	1321.3
意大利	Italy	1825.0	1825.0	1825.0	3123.0	3065.2	3002.2
荷　兰	Netherlands	110.0	110.0	110.0	671.5	656.5	652.2
波　兰	Poland	536.0	536.0	536.0	1406.1	1408.2	1410.1
俄罗斯	Russia	43120.0	43120.0	43120.0	30195.0	30111.4	29982.0
西班牙	Spain	1112.0	1112.0	1112.0	2458.7	2377.4	2392.4
土耳其	Turkey	2270.0	2270.0	2270.0	3262.4	3040.7	2939.2
乌克兰	Ukraine	551.0	551.0	551.0	1184.7	1208.5	1217.1
英　国	United Kingdom	1450.0	1450.0	1450.0	2364.6	2276.3	2244.1
澳大利亚	Australia	4920.0	4920.0	4920.0	23622.5	21642.1	20957.9
新西兰	New Zealand	3270.0	3270.0	3270.0	77418.4	74181.6	72510.4

2-4 森林覆盖率

Forest Area as Percentage of Land Area

资料来源：世界银行WDI数据库。
Source: World Bank WDI Database.
单位：% (%)

国家或地区	Country or Area	2000	2005	2010	2014	2015	2016
世　界	**World**	**31.2**	**31.0**	**30.9**	**30.8**	**30.7**	**30.7**
高收入国家	**High Income**	**27.4**	**27.4**	**28.8**	**28.9**	**28.9**	**29.0**
中等收入国家	**Middle Income**	**34.3**	**34.1**	**33.3**	**33.2**	**33.1**	**33.1**
低收入国家	**Low Income**	**28.1**	**27.4**	**25.9**	**25.4**	**25.3**	**25.2**
中　国	China	18.9	20.6	21.4	22.0	22.2	22.4
孟加拉国	Bangladesh	11.3	11.2	11.1	11.0	11.0	11.0
文　莱	Brunei Darussalam	75.3	73.8	72.1	72.1	72.1	72.1
柬埔寨	Cambodia	65.4	60.8	57.2	54.3	53.6	52.9
印　度	India	22.0	22.8	23.5	23.7	23.8	23.8
印度尼西亚	Indonesia	54.9	54.0	52.1	50.6	50.2	49.9
伊　朗	Iran	5.7	6.6	6.6	6.6	6.6	6.6
以色列	Israel	7.1	7.2	7.1	7.5	7.6	7.7
日　本	Japan	68.2	68.4	68.5	68.5	68.5	68.5
哈萨克斯坦	Kazakhstan	1.2	1.2	1.2	1.2	1.2	1.2
韩　国	Korea, Rep.	65.2	64.6	64.0	63.5	63.5	63.4
老　挝	Laos	71.6	73.1	77.2	80.5	81.3	82.1
马来西亚	Malaysia	65.7	63.6	67.3	67.5	67.6	67.6
蒙　古	Mongolia	7.5	7.3	8.4	8.1	8.1	8.0
缅　甸	Myanmar	53.4	51.0	48.6	45.3	44.5	43.6
巴基斯坦	Pakistan	2.7	2.5	2.2	2.0	1.9	1.9
菲律宾	Philippines	23.6	23.7	22.9	26.2	27.0	27.8
新加坡	Singapore	24.4	23.7	23.3	23.1	23.1	23.1
斯里兰卡	Sri Lanka	35.0	33.8	33.5	33.1	33.0	32.9
泰　国	Thailand	33.3	31.5	31.8	32.0	32.1	32.2
越　南	Viet Nam	37.7	42.2	45.6	47.2	47.6	48.1
埃　及	Egypt	0.1	0.1	0.1	0.1	0.1	0.1
尼日利亚	Nigeria	14.4	12.2	9.9	8.1	7.7	7.2
南　非	South Africa	7.6	7.6	7.6	7.6	7.6	7.6
加拿大	Canada	38.2	38.2	38.2	38.2	38.2	38.2
墨西哥	Mexico	34.9	34.5	34.2	34.0	34.0	33.9
美　国	United States	33.1	33.3	33.7	33.9	33.9	33.9
阿根廷	Argentina	11.6	11.0	10.4	10.0	9.9	9.8
巴　西	Brazil	62.4	60.6	59.6	59.2	59.0	58.9
委内瑞拉	Venezuela	55.7	54.1	53.9	53.1	52.9	52.7
捷　克	Czech Rep.	34.1	34.3	34.4	34.5	34.5	34.6
法　国	France	27.9	29.0	30.0	30.8	31.0	31.2
德　国	Germany	32.5	32.6	32.7	32.7	32.7	32.7
意大利	Italy	28.5	29.8	30.7	31.4	31.6	31.8
荷　兰	Netherlands	10.7	10.8	11.1	11.1	11.2	11.2
波　兰	Poland	29.6	30.0	30.5	30.7	30.8	30.9
俄罗斯	Russia	49.4	49.4	49.8	49.8	49.8	49.8
西班牙	Spain	34.0	34.6	36.5	36.8	36.9	36.9
土耳其	Turkey	13.2	13.9	14.6	15.1	15.2	15.4
乌克兰	Ukraine	16.4	16.5	16.5	16.6	16.7	16.7
英　国	United Kingdom	12.2	12.5	12.6	12.9	13.0	13.1
澳大利亚	Australia	16.8	16.6	16.0	16.2	16.2	16.3
新西兰	New Zealand	38.5	38.7	38.6	38.6	38.6	38.6

2-5 二氧化碳排放量
Emissions of Carbon Dioxide

资料来源：世界银行WDI数据库。
Source: World Bank WDI Database.

国家或地区	Country or Area	二氧化碳排放总量（百万吨）Total Emissions of Carbon Dioxide (million metric tons)			人均二氧化碳排放量（吨）Emissions of Carbon Dioxide per Capita (ton)		
		2000	2010	2014	2000	2010	2014
世　界	**World**	**24689.9**	**33472.4**	**36138.3**	**4.0**	**4.8**	**5.0**
中　国	China	3405.2	8776.0	10291.9	2.7	6.6	7.5
中国香港	Hong Kong, China	40.4	40.7	46.2	6.1	5.8	6.4
中国澳门	Macao, China	1.6	1.4	1.3	3.8	2.6	2.2
孟加拉国	Bangladesh	27.9	59.9	73.2	0.2	0.4	0.5
文　莱	Brunei Darussalam	4.7	8.2	9.1	14.1	21.1	22.2
柬埔寨	Cambodia	2.0	5.0	6.7	0.2	0.4	0.4
印　度	India	1031.9	1719.7	2238.4	1.0	1.4	1.7
印度尼西亚	Indonesia	263.4	428.8	464.2	1.3	1.8	1.8
伊　朗	Iran	372.2	573.0	649.5	5.6	7.8	8.4
以色列	Israel	60.3	68.9	64.6	9.6	9.0	7.9
日　本	Japan	1220.5	1171.6	1214.1	9.6	9.2	9.5
哈萨克斯坦	Kazakhstan	118.1	248.6	248.3	7.9	15.2	14.4
韩　国	Korea, Rep.	447.6	566.7	587.2	9.5	11.4	11.6
老　挝	Laos	0.9	1.6	2.0	0.2	0.3	0.3
马来西亚	Malaysia	125.7	218.5	242.8	5.4	7.8	8.1
蒙　古	Mongolia	7.5	13.8	20.8	3.1	5.1	7.1
缅　甸	Myanmar	10.1	12.5	21.6	0.2	0.3	0.4
巴基斯坦	Pakistan	106.5	161.4	166.3	0.8	0.9	0.9
菲律宾	Philippines	73.3	84.9	105.7	0.9	0.9	1.1
新加坡	Singapore	49.0	55.6	56.4	12.2	11.0	10.3
斯里兰卡	Sri Lanka	10.2	13.3	18.4	0.6	0.7	0.9
泰　国	Thailand	181.3	281.9	316.2	2.9	4.2	4.6
越　南	Viet Nam	53.6	142.7	166.9	0.7	1.6	1.8
埃　及	Egypt	141.3	202.7	201.9	2.0	2.5	2.2
尼日利亚	Nigeria	76.1	91.5	96.3	0.6	0.6	0.6
南　非	South Africa	378.7	474.1	489.8	8.3	9.3	9.0
加拿大	Canada	534.4	534.7	537.2	17.4	15.7	15.2
墨西哥	Mexico	398.4	464.3	480.3	3.9	4.1	4.0
美　国	United States	5693.7	5395.5	5254.3	20.2	17.4	16.5
阿根廷	Argentina	142.1	187.9	204.0	3.8	4.6	4.8
巴　西	Brazil	328.0	419.8	529.8	1.9	2.2	2.6
委内瑞拉	Venezuela	152.4	189.1	185.2	6.2	6.7	6.2
捷　克	Czech Rep.	123.9	111.6	96.5	12.1	10.7	9.2
法　国	France	362.2	353.0	303.3	6.0	5.4	4.6
德　国	Germany	830.0	758.9	719.9	10.1	9.3	8.9
意大利	Italy	450.6	405.4	320.4	7.9	6.8	5.3
荷　兰	Netherlands	173.5	183.1	167.3	10.9	11.0	9.9
波　兰	Poland	299.3	316.3	285.7	7.8	8.3	7.5
俄罗斯	Russia	1557.9	1670.5	1705.4	10.6	11.7	11.9
西班牙	Spain	294.4	270.9	234.0	7.3	5.8	5.0
土耳其	Turkey	216.2	298.0	346.0	3.4	4.1	4.5
乌克兰	Ukraine	320.9	304.6	227.3	6.5	6.6	5.0
英　国	United Kingdom	541.8	493.2	419.8	9.2	7.9	6.5
澳大利亚	Australia	329.4	390.9	361.3	17.2	17.7	15.4
新西兰	New Zealand	33.0	31.8	34.7	8.6	7.3	7.7

2-6 空气中不足2.5微米的颗粒物含量
Particulate Matter Content (Diameter Less Than 2.5 Microns) in the Air

资料来源：世界银行WDI数据库。
Source: World Bank WDI Database.
单位：微克/立方米 (micrograms per cubic meter)

国家或地区	Country or Area	2000	2010	2015	2016	2017
世　界	**World**	**45.9**	**50.2**	**47.2**	**45.2**	**45.5**
中　国	China	60.7	69.5	59.1	52.2	52.7
孟加拉国	Bangladesh	63.0	70.8	67.0	60.1	60.8
文　莱	Brunei Darussalam	6.9	7.4	6.5	5.9	5.9
柬埔寨	Cambodia	30.0	31.3	26.8	25.2	25.6
印　度	India	84.2	95.8	89.3	89.7	90.9
印度尼西亚	Indonesia	17.9	18.2	16.6	16.4	16.5
伊　朗	Iran	38.4	38.7	39.6	38.8	39.0
以色列	Israel	24.5	24.0	22.8	20.8	21.4
日　本	Japan	14.2	14.1	12.7	11.6	11.7
哈萨克斯坦	Kazakhstan	15.9	15.9	14.4	13.1	13.8
韩　国	Korea, Rep.	29.8	29.8	28.2	25.1	25.0
老　挝	Laos	27.5	31.7	26.1	25.8	25.1
马来西亚	Malaysia	18.1	18.6	17.4	15.8	16.0
蒙　古	Mongolia	39.0	43.3	42.5	38.2	40.1
缅　甸	Myanmar	39.4	44.1	38.5	36.0	35.6
巴基斯坦	Pakistan	61.1	68.0	60.1	58.6	58.3
菲律宾	Philippines	22.2	23.6	19.6	18.2	18.1
新加坡	Singapore	19.3	20.6	20.7	18.8	19.1
斯里兰卡	Sri Lanka	30.9	31.0	25.3	14.0	11.1
泰　国	Thailand	31.0	31.6	27.3	26.3	26.3
越　南	Viet Nam	36.2	39.4	32.5	30.2	29.6
埃　及	Egypt	73.3	77.4	88.2	88.1	87.0
尼日利亚	Nigeria	67.6	52.6	75.4	71.4	71.8
南　非	South Africa	26.7	27.1	26.1	25.1	25.1
加拿大	Canada	8.3	8.4	7.2	6.5	6.4
墨西哥	Mexico	26.8	26.4	22.1	20.7	20.9
美　国	United States	9.5	9.4	8.1	7.4	7.4
阿根廷	Argentina	16.8	16.9	14.6	13.8	13.3
巴　西	Brazil	15.8	16.0	13.6	12.7	12.7
委内瑞拉	Venezuela	21.6	21.7	18.3	16.8	17.0
捷　克	Czech Rep.	20.4	20.7	17.4	16.1	16.1
法　国	France	14.7	14.8	12.7	11.9	11.8
德　国	Germany	14.9	15.2	12.8	11.9	12.0
意大利	Italy	19.8	19.0	17.9	16.5	16.8
荷　兰	Netherlands	14.9	15.2	12.9	12.0	12.0
波　兰	Poland	25.8	27.2	22.7	21.0	20.9
俄罗斯	Russia	19.1	19.5	17.0	16.2	16.2
西班牙	Spain	11.8	11.3	10.4	9.7	9.7
土耳其	Turkey	42.7	43.8	45.4	44.5	44.3
乌克兰	Ukraine	24.2	23.5	21.2	20.6	20.3
英　国	United Kingdom	12.6	12.3	10.8	10.5	10.5
澳大利亚	Australia	10.8	10.6	9.3	8.6	8.6
新西兰	New Zealand	7.2	7.2	6.3	6.0	6.0

2-7 国家保护区面积和濒危物种(2018年)
National Protected Areas and Threatened Species(2018)

资料来源：世界银行WDI数据库。
Source: World Bank WDI Database.

国家或地区	Country or Area	国家保护区 National Protected		濒危物种(种) Threatened Species(number)			
		陆地保护区面积占陆地面积比重 Terrestrial protected areas (% of total land area)	海洋保护区面积占领海面积比重 Marine protected areas (% of territorial waters)	哺乳动物 Mammal	鸟类 Birds	鱼类 Fish	高植株植物 Higher Plants
中国	China	15.5	5.4	73	96	136	593
中国香港	Hong Kong, China	41.9		4	21	15	10
中国澳门	Macao, China				4	9	
孟加拉国	Bangladesh	4.6	5.4	37	36	29	23
文莱	Brunei Darussalam	46.9	0.2	33	31	14	127
柬埔寨	Cambodia	26.0	0.2	39	31	48	37
印度	India	6.0	0.2	93	93	227	396
印度尼西亚	Indonesia	12.2	3.1	191	160	166	458
伊朗	Iran	8.6	0.8	18	28	47	7
以色列	Israel	20.0		15	18	50	23
日本	Japan	29.4	8.2	29	49	77	50
哈萨克斯坦	Kazakhstan	3.3	1.1	16	27	14	14
韩国	Korea, Rep.	11.7	1.6	12	33	28	31
老挝	Laos	16.7		45	29	55	56
马来西亚	Malaysia	19.1	1.6	71	63	87	727
蒙古	Mongolia	17.7		11	24	2	
缅甸	Myanmar	6.4	2.3	49	56	53	61
巴基斯坦	Pakistan	12.3	0.8	25	33	46	12
菲律宾	Philippines	15.3	1.2	38	93	91	254
新加坡	Singapore	5.6		14	22	29	62
斯里兰卡	Sri Lanka	29.9	0.1	30	16	57	297
泰国	Thailand	18.8	1.9	59	62	106	159
越南	Viet Nam	7.6	0.6	56	52	83	231
埃及	Egypt	13.1	5.0	18	14	58	8
尼日利亚	Nigeria	13.9		31	21	74	205
南非	South Africa	8.0	12.1	30	54	121	153
加拿大	Canada	9.7	0.9	18	24	44	18
墨西哥	Mexico	14.5	21.8	96	71	181	484
美国	United States	13.0	41.1	40	91	251	510
阿根廷	Argentina	8.8	3.8	38	52	42	70
巴西	Brazil	29.4	26.6	80	175	93	558
委内瑞拉	Venezuela	54.1	3.5	35	52	45	86
捷克	Czech Rep.	22.2		3	9	2	26
法国	France	25.8	45.1	9	16	53	47
德国	Germany	37.8	45.4	5	11	24	36
意大利	Italy	21.5	8.8	8	17	52	102
荷兰	Netherlands	11.2	26.7	3	10	15	1
波兰	Poland	39.7	22.6	4	11	8	11
俄罗斯	Russia	9.7	3.0	34	57	39	56
西班牙	Spain	28.1	8.4	17	19	83	247
土耳其	Turkey	0.2	0.1	19	20	131	113
乌克兰	Ukraine	4.0	3.4	11	17	24	22
英国	United Kingdom	28.7	28.9	5	11	48	42
澳大利亚	Australia	19.3	40.6	63	52	125	108
新西兰	New Zealand	32.6	30.4	9	69	38	21

主要统计指标解释

国土面积 是一个国家包括陆地面积和内陆水域在内的总面积，不包括离岸的领海面积。

陆地面积 是一个国家扣除内陆水域面积、国家宣称拥有的大陆架和专属经济区之后的总面积，内陆水域一般包括主要的河流和湖泊。

人口密度 是特定年份每一平方公里国土面积上的人口数量。

耕地面积 是指种植短期作物的土地（种植两季作物的土地面积只计算一次），割草或放牧的短期性草场，供应市场和自用菜园，以及暂时休耕地，不包括因轮垦而抛荒的土地面积。

多年生作物面积 是几年内不需要再重新种植的长期生长作物的土地面积，如可可和咖啡。它包括花卉型的树木和灌木（如玫瑰和茉莉）及苗圃，但不包括归入森林类的树木和多年生草场和牧场。

林业面积 是指天然的或人工种植林木的面积，与林木是否有生产价值无关。

可再生淡水资源 指国内可再生的淡水资源流量，包括国内江河水流量、降水补给的地下水量。

森林消失面积 是指林区永久转换作其他用途，包括农业，畜牧，定居点和基础设施。但不包括为重新种植而砍伐的林区或为薪材、酸雨和森林火灾而减少的林区。

国家级保护区 指总面积或部分面积不少于 1000 公顷的全部或部分被保护区域：限制公众进入的科学保护地、国家公园、自然遗址、自然保护区、野生动植物栖息地、受保护的陆地景观及为可持续使用的管理的区域。不包括海洋保护地区、未分类地区、海滨地区和地方或省法律法规保护地。

濒危物种 是国际自然与自然资源保护联合会划分的有灭绝危险的、脆弱的、稀少的、不确定的、脱离危险的或未充分认知的物种。

高等植物 形态上有根、茎、叶分化，又称茎叶体植物（仅指开花植物）。

Explanatory Notes on Main Statistical Indicators

Surface Area is a country total area including land area and inland water bodies, but excluding offshore territorial waters.

Land Area is a country's total area, excluding area under inland water bodies, national claims to continental shelf, and exclusive economic zones. In most cases the definition of inland water bodies includes major rivers and lakes.

Population Density is number of persons in the total population for a given year per square kilometre of total surface area.

Arable Area includes land defined by the FAO as land under temporary crops (double-cropped areas are counted once), temporary meadows for mowing or for pasture, land under market or kitchen gardens, and land temporarily fallow. Land abandoned as a result of shifting cultivation is excluded. Data for "Arable land" are not meant to indicate the amount of land that is potentially cultivable.

Permanent Crop Area is the land cultivated with long-term crops which do not have to be replanted for several years (such as cocoa and coffee); land under trees and shrubs producing flowers, such as roses and jasmine; and nurseries (except those for forest trees, which should be classified under "forest"). Permanent meadows and pastures are excluded from land under permanent crops.

Forest Area is land under natural or planted stands of trees, whether productive or not.

Renewable Internal Freshwater Resources Flows refer to internal renewable resources (internal river flows and groundwater from rainfall) in the country.

Deforested Area is the permanent conversion of natural forest area to other uses, including agriculture, ranching, settlements, and infrastructure. Deforested areas do not include areas logged but intended for regeneration or areas degraded by fuel-wood gathering, acid precipitation, or forest fires.

National Protected Areas are totally or partially protected areas of at least 1,000 hectares that are designated as scientific reserves with limited public access, national parks, natural monuments, nature reserves or wildlife sanctuaries, protected landscapes, and areas managed mainly for sustainable use. Marine areas, unclassified areas, and littoral (intertidal) areas are excluded. The data also do not include sites protected under local or provincial law.

Threatened Species are the number of species classified by the IUCN as endangered, vulnerable, rare, indeterminate, out of danger, or insufficiently known.

Higher Plants are native vascular plant species (flowering plants only).

国民经济核算

National Accounts

3-1 国内生产总值(现价美元)
Gross Domestic Product(USD)

资料来源：世界银行WDI数据库。
Source: World Bank WDI Database.
单位：亿美元 (100 million USD)

国家或地区	Country or Area	2000	2005	2010	2015	2017	2018
世　界	**World**	**335979**	**474590**	**660369**	**750024**	**808856**	**857908**
高收入国家	**High Income**	**278983**	**375837**	**453520**	**478502**	**510030**	**541081**
中等收入国家	**Middle Income**	**55469**	**96699**	**203187**	**266566**	**293825**	**311410**
中等偏下收入国家	**Lower Middle Income**	**12946**	**21581**	**44620**	**57844**	**65219**	**67075**
中等偏上收入国家	**Upper Middle Income**	**42524**	**75118**	**158566**	**208665**	**228510**	**244331**
中低收入国家	**Low and Middle Income**	**56891**	**98650**	**206886**	**271689**	**299124**	**317139**
东亚和太平洋	**East Asia and Pacific**	**17352**	**31071**	**78690**	**132234**	**146462**	**162800**
欧洲和中亚	**Europe and Central Asia**	**6981**	**16808**	**30998**	**30887**	**33173**	**33949**
拉丁美洲和加勒比	**Latin America and Caribbean**	**17983**	**25749**	**49046**	**49970**	**54050**	**51934**
中东和北非国家	**Middle East and North Africa**	**4517**	**6986**	**13836**	**14416**	**14375**	
南　亚	**South Asia**	**6161**	**10401**	**20611**	**26973**	**33477**	**34578**
撒哈拉以南非洲	**Sub-Saharan Africa**	**3915**	**7637**	**13688**	**16601**	**16777**	**16956**
低收入国家	**Low Income**	**1452**	**1970**	**3684**	**5168**	**5269**	**5722**
最不发达地区	**Least Developed Countries**	**2073**	**3371**	**6727**	**9598**	**10778**	**10522**
重债穷国	**Heavily Indebted Poor Countries**	**1592**	**2482**	**4740**	**6604**	**7520**	**7265**
中　国	China	12113	22860	60872	110155	121435	136082
中国香港	Hong Kong, China	1717	1816	2286	3094	3416	3630
中国澳门	Macao, China	67	121	281	454	506	545
阿富汗	Afghanistan		62	159	199	202	194
阿尔巴尼亚	Albania	35	81	119	114	130	151
阿尔及利亚	Algeria	548	1032	1612	1660	1676	1807
安道尔	Andorra	14	33	34	28	30	32
安哥拉	Angola	91	370	838	1162	1221	1058
安提瓜和巴布达	Antigua and Barbuda	8	10	12	14	15	16
阿根廷	Argentina	2842	1987	4236	5947	6427	5185
亚美尼亚	Armenia	19	49	93	106	115	124
阿鲁巴岛	Aruba	19	23	24	27	27	
澳大利亚	Australia	4150	6934	11461	13515	13308	14322
奥地利	Austria	1968	3160	3919	3818	4168	4557
阿塞拜疆	Azerbaijan	53	132	529	531	409	469
巴哈马	Bahamas	81	98	101	118	122	
巴　林	Bahrain	91	160	257	311	354	377
孟加拉国	Bangladesh	534	694	1153	1951	2497	2740
巴巴多斯	Barbados	31	39	45	46	47	
白俄罗斯	Belarus	127	302	587	565	547	597
比利时	Belgium	2379	3874	4835	4559	4949	5318
伯利兹	Belize	8	11	14	18	19	19
贝　宁	Benin	26	48	70	83	92	104
百慕大	Bermuda	35	49	57			
不　丹	Bhutan	4	8	16	21	25	25
玻利维亚	Bolivia	84	95	196	330	375	403
波　黑	Bosnia and Herzegovinian	55	112	172	162	181	198
博茨瓦纳	Botswana	58	99	128	144	174	186
巴　西	Brazil	6554	8916	22089	18022	20536	18686
文　莱	Brunei Darussalam	60	95	137	129	121	136
保加利亚	Bulgaria	132	296	506	502	582	651
布基纳法索	Burkina Faso	26	55	90	104	123	144
布隆迪	Burundi	9	11	20	31	32	31
柬埔寨	Cambodia	37	63	112	180	222	246
喀麦隆	Cameroon	101	179	261	309	349	385
加拿大	Canada	7423	11694	16135	15529	16469	17093
佛得角	Cape Verde	5	10	17	16	18	20
中　非	Central African Rep.	9	13	21	17	22	24

3-1 续表 1 continued

单位: 亿美元 (100 million USD)

国家或地区	Country or Area	2000	2005	2010	2015	2017	2018
乍　　得	Chad	14	66	107	109	100	113
海峡群岛	Channel Islands	64	88				
智　　利	Chile	779	1230	2185	2439	2777	2982
哥伦比亚	Colombia	999	1452	2861	2935	3118	3302
科 摩 罗	Comoros	4	7	9	10	11	12
刚果(金)	Congo, Dem. Rep.	191	120	216	379	380	472
刚果(布)	Congo, Rep.	32	61	120	86	87	113
哥斯达黎加	Costa Rica	149	199	373	548	582	601
科特迪瓦	Cote D'Ivoire	107	171	249	331	381	430
克罗地亚	Croatia	218	453	599	495	552	608
古　　巴	Cuba	306	426	643	871	969	
塞浦路斯	Cyprus	100	184	256	197	221	245
捷　　克	Czech Rep.	616	1363	2075	1868	2159	2441
丹　　麦	Denmark	1642	2645	3220	3027	3299	3513
吉 布 提	Djibouti	6	7	11	16	18	20
多米尼克	Dominica	3	4	5	5	5	5
多米尼加	Dominican Rep.	243	361	540	688	759	813
厄瓜多尔	Ecuador	183	415	696	993	1043	1084
埃　　及	Egypt	998	897	2189	3327	2354	2509
萨尔瓦多	El Salvador	118	147	184	234	249	261
赤道几内亚	Equatorial Guinea	10	82	163	132	123	133
厄立特里亚	Eritrea	7	11	21			
爱沙尼亚	Estonia	57	140	195	229	266	303
埃塞俄比亚	Ethiopia	82	124	299	645	817	844
法罗群岛	Faeroe Islands	11	17	23	25		
斐　　济	Fiji	17	30	31	47	53	55
芬　　兰	Finland	1255	2044	2478	2329	2523	2757
法　　国	France	13622	21961	26426	24382	25863	27775
法属波立尼西亚	French Polynesia	34					
加　　蓬	Gabon	51	96	144	144	149	170
冈 比 亚	Gambia	8	6	10	14	15	16
格鲁吉亚	Georgia	31	64	116	140	151	162
德　　国	Germany	19500	28614	34171	33814	36932	39968
加　　纳	Ghana	50	107	322	492	590	656
希　　腊	Greece	1301	2478	2994	1966	2031	2180
格 陵 兰	Greenland	11	18	25	25		
关　　岛	Guam		42	49	57	59	
危地马拉	Guatemala	193	272	413	638	756	785
几 内 亚	Guinea	30	29	69	88	99	110
几内亚比绍	Guinea-Bissau	4	6	8	10	13	15
圭 亚 那	Guyana	7	8	23	32	36	36
海　　地	Haiti	40	43	66	87	84	97
洪都拉斯	Honduras	71	97	157	208	229	238
匈 牙 利	Hungary	473	1130	1309	1231	1398	1557
冰　　岛	Iceland	89	168	137	173	245	259
印　　度	India	4621	8204	16756	21036	26526	27263
印度尼西亚	Indonesia	1650	2859	7551	8609	10154	10422
伊　　朗	Iran	1096	2265	4871	3859	4540	
伊 拉 克	Iraq	259	500	1385	1775	1932	2259
爱 尔 兰	Ireland	999	2116	2221	2911	3314	3759
马 恩 岛	Isle of Man	16	30	59	68		
以 色 列	Israel	1323	1424	2337	3005	3533	3697
意 大 利	Italy	11418	18527	21251	18323	19466	20739
牙 买 加	Jamaica	90	112	132	141	148	157
日　　本	Japan	48875	47554	57001	43895	48600	49709

3-1 续表 2 continued

单位：亿美元 (100 million USD)

国家或地区	Country or Area	2000	2005	2010	2015	2017	2018
约 旦	Jordan	85	126	266	380	408	423
哈萨克斯坦	Kazakhstan	183	571	1480	1844	1629	1705
肯 尼 亚	Kenya	127	187	400	640	788	879
基里巴斯	Kiribati	1	1	2	2	2	2
韩 国	Korea, Rep.	5616	8981	10945	13828	15308	16194
科 威 特	Kuwait	377	808	1154	1146	1196	1417
吉尔吉斯斯坦	Kyrgyzstan	14	25	48	67	77	81
老 挝	Laos	17	27	71	144	169	181
拉脱维亚	Latvia	79	169	238	270	305	348
黎 巴 嫩	Lebanon	173	215	384	500	534	566
莱 索 托	Lesotho	9	17	24	25	26	28
利比里亚	Liberia	9	9	20	32	33	32
利 比 亚	Libya	383	473	748	278	381	483
列支敦士登	Liechtenstein	25	37	51	63		
立 陶 宛	Lithuania	115	261	371	415	475	533
卢 森 堡	Luxemburg	213	373	532	572	623	695
马 其 顿	Macedonia	38	63	94	101	113	
马达加斯加	Madagascar	39	50	87	97	115	121
马 拉 维	Malawi	17	37	70	64	63	71
马来西亚	Malaysia	938	1435	2550	2966	3147	3543
马尔代夫	Maldives	6	12	26	41	49	53
马 里	Mali	30	62	107	131	153	172
马 耳 他	Malta	43	64	87	107	127	145
马绍尔群岛	Marshall Islands	1	1	2	2	2	2
毛里塔尼亚	Mauritania	13	22	43	48	50	54
毛里求斯	Mauritius	46	65	100	117	133	142
墨 西 哥	Mexico	7079	8775	10578	11706	11581	12238
密克罗尼西亚	Micronesia, Fed.	2	3	3	3	3	3
摩尔多瓦	Moldova	13	30	70	77	97	113
摩 纳 哥	Monaco	26	42	54	63	64	
蒙 古	Mongolia	11	25	72	117	114	130
黑 山	Montenegro	10	23	41	41	48	55
摩 洛 哥	Morocco	389	623	932	1012	1097	1185
莫桑比克	Mozambique	50	77	102	148	127	145
缅 甸	Myanmar	89	120	495	597	667	712
纳米比亚	Namibia	38	71	113	117	136	145
瑙 鲁	Nauru				1	1	1
尼 泊 尔	Nepal	55	81	160	214	249	288
荷 兰	Netherlands	4128	6851	8466	7653	8306	9129
新喀里多尼亚	New Caledonia	27					
新 西 兰	New Zealand	526	1147	1466	1772	2026	2050
尼加拉瓜	Nicaragua	51	63	88	128	138	131
尼 日 尔	Niger	18	34	57	72	81	92
尼日利亚	Nigeria	694	1761	3634	4946	3757	3973
挪 威	Norway	1713	3087	4291	3867	3995	4348
阿 曼	Oman	195	311	586	689	708	793
巴基斯坦	Pakistan	740	1095	1774	2706	3050	3126
帕 劳	Palau	1	2	2	3	3	3
巴 拿 马	Panama	123	164	294	541	623	651
巴布亚新几内亚	Papua New Guinea	35	49	143	217	223	234
巴 拉 圭	Paraguay	89	107	272	362	390	408
秘 鲁	Peru	517	761	1475	1898	2107	2222
菲 律 宾	Philippines	810	1031	1996	2928	3136	3309
波 兰	Poland	1719	3061	4793	4776	5264	5858
葡 萄 牙	Portugal	1184	1973	2383	1994	2193	2380

3-1 续表 3 continued

单位: 亿美元 (100 million USD)

国家或地区	Country or Area	2000	2005	2010	2015	2017	2018
波多黎各	Puerto Rico	617	839	984	1034	1043	1011
卡 塔 尔	Qatar	178	445	1251	1617	1669	1920
罗马尼亚	Romania	374	985	1662	1779	2114	2396
俄 罗 斯	Russia	2597	7640	15249	13636	15786	16576
卢 旺 达	Rwanda	17	27	58	83	91	95
圣基茨和尼维斯	Saint Kitts and Nevis	4	6	8	9	10	10
圣卢西亚	Saint Lucia	8	10	14	16	18	19
圣文森特和格林纳丁斯	Saint Vincent and the Grenadines	4	6	7	8	8	8
萨 摩 亚	Samoa	3	5	6	8	8	9
圣马力诺	San Marino	11	20	21	15	16	
圣多美和普林西比	Sao Tome and Principe	1	1	2	3	4	4
沙特阿拉伯	Saudi Arabia	1895	3285	5282	6543	6886	7825
塞内加尔	Senegal	59	110	162	178	211	241
塞尔维亚	Serbia	65	277	418	396	441	505
塞 舌 尔	Seychelles	6	9	10	14	15	16
塞拉利昂	Sierra Leone	6	17	26	42	37	40
新 加 坡	Singapore	958	1278	2398	3080	3384	3642
斯洛伐克	Slovakia	291	627	895	878	956	1065
斯洛文尼亚	Slovenia	203	363	480	431	485	542
所罗门群岛	Solomon Islands	4	4	7	12	13	14
南 非	South Africa	1364	2577	3753	3175	3489	3663
西 班 牙	Spain	5954	11573	14316	11991	13143	14262
斯里兰卡	Sri Lanka	163	244	567	806	880	889
苏 丹	Sudan	123	265	656	967	1231	409
苏 里 南	Suriname	9	18	44	48	31	34
斯威士兰	Swaziland	17	32	44	40	44	
瑞 典	Sweden	2598	3895	4889	4981	5356	5510
瑞 士	Switzerland	2721	4087	5838	6798	6790	7055
叙 利 亚	Syrian Arab Republic	193	289	591			
塔吉克斯坦	Tajikistan	9	23	56	79	72	75
坦桑尼亚	Tanzania	102	184	320	474	533	574
泰 国	Thailand	1264	1893	3411	4013	4553	5050
东 帝 汶	Timor-Leste	4	18	40	31	25	26
多 哥	Togo	15	23	34	42	48	53
汤 加	Tonga	2	3	4	4	4	5
特立尼达和多巴哥	Trinidad And Tobago	82	160	222	251	223	234
突 尼 斯	Tunisia	215	323	441	432	400	399
土 耳 其	Turkey	2730	5014	7719	8598	8515	7665
土库曼斯坦	Turkmenistan	29	81	226	358	379	408
乌 干 达	Uganda	62	90	202	271	260	275
乌 克 兰	Ukraine	313	861	1360	910	1122	1308
阿 联 酋	United Arab Emirates	1043	1806	2898	3581	3826	4142
英 国	United Kingdom	16480	25250	24529	28964	26379	28252
美 国	United States	102848	130366	149921	182193	194854	204941
乌 拉 圭	Uruguay	228	174	403	533	565	596
乌兹别克斯坦	Uzbekistan	138	143	393	818	592	505
瓦努阿图	Vanuatu	3	4	7	7	8	9
委内瑞拉	Venezuela	1171	1455	3932			
越 南	Viet Nam	312	576	1159	1932	2238	2449
约旦河西岸和加沙	West Bank and Gaza	43	48	89	127	145	146
也 门	Yemen	97	167	309	426	268	269
赞 比 亚	Zambia	36	83	203	212	259	267
津巴布韦	Zimbabwe	67	58	120	200	228	310

3-2 人均国内生产总值
GDP per Capita

资料来源：世界银行WDI数据库。
Source: World Bank WDI Database.
单位：美元 (USD)

国家或地区	Country or Area	2000	2005	2010	2015	2017	2018
世　界	**World**	**5488**	**7287**	**9539**	**10218**	**10769**	**11297**
高收入国家	**High Income**	**25021**	**33715**	**39170**	**40166**	**42346**	**44706**
中等收入国家	**Middle Income**	**1222**	**1976**	**3917**	**4850**	**5229**	**5484**
中等偏下收入国家	**Lower Middle Income**	**568**	**869**	**1660**	**1996**	**2188**	**2219**
中等偏上收入国家	**Upper Middle Income**	**1881**	**3116**	**6344**	**8033**	**8663**	**9201**
中低收入国家	**Low and Middle Income**	**1136**	**1828**	**3589**	**4418**	**4743**	**4968**
东亚和太平洋	**East Asia and Pacific**	**956**	**1639**	**4003**	**6488**	**7082**	**7821**
欧洲和中亚	**Europe and Central Asia**	**1778**	**4281**	**7773**	**7518**	**7980**	**8126**
拉丁美洲和加勒比	**Latin America and Caribbean**	**3910**	**4882**	**8760**	**8449**	**8960**	**8528**
中东和北非国家	**Middle East and North Africa**	**1608**	**2292**	**4158**	**3961**	**3818**	
南　亚	**South Asia**	**444**	**685**	**1258**	**1542**	**1867**	**1906**
撒哈拉以南非洲	**Sub-Saharan Africa**	**584**	**1006**	**1575**	**1668**	**1598**	**1573**
低收入国家	**Low Income**	**312**	**391**	**638**	**791**	**767**	**811**
最不发达地区	**Least Developed Countries**	**312**	**453**	**804**	**1020**	**1093**	**1042**
重债穷国	**Heavily Indebted Poor Countries**	**335**	**457**	**759**	**920**	**991**	**931**
中　国	China	959	1753	4551	8033	8759	9771
中国香港	Hong Kong, China	25757	26650	32550	42432	46221	48717
中国澳门	Macao, China	15703	25043	52253	75341	81209	86355
阿富汗	Afghanistan		242	543	579	556	521
阿尔巴尼亚	Albania	1127	2674	4094	3953	4533	5254
阿尔及利亚	Algeria	1757	3113	4481	4178	4048	4279
安道尔	Andorra	21937	41282	39736	36040	39134	42030
安哥拉	Angola	555	1902	3588	4167	4096	3432
安提瓜和巴布达	Antigua and Barbuda	9932	12548	13092	14527	15825	16864
阿根廷	Argentina	7669	5110	10386	13789	14592	11653
亚美尼亚	Armenia	623	1644	3218	3607	3915	4212
澳大利亚	Australia	21669	33999	52022	56748	54094	57305
奥地利	Austria	24565	38403	46858	44177	47381	51513
阿塞拜疆	Azerbaijan	655	1578	5843	5500	4147	4721
巴哈马	Bahamas	27112	30278	28443	31513	31858	
巴　林	Bahrain	13636	17959	20722	22689	23716	24051
孟加拉国	Bangladesh	406	500	781	1249	1564	1698
巴巴多斯	Barbados	11568	14104	16056	16067	16328	
白俄罗斯	Belarus	1276	3126	6181	5949	5762	6290
比利时	Belgium	23207	36967	44380	40441	43507	46556
伯利兹	Belize	3364	3926	4331	4883	4957	5025
贝　宁	Benin	374	602	758	784	827	902
百慕大	Bermuda	56284	75882	88207			
不　丹	Bhutan	766	1262	2313	2830	3391	3360
玻利维亚	Bolivia	1007	1034	1956	3036	3351	3549
波　黑	Bosnia and Herzegovinian	1462	2981	4636	4727	5395	5951
博茨瓦纳	Botswana	3349	5520	6435	6800	7894	8259
巴　西	Brazil	3739	4790	11286	8814	9881	8921
文　莱	Brunei Darussalam	18008	26105	35270	31165	28572	31628
保加利亚	Bulgaria	1610	3870	6843	6994	8228	9273
布基纳法索	Burkina Faso	227	407	575	575	642	731
布隆迪	Burundi	136	152	234	306	293	275
柬埔寨	Cambodia	303	474	786	1163	1385	1512
喀麦隆	Cameroon	660	1012	1285	1327	1422	1527
加拿大	Canada	24124	36266	47450	43495	45070	46125
佛得角	Cape Verde	1239	2099	3378	3043	3295	3654
中　非	Central African Rep.	244	331	488	380	472	510
乍　得	Chad	166	658	892	776	664	730
海峡群岛	Channel Islands	43299	58197				

3-2 续表 1 continued

单位：美元 (USD)

国家或地区	Country or Area	2000	2005	2010	2015	2017	2018
智　　利	Chile	5101	7599	12808	13574	15037	15923
哥伦比亚	Colombia	2472	3404	6327	6176	6376	6651
科 摩 罗	Comoros	646	1069	1315	1271	1312	1446
刚果(金)	Congo, Dem. Rep.	406	218	334	497	467	562
刚果(布)	Congo, Rep.	998	1680	2810	1761	1703	2148
哥斯达黎加	Costa Rica	3808	4655	8142	11299	11753	12027
科特迪瓦	Cote D'Ivoire	642	931	1212	1427	1557	1716
克罗地亚	Croatia	4873	10521	13937	11780	13384	14869
古　　巴	Cuba	2741	3787	5730	7694	8541	
塞浦路斯	Cyprus	14388	24959	30819	23218	25761	28159
捷　　克	Czech Rep.	6012	13346	19808	17716	20380	22973
丹　　麦	Denmark	30744	48800	58041	53255	57219	60596
吉 布 提	Djibouti	768	905	1343	1788	1954	2050
多米尼克	Dominica	4786	5160	6967	7598	6951	7032
多米尼加	Dominican Rep.	2839	3970	5568	6692	7223	7650
厄瓜多尔	Ecuador	1451	3002	4634	6125	6214	6345
埃　　及	Egypt	1428	1188	2645	3599	2441	2549
萨尔瓦多	El Salvador	2009	2429	2983	3706	3902	4058
赤道几内亚	Equatorial Guinea	1703	10963	17272	11279	9738	10174
厄立特里亚	Eritrea	208	389	668			
爱沙尼亚	Estonia	4070	10338	14639	17412	20200	22928
埃塞俄比亚	Ethiopia	124	162	342	639	768	772
斐　　济	Fiji	2076	3660	3653	5391	6006	6202
芬　　兰	Finland	24253	38969	46202	42495	45805	49960
法　　国	France	22364	34760	40638	36613	38679	41464
法属波立尼西亚	French Polynesia	14531					
加　　蓬	Gabon	4117	6889	8841	7382	7213	8030
冈 比 亚	Gambia	636	404	531	668	673	713
格鲁吉亚	Georgia	750	1643	3074	3756	4045	4345
德　　国	Germany	23719	34697	41786	41395	44681	48196
加　　纳	Ghana	263	492	1298	1766	2026	2202
希　　腊	Greece	12043	22552	26918	18168	18884	20324
格 陵 兰	Greenland	19004	32490	43988	44536		
格林纳达	Grenada	5118	6644	7258	9097	10164	10834
危地马拉	Guatemala	1656	2078	2826	3924	4471	4549
几 内 亚	Guinea	340	322	672	769	822	885
几内亚比绍	Guinea-Bissau	298	436	558	603	737	778
圭 亚 那	Guyana	946	1106	3033	4166	4586	4635
洪都拉斯	Honduras	1089	1297	1891	2286	2433	2483
匈 牙 利	Hungary	4633	11206	13092	12504	14279	15939
冰　　岛	Iceland	31746	56659	43025	52429	71315	73191
印　　度	India	445	715	1358	1606	1982	2016
印度尼西亚	Indonesia	780	1263	3122	3332	3837	3894
伊　　朗	Iran	1657	3246	6603	4916	5628	
伊 拉 克	Iraq	1086	1856	4657	4990	5144	5878
爱 尔 兰	Ireland	26242	50878	48712	61909	68942	77450
马 恩 岛	Isle of Man	21552	37761	69767	81606		
以 色 列	Israel	21043	20550	30659	35855	40544	41614
意 大 利	Italy	20051	31959	35849	30171	32155	34318
牙 买 加	Jamaica	3382	4089	4697	4893	5061	5356
日　　本	Japan	38532	37218	44508	34525	38332	39287
约　　旦	Jordan	1658	2183	3657	4097	4169	4248
哈萨克斯坦	Kazakhstan	1229	3771	9071	10511	9030	9331
肯 尼 亚	Kenya	404	512	952	1337	1568	1711
基里巴斯	Kiribati	797	1215	1517	1543	1626	1625

3-2 续表 2 continued

单位：美元 (USD)

国家或地区	Country or Area	2000	2005	2010	2015	2017	2018
韩国	Korea, Rep.	11948	18640	22087	27105	29743	31363
科威特	Kuwait	18389	35591	38577	29870	29475	34244
吉尔吉斯斯坦	Kyrgyzstan	280	477	880	1121	1243	1281
老挝	Laos	325	476	1141	2135	2424	2568
拉脱维亚	Latvia	3353	7559	11326	13640	15685	18089
黎巴嫩	Lebanon	5335	4574	7757	7650	7838	8270
莱索托	Lesotho	475	843	1183	1219	1233	1324
利比里亚	Liberia	303	295	513	710	699	674
利比亚	Libya	7146	8163	12065	4338	5792	7235
列支敦士登	Liechtenstein	74625	105414	141200	167291		
立陶宛	Lithuania	3297	7863	11985	14292	16810	19090
卢森堡	Luxemburg	48736	80290	104965	100428	104499	114341
马其顿	Macedonia, FYR	1854	3038	4543	4840	5415	
马达加斯加	Madagascar	246	275	413	402	448	461
马拉维	Malawi	153	290	479	381	357	389
马来西亚	Malaysia	4045	5587	9041	9799	10118	11239
马尔代夫	Maldives	2227	3640	7077	9033	9802	10224
马里	Mali	269	489	710	751	829	901
马耳他	Malta	11039	15835	21088	24046	27241	30075
马绍尔群岛	Marshall Islands	2127	2496	2927	3129	3517	3621
毛里塔尼亚	Mauritania	478	722	1241	1194	1162	1219
毛里求斯	Mauritius	3861	5283	8000	9260	10485	11239
墨西哥	Mexico	6959	8278	9271	9606	9281	9698
密克罗尼西亚	Micronesia, Fed.	2171	2357	2881	2894	3018	3058
摩尔多瓦	Moldova	354	831	1958	2179	2725	3189
摩纳哥	Monaco	82535	124194	150585	165920	166726	
蒙古	Mongolia	474	999	2643	3919	3672	4104
黑山	Montenegro	1627	3675	6682	6514	7784	8761
摩洛哥	Morocco	1332	2018	2840	2875	3036	3238
莫桑比克	Mozambique	278	377	432	547	442	490
缅甸	Myanmar	193	245	979	1133	1250	1326
纳米比亚	Namibia	2019	3674	5325	5033	5647	5932
尼泊尔	Nepal	231	316	592	793	901	1026
荷兰	Netherlands	25921	41979	50950	45175	48483	52978
新喀里多尼亚	New Caledonia	12580					
新西兰	New Zealand	13641	27751	33692	38560	42260	41966
尼加拉瓜	Nicaragua	1016	1162	1504	2050	2168	2029
尼日尔	Niger	158	250	347	361	376	412
尼日利亚	Nigeria	568	1268	2292	2730	1969	2028
挪威	Norway	38147	66775	87770	74522	75704	81807
阿曼	Oman	8601	12377	19281	16151	15170	16419
巴基斯坦	Pakistan	534	683	989	1357	1467	1473
帕劳	Palau	7549	9336	10185	16594	16275	17318
巴拿马	Panama	4060	4917	8082	13630	15166	15575
巴布亚新几内亚	Papua New Guinea	632	749	1949	2679	2640	2723
巴拉圭	Paraguay	1670	1844	4356	5407	5681	5872
秘鲁	Peru	1997	2730	5082	6228	6701	6947
菲律宾	Philippines	1039	1194	2124	2867	2982	3103
波兰	Poland	4493	8021	12600	12572	13861	15424
葡萄牙	Portugal	11502	18785	22539	19253	21291	23146
波多黎各	Puerto Rico	16192	21959	26436	29764	31353	31651
卡塔尔	Qatar	29986	51456	67403	63039	61264	69027
罗马尼亚	Romania	1668	4618	8210	8978	10793	12301
俄罗斯	Russia	1772	5324	10675	9314	10751	11289
卢旺达	Rwanda	216	304	576	728	763	773
圣基茨和尼维斯	Saint Kitts and Nevis	9554	12330	15644	18286	19061	19829

3-2 续表 3 continued

单位：美元 (USD)

国家或地区	Country or Area	2000	2005	2010	2015	2017	2018
圣卢西亚	Saint Lucia	5311	6217	8038	9161	10003	10315
圣文森特和格林纳丁斯	Saint Vincent and the Grenadines	3673	5071	6293	6921	7150	7378
萨摩亚	Samoa	1541	2574	3458	4155	4308	4393
圣马力诺	San Marino	40189	66796	68496	45775	48495	
圣多美和普林西比	Sao Tome and Principe	550	867	1095	1596	1811	2001
沙特阿拉伯	Saudi Arabia	9127	13791	19263	20628	20804	23219
塞内加尔	Senegal	599	994	1279	1219	1367	1522
塞尔维亚	Serbia	870	3721	5735	5585	6284	7234
塞舌尔	Seychelles	7579	11093	10805	14745	15684	16434
塞拉利昂	Sierra Leone	139	292	402	588	499	523
新加坡	Singapore	23793	29961	47237	55647	60298	64582
斯洛伐克	Slovakia	5403	11669	16601	16182	17579	19547
斯洛文尼亚	Slovenia	10228	18169	23438	20888	23450	26234
所罗门群岛	Solomon Islands	1055	881	1290	1915	2077	2163
索马里	Somalia				483	489	499
南非	South Africa	2982	5382	7329	5733	6121	6340
西班牙	Spain	14677	26511	30737	25817	28208	30524
斯里兰卡	Sri Lanka	870	1249	2800	3844	4105	4103
苏丹	Sudan	361	689	1490	2487	3015	977
苏里南	Suriname	2006	3591	8256	8562	5379	5950
斯威士兰	Swaziland	1638	2874	3690	3048	3224	
瑞典	Sweden	29283	43135	52133	50833	53254	54112
瑞士	Switzerland	37868	54953	74606	82082	80333	82839
叙利亚	Syrian Arab Republic	1178	1572	2747			
塔吉克斯坦	Tajikistan	138	341	750	929	806	827
坦桑尼亚	Tanzania	403	493	743	948	1005	1051
泰国	Thailand	2008	2894	5076	5840	6578	7274
东帝汶	Timor-Leste	504	1823	3657	2585	2001	2036
多哥	Togo	299	406	534	571	619	672
汤加	Tonga	2063	2598	3553	4321	4218	4364
特立尼达和多巴哥	Trinidad And Tobago	6431	12327	16683	18333	16076	16844
突尼斯	Tunisia	2214	3193	4142	3860	3494	3447
土耳其	Turkey	4317	7384	10672	10949	10500	9311
土库曼斯坦	Turkmenistan	643	1704	4439	6433	6587	6967
图瓦卢	Tuvalu	1459	2184	3022	3198	3573	3701
乌干达	Uganda	258	326	623	709	632	643
乌克兰	Ukraine	636	1827	2965	2125	2641	3095
阿联酋	United Arab Emirates	33071	39365	33893	38663	40325	43005
英国	United Kingdom	27982	41804	39080	44472	39932	42491
美国	United States	36450	44115	48467	56804	59928	62641
乌拉圭	Uruguay	6872	5227	11992	15614	16437	17278
乌兹别克斯坦	Uzbekistan	558	547	1377	2615	1827	1532
瓦努阿图	Vanuatu	1470	1887	2967	2722	2976	3033
委内瑞拉	Venezuela	4784	5505	13825			
越南	Viet Nam	388	688	1318	2085	2366	2564
约旦河西岸和加沙	West Bank and Gaza	1476	1455	2354	2968	3255	3199
也门	Yemen	540	833	1335	1609	964	944
赞比亚	Zambia	342	703	1490	1332	1535	1540
津巴布韦	Zimbabwe	547	477	948	1445	1602	2147

3-3 人均国民总收入
GNI per Capita

资料来源：世界银行WDI数据库。
Source: World Bank WDI Database.
单位：美元 (USD)

国家或地区	Country or Area	2000	2005	2010	2015	2017	2018
世　　界	**World**	**5484**	**7351**	**9411**	**10647**	**10433**	**11101**
高收入国家	**High Income**	**25177**	**34617**	**39681**	**42107**	**41387**	**44166**
中等收入国家	**Middle Income**	**1179**	**1856**	**3634**	**5003**	**4987**	**5340**
中等偏下收入国家	**Lower Middle Income**	**548**	**846**	**1524**	**2032**	**2106**	**2245**
中等偏上收入国家	**Upper Middle Income**	**1815**	**2895**	**5904**	**8317**	**8239**	**8859**
中低收入国家	**Low and Middle Income**	**1094**	**1717**	**3331**	**4554**	**4525**	**4837**
东亚和太平洋	**East Asia and Pacific**	**914**	**1639**	**3763**	**6456**	**6950**	**7601**
欧洲和中亚	**Europe and Central Asia**	**1783**	**3726**	**7440**	**8788**	**7394**	**7781**
拉丁美洲和加勒比	**Latin America and Caribbean**	**3708**	**4400**	**7832**	**8922**	**8024**	**8302**
中东和北非国家	**Middle East and North Africa**	**1567**	**2165**	**3983**	**4193**	**3868**	
南　　亚	**South Asia**	**441**	**685**	**1153**	**1535**	**1746**	**1925**
撒哈拉以南非洲	**Sub-Saharan Africa**	**542**	**894**	**1430**	**1720**	**1500**	**1506**
低收入国家	**Low Income**	**274**	**369**	**618**	**779**	**752**	**790**
最不发达地区	**Least Developed Countries**	**286**	**429**	**760**	**1004**	**1022**	**1051**
重债穷国	**Heavily Indebted Poor Countries**	**310**	**434**	**726**	**912**	**914**	**922**
中　　国	China	940	1760	4340	7910	8630	9470
中国香港	Hong Kong, China	26930	28890	33620	41180	46420	50310
中国澳门	Macao, China	14710	24020	45580	64360	72430	78320
阿 富 汗	Afghanistan		250	510	600	550	550
阿尔巴尼亚	Albania	1100	2620	4360	4390	4290	4860
阿尔及利亚	Algeria	1590	2710	4480	4850	3930	4060
安 道 尔	Andorra	19930	41240	41650			
安 哥 拉	Angola	360	1370	3240	4520	3560	3370
安提瓜和巴布达	Antigua and Barbuda	9230	12410	12690	13240	14440	15810
阿 根 廷	Argentina	7440	4260	9270	12600	13120	12370
亚美尼亚	Armenia	660	1540	3470	4020	3970	4230
澳大利亚	Australia	21110	30310	46630	60560	51630	53190
奥 地 利	Austria	26790	38720	49610	47490	45360	49250
阿塞拜疆	Azerbaijan	610	1270	5400	6570	4070	4050
巴 哈 马	Bahamas	25960	30570	28370	28860	30210	
巴　　林	Bahrain	10940	16550	18970	22660	21180	21890
孟加拉国	Bangladesh	420	550	800	1220	1520	1750
巴巴多斯	Barbados	11070	13520	15890	15250	15240	
白俄罗斯	Belarus	1380	2820	6210	6720	5300	5670
比 利 时	Belgium	26040	37850	47920	44180	42080	45430
伯 利 兹	Belize	3150	3670	3960	4510	4380	4720
贝　　宁	Benin	390	600	790	860	800	870
不　　丹	Bhutan	770	1230	2090	2600	2890	3080
玻利维亚	Bolivia	990	1020	1780	2960	3090	3370
波　　黑	Bosnia and Herzegovinian	1480	3180	4960	5210	5140	5690
博茨瓦纳	Botswana	3020	4940	5650	6960	7020	7750
巴　　西	Brazil	3910	4000	9660	10160	8670	9140
文　　莱	Brunei Darussalam	14680	23090	33300	38830	29890	31020
保加利亚	Bulgaria	1650	3770	6980	7480	7860	8860
布基纳法索	Burkina Faso	250	410	570	630	590	660
布 隆 迪	Burundi	130	140	220	260	280	280
柬 埔 寨	Cambodia	300	460	750	1060	1230	1380
喀 麦 隆	Cameroon	680	1010	1330	1440	1340	1440
加 拿 大	Canada	22610	34300	44480	47580	43000	44860
佛 得 角	Cape Verde	1330	2160	3400	3210	3090	3450
中　　非	Central African Rep.	250	340	510	400	420	480
乍　　得	Chad	180	470	910	880	640	670
海峡群岛	Channel Islands	42430	56270				

3-3 续表 1 continued

单位: 美元 (USD)

国家或地区	Country or Area	2000	2005	2010	2015	2017	2018
智　　利	Chile	5090	6210	10750	14140	13290	14670
哥伦比亚	Colombia	2290	2990	5610	7330	5930	6190
科 摩 罗	Comoros	730	1090	1380	1390	1280	1320
刚果(金)	Congo, Dem. Rep.	130	200	320	460	460	490
刚果(布)	Congo, Rep.	550	950	2120	2410	1480	1640
哥斯达黎加	Costa Rica	3580	4620	7180	10400	11090	11510
科特迪瓦	Cote D'Ivoire	640	930	1190	1480	1480	1610
克罗地亚	Croatia	5290	10160	14190	12970	12580	13830
古　　巴	Cuba	2610	3960	5610	7230		
塞浦路斯	Cyprus	14860	23990	31300	26380	24140	26300
捷　　克	Czech Rep.	6310	12420	19280	18260	17960	20250
丹　　麦	Denmark	32660	49610	61220	60510	56140	60140
吉 布 提	Djibouti	770	1030		1870	2040	2180
多米尼克	Dominica	4220	5050	6720	6910	6810	7210
多米尼加	Dominican Rep.	2650	3080	5340	6480	6770	7370
厄瓜多尔	Ecuador	1560	2880	4390	5970	5860	6120
埃　　及	Egypt	1390	1230	2370	3360	3040	2800
萨尔瓦多	El Salvador	1910	2420	2890	3440	3600	3820
赤道几内亚	Equatorial Guinea	760	3890	9970	10840	7080	7050
厄立特里亚	Eritrea	210	390	570			
爱沙尼亚	Estonia	4150	9710	14540	18570	18670	20990
埃塞俄比亚	Ethiopia	120	160	380	600	740	790
斐　　济	Fiji	2230	3590	3650	5200	5430	5860
芬　　兰	Finland	26420	40100	49330	46800	44380	47820
法　　国	France	25140	35870	43850	41080	38310	41070
法属波立尼西亚	French Polynesia	15990					
加　　蓬	Gabon	3090	5510	7830	7970	6500	6800
冈 比 亚	Gambia	670	380	550	640	650	700
格鲁吉亚	Georgia	750	1520	3110	4110	3760	4130
德　　国	Germany	26210	35880	44790	46020	43710	47450
加　　纳	Ghana	340	460	1230	1960	1900	2130
希　　腊	Greece	13330	22760	27660	20320	18340	19540
格 陵 兰	Greenland	20290	30920				
格林纳达	Grenada	4660	6650	6940	7780	8930	9780
危地马拉	Guatemala	1660	2010	2710	3620	4060	4410
几 内 亚	Guinea	380	360	650	750	830	830
几内亚比绍	Guinea-Bissau	200	430	580	640	680	750
圭 亚 那	Guyana	880	1090	2900	4070	4470	4760
海　　地	Haiti	470	410	650	810	760	800
洪都拉斯	Honduras	1020	1280	1730	2040	2200	2330
匈 牙 利	Hungary	4660	10490	13170	13140	12920	14590
冰　　岛	Iceland	31540	50700	36250	50150	60740	
印　　度	India	440	710	1220	1600	1830	2020
印度尼西亚	Indonesia	580	1220	2530	3430	3530	3840
伊　　朗	Iran	1740	2960	6200	5400	5470	
爱 尔 兰	Ireland	24100	44500	44910	50390	53410	59360
马 恩 岛	Isle of Man	23200	39590	67430	83980		
以 色 列	Israel	19270	21390	29640	36160	37440	40850
意 大 利	Italy	21820	32390	37690	32960	31170	33560
牙 买 加	Jamaica	3230	3780	4380	4660	4710	4990
日　　本	Japan	36230	40560	43440	38840	38470	41340
约　　旦	Jordan	1680	2320	3450	3870	4020	4210
哈萨克斯坦	Kazakhstan	1260	2950	7440	11420	7960	7830
肯 尼 亚	Kenya	420	510	960	1290	1440	1620
基里巴斯	Kiribati	1330	1730	2050	3460	3070	3140
韩　　国	Korea, Rep.	10740	17790	21260	27250	28380	30600

3-3 续表 2 continued

单位：美元 (USD)

国家或地区	Country or Area	2000	2005	2010	2015	2017	2018
科威特	Kuwait	17930	34500	42150	41820	31810	33690
吉尔吉斯斯坦	Kyrgyzstan	280	450	850	1180	1110	1220
老挝	Laos	280	460	1000	1970	2240	2460
拉脱维亚	Latvia	3310	7360	12620	14950	14790	16880
黎巴嫩	Lebanon	5470	4880	7480	7290	7500	7690
莱索托	Lesotho	630	1020	1310	1400	1300	1380
利比里亚	Liberia	150	250	460	630	620	600
利比亚	Libya		6860	12380	5690	5330	6330
列支敦士登	Liechtenstein	78620	92730				
立陶宛	Lithuania	3210	7600	12430	15110	15180	17360
卢森堡	Luxemburg	46590	73810	78220	74760	70790	77820
马其顿	Macedonia	1910	2990	4700	5110	4880	
马达加斯加	Madagascar	250	290	420	420	400	440
马拉维	Malawi	150	300	450	350	340	360
马来西亚	Malaysia	3460	5270	8260	10610	9810	10460
马尔代夫	Maldives	2070	3460	5960	7650	8670	9310
马里	Mali	280	460	690	790	770	830
马耳他	Malta	10920	15660	20530	24640	23530	26220
马绍尔群岛	Marshall Islands	2850	3380	3520	4360	4430	4740
毛里塔尼亚	Mauritania	520	720	1170	1270	1120	1190
毛里求斯	Mauritius	3870	5600	8080	10700	11000	12050
墨西哥	Mexico	6040	8050	9040	10170	8940	9180
密克罗尼西亚	Micronesia, Fed.	2210	2550	2900	3490	3430	3580
摩尔多瓦	Moldova	380	890	1910	2630	2590	2990
摩纳哥	Monaco	90830	128440				
蒙古	Mongolia	470	900	2000	3820	3230	3580
黑山	Montenegro		3660	6920	7250	7400	8400
摩洛哥	Morocco	1390	2070	2930	3020	2870	3090
莫桑比克	Mozambique	280	360	480	600	430	440
缅甸	Myanmar		270	850	1200	1200	1310
纳米比亚	Namibia	2140	3530	4510	5550	4800	5250
尼泊尔	Nepal	230	310	540	780	850	960
荷兰	Netherlands	28460	42050	53900	49810	46910	51280
新喀里多尼亚	New Caledonia	14020					
新西兰	New Zealand	14020	25440	29690	40600	38470	40820
尼加拉瓜	Nicaragua	970	1160	1460	1910	2090	2030
尼日尔	Niger	170	250	350	390	360	380
尼日利亚	Nigeria	470	1030	2140	2880	2100	1960
挪威	Norway	36560	63790	88560	93080	76160	80790
阿曼	Oman	7070	10620	18170	17850	14450	15110
巴基斯坦	Pakistan	490	700	1030	1360	1500	1580
帕劳	Palau	5690	9240	10300	14340	15500	16910
巴拿马	Panama	3910	4840	7150	11740	13260	14370
巴布亚新几内亚	Papua New Guinea	600	650	1730	2900	2500	2530
巴拉圭	Paraguay	1450	1520	4070	5620	5390	5680
秘鲁	Peru	2010	2540	4410	6340	6060	6530
菲律宾	Philippines	1220	1430	2460	3510	3650	3830
波兰	Poland	4680	7340	12730	13320	12710	14150
葡萄牙	Portugal	12140	18550	22960	20440	19930	21680
波多黎各	Puerto Rico	10550	14750	16920	19420	20200	21100
卡塔尔	Qatar		38260	63620	72690	58610	61190
罗马尼亚	Romania	1720	3880	8610	9520	9990	11290
俄罗斯	Russia	1710	4450	9980	11770	9230	10230
卢旺达	Rwanda	240	290	570	730	730	780
圣基茨和尼维斯	Saint Kitts and Nevis	8990	12210	15080	16680	17540	18640
圣卢西亚	Saint Lucia	4620	5480	7430	7750	9080	9460

3-3 续表 3 continued

单位: 美元 (USD)

国家或地区	Country or Area	2000	2005	2010	2015	2017	2018
圣文森特和格林纳丁斯	Saint Vincent and the Grenadines	3470	4960	6090	7380	7400	7940
萨摩亚	Samoa	1600	2310	3200	4080	4120	4190
圣多美和普林西比	Sao Tome and Principe		820	1130	1660	1700	1890
沙特阿拉伯	Saudi Arabia	8110	12650	18750	23710	19990	21540
塞内加尔	Senegal	650	1000	1340	1320	1280	1410
塞尔维亚	Serbia	1530	3700	6220	5960	5550	6390
塞舌尔	Seychelles	7290	11140	10190	14020	14220	15600
塞拉利昂	Sierra Leone	140	290	420	550	520	500
新加坡	Singapore	23670	28820	44930	53120	54200	58770
斯洛伐克	Slovakia	5520	11320	17240	17510	16650	18330
斯洛文尼亚	Slovenia	11350	18380	24460	22220	22100	24670
所罗门群岛	Solomon Islands	1010	890	900	1870	1830	2000
南非	South Africa	3020	4990	6190	6050	5400	5720
西班牙	Spain	15790	25930	32130	28460	27150	29450
斯里兰卡	Sri Lanka	870	1210	2410	3760	3880	4060
苏丹	Sudan	330	590	1260	1980	2390	1560
苏里南	Suriname	1970	3320	7620	8690	5170	4990
斯威士兰	Swaziland	1580	2870	3070	3280	2960	
瑞典	Sweden	31220	45410	53870	57750	52330	55070
瑞士	Switzerland	43460	61620	77570	85800	78890	83580
叙利亚	Syrian Arab Republic	970	1510	2610			
塔吉克斯坦	Tajikistan	170	320	920	1250	1000	1010
坦桑尼亚	Tanzania	300	500	720	980	970	1020
泰国	Thailand	1980	2790	4580	5710	5950	6610
东帝汶	Timor-Leste		740	2850	3080	1810	1820
多哥	Togo	310	420	560	640	590	650
汤加	Tonga	2050	2450	3570	4520	4250	4300
特立尼达和多巴哥	Trinidad And Tobago	5400	11190	16460	19070	15900	16240
突尼斯	Tunisia	2280	3160	4130	3970	3520	3500
土耳其	Turkey	4300	6760	10430	11960	10890	10380
土库曼斯坦	Turkmenistan	600	1590	4070	7030	6380	6740
图瓦卢	Tuvalu		3630	4400	5440	4810	5430
乌干达	Uganda	270	310	560	700	620	620
乌克兰	Ukraine	700	1540	2980	2650	2260	2660
阿联酋	United Arab Emirates	31200	37500	33390	42870	38770	41010
英国	United Kingdom	28880	42660	41280	43860	40580	41330
美国	United States	36070	46190	48990	56700	59160	62850
乌拉圭	Uruguay	7050	4720	10440	15640	14900	15650
乌兹别克斯坦	Uzbekistan	630	530	1340	2440	2350	2020
瓦努阿图	Vanuatu	1430	1780	2690	2790	2810	2970
委内瑞拉	Venezuela	4070	4980	11810			
越南	Viet Nam	410	630	1250	1970	2190	2400
约旦河西岸和加沙	West Bank and Gaza	1580	1660	2330	3380	3520	3710
也门	Yemen	420	700	1200	1330	1060	960
赞比亚	Zambia	330	560	1340	1580	1300	1430
津巴布韦	Zimbabwe	500	460	630	1280	1370	1790

3-4 按购买力平价法计算的国民经济核算主要指标(2018年)
Main Economic Indicators of National Accounts Based on PPP(2018)

资料来源：世界银行WDI数据库。
Source: World Bank WDI Database.

国家或地区	Country or Area	国内生产总值(现价亿国际元) GDP(100 million international $)	人均国内生产总值(现价国际元) GDP per Capita (current price international $)	国民总收入(现价亿国际元) GNI(100 million international $)	人均国民总收入(现价国际元) GNI per capita (current price international $)
世　界	**World**	**1364772**	**17971**	**1359668**	**17904**
高收入国家	**High Income**	**615651**	**50867**	**619380**	**51175**
中等收入国家	**Middle Income**	**736291**	**12966**	**727628**	**12814**
中等偏下收入国家	**Lower Middle Income**	**230637**	**7630**	**229298**	**7585**
中等偏上收入国家	**Upper Middle Income**	**505114**	**19020**	**497790**	**18745**
中低收入国家	**Low and Middle Income**	**751744**	**11776**	**742872**	**11637**
东亚和太平洋	**East Asia and Pacific**	**334905**	**16088**	**333198**	**16006**
欧洲和中亚	**Europe and Central Asia**	**91064**	**21796**	**88651**	**21219**
拉丁美洲和加勒比	**Latin America and Caribbean**	**97610**	**16028**	**95194**	**15631**
中东和北非国家	**Middle East and North Africa**		**13745①**	**51324①**	**13630①**
南　亚	**South Asia**	**128450**	**7080**	**128246**	**7068**
撒哈拉以南非洲	**Sub-Saharan Africa**	**42765**	**3966**	**41245**	**3825**
低收入国家	**Low Income**	**15920**	**2257**	**15699**	**2225**
重债穷国	**Heavily Indebted Poor Countries**	**19592**	**2511**	**19023**	**2438**
最不发达地区	**Least Developed Countries**	**30039**	**2975**	**29698**	**2941**
中　国	China	253617	18210	252661	18140
中国香港	Hong Kong, China	4805	64488	5044	67700
中国澳门	Macao, China	773	122435	710	112480
孟加拉国	Bangladesh	7042	4364	7363	4560
文　莱	Brunei Darussalam	347	80778	368	85790
柬埔寨	Cambodia	708	4354	660	4060
印　度	India	104985	7762	103918	7680
印度尼西亚	Indonesia	34948	13057	33864	12650
伊　朗	Iran		21011	16982	21050
以色列	Israel	3623	40786	3624	40800
日　本	Japan	54850	43349	56933	45000
哈萨克斯坦	Kazakhstan	5086	27831	4428	24230
韩　国	Korea, Rep.	20902	40479	20888	40450
老　挝	Laos	525	7441	501	7090
马来西亚	Malaysia	9994	31698	9649	30600
蒙　古	Mongolia	435	13735	387	12220
缅　甸	Myanmar	3578	6662	3483	6480
巴基斯坦	Pakistan	11765	5544	12387	5840
菲律宾	Philippines	9530	8935	11435	10720
新加坡	Singapore	5715	101353	5329	94500
斯里兰卡	Sri Lanka	2915	13450	2836	13090
泰　国	Thailand	13204	19018	12611	18160
越　南	Viet Nam	7103	7435	6712	7030
埃　及	Egypt	12195	12390	11890	12080
尼日利亚	Nigeria	11714	5980	11174	5700
南　非	South Africa	7893	13661	7643	13230
加拿大	Canada	17740	47871	17523	47280
墨西哥	Mexico	25200	19969	24535	19440
美　国	United States	204941	62641	207384	63390
阿根廷	Argentina	9151	20567	8821	19820
巴　西	Brazil	33658	16068	33146	15820
捷　克	Czech Rep.	4250	39998	4024	37870
法　国	France	30732	45877	31417	46900
德　国	Germany	45052	54327	46272	55800
意大利	Italy	25430	42080	25680	42490
荷　兰	Netherlands	9782	56772	9887	57380
波　兰	Poland	12289	32357	11817	31110
俄罗斯	Russia	39861	27147	38867	26470
西班牙	Spain	19089	40855	19084	40840
土耳其	Turkey	23721	28816	23359	28380
乌克兰	Ukraine	3903	9233	3811	9020
英　国	United Kingdom	30744	46240	30357	45660
澳大利亚	Australia	12882	51545	12478	49930
新西兰	New Zealand	2037	41703	1966	40250

注:①2017年数据。
Note:①Data refer to 2017.

3-5 国内生产总值增长率
Growth Rate of GDP

资料来源：世界银行WDI数据库。
Source: World Bank WDI Database.
单位：%

(%)

国家或地区	Country or Area	2000	2005	2010	2015	2017	2018
世　界	**World**	**4.4**	**3.9**	**4.3**	**2.9**	**3.2**	**3.0**
高收入国家	**High Income**	**4.0**	**2.8**	**2.9**	**2.3**	**2.3**	**2.2**
中等收入国家	**Middle Income**	**5.8**	**7.0**	**7.4**	**3.9**	**4.9**	**4.6**
中等偏下收入国家	**Lower Middle Income**	**4.4**	**6.6**	**6.8**	**5.6**	**5.6**	**5.5**
中等偏上收入国家	**Upper Middle Income**	**6.2**	**7.1**	**7.5**	**3.4**	**4.6**	**4.3**
中低收入国家	**Low and Middle Income**	**5.7**	**7.0**	**7.4**	**3.9**	**4.9**	**4.6**
东亚和太平洋	**East Asia and Pacific**	**7.5**	**9.7**	**9.8**	**6.5**	**6.5**	**6.3**
欧洲和中亚	**Europe and Central Asia**	**8.0**	**7.2**	**5.1**	**0.8**	**4.0**	**2.8**
拉丁美洲和加勒比	**Latin America and Caribbean**	**4.1**	**4.3**	**6.0**	**-0.1**	**1.7**	**1.4**
中东和北非国家	**Middle East and North Africa**	**4.4**	**4.5**	**5.3**	**1.0**	**3.0**	
南　亚	**South Asia**	**4.1**	**7.7**	**7.7**	**7.5**	**6.9**	**6.8**
撒哈拉以南非洲	**Sub-Saharan Africa**	**3.5**	**6.2**	**5.6**	**2.8**	**2.5**	**2.4**
低收入国家	**Low Income**	**2.2**	**6.6**	**6.9**	**2.9**	**5.0**	**4.9**
最不发达地区	**Least Developed Countries**	**4.2**	**8.3**	**6.2**	**4.0**	**4.8**	**4.2**
重债穷国	**Heavily Indebted Poor Countries**	**2.8**	**6.1**	**5.9**	**4.9**	**5.2**	**4.1**
中　国	China	8.5	11.4	10.6	6.9	6.8	6.6
中国香港	Hong Kong, China	7.7	7.4	6.8	2.4	3.8	3.0
中国澳门	Macao, China	5.7	8.1	25.3	-21.6	9.7	4.7
阿富汗	Afghanistan		11.2	14.4	1.5	2.7	1.0
阿尔巴尼亚	Albania	7.0	5.5	3.7	2.2	3.8	4.0
阿尔及利亚	Algeria	3.8	5.9	3.6	3.8	1.6	2.1
安道尔	Andorra	3.5	7.4	-5.4	0.8	1.7	1.6
安哥拉	Angola	3.1	15.0	4.9	0.9	-0.1	-2.1
安提瓜和巴布达	Antigua and Barbuda	6.7	6.4	-7.2	4.0	3.0	4.9
阿根廷	Argentina	-0.8	8.9	10.1	2.7	2.7	-2.5
亚美尼亚	Armenia	5.9	13.9	2.2	3.2	7.5	5.2
澳大利亚	Australia	3.9	3.2	2.1	2.3	2.3	2.8
奥地利	Austria	3.4	2.2	1.8	1.1	2.6	2.7
阿塞拜疆	Azerbaijan	11.1	28.0	4.8	1.1	-0.3	1.4
巴哈马	Bahamas	4.1	3.4	1.5	1.0	1.4	
巴　林	Bahrain	5.3	6.8	4.3	2.9	3.8	1.8
孟加拉国	Bangladesh	5.3	6.5	5.6	6.6	7.3	7.9
巴巴多斯	Barbados	4.5	4.0	0.3	0.9	1.0	
白俄罗斯	Belarus	5.8	9.4	7.8	-3.8	2.5	3.1
比利时	Belgium	3.6	2.1	2.7	1.7	1.7	1.4
伯利兹	Belize	13.0	2.6	3.4	3.4	1.4	3.1
贝　宁	Benin	5.9	1.7	2.1	2.1	5.8	6.9
百慕大	Bermuda	9.3	1.7	-2.1			
不　丹	Bhutan	6.9	7.1	11.7	6.6	4.6	2.3
玻利维亚	Bolivia	2.5	4.4	4.1	4.9	4.2	4.2
波　黑	Bosnia and Herzegovinian	5.5	8.8	0.9	3.1	3.2	3.1
博茨瓦纳	Botswana	2.0	4.6	8.6	-1.7	2.9	4.5
巴　西	Brazil	4.1	3.2	7.5	-3.5	1.1	1.1
文　莱	Brunei Darussalam	2.8	0.4	2.6	-0.6	1.3	0.1
保加利亚	Bulgaria	4.8	7.1	1.3	3.5	3.8	3.1
布基纳法索	Burkina Faso	1.8	8.7	5.4	3.9	6.3	6.5
布隆迪	Burundi	-0.9	0.9	5.1	-3.9	0.5	1.6
柬埔寨	Cambodia	10.7	13.3	6.0	7.0	7.0	7.5
喀麦隆	Cameroon	3.6	2.0	3.4	5.7	3.5	3.9
加拿大	Canada	5.2	3.2	3.1	0.7	3.0	1.9
佛得角	Cape Verde	7.3	6.9	1.5	1.0	4.0	5.5
中　非	Central African Rep.	-2.5	0.9	4.6	4.6	4.5	4.3
乍　得	Chad	-0.9	17.3	13.6	2.8	-3.0	2.6
海峡群岛	Channel Islands	5.8	1.4				

3-5 续表 1 continued

单位：% (%)

国家或地区	Country or Area	2000	2005	2010	2015	2017	2018
智　　利	Chile	5.3	5.7	5.8	2.3	1.3	4.0
哥伦比亚	Colombia	2.9	4.7	4.3	3.0	1.4	2.7
科 摩 罗	Comoros	10.8	2.8	3.8	1.1	2.7	2.8
刚果(金)	Congo, Dem. Rep.	-6.9	6.1	7.1	6.9	3.7	5.8
刚果(布)	Congo, Rep.	7.6	7.8	8.8	2.6	-3.1	1.0
哥斯达黎加	Costa Rica	3.8	3.9	5.0	3.6	3.4	2.7
科特迪瓦	Cote D'Ivoire	-2.1	1.7	2.0	8.8	7.7	7.4
克罗地亚	Croatia	3.8	4.1	-1.5	2.4	2.9	2.6
古　　巴	Cuba	5.9	11.2	2.4	4.4	1.8	
塞浦路斯	Cyprus	6.0	4.9	1.3	2.0	4.5	3.9
捷　　克	Czech Rep.	4.3	6.5	2.3	5.3	4.4	2.9
丹　　麦	Denmark	3.7	2.3	1.9	2.3	2.3	1.4
吉 布 提	Djibouti	0.4	3.2	3.5	9.7	4.1	6.0
多米尼克	Dominica	2.3	0.7	0.7	-2.6	-9.5	0.5
多米尼加	Dominican Rep.	4.7	9.4	8.3	7.0	4.6	7.0
厄瓜多尔	Ecuador	1.1	5.3	3.5	0.1	2.4	1.4
埃　　及	Egypt	6.4	4.5	5.1	4.4	4.2	5.3
萨尔瓦多	El Salvador	1.1	2.7	2.5	2.4	2.3	2.5
赤道几内亚	Equatorial Guinea	18.2	16.7	-8.9	-9.1	-4.7	-2.9
厄立特里亚	Eritrea	-3.1	2.6	2.2			
爱沙尼亚	Estonia	10.6	9.4	2.3	1.9	4.9	3.9
埃塞俄比亚	Ethiopia	6.1	11.8	12.6	10.4	9.5	6.8
斐　　济	Fiji	-1.7	0.7	3.0	4.7	5.2	5.0
芬　　兰	Finland	5.6	2.8	3.0	0.5	2.7	2.3
法　　国	France	3.9	1.7	1.9	1.1	2.3	1.7
法属波立尼西亚	French Polynesia	4.0					
加　　蓬	Gabon	-1.9	2.7	7.1	3.9	0.5	1.2
冈 比 亚	Gambia	5.5	-0.9	6.5	5.9	4.6	6.6
格鲁吉亚	Georgia	1.8	9.6	6.2	2.9	4.8	4.7
德　　国	Germany	3.0	0.7	4.1	1.7	2.2	1.4
加　　纳	Ghana	3.7	5.9	7.9	2.2	8.1	6.3
希　　腊	Greece	3.9	0.6	-5.5	-0.4	1.5	1.9
格 陵 兰	Greenland	7.1	5.0	1.7	-2.5	1.0	
格林纳达	Grenada	4.9	13.3	-0.5	6.4	5.1	4.8
危地马拉	Guatemala	3.6	3.3	2.9	4.1	2.8	3.1
几 内 亚	Guinea	2.5	3.0	4.8	3.8	13.4	8.7
几内亚比绍	Guinea-Bissau	5.4	4.3	4.6	6.1	5.9	3.8
圭 亚 那	Guyana	-1.4	-2.0	4.1	3.2	2.1	3.4
海　　地	Haiti	0.9	1.8	-5.5	1.2	1.2	1.5
洪都拉斯	Honduras	7.3	6.1	3.7	3.8	4.8	3.7
匈 牙 利	Hungary	4.2	4.4	0.7	3.5	4.1	4.9
冰　　岛	Iceland	4.6	6.3	-3.4	4.5	4.6	4.6
印　　度	India	3.8	7.9	8.5	8.0	7.2	7.0
印度尼西亚	Indonesia	4.9	5.7	6.2	4.9	5.1	5.2
伊　　朗	Iran	5.9	3.2	5.8	-1.3	3.8	
爱 尔 兰	Ireland	9.6	5.7	1.9	25.1	7.2	6.7
马 恩 岛	Isle of Man	5.3	5.9	3.4	-0.9		
以 色 列	Israel	8.2	3.9	5.5	2.6	3.4	3.3
意 大 利	Italy	3.7	1.0	1.7	0.9	1.7	0.9
牙 买 加	Jamaica	0.9	0.9	-1.5	0.9	1.0	1.9
日　　本	Japan	2.8	1.7	4.2	1.2	1.9	0.8
约　　旦	Jordan	4.2	8.1	2.3	2.4	2.1	1.9
哈萨克斯坦	Kazakhstan	9.8	9.7	7.3	1.2	4.1	4.1
肯 尼 亚	Kenya	0.6	5.9	8.4	5.7	4.9	6.3
基里巴斯	Kiribati	6.3	5.0	-0.9	10.4	0.3	2.0
韩　　国	Korea, Rep.	8.9	3.9	6.5	2.8	3.1	2.7

3-5 续表 2 continued

单位：% (%)

国家或地区	Country or Area	2000	2005	2010	2015	2017	2018
科 威 特	Kuwait	4.7	10.1	-2.4	0.6	-3.5	1.2
吉尔吉斯斯坦	Kyrgyzstan	5.4	-0.2	-0.5	3.9	4.7	3.5
老 挝	Laos	5.8	7.1	8.5	7.3	6.9	6.5
拉脱维亚	Latvia	5.4	10.7	-3.9	3.0	4.6	4.8
黎 巴 嫩	Lebanon	1.3	2.7	8.0	0.4	0.6	0.2
莱 索 托	Lesotho	3.9	3.5	6.1	2.8	-2.3	1.5
利比里亚	Liberia	28.6	5.3	6.1		2.5	1.2
利 比 亚	Libya	3.7	11.9	5.0	-8.9	26.7	7.8
列支敦士登	Liechtenstein	3.2	4.8				
立 陶 宛	Lithuania	3.8	7.7	1.6	2.0	4.1	3.5
卢 森 堡	Luxemburg	8.2	3.2	4.9	3.9	1.5	2.6
马 其 顿	Macedonia	4.5	4.7	3.4	3.9	0.2	
马达加斯加	Madagascar	4.8	4.6	0.3	3.1	4.3	5.2
马 拉 维	Malawi	1.6	3.3	6.9	2.8	4.0	3.5
马来西亚	Malaysia	8.9	5.3	7.4	5.1	5.9	4.7
马尔代夫	Maldives	3.8	-13.1	7.3	2.9	6.9	6.1
马 里	Mali	-0.1	6.5	5.4	6.0	5.4	4.9
马 耳 他	Malta	6.8	3.8	3.5	10.7	6.7	6.6
马绍尔群岛	Marshall Islands	5.9	2.9	6.5	-0.4	3.6	2.5
毛里塔尼亚	Mauritania	-0.4	9.0	4.8	1.4	3.0	3.6
毛里求斯	Mauritius	9.0	1.8	4.4	3.6	3.8	3.8
墨 西 哥	Mexico	4.9	2.3	5.1	3.3	2.1	2.0
密克罗尼西亚	Micronesia, Fed.	4.6	2.1	2.0	4.9	3.2	1.4
摩尔多瓦	Moldova	2.1	7.5	7.1	-0.3	4.7	4.0
摩 纳 哥	Monaco	3.9	1.9	2.1	4.9	-3.5	
蒙 古	Mongolia	1.1	7.3	6.4	2.4	5.3	6.9
黑 山	Montenegro	3.1	4.2	2.7	3.4	4.7	4.9
摩 洛 哥	Morocco	1.9	3.3	3.8	4.5	4.1	3.0
莫桑比克	Mozambique	1.7	8.7	6.7	6.6	3.7	3.3
缅 甸	Myanmar	13.7	13.6	9.6	7.0	6.8	6.2
纳米比亚	Namibia	3.5	2.5	6.0	6.1	-0.9	-0.1
尼 泊 尔	Nepal	6.2	3.5	4.8	3.3	7.9	6.3
荷 兰	Netherlands	4.2	2.1	1.3	2.0	2.9	2.7
新喀里多尼亚	New Caledonia	2.1					
新 西 兰	New Zealand	2.3	3.3	1.5	3.6	3.1	2.8
尼加拉瓜	Nicaragua	4.1	4.3	4.4	4.8	4.7	-3.8
尼 日 尔	Niger	-1.4	4.5	8.4	4.3	4.9	5.2
尼日利亚	Nigeria	5.0	6.4	8.0	2.7	0.8	1.9
挪 威	Norway	3.2	2.6	0.7	2.0	2.0	1.4
阿 曼	Oman	5.4	2.5	4.8	4.7	-0.9	2.1
巴基斯坦	Pakistan	4.3	7.7	1.6	4.7	5.7	5.4
帕 劳	Palau	-2.6	4.5	0.4	10.4	-3.6	5.0
巴 拿 马	Panama	2.7	7.2	5.8	5.7	5.3	3.7
巴布亚新几内亚	Papua New Guinea	-2.5	6.3	10.1	9.5	1.6	0.4
巴 拉 圭	Paraguay	-2.3	2.1	11.1	3.1	5.0	3.6
秘 鲁	Peru	2.7	6.3	8.3	3.3	2.5	4.0
菲 律 宾	Philippines	4.4	4.8	7.6	6.1	6.7	6.2
波 兰	Poland	4.6	3.5	3.6	3.8	4.8	5.1
葡 萄 牙	Portugal	3.8	0.8	1.9	1.8	2.8	2.1
波多黎各	Puerto Rico	3.3	-2.0	-0.4	-1.0	-2.7	-4.9
卡 塔 尔	Qatar		7.5	19.6	3.7	1.6	1.4
罗马尼亚	Romania	2.4	4.7	-3.9	3.9	7.0	4.1
俄 罗 斯	Russia	10.0	6.4	4.5	-2.3	1.6	2.3
卢 旺 达	Rwanda	8.4	9.4	7.3	8.9	6.1	8.7
圣基茨和尼维斯	Saint Kitts and Nevis	10.4	9.7	-1.5	2.1	1.2	3.0
圣卢西亚	Saint Lucia		-0.4	0.3	0.3	3.7	0.6

3-5 续表 3 continued

单位：% (%)

国家或地区	Country or Area	1990	2000	2005	2010	2015	2017	2018
圣文森特和格林纳丁斯	Saint Vincent and the Grenadines	4.2	1.6	2.5	-3.4	1.3	0.9	2.6
萨摩亚	Samoa	-4.4	6.9	4.2	0.5	1.5	2.7	0.7
圣马力诺	San Marino	2.1	2.2	2.4	-4.7	0.6	1.5	
圣多美和普林西比	Sao Tome and Principe			7.1	6.7	3.8	3.9	2.7
沙特阿拉伯	Saudi Arabia	15.2	5.6	5.6	5.0	4.1	-0.7	2.2
塞内加尔	Senegal	-0.7	3.2	5.6	3.6	6.4	7.1	6.8
塞尔维亚	Serbia	-8.0	7.8	5.5	0.7	1.8	2.0	4.3
塞舌尔	Seychelles	7.0	1.5	9.0	6.0	4.9	4.3	3.6
塞拉利昂	Sierra Leone	3.4	6.7	4.5	5.3	-20.6	4.2	3.7
新加坡	Singapore	10.0	8.9	7.4	14.5	2.9	3.7	3.1
斯洛伐克	Slovakia	-2.7	1.2	6.8	5.0	4.2	3.2	4.1
斯洛文尼亚	Slovenia		4.2	4.0	1.2	2.3	4.9	4.5
所罗门群岛	Solomon Islands		-14.3	5.4	6.8	2.5	3.5	3.4
南非	South Africa	-0.3	4.2	5.3	3.0	1.3	1.3	0.6
西班牙	Spain	3.8	5.3	3.7		3.6	3.0	2.6
斯里兰卡	Sri Lanka	6.4	6.0	6.2	8.0	5.0	3.4	3.2
苏丹	Sudan	-5.5	6.3	7.5	3.5	4.9	4.3	-2.3
苏里南	Suriname	-0.5	2.1	4.5	5.2	-3.4	1.7	2.0
斯威士兰	Swaziland	21.0	1.8	6.0	3.8	0.4	2.0	
瑞典	Sweden	0.8	4.7	2.8	6.0	4.5	2.1	2.4
瑞士	Switzerland	3.7	3.9	3.1	3.0	1.3	1.6	2.5
叙利亚	Syrian Arab Republic	7.6	2.7	6.2	3.2			
塔吉克斯坦	Tajikistan	-0.6	8.3	6.6	6.5	6.0	7.6	7.3
坦桑尼亚	Tanzania	7.0	4.5	7.5	6.3	6.2	6.8	5.2
泰国	Thailand	11.2	4.5	4.2	7.5	3.1	4.0	4.1
东帝汶	Timor-Leste		58.1	35.9	-1.2	20.6	-9.2	2.8
多哥	Togo	-0.2	-0.8	1.2	6.1	5.7	4.4	4.9
汤加	Tonga	-2.0	3.4	1.6	3.6	3.7	2.7	0.3
特立尼达和多巴哥	Trinidad And Tobago	1.5	6.9	6.2	3.3	1.8	-1.9	0.7
突尼斯	Tunisia	8.0	4.7	3.5	3.5	1.2	1.8	2.5
土耳其	Turkey	9.3	6.6	9.0	8.5	6.1	7.4	2.6
土库曼斯坦	Turkmenistan	35.4	5.5	13.0	9.2	6.5	6.5	6.2
图瓦卢	Tuvalu		-1.0	-3.8	-2.7	9.1	4.1	2.5
乌干达	Uganda	6.5	3.1	6.3	5.6	5.2	3.9	6.1
乌克兰	Ukraine	-6.3	5.9	3.0	3.8	-9.8	2.5	3.3
阿联酋	United Arab Emirates	18.3	10.9	4.9	1.6	5.1	0.8	1.4
英国	United Kingdom	0.7	3.7	3.1	1.7	2.3	1.8	1.4
美国	United States	1.9	4.1	3.5	2.6	2.9	2.2	2.9
乌拉圭	Uruguay	0.3	-1.9	7.5	7.8	0.4	2.6	1.6
乌兹别克斯坦	Uzbekistan	1.6	3.8	7.0	8.5	7.4	4.5	5.1
瓦努阿图	Vanuatu	11.7	5.9	5.3	1.6	-0.8	4.5	3.2
委内瑞拉	Venezuela	6.5	3.7	10.3	-1.5	-5.7		
越南	Viet Nam	5.1	6.8	7.5	6.4	6.7	6.8	7.1
约旦河西岸和加沙	West Bank and Gaza		-8.6	10.8	8.1	3.4	3.1	0.9
也门	Yemen		6.2	5.6	7.7	-16.7	-5.9	-2.7
赞比亚	Zambia	-0.5	3.9	7.2	10.3	2.9	3.4	3.8
津巴布韦	Zimbabwe	7.0	-3.1	-5.7	19.7	1.8	4.7	6.2

3-6 人均国内生产总值增长率
Growth rate of GDP per capita

资料来源：世界银行WDI数据库。
Source: World Bank WDI Database.
单位：% (%)

国家或地区	Country or Area	2000	2005	2010	2015	2017	2018
世　界	**World**	**3.0**	**2.6**	**3.0**	**1.7**	**2.0**	**1.9**
高收入国家	**High Income**	**3.4**	**2.1**	**2.3**	**1.7**	**1.7**	**1.7**
经合组织高收入国家	**OECD Countries**	**3.3**	**2.0**	**2.3**			
非经合组织高收入国家	**High Income: nonOECD**	**5.8**	**5.9**	**4.8**			
中等收入国家	**Middle Income**	**4.2**	**5.7**	**6.1**	**2.7**	**3.7**	**3.5**
中等偏下收入国家	**Lower Middle Income**	**2.5**	**4.9**	**5.2**	**4.1**	**4.1**	**4.1**
中等偏上收入国家	**Upper Middle Income**	**5.0**	**6.3**	**6.7**	**2.6**	**3.9**	**3.6**
中低收入国家	**Low and Middle Income**	**4.0**	**5.6**	**6.0**	**2.6**	**3.5**	**3.3**
东亚和太平洋	**East Asia and Pacific**	**6.5**	**8.8**	**9.0**	**5.7**	**5.7**	**5.6**
欧洲和中亚	**Europe and Central Asia**	**8.0**	**7.1**	**4.5**	**0.2**	**3.4**	**2.3**
拉丁美洲和加勒比	**Latin America and Caribbean**	**2.3**	**3.0**	**4.8**	**-1.1**	**0.7**	**0.5**
中东和北非国家	**Middle East and North Africa**	**2.6**	**2.7**	**3.4**	**-0.8**	**1.3**	
南　亚	**South Asia**	**2.1**	**5.9**	**6.2**	**6.1**	**5.6**	**5.5**
撒哈拉以南非洲	**Sub-Saharan Africa**	**0.8**	**3.4**	**2.7**	**0.1**	**-0.2**	**-0.3**
低收入国家	**Low Income**	**-0.1**	**3.7**	**4.2**	**0.3**	**2.3**	**2.3**
最不发达地区	**Least Developed Countries**	**1.6**	**5.7**	**3.8**	**1.6**	**2.4**	**1.8**
重债穷国	**Heavily Indebted Poor Countries**	**-0.1**	**3.1**	**3.0**	**2.0**	**2.3**	**1.3**
中　国	China	7.6	10.7	10.1	6.4	6.2	6.1
中国香港	Hong Kong, China	6.7	6.9	6.0	1.5	3.1	2.2
中国澳门	Macao, China	3.4	5.5	22.5	-23.1	8.0	3.2
阿富汗	Afghanistan		7.2	11.3	-1.6	0.1	-1.3
阿尔巴尼亚	Albania	7.6	6.1	4.2	2.5	3.9	4.3
阿尔及利亚	Algeria	2.4	4.4	1.8	1.7	-0.5	0.1
安道尔	Andorra	1.9	3.8	-5.3	2.4	2.1	1.6
安哥拉	Angola	-0.3	11.0	1.1	-2.5	-3.4	-5.3
安提瓜和巴布达	Antigua and Barbuda	4.8	4.9	-8.6	2.9	2.1	4.0
阿根廷	Argentina	-1.9	7.7	9.3	1.6	1.6	-3.5
亚美尼亚	Armenia	6.6	14.6	2.6	2.7	7.2	5.0
澳大利亚	Australia	2.7	1.9	0.5	0.9	0.6	1.2
奥地利	Austria	3.1	1.6	1.6		1.8	2.2
阿塞拜疆	Azerbaijan	10.2	26.7	3.5	-0.1	-1.3	0.5
巴哈马	Bahamas	2.8	1.5		0.1	0.4	
巴　林	Bahrain	0.9	-0.4	-0.4	0.2	-0.9	-3.1
孟加拉国	Bangladesh	3.3	5.0	4.4	5.4	6.1	6.7
巴巴多斯	Barbados	4.0	3.6	-0.1	0.7	0.8	
白俄罗斯	Belarus	6.3	10.2	8.0	-4.0	2.6	3.2
比利时	Belgium	3.4	1.5	1.8	1.2	1.3	1.0
伯利兹	Belize	9.2	-0.1	0.9	1.3	-0.6	1.1
贝　宁	Benin	2.7	-1.2	-0.7	-0.7	3.0	4.0
百慕大	Bermuda	8.3	1.0	-1.3			
不　丹	Bhutan	4.6	5.5	10.6	5.4	3.4	1.1
玻利维亚	Bolivia	0.5	2.6	2.4	3.3	2.7	2.8
波　黑	Bosnia and Herzegovinian	5.3	8.7	1.7	4.7	4.2	3.9
博茨瓦纳	Botswana	-0.1	2.6	6.7	-3.2	0.8	2.2
巴　西	Brazil	2.9	2.0	6.5	-4.4	0.3	0.3
文　莱	Brunei Darussalam	0.7	-1.2	1.3	-1.8	0.2	-1.0
保加利亚	Bulgaria	5.3	7.9	2.0	4.1	4.6	3.8
布基纳法索	Burkina Faso	-1.0	5.5	2.2	0.9	3.3	3.5
布隆迪	Burundi	-2.6	-2.3	1.8	-6.9	-2.6	-1.6
柬埔寨	Cambodia	8.3	11.5	4.3	5.3	5.4	5.9
喀麦隆	Cameroon	0.9	-0.7	0.6	2.9	0.9	1.2
加拿大	Canada	4.2	2.2	2.0	-0.1	1.8	0.5
佛得角	Cape Verde	12.2	5.4	0.2	-0.2	2.8	4.3
中　非	Central African Rep.	-4.7	-1.1	3.5	3.9	3.1	2.8
乍　得	Chad	-4.5	13.1	9.8	-0.5	-5.9	-0.4
海峡群岛	Channel Islands	5.2	0.7				

3-6 续表 1 continued

单位：% (%)

国家或地区	Country or Area	2000	2005	2010	2015	2017	2018
智　　利	Chile	4.1	4.6	4.8	1.1	-0.2	2.6
哥伦比亚	Colombia	1.3	3.3	3.3	1.8	-0.2	1.1
科 摩 罗	Comoros	8.1	0.4	1.3	-1.2	0.4	0.5
刚果(金)	Congo, Dem. Rep.	-9.3	2.8	3.6	3.4	0.4	2.4
刚果(布)	Congo, Rep.	4.5	4.4	5.5	0.1	-5.6	-1.5
哥斯达黎加	Costa Rica	1.8	2.4	3.7	2.5	2.3	1.6
科特迪瓦	Cote D'Ivoire	-4.6	-0.4	-0.3	6.1	5.0	4.7
克罗地亚	Croatia	4.8	4.0	-1.2	3.2	4.2	3.5
古　　巴	Cuba	5.5	11.1	2.4	4.3	1.7	
塞浦路斯	Cyprus	4.8	3.4	-1.3	2.5	3.5	2.7
捷　　克	Czech Rep.	4.6	6.4	2.0	5.1	4.1	2.7
丹　　麦	Denmark	3.4	2.1	1.4	1.6	1.6	0.9
吉 布 提	Djibouti	-1.2	1.5	1.7	7.8	2.4	4.3
多米尼克	Dominica	2.6	0.4	0.6	-2.7	-9.7	0.3
多米尼加	Dominican Rep.	3.1	8.0	7.0	5.8	3.4	5.8
厄瓜多尔	Ecuador	-0.8	3.5	1.9	-1.5	0.6	-0.4
埃　　及	Egypt	4.3	2.6	3.1	2.1	2.0	3.2
萨尔瓦多	El Salvador	0.4	2.2	2.1	1.9	1.8	2.0
赤道几内亚	Equatorial Guinea	13.5	11.7	-13.0	-12.7	-8.2	-6.4
厄立特里亚	Eritrea	-5.5	-1.3	0.6			
爱沙尼亚	Estonia	10.0	10.0	2.5	1.8	4.7	3.6
埃塞俄比亚	Ethiopia	3.1	8.7	9.5	7.4	6.6	4.0
斐　　济	Fiji	-2.3	0.2	2.2	4.4	4.6	4.3
芬　　兰	Finland	5.4	2.4	2.5	0.2	2.8	1.5
法　　国	France	3.2	0.9	1.4	0.7	2.3	1.5
法属波立尼西亚	French Polynesia	2.1					
加　　蓬	Gabon	-4.2		3.4	0.5	-2.3	-1.4
冈 比 亚	Gambia	2.3	-4.0	3.4	2.7	1.5	3.5
格鲁吉亚	Georgia	3.8	10.3	7.0	2.7	4.8	4.6
德　　国	Germany	2.8	0.8	4.2	0.9	1.8	1.1
加　　纳	Ghana	1.2	3.3	5.2	-0.1	5.8	4.0
希　　腊	Greece	3.5	0.3	-5.6	0.2	1.7	2.2
格 陵 兰	Greenland	6.9	4.9	0.7	-2.2	1.0	
格林纳达	Grenada	4.5	12.9	-0.9	5.8	4.5	4.3
危地马拉	Guatemala	1.3	0.9	0.7	2.0	0.7	1.2
几 内 亚	Guinea	0.2	0.9	2.5	1.3	10.3	5.6
几内亚比绍	Guinea-Bissau	3.3	1.8	2.0	3.4	3.3	1.2
圭 亚 那	Guyana	-1.0	-2.0	3.9	2.6	1.6	2.9
海　　地	Haiti	-0.9	0.2	-6.9	-0.2	-0.1	0.2
洪都拉斯	Honduras	4.4	3.5	1.7	2.0	3.0	2.0
匈 牙 利	Hungary	4.5	4.6	0.9	3.8	4.4	5.1
冰　　岛	Iceland	3.5	4.7	-3.3	3.4	2.2	1.6
印　　度	India	2.0	6.2	7.0	6.8	6.0	5.9
印度尼西亚	Indonesia	3.5	4.3	4.8	3.6	3.8	4.0
伊　　朗	Iran	4.5	2.0	4.6	-2.6	2.3	
爱 尔 兰	Ireland	8.0	3.4	1.3	24.0	7.0	7.1
马 恩 岛	Isle of Man	4.1	4.9	2.8	-0.6		
以 色 列	Israel	4.9	2.1	3.6	0.6	1.5	1.3
意 大 利	Italy	3.7	0.5	1.4	1.0	1.8	1.0
牙 买 加	Jamaica		0.3	-2.0	0.4	0.5	1.4
日　　本	Japan	2.6	1.7	4.2	1.3	2.1	1.0
约　　旦	Jordan	2.4	4.7	-2.9	-1.4	-0.3	0.1
哈萨克斯坦	Kazakhstan	10.1	8.7	5.8	-0.3	2.7	2.7
肯 尼 亚	Kenya	-2.1	3.0	5.5	3.1	2.4	3.9
基里巴斯	Kiribati	4.5	2.9	-2.8	8.9	-1.1	0.5
韩　　国	Korea, Rep.	8.0	3.7	6.0	2.3	2.6	2.3

3-6 续表 2 continued

单位：% (%)

国家或地区	Country or Area	2000	2005	2010	2015	2017	2018
科威特	Kuwait	-0.1	6.7	-7.9	-3.2	-5.8	-0.7
吉尔吉斯斯坦	Kyrgyzstan	4.2	-1.3	-1.7	1.8	2.7	1.6
老挝	Laos	4.0	5.4	6.8	5.7	5.2	4.9
拉脱维亚	Latvia	6.4	11.9	-1.9	3.8	5.6	5.6
黎巴嫩	Lebanon	-1.2	-0.1	5.0	-3.7	-0.9	-0.3
莱索托	Lesotho	3.2	4.0	5.8	2.0	-3.1	0.7
利比里亚	Liberia	21.9	2.6	2.4	-2.5		-1.2
利比亚	Libya	2.1	10.2	3.9	-9.7	25.0	6.3
列支敦士登	Liechtenstein	1.9	4.0				
立陶宛	Lithuania	4.6	9.5	3.8	3.0	5.6	4.9
卢森堡	Luxemburg	6.8	1.6	3.0	1.5	-0.9	0.7
马其顿	Macedonia, FYR	4.0	4.6	3.3	3.8	0.2	2.6
马达加斯加	Madagascar	1.5	1.6	-2.5	0.4	1.5	2.4
马拉维	Malawi	-1.1	0.6	3.9		1.3	0.8
马来西亚	Malaysia	6.4	3.3	5.6	3.7	4.5	3.3
马尔代夫	Maldives	1.7	-15.4	3.6	-1.6	2.4	2.1
马里	Mali	-2.8	3.1	2.1	2.9	2.3	1.8
马耳他	Malta	6.1	3.1	3.0	8.1	3.8	3.1
马绍尔群岛	Marshall Islands	5.2	1.5	6.2	-0.8	3.0	1.9
毛里塔尼亚	Mauritania	-3.0	5.9	1.8	-1.5	0.2	0.8
毛里求斯	Mauritius	7.1	1.2	4.1	3.4	3.7	3.7
墨西哥	Mexico	3.4	0.9	3.6	2.0	0.9	0.9
密克罗尼西亚	Micronesia, Fed.	4.9	2.5	2.1	3.5	2.0	0.3
摩尔多瓦	Moldova	2.3	7.8	7.2	-0.3	4.8	4.1
摩纳哥	Monaco	2.9	0.9	0.9	3.8	-4.3	
蒙古	Mongolia	0.3	6.0	4.6	0.4	3.4	5.0
黑山	Montenegro	3.3	4.0	2.5	3.3	4.7	4.9
摩洛哥	Morocco	0.7	2.1	2.5	3.1	2.7	1.6
莫桑比克	Mozambique	-1.0	5.6	3.8	3.6	0.8	0.3
缅甸	Myanmar	12.4	12.7	8.9	6.2	6.1	5.6
纳米比亚	Namibia	1.7	0.9	4.1	4.2	-2.7	-1.9
尼泊尔	Nepal	4.3	2.2	4.3	2.9	6.5	4.5
荷兰	Netherlands	3.5	1.8	0.8	1.5	2.3	2.0
新喀里多尼亚	New Caledonia	0.2					
新西兰	New Zealand	2.3	2.2	0.4	1.6	1.0	0.9
尼加拉瓜	Nicaragua	2.5	2.9	3.0	3.4	3.3	-5.0
尼日尔	Niger	-4.9	0.7	4.3	0.4	0.9	1.2
尼日利亚	Nigeria	2.4	3.7	5.2		-1.8	-0.7
挪威	Norway	2.5	1.9	-0.6	1.0	1.2	0.7
阿曼	Oman	4.8	-0.2	-0.9	-1.2	-4.9	-1.3
巴基斯坦	Pakistan	1.5	5.2	-0.6	2.6	3.5	3.3
帕劳	Palau	-2.8	4.9	2.3	10.2	-4.0	4.4
巴拿马	Panama	0.7	5.2	4.0	3.9	3.5	1.9
巴布亚新几内亚	Papua New Guinea	-4.7	4.0	7.6	7.3	-0.5	-1.5
巴拉圭	Paraguay	-4.3	0.5	9.6	1.7	3.6	2.3
秘鲁	Peru	1.2	5.4	7.5	2.0	0.8	2.2
菲律宾	Philippines	2.2	2.8	5.9	4.4	5.1	4.8
波兰	Poland	5.7	3.5	3.9	3.9	4.8	5.1
葡萄牙	Portugal	3.1	0.6	1.9	2.2	3.0	2.3
波多黎各	Puerto Rico	3.0	-1.8	0.1	0.7	-0.3	-1.0
卡塔尔	Qatar		-6.4	6.6	-0.6	-1.0	-0.6
罗马尼亚	Romania	2.6	5.3	-3.3	4.4	7.6	4.7
俄罗斯	Russia	10.5	6.8	4.5	-2.5	1.5	2.3
卢旺达	Rwanda	2.5	7.4	4.6	6.1	3.3	5.8
圣基茨和尼维斯	Saint Kitts and Nevis	9.3	8.4	-2.3	1.3	0.4	2.2
圣卢西亚	Saint Lucia	-1.1	-1.4	-0.8	-0.2	3.1	0.1

3-6 续表 3 continued

单位：%　　　　(%)

国家或地区	Country or Area	2000	2005	2010	2015	2017	2018
圣文森特和格林纳丁斯	Saint Vincent and the Grenadines	1.6	2.4	-3.3	1.1	0.5	2.2
萨 摩 亚	Samoa	6.4	3.5	-0.3	0.8	2.3	0.3
圣马力诺	San Marino	1.0	1.0	-5.9	-0.4	1.0	
圣多美和普林西比	Sao Tome and Principe		4.6	4.0	1.9	1.9	0.7
沙特阿拉伯	Saudi Arabia	3.2	2.5	2.0	1.5	-2.7	0.4
塞内加尔	Senegal	0.8	3.0	0.8	3.4	4.1	3.8
塞尔维亚	Serbia	8.1	5.9	1.1	2.3	2.6	4.9
塞 舌 尔	Seychelles	0.6	8.5	3.0	2.6	3.1	2.6
塞拉利昂	Sierra Leone	3.8	0.6	3.0	-22.3	2.0	1.5
新 加 坡	Singapore	7.2	4.9	12.5	1.7	3.6	2.7
斯洛伐克	Slovakia	1.3	6.7	4.9	4.1	3.0	4.0
斯洛文尼亚	Slovenia	3.8	3.8	0.8	2.2	4.8	4.4
所罗门群岛	Solomon Islands	-16.6	2.9	4.2	-0.2	0.8	0.7
南　　非	South Africa	2.7	4.0	1.6	-0.3		-0.6
西 班 牙	Spain	4.8	2.0	-0.4	3.7	2.7	2.3
斯里兰卡	Sri Lanka	5.4	5.4	7.3	4.0	2.3	2.1
苏　　丹	Sudan	3.4	4.5	0.8	2.4	1.8	-4.6
苏 里 南	Suriname	0.9	3.3	4.0	-4.4	0.7	1.0
斯威士兰	Swaziland	0.2	5.0	1.9	-1.4	0.2	
瑞　　典	Sweden	4.6	2.4	5.1	3.4	0.7	1.1
瑞　　士	Switzerland	3.4	2.5	1.9	0.2	0.7	1.8
叙 利 亚	Syrian Arab Republic	0.3	3.1	0.8			
塔吉克斯坦	Tajikistan	6.6	4.7	4.2	3.5	5.0	4.7
坦桑尼亚	Tanzania	2.0	4.5	3.3	3.0	3.6	2.1
泰　　国	Thailand	3.4	3.5	7.0	2.7	3.7	3.8
东 帝 汶	Timor-Leste	16.7	32.7	-2.9	18.4	-10.9	0.8
多　　哥	Togo	-3.7	-1.4	3.3	3.1	1.9	2.4
汤　　加	Tonga	2.9	0.9	3.5	4.0	1.8	-0.9
特立尼达和多巴哥	Trinidad And Tobago	6.6	5.7	2.8	1.2	-2.4	0.3
突 尼 斯	Tunisia	3.7	2.6	2.4	0.1	0.7	1.3
土 耳 其	Turkey	5.0	7.6	7.0	4.3	5.7	1.0
土库曼斯坦	Turkmenistan	4.3	11.8	7.5	4.6	4.7	4.5
图 瓦 卢	Tuvalu	-1.5	-5.0	-3.7	7.9	2.8	1.3
乌 干 达	Uganda	0.1	3.0	2.3	1.6		2.2
乌 克 兰	Ukraine	7.0	3.8	4.2	-9.4	2.9	3.9
阿 联 酋	United Arab Emirates	4.9	-7.0	-5.9	4.5	-0.6	-0.1
英　　国	United Kingdom	3.1	2.4	0.9	1.5	1.1	0.7
美　　国	United States	3.0	2.6	1.7	2.1	1.6	2.2
乌 拉 圭	Uruguay	-2.3	7.5	7.5		2.2	1.2
乌兹别克斯坦	Uzbekistan	2.4	5.7	5.5	5.6	2.7	3.3
瓦努阿图	Vanuatu	3.8	2.7	-0.9	-3.5	1.9	0.7
委内瑞拉	Venezuela	1.7	8.5	-2.9	-7.0		
越　　南	Viet Nam	5.6	6.6	5.4	5.6	5.7	6.0
约旦河西岸和加沙	West Bank and Gaza	-10.9	8.0	5.3	1.1	1.1	-1.6
也　　门	Yemen	3.2	2.6	4.7	-18.8	-8.2	-5.0
赞 比 亚	Zambia	1.2	4.5	7.1	-0.2	0.4	0.8
津巴布韦	Zimbabwe	-3.5	-6.2	18.1	0.1	3.2	4.7
欧 元 区	Euro Area	3.5	1.2	1.8	1.8	2.3	1.7

3-7 资本形成率
Capital Formation Rate

资料来源：世界银行WDI数据库。
Source: World Bank WDI Database.
单位：% (%)

国家或地区	Country or Area	2000	2005	2010	2015	2017	2018
世　界	**World**	**24.5**	**25.0**	**24.3**	**24.5**	**24.2**	**24.4**
高收入国家	**High Income**	**24.0**	**23.1**	**20.8**	**21.8**	**21.8**	**22.0**
非经合组织成员国	**High Income: nonOECD**	**21.8**	**21.3**	**23.9**			
经合组织成员国	**OECD Countries**	**23.7**	**22.7**	**20.0**			
中等收入国家	**Middle Income**	**26.0**	**29.8**	**32.8**	**31.1**	**29.8**	**30.4**
中等偏下收入国家	**Lower Middle Income**	**24.4**	**29.7**	**30.8**	**27.6**	**27.2**	**28.1**
中等偏上收入国家	**Upper Middle Income**	**26.4**	**29.8**	**33.3**	**32.1**	**30.6**	**31.0**
中低收入国家	**Low and Middle Income**	**25.8**	**29.6**	**32.6**	**31.1**	**29.8**	**30.4**
东亚和太平洋	**East Asia and Pacific**	**32.0**	**38.1**	**43.4**	**41.8**	**40.9**	**40.9**
欧洲和中亚	**Europe and Central Asia**	**20.3**	**23.7**	**24.5**	**24.2**	**25.7**	**24.7**
拉丁美洲和加勒比	**Latin America and Caribbean**	**20.0**	**19.3**	**21.5**	**20.5**	**16.7**	**18.8**
中东和北非国家	**Middle East and North Africa**	**26.8**	**28.4**	**32.1**	**30.3**	**29.5**	
南　亚	**South Asia**	**25.6**	**35.1**	**36.6**	**30.3**	**29.5**	**30.0**
撒哈拉以南非洲	**Sub-Saharan Africa**	**22.2**	**21.7**	**20.9**	**22.9**	**20.5**	**20.5**
低收入国家	**Low Income**	**16.5**	**18.2**	**22.5**	**27.7**	**28.6**	
最不发达地区	**Least Developed Countries**	**21.6**	**23.2**	**24.4**	**28.9**	**27.8**	
重债穷国	**Heavily Indebted Poor Countries**	**18.9**	**21.1**	**21.3**	**26.6**	**24.7**	**24.0**
中　国	China	34.4	41.4	47.7	45.6	44.3	44.1
中国香港	Hong Kong, China	27.6	21.1	23.9	21.5	22.0	21.7
中国澳门	Macao, China	10.5	25.7	13.3	25.1	19.5	17.2
孟加拉国	Bangladesh	23.8	25.8	26.2	28.9	30.5	31.2
文　莱	Brunei Darussalam	13.1	11.4	23.7	35.2	34.8	41.1
柬埔寨	Cambodia	17.4	18.5	17.4	22.5	22.9	23.4
印　度	India	26.7	38.1	40.2	32.1	30.9	31.3
印度尼西亚	Indonesia	22.2	25.1	32.9	34.1	33.7	34.6
伊　朗	Iran	35.1	38.7	40.3	34.0	34.7	
以色列	Israel	22.8	20.5	18.8	20.0	21.5	21.8
日　本	Japan	27.3	24.7	21.3	24.0	23.9	24.4
哈萨克斯坦	Kazakhstan	18.1	31.0	25.4	27.9	25.9	23.8
韩　国	Korea, Rep.	32.9	32.2	32.0	28.9	31.1	30.2
老　挝	Laos	13.4	34.1	27.5	31.6	29.0	
马来西亚	Malaysia	26.9	22.4	23.4	25.4	25.6	23.6
蒙　古	Mongolia	29.0	37.5	42.1	26.4	31.4	43.1
缅　甸	Myanmar	12.4		23.2	34.6	32.8	
巴基斯坦	Pakistan	17.2	19.1	15.8	15.7	16.2	16.7
菲律宾	Philippines	18.4	21.6	20.5	21.2	25.1	26.9
新加坡	Singapore	35.2	21.5	27.7	25.4	28.2	26.6
斯里兰卡	Sri Lanka	28.0	26.8	30.4	31.2	28.8	28.6
泰　国	Thailand	22.3	30.4	25.4	22.4	22.8	25.0
越　南	Viet Nam	29.6	33.8	35.7	27.7	26.6	26.5
埃　及	Egypt	19.6	18.0	19.5	14.3	15.3	16.7
尼日利亚	Nigeria	34.1	26.2	17.6	15.5	15.5	19.8
南　非	South Africa	16.4	18.3	19.5	20.9	18.8	17.9
加拿大	Canada	20.7	22.7	23.5	23.9	23.6	23.1
墨西哥	Mexico	23.0	22.1	22.8	23.3	23.0	22.7
美　国	United States	23.7	23.4	18.7	21.1	20.7	21.0
阿根廷	Argentina	17.5	18.9	17.7	17.1	18.8	21.0
巴　西	Brazil	18.9	17.2	21.8	17.4	15.0	15.4
委内瑞拉	Venezuela	24.2	23.0	22.0	30.9		
捷　克	Czech Rep.	31.4	29.1	27.1	28.0	25.9	26.2
法　国	France	22.5	22.5	21.9	22.7	23.4	23.5
德　国	Germany	24.5	19.5	20.1	20.0	20.7	21.8
意大利	Italy	20.9	21.2	20.6	17.1	17.9	18.2
荷　兰	Netherlands	22.6	20.5	20.2	22.5	20.6	20.7
波　兰	Poland	24.6	19.9	21.3	20.5	19.8	20.7
俄罗斯	Russia	18.7	20.1	22.6	22.4	24.1	22.7
西班牙	Spain	26.6	29.4	22.3	19.0	19.4	20.4
土耳其	Turkey	23.8	27.0	27.0	28.4	31.0	29.6
乌克兰	Ukraine	19.6	26.3	20.9	15.9	19.9	18.8
英　国	United Kingdom	18.5	17.8	16.1	17.4	17.5	17.3
澳大利亚	Australia	26.3	27.6	26.9	26.3	24.1	24.5
新西兰	New Zealand	22.0	25.4	20.1	23.2	23.5	23.9

3-8 居民消费率
Household Final Consumption Rate

资料来源：世界银行WDI数据库。
Source: World Bank WDI Database.
单位：% (%)

国家或地区	Country or Area	2000	2005	2010	2015	2017	2018
中　　国	China	46.9	40.2	35.4	38.8	38.7	38.7
中国香港	Hong Kong, China	58.6	57.5	61.4	66.4	67.1	68.3
中国澳门	Macao, China	46.0	31.9	23.4	26.1	24.3	23.8
孟加拉国	Bangladesh	75.0	73.8	74.1	72.4	68.7	70.8
文　　莱	Brunei Darussalam	24.8	22.5	14.7	19.8	20.5	19.5
柬 埔 寨	Cambodia	88.2	86.0	81.3	76.8	73.4	70.6
印　　度	India	63.7	57.4	54.7	59.0	59.0	59.4
印度尼西亚	Indonesia	61.7	64.4	56.2	57.5	57.3	57.0
伊　　朗	Iran	49.7	41.2	42.9	50.3	47.6	
以 色 列	Israel	53.0	55.4	56.6	54.5	54.7	54.7
日　　本	Japan	54.4	55.6	57.8	56.6	55.5	55.6
哈萨克斯坦	Kazakhstan	61.9	49.9	45.4	53.7	50.7	49.6
韩　　国	Korea, Rep.	53.8	52.2	50.3	49.3	48.1	48.6
老　　挝	Laos	87.6	71.6	74.6	71.2	65.2	
马来西亚	Malaysia	43.8	44.2	48.1	54.0	55.4	57.4
蒙　　古	Mongolia	75.1	55.2	55.2	59.1	53.5	50.8
巴基斯坦	Pakistan	75.4	76.9	79.7	79.8	81.9	82.5
菲 律 宾	Philippines	72.2	75.0	71.6	73.8	73.5	73.8
新 加 坡	Singapore	41.9	39.8	36.3	37.2	35.6	34.9
斯里兰卡	Sri Lanka	71.5	69.0	68.5	67.4	69.9	69.8
泰　　国	Thailand	54.1	55.8	52.2	51.0	48.7	48.7
越　　南	Viet Nam	66.5	65.5	66.6	68.0	68.0	67.6
埃　　及	Egypt	75.9	71.6	74.6	82.4	88.1	85.4
尼日利亚	Nigeria	40.7	60.3	67.2	79.0	80.1	76.6
南　　非	South Africa	63.1	62.0	59.0	59.8	59.2	59.9
加 拿 大	Canada	54.7	54.5	57.1	57.9	58.0	58.0
墨 西 哥	Mexico	67.9	68.6	65.3	65.6	65.3	64.8
美　　国	United States	66.0	67.1	67.9	67.4	68.3	68.1
阿 根 廷	Argentina	69.3	63.0	64.2	65.9	66.3	65.1
巴　　西	Brazil	64.6	60.5	60.2	64.0	64.0	64.3
委内瑞拉	Venezuela	51.7	46.8	55.9	85.7	100.5	
捷　　克	Czech Rep.	50.6	47.8	49.0	46.8	47.4	47.5
法　　国	France	53.9	54.4	55.4	54.0	54.0	53.9
德　　国	Germany	56.3	56.5	55.1	52.9	52.3	52.1
意 大 利	Italy	60.6	59.3	60.7	60.8	60.3	60.3
荷　　兰	Netherlands	50.3	48.8	45.5	45.0	44.3	44.1
波　　兰	Poland	63.6	62.9	61.6	58.4	58.3	58.1
俄 罗 斯	Russia	46.2	49.9	51.5	52.4	52.7	49.4
西 班 牙	Spain	59.6	58.1	58.1	58.5	58.4	58.3
土 耳 其	Turkey	67.3	64.1	63.1	60.4	59.0	56.7
乌 克 兰	Ukraine	54.3	57.9	63.8	67.8	67.1	69.1
英　　国	United Kingdom	66.5	64.9	64.2	64.5	65.0	65.5
澳大利亚	Australia	58.1	57.6	56.2	57.2	56.7	56.4
新 西 兰	New Zealand	58.0	58.2	58.1	57.4	57.5	58.1

3-9 国内生产总值产业构成
Composition of Gross Domestic Product by Industry

资料来源：世界银行WDI数据库。
Source: World Bank WDI Database.

单位：% (%)

国家或地区	Country or Area	农业增加值占国内生产总值比重 Primary Industry as Percentage of GDP		工业增加值占国内生产总值比重 Secondary Industry as Percentage of GDP		服务业增加值占国内、生产总值比重 Tertiary Industry as Percentage of GDP	
		2000	2018	2000	2018	2000	2018
世　界	**World**	**5.0**	**3.4①**	**29.4**	**25.5①**	**62.5**	**65.0①**
高收入国家	**High Income**	**1.8**	**1.3①**	**26.5**	**22.8①**	**65.9**	**69.9①**
中等收入国家	**Middle Income**	**12.2**	**7.8**	**36.5**	**32.3**	**49.7**	**53.9**
中等偏下收入国家	**Lower Middle Income**	**20.4**	**14.9**	**32.0**	**28.9**	**42.8**	**49.0**
中等偏上收入国家	**Upper Middle Income**	**9.9**	**5.7**	**37.8**	**33.3**	**50.9**	**55.3**
中低收入国家	**Low and Middle Income**	**12.5**	**7.9**	**36.3**	**32.2**	**49.7**	**53.7**
东亚和太平洋	**East Asia and Pacific**	**14.8**	**8.1**	**44.1**	**39.8**	**41.0**	**51.6**
欧洲和中亚	**Europe and Central Asia**	**9.0**	**4.9**	**31.4**	**30.7**	**49.0**	**53.5**
拉丁美洲和加勒比	**Latin America and Caribbean**	**5.3**	**4.7**	**28.7**	**23.4**	**56.2**	**60.5**
中东和北非国家	**Middle East and North Africa**	**10.4**	**9.3①**	**43.0**	**35.1①**	**44.7**	**51.8①**
南　亚	**South Asia**	**22.2**	**15.1**	**27.3**	**26.2**	**42.7**	**49.9**
撒哈拉以南非洲	**Sub-Saharan Africa**	**18.6**	**15.2**	**33.6**	**24.1**	**51.2**	**52.5**
低收入国家	**Low Income**	**29.0**	**25.8①**	**25.0**	**24.9①**	**41.7**	**39.3①**
最不发达地区	**Least Developed Countries**	**28.5**	**20.8**	**27.5**	**24.6**	**40.0**	**44.4**
重债穷国	**Heavily Indebted Poor Countries**	**29.3**	**22.4**	**22.2**	**22.8**	**42.1**	**44.7**
中　国	China	14.7	7.2	45.5	40.7	39.8	52.2
中国香港	Hong Kong, China	0.1	0.1①	12.1	7.2①	83.8	88.6①
中国澳门	Macao, China			11.6	5.0①	81.3	93.0①
孟加拉国	Bangladesh	22.7	13.1	22.3	28.5	50.6	53.0
文　莱	Brunei Darussalam	1.0	1.0	63.7	63.2	35.3	37.3
柬 埔 寨	Cambodia	35.7	22.0	21.7	32.3	36.9	39.5
印　度	India	21.9	14.5	28.4	27.0	41.3	49.0
印度尼西亚	Indonesia	15.7	12.8	42.0	39.7	33.4	43.4
伊　朗	Iran	9.1	9.5①	40.3	34.9①	51.4	54.4①
日　本	Japan	1.5	1.2①	32.8	29.1①	65.9	69.1①
哈萨克斯坦	Kazakhstan	8.1	4.2	37.8	34.1	48.4	54.5
韩　国	Korea, Rep.	3.9	2.0	34.2	35.1	51.6	53.6
老　挝	Laos	33.6	15.7	16.5	31.5	42.2	41.6
马来西亚	Malaysia	8.6	7.7	48.3	39.0	46.3	52.0
蒙　古	Mongolia	27.4	10.9	22.2	38.2	44.1	40.0
缅　甸	Myanmar	57.2	24.6	9.7	32.3	33.1	43.2
巴基斯坦	Pakistan	24.1	22.6	21.7	18.2	47.2	53.5
菲 律 宾	Philippines	14.0	9.3	34.5	30.7	51.6	60.0
新 加 坡	Singapore	0.1		32.5	25.2	60.6	69.4
斯里兰卡	Sri Lanka	19.9	7.9	27.3	27.0	52.8	56.8
泰　国	Thailand	8.5	8.1	36.8	35.0	54.7	56.9
越　南	Viet Nam	24.5	14.6	36.7	34.3	38.7	41.2
埃　及	Egypt	15.5	11.2	30.8	35.1	50.1	51.4
尼日利亚	Nigeria	25.3	21.2	47.5	23.9	66.8	52.0
南　非	South Africa	3.0	2.2	29.1	26.0	59.1	61.4
加 拿 大	Canada	2.3	1.7②	32.5	24.8②	64.5	66.7②
墨 西 哥	Mexico	3.3	3.3	34.2	31.2	57.8	60.2
美　国	United States	1.2	0.9①	22.4	18.2①	73.1	77.4①
阿 根 廷	Argentina	4.7	6.1	26.0	23.1	61.9	55.6
巴　西	Brazil	4.8	4.4	23.0	18.4	58.3	62.6
委内瑞拉	Venezuela	3.9		46.4		43.1	
捷　克	Czech Rep.	3.1	2.0	33.9	32.7	54.1	55.3
法　国	France	2.1	1.6	21.3	16.9	66.3	70.3
德　国	Germany	1.0	0.7	27.9	28.0	61.4	61.5
意 大 利	Italy	2.6	1.9	24.3	21.7	62.7	66.1
荷　兰	Netherlands	2.2	1.6	22.2	17.5	65.3	70.3
波　兰	Poland	3.1	2.8①	28.9	28.9①	56.8	56.1①
俄 罗 斯	Russia	5.8	3.1	33.9	32.1	49.7	54.1
西 班 牙	Spain	3.7	2.6	27.9	21.9	59.1	65.9
土 耳 其	Turkey	10.1	5.8	26.9	29.4	52.6	54.3
乌 克 兰	Ukraine	14.5	10.1	30.8	23.3	39.5	51.3
英　国	United Kingdom	0.8	0.6	22.5	18.0	66.4	70.5
澳大利亚	Australia	3.1	2.6	24.7	24.0	64.3	66.6
新 西 兰	New Zealand	8.9	6.6③	22.4	19.2③	61.8	65.6③

注：①2017年数据。②2015年数据。③2016年数据。
Note:①Data refer to 2017.②Data refer to 2015.③Data refer to 2016.

3-10 生产法国内生产总值
Gross Domestic Product by Production Approach

资料来源：联合国NAOCD数据库。
Source: UN NAOCD Database.
单位：亿美元 (100 million USD)

国家或地区	Country or Area	2000	2005	2010	2016	2017
中　　国	**China**					
按当年价格计算	at Current Prices					
增加值总额	Total Value Added	12113	22860	61006	111910	120390
农业、狩猎业、林业和渔业	Agriculture, Hunting, Forestry, Fishing	1805	2736	5986	9929	10062
采掘、制造、电、煤气和水供应业	Mining, Manufacturing, Utilities	4863	9514	24390	37306	41427
制造业	Manufacturing		7337	19250	30799	
建筑业	Construction	668	1269	4026	7480	8240
批发、零售贸易、旅馆和饭店业	Wholesale, Retail Trade, Restaurants and Hotels	1245	2216	6442	12740	13662
运输、仓储和通讯业	Transport, Storage and Communication	744	1302	2774	4975	5445
其他服务业	Other Activities	2787	5822	17387	39480	41553
按2010年价格计算	at Constant Prices of 2010					
增加值总额	Total Value Added	22802	35937	61006	94977	101620
农业、狩猎业、林业和渔业	Agriculture, Hunting, Forestry, Fishing	3958	4800	5986	7608	7904
采掘、制造、电、煤气和水供应业	Mining, Manufacturing, Utilities	8281	13912	24390	37926	40358
制造业	Manufacturing		10286	19250	29789	
建筑业	Construction	1220	1994	4026	6645	6929
批发、零售贸易、旅馆和饭店业	Wholesale, Retail Trade, Restaurants and Hotels	2021	3235	6442	10668	11465
运输、仓储和通讯业	Transport, Storage and Communication	1180	1858	2774	4064	4431
其他服务业	Other Activities	5927	9973	17387	28082	30464
中国香港	**Hong Kong, China**					
按当年价格计算	at Current Prices					
增加值总额	Total Value Added	1647	1772	2236	3115	3303
农业、狩猎业、林业和渔业	Agriculture, Hunting, Forestry, Fishing	1	1	1	2	2
采掘、制造、电、煤气和水供应业	Mining, Manufacturing, Utilities	127	103	84	79	81
制造业	Manufacturing	79	51	39	35	36
建筑业	Construction	80	50	73	160	171
批发、零售贸易、旅馆和饭店业	Wholesale, Retail Trade, Restaurants and Hotels	404	511	605	781	829
运输、仓储和通讯业	Transport, Storage and Communication	180	207	248	301	323
其他服务业	Other Activities	853	899	1226	1791	1896
按2010年价格计算	at Constant Prices of 2010					
增加值总额	Total Value Added	1556	1866	2236	2638	2727
农业、狩猎业、林业和渔业	Agriculture, Hunting, Forestry, Fishing	2	2	1	1	1
采掘、制造、电、煤气和水供应业	Mining, Manufacturing, Utilities	93	86	84	81	81
制造业	Manufacturing	57	44	39	38	38
建筑业	Construction	91	70	73	122	126
批发、零售贸易、旅馆和饭店业	Wholesale, Retail Trade, Restaurants and Hotels	326	471	605	698	723
运输、仓储和通讯业	Transport, Storage and Communication	164	215	248	307	320
其他服务业	Other Activities	878	1024	1226	1427	1474

3-10 续表 1 continued

单位：亿美元 (100 million USD)

国家或地区	Country or Area	2000	2005	2010	2016	2017
中国澳门	**Macao, China**					
按当年价格计算	at Current Prices					
增加值总额	Total Value Added	54	89	184	335	365
农业、狩猎业、林业和渔业	Agriculture, Hunting, Forestry, Fishing					
采掘、制造、电、煤气和水供应业	Mining, Manufacturing, Utilities	6	5	3	6	6
制造业	Manufacturing	5	4	2	3	3
建筑业	Construction	1	8	10	24	19
批发、零售贸易、旅馆和饭店业	Wholesale, Retail Trade, Restaurants and Hotels	5	9	26	49	56
运输、仓储和通讯业	Transport, Storage and Communication	4	4	7	13	13
其他服务业	Other Activities	38	63	138	244	271
按2010年价格计算	at Constant Prices of 2010					
增加值总额	Total Value Added	82	127	184	236	252
农业、狩猎业、林业和渔业	Agriculture, Hunting, Forestry, Fishing					
采掘、制造、电、煤气和水供应业	Mining, Manufacturing, Utilities	12	9	3	5	5
制造业	Manufacturing	7	5	2	2	2
建筑业	Construction	2	10	10	15	10
批发、零售贸易、旅馆和饭店业	Wholesale, Retail Trade, Restaurants and Hotels	8	14	26	45	50
运输、仓储和通讯业	Transport, Storage and Communication	6	6	7	13	13
其他服务业	Other Activities	56	88	138	163	179
孟加拉国	**Bangladesh**					
按当年价格计算	at Current Prices					
增加值总额	Total Value Added	439	553	1093	2094	2325
农业、狩猎业、林业和渔业	Agriculture, Hunting, Forestry, Fishing	112	111	195	309	329
采掘、制造、电、煤气和水供应业	Mining, Manufacturing, Utilities	77	105	215	442	500
制造业	Manufacturing	67	91	185	375	425
建筑业	Construction	34	45	71	161	182
批发、零售贸易、旅馆和饭店业	Wholesale, Retail Trade, Restaurants and Hotels	59	82	163	294	327
运输、仓储和通讯业	Transport, Storage and Communication	38	60	116	215	233
其他服务业	Other Activities	119	149	334	673	754
按2010年价格计算	at Constant Prices of 2010					
增加值总额	Total Value Added	623	807	1093	1600	1716
农业、狩猎业、林业和渔业	Agriculture, Hunting, Forestry, Fishing	134	152	195	238	245
采掘、制造、电、煤气和水供应业	Mining, Manufacturing, Utilities	103	144	215	379	420
制造业	Manufacturing	89	123	185	330	366
建筑业	Construction	34	51	71	113	123
批发、零售贸易、旅馆和饭店业	Wholesale, Retail Trade, Restaurants and Hotels	86	118	163	238	256
运输、仓储和通讯业	Transport, Storage and Communication	55	78	116	173	185
其他服务业	Other Activities	213	267	334	456	485

3-10 续表 2 continued

单位：亿美元 (100 million USD)

国家或地区	Country or Area	2000	2005	2010	2016	2017
文 莱	**Brunei Darussalam**					
按当年价格计算	at Current Prices					
增加值总额	Total Value Added	68	108	140	116	123
农业、狩猎业、林业和渔业	Agriculture, Hunting, Forestry, Fishing	1	1	1	1	1
采掘、制造、电、煤气和水供应业	Mining, Manufacturing, Utilities	43	76	92	62	69
制造业	Manufacturing	13	16	20	13	15
建筑业	Construction	1	2	2	3	3
批发、零售贸易、旅馆和饭店业	Wholesale, Retail Trade, Restaurants and Hotels	3	4	7	8	8
运输、仓储和通讯业	Transport, Storage and Communication	2	3	4	5	5
其他服务业	Other Activities	18	23	34	37	37
按2010年价格计算	at Constant Prices of 2010					
增加值总额	Total Value Added	134	144	140	136	137
农业、狩猎业、林业和渔业	Agriculture, Hunting, Forestry, Fishing	1	1	1	1	1
采掘、制造、电、煤气和水供应业	Mining, Manufacturing, Utilities	101	105	92	81	82
制造业	Manufacturing	21	22	20	20	22
建筑业	Construction	2	2	2	3	3
批发、零售贸易、旅馆和饭店业	Wholesale, Retail Trade, Restaurants and Hotels	4	5	7	8	8
运输、仓储和通讯业	Transport, Storage and Communication	3	3	4	5	5
其他服务业	Other Activities	23	27	34	38	38
柬 埔 寨	**Cambodia**					
按当年价格计算	at Current Prices					
增加值总额	Total Value Added	35	60	106	188	208
农业、狩猎业、林业和渔业	Agriculture, Hunting, Forestry, Fishing	13	19	38	50	52
采掘、制造、电、煤气和水供应业	Mining, Manufacturing, Utilities	6	12	18	36	40
制造业	Manufacturing	6	11	17	32	35
建筑业	Construction	2	4	7	23	28
批发、零售贸易、旅馆和饭店业	Wholesale, Retail Trade, Restaurants and Hotels	5	9	15	28	31
运输、仓储和通讯业	Transport, Storage and Communication	2	5	9	16	18
其他服务业	Other Activities	6	11	19	35	39
按2010年价格计算	at Constant Prices of 2010					
增加值总额	Total Value Added	50	78	106	160	171
农业、狩猎业、林业和渔业	Agriculture, Hunting, Forestry, Fishing	23	30	38	42	43
采掘、制造、电、煤气和水供应业	Mining, Manufacturing, Utilities	6	12	18	31	33
制造业	Manufacturing	6	11	17	28	30
建筑业	Construction	3	6	7	17	20
批发、零售贸易、旅馆和饭店业	Wholesale, Retail Trade, Restaurants and Hotels	7	10	15	23	25
运输、仓储和通讯业	Transport, Storage and Communication	4	6	9	13	14
其他服务业	Other Activities	8	14	19	30	32

3-10 续表 3 continued

单位：亿美元 (100 million USD)

国家或地区	Country or Area	2000	2005	2010	2016	2017
印　　度	**India**					
按当年价格计算	at Current Prices					
增加值总额	Total Value Added	4189	7544	15492	20599	23314
农业、狩猎业、林业和渔业	Agriculture, Hunting, Forestry, Fishing	1004	1451	2843	3697	3984
采掘、制造、电、煤气和水供应业	Mining, Manufacturing, Utilities	986	1755	3746	4503	5056
制造业	Manufacturing	746	1316	2843	3466	3886
建筑业	Construction	277	677	1384	1531	1718
批发、零售贸易、旅馆和饭店业	Wholesale, Retail Trade, Restaurants and Hotels	395	799	1623	2319	2697
运输、仓储和通讯业	Transport, Storage and Communication	298	580	983	2263	2606
其他服务业	Other Activities	1229	2281	4913	6287	7252
按2010年价格计算	at Constant Prices of 2010					
增加值总额	Total Value Added	8098	11088	15492	22616	24081
农业、狩猎业、林业和渔业	Agriculture, Hunting, Forestry, Fishing	2138	2433	2843	3457	3574
采掘、制造、电、煤气和水供应业	Mining, Manufacturing, Utilities	1839	2498	3746	5379	5674
制造业	Manufacturing	1302	1804	2843	4261	4505
建筑业	Construction	567	936	1384	1769	1870
批发、零售贸易、旅馆和饭店业	Wholesale, Retail Trade, Restaurants and Hotels	752	1153	1623	2619	2792
运输、仓储和通讯业	Transport, Storage and Communication	382	677	983	2564	2734
其他服务业	Other Activities	2422	3389	4913	6804	7413
印度尼西亚	**Indonesia**					
按当年价格计算	at Current Prices					
增加值总额	Total Value Added	1726	3008	7352	8989	9764
农业、狩猎业、林业和渔业	Agriculture, Hunting, Forestry, Fishing	250	364	1052	1256	1335
采掘、制造、电、煤气和水供应业	Mining, Manufacturing, Utilities	650	1106	2540	2696	2945
制造业	Manufacturing	434	743	1664	1912	2047
建筑业	Construction	86	191	690	968	1054
批发、零售贸易、旅馆和饭店业	Wholesale, Retail Trade, Restaurants and Hotels	340	567	1237	1502	1611
运输、仓储和通讯业	Transport, Storage and Communication	93	224	552	822	935
其他服务业	Other Activities	307	556	1282	1747	1885
按2010年价格计算	at Constant Prices of 2010					
增加值总额	Total Value Added	4415	5586	7352	10008	10484
农业、狩猎业、林业和渔业	Agriculture, Hunting, Forestry, Fishing	748	876	1052	1332	1383
采掘、制造、电、煤气和水供应业	Mining, Manufacturing, Utilities	1829	2130	2540	3189	3292
制造业	Manufacturing	1078	1374	1664	2219	2313
建筑业	Construction	352	476	690	1018	1087
批发、零售贸易、旅馆和饭店业	Wholesale, Retail Trade, Restaurants and Hotels	693	907	1237	1693	1771
运输、仓储和通讯业	Transport, Storage and Communication	165	277	552	918	1002
其他服务业	Other Activities	718	961	1282	1859	1949

3-10 续表 4 continued

单位：亿美元 (100 million USD)

国家或地区	Country or Area	2000	2005	2010	2016	2017
伊　朗	**Iran**					
按当年价格计算	at Current Prices					
增加值总额	Total Value Added	1099	2358	5002	4200	4553
农业、狩猎业、林业和渔业	Agriculture, Hunting, Forestry, Fishing	96	147	319	410	438
采掘、制造、电、煤气和水供应业	Mining, Manufacturing, Utilities	378	998	1816	1226	1380
制造业	Manufacturing	180	341	628	506	553
建筑业	Construction	56	126	355	214	229
批发、零售贸易、旅馆和饭店业	Wholesale, Retail Trade, Restaurants and Hotels	181	278	572	547	585
运输、仓储和通讯业	Transport, Storage and Communication	82	192	501	433	457
其他服务业	Other Activities	307	617	1438	1370	1464
按2010年价格计算	at Constant Prices of 2010					
增加值总额	Total Value Added	3246	4196	5002	5415	5616
农业、狩猎业、林业和渔业	Agriculture, Hunting, Forestry, Fishing	243	319	319	420	433
采掘、制造、电、煤气和水供应业	Mining, Manufacturing, Utilities	1302	1567	1816	1994	2059
制造业	Manufacturing	290	463	628	663	699
建筑业	Construction	188	267	355	235	237
批发、零售贸易、旅馆和饭店业	Wholesale, Retail Trade, Restaurants and Hotels	310	482	572	545	571
运输、仓储和通讯业	Transport, Storage and Communication	215	337	501	559	599
其他服务业	Other Activities	980	1222	1438	1693	1751
以 色 列	**Israel**					
按当年价格计算	at Current Prices					
增加值总额	Total Value Added	1183	1271	2085	2863	3188
农业、狩猎业、林业和渔业	Agriculture, Hunting, Forestry, Fishing	17	23	36	39	43
采掘、制造、电、煤气和水供应业	Mining, Manufacturing, Utilities	243	247	381	456	498
制造业	Manufacturing	222	217	335	401	439
建筑业	Construction	64	60	111	172	195
批发、零售贸易、旅馆和饭店业	Wholesale, Retail Trade, Restaurants and Hotels	129	133	207	318	356
运输、仓储和通讯业	Transport, Storage and Communication	168	166	251	387	411
其他服务业	Other Activities	563	642	1099	1493	1685
按2010年价格计算	at Constant Prices of 2010					
增加值总额	Total Value Added	1529	1688	2085	2579	2679
农业、狩猎业、林业和渔业	Agriculture, Hunting, Forestry, Fishing	26	35	36	35	36
采掘、制造、电、煤气和水供应业	Mining, Manufacturing, Utilities	308	310	381	390	395
制造业	Manufacturing	288	284	335	344	352
建筑业	Construction	105	86	111	155	163
批发、零售贸易、旅馆和饭店业	Wholesale, Retail Trade, Restaurants and Hotels	127	154	207	272	288
运输、仓储和通讯业	Transport, Storage and Communication	150	179	251	381	395
其他服务业	Other Activities	810	922	1099	1356	1412

3-10 续表 5 continued

单位：亿美元 (100 million USD)

国家或地区	Country or Area	2000	2005	2010	2016	2017
日　本	**Japan**					
按当年价格计算	at Current Prices					
增加值总额	Total Value Added	48951	47692	56862	49111	48381
农业、狩猎业、林业和渔业	Agriculture, Hunting, Forestry, Fishing	751	535	628	569	542
采掘、制造、电、煤气和水供应业	Mining, Manufacturing, Utilities	12650	11713	13481	11769	10986
制造业	Manufacturing	11025	10293	11875	10418	9810
建筑业	Construction	3361	2648	2732	2732	2615
批发、零售贸易、旅馆和饭店业	Wholesale, Retail Trade, Restaurants and Hotels	7926	8135	9334	7984	8130
运输、仓储和通讯业	Transport, Storage and Communication	4628	4762	5781	4945	4947
其他服务业	Other Activities	19636	19899	24905	21111	21162
按2010年价格计算	at Constant Prices of 2010					
增加值总额	Total Value Added	54602	57501	56862	59954	60646
农业、狩猎业、林业和渔业	Agriculture, Hunting, Forestry, Fishing	819	644	628	514	492
采掘、制造、电、煤气和水供应业	Mining, Manufacturing, Utilities	12069	13159	13481	14016	14251
制造业	Manufacturing	10418	11352	11875	12881	13164
建筑业	Construction	4126	3396	2732	3234	3342
批发、零售贸易、旅馆和饭店业	Wholesale, Retail Trade, Restaurants and Hotels	9607	10354	9334	9731	9782
运输、仓储和通讯业	Transport, Storage and Communication	5102	5728	5781	5893	5923
其他服务业	Other Activities	22833	24188	24905	26548	26840
哈萨克斯坦	**Kazakhstan**					
按当年价格计算	at Current Prices					
增加值总额	Total Value Added	172	548	1433	1296	1496
农业、狩猎业、林业和渔业	Agriculture, Hunting, Forestry, Fishing	15	36	67	63	71
采掘、制造、电、煤气和水供应业	Mining, Manufacturing, Utilities	60	170	487	358	421
制造业	Manufacturing	30	69	168	156	178
建筑业	Construction	9	45	114	81	89
批发、零售贸易、旅馆和饭店业	Wholesale, Retail Trade, Restaurants and Hotels	24	73	205	246	277
运输、仓储和通讯业	Transport, Storage and Communication	21	67	165	142	161
其他服务业	Other Activities	44	157	395	406	478
按2010年价格计算	at Constant Prices of 2010					
增加值总额	Total Value Added	645	1069	1433	1779	1849
农业、狩猎业、林业和渔业	Agriculture, Hunting, Forestry, Fishing	47	62	67	83	85
采掘、制造、电、煤气和水供应业	Mining, Manufacturing, Utilities	235	377	487	524	562
制造业	Manufacturing	87	135	168	197	208
建筑业	Construction	26	69	114	144	147
批发、零售贸易、旅馆和饭店业	Wholesale, Retail Trade, Restaurants and Hotels	86	145	205	312	321
运输、仓储和通讯业	Transport, Storage and Communication	68	113	165	248	259
其他服务业	Other Activities	177	299	395	473	482

3-10 续表 6 continued

单位：亿美元 (100 million USD)

国家或地区	Country or Area	2000	2005	2010	2016	2017
韩 国	**Korea, Rep.**					
按当年价格计算	at Current Prices					
增加值总额	Total Value Added	5042	8105	9905	12847	13880
农业、狩猎业、林业和渔业	Agriculture, Hunting, Forestry, Fishing	221	255	245	273	300
采掘、制造、电、煤气和水供应业	Mining, Manufacturing, Utilities	1618	2520	3284	4243	4666
制造业	Manufacturing	1461	2292	3043	3789	4221
建筑业	Construction	303	520	507	727	825
批发、零售贸易、旅馆和饭店业	Wholesale, Retail Trade, Restaurants and Hotels	635	890	1128	1416	1490
运输、仓储和通讯业	Transport, Storage and Communication	444	731	778	999	1013
其他服务业	Other Activities	1821	3189	3965	5189	5586
按2010年价格计算	at Constant Prices of 2010					
增加值总额	Total Value Added	6382	8034	9905	11772	12133
农业、狩猎业、林业和渔业	Agriculture, Hunting, Forestry, Fishing	213	222	245	246	247
采掘、制造、电、煤气和水供应业	Mining, Manufacturing, Utilities	1770	2424	3284	3983	4151
制造业	Manufacturing	1615	2220	3043	3708	3869
建筑业	Construction	430	507	507	568	608
批发、零售贸易、旅馆和饭店业	Wholesale, Retail Trade, Restaurants and Hotels	876	953	1128	1352	1362
运输、仓储和通讯业	Transport, Storage and Communication	468	647	778	942	965
其他服务业	Other Activities	2625	3280	3965	4680	4799
老 挝	**Laos**					
按当年价格计算	at Current Prices					
增加值总额	Total Value Added	17	27	68	140	149
农业、狩猎业、林业和渔业	Agriculture, Hunting, Forestry, Fishing	6	8	16	27	27
采掘、制造、电、煤气和水供应业	Mining, Manufacturing, Utilities	3	6	18	37	42
制造业	Manufacturing	2	3	8	12	13
建筑业	Construction	1	1	3	9	10
批发、零售贸易、旅馆和饭店业	Wholesale, Retail Trade, Restaurants and Hotels	3	5	11	23	24
运输、仓储和通讯业	Transport, Storage and Communication	1	1	3	5	5
其他服务业	Other Activities	4	6	17	40	41
按2010年价格计算	at Constant Prices of 2010					
增加值总额	Total Value Added	32	43	68	106	113
农业、狩猎业、林业和渔业	Agriculture, Hunting, Forestry, Fishing	12	13	16	19	20
采掘、制造、电、煤气和水供应业	Mining, Manufacturing, Utilities	5	9	18	30	33
制造业	Manufacturing	3	5	8	12	13
建筑业	Construction	1	2	3	7	8
批发、零售贸易、旅馆和饭店业	Wholesale, Retail Trade, Restaurants and Hotels	5	8	11	20	21
运输、仓储和通讯业	Transport, Storage and Communication	1	2	3	5	5
其他服务业	Other Activities	9	10	17	25	26

3-10 续表 7 continued

单位：亿美元 (100 million USD)

国家或地区	Country or Area	2000	2005	2010	2016	2017
马来西亚	**Malaysia**					
按当年价格计算	at Current Prices					
增加值总额	Total Value Added	968	1419	2526	2928	3102
农业、狩猎业、林业和渔业	Agriculture, Hunting, Forestry, Fishing	81	119	257	257	276
采掘、制造、电、煤气和水供应业	Mining, Manufacturing, Utilities	416	623	945	992	1069
制造业	Manufacturing	289	395	598	659	701
建筑业	Construction	37	43	88	144	152
批发、零售贸易、旅馆和饭店业	Wholesale, Retail Trade, Restaurants and Hotels	126	197	418	567	603
运输、仓储和通讯业	Transport, Storage and Communication	66	96	213	267	280
其他服务业	Other Activities	243	341	606	701	722
按2010年价格计算	at Constant Prices of 2010					
增加值总额	Total Value Added	1651	2046	2526	3396	3593
农业、狩猎业、林业和渔业	Agriculture, Hunting, Forestry, Fishing	193	225	257	278	298
采掘、制造、电、煤气和水供应业	Mining, Manufacturing, Utilities	731	885	945	1181	1235
制造业	Manufacturing	419	526	598	790	838
建筑业	Construction	63	66	88	156	166
批发、零售贸易、旅馆和饭店业	Wholesale, Retail Trade, Restaurants and Hotels	218	279	418	612	656
运输、仓储和通讯业	Transport, Storage and Communication	119	157	213	326	351
其他服务业	Other Activities	328	434	606	842	887
蒙　　古	**Mongolia**					
按当年价格计算	at Current Prices					
增加值总额	Total Value Added	12	27	65	103	101
农业、狩猎业、林业和渔业	Agriculture, Hunting, Forestry, Fishing	3	5	8	13	12
采掘、制造、电、煤气和水供应业	Mining, Manufacturing, Utilities	3	8	22	33	36
制造业	Manufacturing	1	2	5	8	10
建筑业	Construction	1	2	2	4	4
批发、零售贸易、旅馆和饭店业	Wholesale, Retail Trade, Restaurants and Hotels	2	3	9	13	14
运输、仓储和通讯业	Transport, Storage and Communication	1	3	7	8	8
其他服务业	Other Activities	3	5	16	30	27
按2010年价格计算	at Constant Prices of 2010					
增加值总额	Total Value Added	38	50	65	108	112
农业、狩猎业、林业和渔业	Agriculture, Hunting, Forestry, Fishing	8	8	8	16	17
采掘、制造、电、煤气和水供应业	Mining, Manufacturing, Utilities	12	18	22	38	38
制造业	Manufacturing	2	3	5	7	8
建筑业	Construction	1	2	2	4	4
批发、零售贸易、旅馆和饭店业	Wholesale, Retail Trade, Restaurants and Hotels	4	6	9	15	17
运输、仓储和通讯业	Transport, Storage and Communication	2	4	7	11	12
其他服务业	Other Activities	11	13	16	24	25

3-10 续表 8 continued

单位：亿美元 (100 million USD)

国家或地区	Country or Area	2000	2005	2010	2016	2017
缅　甸	**Myanmar**					
按当年价格计算	at Current Prices					
增加值总额	Total Value Added	73	119	414	646	671
农业、狩猎业、林业和渔业	Agriculture, Hunting, Forestry, Fishing	42	56	153	164	159
采掘、制造、电、煤气和水供应业	Mining, Manufacturing, Utilities	6	16	91	184	200
制造业	Manufacturing	5	15	82	147	158
建筑业	Construction	1	4	19	42	43
批发、零售贸易、旅馆和饭店业	Wholesale, Retail Trade, Restaurants and Hotels	17	26	83	127	138
运输、仓储和通讯业	Transport, Storage and Communication	4	14	51	86	87
其他服务业	Other Activities	2	3	18	42	44
按2010年价格计算	at Constant Prices of 2010					
增加值总额	Total Value Added	130	244	414	623	666
农业、狩猎业、林业和渔业	Agriculture, Hunting, Forestry, Fishing	69	111	153	169	173
采掘、制造、电、煤气和水供应业	Mining, Manufacturing, Utilities	14	38	91	157	172
制造业	Manufacturing	11	33	82	142	156
建筑业	Construction	3	9	19	35	37
批发、零售贸易、旅馆和饭店业	Wholesale, Retail Trade, Restaurants and Hotels	28	50	83	115	123
运输、仓储和通讯业	Transport, Storage and Communication	10	25	51	110	121
其他服务业	Other Activities	6	11	18	36	39
巴基斯坦	**Pakistan**					
按当年价格计算	at Current Prices					
增加值总额	Total Value Added	718	1099	1672	2618	2835
农业、狩猎业、林业和渔业	Agriculture, Hunting, Forestry, Fishing	210	269	406	645	699
采掘、制造、电、煤气和水供应业	Mining, Manufacturing, Utilities	112	206	309	449	476
制造业	Manufacturing	76	148	228	335	361
建筑业	Construction	17	27	36	58	65
批发、零售贸易、旅馆和饭店业	Wholesale, Retail Trade, Restaurants and Hotels	140	222	331	487	530
运输、仓储和通讯业	Transport, Storage and Communication	84	143	225	352	375
其他服务业	Other Activities	156	232	366	627	691
按2010年价格计算	at Constant Prices of 2010					
增加值总额	Total Value Added	1076	1376	1672	2111	2223
农业、狩猎业、林业和渔业	Agriculture, Hunting, Forestry, Fishing	315	350	406	463	479
采掘、制造、电、煤气和水供应业	Mining, Manufacturing, Utilities	175	263	309	388	405
制造业	Manufacturing	116	187	228	285	300
建筑业	Construction	23	25	36	44	48
批发、零售贸易、旅馆和饭店业	Wholesale, Retail Trade, Restaurants and Hotels	223	307	331	399	426
运输、仓储和通讯业	Transport, Storage and Communication	149	177	225	290	302
其他服务业	Other Activities	201	261	366	517	550

3-10 续表 9 continued

单位：亿美元 (100 million USD)

国家或地区	Country or Area	2000	2005	2010	2016	2017
菲 律 宾	**Philippines**					
按当年价格计算	at Current Prices					
增加值总额	Total Value Added	810	1030	1995	3048	3136
农业、狩猎业、林业和渔业	Agriculture, Hunting, Forestry, Fishing	113	131	246	294	303
采掘、制造、电、煤气和水供应业	Mining, Manufacturing, Utilities	233	300	528	720	733
制造业	Manufacturing	198	248	428	600	610
建筑业	Construction	46	49	122	218	221
批发、零售贸易、旅馆和饭店业	Wholesale, Retail Trade, Restaurants and Hotels	142	185	379	613	637
运输、仓储和通讯业	Transport, Storage and Communication	50	81	130	192	192
其他服务业	Other Activities	226	285	590	1011	1049
按2010年价格计算	at Constant Prices of 2010					
增加值总额	Total Value Added	1253	1568	1995	2842	3032
农业、狩猎业、林业和渔业	Agriculture, Hunting, Forestry, Fishing	185	221	246	264	274
采掘、制造、电、煤气和水供应业	Mining, Manufacturing, Utilities	354	436	528	770	829
制造业	Manufacturing	297	360	428	638	692
建筑业	Construction	76	74	122	192	202
批发、零售贸易、旅馆和饭店业	Wholesale, Retail Trade, Restaurants and Hotels	226	295	379	547	588
运输、仓储和通讯业	Transport, Storage and Communication	67	110	130	186	193
其他服务业	Other Activities	347	431	590	879	942
新 加 坡	**Singapore**					
按当年价格计算	at Current Prices					
增加值总额	Total Value Added	893	1217	2233	2906	3034
农业、狩猎业、林业和渔业	Agriculture, Hunting, Forestry, Fishing	1	1	1	1	1
采掘、制造、电、煤气和水供应业	Mining, Manufacturing, Utilities	264	358	513	588	623
制造业	Manufacturing	248	338	477	548	582
建筑业	Construction	47	36	104	147	129
批发、零售贸易、旅馆和饭店业	Wholesale, Retail Trade, Restaurants and Hotels	142	233	472	556	598
运输、仓储和通讯业	Transport, Storage and Communication	122	172	268	322	347
其他服务业	Other Activities	317	418	875	1292	1336
按2010年价格计算	at Constant Prices of 2010					
增加值总额	Total Value Added	1255	1606	2233	2843	2946
农业、狩猎业、林业和渔业	Agriculture, Hunting, Forestry, Fishing	1	1	1	1	1
采掘、制造、电、煤气和水供应业	Mining, Manufacturing, Utilities	297	367	513	570	623
制造业	Manufacturing	274	338	477	530	583
建筑业	Construction	65	50	104	146	134
批发、零售贸易、旅馆和饭店业	Wholesale, Retail Trade, Restaurants and Hotels	235	348	472	616	629
运输、仓储和通讯业	Transport, Storage and Communication	169	222	268	341	355
其他服务业	Other Activities	487	619	875	1170	1204

3-10 续表 10 continued

单位：亿美元 (100 million USD)

国家或地区	Country or Area	2000	2005	2010	2016	2017
斯里兰卡	**Sri Lanka**					
按当年价格计算	at Current Prices					
增加值总额	Total Value Added	140	248	509	749	792
农业、狩猎业、林业和渔业	Agriculture, Hunting, Forestry, Fishing	20	22	48	61	67
采掘、制造、电、煤气和水供应业	Mining, Manufacturing, Utilities	38	64	121	159	171
制造业	Manufacturing	33	55	102	129	139
建筑业	Construction	8	13	30	64	68
批发、零售贸易、旅馆和饭店业	Wholesale, Retail Trade, Restaurants and Hotels	23	41	70	100	106
运输、仓储和通讯业	Transport, Storage and Communication	17	28	62	104	104
其他服务业	Other Activities	34	80	178	261	277
按2010年价格计算	at Constant Prices of 2010					
增加值总额	Total Value Added	311	380	509	722	746
农业、狩猎业、林业和渔业	Agriculture, Hunting, Forestry, Fishing	36	37	48	57	57
采掘、制造、电、煤气和水供应业	Mining, Manufacturing, Utilities	76	89	121	155	162
制造业	Manufacturing	69	78	102	124	129
建筑业	Construction	16	20	30	57	60
批发、零售贸易、旅馆和饭店业	Wholesale, Retail Trade, Restaurants and Hotels	45	55	70	97	101
运输、仓储和通讯业	Transport, Storage and Communication	27	39	62	92	93
其他服务业	Other Activities	109	140	178	264	274
泰　　国	**Thailand**					
按当年价格计算	at Current Prices					
增加值总额	Total Value Added	1264	1893	3411	4118	4553
农业、狩猎业、林业和渔业	Agriculture, Hunting, Forestry, Fishing	107	174	359	350	394
采掘、制造、电、煤气和水供应业	Mining, Manufacturing, Utilities	428	675	1269	1359	1478
制造业	Manufacturing	361	564	1060	1128	1234
建筑业	Construction	38	56	96	114	118
批发、零售贸易、旅馆和饭店业	Wholesale, Retail Trade, Restaurants and Hotels	266	340	593	832	955
运输、仓储和通讯业	Transport, Storage and Communication	104	145	242	302	340
其他服务业	Other Activities	321	503	852	1160	1269
按2010年价格计算	at Constant Prices of 2010					
增加值总额	Total Value Added	2176	2837	3411	4119	4285
农业、狩猎业、林业和渔业	Agriculture, Hunting, Forestry, Fishing	290	332	359	360	382
采掘、制造、电、煤气和水供应业	Mining, Manufacturing, Utilities	739	1013	1269	1388	1416
制造业	Manufacturing	620	849	1060	1143	1173
建筑业	Construction	66	85	96	122	119
批发、零售贸易、旅馆和饭店业	Wholesale, Retail Trade, Restaurants and Hotels	418	490	593	769	823
运输、仓储和通讯业	Transport, Storage and Communication	137	191	242	325	348
其他服务业	Other Activities	545	738	852	1117	1155

3-10 续表 11 continued

单位：亿美元 (100 million USD)

国家或地区	Country or Area	2000	2005	2010	2016	2017
越　南	**Viet Nam**					
按当年价格计算	at Current Prices					
增加值总额	Total Value Added	341	576	1014	1847	2014
农业、狩猎业、林业和渔业	Agriculture, Hunting, Forestry, Fishing	77	111	213	335	343
采掘、制造、电、煤气和水供应业	Mining, Manufacturing, Utilities	99	186	301	556	619
制造业	Manufacturing	58	108	150	293	343
建筑业	Construction	17	34	71	115	128
批发、零售贸易、旅馆和饭店业	Wholesale, Retail Trade, Restaurants and Hotels	54	89	135	294	325
运输、仓储和通讯业	Transport, Storage and Communication	13	24	44	70	75
其他服务业	Other Activities	82	132	250	477	523
按2010年价格计算	at Constant Prices of 2010					
增加值总额	Total Value Added	618	854	1014	1453	1552
农业、狩猎业、林业和渔业	Agriculture, Hunting, Forestry, Fishing	153	184	213	252	259
采掘、制造、电、煤气和水供应业	Mining, Manufacturing, Utilities	185	276	301	466	503
制造业	Manufacturing	77	134	150	266	304
建筑业	Construction	29	49	71	102	110
批发、零售贸易、旅馆和饭店业	Wholesale, Retail Trade, Restaurants and Hotels	91	132	135	215	234
运输、仓储和通讯业	Transport, Storage and Communication	21	30	44	65	70
其他服务业	Other Activities	138	182	250	353	376
埃　及	**Egypt**					
按当年价格计算	at Current Prices					
增加值总额	Total Value Added	898	898	2047	2668	1917
农业、狩猎业、林业和渔业	Agriculture, Hunting, Forestry, Fishing	124	129	286	318	224
采掘、制造、电、煤气和水供应业	Mining, Manufacturing, Utilities	257	294	674	732	549
制造业	Manufacturing	161	155	346	455	321
建筑业	Construction	42	37	94	145	110
批发、零售贸易、旅馆和饭店业	Wholesale, Retail Trade, Restaurants and Hotels	155	127	309	422	302
运输、仓储和通讯业	Transport, Storage and Communication	76	103	196	229	174
其他服务业	Other Activities	244	208	487	821	559
按2010年价格计算	at Constant Prices of 2010					
增加值总额	Total Value Added	1282	1528	2047	2365	2449
农业、狩猎业、林业和渔业	Agriculture, Hunting, Forestry, Fishing	202	243	286	341	352
采掘、制造、电、煤气和水供应业	Mining, Manufacturing, Utilities	419	495	674	677	680
制造业	Manufacturing	220	259	346	384	392
建筑业	Construction	45	49	94	136	149
批发、零售贸易、旅馆和饭店业	Wholesale, Retail Trade, Restaurants and Hotels	212	216	309	346	364
运输、仓储和通讯业	Transport, Storage and Communication	96	133	196	262	280
其他服务业	Other Activities	307	394	487	615	640

3-10 续表 12 continued

单位：亿美元 (100 million USD)

国家或地区	Country or Area	2000	2005	2010	2016	2017
尼日利亚	**Nigeria**					
按当年价格计算	at Current Prices					
增加值总额	Total Value Added	695	1799	3634	4004	3719
农业、狩猎业、林业和渔业	Agriculture, Hunting, Forestry, Fishing	148	460	868	849	783
采掘、制造、电、煤气和水供应业	Mining, Manufacturing, Utilities	185	379	815	593	699
制造业	Manufacturing	54	111	238	351	328
建筑业	Construction	23	47	105	142	140
批发、零售贸易、旅馆和饭店业	Wholesale, Retail Trade, Restaurants and Hotels	114	307	615	852	738
运输、仓储和通讯业	Transport, Storage and Communication	79	214	442	515	442
其他服务业	Other Activities	146	392	788	1052	917
按2010年价格计算	at Constant Prices of 2010					
增加值总额	Total Value Added	1617	2556	3634	4520	4557
农业、狩猎业、林业和渔业	Agriculture, Hunting, Forestry, Fishing	323	633	868	1105	1143
采掘、制造、电、煤气和水供应业	Mining, Manufacturing, Utilities	585	785	815	825	845
制造业	Manufacturing	103	157	238	419	418
建筑业	Construction	44	58	105	168	169
批发、零售贸易、旅馆和饭店业	Wholesale, Retail Trade, Restaurants and Hotels	181	328	615	818	809
运输、仓储和通讯业	Transport, Storage and Communication	64	183	442	577	573
其他服务业	Other Activities	421	569	788	1028	1018
南　非	**South Africa**					
按当年价格计算	at Current Prices					
增加值总额	Total Value Added	1262	2310	3408	2638	3129
农业、狩猎业、林业和渔业	Agriculture, Hunting, Forestry, Fishing	40	62	90	64	80
采掘、制造、电、煤气和水供应业	Mining, Manufacturing, Utilities	356	633	897	664	781
制造业	Manufacturing	235	419	490	356	414
建筑业	Construction	34	67	130	105	122
批发、零售贸易、旅馆和饭店业	Wholesale, Retail Trade, Restaurants and Hotels	190	327	506	393	470
运输、仓储和通讯业	Transport, Storage and Communication	132	251	313	261	309
其他服务业	Other Activities	511	971	1471	1150	1367
按2010年价格计算	at Constant Prices of 2010					
增加值总额	Total Value Added	2448	2934	3408	3832	3882
农业、狩猎业、林业和渔业	Agriculture, Hunting, Forestry, Fishing	73	79	90	87	103
采掘、制造、电、煤气和水供应业	Mining, Manufacturing, Utilities	780	878	897	920	933
制造业	Manufacturing	388	451	490	525	525
建筑业	Construction	58	85	130	150	149
批发、零售贸易、旅馆和饭店业	Wholesale, Retail Trade, Restaurants and Hotels	357	431	506	587	583
运输、仓储和通讯业	Transport, Storage and Communication	195	264	313	361	367
其他服务业	Other Activities	985	1198	1471	1727	1747

3-10 续表 13 continued

单位：亿美元 (100 million USD)

国家或地区	Country or Area	2000	2005	2010	2016	2017
加 拿 大	**Canada**					
按当年价格计算	at Current Prices					
增加值总额	Total Value Added	6894	10888	15096	14279	15395
农业、狩猎业、林业和渔业	Agriculture, Hunting, Forestry, Fishing	157	200	215	247	261
采掘、制造、电、煤气和水供应业	Mining, Manufacturing, Utilities	1947	2878	3190	2796	2984
制造业	Manufacturing	1326	1628	1670	1479	1600
建筑业	Construction	342	645	1121	1147	1238
批发、零售贸易、旅馆和饭店业	Wholesale, Retail Trade, Restaurants and Hotels	917	1512	1951	1764	1902
运输、仓储和通讯业	Transport, Storage and Communication	484	781	1306	1063	1153
其他服务业	Other Activities	3046	4872	7314	7261	7857
按2010年价格计算	at Constant Prices of 2010					
增加值总额	Total Value Added	12490	14163	15096	17176	17771
农业、狩猎业、林业和渔业	Agriculture, Hunting, Forestry, Fishing	204	219	215	264	265
采掘、制造、电、煤气和水供应业	Mining, Manufacturing, Utilities	3396	3499	3190	3553	3740
制造业	Manufacturing	2029	2001	1670	1817	1872
建筑业	Construction	774	991	1121	1243	1292
批发、零售贸易、旅馆和饭店业	Wholesale, Retail Trade, Restaurants and Hotels	1436	1750	1951	2300	2415
运输、仓储和通讯业	Transport, Storage and Communication	1035	1218	1306	1534	1602
其他服务业	Other Activities	5607	6459	7314	8279	8450
墨 西 哥	**Mexico**					
按当年价格计算	at Current Prices					
增加值总额	Total Value Added	6749	8412	10149	10104	10939
农业、狩猎业、林业和渔业	Agriculture, Hunting, Forestry, Fishing	235	270	341	361	392
采掘、制造、电、煤气和水供应业	Mining, Manufacturing, Utilities	1921	2210	2613	2396	2708
制造业	Manufacturing	1353	1389	1656	1839	1996
建筑业	Construction	510	672	811	784	848
批发、零售贸易、旅馆和饭店业	Wholesale, Retail Trade, Restaurants and Hotels	1381	1640	1917	2274	2467
运输、仓储和通讯业	Transport, Storage and Communication	572	725	916	858	923
其他服务业	Other Activities	2129	2895	3551	3431	3602
按2010年价格计算	at Constant Prices of 2010					
增加值总额	Total Value Added	8800	9438	10149	12038	12278
农业、狩猎业、林业和渔业	Agriculture, Hunting, Forestry, Fishing	287	307	341	391	403
采掘、制造、电、煤气和水供应业	Mining, Manufacturing, Utilities	2563	2670	2613	2857	2852
制造业	Manufacturing	1641	1632	1656	1943	1998
建筑业	Construction	715	737	811	910	904
批发、零售贸易、旅馆和饭店业	Wholesale, Retail Trade, Restaurants and Hotels	1669	1824	1917	2427	2510
运输、仓储和通讯业	Transport, Storage and Communication	718	797	916	1239	1304
其他服务业	Other Activities	2835	3093	3551	4225	4319

3-10 续表 14 continued

单位：亿美元 (100 million USD)

国家或地区	Country or Area	2000	2005	2010	2016	2017
美　国	**United States**					
按当年价格计算	at Current Prices					
增加值总额	Total Value Added	102522	130364	149919	187074	194852
农业、狩猎业、林业和渔业	Agriculture, Hunting, Forestry, Fishing	983	1283	1463	1649	1692
采掘、制造、电、煤气和水供应业	Mining, Manufacturing, Utilities	18670	21508	24294	26603	28164
制造业	Manufacturing	15502	16934	17970	20852	21796
建筑业	Construction	4613	6518	5251	7455	7814
批发、零售贸易、旅馆和饭店业	Wholesale, Retail Trade, Restaurants and Hotels	15956	19547	21439	27558	28518
运输、仓储和通讯业	Transport, Storage and Communication	9564	12159	14466	19364	20422
其他服务业	Other Activities	52736	69349	83006	104445	108242
按2010年价格计算	at Constant Prices of 2010					
增加值总额	Total Value Added	129244	144919	149919	168163	171618
农业、狩猎业、林业和渔业	Agriculture, Hunting, Forestry, Fishing	1221	1480	1463	1767	1683
采掘、制造、电、煤气和水供应业	Mining, Manufacturing, Utilities	21015	22819	24294	26048	26566
制造业	Manufacturing	15610	17554	17970	18533	18985
建筑业	Construction	7513	7527	5251	5936	5983
批发、零售贸易、旅馆和饭店业	Wholesale, Retail Trade, Restaurants and Hotels	19363	22546	21439	24521	25182
运输、仓储和通讯业	Transport, Storage and Communication	10125	12415	14466	18929	20161
其他服务业	Other Activities	69933	78037	83006	90993	92125
阿根廷	**Argentina**					
按当年价格计算	at Current Prices					
增加值总额	Total Value Added	2714	1706	3578	4684	5372
农业、狩猎业、林业和渔业	Agriculture, Hunting, Forestry, Fishing	125	159	304	353	358
采掘、制造、电、煤气和水供应业	Mining, Manufacturing, Utilities	587	504	891	1017	1121
制造业	Manufacturing	431	368	676	755	826
建筑业	Construction	115	71	186	214	265
批发、零售贸易、旅馆和饭店业	Wholesale, Retail Trade, Restaurants and Hotels	504	280	611	844	984
运输、仓储和通讯业	Transport, Storage and Communication	192	125	255	299	362
其他服务业	Other Activities	1192	567	1330	1958	2282
按2010年价格计算	at Constant Prices of 2010					
增加值总额	Total Value Added	2609	2862	3578	3756	3855
农业、狩猎业、林业和渔业	Agriculture, Hunting, Forestry, Fishing	226	279	304	305	318
采掘、制造、电、煤气和水供应业	Mining, Manufacturing, Utilities	654	740	891	858	872
制造业	Manufacturing	469	540	676	650	668
建筑业	Construction	129	149	186	178	197
批发、零售贸易、旅馆和饭店业	Wholesale, Retail Trade, Restaurants and Hotels	427	455	611	638	654
运输、仓储和通讯业	Transport, Storage and Communication	142	176	255	297	305
其他服务业	Other Activities	1049	1062	1330	1493	1527

3-10 续表 15 continued

单位：亿美元 (100 million USD)

国家或地区	Country or Area	2000	2005	2010	2016	2017
巴　西	**Brazil**					
按当年价格计算	at Current Prices					
增加值总额	Total Value Added	5591	7570	18774	15517	17718
农业、狩猎业、林业和渔业	Agriculture, Hunting, Forestry, Fishing	305	415	909	854	919
采掘、制造、电、煤气和水供应业	Mining, Manufacturing, Utilities	1199	1808	3963	2565	3007
制造业	Manufacturing	904	1314	2810	1890	2152
建筑业	Construction	302	347	1176	761	993
批发、零售贸易、旅馆和饭店业	Wholesale, Retail Trade, Restaurants and Hotels	632	935	2765	2531	2841
运输、仓储和通讯业	Transport, Storage and Communication	345	609	1525	1259	1411
其他服务业	Other Activities	2807	3455	8436	7547	8546
按2010年价格计算	at Constant Prices of 2010					
增加值总额	Total Value Added	13366	15403	18774	19110	18727
农业、狩猎业、林业和渔业	Agriculture, Hunting, Forestry, Fishing	628	775	909	1001	999
采掘、制造、电、煤气和水供应业	Mining, Manufacturing, Utilities	2984	3484	3963	3517	3352
制造业	Manufacturing	2170	2534	2810	2389	2242
建筑业	Construction	840	846	1176	1243	1203
批发、零售贸易、旅馆和饭店业	Wholesale, Retail Trade, Restaurants and Hotels	1894	2144	2765	2831	2776
运输、仓储和通讯业	Transport, Storage and Communication	1049	1234	1525	1668	1652
其他服务业	Other Activities	5993	6950	8436	8799	8681
委内瑞拉	**Venezuela**					
按当年价格计算	at Current Prices					
增加值总额	Total Value Added	1122	1358	3739	2725	2372
农业、狩猎业、林业和渔业	Agriculture, Hunting, Forestry, Fishing	46	54	212	152	136
采掘、制造、电、煤气和水供应业	Mining, Manufacturing, Utilities	453	679	1587	835	665
制造业	Manufacturing	217	219	509	399	361
建筑业	Construction	90	94	319	232	201
批发、零售贸易、旅馆和饭店业	Wholesale, Retail Trade, Restaurants and Hotels	107	151	580	602	556
运输、仓储和通讯业	Transport, Storage and Communication	78	78	213	155	140
其他服务业	Other Activities	348	302	828	749	674
按2010年价格计算	at Constant Prices of 2010					
增加值总额	Total Value Added	2727	3135	3739	3844	3727
农业、狩猎业、林业和渔业	Agriculture, Hunting, Forestry, Fishing	169	194	212	158	144
采掘、制造、电、煤气和水供应业	Mining, Manufacturing, Utilities	1552	1623	1587	1443	1380
制造业	Manufacturing	472	496	509	443	415
建筑业	Construction	209	197	319	245	213
批发、零售贸易、旅馆和饭店业	Wholesale, Retail Trade, Restaurants and Hotels	371	476	580	506	457
运输、仓储和通讯业	Transport, Storage and Communication	97	125	213	252	252
其他服务业	Other Activities	517	656	828	1028	1033

3-10 续表 16 continued

单位：亿美元 (100 million USD)

国家或地区	Country or Area	2000	2005	2010	2016	2017
白俄罗斯	**Belarus**					
按当年价格计算	at Current Prices					
增加值总额	Total Value Added	92	265	502	412	473
农业、狩猎业、林业和渔业	Agriculture, Hunting, Forestry, Fishing	13	26	51	33	42
采掘、制造、电、煤气和水供应业	Mining, Manufacturing, Utilities	32	96	149	121	146
制造业	Manufacturing	25	74	129	96	121
建筑业	Construction	7	21	54	27	29
批发、零售贸易、旅馆和饭店业	Wholesale, Retail Trade, Restaurants and Hotels	12	31	70	56	58
运输、仓储和通讯业	Transport, Storage and Communication	9	24	45	50	59
其他服务业	Other Activities	19	68	134	125	139
按2010年价格计算	at Constant Prices of 2010					
增加值总额	Total Value Added	270	356	502	519	531
农业、狩猎业、林业和渔业	Agriculture, Hunting, Forestry, Fishing	32	41	51	58	61
采掘、制造、电、煤气和水供应业	Mining, Manufacturing, Utilities	70	107	149	152	161
制造业	Manufacturing	49	84	129	133	142
建筑业	Construction	14	23	54	41	40
批发、零售贸易、旅馆和饭店业	Wholesale, Retail Trade, Restaurants and Hotels	25	43	70	84	86
运输、仓储和通讯业	Transport, Storage and Communication	27	34	45	58	62
其他服务业	Other Activities	93	104	134	128	125
捷　克	**Czech Rep.**					
按当年价格计算	at Current Prices					
增加值总额	Total Value Added	561	1232	1876	1754	1937
农业、狩猎业、林业和渔业	Agriculture, Hunting, Forestry, Fishing	19	30	32	40	44
采掘、制造、电、煤气和水供应业	Mining, Manufacturing, Utilities	173	382	561	559	614
制造业	Manufacturing	146	314	440	471	520
建筑业	Construction	36	82	129	96	103
批发、零售贸易、旅馆和饭店业	Wholesale, Retail Trade, Restaurants and Hotels	82	166	234	226	256
运输、仓储和通讯业	Transport, Storage and Communication	63	139	212	192	213
其他服务业	Other Activities	188	432	708	641	707
按2010年价格计算	at Constant Prices of 2010					
增加值总额	Total Value Added	1442	1680	1876	2099	2184
农业、狩猎业、林业和渔业	Agriculture, Hunting, Forestry, Fishing	35	42	32	38	37
采掘、制造、电、煤气和水供应业	Mining, Manufacturing, Utilities	357	457	561	621	676
制造业	Manufacturing	234	323	440	527	583
建筑业	Construction	107	123	129	120	117
批发、零售贸易、旅馆和饭店业	Wholesale, Retail Trade, Restaurants and Hotels	163	207	234	295	301
运输、仓储和通讯业	Transport, Storage and Communication	170	195	212	227	240
其他服务业	Other Activities	611	656	708	798	813

3-10 续表 17 continued

单位：亿美元 (100 million USD)

国家或地区	Country or Area	2000	2005	2010	2016	2017
法 国	**France**					
按当年价格计算	at Current Prices					
增加值总额	Total Value Added	12220	19724	23810	22027	23012
农业、狩猎业、林业和渔业	Agriculture, Hunting, Forestry, Fishing	286	369	424	358	390
采掘、制造、电、煤气和水供应业	Mining, Manufacturing, Utilities	2307	3235	3284	3131	3221
制造业	Manufacturing	1972	2690	2729	2542	2618
建筑业	Construction	593	1071	1432	1198	1263
批发、零售贸易、旅馆和饭店业	Wholesale, Retail Trade, Restaurants and Hotels	1661	2686	3137	2890	3047
运输、仓储和通讯业	Transport, Storage and Communication	1170	1944	2322	2124	2256
其他服务业	Other Activities	6203	10419	13211	12325	12836
按2010年价格计算	at Constant Prices of 2010					
增加值总额	Total Value Added	21133	22834	23810	25371	25883
农业、狩猎业、林业和渔业	Agriculture, Hunting, Forestry, Fishing	399	397	424	399	418
采掘、制造、电、煤气和水供应业	Mining, Manufacturing, Utilities	3214	3465	3284	3492	3546
制造业	Manufacturing	2601	2795	2729	2935	2987
建筑业	Construction	1367	1477	1432	1279	1309
批发、零售贸易、旅馆和饭店业	Wholesale, Retail Trade, Restaurants and Hotels	2894	3066	3137	3518	3629
运输、仓储和通讯业	Transport, Storage and Communication	1746	2068	2322	2567	2699
其他服务业	Other Activities	11485	12340	13211	14148	14321
德 国	**Germany**					
按当年价格计算	at Current Prices					
增加值总额	Total Value Added	17590	25893	30749	31533	33330
农业、狩猎业、林业和渔业	Agriculture, Hunting, Forestry, Fishing	186	196	221	233	287
采掘、制造、电、煤气和水供应业	Mining, Manufacturing, Utilities	4537	6613	7952	8272	8705
制造业	Manufacturing	4042	5813	6823	7370	7778
建筑业	Construction	899	998	1322	1481	1626
批发、零售贸易、旅馆和饭店业	Wholesale, Retail Trade, Restaurants and Hotels	2077	3095	3479	3593	3856
运输、仓储和通讯业	Transport, Storage and Communication	1542	2364	2797	2926	3081
其他服务业	Other Activities	8349	12625	14978	15027	15773
按2010年价格计算	at Constant Prices of 2010					
增加值总额	Total Value Added	28180	29021	30749	34156	34904
农业、狩猎业、林业和渔业	Agriculture, Hunting, Forestry, Fishing	228	213	221	198	203
采掘、制造、电、煤气和水供应业	Mining, Manufacturing, Utilities	7113	7480	7952	9370	9591
制造业	Manufacturing	6094	6435	6823	8184	8401
建筑业	Construction	1608	1282	1322	1395	1429
批发、零售贸易、旅馆和饭店业	Wholesale, Retail Trade, Restaurants and Hotels	3135	3502	3479	3962	4109
运输、仓储和通讯业	Transport, Storage and Communication	2027	2319	2797	3288	3389
其他服务业	Other Activities	14069	14224	14978	15944	16183

3-10 续表 18 continued

单位：亿美元 (100 million USD)

国家或地区	Country or Area	2000	2005	2010	2016	2017
意 大 利	**Italy**					
按当年价格计算	at Current Prices					
增加值总额	Total Value Added	10228	16709	19115	16786	17430
农业、狩猎业、林业和渔业	Agriculture, Hunting, Forestry, Fishing	291	376	376	352	372
采掘、制造、电、煤气和水供应业	Mining, Manufacturing, Utilities	2283	3336	3584	3226	3377
制造业	Manufacturing	1999	2879	3023	2760	2900
建筑业	Construction	493	980	1076	796	815
批发、零售贸易、旅馆和饭店业	Wholesale, Retail Trade, Restaurants and Hotels	1689	2577	2812	2578	2708
运输、仓储和通讯业	Transport, Storage and Communication	964	1636	1856	1546	1624
其他服务业	Other Activities	4507	7805	9411	8288	8534
按2010年价格计算	at Constant Prices of 2010					
增加值总额	Total Value Added	18552	19406	19115	18925	19204
农业、狩猎业、林业和渔业	Agriculture, Hunting, Forestry, Fishing	398	378	376	388	371
采掘、制造、电、煤气和水供应业	Mining, Manufacturing, Utilities	3838	3847	3584	3572	3705
制造业	Manufacturing	3251	3236	3023	3107	3225
建筑业	Construction	1044	1220	1076	846	855
批发、零售贸易、旅馆和饭店业	Wholesale, Retail Trade, Restaurants and Hotels	2855	2898	2812	2974	3032
运输、仓储和通讯业	Transport, Storage and Communication	1551	1796	1856	1777	1810
其他服务业	Other Activities	8867	9267	9411	9368	9431
荷　　兰	**Netherlands**					
按当年价格计算	at Current Prices					
增加值总额	Total Value Added	3739	6111	7606	7022	7442
农业、狩猎业、林业和渔业	Agriculture, Hunting, Forestry, Fishing	96	127	151	138	154
采掘、制造、电、煤气和水供应业	Mining, Manufacturing, Utilities	706	1108	1267	1070	1117
制造业	Manufacturing	556	843	886	850	905
建筑业	Construction	199	332	400	312	330
批发、零售贸易、旅馆和饭店业	Wholesale, Retail Trade, Restaurants and Hotels	584	911	1078	1102	1198
运输、仓储和通讯业	Transport, Storage and Communication	351	602	711	687	714
其他服务业	Other Activities	1802	3030	3999	3713	3929
按2010年价格计算	at Constant Prices of 2010					
增加值总额	Total Value Added	6621	7053	7606	8176	8332
农业、狩猎业、林业和渔业	Agriculture, Hunting, Forestry, Fishing	134	138	151	159	152
采掘、制造、电、煤气和水供应业	Mining, Manufacturing, Utilities	1176	1253	1267	1261	1275
制造业	Manufacturing	832	895	886	949	992
建筑业	Construction	425	411	400	428	457
批发、零售贸易、旅馆和饭店业	Wholesale, Retail Trade, Restaurants and Hotels	979	1018	1078	1241	1319
运输、仓储和通讯业	Transport, Storage and Communication	538	643	711	792	854
其他服务业	Other Activities	3369	3590	3999	4295	4274

3-10 续表 19 continued

单位：亿美元 (100 million USD)

国家或地区	Country or Area	2000	2005	2010	2016	2017
波　兰	**Poland**					
按当年价格计算	at Current Prices					
增加值总额	Total Value Added	1521	2690	4217	4170	4621
农业、狩猎业、林业和渔业	Agriculture, Hunting, Forestry, Fishing	53	89	123	112	146
采掘、制造、电、煤气和水供应业	Mining, Manufacturing, Utilities	368	677	1041	1105	1201
制造业	Manufacturing	277	494	746	852	926
建筑业	Construction	125	205	358	291	321
批发、零售贸易、旅馆和饭店业	Wholesale, Retail Trade, Restaurants and Hotels	315	531	862	776	860
运输、仓储和通讯业	Transport, Storage and Communication	134	270	387	442	500
其他服务业	Other Activities	524	918	1446	1443	1592
按2010年价格计算	at Constant Prices of 2010					
增加值总额	Total Value Added	2974	3401	4217	5052	5281
农业、狩猎业、林业和渔业	Agriculture, Hunting, Forestry, Fishing	104	123	123	118	124
采掘、制造、电、煤气和水供应业	Mining, Manufacturing, Utilities	681	769	1041	1308	1373
制造业	Manufacturing	363	468	746	1006	1068
建筑业	Construction	287	275	358	393	419
批发、零售贸易、旅馆和饭店业	Wholesale, Retail Trade, Restaurants and Hotels	590	669	862	945	997
运输、仓储和通讯业	Transport, Storage and Communication	267	347	387	549	588
其他服务业	Other Activities	1045	1217	1446	1739	1781
俄 罗 斯	**Russia**					
按当年价格计算	at Current Prices					
增加值总额	Total Value Added	2301	6612	13324	11574	14236
农业、狩猎业、林业和渔业	Agriculture, Hunting, Forestry, Fishing	145	325	510	537	633
采掘、制造、电、煤气和水供应业	Mining, Manufacturing, Utilities	766	2175	3777	2943	3681
制造业	Manufacturing	523	1224	1997	1538	1880
建筑业	Construction	151	352	857	819	1059
批发、零售贸易、旅馆和饭店业	Wholesale, Retail Trade, Restaurants and Hotels	546	1336	2774	1999	2461
运输、仓储和通讯业	Transport, Storage and Communication	204	658	1183	902	1095
其他服务业	Other Activities	490	1766	4223	4373	5308
按2010年价格计算	at Constant Prices of 2010					
增加值总额	Total Value Added	8518	11088	13324	14340	14565
农业、狩猎业、林业和渔业	Agriculture, Hunting, Forestry, Fishing	457	518	510	648	656
采掘、制造、电、煤气和水供应业	Mining, Manufacturing, Utilities	2777	3702	3777	3970	3989
制造业	Manufacturing	1438	1920	1997	2172	2174
建筑业	Construction	441	679	857	924	933
批发、零售贸易、旅馆和饭店业	Wholesale, Retail Trade, Restaurants and Hotels	1313	2000	2774	2951	3026
运输、仓储和通讯业	Transport, Storage and Communication	755	1014	1183	1300	1333
其他服务业	Other Activities	2763	3247	4223	4545	4628

3-10　续表 20　continued

单位：亿美元　(100 million USD)

国家或地区	Country or Area	2000	2005	2010	2016	2017
西 班 牙	**Spain**					
按当年价格计算	at Current Prices					
增加值总额	Total Value Added	5402	10375	13110	11226	11916
农业、狩猎业、林业和渔业	Agriculture, Hunting, Forestry, Fishing	223	314	334	333	353
采掘、制造、电、煤气和水供应业	Mining, Manufacturing, Utilities	1115	1956	2251	1974	2145
制造业	Manufacturing	964	1632	1741	1552	1688
建筑业	Construction	545	1202	1159	659	730
批发、零售贸易、旅馆和饭店业	Wholesale, Retail Trade, Restaurants and Hotels	1029	1911	2371	2161	2317
运输、仓储和通讯业	Transport, Storage and Communication	496	916	1152	996	1041
其他服务业	Other Activities	1994	4076	5843	5103	5330
按2010年价格计算	at Constant Prices of 2010					
增加值总额	Total Value Added	10491	12303	13110	13394	13795
农业、狩猎业、林业和渔业	Agriculture, Hunting, Forestry, Fishing	348	308	334	397	393
采掘、制造、电、煤气和水供应业	Mining, Manufacturing, Utilities	2070	2324	2251	2275	2376
制造业	Manufacturing	1739	1907	1741	1825	1905
建筑业	Construction	1240	1429	1159	876	930
批发、零售贸易、旅馆和饭店业	Wholesale, Retail Trade, Restaurants and Hotels	1992	2279	2371	2565	2640
运输、仓储和通讯业	Transport, Storage and Communication	914	1050	1152	1300	1362
其他服务业	Other Activities	3928	4913	5843	5982	6094
土 耳 其	**Turkey**					
按当年价格计算	at Current Prices					
增加值总额	Total Value Added	2444	4379	6787	7612	7545
农业、狩猎业、林业和渔业	Agriculture, Hunting, Forestry, Fishing	275	464	697	534	518
采掘、制造、电、煤气和水供应业	Mining, Manufacturing, Utilities	589	989	1429	1695	1754
制造业	Manufacturing	512	848	1166	1434	1495
建筑业	Construction	145	280	470	740	729
批发、零售贸易、旅馆和饭店业	Wholesale, Retail Trade, Restaurants and Hotels	394	719	1032	1204	1238
运输、仓储和通讯业	Transport, Storage and Communication	301	609	796	863	869
其他服务业	Other Activities	740	1317	2363	2576	2437
按2010年价格计算	at Constant Prices of 2010					
增加值总额	Total Value Added	4722	5831	6787	9888	10664
农业、狩猎业、林业和渔业	Agriculture, Hunting, Forestry, Fishing	571	624	697	808	847
采掘、制造、电、煤气和水供应业	Mining, Manufacturing, Utilities	970	1212	1429	2190	2390
制造业	Manufacturing	767	991	1166	1825	1991
建筑业	Construction	242	361	470	841	917
批发、零售贸易、旅馆和饭店业	Wholesale, Retail Trade, Restaurants and Hotels	759	929	1032	1568	1747
运输、仓储和通讯业	Transport, Storage and Communication	534	752	796	1133	1252
其他服务业	Other Activities	1655	1954	2363	3328	3486

3-10 续表 21 continued

单位：亿美元 (100 million USD)

国家或地区	Country or Area	2000	2005	2010	2016	2017
乌克兰	**Ukraine**					
按当年价格计算	at Current Prices					
增加值总额	Total Value Added	276	789	1203	792	948
农业、狩猎业、林业和渔业	Agriculture, Hunting, Forestry, Fishing	45	79	101	109	115
采掘、制造、电、煤气和水供应业	Mining, Manufacturing, Utilities	91	235	308	198	243
制造业	Manufacturing	56	165	180	114	139
建筑业	Construction	11	35	45	19	26
批发、零售贸易、旅馆和饭店业	Wholesale, Retail Trade, Restaurants and Hotels	29	114	207	131	165
运输、仓储和通讯业	Transport, Storage and Communication	38	100	146	96	113
其他服务业	Other Activities	62	227	396	239	285
按2010年价格计算	at Constant Prices of 2010					
增加值总额	Total Value Added	800	1198	1203	1103	1129
农业、狩猎业、林业和渔业	Agriculture, Hunting, Forestry, Fishing	80	96	101	136	133
采掘、制造、电、煤气和水供应业	Mining, Manufacturing, Utilities	229	326	308	229	229
制造业	Manufacturing	122	198	180	131	138
建筑业	Construction	60	87	45	26	33
批发、零售贸易、旅馆和饭店业	Wholesale, Retail Trade, Restaurants and Hotels	89	173	207	170	178
运输、仓储和通讯业	Transport, Storage and Communication	81	126	146	151	159
其他服务业	Other Activities	255	388	396	408	415
英国	**United Kingdom**					
按当年价格计算	at Current Prices					
增加值总额	Total Value Added	14780	22748	22090	23710	23469
农业、狩猎业、林业和渔业	Agriculture, Hunting, Forestry, Fishing	128	145	162	155	156
采掘、制造、电、煤气和水供应业	Mining, Manufacturing, Utilities	2831	3461	3151	3273	3293
制造业	Manufacturing	2138	2501	2183	2377	2370
建筑业	Construction	870	1498	1247	1414	1440
批发、零售贸易、旅馆和饭店业	Wholesale, Retail Trade, Restaurants and Hotels	2066	3146	2991	3170	3151
运输、仓储和通讯业	Transport, Storage and Communication	1599	2395	2279	2511	2515
其他服务业	Other Activities	7286	12102	12261	13188	12914
按2010年价格计算	at Constant Prices of 2010					
增加值总额	Total Value Added	19103	21699	22090	24768	25236
农业、狩猎业、林业和渔业	Agriculture, Hunting, Forestry, Fishing	166	179	162	179	184
采掘、制造、电、煤气和水供应业	Mining, Manufacturing, Utilities	3481	3362	3151	3159	3190
制造业	Manufacturing	2362	2305	2183	2249	2302
建筑业	Construction	1139	1321	1247	1424	1522
批发、零售贸易、旅馆和饭店业	Wholesale, Retail Trade, Restaurants and Hotels	2603	2998	2991	3612	3709
运输、仓储和通讯业	Transport, Storage and Communication	1860	2240	2279	2673	2757
其他服务业	Other Activities	9791	11581	12261	13775	13931

3-10 续表 22 continued

单位：亿美元 (100 million USD)

国家或地区	Country or Area	2000	2005	2010	2016	2017
澳大利亚	**Australia**					
按当年价格计算	at Current Prices					
增加值总额	Total Value Added	3732	7001	12121	12103	13102
农业、狩猎业、林业和渔业	Agriculture, Hunting, Forestry, Fishing	143	207	296	361	355
采掘、制造、电、煤气和水供应业	Mining, Manufacturing, Utilities	757	1437	2473	2031	2138
制造业	Manufacturing	450	752	955	750	851
建筑业	Construction	211	509	945	976	1095
批发、零售贸易、旅馆和饭店业	Wholesale, Retail Trade, Restaurants and Hotels	490	880	1426	1363	1510
运输、仓储和通讯业	Transport, Storage and Communication	340	610	980	919	1036
其他服务业	Other Activities	1790	3357	6001	6453	6969
按2010年价格计算	at Constant Prices of 2010					
增加值总额	Total Value Added	8937	10569	12121	14155	14501
农业、狩猎业、林业和渔业	Agriculture, Hunting, Forestry, Fishing	246	268	296	331	343
采掘、制造、电、煤气和水供应业	Mining, Manufacturing, Utilities	2134	2255	2473	2753	2794
制造业	Manufacturing	891	947	955	872	856
建筑业	Construction	497	783	945	1055	1028
批发、零售贸易、旅馆和饭店业	Wholesale, Retail Trade, Restaurants and Hotels	1062	1284	1426	1707	1769
运输、仓储和通讯业	Transport, Storage and Communication	675	832	980	1141	1174
其他服务业	Other Activities	4398	5173	6001	7136	7354
新 西 兰	**New Zealand**					
按当年价格计算	at Current Prices					
增加值总额	Total Value Added	507	1064	1351	1715	1848
农业、狩猎业、林业和渔业	Agriculture, Hunting, Forestry, Fishing	42	52	97	106	101
采掘、制造、电、煤气和水供应业	Mining, Manufacturing, Utilities	105	213	235	260	302
制造业	Manufacturing	84	167	159	188	218
建筑业	Construction	23	61	76	118	121
批发、零售贸易、旅馆和饭店业	Wholesale, Retail Trade, Restaurants and Hotels	65	136	161	218	233
运输、仓储和通讯业	Transport, Storage and Communication	46	95	105	135	149
其他服务业	Other Activities	226	506	677	878	943
按2010年价格计算	at Constant Prices of 2010					
增加值总额	Total Value Added	1066	1284	1351	1607	1650
农业、狩猎业、林业和渔业	Agriculture, Hunting, Forestry, Fishing	105	116	97	121	121
采掘、制造、电、煤气和水供应业	Mining, Manufacturing, Utilities	217	242	235	248	251
制造业	Manufacturing	157	184	159	173	176
建筑业	Construction	53	74	76	109	110
批发、零售贸易、旅馆和饭店业	Wholesale, Retail Trade, Restaurants and Hotels	128	154	161	200	210
运输、仓储和通讯业	Transport, Storage and Communication	76	94	105	136	142
其他服务业	Other Activities	494	610	677	794	816

3-11 支出法国内生产总值
Gross Domestic Product by Expenditure Approach

资料来源：世界银行WDI数据库。
Source: World Bank WDI Database.
单位：亿美元 (100 million USD)

国家或地区	Country or Area	2000	2005	2010	2016	2017	2018
中　国	**China**						
按当年价格计算	at current price						
居民消费支出	Household Final Consumption Expenditure	5676	9181	21573	44163	47044	52632
政府消费支出	General Government Final Consumption Expenditure	2015	3199	7820	16023	17634	19972
资本形成总额	Gross Capital Formation	4171	9462	29046	49535	53849	59953
货物和服务出口	Exports of Goods and Services	2531	7733	16025	22000	24242	26556
货物和服务进口	Imports of Goods and Services	2243	6487	13801	19445	22085	25490
国内生产总值	Gross Domestic Product	12113	22860	60872	111379	121435	136082
按2010年价格计算	at constant price of 2010						
居民消费支出	Household Final Consumption Expenditure	8407	12653	21573	37559	40112	43928
政府消费支出	General Government Final Consumption Expenditure			7820			
资本形成总额	Gross Capital Formation	5909	13298	29046	45630	47923	50204
货物和服务出口	Exports of Goods and Services			16025			
货物和服务进口	Imports of Goods and Services			13801			
国内生产总值	Gross Domestic Product	22321	35620	60872	94906	101319	108006
中国香港	**Hong Kong, China**						
按当年价格计算	at current price						
居民消费支出	Household Final Consumption Expenditure	1007	1044	1403	2126	2291	2481
政府消费支出	General Government Final Consumption Expenditure	161	168	203	319	335	358
资本形成总额	Gross Capital Formation	474	382	546	690	753	787
货物和服务出口	Exports of Goods and Services	2164	3222	4694	6000	6449	6826
货物和服务进口	Imports of Goods and Services	2088	3000	4560	5927	6412	6823
国内生产总值	Gross Domestic Product	1717	1816	2286	3209	3416	3630
按2010年价格计算	at constant price of 2010						
居民消费支出	Household Final Consumption Expenditure	1026	1124	1403	1829	1931	2039
政府消费支出	General Government Final Consumption Expenditure	163	180	203	243	250	261
资本形成总额	Gross Capital Formation	415	417	546	603	634	642
货物和服务出口	Exports of Goods and Services	2255	3568	4694	5490	5812	6031
货物和服务进口	Imports of Goods and Services	2280	3379	4560	5447	5808	6072
国内生产总值	Gross Domestic Product	1534	1886	2286	2701	2805	2890
中国澳门	**Macao, China**						
按当年价格计算	at current price						
居民消费支出	Household Final Consumption Expenditure	31	39	66	120	123	131
政府消费支出	General Government Final Consumption Expenditure	8	12	23	47	49	53
资本形成总额	Gross Capital Formation	7	31	37	98	96	86
货物和服务出口	Exports of Goods and Services	60	103	247	345	406	455
货物和服务进口	Imports of Goods and Services	40	63	92	157	168	180
国内生产总值	Gross Domestic Product	67	121	281	453	506	545
按2010年价格计算	at constant price of 2010						
居民消费支出	Household Final Consumption Expenditure	39	49	66	90	92	96
政府消费支出	General Government Final Consumption Expenditure	12	15	23	31	32	33
资本形成总额	Gross Capital Formation	12	43	37	70	66	57
货物和服务出口	Exports of Goods and Services	76	129	247	267	312	342
货物和服务进口	Imports of Goods and Services	45	73	92	145	155	165
国内生产总值	Gross Domestic Product	96	165	281	319	350	367

3-11 续表 1 continued

单位：亿美元 (100 million USD)

国家或地区	Country or Area	2000	2005	2010	2016	2017	2018
孟加拉国	**Bangladesh**						
按当年价格计算	at current price						
居民消费支出	Household Final Consumption Expenditure	400	512	854	1531	1715	1940
政府消费支出	General Government Final Consumption Expenditure	27	36	59	130	150	174
资本形成总额	Gross Capital Formation	127	179	303	657	762	856
货物和服务出口	Exports of Goods and Services	66	100	185	369	375	406
货物和服务进口	Imports of Goods and Services	91	139	251	472	506	642
国内生产总值	Gross Domestic Product	534	694	1153	2214	2497	2740
按2010年价格计算	at constant price of 2010						
居民消费支出	Household Final Consumption Expenditure	539	668	854	1129	1213	1346
政府消费支出	General Government Final Consumption Expenditure	30	45	59	87	93	108
资本形成总额	Gross Capital Formation	135	201	303	495	545	602
货物和服务出口	Exports of Goods and Services	40	121	185	282	276	298
货物和服务进口	Imports of Goods and Services	64	190	251	352	362	460
国内生产总值	Gross Domestic Product	670	859	1153	1678	1800	1941
文　莱	**Brunei Darussalam**						
按当年价格计算	at current price						
居民消费支出	Household Final Consumption Expenditure	15	21	20	24	25	27
政府消费支出	General Government Final Consumption Expenditure	15	18	30	30	32	33
资本形成总额	Gross Capital Formation	8	11	32	39	42	56
货物和服务出口	Exports of Goods and Services	40	67	92	57	60	70
货物和服务进口	Imports of Goods and Services	21	26	38	43	43	57
国内生产总值	Gross Domestic Product	60	95	137	114	121	136
按2010年价格计算	at constant price of 2010						
居民消费支出	Household Final Consumption Expenditure	13	18	20	24	25	26
政府消费支出	General Government Final Consumption Expenditure	20	22	30	31	33	33
资本形成总额	Gross Capital Formation	18	23	32	42	45	58
货物和服务出口	Exports of Goods and Services	112	120	92	76	73	76
货物和服务进口	Imports of Goods and Services	26	30	38	44	43	58
国内生产总值	Gross Domestic Product	120	133	137	133	135	135
柬埔寨	**Cambodia**						
按当年价格计算	at current price						
居民消费支出	Household Final Consumption Expenditure	32	54	91	152	163	174
政府消费支出	General Government Final Consumption Expenditure	2	3	7	10	11	12
资本形成总额	Gross Capital Formation	6	12	20	45	51	58
货物和服务出口	Exports of Goods and Services	18	40	61	123	135	151
货物和服务进口	Imports of Goods and Services	23	46	67	131	142	156
国内生产总值	Gross Domestic Product	37	63	112	200	222	246
按2010年价格计算	at constant price of 2010						
居民消费支出	Household Final Consumption Expenditure	45	67	91	132	138	144
政府消费支出	General Government Final Consumption Expenditure	2	3	7	10	10	11
资本形成总额	Gross Capital Formation	7	12	20	37	40	42
货物和服务出口	Exports of Goods and Services	17	37	61	122	129	135
货物和服务进口	Imports of Goods and Services	20	40	67	133	139	144
国内生产总值	Gross Domestic Product	52	81	112	170	182	196

3-11 续表 2 continued

单位：亿美元 (100 million USD)

国家或地区	Country or Area	2000	2005	2010	2016	2017	2018
印　度	**India**						
按当年价格计算	at current price						
居民消费支出	Household Final Consumption Expenditure	2986	4707	9170	13591	15646	16216
政府消费支出	General Government Final Consumption Expenditure	560	850	1844	2361	2926	3049
资本形成总额	Gross Capital Formation	1215	3071	6667	6920	8207	8447
货物和服务出口	Exports of Goods and Services	609	1608	3754	4396	4982	5370
货物和服务进口	Imports of Goods and Services	651	1837	4500	4802	5832	6388
国内生产总值	Gross Domestic Product	4684	8204	16756	22904	26526	27263
按2010年价格计算	at constant price of 2010						
居民消费支出	Household Final Consumption Expenditure	5341	6959	9170	13850	14879	16114
政府消费支出	General Government Final Consumption Expenditure	1019	1211	1844	2433	2797	3045
资本形成总额	Gross Capital Formation	2000	3926	6667	8131	8973	9819
货物和服务出口	Exports of Goods and Services	1017	2257	3754	5036	5272	5981
货物和服务进口	Imports of Goods and Services	1141	2422	4500	5231	6152	7117
国内生产总值	Gross Domestic Product	8734	11939	16756	24824	26604	28461
印度尼西亚	**Indonesia**						
按当年价格计算	at current price						
居民消费支出	Household Final Consumption Expenditure	1017	1840	4245	5389	5820	5936
政府消费支出	General Government Final Consumption Expenditure	108	232	680	888	923	936
资本形成总额	Gross Capital Formation	367	717	2483	3155	3424	3603
货物和服务出口	Exports of Goods and Services	676	974	1835	1779	2050	2185
货物和服务进口	Imports of Goods and Services	503	855	1692	1708	1947	2299
国内生产总值	Gross Domestic Product	1650	2859	7551	9319	10154	10422
按2010年价格计算	at constant price of 2010						
居民消费支出	Household Final Consumption Expenditure	2780	3387	4245	5755	6042	6352
政府消费支出	General Government Final Consumption Expenditure	314	466	680	852	870	912
资本形成总额	Gross Capital Formation	-6653	-6209	2483	3493	3691	4006
货物和服务出口	Exports of Goods and Services	972	1355	1835	2168	2362	2515
货物和服务进口	Imports of Goods and Services	861	1302	1692	2000	2161	2421
国内生产总值	Gross Domestic Product	4534	5712	7551	10379	10905	11468
以 色 列	**Israel**						
按当年价格计算	at current price						
居民消费支出	Household Final Consumption Expenditure	701	789	1326	1755	1940	
政府消费支出	General Government Final Consumption Expenditure	321	344	531	712	798	
资本形成总额	Gross Capital Formation	302	293	431	667	736	
货物和服务出口	Exports of Goods and Services	471	581	818	956	1033	
货物和服务进口	Imports of Goods and Services	472	583	769	897	974	
国内生产总值	Gross Domestic Product	1322	1424	2337	3194	3533	3697
按2010年价格计算	at constant price of 2010						
居民消费支出	Household Final Consumption Expenditure	943	1084	1326	1700	1757	
政府消费支出	General Government Final Consumption Expenditure	436	463	531	649	671	
资本形成总额	Gross Capital Formation	385	353	431	626	648	
货物和服务出口	Exports of Goods and Services	571	657	818	917	965	
货物和服务进口	Imports of Goods and Services	613	657	769	995	1046	
国内生产总值	Gross Domestic Product	1741	1906	2337	2892	2992	3091

3-11 续表 3 continued

单位：亿美元 (100 million USD)

国家或地区	Country or Area	2000	2005	2010	2016	2017	2018
日　　本	**Japan**						
按当年价格计算	at current price						
居民消费支出	Household Final Consumption Expenditure	26594	26451	32918	27451	26968	
政府消费支出	General Government Final Consumption Expenditure	8236	8615	11110	9796	9560	
资本形成总额	Gross Capital Formation	13346	11769	12140	11532	11617	
货物和服务出口	Exports of Goods and Services	5193	6663	8571	8007	8638	
货物和服务进口	Imports of Goods and Services	4494	5946	7739	7519	8184	
国内生产总值	Gross Domestic Product	48875	47554	57001	49267	48600	49709
按2010年价格计算	at constant price of 2010						
居民消费支出	Household Final Consumption Expenditure	30132	32072	32918	33834	34218	
政府消费支出	General Government Final Consumption Expenditure	9578	10560	11110	12103	12135	
资本形成总额	Gross Capital Formation	15117	14556	12140	14070	14468	
货物和服务出口	Exports of Goods and Services	5459	7360	8571	9850	10519	
货物和服务进口	Imports of Goods and Services	6348	7660	7739	9565	9893	
国内生产总值	Gross Domestic Product	53489	56723	57001	60251	61414	61897
哈萨克斯坦	**Kazakhstan**						
按当年价格计算	at current price						
居民消费支出	Household Final Consumption Expenditure	113	285	672	749	846	
政府消费支出	General Government Final Consumption Expenditure	22	64	160	160	176	
资本形成总额	Gross Capital Formation	33	177	376	382	433	
货物和服务出口	Exports of Goods and Services	104	304	655	437	560	
货物和服务进口	Imports of Goods and Services	90	255	443	391	428	
国内生产总值	Gross Domestic Product	183	571	1480	1373	1629	1705
按2010年价格计算	at constant price of 2010						
居民消费支出	Household Final Consumption Expenditure	286	450	672	957	971	
政府消费支出	General Government Final Consumption Expenditure	84	123	160	238	242	
资本形成总额	Gross Capital Formation	99	254	376	559	572	
货物和服务出口	Exports of Goods and Services	446	613	655	632	672	
货物和服务进口	Imports of Goods and Services	336	406	443	575	567	
国内生产总值	Gross Domestic Product	669	1095	1480	1883	1960	2041
韩　　国	**Korea, Rep.**						
按当年价格计算	at current price						
居民消费支出	Household Final Consumption Expenditure	3019	4689	5508	6883	7362	7878
政府消费支出	General Government Final Consumption Expenditure	637	1193	1584	2147	2347	2605
资本形成总额	Gross Capital Formation	1850	2889	3505	4139	4757	4888
货物和服务出口	Exports of Goods and Services	1966	3306	5409	5982	6596	7127
货物和服务进口	Imports of Goods and Services	1850	3087	5060	5012	5769	6315
国内生产总值	Gross Domestic Product	5616	8981	10945	14148	15308	16194
按2010年价格计算	at constant price of 2010						
居民消费支出	Household Final Consumption Expenditure	3945	4728	5508	6274	6438	6621
政府消费支出	General Government Final Consumption Expenditure	952	1211	1584	1916	1982	2093
资本形成总额	Gross Capital Formation	2506	3045	3505	4222	4648	4560
货物和服务出口	Exports of Goods and Services	2168	3548	5409	7131	7266	7571
货物和服务进口	Imports of Goods and Services	2409	3576	5060	6538	6998	7118
国内生产总值	Gross Domestic Product	7100	8947	10945	13059	13459	13819

3-11 续表 4 continued

单位：亿美元 (100 million USD)

国家或地区	Country or Area	2000	2005	2010	2016	2017	2018
老　挝	**Laos**						
按当年价格计算	at current price						
居民消费支出	Household Final Consumption Expenditure	15	20	53	104	110	
政府消费支出	General Government Final Consumption Expenditure	1	2	8	22	22	
资本形成总额	Gross Capital Formation	2	9	20	46	49	
货物和服务出口	Exports of Goods and Services	5	8	25	52	58	
货物和服务进口	Imports of Goods and Services	7	12	35	66	70	
国内生产总值	Gross Domestic Product	17	27	71	158	169	181
按2010年价格计算	at constant price of 2010						
居民消费支出	Household Final Consumption Expenditure	22	35	53	76	80	
政府消费支出	General Government Final Consumption Expenditure	2	4	8	16	16	
资本形成总额	Gross Capital Formation	6	13	20	39	40	
货物和服务出口	Exports of Goods and Services	17	15	25	50	55	
货物和服务进口	Imports of Goods and Services	11	18	35	68	72	
国内生产总值	Gross Domestic Product	36	48	71	111	119	126
马来西亚	**Malaysia**						
按当年价格计算	at current price						
居民消费支出	Household Final Consumption Expenditure	410	634	1227	1627	1741	2032
政府消费支出	General Government Final Consumption Expenditure	95	165	321	373	383	423
资本形成总额	Gross Capital Formation	252	321	596	767	804	837
货物和服务出口	Exports of Goods and Services	1124	1620	2217	2012	2247	2469
货物和服务进口	Imports of Goods and Services	944	1306	1811	1811	2028	2217
国内生产总值	Gross Domestic Product	938	1435	2550	2968	3147	3543
按2010年价格计算	at constant price of 2010						
居民消费支出	Household Final Consumption Expenditure	643	892	1227	1831	1959	2118
政府消费支出	General Government Final Consumption Expenditure	153	246	321	450	474	490
资本形成总额	Gross Capital Formation	434	436	596	874	930	890
货物和服务出口	Exports of Goods and Services	1534	1991	2217	2428	2655	2695
货物和服务进口	Imports of Goods and Services	1153	1530	1811	2140	2373	2375
国内生产总值	Gross Domestic Product	1625	2049	2550	3443	3646	3818
蒙　古	**Mongolia**						
按当年价格计算	at current price						
居民消费支出	Household Final Consumption Expenditure	9	14	40	61	57	62
政府消费支出	General Government Final Consumption Expenditure	2	3	9	16	15	15
资本形成总额	Gross Capital Formation	3	9	30	29	40	55
货物和服务出口	Exports of Goods and Services	6	15	34	56	68	78
货物和服务进口	Imports of Goods and Services	8	16	41	51	66	83
国内生产总值	Gross Domestic Product	11	25	72	112	114	130
按2010年价格计算	at constant price of 2010						
居民消费支出	Household Final Consumption Expenditure			40	67	67	70
政府消费支出	General Government Final Consumption Expenditure			9	17	17	17
资本形成总额	Gross Capital Formation			30	31	46	59
货物和服务出口	Exports of Goods and Services			34	85	96	111
货物和服务进口	Imports of Goods and Services			41	81	101	122
国内生产总值	Gross Domestic Product	38	53	72	118	124	133

3-11 续表 5 continued

单位: 亿美元 (100 million USD)

国家或地区	Country or Area	2000	2005	2010	2016	2017	2018
巴基斯坦	**Pakistan**						
按当年价格计算	at current price						
居民消费支出	Household Final Consumption Expenditure	557	843	1414	2230	2499	2567
政府消费支出	General Government Final Consumption Expenditure	64	86	183	315	343	387
资本形成总额	Gross Capital Formation	127	209	280	437	491	513
货物和服务出口	Exports of Goods and Services	99	172	240	255	251	267
货物和服务进口	Imports of Goods and Services	109	214	343	450	535	608
国内生产总值	Gross Domestic Product	740	1095	1774	2787	3050	3126
按2010年价格计算	at constant price of 2010						
居民消费支出	Household Final Consumption Expenditure	1001	1262	1414	1855	2017	2144
政府消费支出	General Government Final Consumption Expenditure	94	112	183	257	270	309
资本形成总额	Gross Capital Formation	209	247	280	348	381	403
货物和服务出口	Exports of Goods and Services	118	201	240	215	213	235
货物和服务进口	Imports of Goods and Services	216	325	343	387	469	551
国内生产总值	Gross Domestic Product	1176	1500	1774	2279	2409	2539
菲 律 宾	**Philippines**						
按当年价格计算	at current price						
居民消费支出	Household Final Consumption Expenditure	585	773	1428	2247	2304	2443
政府消费支出	General Government Final Consumption Expenditure	93	93	194	341	353	395
资本形成总额	Gross Capital Formation	149	222	410	744	788	891
货物和服务出口	Exports of Goods and Services	416	476	695	857	973	1048
货物和服务进口	Imports of Goods and Services	432	533	731	1140	1282	1468
国内生产总值	Gross Domestic Product	810	1031	1996	3049	3136	3309
按2010年价格计算	at constant price of 2010						
居民消费支出	Household Final Consumption Expenditure	936	1195	1428	2042	2162	2283
政府消费支出	General Government Final Consumption Expenditure	139	142	194	291	309	349
资本形成总额	Gross Capital Formation	228	327	410	793	868	982
货物和服务出口	Exports of Goods and Services	443	533	695	993	1188	1348
货物和服务进口	Imports of Goods and Services	481	607	731	1213	1433	1662
国内生产总值	Gross Domestic Product	1253	1569	1996	2844	3034	3223
新 加 坡	**Singapore**						
按当年价格计算	at current price						
居民消费支出	Household Final Consumption Expenditure	402	509	871	1158	1205	1273
政府消费支出	General Government Final Consumption Expenditure	101	126	232	329	353	384
资本形成总额	Gross Capital Formation	338	275	663	850	953	969
货物和服务出口	Exports of Goods and Services	1810	2878	4748	5266	5801	6423
货物和服务进口	Imports of Goods and Services	1691	2496	4117	4419	4955	5456
国内生产总值	Gross Domestic Product	961	1278	2398	3181	3384	3642
按2010年价格计算	at constant price of 2010						
居民消费支出	Household Final Consumption Expenditure	580	719	871	1081	1118	1149
政府消费支出	General Government Final Consumption Expenditure	148	172	232	297	310	323
资本形成总额	Gross Capital Formation	461	363	663	859	958	938
货物和服务出口	Exports of Goods and Services	2160	3427	4748	5989	6332	6658
货物和服务进口	Imports of Goods and Services	2023	2991	4117	5056	5437	5690
国内生产总值	Gross Domestic Product	1363	1728	2398	3071	3184	3284

3-11 续表 6 continued

单位：亿美元 (100 million USD)

国家或地区	Country or Area	2000	2005	2010	2016	2017	2018
斯里兰卡	**Sri Lanka**						
按当年价格计算	at current price						
居民消费支出	Household Final Consumption Expenditure	117	168	388	585	615	620
政府消费支出	General Government Final Consumption Expenditure	17	32	48	70	74	80
资本形成总额	Gross Capital Formation	46	65	172	230	254	254
货物和服务出口	Exports of Goods and Services	64	79	111	174	191	203
货物和服务进口	Imports of Goods and Services	81	101	152	235	254	268
国内生产总值	Gross Domestic Product	163	244	567	824	880	889
按2010年价格计算	at constant price of 2010						
居民消费支出	Household Final Consumption Expenditure	239	296	388	563	577	590
政府消费支出	General Government Final Consumption Expenditure	28	32	48	60	56	53
资本形成总额	Gross Capital Formation	90	111	172	279	302	322
货物和服务出口	Exports of Goods and Services	87	104	111	141	152	152
货物和服务进口	Imports of Goods and Services	103	129	152	243	261	265
国内生产总值	Gross Domestic Product	343	416	567	799	827	853
泰　国	**Thailand**						
按当年价格计算	at current price						
居民消费支出	Household Final Consumption Expenditure	684	1057	1780	2054	2218	2461
政府消费支出	General Government Final Consumption Expenditure	172	258	539	698	745	816
资本形成总额	Gross Capital Formation	282	576	865	863	1040	1263
货物和服务出口	Exports of Goods and Services	820	1295	2268	2820	3104	3374
货物和服务进口	Imports of Goods and Services	714	1315	2073	2212	2474	2853
国内生产总值	Gross Domestic Product	1264	1893	3411	4124	4553	5050
按2010年价格计算	at constant price of 2010						
居民消费支出	Household Final Consumption Expenditure	1178	1592	1780	2071	2133	2232
政府消费支出	General Government Final Consumption Expenditure	307	385	539	656	656	668
资本形成总额	Gross Capital Formation	494	849	865	852	972	1136
货物和服务出口	Exports of Goods and Services	1235	1763	2268	2801	2954	3078
货物和服务进口	Imports of Goods and Services	1064	1781	2073	2346	2492	2707
国内生产总值	Gross Domestic Product	2177	2838	3411	4078	4242	4417
越　南	**Viet Nam**						
按当年价格计算	at current price						
居民消费支出	Household Final Consumption Expenditure	207	377	772	1407	1522	1655
政府消费支出	General Government Final Consumption Expenditure	20	31	69	134	146	155
资本形成总额	Gross Capital Formation	92	195	414	546	595	673
货物和服务出口	Exports of Goods and Services	168	367	835	1922	2273	2337
货物和服务进口	Imports of Goods and Services	179	386	930	1869	2211	2257
国内生产总值	Gross Domestic Product	312	576	1159	2053	2238	2449
按2010年价格计算	at constant price of 2010						
居民消费支出	Household Final Consumption Expenditure	394	549	772	1103	1184	1270
政府消费支出	General Government Final Consumption Expenditure	32	45	69	105	113	120
资本形成总额	Gross Capital Formation	139	238	414	542	588	651
货物和服务出口	Exports of Goods and Services	248	570	835	1797	2098	2397
货物和服务进口	Imports of Goods and Services	245	564	930	1904	2237	2523
国内生产总值	Gross Domestic Product	611	854	1159	1641	1753	1877

3-11 续表 7 continued

单位：亿美元 (100 million USD)

国家或地区	Country or Area	2000	2005	2010	2016	2017	2018
埃　及	**Egypt**						
按当年价格计算	at current price						
居民消费支出	Household Final Consumption Expenditure	757	642	1632	2766	2074	2144
政府消费支出	General Government Final Consumption Expenditure	112	114	244	380	238	210
资本形成总额	Gross Capital Formation	195	161	427	501	359	418
货物和服务出口	Exports of Goods and Services	162	272	467	344	372	474
货物和服务进口	Imports of Goods and Services	228	292	582	663	690	737
国内生产总值	Gross Domestic Product	998	897	2189	3329	2354	2509
按2010年价格计算	at constant price of 2010						
居民消费支出	Household Final Consumption Expenditure	1061	1233	1632	2135	2224	2249
政府消费支出	General Government Final Consumption Expenditure	181	210	244	322	330	336
资本形成总额	Gross Capital Formation	236	267	427	498	552	639
货物和服务出口	Exports of Goods and Services	157	293	467	365	680	899
货物和服务进口	Imports of Goods and Services	248	369	582	695	1060	1179
国内生产总值	Gross Domestic Product	1364	1622	2189	2608	2717	2861
南　非	**South Africa**						
按当年价格计算	at current price						
居民消费支出	Household Final Consumption Expenditure	861	1597	2215	1757	2069	2207
政府消费支出	General Government Final Consumption Expenditure	251	502	759	616	726	784
资本形成总额	Gross Capital Formation	223	472	732	568	657	661
货物和服务出口	Exports of Goods and Services	370	682	1074	906	1035	1101
货物和服务进口	Imports of Goods and Services	331	688	1027	891	990	1089
国内生产总值	Gross Domestic Product	1364	2578	3753	2963	3493	3683
按2010年价格计算	at constant price of 2010						
居民消费支出	Household Final Consumption Expenditure	1507	1866	2215	2544	2596	2643
政府消费支出	General Government Final Consumption Expenditure	484	610	759	862	864	880
资本形成总额	Gross Capital Formation	395	596	732	827	854	830
货物和服务出口	Exports of Goods and Services	884	1021	1074	1245	1236	1268
货物和服务进口	Imports of Goods and Services	579	847	1027	1268	1280	1322
国内生产总值	Gross Domestic Product	2670	3222	3753	4206	4265	4299
加拿大	**Canada**						
按当年价格计算	at current price						
居民消费支出	Household Final Consumption Expenditure	4063	6375	9220	8960	9586	9968
政府消费支出	General Government Final Consumption Expenditure	1423	2238	3473	3216	3412	3570
资本形成总额	Gross Capital Formation	1535	2655	3798	3500	3885	3945
货物和服务出口	Exports of Goods and Services	3289	4311	4699	4771	5122	5449
货物和服务进口	Imports of Goods and Services	2870	3852	5003	5138	5504	5811
国内生产总值	Gross Domestic Product	7423	11694	16135	15267	16469	17125
按2010年价格计算	at constant price of 2010						
居民消费支出	Household Final Consumption Expenditure	6777	7944	9220	10584	10955	11180
政府消费支出	General Government Final Consumption Expenditure	2706	3030	3473	3649	3727	3835
资本形成总额	Gross Capital Formation	2706	3544	3798	3963	4223	4223
货物和服务出口	Exports of Goods and Services	4995	5200	4699	5764	5828	6016
货物和服务进口	Imports of Goods and Services	3808	4472	5003	5758	6000	6174
国内生产总值	Gross Domestic Product	13417	15238	16135	18150	18691	19042

3-11 续表 8 continued

单位：亿美元 (100 million USD)

国家或地区	Country or Area	2000	2005	2010	2016	2017	2018
墨 西 哥	**Mexico**						
按当年价格计算	at current price						
居民消费支出	Household Final Consumption Expenditure	4809	6022	6913	7067	7558	7906
政府消费支出	General Government Final Consumption Expenditure	674	923	1245	1295	1359	1420
资本形成总额	Gross Capital Formation	1625	1942	2411	2562	2659	2816
货物和服务出口	Exports of Goods and Services	1799	2666	3141	3999	4358	4800
货物和服务进口	Imports of Goods and Services	1913	2806	3286	4211	4568	5030
国内生产总值	Gross Domestic Product	7079	8775	10578	10778	11581	12238
按2010年价格计算	at constant price of 2010						
居民消费支出	Household Final Consumption Expenditure	5775	6895	6913	8098	8350	8536
政府消费支出	General Government Final Consumption Expenditure	1113	1128	1245	1430	1444	1464
资本形成总额	Gross Capital Formation	2123	2133	2411	2847	2799	2825
货物和服务出口	Exports of Goods and Services	2226	2853	3141	4395	4567	4830
货物和服务进口	Imports of Goods and Services	2459	3085	3286	4314	4581	4864
国内生产总值	Gross Domestic Product	9152	9827	10578	12589	12849	13105
美 国	**United States**						
按当年价格计算	at current price						
居民消费支出	Household Final Consumption Expenditure	67621	87471	101858	127669	133214	
政府消费支出	General Government Final Consumption Expenditure	14380	19627	25101	26595	27313	
资本形成总额	Gross Capital Formation	24273	30480	28100	38014	40112	
货物和服务出口	Exports of Goods and Services	10963	13052	18463	22176	23502	
货物和服务进口	Imports of Goods and Services	14713	20264	23602	27381	29286	
国内生产总值	Gross Domestic Product	102523	130366	149921	187072	194854	204941
按2010年价格计算	at constant price of 2010						
居民消费支出	Household Final Consumption Expenditure	82721	96431	101858	117221	120193	
政府消费支出	General Government Final Consumption Expenditure	20405	22870	25101	24080	24057	
资本形成总额	Gross Capital Formation	28044	32077	28100	35559	36981	
货物和服务出口	Exports of Goods and Services	12877	14312	18463	22199	22871	
货物和服务进口	Imports of Goods and Services	17910	22462	23602	29360	30700	
国内生产总值	Gross Domestic Product	126203	143325	149921	169723	173486	178443
阿 根 廷	**Argentina**						
按当年价格计算	at current price						
居民消费支出	Household Final Consumption Expenditure	1970	1253	2721	3664	4262	3371
政府消费支出	General Government Final Consumption Expenditure	392	241	642	984	1135	839
资本形成总额	Gross Capital Formation	498	375	750	985	1206	1077
货物和服务出口	Exports of Goods and Services	312	462	802	698	723	747
货物和服务进口	Imports of Goods and Services	331	344	679	756	899	848
国内生产总值	Gross Domestic Product	2842	1987	4236	5575	6427	5185
按2010年价格计算	at constant price of 2010						
居民消费支出	Household Final Consumption Expenditure	1936	1988	2721	3068	3190	3113
政府消费支出	General Government Final Consumption Expenditure	461	491	642	798	820	793
资本形成总额	Gross Capital Formation	468	536	750	753	873	801
货物和服务出口	Exports of Goods and Services	493	675	802	736	749	749
货物和服务进口	Imports of Goods and Services	426	408	679	805	928	881
国内生产总值	Gross Domestic Product	3032	3336	4236	4463	4583	4467

3-11 续表 9 continued

单位：亿美元 (100 million USD)

国家或地区	Country or Area	2000	2005	2010	2016	2017	2018
巴 西	**Brazil**						
按当年价格计算	at current price						
居民消费支出	Household Final Consumption Expenditure	4234	5395	13302	11539	13141	12021
政府消费支出	General Government Final Consumption Expenditure	1230	1684	4201	3662	4101	3684
资本形成总额	Gross Capital Formation	1239	1534	4816	2690	3088	2882
货物和服务出口	Exports of Goods and Services	668	1359	2400	2240	2582	2767
货物和服务进口	Imports of Goods and Services	816	1056	2630	2168	2376	2668
国内生产总值	Gross Domestic Product	6554	8916	22089	17963	20536	18686
按2010年价格计算	at constant price of 2010						
居民消费支出	Household Final Consumption Expenditure	9124	10054	13302	14203	14396	14669
政府消费支出	General Government Final Consumption Expenditure	3113	3570	4201	4438	4400	4401
资本形成总额	Gross Capital Formation	2937	3114	4816	3974	3875	4035
货物和服务出口	Exports of Goods and Services	1307	2118	2400	2736	2879	2996
货物和服务进口	Imports of Goods and Services	1223	1293	2630	2334	2450	2658
国内生产总值	Gross Domestic Product	15387	17748	22089	22601	22841	23097
委内瑞拉	**Venezuela**						
按当年价格计算	at current price						
居民消费支出	Household Final Consumption Expenditure	606	680	2198			
政府消费支出	General Government Final Consumption Expenditure	146	161	441			
资本形成总额	Gross Capital Formation	283	335	864			
货物和服务出口	Exports of Goods and Services	348	577	1122			
货物和服务进口	Imports of Goods and Services	212	298	692			
国内生产总值	Gross Domestic Product	1171	1455	3932			
按2010年价格计算	at constant price of 2010						
居民消费支出	Household Final Consumption Expenditure	1277	1608	2198			
政府消费支出	General Government Final Consumption Expenditure	233	325	441			
资本形成总额	Gross Capital Formation	490	592	864			
货物和服务出口	Exports of Goods and Services	1716	1680	1122			
货物和服务进口	Imports of Goods and Services	339	488	692			
国内生产总值	Gross Domestic Product	2890	3278	3932			
捷 克	**Czech Rep.**						
按当年价格计算	at current price						
居民消费支出	Household Final Consumption Expenditure	312	652	1016	918	1024	1164
政府消费支出	General Government Final Consumption Expenditure	123	282	432	376	414	490
资本形成总额	Gross Capital Formation	194	397	563	507	559	642
货物和服务出口	Exports of Goods and Services	297	847	1370	1552	1721	1922
货物和服务进口	Imports of Goods and Services	308	815	1306	1402	1559	1766
国内生产总值	Gross Domestic Product	616	1363	2075	1951	2159	2452
按2010年价格计算	at constant price of 2010						
居民消费支出	Household Final Consumption Expenditure	767	909	1016	1106	1153	1192
政府消费支出	General Government Final Consumption Expenditure	351	409	432	445	450	468
资本形成总额	Gross Capital Formation	422	516	563	613	637	671
货物和服务出口	Exports of Goods and Services	544	1002	1370	1878	2004	2092
货物和服务进口	Imports of Goods and Services	547	985	1306	1729	1832	1940
国内生产总值	Gross Domestic Product	1518	1839	2075	2310	2411	2482

3-11 续表 10 continued

单位：亿美元 (100 million USD)

国家或地区	Country or Area	2000	2005	2010	2016	2017	2018
法　国	**France**						
按当年价格计算	at current price						
居民消费支出	Household Final Consumption Expenditure	7337	11946	14628	13410	13968	14973
政府消费支出	General Government Final Consumption Expenditure	3041	5066	6339	5865	6125	6502
资本形成总额	Gross Capital Formation	3063	4931	5800	5587	6043	6515
货物和服务出口	Exports of Goods and Services	3895	5937	7079	7475	7971	8704
货物和服务进口	Imports of Goods and Services	3714	5918	7420	7625	8245	8919
国内生产总值	Gross Domestic Product	13622	21961	26426	24713	25863	27775
按2010年价格计算	at constant price of 2010						
居民消费支出	Household Final Consumption Expenditure	12248	13583	14628	15340	15553	15693
政府消费支出	General Government Final Consumption Expenditure	5399	5857	6339	6853	6953	7009
资本形成总额	Gross Capital Formation	5425	5895	5800	6448	6793	6899
货物和服务出口	Exports of Goods and Services	5856	6679	7079	8699	9035	9348
货物和服务进口	Imports of Goods and Services	5589	6645	7420	9215	9579	9695
国内生产总值	Gross Domestic Product	23335	25368	26426	28118	28753	29249
德　国	**Germany**						
按当年价格计算	at current price						
居民消费支出	Household Final Consumption Expenditure	11143	16522	19155	18534	19520	20963
政府消费支出	General Government Final Consumption Expenditure	3639	5260	6534	6808	7199	7805
资本形成总额	Gross Capital Formation	4665	5384	6706	6872	7421	8495
货物和服务出口	Exports of Goods and Services	6012	10799	14437	16042	17376	18770
货物和服务进口	Imports of Goods and Services	5959	9351	12661	13304	14583	16065
国内生产总值	Gross Domestic Product	19500	28614	34171	34952	36932	39968
按2010年价格计算	at constant price of 2010						
居民消费支出	Household Final Consumption Expenditure	18274	18663	19155	20756	21120	21352
政府消费支出	General Government Final Consumption Expenditure	5798	5912	6534	7340	7456	7531
资本形成总额	Gross Capital Formation	7179	6127	6706	7371	7605	7990
货物和服务出口	Exports of Goods and Services	8804	11752	14437	18449	19306	19691
货物和服务进口	Imports of Goods and Services	8667	10281	12661	15895	16663	17217
国内生产总值	Gross Domestic Product	31239	32138	34171	38019	38839	39392
意 大 利	**Italy**						
按当年价格计算	at current price						
居民消费支出	Household Final Consumption Expenditure	6914	11011	12965	11305	11826	12593
政府消费支出	General Government Final Consumption Expenditure	2042	3627	4339	3503	3643	3904
资本形成总额	Gross Capital Formation	2365	3910	4364	3286	3430	3723
货物和服务出口	Exports of Goods and Services	2930	4567	5353	5537	6066	6586
货物和服务进口	Imports of Goods and Services	2833	4588	5771	4938	5500	6067
国内生产总值	Gross Domestic Product	11418	18527	21251	18692	19466	20739
按2010年价格计算	at constant price of 2010						
居民消费支出	Household Final Consumption Expenditure	12350	12820	12965	12567	12762	12833
政府消费支出	General Government Final Consumption Expenditure	3922	4259	4339	4140	4154	4161
资本形成总额	Gross Capital Formation	4288	4687	4364	3723	3803	3921
货物和服务出口	Exports of Goods and Services	4853	5247	5353	6351	6726	6855
货物和服务进口	Imports of Goods and Services	4784	5386	5771	5949	6274	6420
国内生产总值	Gross Domestic Product	20602	21587	21251	20854	21206	21388

3-11 续表 11 continued

单位：亿美元 (100 million USD)

国家或地区	Country or Area	2000	2005	2010	2016	2017	2018
荷　兰	**Netherlands**						
按当年价格计算	at current price						
居民消费支出	Household Final Consumption Expenditure	2096	3344	3848	3496	3688	4030
政府消费支出	General Government Final Consumption Expenditure	856	1526	2222	1934	2023	2214
资本形成总额	Gross Capital Formation	940	1401	1712	1605	1713	1887
货物和服务出口	Exports of Goods and Services	2750	4496	5909	6232	6937	7704
货物和服务进口	Imports of Goods and Services	2477	3917	5225	5432	6042	6700
国内生产总值	Gross Domestic Product	4164	6851	8466	7835	8318	9137
按2010年价格计算	at constant price of 2010						
居民消费支出	Household Final Consumption Expenditure	3642	3817	3848	3902	3985	4078
政府消费支出	General Government Final Consumption Expenditure	1615	1824	2222	2227	2248	2284
资本形成总额	Gross Capital Formation	1662	1648	1712	1940	2021	2066
货物和服务出口	Exports of Goods and Services	4316	5138	5909	7506	7994	8294
货物和服务进口	Imports of Goods and Services	3854	4531	5225	6573	6980	7211
国内生产总值	Gross Domestic Product	7395	7905	8466	8980	9241	9481
波　兰	**Poland**						
按当年价格计算	at current price						
居民消费支出	Household Final Consumption Expenditure	1094	1924	2951	2760	3070	3410
政府消费支出	General Government Final Consumption Expenditure	311	560	916	845	931	1037
资本形成总额	Gross Capital Formation	423	609	1022	925	1043	1210
货物和服务出口	Exports of Goods and Services	468	1059	1920	2464	2860	3240
货物和服务进口	Imports of Goods and Services	577	1092	2016	2273	2640	3040
国内生产总值	Gross Domestic Product	1719	3061	4793	4720	5264	5858
按2010年价格计算	at constant price of 2010						
居民消费支出	Household Final Consumption Expenditure	2053	2346	2951	3372	3537	3692
政府消费支出	General Government Final Consumption Expenditure	644	758	916	1000	1035	1084
资本形成总额	Gross Capital Formation	704	714	1022	1210	1286	1410
货物和服务出口	Exports of Goods and Services	933	1326	1920	2873	3145	3343
货物和服务进口	Imports of Goods and Services	1096	1313	2016	2730	3003	3218
国内生产总值	Gross Domestic Product	3262	3798	4793	5734	6010	6320
俄 罗 斯	**Russia**						
按当年价格计算	at current price						
居民消费支出	Household Final Consumption Expenditure	1200	3816	7851	6809	8316	8183
政府消费支出	General Government Final Consumption Expenditure	392	1289	2855	2346	2854	2880
资本形成总额	Gross Capital Formation	485	1534	3449	3019	3803	3768
货物和服务出口	Exports of Goods and Services	1144	2690	4455	3301	4113	5096
货物和服务进口	Imports of Goods and Services	624	1643	3224	2638	3269	3443
国内生产总值	Gross Domestic Product	2597	7640	15249	12827	15786	16576
按2010年价格计算	at constant price of 2010						
居民消费支出	Household Final Consumption Expenditure	3497	5557	7851	8618	8903	9108
政府消费支出	General Government Final Consumption Expenditure	2488	2685	2855	2870	2941	2949
资本形成总额	Gross Capital Formation	1796	2867	3449	3366	3569	3597
货物和服务出口	Exports of Goods and Services	2471	3808	4455	5095	5350	5644
货物和服务进口	Imports of Goods and Services	913	2095	3224	2947	3459	3553
国内生产总值	Gross Domestic Product	9516	12815	15249	16572	16842	17222

3-11 续表 12 continued

单位：亿美元 (100 million USD)

国家或地区	Country or Area	2000	2005	2010	2016	2017	2018
西 班 牙	**Spain**						
按当年价格计算	at current price						
居民消费支出	Household Final Consumption Expenditure	3554	6674	8195	7119	7556	8228
政府消费支出	General Government Final Consumption Expenditure	996	2003	2937	2337	2431	2628
资本形成总额	Gross Capital Formation	1583	3474	3371	2529	2774	3127
货物和服务出口	Exports of Goods and Services	1704	2855	3653	4098	4510	4889
货物和服务进口	Imports of Goods and Services	1883	3433	3840	3708	4127	4610
国内生产总值	Gross Domestic Product	5954	11573	14316	12375	13143	14262
按2010年价格计算	at constant price of 2010						
居民消费支出	Household Final Consumption Expenditure	6730	7965	8195	8049	8252	8442
政府消费支出	General Government Final Consumption Expenditure	1851	2353	2937	2806	2860	2920
资本形成总额	Gross Capital Formation	2973	3895	3371	3188	3359	3546
货物和服务出口	Exports of Goods and Services	2889	3331	3653	4727	4974	5087
货物和服务进口	Imports of Goods and Services	2966	3967	3840	4105	4333	4483
国内生产总值	Gross Domestic Product	11495	13581	14316	14661	15097	15487
土 耳 其	**Turkey**						
按当年价格计算	at current price						
居民消费支出	Household Final Consumption Expenditure	1838	3212	4867	5167	5028	4414
政府消费支出	General Government Final Consumption Expenditure	327	617	1156	1281	1235	1104
资本形成总额	Gross Capital Formation	650	1356	2082	2438	2637	2237
货物和服务出口	Exports of Goods and Services	531	1054	1578	1897	2112	2270
货物和服务进口	Imports of Goods and Services	616	1224	1965	2146	2497	2360
国内生产总值	Gross Domestic Product	2730	5014	7719	8637	8515	7665
按2010年价格计算	at constant price of 2010						
居民消费支出	Household Final Consumption Expenditure	3413	4170	4867	6843	7261	7344
政府消费支出	General Government Final Consumption Expenditure	732	861	1156	1582	1661	1721
资本形成总额	Gross Capital Formation	1217	1870	2082	3090	3420	3152
货物和服务出口	Exports of Goods and Services	937	1360	1578	2302	2577	2770
货物和服务进口	Imports of Goods and Services	1092	1679	1965	2594	2862	2634
国内生产总值	Gross Domestic Product	5209	6581	7719	11225	12060	12370
乌 克 兰	**Ukraine**						
按当年价格计算	at current price						
居民消费支出	Household Final Consumption Expenditure	170	498	867	622	753	904
政府消费支出	General Government Final Consumption Expenditure	65	149	264	174	232	272
资本形成总额	Gross Capital Formation	61	227	284	203	224	246
货物和服务出口	Exports of Goods and Services	195	419	640	460	539	591
货物和服务进口	Imports of Goods and Services	179	417	695	525	625	704
国内生产总值	Gross Domestic Product	313	861	1360	934	1122	1308
按2010年价格计算	at constant price of 2010						
居民消费支出	Household Final Consumption Expenditure	358	628	867	879	961	1045
政府消费支出	General Government Final Consumption Expenditure	212	243	264	272	286	286
资本形成总额	Gross Capital Formation	272	379	284	281	284	290
货物和服务出口	Exports of Goods and Services	602	778	640	417	432	425
货物和服务进口	Imports of Goods and Services	430	654	695	570	642	662
国内生产总值	Gross Domestic Product	894	1299	1360	1242	1272	1315

3-11 续表 13 continued

单位：亿美元 (100 million USD)

国家或地区	Country or Area	2000	2005	2010	2016	2017	2018
英　国	**United Kingdom**						
按当年价格计算	at current price						
居民消费支出	Household Final Consumption Expenditure	11016	16595	15986	17452	17335	18678
政府消费支出	General Government Final Consumption Expenditure	2714	4890	5211	4968	4829	5151
资本形成总额	Gross Capital Formation	3066	4402	3874	4589	4546	4873
货物和服务出口	Exports of Goods and Services	4106	6237	6908	7520	7948	8459
货物和服务进口	Imports of Goods and Services	4420	6874	7451	7937	8256	8872
国内生产总值	Gross Domestic Product	16483	25250	24529	26592	26379	28252
按2010年价格计算	at constant price of 2010						
居民消费支出	Household Final Consumption Expenditure	13321	15789	15986	17723	18092	18390
政府消费支出	General Government Final Consumption Expenditure	4013	4908	5211	5506	5495	5515
资本形成总额	Gross Capital Formation	3753	4041	3874	5315	5331	5472
货物和服务出口	Exports of Goods and Services	5238	6401	6908	8168	8626	8636
货物和服务进口	Imports of Goods and Services	5480	7160	7451	9015	9331	9393
国内生产总值	Gross Domestic Product	20899	24034	24529	27682	28187	28581
澳大利亚	**Australia**						
按当年价格计算	at current price						
居民消费支出	Household Final Consumption Expenditure	2411	3995	6439	7043	7551	8095
政府消费支出	General Government Final Consumption Expenditure	739	1218	2063	2256	2474	2685
资本形成总额	Gross Capital Formation	1092	1911	3078	3076	3201	3485
货物和服务出口	Exports of Goods and Services	807	1267	2271	2327	2819	3106
货物和服务进口	Imports of Goods and Services	897	1457	2389	2602	2737	3053
国内生产总值	Gross Domestic Product	4152	6934	11461	12100	13308	14322
按2010年价格计算	at constant price of 2010						
居民消费支出	Household Final Consumption Expenditure	4467	5429	6439	7559	7737	7958
政府消费支出	General Government Final Consumption Expenditure	1527	1776	2063	2405	2525	2624
资本形成总额	Gross Capital Formation	1825	2422	3078	3334	3347	3500
货物和服务出口	Exports of Goods and Services	1669	1899	2271	3051	3219	3328
货物和服务进口	Imports of Goods and Services	1163	1687	2389	2897	3033	3234
国内生产总值	Gross Domestic Product	8491	9955	11461	13517	13833	14226
新 西 兰	**New Zealand**						
按当年价格计算	at current price						
居民消费支出	Household Final Consumption Expenditure	305	667	851	1084	1166	
政府消费支出	General Government Final Consumption Expenditure	90	205	287	339	365	
资本形成总额	Gross Capital Formation	116	292	294	441	476	
货物和服务出口	Exports of Goods and Services	188	324	444	497	559	
货物和服务进口	Imports of Goods and Services	172	341	410	483	541	
国内生产总值	Gross Domestic Product	526	1147	1466	1879	2026	2050
按2010年价格计算	at constant price of 2010						
居民消费支出	Household Final Consumption Expenditure	612	772	851	1055	1098	
政府消费支出	General Government Final Consumption Expenditure	201	249	287	320	329	
资本形成总额	Gross Capital Formation	219	329	294	410	424	
货物和服务出口	Exports of Goods and Services	338	396	444	526	541	
货物和服务进口	Imports of Goods and Services	256	385	410	553	592	
国内生产总值	Gross Domestic Product	1133	1379	1466	1751	1806	1856

3-12 收入法国内生产总值
Gross Domestic Product by Income Approach

资料来源：经合组织OLIS数据库。
Source: OECD OLIS Database.
单位：亿美元 (100 million USD)

国家或地区	Country or Area	2000	2005	2010	2015	2016	2017
以色列	**Israel**						
劳动者报酬	Compensation of Employees	633	650	1055	1317	1405	
营业盈余和混合收入	Gross Operating Surplus and Gross Mixed Income	505	565	948	1258	1348	
税减产品补贴	Taxes Less Subsidies on Production and Imports	185	209	334	416	425	
收入法国内生产总值	Gross Domestic Product	1323	1425	2336	2991	3177	
日本	**Japan**						
劳动者报酬	Compensation of Employees	24994	23319	28708	21641	24724	
营业盈余和混合收入	Gross Operating Surplus and Gross Mixed Income	20826	21359	24671	18756	20705	
税减产品补贴	Taxes Less Subsidies on Production and Imports	3163	3147	3706	3431	3857	
统计误差	Statistical Discrepancy	-108	-270	-83	122	207	
收入法国内生产总值	Gross Domestic Product	48875	47554	57001	43950	49493	
韩国	**Korea, Rep.**						
劳动者报酬	Compensation of Employees	2304	3920	4639	6176	6335	
营业盈余和混合收入	Gross Operating Surplus and Gross Mixed Income	2687	4111	5148	6248	6346	6908
税减产品补贴	Taxes Less Subsidies on Production and Imports	625	950	1158	1404	1467	1610
收入法国内生产总值	Gross Domestic Product	5616	8981	10945	13828	14148	15308
南非	**South Africa**						
劳动者报酬	Compensation of Employees	644	1114	1686	1494	1403	1665
营业盈余和混合收入	Gross Operating Surplus and Gross Mixed Income	573	1152	1673			
税减产品补贴	Taxes Less Subsidies on Production and Imports	147	312	394			
收入法国内生产总值	Gross Domestic Product	1364	2578	3753	3175	2957	3489
加拿大	**Canada**						
劳动者报酬	Compensation of Employees	3717	5723	8132	8028	7877	8356
营业盈余和混合收入	Gross Operating Surplus and Gross Mixed Income	2840	4676	6253	5849	5737	6309
税减产品补贴	Taxes Less Subsidies on Production and Imports	873	1299	1737	1727	1735	1864
统计误差	Statistical Discrepancy	-7	-4	13	-8	9	1
收入法国内生产总值	Gross Domestic Product	7423	11694	16135	15596	15358	16530
墨西哥	**Mexico**						
劳动者报酬	Compensation of Employees	1998	2490	2945	3198	2872	
营业盈余和混合收入	Gross Operating Surplus and Gross Mixed Income	4734	5879	7146	7752	7151	
税减产品补贴	Taxes Less Subsidies on Production and Imports	347	405	486	745	746	
收入法国内生产总值	Gross Domestic Product	7079	8775	10578	11696	10769	
美国	**United States**						
劳动者报酬	Compensation of Employees	58546	70777	79330	97079	99689	104206
营业盈余和混合收入	Gross Operating Surplus and Gross Mixed Income	38315	51325	59908	75537	76233	79221
税减产品补贴	Taxes Less Subsidies on Production and Imports	6627	8815	10073	12126	12419	12859
统计误差	Statistical Discrepancy	-965	-551	610	-2549	-1269	-1432
收入法国内生产总值	Gross Domestic Product	102523	130366	149921	182193	187072	194854
捷克	**Czech Rep.**						
劳动者报酬	Compensation of Employees	237	542	833	740	789	894
营业盈余和混合收入	Gross Operating Surplus and Gross Mixed Income	328	699	1058	952	976	1053
税减产品补贴	Taxes Less Subsidies on Production and Imports	51	122	184	176	186	212
收入法国内生产总值	Gross Domestic Product	616	1363	2075	1868	1951	2158

3-12 续表 1 continued

单位：亿美元 (100 million USD)

国家或地区	Country or Area	2000	2005	2010	2015	2016	2017
法　国	**France**						
劳动者报酬	Compensation of Employees	6924	11232	13777	12659	12832	13477
营业盈余和混合收入	Gross Operating Surplus and Gross Mixed Income	4862	7773	9337	8549	8551	8862
税减产品补贴	Taxes Less Subsidies on Production and Imports	1836	2956	3312	3174	3268	3485
收入法国内生产总值	Gross Domestic Product	13622	21961	26426	24382	24651	25825
德　国	**Germany**						
劳动者报酬	Compensation of Employees	10324	14250	16979	17088	17685	18792
营业盈余和混合收入	Gross Operating Surplus and Gross Mixed Income	7415	11761	13928	13389	13860	14553
税减产品补贴	Taxes Less Subsidies on Production and Imports	1761	2603	3264	3337	3407	3587
收入法国内生产总值	Gross Domestic Product	19500	28613	34171	33814	34952	36932
意大利	**Italy**						
劳动者报酬	Compensation of Employees	4220	7080	8507	7238	7400	7711
营业盈余和混合收入	Gross Operating Surplus and Gross Mixed Income	5737	9126	10124	8656	8966	9234
税减产品补贴	Taxes Less Subsidies on Production and Imports	1461	2321	2619	2429	2325	2493
收入法国内生产总值	Gross Domestic Product	11418	18526	21251	18323	18691	19438
荷　兰	**Netherlands**						
劳动者报酬	Compensation of Employees	2089	3305	4128	3663	3767	3981
营业盈余和混合收入	Gross Operating Surplus and Gross Mixed Income	1664	2817	3521	3205	3234	3442
税减产品补贴	Taxes Less Subsidies on Production and Imports	412	728	816	785	834	883
收入法国内生产总值	Gross Domestic Product	4164	6851	8466	7653	7835	8306
波　兰	**Poland**						
劳动者报酬	Compensation of Employees	709	1129	1816	1773	1804	2030
营业盈余和混合收入	Gross Operating Surplus and Gross Mixed Income	801	1546	2384	2450	2356	2562
税减产品补贴	Taxes Less Subsidies on Production and Imports	209	386	592	553	560	670
收入法国内生产总值	Gross Domestic Product	1719	3061	4793	4776	4720	5262
俄罗斯	**Russia**						
劳动者报酬	Compensation of Employees	992	3184	7197	6251	6081	
营业盈余和混合收入	Gross Operating Surplus and Gross Mixed Income	1600	4037	7195	5886	5346	
税减产品补贴	Taxes Less Subsidies on Production and Imports	359	1213	2185	1522	1404	
收入法国内生产总值	Gross Domestic Product	2795	8229	16425	13659	12832	
西班牙	**Spain**						
劳动者报酬	Compensation of Employees	2886	5522	7171	5707	5847	6168
营业盈余和混合收入	Gross Operating Surplus and Gross Mixed Income	2495	4811	5905	5029	5256	5623
税减产品补贴	Taxes Less Subsidies on Production and Imports	573	1239	1240	1255	1272	1352
收入法国内生产总值	Gross Domestic Product	5954	11572	14316	11991	12375	13143
英　国	**United Kingdom**						
劳动者报酬	Compensation of Employees	8143	12519	12607	14185	13008	12927
营业盈余和混合收入	Gross Operating Surplus and Gross Mixed Income	6386	9954	9112	11256	10345	10091
税减产品补贴	Taxes Less Subsidies on Production and Imports	1954	2777	2811	3523	3239	3177
收入法国内生产总值	Gross Domestic Product	16482	25250	24529	28964	26592	26312
澳大利亚	**Australia**						
劳动者报酬	Compensation of Employees	2009	3647	6144	6109	6172	
营业盈余和混合收入	Gross Operating Surplus and Gross Mixed Income	1609	3138	5591	5071	5527	
税减产品补贴	Taxes Less Subsidies on Production and Imports	468	819	1237	1288	1299	
收入法国内生产总值	Gross Domestic Product	4086	7604	12973	12468	13044	
新西兰	**New Zealand**						
劳动者报酬	Compensation of Employees	219	491	640	762		
营业盈余和混合收入	Gross Operating Surplus and Gross Mixed Income	261	517	647			
税减产品补贴	Taxes Less Subsidies on Production and Imports	65	139	179	234		
收入法国内生产总值	Gross Domestic Product	544	1147	1466	1776		

3-13 三次产业对国内生产总值的贡献率
Share of the Contributions of the Three Strata of Industry to the Increase of GDP

资料来源：世界银行WDI数据库。
Source: World Bank WDI Database.
单位：% (%)

国家或地区	Country or Area	第一产业 Primary Industry		第二产业 Secondary Industry		第三产业 Tertiary Industry	
		2000	2018	2000	2018	2000	2018
中　　国	China	5.0	4.0	47.5	41.7	47.6	54.3
中国香港	Hong Kong, China				0.4		99.6
孟加拉国	Bangladesh	25.4	7.6	23.5	48.5	51.1	43.9
文　　莱	Brunei Darussalam	1.4	-24.2	78.8	-430.8	19.9	555.0
柬 埔 寨	Cambodia	13.2	5.4	51.2	53.4	35.6	41.2
印　　度	India	-0.1	6.0	42.7	35.4	57.4	58.6
印度尼西亚	Indonesia	6.6	10.4	57.2	36.6	36.3	53.0
伊　　朗	Iran	4.8	6.6①	73.0	33.4①	22.2	60.1①
以 色 列	Israel	1.5	1.0①	27.2	13.4①	71.3	85.5①
日　　本	Japan	4.1	-0.7①	30.7	138.6①	65.2	-37.9①
哈萨克斯坦	Kazakhstan	-2.7	3.9	58.1	38.8	44.5	57.3
韩　　国	Korea, Rep.	0.5	1.1	44.7	36.6	54.8	62.3
马来西亚	Malaysia	8.1	-0.7	60.3	27.4	31.6	73.3
蒙　　古	Mongolia		11.9		42.5		45.6
缅　　甸	Myanmar		5.3		42.1		52.6
巴基斯坦	Pakistan	41.6	14.1	5.7	20.7	52.6	65.2
菲 律 宾	Philippines	11.5	1.3	50.0	36.7	38.6	62.0
新 加 坡	Singapore	-0.1		37.9	36.4	62.2	63.6
斯里兰卡	Sri Lanka	3.0	10.1	35.0	7.7	62.1	82.3
泰　　国	Thailand	19.6	10.5	22.1	23.1	58.2	66.4
越　　南	Viet Nam	17.4	8.7	50.6	48.5	32.0	42.7
埃　　及	Egypt	-111.0	8.6	-444.6	42.1	655.5	49.3
尼日利亚	Nigeria	11.4	27.6	63.3	22.4	25.3	50.0
南　　非	South Africa	3.6	-1.5	33.8	93.4	62.6	8.1
加 拿 大	Canada		1.6		14.3		84.1
墨 西 哥	Mexico	0.6	3.9	32.5	2.5	66.9	93.5
美　　国	United States	3.8	-3.3①	27.4	17.9①	68.8	85.3①
阿 根 廷	Argentina	24.7	47.5	109.2	34.5	-33.9	18.0
巴　　西	Brazil	3.3	0.6	33.2	9.9	63.5	89.4
委内瑞拉	Venezuela	9.8		60.7		29.5	
捷　　克	Czech Rep.	0.8	2.7	31.0	17.1	68.2	80.2
法　　国	France	-0.5	3.2	29.2	1.1	71.3	95.7
德　　国	Germany	-1.1	-1.0	42.9	22.7	58.2	78.3
意 大 利	Italy	-0.8	1.8	22.2	46.1	78.6	52.1
荷　　兰	Netherlands	0.5	-1.9	19.9	32.6	79.6	69.3
波　　兰	Poland	-0.1	-3.6①	-8.9	63.4①	109.0	40.3①
俄 罗 斯	Russia	7.4	-4.2	49.0	43.9	43.6	60.3
西 班 牙	Spain	4.4	2.8	28.3	26.0	67.3	71.2
土 耳 其	Turkey	12.3	3.7	26.9	2.6	60.9	93.7
乌 克 兰	Ukraine	15.5	25.1	48.8	12.1	35.7	62.8
英　　国	United Kingdom	0.3	-1.3	11.4	7.1	88.2	94.2
澳大利亚	Australia	4.3	-3.8	24.7	31.8	71.0	72.0
新 西 兰	New Zealand	14.8	2.3①	6.2	14.8①	79.0	82.8①

注：①2017年数据。
Note:①Data refer to 2017.

3-14 资本形成总额、消费支出及净出口对国内生产总值增长的贡献率
Share of the Contributions of Gross Capital Formation, Final Consumption Expenditure and External Balance on Goods and Services to the Increase of GDP

资料来源：世界银行数据库。
Source: World Bank Database.

单位：% (%)

国家或地区	Country or Area	资本形成总额 Gross Capital Formation		消费支出 Final Consumption Expenditure		净出口 External Balance on Goods and Services	
		2000	2018	2000	2018	2000	2018
中　　国	China	21.8		75.8		2.4	
中国香港	Hong Kong, China		9.4		138.7		-48.1
中国澳门	Macao, China	-228.5	-47.6	-91.6	30.6	420.1	117.0
文　　莱	Brunei Darussalam	-117.0	366.5	-0.2	37.6	217.2	-304.1
印度尼西亚	Indonesia		56.3		62.9		-19.2
伊　　朗	Iran	129.8	76.9①	-88.8	42.1①	59.0	-19.0①
以 色 列②	Israel②		54.3		120.8		-75.1
日　　本①	Japan①		34.4		36.0		29.6
哈萨克斯坦	Kazakhstan	42.6		43.6		13.8	
韩　　国	Korea, Rep.		-22.5		75.4		47.1
马来西亚	Malaysia	62.4	-23.5	46.2	101.5	-8.6	22.0
蒙　　古①	Mongolia①		243.9		-7.7		-136.2
新 加 坡	Singapore	65.2	-21.5	78.7	50.6	-43.9	70.9
泰　　国	Thailand	58.5	96.7	144.6	64.6	-103.1	-61.3
越　　南③	Viet Nam③		69.5		159.5		-129.0
尼日利亚	Nigeria	39.8	-34.5①	24.2	-115.9①	36.0	250.5①
南　　非	South Africa	10.6		58.7		30.7	
加 拿 大	Canada	30.6	49.2①	52.3	84.5①	17.1	-33.8①
墨 西 哥①	Mexico①		-35.1		208.4		-73.3
巴　　西	Brazil	25.8	45.9	68.4	80.3	5.7	-26.2
委内瑞拉	Venezuela	49.8		84.1		-33.9	
捷　　克	Czech Rep.		48.2		80.6		-28.9
法　　国	France	48.3		60.2		-8.5	
德　　国	Germany		73.3		58.7		-31.9
意 大 利	Italy		65.9		43.5		-9.4
荷　　兰	Netherlands	8.3	18.6	61.9	53.1	29.8	28.4
波　　兰	Poland		39.7		65.5		-5.3
俄 罗 斯	Russia	79.7	8.4	27.4	56.4	-7.0	35.2
西 班 牙	Spain		46.6		62.5		-9.1
乌 克 兰	Ukraine	46.1		16.2		37.6	
澳大利亚	Australia	27.2	39.2	67.2	83.9	5.6	-23.1
新 西 兰	New Zealand	-77.1		58.7		118.4	

注：①2017年数据。②2016年数据。③2015年数据。
Note:①Data refer to 2017.②Data refer to 2016.③Data refer to 2015.

主要统计指标解释

国内生产总值 指生产活动总成果，等于所有常住单位创造的增加值的总和(包括产出价值中未包括的产品税，不包括各项产品补贴，不包括未计入产值的产品)。等于按购买者价格计算的货物和服务最终使用价值（不包括中间消费)减去进口的货物和服务价值，或等于常住生产单位初次收入分配的总和。计算国内生产总值不扣除折旧折的资产或自然资源的枯竭和退化。

按当年价格计算的国内生产总值 是按报告期价格计算的国内生产总值，即名义国内生产总值。

不变价格国内生产总值 指国内生产总值的物量水平。不变价格国内生产总值估计值等于按基期价格衡量的价值。理论上，价格和数量是价值量的两个组成部分，价格量中的基期价格可用当期价格替代。

按市场价格计算的国内生产总值 是按市场价格计算的所有居民生产者的增加值总和加上税减产品补贴。

支出法国内生产总值 指按购买者价格计算的总支出，包括最终消费支出，总固定资本形成，库存变动，耐用品及以离岸价计算的货物和服务出口，减去货物和服务的进口。

收入法国内生产总值 指雇员报酬加上生产税减补贴，加上混合收入和营业盈余。

生产法国内生产总值 是按基本价格计算的常住居民生产者增加值合计加上各种税减产品补贴。各行业增加值分类依据国际标准产业分类。

人均国内生产总值 指国内生产总值除以年中人口。数据用现价美元表示。

国民总收入 指国内生产总值减去生产税和进口税净额，减去支付给国外的雇员报酬和财产收入，加来自国外的雇员报酬和财产收入（即国内生产总值减去支付给非常住单位的初次收入，加上收到的非常住单位的初次收入）。按市场价格计算国民总收入的另一种方法是各部门所有初次收入的总和（国民总收入即国民生产总值，后者是以往国民核算中使用的概念）。为便于比较，用本币计算的国民总收入通常用官方汇率转换成以美元为单位，尽管官方汇率作为转换比率时被认为大大偏离国际交易实际采用比率。为平抑价格和汇率的波动，世界银行采用了特别的图表集法转换。图表集法用给定年份和其前两年的平均汇率作为转换因子，该转换因子根据该国及几个主要国家的通货膨胀率差异加以调整。到 2000 年为止，这些国家指法国、德国、日本、英国和美国等 5 个国家，2001 年开始，这些国家为欧元区、日本、英国和美国。

人均国民总收入 是用世界银行图表集法转换成美元计量的国民总收入除以年中人口，即原人均国民生产总值。

按购买力平价计算的人均国民总收入 指根据购买力平价计算的人均国民总收入。购买力平价国民总收入是用购买力平价比率转换成国际元计量的国民总收入。国民总收入中一国际元的购买力等于美国一美元购买力。

增加值总额 等于总产出减去中间消耗。用于衡量单个生产者、行业或部门生产活动对国内生产总值的贡献；增加值总额是国民核算账户（SNA）中初次收入形成的来源，因此被（从生产账户）结转到初次收入分配账户中进行反映。

按基本价格计算的增加值总额 等于按基本价格计算的总产出减去按购买者价格计算的中间消耗。基本价格等于生产者出售一个单位的货物和服务得到的收入，减去由此应付的税金，加上应收的补贴。基本价格作为生产或销售的价格单位，不包括生产者开具发票时单列的运输费用。

按要素成本计算的增加值总额 等于按市场价格计算的增加值总额减间接税与产品补贴。

按生产者价格计算的增加值总额 等于按生产者价格计算的总产出减去按购买者价格计算的中间消耗。

三次产业 根据《国际标准产业分类》(ISIC)第三版划分。

第一产业，即农业，指《国际标准产业分类》第三版中第 1 类至第 5 类，包括林业、狩猎业、渔业、种植业和畜牧业。

第二产业，指《国际标准产业分类》第三版中第 10 类至第 45 类，包括制造业（第 15-37 类）。第二产业包括采掘业，制造业，电力、煤气和水的供应业以及建筑业。

第三产业，即服务业，指《国际标准产业分类》第三版中第 50 类至第 99 类。包括批发零售贸易业（包括旅馆和饭店业）、交通运输业以及政府、金融、专业服务和个人服务，例如教育、卫生、房地产服务；还包括估算的银行服务费、进口税和加工或调整数据时的统计误差。

资本形成总额 是固定资产形成总额、存货变动和贵重物品获得减处置的价值合计。

资本形成率 即投资率，指资本形成总额占国内生产总值的比重。

居民消费率 居民最终消费支出占国内生产总值的比重。居民最终消费支出是居民购买的所有商品和服务的市场价值。包括耐用商品（如汽车、洗衣机和家用计算机）；不包括购买住房支出，但包括自有住房的估算租金；还包括支付给政府的获得许可权的费用。居民消费支出包括服务于居民的非盈利机构的支出。

消费支出 是居民消费支出、政府消费支出之和。它包括资源利用与供给之间的统计误差。

政府消费支出 包括政府购买商品和服务的经常性支出（包括雇员报酬），主要包括国家防卫和安全支出，但是不包括政府军队支出中属于政府资本形成部分。

营业盈余 指核算企业为借入或租赁金融资产或有形非生产性资产而支付利息、租金或类似支出以及企业拥有的金融资产或有形非生产性资产获得的利息、租金或类似收入前，企业生产方面的盈亏（居民拥有的非公司性企业营业盈余称为混合收入）。

Explanatory Notes on Main Statistical Indicators

Gross Domestic Product An aggregate measure of production equal to the sum of the gross values added of all resident institutional units engaged in production (plus any taxes, and minus any subsidies, on products not included in the value of their outputs). The sum of the final uses of goods and services (all uses except intermediate consumption) measured in purchasers' prices, less the value of imports of goods and services, or the sum of primary incomes distributed by resident producer units. It is calculated without making deductions for depreciation of fabricated assets or for depletion and degradation of natural resources.

Gross Domestic Product at Current Price is GDP at prices of the current reporting period. Also known as nominal GDP.

Gross Domestic Product at Constant Price refers to the volume level of GDP. Constant price estimates of GDP are obtained by expressing values in terms of a base period. In theory, the price and quantity components of a value are identified and the price in the base period is substituted for that in the current period. Two main methods are adopted in practice.

Expenditure-based GDP is total final expenditure at purchasers' prices (including final consumption expenditure, gross fixed capital formation, changes in inventories, valuables and f.o.b. value of exports of goods and services), less the f.o.b. value of imports of goods and services.

Income-based GDP is compensation of employees, plus taxes less subsidies on production and imports, plus gross mixed income, plus gross operating surplus.

Output-based GDP is the sum of the gross values added of all resident producers at basic prices, plus all taxes less subsidies on products. Describes the generation of gross value added by industrial classification of economic activities according to the International Standard Industrial Classification.

GDP at Market Prices is the sum of the gross values added of all resident producers at market prices, plus taxes less subsidies on imports.

GDP per capita is gross domestic product divided by midyear population. Data are in current U.S. dollars.

Gross National Income is GDP less net taxes on production and imports, less compensation of employees and property income payable to the rest of the world plus the corresponding items receivable from the rest of the world (in other words, GDP less primary incomes payable to non- resident units plus primary incomes receivable from non-resident units). An alternative approach to measuring GNI at market prices is as the aggregate value of the balances of gross primary incomes for all sectors (note that gross national income is identical to gross national product (GNP) as previously used in national accounts generally). GNI, calculated in national currency, is usually converted to U.S. dollars at official exchange rates for comparisons across economies, although an alternative rate is used when the official exchange rate is judged to diverge by an exceptionally large margin from the rate actually applied in international transactions. To smooth fluctuations in prices and exchange rates, a special Atlas method of conversion is used by the World Bank. This applies a conversion factor that averages the exchange rate for a given year and the two preceding years, adjusted for differences in rates of inflation between the country, and through 2000, the G-5 countries (France, Germany, Japan, the United Kingdom, and the United States). From 2001, these countries include the Euro area, Japan, the United Kingdom, and the United States.

GNI per Capita in PPP GNI per capita based on purchasing power parity (PPP). PPP GNI is gross national income (GNI) converted to international dollars using purchasing power parity rates. An international dollar has the same purchasing power over GNI as a U.S. dollar has in the United States.

Gross Value Added is the value of output less the value of intermediate consumption; it is a measure of the contribution to GDP made by an individual producer, industry or sector; gross value added is the source from which the primary incomes of the SNA are generated and is therefore carried forward into the primary distribution of income account.

Gross Value Added at Basic Prices Output valued at basic prices less intermediate consumption valued at purchasers prices. The basic price is the amount receivable by the producer from the purchaser for a unit of a good or service produced as output minus any tax payable, and plus any subsidy receivable, on that unit as a consequence of its production or sale; it excludes any transport charges invoiced separately by the producer.

Gross Value Added at Factor Cost is GVA at market prices less any indirect taxes plus any subsidies.

Gross Value Added at Producer Prices is output valued at producer prices less intermediate consumption valued at purchasers of prices.

Three Strata of Industry The origin is determined by the International Standard Industrial Classification (ISIC), revision 3.

Primary Industry named as agriculture, corresponds to ISIC divisions 1-5 and includes forestry, hunting, and fishing, as well as cultivation of crops and livestock production.

Secondary Industry corresponds to ISIC divisions 10-45 and includes manufacturing (ISIC divisions 15-37). It comprises value added in mining, manufacturing (also reported as a separate subgroup), electricity, gas and water supply, construction.

Tertiary Industry named as services, corresponds to ISIC divisions 50-99. They include value added in wholesale and retail trade (including hotels and restaurants), transport, and government, financial, professional, and personal services such as education, health care, and real estate services. Also included are imputed bank service charges, import duties, and any statistical discrepancies noted by national compilers as well as discrepancies arising from rescaling.

Gross Capital Formation is the total value of the gross fixed capital formation, changes in inventories and acquisitions less disposals of valuables.

Capital Formation Rate namely investment rate, refers to gross capital formation as percentage of gross domestic product.

Household Final Consumption Rate refers to household final consumption expenditure as percentage of gross domestic of product.

Household Final Consumption Expenditure is the market value of all goods and services, including durable products (such as cars, washing machines, and home computers), purchased by households. It excludes purchases of dwellings but includes imputed rent for owner-occupied dwellings. It also includes payments and fees to governments to obtain permits and licenses. Here, household consumption expenditure includes the expenditures of nonprofit institutions serving households, even when reported separately by the country.

Consumption Expenditure is the sum of household final consumption expenditure and general government final consumption expenditure. This estimate includes any statistical discrepancy in the use of resources relative to the supply of resources.

General Government Final Consumption Expenditure includes all government current expenditures for purchases of goods and services (including compensation of employees). It also includes most expenditure on national defense and security, but excludes government military expenditures that are part of government capital formation.

Operating Surplus measures the surplus or deficit accruing from production before taking account of any interest, rent or similar charges payable on financial or tangible non-produced assets borrowed or rented by the enterprise, or any interest, rent or similar receipts receivable on financial or tangible non-produced assets owned by the enterprise (for unincorporated enterprises owned by households, this component is called mixed income).

人　口

Population

4-1 年中人口
Mid-year Population

资料来源：世界银行WDI数据库。
Source: World Bank WDI Database.

国家或地区	Country or Area	年中人口（万人） Mid-year Population(10 000 persons)				增长率(%) Growth Rate (%)
		2000	2005	2010	2018	2018
世　界	**World**	**612168.3**	**651260.3**	**692294.7**	**759427.0**	**1.1**
高收入国家	**High Income**	**111501.0**	**111474.4**	**115782.6**	**121031.2**	**0.5**
中等收入国家	**Middle Income**	**454104.1**	**489395.2**	**518784.7**	**567854.1**	**1.1**
中低收入国家	**Low and Middle Income**	**500667.3**	**539785.9**	**576512.1**	**638395.8**	**1.2**
低收入国家	**Low Income**	**46563.1**	**50390.7**	**57727.4**	**70541.7**	**2.6**
中　国	China	126264.5	130372.0	133770.5	139273.0	0.5
中国香港	Hong Kong, China	666.5	681.3	702.4	745.1	0.8
中国澳门	Macao, China	42.8	48.3	53.8	63.2	1.4
阿富汗	Afghanistan	2009.4	2565.4	2918.6	3717.2	2.4
阿尔巴尼亚	Albania	308.9	301.1	291.3	286.6	-0.2
阿尔及利亚	Algeria	3118.4	3315.0	3597.7	4222.8	2.0
美属萨摩亚	American Samoa	5.8	6.0	5.6	5.5	-0.3
安道尔	Andorra	6.5	7.9	8.4	7.7	
安哥拉	Angola	1644.1	1943.4	2335.6	3081.0	3.3
安提瓜和巴布达	Antigua and Barbuda	8.4	8.1	8.8	9.6	0.9
阿根廷	Argentina	3705.7	3889.3	4078.8	4449.5	1.0
亚美尼亚	Armenia	307.0	298.1	287.7	295.2	0.2
阿鲁巴岛	Aruba	9.1	10.0	10.2	10.6	0.5
澳大利亚	Australia	1915.3	2039.5	2203.2	2499.2	1.6
奥地利	Austria	801.2	822.8	836.3	884.7	0.6
阿塞拜疆	Azerbaijan	804.9	839.2	905.4	994.2	0.9
巴哈马	Bahamas	29.8	32.5	35.5	38.6	1.0
巴　林	Bahrain	66.5	88.9	124.1	156.9	4.9
孟加拉国	Bangladesh	13158.1	13903.6	14757.5	16135.6	1.1
巴巴多斯	Barbados	27.0	27.6	28.2	28.7	0.1
白俄罗斯	Belarus	998.0	966.4	949.1	948.5	-0.1
比利时	Belgium	1025.1	1047.9	1089.6	1142.2	0.4
伯利兹	Belize	24.7	28.4	32.2	38.3	1.9
贝　宁	Benin	686.6	798.2	919.9	1148.5	2.7
百慕大	Bermuda	6.2	6.4	6.5	6.4	0.1
不　丹	Bhutan	57.3	64.9	68.6	75.4	1.2
玻利维亚	Bolivia	834.0	923.2	1004.9	1135.3	1.4
波　黑	Bosnia and Herzegovinian	376.7	376.5	370.5	332.4	-0.8
博茨瓦纳	Botswana	172.8	179.9	198.7	225.4	2.2
巴　西	Brazil	17528.8	18612.7	19571.4	20946.9	0.8
文　莱	Brunei Darussalam	33.3	36.5	38.9	42.9	1.1
保加利亚	Bulgaria	817.0	765.9	739.6	702.4	-0.7
布基纳法索	Burkina Faso	1160.8	1342.2	1560.5	1975.2	2.9
布隆迪	Burundi	640.1	736.5	867.6	1117.5	3.2
柬埔寨	Cambodia	1215.2	1327.3	1431.2	1625.0	1.5
喀麦隆	Cameroon	1527.4	1773.3	2034.1	2521.6	2.6
加拿大	Canada	3077.0	3224.4	3400.5	3705.9	1.4
佛得角	Cape Verde	44.2	46.3	49.3	54.4	1.2
开曼群岛	Cayman Islands	4.2	4.9	5.7	6.4	1.2
中　非	Central African Rep.	375.5	403.8	438.7	466.6	1.5
乍　得	Chad	834.3	1009.7	1195.2	1547.8	3.0
海峡群岛	Channel Islands	14.9	15.2	16.0	17.0	1.1
智　利	Chile	1526.3	1618.3	1706.3	1872.9	1.4
哥伦比亚	Colombia	4040.4	4264.8	4522.3	4964.9	1.5
科摩罗	Comoros	54.2	61.2	69.0	83.2	2.2
刚果(金)	Congo, Dem. Rep.	4707.6	5478.6	6456.4	8406.8	3.2
刚果(布)	Congo, Rep.	322.6	362.3	427.4	524.4	2.6
哥斯达黎加	Costa Rica	392.5	428.6	457.7	499.9	1.0
科特迪瓦	Cote D'Ivoire	1668.7	1835.5	2053.3	2506.9	2.6
克罗地亚	Croatia	442.6	431.0	429.5	408.9	-0.9

4-1 续表 1 continued

国家或地区	Country or Area	年中人口（万人） Mid-year Population (10 000 persons)				增长率(%) Growth Rate (%)
		2000	2005	2010	2018	2018
古　巴	Cuba	1115.1	1126.2	1122.6	1133.8	
塞浦路斯	Cyprus	94.3	102.8	111.3	118.9	0.8
捷　克	Czech Rep.	1025.5	1021.1	1047.4	1062.6	0.3
丹　麦	Denmark	534.0	541.9	554.8	579.7	0.6
吉布提	Djibouti	71.8	78.3	84.0	95.9	1.6
多米尼克	Dominica	7.0	7.1	7.1	7.2	0.2
多米尼加	Dominican Rep.	856.3	909.7	969.5	1062.7	1.1
厄瓜多尔	Ecuador	1262.9	1382.6	1501.1	1708.4	1.8
埃　及	Egypt	6990.6	7552.4	8276.1	9842.4	2.0
萨尔瓦多	El Salvador	586.8	605.2	618.4	642.1	0.5
赤道几内亚	Equatorial Guinea	61.4	75.0	94.4	130.9	3.7
厄立特里亚	Eritrea	339.3	282.7	317.0		
爱沙尼亚	Estonia	139.7	135.5	133.1	132.1	0.3
埃塞俄比亚	Ethiopia	6653.7	7634.6	8764.0	10922.5	2.6
法罗群岛	Faeroe Islands	4.7	4.8	4.8	4.8	0.3
斐　济	Fiji	81.1	82.2	86.0	88.3	0.7
芬　兰	Finland	517.6	524.6	536.3	551.8	0.2
法　国	France	6091.3	6317.9	6502.8	6698.7	0.2
法属波立尼西亚	French Polynesia	23.7	25.9	26.6	27.8	0.6
加　蓬	Gabon	123.1	139.1	162.4	211.9	2.6
冈比亚	Gambia	123.2	154.4	179.3	228.0	2.9
格鲁吉亚	Georgia	441.8	390.2	378.7	373.1	0.1
德　国	Germany	8221.2	8246.9	8177.7	8292.8	0.3
加　纳	Ghana	1893.9	2181.5	2478.0	2976.7	2.2
直布罗陀	Gibraltar	3.1	3.3	3.4	3.4	
希　腊	Greece	1080.6	1098.7	1112.1	1072.8	-0.3
格陵兰	Greenland	5.6	5.7	5.7	5.6	-0.3
格林纳达	Grenada	10.2	10.5	10.6	11.1	0.5
关　岛	Guam	15.5	15.8	15.9	16.6	0.9
危地马拉	Guatemala	1165.1	1309.6	1463.0	1724.8	1.9
几内亚	Guinea	880.9	911.0	1019.2	1241.4	2.8
几内亚比绍	Guinea-Bissau	124.3	134.5	152.3	187.4	2.5
圭亚那	Guyana	75.3	74.6	74.9	77.9	0.5
海　地	Haiti	854.9	919.5	994.9	1112.3	1.3
洪都拉斯	Honduras	652.4	745.9	831.7	958.8	1.7
匈牙利	Hungary	1021.1	1008.7	1000.0	976.9	-0.2
冰　岛	Iceland	28.1	29.7	31.8	35.4	2.9
印　度	India	105305.1	114761.0	123428.1	135261.7	1.0
印度尼西亚	Indonesia	21154.0	22628.9	24183.4	26766.3	1.1
伊　朗	Iran	6613.2	6976.2	7376.3	8180.0	1.4
伊拉克	Iraq	2356.5	2692.2	2974.2	3843.4	2.3
爱尔兰	Ireland	380.5	416.0	456.0	485.4	1.0
马恩岛	Isle of Man	7.3	8.0	8.5	8.4	0.6
以色列	Israel	628.9	693.0	762.4	888.4	1.9
意大利	Italy	5694.2	5796.9	5927.7	6043.1	-0.2
牙买加	Jamaica	265.7	274.0	281.0	293.5	0.5
日　本	Japan	12684.3	12777.3	12807.0	12652.9	-0.2
约　旦	Jordan	510.3	576.6	726.2	995.6	1.8
哈萨克斯坦	Kazakhstan	1488.4	1514.7	1632.2	1827.6	1.3
肯尼亚	Kenya	3145.0	3662.5	4203.1	5139.3	2.3
基里巴斯	Kiribati	8.4	9.2	10.3	11.6	1.5
朝　鲜	Korea, Dem.	2284.0	2390.4	2454.9	2555.0	0.5
韩　国	Korea, Rep.	4700.8	4818.5	4955.4	5163.5	0.3
科威特	Kuwait	205.1	227.0	299.2	413.7	2.0
吉尔吉斯斯坦	Kyrgyzstan	489.8	516.3	544.8	631.6	1.9

4-1　续表 2　continued

国家或地区	Country or Area	年中人口（万人） Mid-year Population (10 000 persons)				增长率(%) Growth Rate(%)
		2000	2005	2010	2018	2018
老　挝	Laos	532.9	575.2	624.9	706.2	1.5
拉脱维亚	Latvia	236.8	223.9	209.8	192.7	-0.8
黎巴嫩	Lebanon	323.5	469.9	495.3	684.9	0.5
莱索托	Lesotho	186.9	199.6	199.6	210.8	0.8
利比里亚	Liberia	288.5	321.8	389.1	481.9	2.5
利比亚	Libya	535.6	579.9	619.8	667.9	1.5
列支敦士登	Liechtenstein	3.3	3.5	3.6	3.8	0.3
立陶宛	Lithuania	350.0	332.3	309.7	279.0	-1.4
卢森堡	Luxemburg	43.6	46.5	50.7	60.8	1.9
前南马其顿	Macedonia, FYR	203.5	206.0	207.1		
马达加斯加	Madagascar	1576.7	1833.7	2115.2	2626.2	2.7
马拉维	Malawi	1137.6	1262.6	1454.0	1814.3	2.6
马来西亚	Malaysia	2318.6	2569.1	2820.8	3152.9	1.4
马尔代夫	Maldives	28.0	32.0	36.6	51.6	3.8
马　里	Mali	1096.8	1277.6	1504.9	1907.8	3.0
马耳他	Malta	39.0	40.4	41.5	48.4	3.3
马绍尔群岛	Marshall Islands	5.2	5.5	5.6	5.8	0.6
毛里塔尼亚	Mauritania	270.9	302.4	349.4	440.3	2.8
毛里求斯	Mauritius	118.7	122.8	125.0	126.5	0.1
马约特岛	Mayotte	14.9	17.5	20.4		
墨西哥	Mexico	10172.0	10600.5	11409.3	12619.1	1.1
密克罗尼西亚	Micronesia, Fed.	10.7	10.6	10.3	11.3	1.1
摩尔多瓦	Moldova	364.0	359.5	356.2	354.6	-0.1
摩纳哥	Monaco	3.2	3.4	3.6	3.9	0.8
蒙　古	Mongolia	239.7	252.6	272.0	317.0	1.8
黑　山	Montenegro	60.5	61.4	61.9	62.2	
摩洛哥	Morocco	2885.0	3045.6	3234.3	3602.9	1.3
莫桑比克	Mozambique	1806.8	2049.4	2353.2	2949.6	2.9
缅　甸	Myanmar	4609.5	4895.0	5060.1	5370.8	0.6
纳米比亚	Namibia	189.9	193.8	211.9	244.8	1.9
尼泊尔	Nepal	2374.1	2574.5	2701.3	2808.8	1.7
荷　兰	Netherlands	1592.6	1632.0	1661.5	1723.1	0.6
荷属安的列斯	Netherlands Antilles	18.1	18.6			
新喀里多尼亚	New Caledonia	21.3	23.2	25.0	28.4	1.3
新西兰	New Zealand	385.8	413.4	435.1	488.6	1.9
尼加拉瓜	Nicaragua	502.7	543.9	582.4	646.6	1.3
尼日尔	Niger	1135.3	1362.4	1646.4	2244.3	3.8
尼日利亚	Nigeria	12235.2	13886.5	15850.3	19587.5	2.6
北马里亚纳群岛	Northern Mariana Islands	6.9	5.7	5.4	5.7	0.6
挪　威	Norway	449.1	462.3	488.9	531.4	0.7
阿　曼	Oman	226.8	251.1	304.1	482.9	3.4
巴基斯坦	Pakistan	13852.3	16030.4	17942.5	21221.5	2.1
帕　劳	Palau	1.9	2.0	1.8	1.8	0.6
巴拿马	Panama	303.0	333.0	364.3	417.7	1.7
巴布亚新几内亚	Papua New Guinea	557.2	649.5	731.1	860.6	2.0
巴拉圭	Paraguay	530.3	582.4	624.8	695.6	1.3
秘　鲁	Peru	2591.5	2786.6	2902.8	3198.9	1.7
菲律宾	Philippines	7799.2	8632.6	9396.7	10665.2	1.4
波　兰	Poland	3825.9	3816.5	3804.3	3797.9	
葡萄牙	Portugal	1029.0	1050.3	1057.3	1028.2	-0.2
波多黎各	Puerto Rico	381.1	382.1	372.2	319.5	-4.0
卡塔尔	Qatar	59.2	86.5	185.6	278.2	2.1
罗马尼亚	Romania	2244.3	2132.0	2024.7	1947.4	-0.6
俄罗斯	Russia	14659.7	14351.9	14284.9	14447.8	
卢旺达	Rwanda	802.6	884.0	1003.9	1230.2	2.6

4-1 续表 3 continued

国家或地区	Country or Area	年中人口（万人） Mid-year Population (10 000 persons)				增长率(%) Growth Rate (%)
		2000	2005	2010	2018	2018
圣基茨和尼维斯	Saint Kitts and Nevis	4.5	4.7	4.9	5.2	0.8
圣卢西亚	Saint Lucia	15.7	16.3	17.4	18.2	0.5
圣文森特和格林纳丁斯	Saint Vincent and the Grenadines	10.8	10.9	10.8	11.0	0.3
萨摩亚	Samoa	17.5	18.0	18.6	19.6	0.4
圣马力诺	San Marino	2.7	2.9	3.1	3.4	0.3
圣多美和普林西比	Sao Tome and Principe	13.9	15.7	18.0	21.1	1.9
沙特阿拉伯	Saudi Arabia	2076.4	2381.6	2742.1	3370.0	1.8
塞内加尔	Senegal	988.4	1109.0	1267.8	1585.4	2.8
塞尔维亚	Serbia	751.6	744.1	729.1	698.2	-0.6
塞舌尔	Seychelles	8.1	8.3	9.0	9.7	1.0
塞拉利昂	Sierra Leone	456.4	564.6	641.6	765.0	2.1
新加坡	Singapore	402.8	426.6	507.7	563.9	0.5
斯洛伐克	Slovakia	538.9	537.3	539.1	544.7	0.1
斯洛文尼亚	Slovenia	198.9	200.0	204.9	206.7	
所罗门群岛	Solomon Islands	41.3	47.0	52.8	65.3	2.6
索马里	Somalia	901.1	1044.7	1204.4	1500.8	2.8
南非	South Africa	4572.8	4788.1	5121.7	5778.0	1.4
西班牙	Spain	4056.8	4365.3	4657.7	4672.4	0.3
斯里兰卡	Sri Lanka	1878.2	1954.5	2026.2	2167.0	1.0
苏丹	Sudan	2725.1	3095.0	3454.5	4180.2	2.4
苏里南	Suriname	47.2	49.9	52.9	57.6	1.0
斯威士兰	Swaziland	106.1	110.6	120.3		
瑞典	Sweden	887.2	903.0	937.8	1018.3	1.2
瑞士	Switzerland	718.4	743.7	782.5	851.7	0.8
叙利亚	Syrian Arab Republic	1641.1	1836.1	2136.3	1690.6	-1.0
塔吉克斯坦	Tajikistan	621.6	678.9	752.7	910.1	2.5
坦桑尼亚	Tanzania	3417.8	3845.0	4434.7	5631.8	3.0
泰国	Thailand	6295.8	6541.6	6719.5	6942.9	0.3
东帝汶	Timor-Leste	87.2	99.5	109.4	126.8	2.0
多哥	Togo	497.0	561.2	642.2	788.9	2.4
汤加	Tonga	9.8	10.1	10.4	10.3	1.2
特立尼达和多巴哥	Trinidad And Tobago	126.8	129.7	132.8	139.0	0.4
突尼斯	Tunisia	969.9	1010.7	1063.5	1156.5	1.1
土耳其	Turkey	6324.0	6790.3	7232.7	8232.0	1.5
土库曼斯坦	Turkmenistan	451.6	475.5	508.7	585.1	1.6
特克斯和凯科斯群岛	Turks and Caicos Islands	1.9	2.8	3.3	3.8	1.5
图瓦卢	Tuvalu	0.9	1.0	1.1	1.2	1.2
乌干达	Uganda	2403.9	2768.5	3242.8	4272.3	3.7
乌克兰	Ukraine	4917.6	4710.5	4587.1	4462.3	-0.5
阿联酋	United Arab Emirates	315.5	458.8	855.0	963.1	1.5
英国	United Kingdom	5889.3	6040.1	6276.6	6648.9	0.6
美国	United States	28216.2	29551.7	30932.6	32716.7	0.6
美属维尔京群岛	Virgin Islands(US)	10.9	10.8	10.8	10.7	-0.3
乌拉圭	Uruguay	332.1	332.2	335.9	344.9	0.4
乌兹别克斯坦	Uzbekistan	2465.0	2616.7	2856.2	3295.5	1.7
瓦努阿图	Vanuatu	18.5	20.9	23.6	29.3	2.5
委内瑞拉	Venezuela	2448.8	2643.2	2844.0	2887.0	-1.8
越南	Viet Nam	8028.6	8383.3	8796.8	9554.0	1.0
约旦河西岸和加沙	West Bank and Gaza	292.2	332.0	378.6	456.9	2.5
也门	Yemen	1787.5	2010.7	2315.5	2849.9	2.4
赞比亚	Zambia	1053.1	1185.6	1360.6	1735.2	2.9
津巴布韦	Zimbabwe	1222.2	1207.7	1269.8	1443.9	1.4

4-2 女性人口比重
Female Population as Percentage of Total

资料来源：世界银行WDI数据库。
Source: World Bank WDI Database.
单位：% (%)

国家和地区	Country or Area	2000	2005	2010	2015	2017	2018
世 界	**World**	**49.7**	**49.6**	**49.6**	**49.6**	**49.6**	**49.5**
中 国	China	48.6	48.6	48.5	48.5	48.5	48.5
中国香港	Hong Kong, China	50.9	52.0	53.1	53.8	54.0	54.1
中国澳门	Macao, China	52.1	52.5	52.0	52.0	52.0	52.0
孟加拉国	Bangladesh	49.0	49.1	49.4	49.5	49.6	49.6
文 莱	Brunei Darussalam	49.4	49.0	48.4	48.5	48.5	48.6
柬埔寨	Cambodia	51.4	51.5	51.3	51.2	51.2	51.2
印 度	India	48.2	48.2	48.1	48.2	48.2	48.2
印度尼西亚	Indonesia	50.0	49.8	49.6	49.6	49.7	49.7
伊 朗	Iran	49.3	48.9	49.4	49.7	49.7	49.7
以色列	Israel	50.7	50.7	50.6	50.4	50.3	50.3
日 本	Japan	50.9	51.0	51.1	51.1	51.2	51.2
哈萨克斯坦	Kazakhstan	51.9	51.8	51.7	51.6	51.6	51.6
韩 国	Korea, Rep.	49.8	49.8	49.9	49.9	50.0	50.0
老 挝	Laos	50.1	50.4	50.3	50.2	50.1	50.1
马来西亚	Malaysia	49.1	48.8	48.5	48.3	48.4	48.4
蒙 古	Mongolia	50.1	50.2	50.4	50.5	50.5	50.6
缅 甸	Myanmar	51.1	51.2	51.2	51.2	51.2	51.2
巴基斯坦	Pakistan	48.4	48.5	48.6	48.6	48.6	48.6
菲律宾	Philippines	49.6	49.7	49.5	49.6	49.7	49.7
新加坡	Singapore	50.0	50.4	50.7	50.6	50.6	50.6
斯里兰卡	Sri Lanka	50.1	50.7	51.3	51.8	51.9	52.0
泰 国	Thailand	50.6	50.8	51.0	51.2	51.2	51.3
越 南	Viet Nam	50.7	50.8	50.6	50.5	50.5	50.5
埃 及	Egypt	49.7	49.6	49.5	49.4	49.4	49.4
尼日利亚	Nigeria	49.6	49.5	49.4	49.4	49.3	49.3
南 非	South Africa	50.9	50.9	50.9	50.9	50.9	50.9
加拿大	Canada	50.5	50.4	50.4	50.4	50.4	50.4
墨西哥	Mexico	50.3	50.3	50.2	50.2	50.2	50.2
美 国	United States	50.7	50.7	50.6	50.5	50.5	50.5
阿根廷	Argentina	51.1	51.1	51.1	51.1	51.1	51.1
巴 西	Brazil	50.6	50.7	50.7	50.8	50.9	50.9
委内瑞拉	Venezuela	49.8	49.9	50.1	50.2	50.3	50.3
捷 克	Czech Rep.	51.4	51.3	50.9	50.9	50.8	50.8
法 国	France	51.0	50.9	50.9	50.9	50.8	50.8
德 国	Germany	51.3	51.1	51.0	50.8	50.8	50.7
意大利	Italy	51.5	51.3	51.4	51.3	51.3	51.2
荷 兰	Netherlands	50.5	50.4	50.3	50.3	50.2	50.2
波 兰	Poland	51.5	51.6	51.7	51.7	51.7	51.7
俄罗斯	Russia	53.2	53.5	53.6	53.5	53.5	53.5
西班牙	Spain	50.9	50.7	50.6	50.9	51.0	51.0
土耳其	Turkey	50.8	50.8	50.8	50.8	50.8	50.7
乌克兰	Ukraine	53.5	53.6	53.8	53.8	53.8	53.8
英 国	United Kingdom	51.3	51.0	50.9	50.7	50.7	50.6
澳大利亚	Australia	50.1	50.1	50.0	50.2	50.2	50.2
新西兰	New Zealand	50.9	51.0	50.9	50.8	50.8	50.8

4-3 人口年龄构成和抚养比(2018年)
Age Composition and Dependency Ratio of Population(2018)

资料来源：世界银行WDI数据库。
Source: World Bank WDI Database.
单位：% (%)

国家和地区	Country or Area	年龄构成 Age Composition 0-14岁人口占比 Persons ages 14 and below	15-64岁人口占比 Persons ages 15 to 64	65岁以上人口占比 Persons ages 65 and above	抚养比 Age Dependency Ratio
世　　界	**World**	**25.8**	**65.3**	**8.9**	**54.5**
中　　国	China	17.6	71.2	11.2	40.5
中国香港	Hong Kong, China	11.9	71.2	16.9	40.4
中国澳门	Macao, China	13.8	75.8	10.5	32.0
孟加拉国	Bangladesh	27.8	67.0	5.1	49.2
文　　莱	Brunei Darussalam	22.6	72.5	4.9	38.0
柬 埔 寨	Cambodia	31.2	64.2	4.6	55.7
印　　度	India	27.4	66.4	6.2	50.5
印度尼西亚	Indonesia	27.0	67.5	5.5	48.1
伊　　朗	Iran	23.7	70.7	5.7	41.6
以 色 列	Israel	27.8	60.2	12.0	66.0
日　　本	Japan	12.8	59.7	27.5	67.6
哈萨克斯坦	Kazakhstan	28.3	64.5	7.2	55.1
韩　　国	Korea, Rep.	13.4	72.2	14.4	38.5
老　　挝	Laos	32.5	63.4	4.1	57.8
马来西亚	Malaysia	24.0	69.5	6.5	44.0
蒙　　古	Mongolia	29.9	65.9	4.1	51.7
缅　　甸	Myanmar	26.3	67.8	6.0	47.6
巴基斯坦	Pakistan	34.7	60.8	4.5	64.4
菲 律 宾	Philippines	31.5	63.6	4.9	57.2
新 加 坡	Singapore	14.7	71.7	13.6	39.5
斯里兰卡	Sri Lanka	23.7	65.8	10.4	51.9
泰　　国	Thailand	17.0	71.2	11.8	40.5
越　　南	Viet Nam	23.0	69.6	7.4	43.8
埃　　及	Egypt	33.3	61.5	5.2	62.7
尼日利亚	Nigeria	43.8	53.4	2.8	87.2
南　　非	South Africa	28.8	65.7	5.5	52.1
加 拿 大	Canada	16.1	66.5	17.4	50.4
墨 西 哥	Mexico	26.3	66.7	7.1	50.0
美　　国	United States	18.8	65.4	15.8	53.0
阿 根 廷	Argentina	24.7	64.0	11.3	56.3
巴　　西	Brazil	21.4	69.8	8.9	43.3
委内瑞拉	Venezuela	27.3	65.9	6.8	51.7
捷　　克	Czech Rep.	15.5	65.0	19.5	53.9
法　　国	France	18.0	62.0	20.1	61.4
德　　国	Germany	13.1	65.3	21.7	53.2
意 大 利	Italy	13.4	63.3	23.3	58.1
荷　　兰	Netherlands	16.2	64.6	19.2	54.8
波　　兰	Poland	14.9	67.8	17.3	47.5
俄 罗 斯	Russia	17.8	67.6	14.6	48.0
西 班 牙	Spain	14.6	65.7	19.7	52.2
土 耳 其	Turkey	24.6	67.1	8.4	49.1
乌 克 兰	Ukraine	15.8	67.4	16.8	48.3
英　　国	United Kingdom	17.8	63.5	18.7	57.4
澳大利亚	Australia	19.1	65.1	15.7	53.6
新 西 兰	New Zealand	19.8	64.6	15.6	54.8

4-4 人口粗出生率和死亡率
Crude Birth Rate and Crude Death Rate

资料来源：世界银行WDI数据库。
Source: World Bank WDI Database.
单位：‰ (‰)

国家和地区	Country or Area	粗出生率 Crude Birth Rate			粗死亡率 Crude Death Rate		
		2000	2010	2017	2000	2010	2017
世　界	**World**	**21.6**	**19.8**	**18.7**	**8.5**	**7.9**	**7.6**
中　国	China	14.0	11.9	12.4	6.5	7.1	7.1
中国香港	Hong Kong, China	8.1	12.6	7.7	5.1	6.0	6.3
中国澳门	Macao, China	8.8	9.9	12.2	3.9	3.7	3.9
孟加拉国	Bangladesh	27.6	21.2	18.6	6.9	5.6	5.3
文　莱	Brunei Darussalam	21.4	16.6	15.6	2.9	3.2	3.6
柬埔寨	Cambodia	28.1	25.5	22.9	9.4	6.5	6.0
印　度	India	26.5	21.4	18.8	8.7	7.5	7.3
印度尼西亚	Indonesia	21.8	20.9	18.6	7.3	7.1	7.2
伊　朗	Iran	18.8	18.3	15.9	5.1	4.9	4.5
以色列	Israel	21.7	21.8	21.1	6.0	5.2	5.1
日　本	Japan	9.4	8.5	7.6	7.7	9.5	10.8
哈萨克斯坦	Kazakhstan	14.9	22.5	21.6	10.1	9.0	7.2
韩　国	Korea, Rep.	13.3	9.4	7.0	5.2	5.1	5.6
老　挝	Laos	31.8	26.7	23.4	9.8	7.4	6.6
马来西亚	Malaysia	22.0	17.3	17.0	4.5	4.7	5.0
蒙　古	Mongolia	19.3	24.6	23.1	7.7	6.6	6.3
缅　甸	Myanmar	24.5	19.9	17.6	9.1	8.3	8.2
巴基斯坦	Pakistan	32.0	30.2	27.7	8.7	7.8	7.2
菲律宾	Philippines	29.6	24.8	23.0	6.0	6.2	6.5
新加坡	Singapore	13.7	9.3	8.9	4.5	4.4	5.0
斯里兰卡	Sri Lanka	18.5	17.5	15.0	7.0	6.5	7.0
泰　国	Thailand	14.5	11.8	10.1	6.9	7.3	8.0
越　南	Viet Nam	17.5	17.5	16.5	5.5	5.7	5.8
埃　及	Egypt	25.3	27.1	25.7	6.5	6.2	5.9
尼日利亚	Nigeria	43.2	41.3	38.4	17.9	14.3	12.2
南　非	South Africa	24.3	22.5	20.7	11.6	13.0	9.6
加拿大	Canada	10.9	11.1	10.3	7.1	7.0	7.5
墨西哥	Mexico	24.1	20.0	17.8	4.7	4.7	4.9
美　国	United States	14.4	13.0	11.8	8.5	8.0	8.5
阿根廷	Argentina	19.4	18.2	17.0	7.8	7.6	7.6
巴　西	Brazil	20.2	15.5	13.9	6.0	5.9	6.2
委内瑞拉	Venezuela	23.8	20.8	18.7	5.0	5.3	5.7
捷　克	Czech Rep.	8.9	11.2	10.8	10.6	10.2	10.5
法　国	France	13.3	12.9	11.4	8.9	8.5	9.0
德　国	Germany	9.3	8.3	9.5	10.2	10.5	11.3
意大利	Italy	9.5	9.5	7.6	9.8	9.9	10.7
荷　兰	Netherlands	13.0	11.1	9.9	8.8	8.2	8.8
波　兰	Poland	9.9	10.9	10.6	9.6	9.9	10.6
俄罗斯	Russia	8.7	12.5	12.9	15.3	14.2	12.9
西班牙	Spain	9.8	10.4	8.4	8.9	8.2	9.0
土耳其	Turkey	21.7	18.0	16.0	6.5	5.8	5.8
乌克兰	Ukraine	7.8	10.8	9.4	15.3	15.2	14.5
英　国	United Kingdom	11.5	12.9	11.4	10.3	8.9	9.2
澳大利亚	Australia	13.0	13.7	12.4	6.7	6.5	6.5
新西兰	New Zealand	14.7	14.7	12.4	6.9	6.5	7.0

4-5 生殖健康(2017年)
Reproductive Health(2017)

资料来源：世界银行WDI数据库。
Source: World Bank WDI Database.

国家和地区	Country or Area	总和生育率 Total Fertility Rate	少女生育率(‰) Adolescent Fertility Rate (‰)	15-49岁妇女避孕普及率(%) Contraceptive Prevalence (% of women ages 15-49)	产妇死亡率(1/10 0000) Maternal Mortality Ratio (1/10 0000)
世　界	**World**	**2.4**	**42.5**	**62.6①**	**211**
中　国	China	1.7	7.6	84.5	29
中国香港	Hong Kong, China	1.1	2.7		
中国澳门	Macao, China	1.2	2.4		
孟加拉国	Bangladesh	2.1	83.0	62.3①	173
文　莱	Brunei Darussalam	1.9	10.3		31
柬埔寨	Cambodia	2.5	50.2	56.3①	160
印　度	India	2.2	13.2	53.5②	145
印度尼西亚	Indonesia	2.3	47.4	61.0	177
伊　朗	Iran	2.1	40.6		16
以色列	Israel	3.1	9.6		3
日　本	Japan	1.4	3.8	39.8③	5
哈萨克斯坦	Kazakhstan	2.7	29.8	55.7③	10
韩　国	Korea, Rep.	1.1	1.4	79.6③	11
老　挝	Laos	2.7	65.4	54.1	185
马来西亚	Malaysia	2.0	13.4	52.2①	29
蒙　古	Mongolia	2.9	31.0	54.6①	45
缅　甸	Myanmar	2.2	28.5	52.2②	250
巴基斯坦	Pakistan	3.6	38.8	32.0①	140
菲律宾	Philippines	2.6	54.2	54.1	121
新加坡	Singapore	1.2	3.5		8
斯里兰卡	Sri Lanka	2.2	20.9	61.7②	36
泰　国	Thailand	1.5	44.9	78.4②	37
越　南	Viet Nam	2.0	30.9	75.7③	43
埃　及	Egypt	3.4	53.8	58.5①	37
尼日利亚	Nigeria	5.5	107.3	13.4	917
南　非	South Africa	2.4	67.9	54.6②	119
加拿大	Canada	1.5	8.4		10
墨西哥	Mexico	2.2	60.4	66.9③	33
美　国	United States	1.8	19.9	75.9②	19
阿根廷	Argentina	2.3	62.8		39
巴　西	Brazil	1.7	59.1		60
委内瑞拉	Venezuela	2.3	85.3		125
捷　克	Czech Rep.	1.6	12.0		3
法　国	France	1.9	4.7		8
德　国	Germany	1.6	8.1		7
意大利	Italy	1.3	5.2		2
荷　兰	Netherlands	1.7	3.8		5
波　兰	Poland	1.4	10.5	62.3①	2
俄罗斯	Russia	1.8	20.7		17
西班牙	Spain	1.3	7.7	70.9②	4
土耳其	Turkey	2.1	26.6		17
乌克兰	Ukraine	1.4	23.7		19
英　国	United Kingdom	1.8	13.4		7
澳大利亚	Australia	1.8	11.7	66.9②	6
新西兰	New Zealand	1.8	19.3		9

注：①2014年数据。②2016年数据。③2015年数据。
Note:①Data refer to 2014.②Data refer to 2016.③Data refer to 2015.

4-6 婴儿死亡率和出生时预期寿命
Infant Mortality Rate and Life Expectancy at Birth

资料来源：世界银行WDI数据库。
Source: World Bank WDI Database.

国家和地区	Country or Area	婴儿死亡率(‰) Infant Mortality Rate (‰)			出生时预期寿命(岁) Life Expectancy at Birth (years)		
		2000	2010	2017	2000	2010	2017
世 界	**World**	**53.6**	**37.2**	**29.4**	**67.7**	**70.7**	**72.2**
中 国	China	30.1	13.6	8.0	72.0	75.2	76.4
中国香港	Hong Kong, China				80.9	83.0	84.7
中国澳门	Macao, China				80.4	82.7	84.0
孟加拉国	Bangladesh	64.0	38.9	26.9	65.3	70.2	72.8
文 莱	Brunei Darussalam	9.6	8.9	9.0	75.2	76.7	77.4
柬 埔 寨	Cambodia	79.6	37.8	25.1	58.4	66.6	69.3
印 度	India	66.7	45.3	32.0	62.6	66.6	68.8
印度尼西亚	Indonesia	40.9	27.5	21.4	66.3	68.2	69.4
伊 朗	Iran	28.2	16.8	12.8	70.1	73.9	76.2
以 色 列	Israel	5.6	3.7	2.9	79.0	81.6	82.6
日 本	Japan	3.3	2.4	1.9	81.1	82.8	84.1
哈萨克斯坦	Kazakhstan	37.1	18.2	8.9	65.5	68.3	73.0
韩 国	Korea, Rep.	6.4	3.5	2.8	75.9	80.1	82.6
老 挝	Laos	80.0	59.5	48.6	58.9	64.4	67.0
马来西亚	Malaysia	8.7	6.6	6.7	72.8	74.2	75.5
蒙 古	Mongolia	48.9	22.2	14.8	62.9	67.4	69.5
缅 甸	Myanmar	65.5	49.0	38.5	62.1	65.2	66.7
巴基斯坦	Pakistan	87.9	72.8	61.2	62.7	65.1	66.6
菲 律 宾	Philippines	29.4	24.5	22.2	67.2	68.3	69.2
新 加 坡	Singapore	3.0	2.2	2.2	78.0	81.5	82.9
斯里兰卡	Sri Lanka	14.2	10.0	7.5	71.0	74.4	75.5
泰 国	Thailand	18.6	11.4	8.2	70.6	73.9	75.5
越 南	Viet Nam	23.4	18.3	16.7	73.3	75.1	76.5
埃 及	Egypt	37.3	24.3	18.8	68.6	70.4	71.7
尼日利亚	Nigeria	111.6	81.0	64.6	46.3	50.9	53.9
南 非	South Africa	52.1	38.4	28.8	56.3	55.9	63.4
加 拿 大	Canada	5.3	4.9	4.5	79.2	81.3	82.5
墨 西 哥	Mexico	22.5	14.9	11.5	74.4	76.1	77.3
美 国	United States	7.1	6.2	5.7	76.6	78.5	78.5
阿 根 廷	Argentina	17.7	13.0	9.2	73.8	75.6	76.7
巴 西	Brazil	30.4	16.7	13.2	70.1	73.8	75.7
委内瑞拉	Venezuela	18.5	14.3	25.7	72.3	73.6	74.7
捷 克	Czech Rep.	4.5	2.7	2.6	75.0	77.4	79.5
法 国	France	4.4	3.5	3.5	79.1	81.7	82.5
德 国	Germany	4.4	3.5	3.1	77.9	80.0	81.0
意 大 利	Italy	4.7	3.4	2.9	79.8	82.0	83.2
荷 兰	Netherlands	5.1	3.7	3.3	78.0	80.7	81.6
波 兰	Poland	8.1	5.2	4.0	73.8	76.3	77.9
俄 罗 斯	Russia	16.6	8.9	6.5	65.5	68.8	72.1
西 班 牙	Spain	4.3	3.1	2.6	79.0	81.6	83.3
土 耳 其	Turkey	31.9	16.4	10.0	70.0	74.2	76.0
乌 克 兰	Ukraine	15.8	10.1	7.5	67.9	70.3	71.8
英 国	United Kingdom	5.5	4.4	3.7	77.7	80.4	81.2
澳大利亚	Australia	5.1	4.0	3.0	79.2	81.7	82.5
新 西 兰	New Zealand	6.1	5.1	4.4	78.6	80.7	81.7

4-7 结婚率与离婚率
Marriage Rate and Divorce Rate

资料来源：联合国人口统计数据库。
Source: UN Demographic Statistics Database.
单位：‰ (‰)

国家或地区	Country or Area	结婚率 Marriage Rate			离婚率 Divorce Rate		
		2005	2010	2017	2005	2010	2017
中　国	China	6.3	9.3		1.4	2.0	
中国香港	Hong Kong, China	6.3	7.5	7.0			
中国澳门	Macao, China	3.6	5.8	6.2	1.2	1.7	2.4
伊　朗	Iran	11.2	12.0		1.2	1.8	
日　本	Japan	5.6	5.5		2.0	2.0	
哈萨克斯坦	Kazakhstan	8.1	9.0	7.9	2.1	2.5	3.0
韩　国	Korea, Rep.	6.6	6.6	5.1		2.4	2.1
蒙　古	Mongolia	5.8	3.4	6.7	0.6	1.1	1.3
新加坡	Singapore	5.4	4.8	5.0	1.5	1.4	1.3
埃　及	Egypt	6.8	10.3	9.4	0.8	1.8	2.0
墨西哥	Mexico	5.5	4.8		0.6	0.7	
美　国	United States	7.6	6.8		2.9	2.8	
阿根廷	Argentina	3.4	3.0				
委内瑞拉	Venezuela	3.2	3.3	2.4			
白俄罗斯	Belarus	7.6	8.1	7.0	3.2	3.9	3.4
保加利亚	Bulgaria	4.4	3.3	4.0	1.9	1.5	1.5
捷　克	Czech Rep.	5.1	4.5	5.0	3.1	2.9	2.4
法　国	France	4.4	3.8		2.4	2.0	
德　国	Germany	4.7	4.7	4.9	2.4	2.3	1.9
意大利	Italy	4.3	3.7		0.8	0.9	
荷　兰	Netherlands	4.4	4.5	3.8	2.0	2.0	1.9
波　兰	Poland	5.4	6.0	5.1	1.8	1.6	1.7
罗马尼亚	Romania	6.7	5.7	7.3	1.6	1.6	1.6
俄罗斯	Russia	7.4	8.5		4.2	4.5	
西班牙	Spain	4.7	3.6	3.7	1.7	2.2	
土耳其	Turkey	9.4	8.1		1.4	1.6	
乌克兰	Ukraine	7.1	6.7		3.9	2.7	
英　国	United Kingdom	4.7	4.5		2.6	2.1	
澳大利亚	Australia	5.4	5.5		2.6	2.3	
新西兰	New Zealand	5.0	4.8	4.3	2.4	2.0	1.7

4-8 农村和城市人口比重
Rural and Urban Population as Percentage of Total

资料来源：世界银行WDI数据库。
Source: World Bank WDI Database.

单位：% (%)

国家或地区	Country or Area	农村人口 Rural Population			城市人口 Urban Population		
		2005	2010	2018	2005	2010	2018
世　界	**World**	**50.8**	**48.4**	**44.7**	**49.2**	**51.6**	**55.3**
中　国	China	57.5	50.8	40.8	42.5	49.2	59.2
中国香港	Hong Kong, China				100.0	100.0	100.0
中国澳门	Macao, China				100.0	100.0	100.0
孟加拉国	Bangladesh	73.2	69.5	63.4	26.8	30.5	36.6
文　莱	Brunei Darussalam	26.8	25.0	22.4	73.2	75.0	77.6
柬埔寨	Cambodia	80.8	79.7	76.6	19.2	20.3	23.4
印　度	India	70.8	69.1	66.0	29.2	30.9	34.0
印度尼西亚	Indonesia	54.1	50.1	44.7	45.9	49.9	55.3
伊　朗	Iran	32.4	29.4	25.1	67.6	70.6	74.9
以色列	Israel	8.5	8.2	7.6	91.5	91.8	92.4
日　本	Japan	14.0	9.2	8.4	86.0	90.8	91.6
哈萨克斯坦	Kazakhstan	43.5	43.2	42.6	56.5	56.8	57.4
韩　国	Korea, Rep.	18.7	18.1	18.5	81.3	81.9	81.5
老　挝	Laos	72.8	69.9	65.0	27.2	30.1	35.0
马来西亚	Malaysia	33.4	29.1	24.0	66.6	70.9	76.0
蒙　古	Mongolia	37.5	32.4	31.6	62.5	67.6	68.4
缅　甸	Myanmar	72.1	71.1	69.4	27.9	28.9	30.6
巴基斯坦	Pakistan	66.0	65.0	63.3	34.0	35.0	36.7
菲律宾	Philippines	54.3	54.7	53.1	45.7	45.3	46.9
新加坡	Singapore				100.0	100.0	100.0
斯里兰卡	Sri Lanka	81.7	81.8	81.5	18.3	18.2	18.5
泰　国	Thailand	62.6	56.1	50.1	37.4	43.9	49.9
越　南	Viet Nam	72.7	69.6	64.1	27.3	30.4	35.9
埃　及	Egypt	57.0	57.0	57.3	43.0	43.0	42.7
尼日利亚	Nigeria	60.9	56.5	49.7	39.1	43.5	50.3
南　非	South Africa	40.5	37.8	33.6	59.5	62.2	66.4
加拿大	Canada	19.9	19.1	18.6	80.1	80.9	81.4
墨西哥	Mexico	23.7	22.2	19.8	76.3	77.8	80.2
美　国	United States	20.1	19.2	17.7	79.9	80.8	82.3
阿根廷	Argentina	10.0	9.2	8.1	90.0	90.8	91.9
巴　西	Brazil	17.2	15.7	13.4	82.8	84.3	86.6
委内瑞拉	Venezuela	12.0	11.9	11.8	88.0	88.1	88.2
捷　克	Czech Rep.	26.4	26.7	26.2	73.6	73.3	73.8
法　国	France	22.9	21.6	19.6	77.1	78.4	80.4
德　国	Germany	24.0	23.0	22.7	76.0	77.0	77.3
意大利	Italy	32.3	31.7	29.6	67.7	68.3	70.4
荷　兰	Netherlands	17.4	12.9	8.5	82.6	87.1	91.5
波　兰	Poland	38.5	39.1	39.9	61.5	60.9	60.1
俄罗斯	Russia	26.5	26.3	25.6	73.5	73.7	74.4
西班牙	Spain	22.7	21.6	19.7	77.3	78.4	80.3
土耳其	Turkey	32.2	29.2	24.9	67.8	70.8	75.1
乌克兰	Ukraine	32.2	31.4	30.6	67.8	68.6	69.4
英　国	United Kingdom	20.1	18.7	16.6	79.9	81.3	83.4
澳大利亚	Australia	15.4	14.8	14.0	84.6	85.2	86.0
新西兰	New Zealand	13.7	13.8	13.5	86.3	86.2	86.5

主要统计指标解释

人口 指实际具有的所有人口，无论其法律地位或公民身份均包括在内，不包括非永久居住在庇护地的难民，难民通常被认为是来源国的人口。人口用年中的估计值表示。

抚养比 指 0－14 岁和 65 岁及以上被抚养人口与 15－64 岁劳动年龄人口之比。

（粗）出生率 指一年内活产数量与年中人口数之比。粗出生率减去粗死亡率为自然增长率，等于没有人口迁移情况下的自然增长率。

（粗）死亡率 指一年内死亡数量与年中人口数之比。粗出生率减去粗死亡率为自然增长率，等于没有人口迁移情况下的自然增长率。

总和生育率 是一个妇女活到育龄期结束，并按当前的特定年龄生育率生育孩子的话，她可能生育的孩子数量。

少女生育率 指每千名 15－19 岁妇女中生育的妇女人数。

避孕普及率 指采取了某种避孕措施的 15－49 岁已婚妇女或其性伙伴所占的百分比。

产妇死亡率 是每年每 10 万例活产中怀孕和分娩期间死亡的妇女人数。

婴儿死亡率 指某年里每千名活产婴儿生存至一周岁前死亡的比率。

出生时预期寿命 指一名新生儿如果其出生时各年龄组的死亡率在其终生保持不变的话，他可能存活的年数。

结婚率 指在一定时期（通常为一个日历年）、给定地域、给定年份内平均每千名年中人口中的结婚次数。

离婚率 指在一定时期（通常为一个日历年）、给定地域、给定年份内平均每千名年中人口中的离婚次数。

城市人口 指向联合国报告的各国定义为城市的区域内的年中人口。

Explanatory Notes on Main Statistical Indicators

Total population is based on the de facto definition of population, which counts all residents regardless of legal status or citizenship--except for refugees not permanently settled in the country of asylum, who are generally considered part of the population of their country of origin. The values shown are midyear estimates.

Age Dependency Ratio is the ratio of dependents--people younger than 15 or older than 64--to the working-age population--those ages 15-64.

Crude Birth Rate is the number of live births occurring during the year, per 1,000 population estimated at midyear. Subtracting the crude death rate from the crude birth rate provides the rate of natural increase, which is equal to the population growth rate in the absence of migration.

Crude Death Rate is the number of deaths occurring during the year, per 1,000 population estimated at midyear. Subtracting the crude death rate from the crude birth rate provides the rate of natural increase, which is equal to the population growth rate in the absence of migration.

Total Fertility Rate is the number of children that would be born to a woman if she were to live to the end of her childbearing years and bear children in accordance with current age-specific fertility rates.

Adolescent Fertility Rate is the number of births per 1,000 women ages 15-19.

Contraceptive Prevalence Rate is the percentage of women who are practicing, or whose sexual partners are practicing, any form of contraception. It is usually measured for married women ages 15-49 only.

Maternal Mortality Ratio is the number of women who die during pregnancy and childbirth, per 100,000 live births.

Infant Mortality Rate is the number of infants dying before reaching one year of age, per 1000 live births in a given year.

Life Expectancy at Birth is the number of years a newborn infant would live if prevailing patterns of mortality at the time of its birth were to stay the same throughout its life.

Crude Marriage Rate is the number of marriages occurring in a population during a given period of time, usually a calendar year, i.e., the number of marriages occurring among the population of a given geographical area during a given year per 1000 mid-year total population of the given geographical area during the same year.

Crude Divorce Rate is the number of divorces occurring in a population during a given period of time, usually a calendar year, i.e., the number of divorces occurring among the population of a given geographical area during a given year per 1000 mid-year total population of the given geographical area during the same year.

Urban Population is the midyear population of areas defined as urban in each country and reported to the United Nations.

就业人员和劳动报酬

Employment and Earnings

5-1 劳动参与率
Labor Force Participation Rate

资料来源：世界银行WDI数据库。
Source: World Bank WDI Database.
单位：万人 (10 000 persons)

国家或地区	Country or Area	劳动力人口（万人）Total Labor Force (10 000 persons)		劳动参与率（%）Labor Force Participation Rate(%)		女性劳动参与率（%）Female Labor Force Participation Rate(%)	
		2000	2018	2000	2018	2000	2018
世　界	**World**	**275802**	**345604**	**69.4**	**66.9**	**55.6**	**53.1**
中　国	China	73329	78598	82.5	76.2	76.8	69.0
中国香港	Hong Kong, China	339	396	69.7	72.1	57.3	65.3
中国澳门	Macao, China	22	39	71.3	78.6	62.1	73.5
孟加拉国	Bangladesh	4598	6850	58.4	61.1	27.4	38.1
文　莱	Brunei Darussalam	16	22	70.1	69.0	57.8	62.1
柬埔寨	Cambodia	558	907	81.2	82.8	79.9	77.2
印　度	India	39651	51235	59.6	54.2	31.9	24.8
印度尼西亚	Indonesia	9857	13196	69.0	69.2	52.8	54.3
伊　朗	Iran	1911	2721	45.3	46.6	14.6	17.9
以色列	Israel	277	410	69.6	72.6	62.2	69.1
日　本	Japan	6765	6709	72.5	77.9	59.5	69.8
哈萨克斯坦	Kazakhstan	765	926	76.7	78.2	72.6	73.7
韩　国	Korea, Rep.	2281	2830	64.3	69.2	52.1	59.4
老　挝	Laos	241	372	83.4	81.4	83.5	80.7
马来西亚	Malaysia	953	1548	63.9	68.4	46.9	54.9
蒙　古	Mongolia	94	132	62.9	63.0	57.3	56.5
缅　甸	Myanmar	2269	2453	76.2	66.2	63.8	51.7
巴基斯坦	Pakistan	4214	7324	52.4	55.5	16.5	25.2
菲律宾	Philippines	2999	4406	63.7	62.0	49.0	47.7
新加坡	Singapore	212	338	70.1	76.1	56.8	69.1
斯里兰卡	Sri Lanka	783	862	60.6	56.8	40.3	38.2
泰　国	Thailand	3515	3886	77.6	74.6	70.6	67.2
越　南	Viet Nam	4182	5683	81.8	82.7	78.7	79.1
埃　及	Egypt	2004	3133	48.9	51.1	21.6	24.7
尼日利亚	Nigeria	3799	6070	55.0	55.2	47.6	50.5
南　非	South Africa	1669	2276	59.2	59.6	52.4	53.4
加拿大	Canada	1619	2034	76.2	78.5	70.4	75.1
墨西哥	Mexico	3925	5664	62.9	64.7	41.2	47.1
美　国	United States	14677	16495	76.4	72.3	69.9	66.8
阿根廷	Argentina	1645	2025	69.6	68.4	57.8	57.1
巴　西	Brazil	7857	10537	67.8	70.3	53.9	60.6
委内瑞拉	Venezuela	1028	1299	67.1	66.3	50.5	52.0
捷　克	Czech Rep.	515	540	71.2	76.4	63.6	69.3
法　国	France	2744	3026	68.7	71.7	62.4	67.5
德　国	Germany	4026	4342	71.6	78.4	63.5	74.1
意大利	Italy	2334	2562	59.8	65.3	46.2	55.7
荷　兰	Netherlands	816	916	74.9	79.9	65.6	75.4
波　兰	Poland	1732	1834	64.8	70.0	59.3	63.1
俄罗斯	Russia	7346	7353	71.0	74.1	66.4	68.9
西班牙	Spain	1827	2286	65.3	73.9	51.8	68.8
土耳其	Turkey	2142	3258	51.5	57.6	27.9	37.5
乌克兰	Ukraine	2322	2028	67.2	66.4	62.7	60.5
英　国	United Kingdom	2930	3411	75.2	77.5	67.7	72.8
澳大利亚	Australia	960	1313	74.0	77.6	65.3	72.5
新西兰	New Zealand	193	275	75.0	81.0	67.2	76.4

5-2 就业人数
Employment

资料来源：联合国ILO数据库。
Source: ILO Database.
单位：万人 (10 000 persons)

国家或地区	Country or Area	2000	2005	2010	2015	2016	2017	2018
中　国	China	72085	74647	76105	77451	77603	77640	77586
中国香港	Hong Kong, China			347	377	379		
中国澳门	Macao, China	20	24	32	40	39	38	
孟加拉国	Bangladesh			5408		5953	6083	
文　莱	Brunei Darussalam						19	
柬埔寨	Cambodia	515		796	863	895		
印　度	India	32704	36328	36967				36057
印度尼西亚	Indonesia	8984	9396	10781	11783	11953	12278	12554
伊　朗	Iran			2066	2197	2259	2338	2381
以色列	Israel	246	274	318	364	374	382	391
日　本	Japan	6446	6356	6257	6376	6440	6530	6664
哈萨克斯坦	Kazakhstan			811	862		859	
韩　国	Korea, Rep.	2116	2286	2383	2635	2655	2687	2692
老　挝	Laos			302			176	
马来西亚	Malaysia			1178	1407	1416	1448	1478
蒙　古	Mongolia			103	115	115	124	125
缅　甸	Myanmar				2179		2194	2254
巴基斯坦	Pakistan			4939	5528	5914		5979
菲律宾	Philippines		3231	3603	3914	4084	4033	4116
新加坡	Singapore		165	196	215	217	218	220
斯里兰卡	Sri Lanka			770	783	795	821	
泰　国	Thailand			3804	3833	3826	3765	3830
越　南	Viet Nam			4949	5284	5330	5370	5425
埃　及	Egypt			2383	2478	2537	2605	
尼日利亚	Nigeria		4911	4853	7185	5038		
南　非	South Africa	1036	1088	1394	1593	1597	1636	1661
加拿大	Canada	1476	1612	1696	1795	1808	1842	1866
墨西哥	Mexico	3759	4208	4612	5061	5159	5234	5372
美　国	United States	13689	14173	13906	14883	15144	15334	15576
阿根廷	Argentina		953	1513			1157	1174
巴　西	Brazil		8323		9306	8910	8944	9076
委内瑞拉	Venezuela		1040	1201				
捷　克	Czech Rep.	468	476	489	504	514	522	529
法　国	France	2312	2498	2573	2642	2658	2688	2712
德　国	Germany	3632	3636	3799	4021	4127	4166	4191
意大利	Italy	2093	2241	2253	2246	2276	2302	2321
荷　兰	Netherlands	786	783	829	832	843	860	880
波　兰	Poland	1452	1412	1547	1608	1620	1642	1648
俄罗斯	Russia	6507	6834	6993	7232	7239	7232	7253
西班牙	Spain	1544	1921	1872	1787	1834	1882	1933
土耳其	Turkey	2158	2007	2259	2662	2722	2820	2873
乌克兰	Ukraine			2027	1644	1628	1616	1636
英　国	United Kingdom	2726	2874	2912	3120	3165	3197	3235
澳大利亚	Australia	890	988	1102	1177	1197	1225	1258
新西兰	New Zealand	180	208	216	236	247	257	264

5-3 按产业类型划分的就业构成
Composition of Employment by Industry

资料来源：世界银行WDI数据库。
Source: World Bank WDI Database.
单位：%　(%)

国家或地区	Country or Area	第一产业 Primary Industry		第二产业 Secondary Industry		第三产业 Tertiary Industry	
		2000	2018	2000	2018	2000	2018
中　国	China	50.0	26.8	24.3	28.6	25.7	44.6
中国香港	Hong Kong, China	0.3	0.2	20.3	11.8	79.4	88.0
中国澳门	Macao, China	2.6	2.1	18.8	17.3	78.6	80.6
孟加拉国	Bangladesh	64.8	40.2	10.7	20.5	24.5	39.4
文　莱	Brunei Darussalam	1.2	1.3	21.8	16.1	76.9	82.6
柬埔寨	Cambodia	73.7	30.4	8.4	26.9	17.9	42.7
印　度	India	59.6	43.9	16.3	24.7	24.0	31.5
印度尼西亚	Indonesia	45.3	30.5	17.4	22.0	37.3	47.5
伊　朗	Iran	24.1	17.4	30.8	32.0	45.1	50.6
以色列	Israel	2.2	1.0	23.9	17.3	73.9	81.7
日　本	Japan	5.1	3.4	31.4	24.5	63.5	72.1
哈萨克斯坦	Kazakhstan	35.8	15.0	16.2	21.3	48.0	63.7
韩　国	Korea, Rep.	10.6	4.7	28.1	25.0	61.3	70.3
马来西亚	Malaysia	18.4	11.1	32.2	27.3	49.5	61.6
蒙　古	Mongolia	48.6	28.7	14.1	19.1	37.2	52.2
巴基斯坦	Pakistan	42.7	41.7	20.9	23.6	36.4	34.7
菲律宾	Philippines	37.1	25.2	16.2	18.3	46.7	56.5
新加坡	Singapore	0.9	0.5	28.2	16.6	70.9	82.9
斯里兰卡	Sri Lanka	40.7	25.9	23.9	28.3	35.5	45.8
泰　国	Thailand	48.8	30.7	19.0	23.5	32.2	45.8
越　南	Viet Nam	65.3	39.8	12.4	25.8	22.3	34.4
埃　及	Egypt	29.6	24.9	21.3	26.6	49.1	48.6
南　非	South Africa	9.9	5.2	27.3	23.2	62.8	71.6
加拿大	Canada	2.5	1.5	23.3	19.5	74.2	79.0
墨西哥	Mexico	17.4	13.0	27.1	26.0	55.5	61.1
美　国	United States	1.6	1.4	24.4	19.4	74.0	79.1
阿根廷	Argentina	0.7	0.1	22.8	22.4	76.5	77.5
巴　西	Brazil	20.0	9.4	21.3	20.4	58.7	70.2
委内瑞拉	Venezuela	10.6	7.2	22.8	21.1	66.6	71.7
捷　克	Czech Rep.	5.2	2.8	39.9	37.9	54.8	59.4
法　国	France	4.1	2.6	26.3	20.3	69.6	77.1
德　国	Germany	2.6	1.3	33.5	27.1	63.8	71.6
意大利	Italy	5.2	3.8	31.8	25.8	63.0	70.4
荷　兰	Netherlands	3.3	2.2	21.6	16.3	75.1	81.4
波　兰	Poland	18.7	10.1	31.1	31.5	50.3	58.4
俄罗斯	Russia	14.5	5.8	29.2	26.9	56.3	67.2
西班牙	Spain	6.7	4.3	30.8	19.9	62.5	75.8
土耳其	Turkey	38.8	19.2	23.2	26.3	38.0	54.5
乌克兰	Ukraine	21.9	15.3	26.5	24.3	51.6	60.4
英　国	United Kingdom	1.5	1.1	25.2	18.1	73.3	80.7
澳大利亚	Australia	4.9	2.6	21.6	19.4	73.5	78.1
新西兰	New Zealand	8.7	6.2	23.3	20.4	68.0	73.4

5-4 按行业分类的就业人口
Employment by Economic Activity

资料来源：联合国ILO数据库。
Source: ILO Database.
单位：万人 (10 000 persons)

国家或地区	Country or Area	2000	2010	2015	2016	2017
中　国①	**China①**					
按第四版ISIC分类	ISIC-Rev.4					
总　计	Total		13051.5	18062.5	17888.1	17643.8
农、林、牧、渔业	Agriculture, Forestry, Animal Husbandry and Fishery		375.7	270.0	263.2	255.4
采矿业	Mining	597.0	562.0	545.8	490.9	455.4
制造业	Manufacturing		3637.2	5068.7	4893.8	4635.5
电力、热力、燃气及水生产和供应业	Production and supply of Electricity, Heat,Gas and Water		310.5	396.0	387.6	377.0
建筑业	Construction	3552.0	1267.5	2796.0	2724.7	2643.2
批发和零售业	Wholesale and Retail Trades		535.1	883.3	875.0	842.8
交通运输、仓储和邮政业	Transport,Storage and Post		631.1	854.4	849.5	843.9
住宿和餐饮业	Hotels and Catering Services		209.2	276.1	269.7	265.9
信息传输、软件和信息技术服务业	Information Transmission,Software and Information Technology		185.8	349.9	364.1	395.4
金融业	Financial Intermediation		470.1	606.8	665.2	688.8
房地产业	Real Estate		211.6	417.3	431.7	444.8
科技研究和技术服务业	Scientific Research and and Technical Services		292.3	410.6	419.6	420.4
公共管理、社会保障和社会组织	Public Management, Social Security and Social Organization		1428.5	1637.8	1672.6	1725.6
教育	Education	1500.0	1581.8	1736.5	1729.2	1730.4
卫生和社会工作	Health and Social Service		632.5	841.6	867.0	897.9
文化、体育和娱乐业	Culture, Sports and Entertainment		131.4	149.1	150.8	152.2
中国香港	**Hong Kong, China**					
按第四版ISIC分类	ISIC-Rev.4					
总　计	Total	320.7	347.4	377.4	378.7	382.3
制造业	Manufacturing	33.4	13.3	11.4	11.8	11.1
建筑业	Construction	30.2	26.5	31.7	32.8	34.2
批发和零售贸易；机动车辆和摩托车的修理	Wholesale and Retail Trade; Repair of Motor Vehicles and Motorcycles		84.7	82.0	79.9	
运输和储存	Transportation and Storage		31.7	32.4	31.5	
住宿和餐饮业	Accommodation and Food Service Activities		25.8	28.5	28.6	
信息和通讯业	Information and Communication		10.5	13.1	13.5	
金融和保险业	Financial and Insurance Activities		20.6	24.1	24.6	
房地产业	Real Estate Activities		14.6	15.5	15.1	
专业和科技活动	Professional, Scientific and Technical Activities		28.9	20.0	19.9	
企业管理和商务服务业	Administrative and Support Service Activities			15.4	16.7	
公共行政和国防；强制性社会保障	Public Administration and Defence; Compulsory Social Security		11.1	11.1	11.4	
教育	Education		18.5	21.7	21.4	
卫生和社会福利业	Human Health and Social Work Activities		16.3	19.3	19.5	
艺术、娱乐和文娱活动	Arts, Entertainment and Recreation		5.2	5.9	5.8	
其他服务活动	Other Service Activities		10.2	11.0	10.6	
未分类经济活动	Not Classifiable by Economic Activity		29.5	34.4	35.6	

5-4 续表 1 continued

单位：万人 (10 000 persons)

国家或地区	Country or Area	2000	2010	2015	2016	2017
印度尼西亚	**Indonesia**					
按第四版ISIC分类	ISIC-Rev.4					
总　计	Total	8983.8	10959.0	11783.3		
农业、林业和渔业	Agriculture, Forestry and Fishing			3893.7		
采掘业	Mining and Quarrying	45.2	128.1	136.5		
制造业	Manufacturing	1164.2	1347.4	1615.1		
电、煤气、蒸汽和空调供应	Electricity, Gas, Steam and Air Conditioning Supply			21.2		
供水；污水处理、废物管理和补救活动	Water Supply; Sewerage, Waste Management and Remediation Activities			27.9		
建筑业	Construction	349.7	548.5	796.1		
批发和零售贸易；机动车辆和摩托车的修理	Wholesale and Retail Trade; Repair of Motor Vehicles and Motorcycles			2195.5		
运输和储存	Transportation and Storage			462.3		
住宿和餐饮业	Accommodation and Food Service Activities	326.4		516.7		
信息和通讯业	Information and Communication			57.5		
金融和保险业	Financial and Insurance Activities			173.6		
房地产业	Real Estate Activities			29.2		
专业和科技活动	Professional, Scientific and Technical Activities			42.2		
企业管理和商务服务业	Administrative and Support Service Activities	957.4	1629.4	104.6		
公共行政和国防；强制性社会保障	Public Administration and Defence; Compulsory Social Security			403.4		
教育	Education	241.3	473.3	574.9		
卫生和社会福利业	Human Health and Social Work Activities	43.8	108.9	150.5		
艺术、娱乐和文娱活动	Arts, Entertainment and Recreation			44.0		
其他服务活动	Other Service Activities			263.8		
家庭作为雇主的活动；家庭自用、未加区分的生产货物及服务的活动	Activities of Households as Employers; Undifferentiated Goods- and Services-Producing Activities of Households for Own Use			252.0		
域外组织和机构的活动	Activities of Extraterritorial Organizations and Bodies			0.1		
未分类经济活动	Not Classifiable by Economic Activity		4.9			
伊　朗	**Iran**					
按第四版ISIC分类	ISIC-Rev.4					
总　计	Total		2065.7	2197.2	2258.8	2337.9
农业、林业和渔业	Agriculture, Forestry and Fishing			396.1	406.1	410.9
采掘业	Mining and Quarrying		11.2	15.7	15.6	19.0
制造业	Manufacturing		352.2	369.7	381.7	393.9
电、煤气、蒸汽和空调供应	Electricity, Gas, Steam and Air Conditioning Supply			15.3	15.8	15.9
供水；污水处理、废物管理和补救活动	Water Supply; Sewerage, Waste Management and Remediation Activities			9.4	10.0	13.9
建筑业	Construction		282.0	304.7	296.9	306.1
批发和零售贸易；机动车辆和摩托车的修理	Wholesale and Retail Trade; Repair of Motor Vehicles and Motorcycles			328.0	352.0	370.3
运输和储存	Transportation and Storage			217.8	217.9	221.1
住宿和餐饮业	Accommodation and Food Service Activities		24.7	28.9	30.9	34.1
信息和通讯业	Information and Communication			21.3	23.5	22.9
金融和保险业	Financial and Insurance Activities			33.8	31.9	31.2
房地产业	Real Estate Activities			13.6	13.3	14.8
专业和科技活动	Professional, Scientific and Technical Activities			25.4	28.1	32.1
企业管理和商务服务业	Administrative and Support Service Activities			25.8	28.0	29.0
公共行政和国防；强制性社会保障	Public Administration and Defence; Compulsory Social Security			143.0	141.8	137.5
教育	Education		123.3	128.4	132.3	136.2
卫生和社会福利业	Human Health and Social Work Activities		49.2	61.5	64.5	73.8
艺术、娱乐和文娱活动	Arts, Entertainment and Recreation			9.3	12.2	12.2
其他服务活动	Other Service Activities			45.5	51.0	57.8
家庭作为雇主的活动；家庭自用、未加区分的生产货物及服务的活动	Activities of Households as Employers; Undifferentiated Goods- and Services-Producing Activities of Households for Own Use			3.7	4.8	4.0
域外组织和机构的活动	Activities of Extraterritorial Organizations and Bodies			0.1	0.1	0.4
未分类经济活动	Not Classifiable by Economic Activity			0.3	0.4	0.6

5-4 续表 2 continued

单位：万人 (10 000 persons)

国家或地区	Country or Area	2000	2010	2015	2016	2017
以色列	**Israel**					
按第四版ISIC分类	ISIC-Rev.4					
总　计	Total	222.1	293.8	364.4		
农业、林业和渔业	Agriculture, Forestry and Fishing			3.7		
采掘业	Mining and Quarrying			0.3		
制造业	Manufacturing	38.5	40.7	41.9		
电、煤气、蒸汽和空调供应	Electricity, Gas, Steam and Air Conditioning Supply			1.6		
供水；污水处理、废物管理和补救活动	Water Supply; Sewerage, Waste Management and Remediation Activities			1.5		
建筑业	Construction	11.6	15.7	18.1		
批发和零售贸易；机动车辆和摩托车的修理	Wholesale and Retail Trade; Repair of Motor Vehicles and Motorcycles			42.0		
运输和储存	Transportation and Storage			15.1		
住宿和餐饮业	Accommodation and Food Service Activities	10.2	13.5	15.4		
信息和通讯业	Information and Communication			18.0		
金融和保险业	Financial and Insurance Activities			12.4		
房地产业	Real Estate Activities			2.8		
专业和科技活动	Professional, Scientific and Technical Activities			25.8		
企业管理和商务服务业	Administrative and Support Service Activities			15.3		
公共行政和国防；强制性社会保障	Public Administration and Defence; Compulsory Social Security			37.1		
教育	Education	27.2	36.8	45.5		
卫生和社会福利业	Human Health and Social Work Activities	21.4	30.4	39.3		
艺术、娱乐和文娱活动	Arts, Entertainment and Recreation			6.7		
其他服务活动	Other Service Activities			8.5		
家庭作为雇主的活动；家庭自用、未加区分的生产货物及服务的活动	Activities of Households as Employers; Undifferentiated Goods- and Services-Producing Activities of Households for Own Use			6.6		
域外组织和机构的活动	Activities of Extraterritorial Organizations and Bodies			0.3		
未分类经济活动	Not Classifiable by Economic Activity	2.5	3.3	6.5		
日　本	**Japan**					
按第四版ISIC分类	ISIC-Rev.4					
总　计	Total	6446	6298	6376	6440	6530
农业、林业和渔业	Agriculture, Forestry and Fishing	5	255	228	222	221
采掘业	Mining and Quarrying	1321	3	3	3	3
制造业	Manufacturing		1060	1062	1067	1079
电、煤气、蒸汽和空调供应	Electricity, Gas, Steam and Air Conditioning Supply		34	61	62	61
建筑业	Construction	653	504	500	492	498
批发和零售贸易；机动车辆和摩托车的修理	Wholesale and Retail Trade; Repair of Motor Vehicles and Motorcycles		1062	1083	1088	1105
运输和储存	Transportation and Storage		352	366	371	372
住宿和餐饮业	Accommodation and Food Service Activities		386	383	389	391
信息和通讯业	Information and Communication		197	209	207	213
金融和保险业	Financial and Insurance Activities		163	180	190	193
房地产业	Real Estate Activities		110	92	94	95
专业和科技活动	Professional, Scientific and Technical Activities		198	214	220	230
企业管理和商务服务业	Administrative and Support Service Activities		285	294	303	314
公共行政和国防；强制性社会保障	Public Administration and Defence; Compulsory Social Security		223	234	235	234
教育	Education		289	303	307	315
卫生和社会福利业	Human Health and Social Work Activities		656	784	808	814
艺术、娱乐和文娱活动	Arts, Entertainment and Recreation			71	75	78
其他服务活动	Other Service Activities		456	206	205	204
域外组织和机构的活动	Activities of Extraterritorial Organizations and Bodies			3	2	3
未分类经济活动	Not Classifiable by Economic Activity		65	101	101	106

5-4 续表 3 continued

单位：万人 (10 000 persons)

国家或地区	Country or Area	2000	2010	2015	2016	2017
哈萨克斯坦	**Kazakhstan**					
按第四版ISIC分类	ISIC-Rev.4					
总　计	Total		811.4	862.4		858.5
农业、林业和渔业	Agriculture, Forestry and Fishing		229.5	155.3		131.9
采掘业	Mining and Quarrying		19.4	28.4		28.4
制造业	Manufacturing		56.6	55.3		58.2
电、煤气、蒸汽和空调供应	Electricity, Gas, Steam and Air Conditioning Supply		13.2	16.5		15.1
供水；污水处理、废物管理和补救活动	Water Supply; Sewerage, Waste Management and Remediation Activities		5.7	8.2		7.4
建筑业	Construction		57.0	68.9		61.4
批发和零售贸易；机动车辆和摩托车的修理	Wholesale and Retail Trade; Repair of Motor Vehicles and Motorcycles		122.4	126.1		133.5
运输和储存	Transportation and Storage		51.2	61.9		60.8
住宿和餐饮业	Accommodation and Food Service Activities		10.5	17.4		19.2
信息和通讯业	Information and Communication		10.9	15.2		15.6
金融和保险业	Financial and Insurance Activities		10.5	19.5		17.5
房地产业	Real Estate Activities		13.9	9.4		16.3
专业和科技活动	Professional, Scientific and Technical Activities		14.9	22.1		23.9
企业管理和商务服务业	Administrative and Support Service Activities		16.7	23.4		28.0
公共行政和国防；强制性社会保障	Public Administration and Defence; Compulsory Social Security		37.7	47.1		47.9
教育	Education		81.6	101.3		105.6
卫生和社会福利业	Human Health and Social Work Activities		37.0	45.5		48.2
艺术、娱乐和文娱活动	Arts, Entertainment and Recreation		9.0	12.7		13.4
其他服务活动	Other Service Activities		11.4	27.9		26.3
韩　国	**Korea, Rep.**					
按第四版ISIC分类	ISIC-Rev.4					
总　计	Total	2115.6	2403.3	2617.8	2640.9	2672.5
农业、林业和渔业	Agriculture, Forestry and Fishing		158.6	133.7	127.3	127.9
采掘业	Mining and Quarrying	1.7	2.1	1.4	1.9	2.3
制造业	Manufacturing	429.3	407.8	454.6	452.4	450.4
电、煤气、蒸汽和空调供应	Electricity, Gas, Steam and Air Conditioning Supply		7.9	9.4	9.0	8.8
供水；污水处理、废物管理和补救活动	Water Supply; Sewerage, Waste Management and Remediation Activities		6.6	9.0	9.8	9.8
建筑业	Construction	158.0	176.8	185.4	186.9	198.8
批发和零售贸易；机动车辆和摩托车的修理	Wholesale and Retail Trade; Repair of Motor Vehicles and Motorcycles		360.8	381.6	375.3	379.4
运输和储存	Transportation and Storage		128.8	142.9	142.7	140.5
住宿和餐饮业	Accommodation and Food Service Activities	191.9	190.3	219.8	229.5	229.3
信息和通讯业	Information and Communication		67.0	77.4	78.4	78.3
金融和保险业	Financial and Insurance Activities		82.0	79.8	80.3	79.1
房地产业	Real Estate Activities		51.7	54.0	57.6	62.1
专业和科技活动	Professional, Scientific and Technical Activities		88.6	105.2	110.0	109.3
企业管理和商务服务业	Administrative and Support Service Activities		102.5	125.6	130.0	129.5
公共行政和国防；强制性社会保障	Public Administration and Defence; Compulsory Social Security		97.0	94.8	100.4	105.8
教育	Education	119.1	181.0	183.3	185.8	190.3
卫生和社会福利业	Human Health and Social Work Activities	42.8	116.2	178.1	186.1	192.1
艺术、娱乐和文娱活动	Arts, Entertainment and Recreation		38.2	42.8	40.7	42.8
其他服务活动	Other Service Activities		122.8	129.1	128.4	128.4
家庭作为雇主的活动；家庭自用、未加区分的生产货物及服务的活动	Activities of Households as Employers; Undifferentiated Goods- and Services-Producing Activities of Households for Own Use		15.1	8.2	7.0	6.4
域外组织和机构的活动	Activities of Extraterritorial Organizations and Bodies	1.9	1.3	1.9	1.6	1.2

5-4 续表 4 continued

单位：万人 (10 000 persons)

国家或地区	Country or Area	2000	2010	2015	2016	2017
马来西亚	**Malaysia**					
按第四版ISIC分类	ISIC-Rev.4					
总　计	Total	932.2	1177.7	1406.8	1416.4	
农业、林业和渔业	Agriculture, Forestry and Fishing		167.4	175.4	161.0	
采掘业	Mining and Quarrying		5.7	10.4	9.6	
制造业	Manufacturing		197.2	232.3	239.1	
电、煤气、蒸汽和空调供应	Electricity, Gas, Steam and Air Conditioning Supply		5.2	6.2	7.8	
供水；污水处理、废物管理和补救活动	Water Supply; Sewerage, Waste Management and Remediation Activities		6.4	7.2	7.6	
建筑业	Construction		112.1	131.0	125.2	
批发和零售贸易；机动车辆和摩托车的修理	Wholesale and Retail Trade; Repair of Motor Vehicles and Motorcycles		186.5	236.1	242.9	
运输和储存	Transportation and Storage		54.1	61.5	63.0	
住宿和餐饮业	Accommodation and Food Service Activities		85.7	115.1	126.1	
信息和通讯业	Information and Communication		16.5	21.4	20.9	
金融和保险业	Financial and Insurance Activities		30.5	35.4	34.7	
房地产业	Real Estate Activities		5.7	7.1	8.2	
专业和科技活动	Professional, Scientific and Technical Activities		27.1	35.9	36.2	
企业管理和商务服务业	Administrative and Support Service Activities		34.9	63.5	65.7	
公共行政和国防；强制性社会保障	Public Administration and Defence; Compulsory Social Security		77.9	75.1	74.8	
教育	Education		77.3	89.9	92.9	
卫生和社会福利业	Human Health and Social Work Activities		27.8	57.3	57.0	
艺术、娱乐和文娱活动	Arts, Entertainment and Recreation		9.0	8.2	8.1	
其他服务活动	Other Service Activities		18.1	23.3	23.1	
家庭作为雇主的活动；家庭自用、未加区分的生产货物及服务的活动	Activities of Households as Employers; Undifferentiated Goods- and Services-Producing Activities of Households for Own Use		32.1	14.2	12.5	
蒙　古	**Mongolia**					
按第四版ISIC分类	ISIC-Rev.4					
总　计	Total	80.9	103.4	115.1	114.8	123.8
农业、林业和渔业	Agriculture, Forestry and Fishing		34.7	32.8	34.8	35.6
采掘业	Mining and Quarrying	1.9	3.4	4.3	3.8	5.2
制造业	Manufacturing	5.5	6.5	8.1	8.6	9.3
电、煤气、蒸汽和空调供应	Electricity, Gas, Steam and Air Conditioning Supply		1.2	1.6	1.6	1.7
供水；污水处理、废物管理和补救活动	Water Supply; Sewerage, Waste Management and Remediation Activities		0.8	0.6	0.6	0.5
建筑业	Construction	2.3	4.9	8.8	7.1	7.1
批发和零售贸易；机动车辆和摩托车的修理	Wholesale and Retail Trade; Repair of Motor Vehicles and Motorcycles		14.6	17.8	17.3	20.4
运输和储存	Transportation and Storage		7.7	7.3	6.6	7.3
住宿和餐饮业	Accommodation and Food Service Activities	1.3	2.8	3.8	3.2	3.6
信息和通讯业	Information and Communication		1.4	1.6	1.8	1.4
金融和保险业	Financial and Insurance Activities		1.5	2.4	2.2	2.4
房地产业	Real Estate Activities			0.1	0.1	
专业和科技活动	Professional, Scientific and Technical Activities		1.0	1.4	1.3	1.3
企业管理和商务服务业	Administrative and Support Service Activities		0.9	1.6	1.5	2.1
公共行政和国防；强制性社会保障	Public Administration and Defence; Compulsory Social Security		6.1	6.8	7.4	8.2
教育	Education	5.4	8.5	8.9	9.5	9.9
卫生和社会福利业	Human Health and Social Work Activities	3.4	4.0	3.8	4.1	4.0
艺术、娱乐和文娱活动	Arts, Entertainment and Recreation		0.9	1.2	1.0	1.0
其他服务活动	Other Service Activities		2.1	2.0	2.0	2.3
家庭作为雇主的活动；家庭自用、未加区分的生产货物及服务的活动	Activities of Households as Employers; Undifferentiated Goods- and Services-Producing Activities of Households for Own Use		0.1	0.1	0.1	0.2

5-4 续表 5 continued

单位：万人 (10 000 persons)

国家或地区	Country or Area	2000	2010	2015	2016	2017
菲 律 宾	**Philippines**					
按第四版ISIC分类	ISIC-Rev.4					
总　计	Total	2745.2	3603.5	3914.3	4083.9	4033.4
农业、林业和渔业	Agriculture, Forestry and Fishing		1033.6	1142.6	1104.0	1026.1
采掘业	Mining and Quarrying	10.8	161.6	23.5	21.9	20.3
制造业	Manufacturing	274.5	296.5	323.1	338.1	348.1
电、煤气、蒸汽和空调供应	Electricity, Gas, Steam and Air Conditioning Supply		4.2	8.4	9.1	8.0
供水；污水处理、废物管理和补救活动	Water Supply; Sewerage, Waste Management and Remediation Activities		19.5	5.3	6.7	6.9
建筑业	Construction	147.9	6.5	273.4	336.7	353.7
批发和零售贸易；机动车辆和摩托车的修理	Wholesale and Retail Trade; Repair of Motor Vehicles and Motorcycles		201.7	739.4	800.9	790.0
运输和储存	Transportation and Storage		703.4	280.5	302.1	312.7
住宿和餐饮业	Accommodation and Food Service Activities		106.3	172.7	177.0	174.0
信息和通讯业	Information and Communication		251.0	38.4	36.5	39.7
金融和保险业	Financial and Insurance Activities		54.3	50.0	51.3	50.6
房地产业	Real Estate Activities		2.7	18.5	18.8	18.6
专业和科技活动	Professional, Scientific and Technical Activities		299.3	21.0	21.1	24.7
企业管理和商务服务业	Administrative and Support Service Activities		117.6	114.5	136.4	147.5
公共行政和国防；强制性社会保障	Public Administration and Defence; Compulsory Social Security			212.6	218.2	240.8
教育	Education		45.1	129.4	130.3	120.4
卫生和社会福利业	Human Health and Social Work Activities			49.8	50.1	48.4
艺术、娱乐和文娱活动	Arts, Entertainment and Recreation		91.4	34.5	35.8	32.5
其他服务活动	Other Service Activities		192.6	252.1	288.4	270.0
家庭作为雇主的活动；家庭自用、未加区分的生产货物及服务的活动	Activities of Households as Employers; Undifferentiated Goods- and Services-Producing Activities of Households for Own Use			24.4	0.2	0.1
域外组织和机构的活动	Activities of Extraterritorial Organizations and Bodies		0.2	0.3	0.3	0.2
未分类经济活动	Not Classifiable by Economic Activity		16.2			
新 加 坡	**Singapore**					
按第四版ISIC分类	ISIC-Rev.4					
总　计	Total	209.5	306.3	214.8		
制造业	Manufacturing		54.2	23.9		
建筑业	Construction	27.4	38.8	11.0		
批发和零售贸易；机动车辆和摩托车的修理	Wholesale and Retail Trade; Repair of Motor Vehicles and Motorcycles		40.7	36.4		
运输和储存	Transportation and Storage		19.7	18.8		
住宿和餐饮业	Accommodation and Food Service Activities	11.4	18.5	13.9		
信息和通讯业	Information and Communication		9.3	8.4		
金融和保险业	Financial and Insurance Activities		17.3	16.7		
房地产业	Real Estate Activities		7.9	5.5		
专业和科技活动	Professional, Scientific and Technical Activities		18.0	16.7		
企业管理和商务服务业	Administrative and Support Service Activities		15.7	11.2		
公共行政和国防；强制性社会保障	Public Administration and Defence; Compulsory Social Security		20.4	29.1		
教育	Education					
卫生和社会福利业	Human Health and Social Work Activities		9.2	10.6		
艺术、娱乐和文娱活动	Arts, Entertainment and Recreation		34.6	3.7		
其他服务活动	Other Service Activities			6.7		
未分类经济活动	Not Classifiable by Economic Activity	1.5		2.3		

5-4 续表 6 continued

单位：万人 (10 000 persons)

国家或地区	Country or Area	2000	2010	2015	2016	2017
斯里兰卡	**Sri Lanka**					
按第四版ISIC分类	ISIC-Rev.4					
总　计	Total	631.0	770.7	783.1	794.8	820.8
农业、林业和渔业	Agriculture, Forestry and Fishing			224.5	215.4	214.0
采掘业	Mining and Quarrying	0.3	6.9	6.1	6.0	6.3
制造业	Manufacturing		131.8	140.8	142.1	158.1
电、煤气、蒸汽和空调供应	Electricity, Gas, Steam and Air Conditioning Supply			1.4	1.8	2.1
供水；污水处理、废物管理和补救活动	Water Supply; Sewerage, Waste Management and Remediation Activities			1.3	1.7	2.7
建筑业	Construction			52.3	58.2	63.9
批发和零售贸易；机动车辆和摩托车的修理	Wholesale and Retail Trade; Repair of Motor Vehicles and Motorcycles			106.0	110.2	116.0
运输和储存	Transportation and Storage			48.0	51.6	51.3
住宿和餐饮业	Accommodation and Food Service Activities		14.6	20.3	20.3	21.0
信息和通讯业	Information and Communication			5.2	6.2	7.0
金融和保险业	Financial and Insurance Activities			14.5	15.9	16.0
房地产业	Real Estate Activities			1.1	0.8	1.6
专业和科技活动	Professional, Scientific and Technical Activities			6.5	5.5	7.0
企业管理和商务服务业	Administrative and Support Service Activities			12.1	10.7	15.2
公共行政和国防；强制性社会保障	Public Administration and Defence; Compulsory Social Security			60.0	60.9	52.7
教育	Education		30.2	32.4	34.4	37.7
卫生和社会福利业	Human Health and Social Work Activities		11.6	13.7	14.2	14.9
艺术、娱乐和文娱活动	Arts, Entertainment and Recreation			4.3	3.5	4.2
其他服务活动	Other Service Activities			14.4	13.8	11.9
家庭作为雇主的活动；家庭自用、未加区分的生产货物及服务的活动	Activities of Households as Employers; Undifferentiated Goods- and Services-Producing Activities of Households for Own Use			17.7	20.9	16.2
域外组织和机构的活动	Activities of Extraterritorial Organizations and Bodies			0.7	0.7	0.9
泰　国	**Thailand**					
按第四版ISIC分类	ISIC-Rev.4					
总　计	Total	3300.1	3803.7	3801.6	3769.3	3745.8
农业、林业和渔业	Agriculture, Forestry and Fishing			1227.2	1174.7	1178.3
采掘业	Mining and Quarrying	3.9	4.1	7.9	6.6	6.4
制造业	Manufacturing	478.5	535.0	645.4	628.9	610.8
电、煤气、蒸汽和空调供应	Electricity, Gas, Steam and Air Conditioning Supply			10.5	12.1	12.7
供水；污水处理、废物管理和补救活动	Water Supply; Sewerage, Waste Management and Remediation Activities			8.3	9.6	9.9
建筑业	Construction	128.0	235.6	228.2	235.2	216.0
批发和零售贸易；机动车辆和摩托车的修理	Wholesale and Retail Trade; Repair of Motor Vehicles and Motorcycles			617.6	633.1	632.1
运输和储存	Transportation and Storage			121.6	119.9	123.2
住宿和餐饮业	Accommodation and Food Service Activities		265.4	264.4	272.9	277.8
信息和通讯业	Information and Communication			24.2	23.1	22.0
金融和保险业	Financial and Insurance Activities			53.9	54.6	52.5
房地产业	Real Estate Activities			19.4	18.6	20.4
专业和科技活动	Professional, Scientific and Technical Activities			37.4	35.4	36.4
企业管理和商务服务业	Administrative and Support Service Activities			54.8	57.9	58.7
公共行政和国防；强制性社会保障	Public Administration and Defence; Compulsory Social Security			161.1	157.9	158.9
教育	Education		124.6	118.2	118.5	118.5
卫生和社会福利业	Human Health and Social Work Activities		70.1	68.2	70.6	72.0
艺术、娱乐和文娱活动	Arts, Entertainment and Recreation			26.7	25.2	24.3
其他服务活动	Other Service Activities			77.0	82.9	84.2
家庭作为雇主的活动；家庭自用、未加区分的生产货物及服务的活动	Activities of Households as Employers; Undifferentiated Goods- and Services-Producing Activities of Households for Own Use			23.3	23.2	21.8
域外组织和机构的活动	Activities of Extraterritorial Organizations and Bodies		0.3	6.6	8.1	9.0

5-4 续表 7 continued

单位：万人 (10 000 persons)

国家或地区	Country or Area	2000	2010	2015	2016	2017
越　南	**Viet Nam**					
按第四版ISIC分类	ISIC-Rev.4					
总　计	Total	3836.8	4949.4	5283.9	5330.3	5370.3
农业、林业和渔业	Agriculture, Forestry and Fishing		2397.0	2325.8	2231.4	2156.5
采掘业	Mining and Quarrying	19.2	27.8	22.8	21.4	21.1
制造业	Manufacturing	353.6	705.7	829.2	888.3	931.6
电、煤气、蒸汽和空调供应	Electricity, Gas, Steam and Air Conditioning Supply		13.1	14.6	16.0	15.5
供水；污水处理、废物管理和补救活动	Water Supply; Sewerage, Waste Management and Remediation Activities		11.8	12.0	13.4	13.4
建筑业	Construction		308.4	323.1	380.7	402.8
批发和零售贸易；机动车辆和摩托车的修理	Wholesale and Retail Trade; Repair of Motor Vehicles and Motorcycles		567.2	668.9	677.5	690.8
运输和储存	Transportation and Storage		142.9	162.2	160.8	175.2
住宿和餐饮业	Accommodation and Food Service Activities	50.6	182.6	244.1	248.1	248.6
信息和通讯业	Information and Communication		26.0	33.8	32.5	33.8
金融和保险业	Financial and Insurance Activities		25.7	36.5	40.0	38.4
房地产业	Real Estate Activities		10.2	15.7	18.8	22.6
专业和科技活动	Professional, Scientific and Technical Activities		21.9	23.6	22.6	25.1
企业管理和商务服务业	Administrative and Support Service Activities		18.7	29.0	26.3	31.0
公共行政和国防；强制性社会保障	Public Administration and Defence; Compulsory Social Security		136.7	168.6	173.1	172.8
教育	Education		168.7	185.6	188.4	202.9
卫生和社会福利业	Human Health and Social Work Activities		44.1	54.0	57.0	53.7
艺术、娱乐和文娱活动	Arts, Entertainment and Recreation		23.4	27.6	26.9	28.6
其他服务活动	Other Service Activities		69.3	86.0	85.3	85.8
家庭作为雇主的活动；家庭自用、未加区分的生产货物及服务的活动	Activities of Households as Employers; Undifferentiated Goods- and Services-Producing Activities of Households for Own Use		19.8	20.4	21.2	19.6
域外组织和机构的活动	Activities of Extraterritorial Organizations and Bodies	0.3	0.3	0.3	0.2	0.4
未分类经济活动	Not Classifiable by Economic Activity		28.1	0.2	0.3	
埃　及	**Egypt**					
按第四版ISIC分类	ISIC-Rev.4					
总　计	Total	1720.3	2382.9	2477.9	2537.1	2605.1
农业、林业和渔业	Agriculture, Forestry and Fishing		672.8	639.7	647.8	651.0
采掘业	Mining and Quarrying	4.7	4.7	3.9	4.1	3.9
制造业	Manufacturing	204.8	288.2	278.1	290.0	312.5
电、煤气、蒸汽和空调供应	Electricity, Gas, Steam and Air Conditioning Supply		26.6	20.4	20.2	20.4
供水；污水处理、废物管理和补救活动	Water Supply; Sewerage, Waste Management and Remediation Activities		15.0	18.7	30.7	18.0
建筑业	Construction		269.4	300.5	300.9	335.8
批发和零售贸易；机动车辆和摩托车的修理	Wholesale and Retail Trade; Repair of Motor Vehicles and Motorcycles		269.4	293.5	300.4	328.0
运输和储存	Transportation and Storage		147.1	190.3	188.7	199.2
住宿和餐饮业	Accommodation and Food Service Activities		52.9	64.8	66.8	68.0
信息和通讯业	Information and Communication		21.1	20.6	18.8	18.9
金融和保险业	Financial and Insurance Activities		19.3	16.0	18.1	16.5
房地产业	Real Estate Activities		1.6	3.8	3.6	3.9
专业和科技活动	Professional, Scientific and Technical Activities		39.7	40.8	37.7	39.7
企业管理和商务服务业	Administrative and Support Service Activities		16.9	18.6	20.1	18.8
公共行政和国防；强制性社会保障	Public Administration and Defence; Compulsory Social Security		185.7	179.1	172.9	164.1
教育	Education	179.0	209.2	221.6	228.3	213.0
卫生和社会福利业	Human Health and Social Work Activities	53.2	61.2	74.7	78.0	77.9
艺术、娱乐和文娱活动	Arts, Entertainment and Recreation		10.4	11.5	11.7	12.3
其他服务活动	Other Service Activities		53.9	59.0	60.8	61.5
家庭作为雇主的活动；家庭自用、未加区分的生产货物及服务的活动	Activities of Households as Employers; Undifferentiated Goods- and Services-Producing Activities of Households for Own Use		14.0	22.0	33.0	35.7
域外组织和机构的活动	Activities of Extraterritorial Organizations and Bodies		0.3	0.3	0.4	0.4
未分类经济活动	Not Classifiable by Economic Activity	0.2	3.7		4.1	5.7

5-4 续表 8 continued

单位：万人 (10 000 persons)

国家或地区	Country or Area	2000	2010	2015	2016	2017
南　非	**South Africa**					
按第四版ISIC分类	ISIC-Rev.4					
总　计	Total	1223.8	1378.8	1574.1		
农业、林业和渔业	Agriculture, Forestry and Fishing					
采掘业	Mining and Quarrying	60.3	32.7	45.5		
制造业	Manufacturing	157.8	183.9	176.2		
电、煤气、蒸汽和空调供应	Electricity, Gas, Steam and Air Conditioning Supply					
供水；污水处理、废物管理和补救活动	Water Supply; Sewerage, Waste Management and Remediation Activities					
建筑业	Construction	68.3	110.9	140.5		
批发和零售贸易；机动车辆和摩托车的修理	Wholesale and Retail Trade; Repair of Motor Vehicles and Motorcycles					
运输和储存	Transportation and Storage					
住宿和餐饮业	Accommodation and Food Service Activities					
信息和通讯业	Information and Communication					
金融和保险业	Financial and Insurance Activities					
房地产业	Real Estate Activities					
企业管理和商务服务业	Administrative and Support Service Activities	323.0	411.2	484.0		
公共行政和国防；强制性社会保障	Public Administration and Defence; Compulsory Social Security					
教育	Education					
卫生和社会福利业	Human Health and Social Work Activities					
艺术、娱乐和文娱活动	Arts, Entertainment and Recreation					
其他服务活动	Other Service Activities					
家庭作为雇主的活动；家庭自用、未加区分的生产货物及服务的活动	Activities of Households as Employers; Undifferentiated Goods- and Services-Producing Activities of Households for Own Use					
域外组织和机构的活动	Activities of Extraterritorial Organizations and Bodies					
未分类经济活动	Not Classifiable by Economic Activity	10.3				
加 拿 大	**Canada**					
按第四版ISIC分类	ISIC-Rev.4					
总　计	Total	1476.0	1696.4	1794.7		
农业、林业和渔业	Agriculture, Forestry and Fishing					
采掘业	Mining and Quarrying	16.0	25.8			
制造业	Manufacturing	224.2	171.1	171.2		
电、煤气、蒸汽和空调供应	Electricity, Gas, Steam and Air Conditioning Supply					
供水；污水处理、废物管理和补救活动	Water Supply; Sewerage, Waste Management and Remediation Activities					
建筑业	Construction	80.7	124.2	137.1		
批发和零售贸易；机动车辆和摩托车的修理	Wholesale and Retail Trade; Repair of Motor Vehicles and Motorcycles					
运输和储存	Transportation and Storage					

5-4 续表 9 continued

单位：万人 (10 000 persons)

国家或地区	Country or Area	2000	2010	2015	2016	2017
加 拿 大(续)	**Canada(Continued)**					
住宿和餐饮业	Accommodation and Food Service Activities		105.8			
信息和通讯业	Information and Communication					
金融和保险业	Financial and Insurance Activities					
房地产业	Real Estate Activities					
专业和科技活动	Professional, Scientific and Technical Activities					
企业管理和商务服务业	Administrative and Support Service Activities	488.5	599.7	644.6		
公共行政和国防；强制性社会保障	Public Administration and Defence; Compulsory Social Security					
教育	Education	97.4	121.8			
卫生和社会福利业	Human Health and Social Work Activities	151.4	203.1			
域外组织和机构的活动	Activities of Extraterritorial Organizations and Bodies	0.3	0.3			
墨 西 哥	**Mexico**					
按第四版ISIC分类	ISIC-Rev.4					
总　计	Total	3373.0	4612.2	5061.1	5159.5	5234.1
农业、林业和渔业	Agriculture, Forestry and Fishing		636.6	674.4	671.0	681.1
采掘业	Mining and Quarrying	15.0	18.5	22.9	19.9	20.1
制造业	Manufacturing	648.1	708.6	811.6	841.2	869.1
电、煤气、蒸汽和空调供应	Electricity, Gas, Steam and Air Conditioning Supply		10.3	10.3	10.2	10.5
供水；污水处理、废物管理和补救活动	Water Supply; Sewerage, Waste Management and Remediation Activities		18.2	22.4	23.4	23.4
建筑业	Construction	266.4	360.2	396.1	424.0	427.5
批发和零售贸易；机动车辆和摩托车的修理	Wholesale and Retail Trade; Repair of Motor Vehicles and Motorcycles		1006.6	1067.9	1076.0	1068.8
运输和储存	Transportation and Storage		189.3	211.5	219.7	226.7
住宿和餐饮业	Accommodation and Food Service Activities	151.2	304.7	365.4	383.7	392.5
信息和通讯业	Information and Communication		36.4	37.6	40.9	40.2
金融和保险业	Financial and Insurance Activities		42.9	51.7	49.4	51.1
房地产业	Real Estate Activities		13.8	18.9	16.7	19.5
专业和科技活动	Professional, Scientific and Technical Activities		108.6	129.3	135.4	136.7
企业管理和商务服务业	Administrative and Support Service Activities	652.0	113.9	138.8	144.1	145.7
公共行政和国防；强制性社会保障	Public Administration and Defence; Compulsory Social Security		232.7	225.8	225.2	220.5
教育	Education	185.5	247.3	253.6	255.9	264.9
卫生和社会福利业	Human Health and Social Work Activities	105.9	129.2	143.8	144.1	150.6
艺术、娱乐和文娱活动	Arts, Entertainment and Recreation		42.0	44.4	46.6	46.6
其他服务活动	Other Service Activities		143.5	155.9	155.9	161.9
家庭作为雇主的活动；家庭自用、未加区分的生产货物及服务的活动	Activities of Households as Employers; Undifferentiated Goods- and Services-Producing Activities of Households for Own Use		209.0	238.7	237.5	234.6
域外组织和机构的活动	Activities of Extraterritorial Organizations and Bodies	0.2	0.3	0.1	0.2	0.3
未分类经济活动	Not Classifiable by Economic Activity	15.1	39.5	40.0	38.6	41.7

5-4 续表 10 continued

单位：万人 (10 000 persons)

国家或地区	Country or Area	2000	2010	2015	2016	2017
美　国	**United States**					
按第四版ISIC分类	ISIC-Rev.4					
总　计	Total	13689.1	13906.4	14883.4	15143.6	15333.7
农业、林业和渔业	Agriculture, Forestry and Fishing	223.0	197.9	213.9	216.5	218.8
采掘业	Mining and Quarrying	42.7	59.9	69.0	64.3	60.9
制造业	Manufacturing	2083.9	1522.8	1630.0	1638.2	1637.3
电、煤气、蒸汽和空调供应	Electricity, Gas, Steam and Air Conditioning Supply	123.5	118.3	120.6	128.0	131.1
供水；污水处理、废物管理和补救活动	Water Supply; Sewerage, Waste Management and Remediation Activities	58.1	69.4	75.2	76.8	74.1
建筑业	Construction	1036.7	960.7	1061.4	1088.6	1121.4
批发和零售贸易；机动车辆和摩托车的修理	Wholesale and Retail Trade; Repair of Motor Vehicles and Motorcycles	2007.4	1968.7	2014.7	2011.0	2018.8
运输和储存	Transportation and Storage	784.6	795.8	846.9	865.9	883.6
住宿和餐饮业	Accommodation and Food Service Activities	792.5	891.0	992.5	1025.0	1023.1
信息和通讯业	Information and Communication	539.9	483.7	534.5	552.6	578.2
金融和保险业	Financial and Insurance Activities	671.2	676.9	740.4	760.7	766.2
房地产业	Real Estate Activities	251.0	261.5	289.4	304.3	308.8
专业和科技活动	Professional, Scientific and Technical Activities	669.9	739.0	823.6	845.7	878.1
企业管理和商务服务业	Administrative and Support Service Activities	584.1	636.8	680.6	712.1	724.0
公共行政和国防；强制性社会保障	Public Administration and Defence; Compulsory Social Security	448.2	510.0	521.9	520.0	531.3
教育	Education	1125.5	1315.5	1359.5	1366.6	1375.8
卫生和社会福利业	Human Health and Social Work Activities	1520.0	1932.2	2058.0	2105.4	2126.5
艺术、娱乐和文娱活动	Arts, Entertainment and Recreation	278.6	288.7	305.9	307.1	316.9
其他服务活动	Other Service Activities	344.1	371.6	425.0	439.6	448.0
域外组织和机构的活动	Activities of Extraterritorial Organizations and Bodies	32.2	39.2	40.4	42.7	45.1
阿 根 廷	**Argentina**					
按第四版ISIC分类	ISIC-Rev.4					
总　计	Total	826.2	1516.2			
农业、林业和渔业	Agriculture, Forestry and Fishing		44.8			
采掘业	Mining and Quarrying	1.5	7.7			
制造业	Manufacturing	115.5	203.0			
电、煤气、蒸汽和空调供应	Electricity, Gas, Steam and Air Conditioning Supply		6.8			
供水；污水处理、废物管理和补救活动	Water Supply; Sewerage, Waste Management and Remediation Activities		6.8			
建筑业	Construction	65.4	140.6			
批发和零售贸易；机动车辆和摩托车的修理	Wholesale and Retail Trade; Repair of Motor Vehicles and Motorcycles		283.7			
运输和储存	Transportation and Storage		89.0			
住宿和餐饮业	Accommodation and Food Service Activities	25.5	50.6			
信息和通讯业	Information and Communication		24.2			
金融和保险业	Financial and Insurance Activities		27.5			
房地产业	Real Estate Activities		6.9			
专业和科技活动	Professional, Scientific and Technical Activities		62.3			
企业管理和商务服务业	Administrative and Support Service Activities	287.6	32.1			
公共行政和国防；强制性社会保障	Public Administration and Defence; Compulsory Social Security		120.1			
教育	Education	62.6	120.8			
卫生和社会福利业	Human Health and Social Work Activities	47.4	74.8			
艺术、娱乐和文娱活动	Arts, Entertainment and Recreation		29.4			
其他服务活动	Other Service Activities		53.2			
家庭作为雇主的活动；家庭自用、未加区分的生产货物及服务的活动	Activities of Households as Employers; Undifferentiated Goods- and Services-Producing Activities of Households for Own Use		125.0			
未分类经济活动	Not Classifiable by Economic Activity					

5-4 续表 11 continued

单位：万人 (10 000 persons)

国家或地区	Country or Area	2000	2010	2015	2016	2017
巴　西	**Brazil**					
按第四版ISIC分类	ISIC-Rev.4					
总　计	Total	6563.0		9127.1	8910.0	8944.3
农业、林业和渔业	Agriculture, Forestry and Fishing			931.1	903.0	845.4
采掘业	Mining and Quarrying			45.7	40.9	39.6
制造业	Manufacturing	875.7		1145.7	1019.3	1029.2
电、煤气、蒸汽和空调供应	Electricity, Gas, Steam and Air Conditioning Supply			23.8	20.5	20.4
供水；污水处理、废物管理和补救活动	Water Supply; Sewerage, Waste Management and Remediation Activities			63.6	59.1	64.7
建筑业	Construction			744.7	720.5	676.9
批发和零售贸易；机动车辆和摩托车的修理	Wholesale and Retail Trade; Repair of Motor Vehicles and Motorcycles			1741.4	1718.8	1730.4
运输和储存	Transportation and Storage			430.4	444.8	450.3
住宿和餐饮业	Accommodation and Food Service Activities	307.2	388.2	435.1	456.7	508.0
信息和通讯业	Information and Communication			123.4	119.1	120.2
金融和保险业	Financial and Insurance Activities			123.4	122.1	122.3
房地产业	Real Estate Activities			58.6	55.2	56.7
专业和科技活动	Professional, Scientific and Technical Activities			319.4	295.6	303.2
企业管理和商务服务业	Administrative and Support Service Activities			399.9	363.8	385.7
公共行政和国防；强制性社会保障	Public Administration and Defence; Compulsory Social Security			524.4	508.1	496.9
教育	Education	382.2		604.3	600.4	594.7
卫生和社会福利业	Human Health and Social Work Activities	215.2		392.5	425.1	437.9
艺术、娱乐和文娱活动	Arts, Entertainment and Recreation			88.3	88.5	90.4
其他服务活动	Other Service Activities			324.1	329.9	353.1
域外组织和机构的活动	Activities of Extraterritorial Organizations and Bodies			0.6	0.6	0.9
未分类经济活动	Not Classifiable by Economic Activity			1.5	2.4	3.7
委内瑞拉	**Venezuela**					
按第四版ISIC分类	ISIC-Rev.4					
总　计	Total	896.1	1207.1	1320.6		
农业、林业和渔业	Agriculture, Forestry and Fishing		105.1			
采掘业	Mining and Quarrying	5.3	11.5			
制造业	Manufacturing	119.1	139.4			
电、煤气、蒸汽和空调供应	Electricity, Gas, Steam and Air Conditioning Supply		11.3			
供水；污水处理、废物管理和补救活动	Water Supply; Sewerage, Waste Management and Remediation Activities		5.5			
建筑业	Construction	74.1	108.0			
批发和零售贸易；机动车辆和摩托车的修理	Wholesale and Retail Trade; Repair of Motor Vehicles and Motorcycles		266.0			
运输和储存	Transportation and Storage		102.4			
住宿和餐饮业	Accommodation and Food Service Activities		46.1			
信息和通讯业	Information and Communication		15.6			
金融和保险业	Financial and Insurance Activities		15.3			
房地产业	Real Estate Activities		1.6			
专业和科技活动	Professional, Scientific and Technical Activities		48.6			
企业管理和商务服务业	Administrative and Support Service Activities		0.9			
公共行政和国防；强制性社会保障	Public Administration and Defence; Compulsory Social Security		41.6			
教育	Education		95.9			
卫生和社会福利业	Human Health and Social Work Activities		39.9			
艺术、娱乐和文娱活动	Arts, Entertainment and Recreation		11.4			
其他服务活动	Other Service Activities		2.2			
家庭作为雇主的活动；家庭自用、未加区分的生产货物及服务的活动	Activities of Households as Employers; Undifferentiated Goods- and Services-Producing Activities of Households for Own Use		83.6			
域外组织和机构的活动	Activities of Extraterritorial Organizations and Bodies		0.1			
未分类经济活动	Not Classifiable by Economic Activity		54.8			

5-4 续表 12 continued

单位：万人 (10 000 persons)

国家或地区	Country or Area	2000	2010	2015	2016	2017
捷　克	**Czech Rep.**					
按第四版ISIC分类	ISIC-Rev.4					
总　计	Total	467.5	488.5	504.2	513.9	522.2
农业、林业和渔业	Agriculture, Forestry and Fishing		15.1	14.7	14.9	14.6
采掘业	Mining and Quarrying	7.2	4.8	3.8	3.9	3.3
制造业	Manufacturing	128.0	123.6	137.7	142.9	145.5
电、煤气、蒸汽和空调供应	Electricity, Gas, Steam and Air Conditioning Supply		5.7	4.9	5.3	5.1
供水；污水处理、废物管理和补救活动	Water Supply; Sewerage, Waste Management and Remediation Activities		5.0	5.7	4.9	5.6
建筑业	Construction	43.7	46.5	39.6	38.6	39.2
批发和零售贸易；机动车辆和摩托车的修理	Wholesale and Retail Trade; Repair of Motor Vehicles and Motorcycles		59.4	61.6	60.6	60.0
运输和储存	Transportation and Storage		32.8	29.8	31.4	32.8
住宿和餐饮业	Accommodation and Food Service Activities	15.9	19.0	19.7	18.3	17.3
信息和通讯业	Information and Communication		13.7	14.2	14.8	14.9
金融和保险业	Financial and Insurance Activities		11.5	11.8	11.7	11.5
房地产业	Real Estate Activities		4.0	4.5	3.9	4.2
专业和科技活动	Professional, Scientific and Technical Activities		20.2	23.7	25.1	26.7
企业管理和商务服务业	Administrative and Support Service Activities		11.3	12.9	12.9	13.0
公共行政和国防；强制性社会保障	Public Administration and Defence; Compulsory Social Security		32.9	31.6	33.0	34.1
教育	Education	29.8	29.6	32.3	33.9	34.5
卫生和社会福利业	Human Health and Social Work Activities	28.6	34.0	35.2	36.0	37.5
艺术、娱乐和文娱活动	Arts, Entertainment and Recreation		8.3	8.2	9.3	9.3
其他服务活动	Other Service Activities		9.4	9.0	8.7	8.8
家庭作为雇主的活动；家庭自用、未加区分的生产货物及服务的活动	Activities of Households as Employers; Undifferentiated Goods- and Services-Producing Activities of Households for Own Use		1.6	3.2	3.6	3.9
域外组织和机构的活动	Activities of Extraterritorial Organizations and Bodies	0.2	0.1	0.1	0.1	0.1
未分类经济活动	Not Classifiable by Economic Activity				0.1	0.1
法　国	**France**					
按第四版ISIC分类	ISIC-Rev.4					
总　计	Total	2312.3	2573.1	2642.4	2658.4	2688.0
农业、林业和渔业	Agriculture, Forestry and Fishing		74.5	71.6	75.4	69.8
采掘业	Mining and Quarrying	4.6	2.5	2.7	2.8	2.1
制造业	Manufacturing	433.6	337.3	322.5	323.1	329.1
电、煤气、蒸汽和空调供应	Electricity, Gas, Steam and Air Conditioning Supply		21.5	17.6	17.4	17.2
供水；污水处理、废物管理和补救活动	Water Supply; Sewerage, Waste Management and Remediation Activities		18.5	19.2	19.2	21.5
建筑业	Construction	150.3	190.0	169.7	169.9	174.0
批发和零售贸易；机动车辆和摩托车的修理	Wholesale and Retail Trade; Repair of Motor Vehicles and Motorcycles		336.0	337.1	342.8	344.9
运输和储存	Transportation and Storage		134.5	147.5	146.3	145.2
住宿和餐饮业	Accommodation and Food Service Activities	78.3	97.0	99.5	102.2	103.2
信息和通讯业	Information and Communication		73.6	74.5	74.0	79.1
金融和保险业	Financial and Insurance Activities		86.1	87.9	86.5	86.4
房地产业	Real Estate Activities		30.3	39.9	35.9	39.4
专业和科技活动	Professional, Scientific and Technical Activities		127.7	149.7	152.6	156.3
企业管理和商务服务业	Administrative and Support Service Activities		92.4	99.9	104.2	108.7
公共行政和国防；强制性社会保障	Public Administration and Defence; Compulsory Social Security		257.3	243.0	243.1	243.3
教育	Education	174.3	175.1	199.6	199.5	193.3
卫生和社会福利业	Human Health and Social Work Activities	241.4	336.9	388.0	386.8	396.2
艺术、娱乐和文娱活动	Arts, Entertainment and Recreation		34.4	44.1	44.6	45.2
其他服务活动	Other Service Activities		72.5	64.2	65.6	69.5
家庭作为雇主的活动；家庭自用、未加区分的生产货物及服务的活动	Activities of Households as Employers; Undifferentiated Goods- and Services-Producing Activities of Households for Own Use		60.3	29.8	30.0	28.9
域外组织和机构的活动	Activities of Extraterritorial Organizations and Bodies	2.0	2.1	1.7	1.9	1.9
未分类经济活动	Not Classifiable by Economic Activity		12.5	32.7	34.4	32.8

5-4 续表 13 continued

单位：万人 (10 000 persons)

国家或地区	Country or Area	2000	2010	2015	2016	2017
德　国	**Germany**					
按第四版ISIC分类	ISIC-Rev.4					
总　计	Total	3632.4	3799.3	4021.1	4126.7	4166.4
农业、林业和渔业	Agriculture, Forestry and Fishing		62.6	56.1	54.0	53.2
采掘业	Mining and Quarrying	14.6	9.3	8.2	8.5	7.9
制造业	Manufacturing	863.0	758.0	775.9	790.4	793.2
电、煤气、蒸汽和空调供应	Electricity, Gas, Steam and Air Conditioning Supply		34.5	34.1	32.3	32.3
供水；污水处理、废物管理和补救活动	Water Supply; Sewerage, Waste Management and Remediation Activities		20.7	22.7	22.9	24.6
建筑业	Construction	309.8	253.0	272.4	275.9	283.7
批发和零售贸易；机动车辆和摩托车的修理	Wholesale and Retail Trade; Repair of Motor Vehicles and Motorcycles		516.2	567.1	582.3	582.3
运输和储存	Transportation and Storage		178.1	195.8	201.7	208.3
住宿和餐饮业	Accommodation and Food Service Activities	121.0	142.4	154.9	157.9	157.5
信息和通讯业	Information and Communication		121.2	119.9	126.0	126.8
金融和保险业	Financial and Insurance Activities		130.6	124.8	130.0	128.8
房地产业	Real Estate Activities		26.2	21.3	21.6	20.6
专业和科技活动	Professional, Scientific and Technical Activities		189.4	222.3	234.5	238.7
企业管理和商务服务业	Administrative and Support Service Activities		197.6	202.2	206.4	210.8
公共行政和国防；强制性社会保障	Public Administration and Defence; Compulsory Social Security		277.9	275.8	288.2	285.6
教育	Education	191.2	233.5	263.8	268.8	275.2
卫生和社会福利业	Human Health and Social Work Activities		461.3	510.6	528.3	537.2
艺术、娱乐和文娱活动	Arts, Entertainment and Recreation		53.7	56.1	55.8	56.7
其他服务活动	Other Service Activities		109.6	113.5	116.7	118.2
家庭作为雇主的活动；家庭自用、未加区分的生产货物及服务的活动	Activities of Households as Employers; Undifferentiated Goods- and Services-Producing Activities of Households for Own Use		20.4	21.7	22.7	22.6
域外组织和机构的活动	Activities of Extraterritorial Organizations and Bodies		3.0	1.8	1.9	2.1
意大利	**Italy**					
按第四版ISIC分类	ISIC-Rev.4	2093.0	2252.7	2246.5	2275.8	2302.3
总　计	Total		84.9	84.3	88.4	87.1
农业、林业和渔业	Agriculture, Forestry and Fishing	6.6	3.5	3.4	3.2	3.2
采掘业	Mining and Quarrying	482.5	419.6	412.2	414.8	418.8
制造业	Manufacturing		11.3	11.4	12.5	12.1
电、煤气、蒸汽和空调供应	Electricity, Gas, Steam and Air Conditioning Supply					
供水；污水处理、废物管理和补救活动	Water Supply; Sewerage, Waste Management and Remediation Activities		21.1	23.8	23.5	23.0
建筑业	Construction	159.6	188.9	146.8	140.4	141.6
批发和零售贸易；机动车辆和摩托车的修理	Wholesale and Retail Trade; Repair of Motor Vehicles and Motorcycles		330.5	319.4	324.2	328.8
运输和储存	Transportation and Storage		105.7	103.3	108.5	111.0
住宿和餐饮业	Accommodation and Food Service Activities	77.3	116.6	133.4	139.5	145.1
信息和通讯业	Information and Communication		52.3	56.1	56.2	56.5
金融和保险业	Financial and Insurance Activities		65.6	64.4	64.9	63.8
房地产业	Real Estate Activities		13.8	13.2	14.1	14.4
专业和科技活动	Professional, Scientific and Technical Activities		141.6	141.6	145.9	145.8
企业管理和商务服务业	Administrative and Support Service Activities		83.2	96.8	99.1	96.6
公共行政和国防；强制性社会保障	Public Administration and Defence; Compulsory Social Security		140.5	129.3	126.2	126.0
教育	Education	151.1	153.7	150.9	154.3	161.4
卫生和社会福利业	Human Health and Social Work Activities	127.7	163.8	179.6	183.1	186.3
艺术、娱乐和文娱活动	Arts, Entertainment and Recreation		26.2	30.3	32.4	33.4
其他服务活动	Other Service Activities		76.2	65.9	66.7	69.4
家庭作为雇主的活动；家庭自用、未加区分的生产货物及服务的活动	Activities of Households as Employers; Undifferentiated Goods- and Services-Producing Activities of Households for Own Use		52.2	78.7	76.3	76.3
域外组织和机构的活动	Activities of Extraterritorial Organizations and Bodies	1.9	1.3	1.7	1.5	1.9

5-4 续表 14 continued

单位：万人 (10 000 persons)

国家或地区	Country or Area	2000	2010	2015	2016	2017
荷　兰	**Netherlands**					
按第四版ISIC分类	ISIC-Rev.4					
总　计	Total	786.0	829.0	831.9	842.7	860.5
农业、林业和渔业	Agriculture, Forestry and Fishing		22.9	17.8	17.5	17.6
采掘业	Mining and Quarrying	1.2	0.9	1.3	1.1	0.8
制造业	Manufacturing	109.5	79.6	78.6	80.2	80.1
电、煤气、蒸汽和空调供应	Electricity, Gas, Steam and Air Conditioning Supply		3.4	2.8	3.3	2.9
供水；污水处理、废物管理和补救活动	Water Supply; Sewerage, Waste Management and Remediation Activities		3.5	3.1	3.3	3.5
建筑业	Construction	45.0	45.2	40.3	39.8	40.9
批发和零售贸易；机动车辆和摩托车的修理	Wholesale and Retail Trade; Repair of Motor Vehicles and Motorcycles		107.9	123.3	124.2	125.2
运输和储存	Transportation and Storage		38.9	35.6	37.4	38.4
住宿和餐饮业	Accommodation and Food Service Activities	28.7	33.1	35.2	35.6	36.3
信息和通讯业	Information and Communication		29.4	25.6	27.2	27.3
金融和保险业	Financial and Insurance Activities		21.6	26.8	26.4	25.3
房地产业	Real Estate Activities		6.3	6.7	6.5	6.4
专业和科技活动	Professional, Scientific and Technical Activities		47.5	58.5	57.8	58.7
企业管理和商务服务业	Administrative and Support Service Activities		29.7	42.9	44.5	44.3
公共行政和国防；强制性社会保障	Public Administration and Defence; Compulsory Social Security		53.7	48.5	48.3	49.7
教育	Education	47.2	56.6	55.7	56.1	55.9
卫生和社会福利业	Human Health and Social Work Activities	106.4	134.2	129.1	129.3	127.1
艺术、娱乐和文娱活动	Arts, Entertainment and Recreation		17.0	16.9	16.9	17.2
其他服务活动	Other Service Activities		17.3	18.1	18.1	17.6
家庭作为雇主的活动；家庭自用、未加区分的生产货物及服务的活动	Activities of Households as Employers; Undifferentiated Goods- and Services-Producing Activities of Households for Own Use		0.4	0.4	0.4	0.9
域外组织和机构的活动	Activities of Extraterritorial Organizations and Bodies	0.1	0.3	0.2	0.2	0.1
未分类经济活动	Not Classifiable by Economic Activity	35.9	79.6	64.6	68.6	84.4
波　兰	**Poland**					
按第四版ISIC分类	ISIC-Rev.4					
总　计	Total	1451.8	1547.3	1608.4	1619.7	1642.3
农业、林业和渔业	Agriculture, Forestry and Fishing		201.8	184.9	170.8	167.2
采掘业	Mining and Quarrying	30.2	22.4	23.0	22.9	21.1
制造业	Manufacturing	287.0	287.6	310.7	327.9	342.0
电、煤气、蒸汽和空调供应	Electricity, Gas, Steam and Air Conditioning Supply		17.8	17.5	17.3	16.1
供水；污水处理、废物管理和补救活动	Water Supply; Sewerage, Waste Management and Remediation Activities		15.1	17.8	17.1	16.6
建筑业	Construction	107.9	125.7	120.7	122.3	122.3
批发和零售贸易；机动车辆和摩托车的修理	Wholesale and Retail Trade; Repair of Motor Vehicles and Motorcycles		228.6	232.9	235.3	232.9
运输和储存	Transportation and Storage		86.4	94.4	97.0	101.4
住宿和餐饮业	Accommodation and Food Service Activities	24.4	33.8	34.0	37.6	38.5
信息和通讯业	Information and Communication		30.3	36.9	36.0	37.9
金融和保险业	Financial and Insurance Activities		35.4	39.5	38.4	39.3
房地产业	Real Estate Activities		16.8	17.2	16.1	14.6
专业和科技活动	Professional, Scientific and Technical Activities		47.7	56.1	58.4	61.2
企业管理和商务服务业	Administrative and Support Service Activities		39.7	44.0	42.9	44.0
公共行政和国防；强制性社会保障	Public Administration and Defence; Compulsory Social Security		100.9	107.5	108.5	108.8
教育	Education	99.9	120.6	123.3	119.3	122.8
卫生和社会福利业	Human Health and Social Work Activities	93.7	90.1	94.7	97.0	98.4
艺术、娱乐和文娱活动	Arts, Entertainment and Recreation		19.3	21.3	21.6	22.4
其他服务活动	Other Service Activities		23.8	24.5	24.6	25.6
家庭作为雇主的活动；家庭自用、未加区分的生产货物及服务的活动	Activities of Households as Employers; Undifferentiated Goods- and Services-Producing Activities of Households for Own Use		2.3	2.5	2.7	2.9
域外组织和机构的活动	Activities of Extraterritorial Organizations and Bodies		0.1		0.1	
未分类经济活动	Not Classifiable by Economic Activity		1.1	5.0	6.1	6.3

5-4 续表 15 continued

单位：万人 (10 000 persons)

国家或地区	Country or Area	2000	2010	2015	2016	2017
俄罗斯	**Russia**					
按第四版ISIC分类	ISIC-Rev.4					
总　计	Total	6507.0	6980.4	7232.4		7231.6
采掘业	Mining and Quarrying	129.4	142.2	150.5		156.5
制造业	Manufacturing	1217.8	1058.2	1034.3		1025.3
建筑业	Construction	332.9	503.4	547.5		526.3
住宿和餐饮业	Accommodation and Food Service Activities	92.4	136.7	180.2		184.0
企业管理和商务服务业	Administrative and Support Service Activities	1998.8	2044.8	2082.1		163.4
教育	Education	591.1	656.5	666.7		686.7
卫生和社会福利业	Human Health and Social Work Activities	439.2	548.5	571.7		570.5
域外组织和机构的活动	Activities of Extraterritorial Organizations and Bodies	0.4	0.1	0.5		0.3
西班牙	**Spain**					
按第四版ISIC分类	ISIC-Rev.4					
总　计	Total	1544.0	1872.4	1786.6	1834.2	1882.5
农业、林业和渔业	Agriculture, Forestry and Fishing		78.6	73.7	77.5	81.9
采掘业	Mining and Quarrying	6.8	4.5	3.4	3.0	3.3
制造业	Manufacturing	289.4	240.6	222.5	228.4	239.3
电、煤气、蒸汽和空调供应	Electricity, Gas, Steam and Air Conditioning Supply		8.0	9.2	8.4	8.3
供水；污水处理、废物管理和补救活动	Water Supply; Sewerage, Waste Management and Remediation Activities		11.9	13.1	12.4	13.7
建筑业	Construction	170.1	165.1	107.4	107.4	112.8
批发和零售贸易；机动车辆和摩托车的修理	Wholesale and Retail Trade; Repair of Motor Vehicles and Motorcycles		293.7	292.1	296.9	299.4
运输和储存	Transportation and Storage		92.6	87.1	93.2	93.7
住宿和餐饮业	Accommodation and Food Service Activities	101.9	138.3	150.5	160.4	163.7
信息和通讯业	Information and Communication		52.8	53.0	54.6	58.5
金融和保险业	Financial and Insurance Activities		47.7	45.4	45.8	44.6
房地产业	Real Estate Activities		8.4	10.4	11.4	12.9
专业和科技活动	Professional, Scientific and Technical Activities		87.5	89.1	92.4	97.7
企业管理和商务服务业	Administrative and Support Service Activities		91.1	92.8	94.0	93.5
公共行政和国防；强制性社会保障	Public Administration and Defence; Compulsory Social Security		143.9	132.5	126.6	129.1
教育	Education	85.0	121.1	118.2	126.8	125.9
卫生和社会福利业	Human Health and Social Work Activities	81.5	139.7	144.2	151.1	156.5
艺术、娱乐和文娱活动	Arts, Entertainment and Recreation		34.1	36.5	37.7	38.6
其他服务活动	Other Service Activities		39.0	42.4	43.5	45.3
家庭作为雇主的活动；家庭自用、未加区分的生产货物及服务的活动	Activities of Households as Employers; Undifferentiated Goods- and Services-Producing Activities of Households for Own Use		73.5	62.8	62.4	63.2
域外组织和机构的活动	Activities of Extraterritorial Organizations and Bodies	0.1	0.3	0.2	0.4	0.4
土耳其	**Turkey**					
按第四版ISIC分类	ISIC-Rev.4					
总　计	Total	2158.1	2259.3	2661.9	2721.6	2819.7
农业、林业和渔业	Agriculture, Forestry and Fishing		535.5	543.2	530.7	546.6
采掘业	Mining and Quarrying	8.2	11.4	11.9	12.5	13.8
制造业	Manufacturing	363.8	421.3	496.6	491.8	497.2
电、煤气、蒸汽和空调供应	Electricity, Gas, Steam and Air Conditioning Supply		7.3	10.3	10.6	11.5
供水；污水处理、废物管理和补救活动	Water Supply; Sewerage, Waste Management and Remediation Activities		9.2	15.3	15.1	16.1
建筑业	Construction	136.4	143.2	190.7	198.7	209.7
批发和零售贸易；机动车辆和摩托车的修理	Wholesale and Retail Trade; Repair of Motor Vehicles and Motorcycles		332.6	369.3	375.7	393.4

5-4 续表 16 continued

单位：万人 (10 000 persons)

国家或地区	Country or Area	2000	2010	2015	2016	2017
土 耳 其(续)	**Turkey(Continued)**					
运输和储存	Transportation and Storage		101.0	111.0	118.6	123.5
住宿和餐饮业	Accommodation and Food Service Activities	77.6	108.4	144.6	147.1	152.4
信息和通讯业	Information and Communication		20.4	25.3	24.8	25.7
金融和保险业	Financial and Insurance Activities		27.3	29.6	30.1	27.1
房地产业	Real Estate Activities		6.0	21.3	24.3	28.5
专业和科技活动	Professional, Scientific and Technical Activities		42.9	75.2	84.6	89.5
企业管理和商务服务业	Administrative and Support Service Activities		76.7	129.5	139.7	155.2
公共行政和国防；强制性社会保障	Public Administration and Defence; Compulsory Social Security		129.1	145.8	145.5	146.2
教育	Education	75.0	101.9	142.0	160.7	161.0
卫生和社会福利业	Human Health and Social Work Activities	47.9	59.0	105.6	112.3	118.7
艺术、娱乐和文娱活动	Arts, Entertainment and Recreation		10.2	15.0	14.1	15.4
其他服务活动	Other Service Activities		58.2	64.9	68.2	69.8
家庭作为雇主的活动；家庭自用、未加区分的生产货物及服务的活动	Activities of Households as Employers; Undifferentiated Goods- and Services-Producing Activities of Households for Own Use		57.2	14.5	15.7	17.6
域外组织和机构的活动	Activities of Extraterritorial Organizations and Bodies	0.4	0.4	0.4	0.6	0.9
乌 克 兰	**Ukraine**					
按第四版ISIC分类	ISIC-Rev.4					
总 计	Total	2017.5	2026.6	1644.3	1627.7	1615.6
农业、林业和渔业	Agriculture, Forestry and Fishing			250.9	253.9	248.9
采掘业	Mining and Quarrying	61.8	61.4	39.9	40.3	40.1
制造业	Manufacturing	291.4	268.8	206.9	199.8	199.6
电、煤气、蒸汽和空调供应	Electricity, Gas, Steam and Air Conditioning Supply			39.0	37.5	35.9
供水；污水处理、废物管理和补救活动	Water Supply; Sewerage, Waste Management and Remediation Activities			8.7	9.7	10.8
建筑业	Construction	89.5	130.4	111.6	107.3	106.1
批发和零售贸易；机动车辆和摩托车的修理	Wholesale and Retail Trade; Repair of Motor Vehicles and Motorcycles			294.6	290.6	298.7
运输和储存	Transportation and Storage			106.5	105.7	104.1
住宿和餐饮业	Accommodation and Food Service Activities		32.9	33.8	34.9	34.0
信息和通讯业	Information and Communication			28.4	27.8	28.1
金融和保险业	Financial and Insurance Activities			30.0	24.9	22.2
房地产业	Real Estate Activities			7.4	6.6	5.1
专业和科技活动	Professional, Scientific and Technical Activities			33.8	31.7	31.3
企业管理和商务服务业	Administrative and Support Service Activities			24.3	26.3	25
公共行政和国防；强制性社会保障	Public Administration and Defence; Compulsory Social Security			92.9	94.4	93.1
教育	Education		168.4	160.6	158.3	155.3
卫生和社会福利业	Human Health and Social Work Activities		133.8	113.4	111.5	110.6
艺术、娱乐和文娱活动	Arts, Entertainment and Recreation			16.8	17.7	18.0
其他服务活动	Other Service Activities			30.2	33.1	32.8
家庭作为雇主的活动；家庭自用、未加区分的生产货物及服务的活动	Activities of Households as Employers; Undifferentiated Goods- and Services-Producing Activities of Households for Own Use			14.7	15.7	16.0

5-4 续表 17 continued

单位：万人 (10 000 persons)

国家或地区	Country or Area	2000	2010	2015	2016	2017
英 国	**United Kingdom**					
按第四版ISIC分类	ISIC-Rev.4					
总 计	Total	2726.4	2912.5	3119.3	3162.8	3196.3
农业、林业和渔业	Agriculture, Forestry and Fishing		35.2	35.2	35.4	36.8
采掘业	Mining and Quarrying	9.9	10.3	15.4	11.5	12.2
制造业	Manufacturing		286.5	299.2	299.1	291.9
电、煤气、蒸汽和空调供应	Electricity, Gas, Steam and Air Conditioning Supply		17.6	18.4	18.6	19.2
供水；污水处理、废物管理和补救活动	Water Supply; Sewerage, Waste Management and Remediation Activities		19.5	21.5	22.1	22.7
建筑业	Construction	193.1	221.6	223.4	229.4	233.6
批发和零售贸易；机动车辆和摩托车的修理	Wholesale and Retail Trade; Repair of Motor Vehicles and Motorcycles		401.0	406.5	416.6	419.5
运输和储存	Transportation and Storage		145.4	155.7	161.1	157.2
住宿和餐饮业	Accommodation and Food Service Activities	112.7	142.8	163.7	170.8	174.7
信息和通讯业	Information and Communication		101.2	126.3	126.4	129.7
金融和保险业	Financial and Insurance Activities		117.9	123.4	124.5	121.8
房地产业	Real Estate Activities		28.1	34.1	35.4	35.2
专业和科技活动	Professional, Scientific and Technical Activities		187.4	217.7	228.1	234.3
企业管理和商务服务业	Administrative and Support Service Activities		134.0	150.0	151.1	157.5
公共行政和国防；强制性社会保障	Public Administration and Defence; Compulsory Social Security		190.7	184.6	190.7	197.5
教育	Education	219.2	310.0	327.9	331.0	326.1
卫生和社会福利业	Human Health and Social Work Activities	297.9	383.2	414.7	412.6	419.5
艺术、娱乐和文娱活动	Arts, Entertainment and Recreation		75.7	84.4	82.5	84.2
其他服务活动	Other Service Activities		73.0	86.5	87.2	93.9
家庭作为雇主的活动；家庭自用、未加区分的生产货物及服务的活动	Activities of Households as Employers; Undifferentiated Goods- and Services-Producing Activities of Households for Own Use		6.4	5.5	6.9	6.0
域外组织和机构的活动	Activities of Extraterritorial Organizations and Bodies	2.3	4.1	3.9	5.0	4.5
未分类经济活动	Not Classifiable by Economic Activity	7.4	21.0	21.3	16.8	18.3
澳大利亚	**Australia**					
按第四版ISIC分类	ISIC-Rev.4					
总 计	Total	886.1	1099.1	1180.8	1199.9	1227.6
农业、林业和渔业	Agriculture, Forestry and Fishing	43.0	35.5	31.1	31.4	31.9
采掘业	Mining and Quarrying	8.0	18.7	22.2	21.7	21.8
制造业	Manufacturing	114.2	106.2	97.2	98.2	96.2
电、煤气、蒸汽和空调供应	Electricity, Gas, Steam and Air Conditioning Supply	4.3	7.5	8.1	7.8	7.3
供水；污水处理、废物管理和补救活动	Water Supply; Sewerage, Waste Management and Remediation Activities	1.5	6.6	6.4	6.0	6.8
建筑业	Construction	68.5	99.9	103.1	106.1	113.8
批发和零售贸易；机动车辆和摩托车的修理	Wholesale and Retail Trade; Repair of Motor Vehicles and Motorcycles	140.8	173.1	177.7	175.0	178.1
运输和储存	Transportation and Storage	37.6	57.1	61.1	62.5	63.5
住宿和餐饮业	Accommodation and Food Service Activities	61.6	73.7	82.7	84.7	88.4
信息和通讯业	Information and Communication	31.5	35.2	40.0	40.2	42.9
金融和保险业	Financial and Insurance Activities	32.6	39.4	42.0	43.0	43.4
房地产业	Real Estate Activities	2.0	14.3	16.7	17.4	17.2

5-4 续表 18 continued

单位：万人 (10 000 persons)

国家或地区	Country or Area	2000	2010	2015	2016	2017
澳大利亚(续)	**Australia(Continued)**					
专业和科技活动	Professional, Scientific and Technical Activities	42.8	68.5	80.3	81.2	78.7
企业管理和商务服务业	Administrative and Support Service Activities	33.2	43.2	45.3	47.7	45.0
公共行政和国防；强制性社会保障	Public Administration and Defence; Compulsory Social Security	48.2	68.7	73.1	75.8	76.3
教育	Education	45.2	84.0	94.0	95.9	100.9
卫生和社会福利业	Human Health and Social Work Activities	83.3	123.2	150.2	154.6	162.6
艺术、娱乐和文娱活动	Arts, Entertainment and Recreation	15.1	20.6	24.1	23.9	24.6
其他服务活动	Other Service Activities	18.1	23.1	25.0	26.1	27.7
域外组织和机构的活动	Activities of Extraterritorial Organizations and Bodies	0.7	0.4	0.4	0.5	0.6
未分类经济活动	Not Classifiable by Economic Activity		0.1	0.1	0.1	0.1
新 西 兰	**New Zealand**					
按第四版ISIC分类	ISIC-Rev.4					
总 计	Total	177.9	218.0	235.7		
农业、林业和渔业	Agriculture, Forestry and Fishing		14.9	14.3		
采掘业	Mining and Quarrying	0.4	0.7	0.7		
制造业	Manufacturing	28.2	25.2	26.4		
电、煤气、蒸汽和空调供应	Electricity, Gas, Steam and Air Conditioning Supply		1.0	1.4		
供水；污水处理、废物管理和补救活动	Water Supply; Sewerage, Waste Management and Remediation Activities		0.7	0.9		
建筑业	Construction	11.8	17.9	22.3		
批发和零售贸易；机动车辆和摩托车的修理	Wholesale and Retail Trade; Repair of Motor Vehicles and Motorcycles		34.5	34.7		
运输和储存	Transportation and Storage		9.2	10.1		
住宿和餐饮业	Accommodation and Food Service Activities	9.3	12.2	13.0		
信息和通讯业	Information and Communication		7.3	9.2		
金融和保险业	Financial and Insurance Activities		6.3	6.9		
房地产业	Real Estate Activities		2.8	2.9		
专业和科技活动	Professional, Scientific and Technical Activities		13.8	13.7		
企业管理和商务服务业	Administrative and Support Service Activities		8.3	9.7		
公共行政和国防；强制性社会保障	Public Administration and Defence; Compulsory Social Security		11.5	11.6		
教育	Education	13.0	19.0	20.1		
卫生和社会福利业	Human Health and Social Work Activities	14.2	22.4	25.4		
艺术、娱乐和文娱活动	Arts, Entertainment and Recreation		4.1	4.9		
其他服务活动	Other Service Activities		5.2	6.2		
家庭作为雇主的活动；家庭自用、未加区分的生产货物及服务的活动	Activities of Households as Employers; Undifferentiated Goods- and Services-Producing Activities of Households for Own Use		0.3	0.2		
未分类经济活动	Not Classifiable by Economic Activity	0.8	0.8	1.3		

5-5 失业人数
Unemployment

资料来源：联合国ILO数据库。
Source: ILO Database.
单位：万人 (10 000 persons)

国家或地区	Country or Area	2000	2005	2010	2015	2016	2017
中　　国①	China①	595.0	839.0	908.0	966.0	982.0	972.0
中国香港	Hong Kong, China	16.7	19.8	15.7	12.9	13.3	
中国澳门	Macao, China	1.4	1.0	0.9	0.7	0.8	0.8
孟加拉国	Bangladesh	175.0	210.4	189.1		258.7	278.1
文　　莱	Brunei Darussalam	0.7		0.5	1.3		1.9
柬 埔 寨	Cambodia	13.4		2.7			
印　　度	India	1663.4	3934.8	1373.4			
印度尼西亚	Indonesia	581.3	810.9	641.2	557.0	537.2	536.3
伊　　朗	Iran	159.8	264.3	321.8	272.9	320.3	321.0
以 色 列	Israel	30.5	34.8	29.4	20.2	18.8	16.8
日　　本	Japan	320.0	294.0	334.0	222.0	208.0	190.0
哈萨克斯坦	Kazakhstan	90.6	64.1	49.7			
韩　　国	Korea, Rep.	97.9	88.7	92.0	97.6	101.2	102.8
老　　挝	Laos		3.8	2.2			18.3
马来西亚	Malaysia	28.7	36.8	39.6	45.0	50.4	
蒙　　古	Mongolia	3.9	3.6	7.2	5.9	9.0	8.4
缅　　甸	Myanmar	38.2	19.0		16.8		34.6
巴基斯坦	Pakistan	312.7	356.6	32.5	204.4		
菲 律 宾	Philippines	345.9	127.5	134.8		113.7	105.6
新 加 坡	Singapore	0.4	4.4	8.4	8.5	9.2	
斯里兰卡	Sri Lanka	51.7	62.3	40.1			
泰　　国	Thailand	81.3	49.6	23.8	22.8	26.1	
越　　南	Viet Nam	88.6		55.7	100.1	100.6	103.2
埃　　及	Egypt	169.8	245.0	228.7	372.0	359.4	346.8
尼日利亚	Nigeria			1394.7	323.7		
南　　非	South Africa	448.7	449.8	457.2	535.4	577.2	615.4
加 拿 大	Canada	108.2	116.9	148.6	133.1	136.1	124.7
墨 西 哥	Mexico	98.9	155.2	258.3	228.1	207.1	185.3
美　　国	United States	569.2	759.1	1482.5	829.6	775.1	698.2
阿 根 廷	Argentina	146.1	114.2	120.6			
巴　　西	Brazil	1183.8	880.6		1015.9		
委内瑞拉	Venezuela	136.6	124.2	113.2			
白俄罗斯	Belarus	9.6	6.8	3.3		30.2	29.3
捷　　克	Czech Rep.	44.9	41.0	38.4	26.8	21.1	15.5
法　　国	France	263.1	231.9	250.5	305.4	297.2	278.8
德　　国	Germany	312.3	457.1	284.5	195.0	177.4	162.1
意 大 利	Italy	254.5	187.7	205.6	303.3	301.2	290.7
荷　　兰	Netherlands	22.0	40.2	39.0	61.4	53.9	43.8
波　　兰	Poland	283.0	304.5	165.0	130.4	106.3	84.4
俄 罗 斯	Russia	770.0	524.2	556.3	426.7	426.1	397.7
西 班 牙	Spain	246.9	193.4	464.0	505.6	448.1	391.7
土 耳 其	Turkey	149.9	238.8	269.6	303.5	330.8	342.1
乌 克 兰	Ukraine	265.6	160.1	178.6	165.5	167.8	169.8
英　　国	United Kingdom	160.6	143.3	245.9	174.6	159.9	144.8
澳大利亚	Australia	59.7	52.4	60.6	76.0	72.6	72.7
新 西 兰	New Zealand	11.8	8.2	15.1	13.4	13.3	12.7

注：①城镇登记失业人数。
Note:①Urban Registered Unemployed Persons.

5-6 失业率
Unemployment Rate

资料来源：联合国ILO数据库。
Source: ILO Database.
单位：% (%)

国家或地区	Country or Area	2000	2005	2010	2015	2016	2017
中　　国①	China①	3.1	4.2	4.1	4.1	4.0	3.9
中国香港	Hong Kong, China	4.9	5.6	4.3	3.3	3.4	3.1
中国澳门	Macao, China	6.8	4.1	2.8	1.8	1.9	2.0
中国台湾	Taiwan, China,	3.0	4.1	5.2	3.8	3.9	3.8
阿尔巴尼亚	Albania	17.8	16.9	14.1	17.1	15.2	13.8
阿尔及利亚	Algeria	29.8	15.3	10.0	11.2	10.2	12.0
美属萨摩亚	American Samoa	5.1	10.0	9.2			
阿 根 廷	Argentina	15.0	11.5	7.7	7.6	8.0	8.4
亚美尼亚	Armenia	11.3	10.8	19.0	18.3	17.6	17.8
澳大利亚	Australia	6.3	5.0	5.2	6.1	5.7	5.6
奥 地 利	Austria	4.7	5.6	4.8	5.7	6.0	5.5
阿塞拜疆	Azerbaijan	11.8	7.3	5.6	5.0	5.0	5.0
巴 哈 马	Bahamas	7.2	10.2	14.5	12.0	12.7	12.4
孟加拉国	Bangladesh	3.3	4.3	3.4	4.4	4.4	4.4
巴巴多斯	Barbados	9.4	9.1	10.7	11.4	9.7	9.5
白俄罗斯	Belarus	11.9	8.5	6.1	5.9	5.8	5.7
比 利 时	Belgium	6.6	8.4	8.3	8.5	7.8	7.1
百 慕 大	Bermuda	2.7		6.5			
不　　丹	Bhutan	1.7	3.1	3.3	2.5	2.3	2.2
玻利维亚	Bolivia	3.4	3.3	2.6	3.1	3.1	3.2
波　　黑	Bosnia and Herzegovinian	26.2	30.5	27.3	27.7	25.4	20.5
巴　　西	Brazil	9.9	9.6	7.7	8.4	11.6	12.8
保加利亚	Bulgaria	16.2	10.1	10.3	9.1	7.6	6.2
柬 埔 寨	Cambodia	2.5	1.5	1.4	1.2	1.1	1.1
加 拿 大	Canada	6.8	6.8	8.1	6.9	7.0	6.3
开曼群岛	Cayman Islands		3.5	6.3	4.2		
智　　利	Chile	10.5	9.3	8.4	6.5	6.7	7.0
哥伦比亚	Colombia	20.5	11.9	11.0	8.3	8.7	8.9
哥斯达黎加	Costa Rica	5.1	6.6	7.2	9.0	8.6	8.1
克罗地亚	Croatia	16.1	12.6	11.6	16.2	13.1	11.2
塞浦路斯	Cyprus	5.0	5.3	6.3	14.9	13.0	11.1
捷　　克	Czech Rep.	8.8	7.9	7.3	5.1	4.0	2.9
丹　　麦	Denmark	4.5	4.8	7.5	6.2	6.2	5.7
多米尼加	Dominican Rep.	6.4	6.6	5.2	7.6	7.3	5.8
厄瓜多尔	Ecuador	4.8	3.8	4.1	3.6	4.6	3.8
埃　　及	Egypt	9.0	11.2	8.8	13.1	12.4	11.8
萨尔瓦多	El Salvador	7.0	7.2	4.9	4.0	4.4	4.4
爱沙尼亚	Estonia	13.4	8.0	16.7	6.2	6.8	5.8
埃塞俄比亚	Ethiopia	3.4	2.5	2.4	2.0	1.9	1.8

5-6 续表 1 continued

单位：% (%)

国家或地区	Country or Area	2000	2005	2010	2015	2016	2017
芬 兰	Finland	11.1	8.4	8.4	9.4	8.8	8.6
法 国	France	10.2	8.5	8.9	10.4	10.1	9.4
法属圭亚那	French Guiana	25.8	26.5	21.0		23.2	
法属波立尼西亚	French Polynesia	11.7	12.1	13.1	12.7	12.4	12.1
加 蓬	Gabon	17.6	16.9	20.4	20.0	19.6	19.4
冈比亚	Gambia	10.6	9.7	9.7	9.5	9.4	8.9
格鲁吉亚	Georgia	10.8	13.8	17.4	14.1	14.0	13.9
德 国	Germany	7.9	11.2	7.0	4.6	4.1	3.8
希 腊	Greece	11.3	10.0	12.7	24.9	23.5	21.5
格陵兰	Greenland	11.0	9.3	7.8	9.1		
瓜德罗普	Guadeloupe	25.7	26.0	23.8		23.8	
关 岛	Guam	15.3	7.0	8.2	6.9	5.4	5.3
危地马拉	Guatemala	2.9	3.0	3.5	2.5	2.8	2.7
洪都拉斯	Honduras	4.0	4.9	4.1	4.6	4.7	4.1
匈牙利	Hungary	6.6	7.2	11.2	6.8	5.1	4.2
冰 岛	Iceland	1.9	2.6	7.6	4.0	3.0	2.7
印 度	India	2.7	3.1	2.4	2.8	2.7	2.6
印度尼西亚	Indonesia	6.1	8.0	5.6	4.5	4.3	4.2
伊 朗	Iran	11.7	12.1	13.5	11.1	12.4	12.1
爱尔兰	Ireland	4.3	4.3	14.5	9.9	8.4	6.7
马恩岛	Isle of Man	0.6	1.4			2.7	
以色列	Israel	11.1	11.3	8.5	5.3	4.8	4.2
意大利	Italy	10.8	7.7	8.4	11.9	11.7	11.2
牙买加	Jamaica	15.5	11.3	12.4	13.5	13.2	11.7
日 本	Japan	4.7	4.4	5.1	3.4	3.1	2.8
泽西岛	Jersey			3.0	4.0		
约 旦	Jordan	13.7	14.8	12.5	13.1	15.3	14.9
哈萨克斯坦	Kazakhstan	12.8	8.1	5.8	4.9	5.0	4.9
基里巴斯	Kiribati		14.7	30.6			
韩 国	Korea, Rep.	4.4	3.7	3.7	3.6	3.7	3.7
科威特	Kuwait	0.8	1.5	1.8	2.2	2.2	2.0
吉尔吉斯斯坦	Kyrgyzstan	7.5	8.1	8.6	7.6	7.2	6.9
拉脱维亚	Latvia	14.2	10.0	19.5	9.9	9.6	8.7
列支敦士登	Liechtenstein	1.3	2.7	2.6			
立陶宛	Lithuania	15.9	8.3	17.8	9.1	7.9	7.1
卢森堡	Luxemburg	2.4	4.5	4.4	6.7	6.3	5.5
前南马其顿	Macedonia, FYR	32.2	37.3	32.0	26.1	23.7	22.4
马达加斯加	Madagascar	5.8	2.4	4.3	1.8	1.8	1.7
马来西亚	Malaysia	3.0	3.5	3.3	3.1	3.4	3.4
马耳他	Malta	6.3	6.9	6.9	5.4	4.7	4.6
马提尼克	Martinique	26.3	17.8	21.0		17.6	
毛里求斯	Mauritius	9.3	9.5	7.7	7.4	6.8	6.8
墨西哥	Mexico	2.6	3.6	5.3	4.3	3.9	3.4
摩尔多瓦	Moldova	8.5	7.3	7.5	3.7	4.2	4.1
蒙 古	Mongolia	6.1	7.6	6.6	4.9	7.2	6.4
黑 山	Montenegro	30.4	30.3	19.7	17.5	17.7	16.1
摩洛哥	Morocco	13.6	11.0	9.1	9.5	9.3	9.1
纳米比亚	Namibia	20.3	21.9	22.1	20.8	23.4	23.1

5-6 续表 2 continued

单位：% (%)

国家或地区	Country or Area	2000	2005	2010	2015	2016	2017
荷　　兰	Netherlands	2.7	4.7	4.5	6.9	6.0	4.8
荷属安的列斯	Netherlands Antilles	14.0	18.2				
新 西 兰	New Zealand	6.1	3.8	6.6	5.4	5.1	4.7
尼加拉瓜	Nicaragua	7.5	5.4	7.8	4.4	4.3	4.2
挪　　威	Norway	3.5	4.4	3.5	4.3	4.7	4.2
巴基斯坦	Pakistan	13.5	23.5	23.7	25.8	26.9	27.4
巴 拿 马	Panama	4.2	4.2	3.7	3.0	3.3	3.9
巴布亚新几内亚	Papua New Guinea	2.9	2.4	2.0	2.6	2.5	2.4
巴 拉 圭	Paraguay	9.7	4.8	4.6	4.6	5.3	4.6
秘　　鲁	Peru	5.7	4.9	3.5	3.0	3.5	3.5
菲 律 宾	Philippines	3.8	3.8	3.6	3.0	2.7	2.6
波　　兰	Poland	16.3	17.8	9.6	7.5	6.2	4.9
葡 萄 牙	Portugal	3.8	7.6	10.8	12.4	11.1	8.9
波多黎各	Puerto Rico	10.1	11.4	16.1	12.0	11.8	10.8
卡 塔 尔	Qatar	1.5	1.2	0.5	0.2	0.1	0.1
留 尼 汪	Reunion	36.5	29.5			22.4	
罗马尼亚	Romania	7.0	7.2	7.0	6.8	5.9	4.9
俄 罗 斯	Russia	10.6	7.1	7.4	5.6	5.6	5.2
圣卢西亚	Saint Lucia	16.5	18.7	17.2	24.1	21.3	20.8
圣马力诺	San Marino	2.8	2.1	4.4	7.4	6.5	
沙特阿拉伯	Saudi Arabia	4.6	6.1	5.6	5.6	5.7	5.9
塞尔维亚	Serbia	12.6	20.9	19.2	17.9	15.3	13.5
新 加 坡	Singapore	3.7	5.6	4.1	3.8	4.1	3.9
斯洛伐克	Slovakia	19.1	16.3	14.4	11.5	9.7	8.1
斯洛文尼亚	Slovenia	6.9	6.5	7.2	9.0	8.0	6.6
南　　非	South Africa	30.2	29.3	24.7	25.2	26.6	27.3
西 班 牙	Spain	13.8	9.2	19.9	22.1	19.6	17.2
斯里兰卡	Sri Lanka	7.7	7.7	4.9	4.7	4.4	4.2
瑞　　典	Sweden	5.5	7.5	8.6	7.4	7.0	6.7
瑞　　士	Switzerland	2.7	4.4	4.8	4.8	4.9	4.8
叙 利 亚	Syrian Arab Republic	9.5	9.1	8.6	8.4	8.3	8.0
泰　　国	Thailand	2.4	1.4	0.6	0.6	0.7	0.6
特立尼达和多巴哥	Trinidad And Tobago	3.6	3.5	3.8	2.2	3.0	2.8
突 尼 斯	Tunisia	14.9	12.9	13.1	15.2	15.5	15.4
土 耳 其	Turkey	6.5	10.6	10.7	10.2	10.8	10.8
乌 干 达	Uganda	2.8	1.9	3.7	1.9	1.8	1.7
乌 克 兰	Ukraine	11.7	7.2	8.1	9.1	9.4	9.5
阿 联 酋	United Arab Emirates	2.3	3.1	2.7	1.8	1.6	2.5
英　　国	United Kingdom	5.6	4.8	7.8	5.3	4.8	4.3
美　　国	United States	4.0	5.1	9.6	5.3	4.9	4.4
乌 拉 圭	Uruguay	13.0	12.0	7.2	7.5	7.8	7.9
委内瑞拉	Venezuela	14.0	10.7	8.5	6.8	7.5	7.4
越　　南	Viet Nam	2.3	2.2	1.1	1.9	1.9	1.9
也　　门	Yemen	11.4	11.8	12.9	14.0	13.5	13.2
赞 比 亚	Zambia	12.9	15.9	13.2	7.5	7.4	7.2
津巴布韦	Zimbabwe	5.7	4.3	5.1	5.4	5.2	4.9

注：①城镇登记失业率。
Note:①Urban Registered Unemployment Rate.

5-7 雇员每月平均工资
Mean Nominal Monthly Earnings of Employees

资料来源：联合国ILO数据库。
Source: ILO Database.

单位：本币 (local currency units)

国家或地区	Country or Area	2000	2005	2010	2014	2015	2016	2017
中　　国①	China①	781	1530	3045	4697	5169	5631	6193
中国香港	Hong Kong, China			11000	13000	14200	15000	
中国澳门	Macao, China			8900	13000	15000	15000	15000
孟加拉国	Bangladesh						12915	12016
文　　莱	Brunei Darussalam				2092			1622
柬 埔 寨	Cambodia	155565		377112	625347	668066	745008	
印　　度	India	3490	4247	5352				
印度尼西亚	Indonesia	430197	853150	1375408	1704256	1818033		
伊　　朗	Iran	201	109	252				
以 色 列	Israel	6791	7219	8100	9317	9503	9724	
日　　本	Japan			296200	299600	304000	304000	304300
哈萨克斯坦	Kazakhstan	14374	33807	77611	121021	126021	142898	150827
韩　　国	Korea, Rep.			2785030	3235210	3269000	3351000	3446000
老　　挝	Laos			1597120				2354377
马来西亚	Malaysia				2193	2312	2463	2879
蒙　　古	Mongolia	62300	101200					
缅　　甸	Myanmar					125261		181860
巴基斯坦	Pakistan			8940	13701	15559		18827
菲 律 宾	Philippines		13919	12070	12128	11992	12220	12646
新 加 坡	Singapore	3063	3444	4089	3770	3949	4056	4232
斯里兰卡	Sri Lanka			13750	20774	24139	27091	
泰　　国	Thailand				14352	11107	14818	14766
越　　南	Viet Nam			2518605	4470629	5126699	5493000	5371754
埃　　及	Egypt	701	896	804		1829	2162	2331
南　　非	South Africa		2979			3100		3500
加 拿 大	Canada	2839	3192					4139
墨 西 哥	Mexico	2938	4252	4928	5355	5546	5802	6011
美　　国	United States			4417				
阿 根 廷	Argentina		817	2419	6461			14492
巴　　西	Brazil	767	713		1674	1836	2058	2174
委内瑞拉	Venezuela			1783				
捷　　克	Czech Rep.	12831	17760	26881	26802	27811	29056	31109
法　　国	France	1396	2516	2567	2775	2962	2989	
德　　国	Germany			3543	3881	3979	4078	4149
意 大 利	Italy			2286	2458	2123	2137	2141
荷　　兰	Netherlands	5220	2836					
波　　兰	Poland	1894	2361	3224	3777	3908	4047	4284
俄 罗 斯	Russia		8555	20952	32495	34030	36709	38609
西 班 牙	Spain			1839	1881	1894	1878	1889
土 耳 其	Turkey				2211			
乌 克 兰	Ukraine	230	806	2239	3480	4195	5183	7104
英　　国	United Kingdom	1960	2240	2119		2208	2281	2341
澳大利亚	Australia				38			
新 西 兰	New Zealand			3940	4420	4522	4640	4760

注：①指城镇非私营单位就业人员平均工资。
Note:①Average Wage of Employed Persons in Urban Non-Private Units.

5-8 每个就业者创造的国内生产总值(购买力平价法，2011年不变价美元)
GDP per Person Employed (constant 2011 PPP $)

资料来源：世界银行WDI数据库。
Source: World Bank WDI Database.
单位：美元 (USD)

国家或地区	Country or Area	2000	2005	2010	2015	2017	2018
世　　界	**World**	**24262**	**26798**	**30347**	**33861**	**35430**	**36392**
高收入国家	**High Income**	**77455**	**83203**	**86080**	**89650**	**91258**	**92858**
中等收入国家	**Middle Income**	**12149**	**14828**	**19401**	**23580**	**25413**	**26444**
中等偏上收入国家	**Upper Middle Income**	**14886**	**18613**	**24699**	**30424**	**33078**	**34488**
中等偏下收入国家	**Lower Middle Income**	**8624**	**10200**	**13117**	**15883**	**17060**	**17797**
中低收入国家	**Low and Middle Income**	**11394**	**13817**	**17912**	**21530**	**23090**	**23969**
东亚和太平洋	**East Asia and Pacific**	**7804**	**10929**	**16483**	**22706**	**25534**	**27054**
欧洲和中亚	**Europe and Central Asia**	**24976**	**32706**	**37871**	**42011**	**43777**	**44988**
拉丁美洲和加勒比	**Latin America and Caribbean**	**27760**	**27331**	**29378**	**30317**	**30128**	**30110**
中东和北非国家	**Middle East and North Africa**	**34645**	**35786**	**40914**	**40566**	**42873**	**43637**
南　亚	**South Asia**	**7020**	**8293**	**11420**	**14426**	**15791**	**16643**
撒哈拉以南非洲	**Sub-Saharan Africa**	**6918**	**7962**	**9082**	**9612**	**9481**	**9520**
低收入国家	**Low Income**	**3190**	**3458**	**3941**	**4009**	**4032**	**4103**
中　　国	China	6554	10013	16778	24324	27842	29732
中国香港	Hong Kong, China	70295	82927	96560	103228	108549	111637
中国澳门	Macao, China	89956	125247	163536	163231	172031	179392
孟加拉国	Bangladesh	4692	5336	6535	8212	9105	9575
文　　莱	Brunei Darussalam	185432	182311	173468	155208	145634	154946
柬 埔 寨	Cambodia	3073	3909	4447	5705	6299	6619
印　　度	India	6771	8161	11944	15491	17097	18095
印度尼西亚	Indonesia	13206	15654	18522	22866	24247	25203
伊　　朗	Iran	47362	47212	61059	55078	62033	64136
以 色 列	Israel	69720	70013	72432	75787	78039	79182
日　　本	Japan	66281	71112	72076	74461	76017	77262
哈萨克斯坦	Kazakhstan	21920	32378	39733	47095	48840	50516
韩　　国	Korea, Rep.	44396	52032	61840	66501	69472	71077
老　　挝	Laos	5278	6334	8068	10557	11554	12055
马来西亚	Malaysia	40892	45291	50194	53434	56823	58576
蒙　　古	Mongolia	12396	14849	19135	27907	29885	30397
缅　　甸	Myanmar	2714	4776	7950	10793	12021	12774
巴基斯坦	Pakistan	12530	13361	13103	14093	14694	15175
菲 律 宾	Philippines	11424	12721	14088	16779	18294	18986
新 加 坡	Singapore	108725	120109	134678	141329	148727	150843
斯里兰卡	Sri Lanka	14407	16736	21988	28903	31054	32432
泰　　国	Thailand	16865	20231	23206	27062	28904	29738
越　　南	Viet Nam	4974	6224	7712	9401	10453	11044
埃　　及	Egypt	27749	29037	33396	36201	37587	38436
尼日利亚	Nigeria	9595	14059	17430	19245	18612	18560
南　　非	South Africa	35318	38656	43332	42782	43360	43590
加 拿 大	Canada	76227	79141	79210	83608	85750	86418
墨 西 哥	Mexico	38860	38317	38089	39157	39145	39250
美　　国	United States	92141	101979	107881	111580	113048	115484
阿 根 廷	Argentina	39469	38673	45803	45836	45779	46411
巴　　西	Brazil	27761	27884	31707	32248	32532	32492
委内瑞拉	Venezuela	39584	38034	39698	36221	29143	26797
捷　　克	Czech Rep.	45947	54840	60616	62891	65640	67696
法　　国	France	85827	87507	88431	93191	94773	95712
德　　国	Germany	82271	85666	85505	87630	89892	91770
意 大 利	Italy	99380	95433	95044	95073	96132	97318
荷　　兰	Netherlands	83717	86607	88933	93331	96251	97349
波　　兰	Poland	38593	45278	50447	56278	59030	61557
俄 罗 斯	Russia	31069	39840	46426	49099	50097	51395
西 班 牙	Spain	76572	73713	79767	83351	84123	84155
土 耳 其	Turkey	43778	55534	57654	68629	72513	73665
乌 克 兰	Ukraine	11576	16673	18062	17006	18302	19016
英　　国	United Kingdom	70093	76697	76312	78950	80013	80545
澳大利亚	Australia	75426	79649	81938	88339	90457	91885
新 西 兰	New Zealand	60206	63230	64029	66678	68475	69956

5-9 每个就业者创造的国内生产总值(汇率法，2010年不变价美元)
GDP per Person Employed (constant 2010 USD)

资料来源：联合国ILO数据库。
Source: ILO Database.
单位：美元 (USD)

国家或地区	Country or Area	2000	2005	2010	2015	2017	2018
中国	China	3098	4812	8058	11618	13235	14123
中国澳门	Macao, China	47949	66769	87236	87009	92848	96867
孟加拉国	Bangladesh	1464	1668	2037	2550	2718	2858
文莱	Brunei Darussalam	80731	79696	76835	70511	68870	73368
柬埔寨	Cambodia	963	1213	1399	1871	2062	2168
印度	India	2089	2549	3690	4857	5361	5672
印度尼西亚	Indonesia	4897	6123	6933	8339	8836	9174
伊朗	Iran	18871	18445	22864	20665	23410	24183
以色列	Israel	73854	73311	74984	78211	80678	81982
日本	Japan	82514	88521	89764	92928	93666	95144
哈萨克斯坦	Kazakhstan	9901	14614	17933	21256	22124	22838
韩国	Korea, Rep.	32298	37855	44997	48375	50341	51521
老挝	Laos	1513	1815	2311	3026	3321	3467
马来西亚	Malaysia	17585	19468	21569	22969	24471	25223
蒙古	Mongolia	4337	5348	6579	9597	10319	10544
缅甸	Myanmar	719	1267	2111	2857	3308	3518
巴基斯坦	Pakistan	2846	3097	3182	3423	3641	3747
菲律宾	Philippines	4347	4854	5372	6367	7274	7578
中国香港	Hong Kong, China	47562	56109	65333	69961	73328	75324
新加坡	Singapore	70221	77573	87907	94236	97074	98426
斯里兰卡	Sri Lanka	4744	5511	7240	9594	10286	10758
泰国	Thailand	6346	7613	8815	10194	10998	11333
越南	Viet Nam	1491	1867	2279	2810	3136	3312
埃及	Egypt	7326	7667	8540	9482	9884	10106
尼日利亚	Nigeria	4313	6324	7862	8784	8299	8276
南非	South Africa	22462	25054	26521	26213	26227	26250
加拿大	Canada	88866	92262	92337	97803	99904	100467
墨西哥	Mexico	23286	22729	22107	22829	22986	23042
美国	United States	90277	99919	105700	109813	110398	112728
阿根廷	Argentina	21438	21238	24785	25264	24909	25676
巴西	Brazil	21731	21793	25000	24960	24903	25153
委内瑞拉	Venezuela	32388	30840	32501	29857	24323	22557
捷克	Czech Rep.	32187	38382	42442	44260	45738	47311
法国	France	94590	96447	97465	102711	104203	105704
德国	Germany	85029	88536	88370	90893	92760	94419
意大利	Italy	98417	94507	94123	94303	94320	94793
荷兰	Netherlands	92565	95769	98338	103514	106581	107923
波兰	Poland	22336	26203	29195	32571	33857	34985
俄罗斯	Russia	14506	18575	21623	23405	23936	24489
西班牙	Spain	72398	69696	75425	78988	79926	80955
土耳其	Turkey	26016	33001	34261	40792	42423	43473
乌克兰	Ukraine	4390	6317	6843	6443	6933	7235
英国	United Kingdom	75656	82540	81996	85158	86464	86981
澳大利亚	Australia	94738	99957	102830	111175	112976	114447
新西兰	New Zealand	61709	64850	67184	71279	71988	72408

5-10 制造业每小时平均名义劳动成本
Mean Nominal Hourly Labour Cost per Employee in Manufacturing

资料来源：联合国ILO数据库。
Source: ILO Database.
单位：本币 (local currency)

国家或地区	Country or Area	2000	2005	2010	2014	2015	2016	2017
以色列	Israel				101.0	106.0	109.0	144.0
日本	Japan	25.0	25.2	31.8				
哈萨克斯坦	Kazakhstan			641.0	1040.0	1143.0	1248.0	876.0
韩国	Korea, Rep.	9.8	15.1	16.6				
新加坡	Singapore	11.7	13.2	19.4				
加拿大	Canada	18.3	26.3	34.0	38.0	39.0	39.0	39.0
墨西哥	Mexico				66.0	69.0	72.0	77.0
美国	United States			22.0	23.0	24.0		
巴西	Brazil	4.3	5.0	10.0				
捷克	Czech Rep.			223.0	254.0	266.0	276.0	297.0
法国	France				37.0	37.0	36.0	37.0
德国	Germany			33.0	37.0	38.0	38.0	39.0
意大利	Italy				28.0	27.0	27.0	27.0
荷兰	Netherlands				35.0	35.0	36.0	37.0
波兰	Poland				31.0	32.0	34.0	36.0
西班牙	Spain			25.0	23.0	23.0	23.0	23.0
英国	United Kingdom			17.0	20.0	21.0	22.0	23.0
新西兰	New Zealand			24.0	27.0	28.0	29.0	29.0

5-11 劳动力人口占同等教育程度劳动年龄人口比重
Labor Force as Percentage of Working -age Population with the same Education

资料来源：世界银行WDI数据库。
Source: World Bank WDI Database.
单位：% (%)

国家或地区	Country or Area	初等教育 Basic Education		中等教育 Intermediate Education		高等教育 Advanced Education	
		2000	2017	2000	2017	2000	2017
中国香港①	Hong Kong, China①		46.4		67.2		75.2
中国澳门①	Macao, China①		64.5		74.1		90.8
印度尼西亚	Indonesia	65.4	61.8	71.1	71.2	87.3	85.2
日　　本①	Japan①				53.8		77.7
韩　　国	Korea, Rep.	23.3	38.2①	62.9	65.1①	44.3	77.7①
马来西亚①	Malaysia①		69.1		66.9		69.3
蒙　　古	Mongolia		49.0		58.6		70.0
菲 律 宾①	Philippines①		63.1		74.6		63.3
斯里兰卡①	Sri Lanka①		53.8		53.3		84.7
泰　　国①	Thailand①		70.0		71.8		84.2
越　　南	Viet Nam		77.9		75.7		87.6
埃　　及	Egypt		25.1		51.1		76.0
南　　非	South Africa	43.4	47.6	61.1	69.2	83.3	83.8
加 拿 大	Canada	51.7	44.3	70.0	63.1	78.6	75.0
墨 西 哥	Mexico		56.9		62.7		78.3
美　　国	United States	40.1	41.4	65.3	57.5	79.3	73.3
阿 根 廷	Argentina		48.5		65.2		79.0
巴　　西	Brazil		48.5		74.4		81.6
捷　　克	Czech Rep.	26.2	21.3	70.2	63.6	78.3	76.2
法　　国	France	37.3	30.3	70.0	61.2	77.6	76.6
德　　国	Germany	43.0	38.9	64.3	64.5	76.3	73.6
意 大 利	Italy	39.0	34.5	67.5	63.8	79.6	74.8
荷　　兰	Netherlands	47.2	44.0	72.9	69.4	80.0	80.1
波　　兰	Poland	27.2	17.6	70.0	59.2	81.0	80.1
俄 罗 斯	Russia		21.3		70.0		66.6
西 班 牙	Spain	44.2	49.0	61.5	66.3	80.5	80.5
土 耳 其	Turkey		50.6		60.0		80.0
乌 克 兰	Ukraine		19.9①		35.0		72.2
英　　国	United Kingdom	69.1	59.3	82.7	74.3	89.7	83.8

注：①2016年数据。
Note:①Data refer to 2016.

5-12 失业人口占同等教育程度劳动力比重
Unemployment as percentage of Labor Force with the Same Education

资料来源：世界银行WDI数据库。
Source: World Bank WDI Database.
单位：%　　(%)

国家或地区	Country or Area	初等教育 Basic Education		中等教育 Intermediate Education		高等教育 Advanced Education	
		2000	2017	2000	2017	2000	2017
中国香港①	Hong Kong, China①		3.9		4.0		2.4
中国澳门	Macao, China	7.3	2.3①	4.7	1.8①	3.5	1.5①
孟加拉国	Bangladesh		3.5		8.5		10.7
文　莱	Brunei Darussalam		10.4		9.9		7.5
柬埔寨	Cambodia	3.2	0.6①	3.1	1.3①	1.3	0.9①
印　度	India	3.9		9.2		10.3	
印度尼西亚	Indonesia	5.1	2.9	13.7	7.7	10.4	4.6
伊　朗	Iran		8.7		12.7		19.1
以色列	Israel	14.3	9.6①	9.9	5.0①	5.2	2.9①
日　本	Japan				3.4		2.3
韩　国	Korea, Rep.	7.5	2.6①	5.3	4.1①	6.7	3.7①
老　挝	Laos		11.0		6.5		6.9
马来西亚①	Malaysia①		2.1		4.1		4.1
蒙　古	Mongolia		3.2		7.1		7.0
缅　甸	Myanmar		1.1		3.0		2.7
巴基斯坦②	Pakistan②		2.2		6.1		16.8
菲律宾①	Philippines①		4.5		9.0		7.5
新加坡	Singapore		3.5		4.6		4.1
斯里兰卡①	Sri Lanka①		3.1		7.1		6.2
泰　国	Thailand		0.6		1.2		1.7
越　南	Viet Nam		1.5		2.9		4.1
埃　及	Egypt		6.8		15.6		20.7
尼日利亚①	Nigeria①		6.3		11.5		13.7
南　非	South Africa	33.5	33.3	31.6	27.9	6.1	12.9
加拿大	Canada	12.5	12.9	7.0	7.4	4.7	5.0
墨西哥	Mexico	2.8	3.2		4.2	1.9	4.3
美　国	United States	8.7	6.6	4.8	5.8	1.9	2.7
阿根廷	Argentina		10.5		9.1		3.3
巴　西	Brazil		15.3		14.6		7.0
捷　克	Czech Rep.	22.6	13.0	7.8	2.7	3.0	1.5
法　国	France	15.3	16.9	9.1	10.1	5.5	5.2
德　国	Germany	12.5	9.4	7.9	3.3	4.3	2.0
意大利	Italy	12.1	15.4	10.6	10.5	6.1	6.4
荷　兰	Netherlands	4.4	8.2	2.0	4.8	1.7	2.9
波　兰	Poland	21.5	11.9	17.0	5.6	5.5	2.4
俄罗斯	Russia		13.5		4.7		5.0
西班牙	Spain	15.2	24.5	13.8	17.0	10.9	10.0
土耳其	Turkey		9.7		12.5		12.4
乌克兰	Ukraine		1.1		17.9		8.4
英　国	United Kingdom	8.7	7.2	5.0	4.8	2.5	2.8
澳大利亚	Australia	10.3		6.4		3.7	
新西兰	New Zealand	9.0		6.9		2.0	

注：①2016年数据。②2015年数据。
Note:①Data refer to 2016.②Data refer to 2015.

主要统计指标解释

劳动力人口 即国际劳工组织定义的 15 岁及以上的经济活动人口。指在报告期内能提供商品生产和服务的人员。包括就业和失业人员。在不同国家，对军人、季节性就业和兼职就业者处理方法不同。通常，劳动力人口包括军人，失业人员和首次寻找工作者，不包括家务劳动者、和其他无偿护理者和在非正规部门的工作者。

就业人员 为一定年龄以上，在特定时期内（一星期或一天），属于下列类型的所有人：

（1）有酬从业人员，包括两类：① 正在工作的人，指在报告期内做某些工作以得到现金或实物形式工资或薪金的人员；②有工作岗位但目前不工作的人，指现在有工作，却在短期内暂时不上班，但同时与工作单位有正式联系的人。这种正式联系，可以按照如下的一项或多项标准，根据各国的不同情况予以判断：1）持续领到工资或薪金；2）保证在暂时的不上班状态终止后返回该岗位，或对返回的时间有协议；3）在不工作的这段时间里，该从业者能得到补偿而无须接受其他工作。

（2）自营就业者，包括两类：①正在工作，指在短期时间内以利润或家庭收入为目的，从事某些工作得到现金或实物的人；②拥有企业而不工作的人，指自己拥有企业（如商业企业，农场，服务性企业），在一定时期内因特殊原因暂不工作的人。

失业人员 在报告期内，适龄劳动人口中的失业者分为：

(1)没有工作，即没有得到有报酬的工作，又没有自营就业的人；

(2)目前有工作能力，即在报告期内可从事有酬工作和自营就业的人；

(3)正在寻找工作，在最近特定时期已采取具体步骤寻求有酬工作或自营就业的人。这些具体步骤包括：在公共或私人职业介绍所登记；向雇主提出就业申请；在工地、农场、工厂大门外、市场或其他聚集地寻找工作；通过报纸刊登广告或应聘；寻求亲友帮助就业；寻找土地、厂房、机器或设备自己创业；筹集资金；申请许可证和执照等。

失业率 反映了失业的严重程度。失业率是参考期内（一般是特定的一天或一周）特定分组的失业人数和同一时间该组就业、失业人数之和相比得出的。

收入 定期以现金或以实物形式支付给雇员的报酬，包括对雇员工作时间、完成的工作量和未工作的有酬时间（如年休假，法定假日）支付的劳动报酬。收入不包括雇主为雇员支付的社会保险、养老金缴款以及雇员因此得到的收益，也不包括解雇和辞职时加发的工资。

劳动成本 指雇主在雇用劳动力过程中发生的成本。包括向雇员支付的工作报酬，为雇员未从事工作的时间支付的报酬，奖金和赏金，食品、饮料和其他实物费用，雇主负担的雇员住房费用、社会保障费、职业培训费、福利费及其他各项支出，如工人交通费、工作服费用、招工费和被作为人工成本的税金。

Explanatory Notes on Main Statistical Indicators

Total Labor Force comprises people ages 15 and older who meet the International Labour Organization definition of the economically active population: all people who supply labor for the production of goods and services during a specified period. It includes both the employed and the unemployed. While national practices vary in the treatment of such groups as the armed forces and seasonal or part-time workers, in general the labor force includes the armed forces, the unemployed, and first-time job-seekers, but excludes homemakers and other unpaid caregivers and workers in the informal sector.

Employment comprise all persons above a specific age who during a specified brief period, either one week or one day, were in the following categories:

(1)paid employment: ① at work: persons who during the reference period performed some work for wage or salary, in cash or in kind; ② with a job but not at work: persons who, having already worked in their present job, were temporarily not at work during the reference period and had a formal attachment to their job. This formal job attachment should be determined in the light of national circumstance, according to one or more of the following criteria: 1) the continued receipt of wage or salary; 2) an assurance of return to work following the end of the contingency, or an agreement as to the data of return; 3) the elapsed duration of absence from the job which, wherever relevant, may be that duration for which workers can receive compensation benefits without obligations to accept other jobs.

(2)self-employment: ① at work: person who during the reference period performed some work for profit or family gain, in cash or in kind; ② with an enterprise but not at work: persons with an enterprise, which may be a business enterprise, a farm or a service undertaking ,who were temporarily not at work during the reference period for any specific reason.

Unemployment comprises all persons above a specified age who during the reference period were: (1) Without works were not in paid employment or self-employment; (2) Currently available for work were available for paid employment or self-employment during the reference period; (3) Seeking work had taken specific steps in a specified reference period to seek paid employment or self-employment. The specific steps may include registration at a pubic or private employment exchange; application to employers; checking at worksites, farms, factory gates, market or other assembly places; placing or answering newspaper advertisement; seeking assistance of friends or relatives; looking for land, building, machinery or equipment to establish own enterprise; arranging for financial resources; applying for permits and licenses, etc.

Unemployment Rate illustrates the relative severity of unemployment. These rates are calculated by relating the number of persons in the given group who are unemployed during the reference period (usually a particular day or a given week) to the total of employed and unemployed persons in the group at the same date.

Earnings relates to remuneration in cash and in kind paid to employees, as a rule at regular intervals, for time worked or work done together with remuneration for time not worked, such as for annual vacation, other paid leave or holidays. Earnings exclude employers' contribution in respect of their employees paid to social security and pension schemes and also the benefits received by employees under these schemes. Earnings also exclude severance and termination pay.

Labour Cost is the cost incurred by the employer in the employment of labour. The statistical concept of labour cost comprises remuneration for work performed, payments in respect of time paid for but not worked, bonuses and gratuities, the cost of food, drink and other payments in kind, cost of workers' housing borne by employers, employers' social security expenditures, cost to the employer for vocational training, welfare services and miscellaneous items, such as transport of workers, work clothes and recruitment, together with taxes regarded as labour cost.

投资环境

Investment Environment

6-1 企业开业成本
Cost of Business Start-up

资料来源：世界银行WDI数据库。
Source: World Bank WDI Database.

国家或地区	Country or Area	开办企业所需手续数（个）Start-up Procedures to Register a Business (number)		开办企业所需时间（天）Time Required to Start a Business (days)		开办企业成本占人均国民总收入的比重(%) Cost of Business Start-up as Percentage of Income per capita (%)	
		2005	2018	2005	2018	2005	2018
中　　国	China	13	4	48	9	13.6	0.4
中国香港	Hong Kong, China	5	2	11	2	3.4	1.1
孟加拉国	Bangladesh		9		20		21.2
文　　莱	Brunei Darussalam		3		6		1.2
柬 埔 寨	Cambodia	10	9	87	99	276.1	47.4
印　　度	India		10		17		14.4
印度尼西亚	Indonesia		10		20		6.1
伊　　朗	Iran	10	10	81	73	6.3	1.2
以 色 列	Israel	5	4	19	12	5.3	2.8
日　　本	Japan		8		11		7.5
哈萨克斯坦	Kazakhstan	9	5	31	5	9.9	0.3
韩　　国	Korea, Rep.	10	2	17	4	15.7	14.6
老　　挝	Laos	10	10	135	174	25.6	6.6
马来西亚	Malaysia	10	9	38	14	26.6	11.6
蒙　　古	Mongolia	8	8	17	11	9.6	1.3
缅　　甸	Myanmar		12		14		24.8
巴基斯坦	Pakistan		10		17		6.8
菲 律 宾	Philippines	17	13	47	31	23.9	20.3
新 加 坡	Singapore	6	2	6	2	0.9	0.4
斯里兰卡	Sri Lanka	9	7	46	9	50.0	9.4
泰　　国	Thailand	10	5	35	5	17.3	3.1
越　　南	Viet Nam	10	8	41	17	27.6	5.9
埃　　及	Egypt	11	6	27	12	116.9	40.3
尼日利亚	Nigeria		8		11		27.6
南　　非	South Africa	9	7	53	40	8.6	0.2
加 拿 大	Canada	3	2	4	2	0.9	0.3
墨 西 哥	Mexico		8		8		16.2
美　　国	United States		6		6		1.0
阿 根 廷	Argentina	13	11	30	11	15.9	5.3
巴　　西	Brazil		11		21		5.0
委内瑞拉	Venezuela	16	20	143	230	28.8	391.3
捷　　克	Czech Rep.	10	8	57	25	9.5	1.0
法　　国	France	5	5	7	4	1.2	0.7
德　　国	Germany	9	9	22	8	4.9	6.7
意 大 利	Italy	9	6	13	6	20.7	14.1
荷　　兰	Netherlands	7	4	9	4	13.0	4.2
波　　兰	Poland	11	5	52	37	19.9	11.8
俄 罗 斯	Russia		4		10		1.1
西 班 牙	Spain	10	7	70	13	16.5	4.0
土 耳 其	Turkey	10	7	11	7	28.7	10.6
乌 克 兰	Ukraine	16	6	35	7	13.4	0.6
英　　国	United Kingdom	6	4	12	5	0.7	
澳大利亚	Australia	3	3	3	3	1.9	0.7
新 西 兰	New Zealand	2	1	12	1	0.2	0.2

6-2 企业经营环境排名(2018年)
Ease of Doing Businesses Rank(2018)

资料来源：世界银行《全球营商环境报告》。
Source: World Bank Doing Business.

国家或地区	Country or Area	企业经营环境排名 Ease of Doing Business Rank	开办企业排名 Starting a Business Rank	申请建筑许可 Dealing with Construction Permits			注册财产 Registering Property			信贷融资便利度排名 Getting Credit Rank	缴纳税款排名 Paying Taxes Rank
				排名 Rank	手续(个) Procedures (number)	时间(天) Time (days)	排名 Rank	手续(个) Procedures (number)	时间(天) Time (days)		
新西兰	New Zealand	1	1	6	11	93	1	2	1	1	10
新加坡	Singapore	2	3	8	10	41	21	6	5	32	8
丹麦	Denmark	3	42	4	7	64	11	3	4	44	9
中国香港	Hong Kong, China	4	5	1	11	72	53	5	28	32	1
韩国	Korea, Rep.	5	11	10	10	28	40	7	6	60	24
格鲁吉亚	Georgia	6	2	27	11	63	4	1	1	12	16
挪威	Norway	7	22	22	11	111	13	1	3	85	30
美国	United States	8	53	26	16	81	38	4	15	3	37
英国	United Kingdom	9	19	17	9	86	42	6	22	32	23
前南马其顿	Macedonia, FYR	10	47	13	9	91	46	7	30	12	31
阿联酋	United Arab Emirates	11	25	5	14	51	7	2	2	44	2
瑞典	Sweden	12	18	25	8	117	10	1	7	85	27
中国台湾	Taiwan, China	13	20	2	10	82	19	3	4	99	29
立陶宛	Lithuania	14	31	7	13	74	3	3	4	44	18
马来西亚	Malaysia	15	122	3	11	54	29	6	12	32	72
爱沙尼亚	Estonia	16	15	14	10	103	6	3	18	44	14
芬兰	Finland	17	43	34	17	65	28	3	47	60	11
澳大利亚	Australia	18	7	9	11	121	50	5	5	8	26
拉脱维亚	Latvia	19	24	56	14	192	25	4	17	12	13
毛里求斯	Mauritius	20	21	15	15	98	35	5	17	60	6
冰岛	Iceland	21	59	71	17	84	15	3	4	73	33
加拿大	Canada	22	3	63	12	249	34	5	4	12	19
爱尔兰	Ireland	23	10	28	10	150	64	5	32	44	4
德国	Germany	24	114	24	9	126	78	6	52	44	43
阿塞拜疆	Azerbaijan	25	9	61	18	116	17	3	6	22	28
奥地利	Austria	26	118	42	11	222	32	3	21	85	40
泰国	Thailand	27	39	67	19	118	66	5	9	44	59
哈萨克斯坦	Kazakhstan	28	36	35	18	102	18	3	4	60	56
卢旺达	Rwanda	29	51	106	15	113	2	3	7	3	35
西班牙	Spain	30	86	78	13	147	58	6	13	73	34
俄罗斯	Russia	31	32	48	15	194	12	4	13	22	53
法国	France	32	30	19	9	183	96	8	42	99	55
波兰	Poland	33	121	40	12	153	41	6	33	32	69
葡萄牙	Portugal	34	57	60	14	160	36	1	10	112	39
捷克	Czech Rep.	35	115	156	21	246	33	4	28	44	45
荷兰	Netherlands	36	22	84	13	161	31	5	3	112	21
白俄罗斯	Belarus	37	29	46	15	160	5	2	3	85	99
瑞士	Switzerland	38	77	69	13	156	16	4	16	73	20
日本	Japan	39	93	44	12	175	48	6	13	85	97
斯洛文尼亚	Slovenia	40	38	120	17	248	56	7	51	112	41
亚美尼亚	Armenia	41	8	98	20	98	14	3	7	44	82
斯洛伐克	Slovakia	42	127	143	14	300	9	3	17	44	48
土耳其	Turkey	43	78	59	18	103	39	6	5	32	80
科索沃	Kosovo	44	13	100	12	150	37	6	27	12	44
比利时	Belgium	45	33	38	10	212	143	8	56	60	60
中国	China	46	28	121	20	155	27	4	9	73	114
摩尔多瓦	Moldova	47	14	172	28	276	22	5	6	44	35

6-2 续表 1 continued

国家或地区	Country or Area	中小投资者保护 Protecting Minority Investors			跨境贸易排名 Trading Across Borders Rank	合同执行 Enforcing Contracts		解决破产 Resolving Insolvency		
		排名 Rank	披露指数 Disclosure Index	中小投资者保护指数 Strength of Minority Investor Protection Index		排名 Rank	时间(天) Time (days)	排名 Rank	时间(年) Time (years)	收回率(美分/美元) Recovery rate (cents/dollar)
新西兰	New Zealand	2	10	8.0	60	21	216	31	1.3	84.1
新加坡	Singapore	7	10	8.0	45	1	164	27	0.8	88.8
丹麦	Denmark	38	7	7.0	1	14	485	6	1.0	88.5
中国香港	Hong Kong, China	11	10	8.0	27	30	385	44	0.8	87.2
韩国	Korea, Rep.	23	8	7.0	33	2	290	11	1.5	84.6
格鲁吉亚	Georgia	2	9	8.0	43	8	285	60	2.0	40.2
挪威	Norway	15	7	8.0	22	3	400	5	0.9	92.0
美国	United States	50	7.4	6.5	36	16	420	3	1.0	81.8
英国	United Kingdom	15	10	8.0	30	32	437	14	1.0	85.3
前南马其顿	Macedonia, FYR	7	10	8.0	29	37	634	30	1.5	48.0
阿联酋	United Arab Emirates	15	10	8.0	98	9	445	75	3.2	28.4
瑞典	Sweden	33	8	7.0	18	38	483	17	2.0	78.0
中国台湾	Taiwan, China	15	9	8.0	58	11	510	23	1.9	82.2
立陶宛	Lithuania	38	7	7.0	19	7	370	85	2.3	40.6
马来西亚	Malaysia	2	10	8.0	48	33	425	41	1.0	81.3
爱沙尼亚	Estonia	83	8	6.0	17	13	455	47	3.0	40.7
芬兰	Finland	72	6	6.0	34	46	485	2	0.9	88.3
澳大利亚	Australia	64	8	6.0	103	5	402	20	1.0	82.7
拉脱维亚	Latvia	51	5	6.0	26	20	469	54	1.5	41.1
毛里求斯	Mauritius	15	7	8.0	69	27	490	35	1.7	67.4
冰岛	Iceland	30	7	7.0	53	31	417	12	1.0	85.3
加拿大	Canada	11	8	8.0	50	96	910	13	0.8	87.5
爱尔兰	Ireland	15	9	8.0	52	102	650	18	0.4	86.0
德国	Germany	72	5	6.0	40	26	499	4	1.2	80.4
阿塞拜疆	Azerbaijan	2	10	8.0	84	40	277	45	1.5	40.1
奥地利	Austria	33	5	7.0	1	10	397	21	1.1	80.1
泰国	Thailand	15	10	8.0	59	35	420	24	1.5	69.8
哈萨克斯坦	Kazakhstan	1	9	9.0	102	4	370	37	1.5	38.9
卢旺达	Rwanda	14	8	8.0	88	78	230	58	2.5	19.2
西班牙	Spain	30	7	7.0	1	23	510	19	1.5	77.3
俄罗斯	Russia	57	6	6.2	99	18	337	55	2.0	42.1
法国	France	38	8	7.0	1	12	395	28	1.9	73.8
波兰	Poland	57	7	6.0	1	53	685	25	3.0	60.8
葡萄牙	Portugal	64	6	6.0	1	35	755	16	3.0	64.5
捷克	Czech Rep.	72	2	6.0	1	99	678	15	2.1	67.4
荷兰	Netherlands	72	4	6.0	1	74	514	7	1.1	89.8
白俄罗斯	Belarus	51	7	6.0	25	29	275	72	1.5	39.6
瑞士	Switzerland	110		5.0	39	55	598	46	3.0	46.8
日本	Japan	64	7	6.0	56	52	360	1	0.6	92.4
斯洛文尼亚	Slovenia	30	5	7.0	1	110	1160	9	0.8	88.7
亚美尼亚	Armenia	51	6	6.0	46	24	570	95	1.9	38.2
斯洛伐克	Slovakia	95	3	5.0	1	47	775	42	4.0	48.8
土耳其	Turkey	26	9	7.0	42	19	609	109	5.0	14.7
科索沃	Kosovo	95	6	5.0	51	50	330	50	2.0	39.4
比利时	Belgium	57	8	6.0	1	54	505	8	0.9	89.1
中国	China	64	10	6.0	65	6	496	61	1.7	36.9
摩尔多瓦	Moldova	33	7	7.0	35	69	585	68	2.8	30.9

6-2 续表 2 continued

国家或地区	Country or Area	企业经营环境排名 Ease of Doing Business Rank	开办企业排名 Starting a Business Rank	申请建筑许可 Dealing with Construction Permits			注册财产 Registering Property			信贷融资便利度排名 Getting Credit Rank	缴纳税款排名 Paying Taxes Rank
				排名 Rank	手续（个） Procedures (number)	时间（天） Time (days)	排名 Rank	手续（个） Procedures (number)	时间（天） Time (days)		
塞尔维亚	Serbia	48	40	11	11	106	55	6	21	60	79
以色列	Israel	49	45	41	13	207	89	6	37	60	90
黑山	Montenegro	50	90	75	8	152	76	6	69	12	68
意大利	Italy	51	67	104	12	228	23	4	16	112	118
罗马尼亚	Romania	52	111	146	24	260	44	6	15	22	49
匈牙利	Hungary	53	82	110	22	193	30	4	18	32	86
墨西哥	Mexico	54	94	93	15	82	103	8	39	8	116
文莱	Brunei Darussalam	55	16	55	20	83	142	7	299	1	84
智利	Chile	56	72	33	12	195	61	6	29	85	76
塞浦路斯	Cyprus	57	52	126	8	507	94	7	9	73	47
克罗地亚	Croatia	58	123	159	22	146	51	5	47	85	89
保加利亚	Bulgaria	59	99	37	18	97	67	8	19	60	92
摩洛哥	Morocco	60	34	18	13	88	68	6	21	112	25
肯尼亚	Kenya	61	126	128	16	159	122	9	49	8	91
巴林	Bahrain	62	66	57	11	174	26	2	31	112	5
阿尔巴尼亚	Albania	63	50	151	18	299	98	5	19	44	122
波多黎各	Puerto Rico	64	53	141	22	165	159	8	191	3	162
哥伦比亚	Colombia	65	100	89	13	132	59	7	15	3	146
卢森堡	Luxemburg	66	73	12	11	157	92	7	27	175	22
哥斯达黎加	Costa Rica	67	142	74	17	135	47	5	11	12	57
秘鲁	Peru	68	125	54	15	187	45	5	8	32	120
越南	Viet Nam	69	104	21	10	166	60	5	54	32	131
吉尔吉斯斯坦	Kyrgyzstan	70	35	29	11	142	8	3	4	32	150
乌克兰	Ukraine	71	56	30	11	85	63	7	17	32	54
希腊	Greece	72	44	39	17	123	153	11	20	99	65
印度尼西亚	Indonesia	73	134	112	17	200	100	5	28	44	112
蒙古	Mongolia	74	87	23	17	137	49	5	11	22	61
牙买加	Jamaica	75	6	76	19	142	131	8	19	12	123
乌兹别克斯坦	Uzbekistan	76	12	134	17	246	71	9	46	60	64
印度	India	77	137	52	18	95	166	9	69	22	121
阿曼	Oman	78	37	66	14	172	52	2	16	134	12
巴拿马	Panama	79	48	108	18	105	81	7	23	22	174
突尼斯	Tunisia	80	63	77	17	95	87	4	39	99	133
不丹	Bhutan	81	91	88	21	150	54	3	77	85	15
南非	South Africa	82	134	96	20	155	106	7	23	73	46
卡塔尔	Qatar	83	84	20	16	58	20	6	12	124	2
马耳他	Malta	84	103	45	14	170	151	7	15	134	71
萨尔瓦多	El Salvador	85	147	173	17	314	73	6	31	22	62
博茨瓦纳	Botswana	86	157	31	15	102	80	4	27	85	51
赞比亚	Zambia	87	102	70	10	189	150	6	45	3	17
圣马力诺	San Marino	88	113	72	15	146	101	9	43	144	42
波黑	Bosnia and Herzegovinian	89	183	167	16	193	99	7	24	60	139
萨摩亚	Samoa	90	41	90	18	58	65	5	15	112	74
汤加	Tonga	91	58	16	13	77	163	4	112	44	100
沙特阿拉伯	Saudi Arabia	92	141	36	17	92	24	2	2	112	78
圣卢西亚	Saint Lucia	93	70	32	14	116	104	9	17	161	73
瓦努阿图	Vanuatu	94	132	147	14	124	79	4	58	32	58
乌拉圭	Uruguay	95	65	155	21	251	115	9	66	73	101
塞舌尔	Seychelles	96	145	118	16	138	62	4	33	134	31
科威特	Kuwait	97	133	131	23	231	69	9	35	134	7

6-2 续表 3 continued

国家或地区	Country or Area	中小投资者保护 Protecting Minority Investors			跨境贸易排名 Trading Across Borders Rank	合同执行 Enforcing Contracts		解决破产 Resolving Insolvency		
		排名 Rank	披露指数 Disclosure Index	中小投资者保护指数 Strength of Minority Investor Protection Index		排名 Rank	时间(天) Time (days)	排名 Rank	时间(年) Time (years)	收回率(美分/美元) Recovery rate (cents/dollar)
塞尔维亚	Serbia	83	4	6.0	23	65	635	49	2.0	34.5
以色列	Israel	23	7	7.0	64	90	975	29	2.0	62.5
黑　山	Montenegro	57	5	6.0	47	44	545	43	1.4	50.0
意大利	Italy	72	7	6.0	1	111	1120	22	1.8	65.2
罗马尼亚	Romania	64	9	6.0	1	17	512	52	3.3	35.8
匈牙利	Hungary	110	2	5.0	1	22	605	65	2.0	44.2
墨西哥	Mexico	72	8	5.8	66	43	341	32	1.8	64.7
文　莱	Brunei Darussalam	48	4	7.0	149	67	540	64	2.5	47.2
智　利	Chile	64	8	6.0	71	49	480	51	2.0	41.6
塞浦路斯	Cyprus	38	9	7.0	49	138	1100	26	1.5	73.4
克罗地亚	Croatia	38	5	7.0	1	25	650	59	3.1	34.8
保加利亚	Bulgaria	33	10	7.0	21	42	564	56	3.3	37.2
摩洛哥	Morocco	64	9	6.0	62	68	510	71	3.5	28.5
肯尼亚	Kenya	11	10	8.0	112	88	465	57	4.5	31.2
巴　林	Bahrain	38	8	7.0	77	128	635	93	2.5	42.2
阿尔巴尼亚	Albania	26	9	7.0	24	98	525	39	2.0	44.0
波多黎各	Puerto Rico	110	7	5.0	67	63	630	10	2.5	67.7
哥伦比亚	Colombia	15	9	8.0	133	177	1288	40	1.7	67.2
卢森堡	Luxemburg	122	6	5.0	1	15	321	90	2.0	43.8
哥斯达黎加	Costa Rica	122	5	5.0	73	121	852	134	3.0	29.3
秘　鲁	Peru	51	9	6.0	110	70	426	88	3.1	29.8
越　南	Viet Nam	89	7	6.0	100	62	400	133	5.0	21.3
吉尔吉斯斯坦	Kyrgyzstan	38	7	7.0	70	131	410	82	1.5	36.2
乌克兰	Ukraine	72	8	6.0	78	57	378	145	2.9	9.6
希　腊	Greece	51	7	6.0	31	132	1580	62	3.5	33.2
印度尼西亚	Indonesia	51	10	6.3	116	146	403	36	1.1	65.2
蒙　古	Mongolia	33	6	7.0	117	66	374	152	4.0	16.9
牙买加	Jamaica	89	4	6.0	134	127	550	33	1.1	65.9
乌兹别克斯坦	Uzbekistan	64	8	6.0	165	41	225	91	2.0	37.6
印　度	India	7	8	8.0	80	163	1445	108	4.3	26.5
阿　曼	Oman	125	8	5.0	72	73	598	100	4.0	38.0
巴拿马	Panama	99	4	5.0	57	147	790	113	2.5	27.1
突尼斯	Tunisia	83	6	6.0	101	80	565	67	1.3	51.3
不　丹	Bhutan	125	4	5.0	28	28	225	168		
南　非	South Africa	23	8	7.0	143	115	600	66	2.0	34.5
卡塔尔	Qatar	178	2	3.0	97	122	570	120	2.8	30.2
马耳他	Malta	57	3	6.0	41	39	505	121	3.0	38.8
萨尔瓦多	El Salvador	161	3	4.0	44	109	816	89	3.5	32.5
博茨瓦纳	Botswana	83	7	6.0	55	134	660	81	1.7	65.9
赞比亚	Zambia	110	4	5.0	153	130	611	99	1.0	49.8
圣马力诺	San Marino	177	3	3.0	20	82	575	105	2.3	50.4
波　黑	Bosnia and Herzegovinian	72	3	6.0	37	75	595	37	3.3	38.9
萨摩亚	Samoa	83	5	6.0	151	86	455	140	2.0	18.6
汤　加	Tonga	140	3	4.0	94	94	350	137	2.7	28.3
沙特阿拉伯	Saudi Arabia	7	9	8.0	158	59	575	168		
圣卢西亚	Saint Lucia	99	4	5.0	90	75	645	130	2.0	43.5
瓦努阿图	Vanuatu	110	5	5.0	147	136	430	98	2.6	45.2
乌拉圭	Uruguay	132	3	4.0	152	100	725	70	1.8	43.2
塞舌尔	Seychelles	110	4	5.0	95	129	915	73	2.0	38.9
科威特	Kuwait	72	5	6.0	159	77	566	115	4.2	32.4

6-2 续表 4 continued

国家或地区	Country or Area	企业经营环境排名 Ease of Doing Business Rank	开办企业排名 Starting a Business Rank	申请建筑许可 Dealing with Construction Permits			注册财产 Registering Property			信贷融资便利度排名 Getting Credit Rank	缴纳税款排名 Paying Taxes Rank
				排名 Rank	手续（个）Procedures (number)	时间（天）Time (days)	排名 Rank	手续（个）Procedures (number)	时间（天）Time (days)		
危地马拉	Guatemala	98	89	122	11	230	86	7	24	22	102
吉 布 提	Djibouti	99	96	101	17	148	110	6	24	161	108
斯里兰卡	Sri Lanka	100	83	65	13	87	140	8	39	124	141
斐 济	Fiji	101	161	102	15	141	57	4	69	161	98
多米尼加	Dominican Rep.	102	117	80	15	206	77	6	45	112	148
多米尼克	Dominica	103	69	82	11	191	168	5	42	144	75
约 旦	Jordan	104	106	139	20	66	72	6	17	134	95
特立尼达和多巴哥	Trinidad and Tobago	105	76	125	16	253	158	9	77	60	166
莱 索 托	Lesotho	106	119	171	10	183	108	4	43	85	108
纳米比亚	Namibia	107	172	83	12	160	174	8	44	73	81
巴布亚新几内亚	Papua New Guinea	108	143	124	17	217	121	4	72	44	111
巴 西	Brazil	109	140	175	19	434	137	14	31	99	184
尼 泊 尔	Nepal	110	107	148	12	117	88	4	6	99	158
马 拉 维	Malawi	111	153	136	13	153	83	6	47	8	134
安提瓜和巴布达	Antigua and Barbuda	112	131	97	18	135	120	7	32	161	144
巴 拉 圭	Paraguay	113	151	79	14	121	74	6	46	124	127
加 纳	Ghana	114	108	115	16	170	123	6	47	73	115
所罗门群岛	Solomon Islands	115	98	53	13	98	154	10	87	99	38
约旦河西岸和加沙	West Bank and Gaza	116	171	157	20	108	84	7	35	22	107
巴 哈 马	Bahamas	118	105	91	16	180	169	7	122	144	50
阿 根 廷	Argentina	119	128	174	21	341	119	7	52	85	169
埃 及	Egypt	120	109	68	19	173	125	9	76	60	159
洪都拉斯	Honduras	121	154	116	17	94	95	6	29	12	164
科特迪瓦	Cote D'Ivoire	122	26	142	21	162	112	6	30	44	175
厄瓜多尔	Ecuador	123	168	113	17	132	75	8	38	112	143
菲 律 宾	Philippines	124	166	94	23	122	116	9	35	184	94
伯 利 兹	Belize	125	162	119	16	127	135	9	60	172	52
塔吉克斯坦	Tajikistan	126	60	135	25	182	91	5	36	124	136
乌 干 达	Uganda	127	164	145	18	114	126	10	42	73	87
伊 朗	Iran	128	173	86	16	130	90	6	31	99	149
巴巴多斯	Barbados	129	101	154	9	442	129	6	105	144	93
圣文森特和格林纳丁斯	Saint Vincent and the Grenadines	130	88	49	14	92	171	7	47	161	103
佛 得 角	Cape Verde	131	116	43	16	108	70	6	22	134	77
尼加拉瓜	Nicaragua	132	144	177	18	225	155	9	56	99	160
帕 劳	Palau	133	129	95	19	72	43	5	14	99	106
圭 亚 那	Guyana	134	97	164	17	208	117	6	45	85	119
莫桑比克	Mozambique	135	174	64	11	118	133	8	43	161	125
巴基斯坦	Pakistan	136	130	166	19	263	161	7	144	112	173
多 哥	Togo	137	74	133	11	163	127	5	84	144	172
柬 埔 寨	Cambodia	138	185	179	20	652	124	7	55	22	137
马尔代夫	Maldives	139	71	62	10	140	175	6	57	134	117
圣基茨和尼维斯	Saint Kitts and Nevis	140	95	47	11	105	185	6	224	161	124
塞内加尔	Senegal	141	64	140	14	177	118	5	41	144	171
黎 巴 嫩	Lebanon	142	146	170	22	277	105	8	37	124	113
尼 日 尔	Niger	143	27	158	15	91	111	4	13	144	161
坦桑尼亚	Tanzania	144	163	150	24	184	146	8	67	60	167
马 里	Mali	145	110	109	13	124	141	5	29	144	165
尼日利亚	Nigeria	146	120	149	16	110	184	12	92	12	157
格林纳达	Grenada	147	85	130	15	146	146	8	32	144	142
毛里塔尼亚	Mauritania	148	46	92	13	104	102	4	49	144	178
冈 比 亚	Gambia	149	169	123	12	144	132	5	66	134	169
马绍尔群岛	Marshall Islands	150	75	73	7	38	187			99	70

6-2 续表 5 continued

国家或地区	Country or Area	中小投资者保护 Protecting Minority Investors			跨境贸易排名 Trading Across Borders Rank	合同执行 Enforcing Contracts		解决破产 Resolving Insolvency		
		排名 Rank	披露指数 Disclosure Index	中小投资者保护指数 Strength of Minority Investor Protection Index		排名 Rank	时间（天）Time (days)	排名 Rank	时间（年）Time (years)	收回率（美分/美元）Recovery rate (cents/dollar)
危地马拉	Guatemala	174	3	3.0	83	176	1402	156	3.0	28.0
吉 布 提	Djibouti	2	8	8.0	145	140	695	48	2.3	37.6
斯里兰卡	Sri Lanka	38	8	7.0	93	164	1318	92	1.7	43.1
斐　济	Fiji	99	2	5.0	79	97	397	96	1.8	46.5
多米尼加	Dominican Rep.	83	5	6.0	63	149	590	124	3.5	8.8
多米尼克	Dominica	99	4	5.0	89	83	681	134	4.0	29.3
约　旦	Jordan	125	4	5.0	74	108	642	150	3.0	27.3
特立尼达和多巴哥	Trinidad and Tobago	57	4	6.0	130	174	1340	77	2.5	26.2
莱 索 托	Lesotho	110	3	5.0	38	95	615	126	2.6	27.9
纳米比亚	Namibia	99	5	5.0	136	58	460	125	2.5	33.8
巴布亚新几内亚	Papua New Guinea	89	5	6.0	140	173	591	142	3.0	25.1
巴　西	Brazil	48	5	6.5	106	48	731	77	4.0	14.6
尼 泊 尔	Nepal	72	6	6.0	82	154	910	83	2.0	41.2
马 拉 维	Malawi	110	4	5.0	126	145	522	141	2.6	12.5
安提瓜和巴布达	Antigua and Barbuda	99	4	5.0	108	34	476	132	3.0	36.8
巴 拉 圭	Paraguay	140	6	4.0	127	91	606	103	3.9	21.6
加　纳	Ghana	99	7	5.0	156	116	710	160	1.9	23.1
所罗门群岛	Solomon Islands	110	3	5.0	160	156	497	144	1.0	24.4
约旦河西岸和加沙	West Bank and Gaza	161	6	4.0	54	123	540	168		
巴 哈 马	Bahamas	132	2	4.0	161	84	545	69	3.0	64.3
阿 根 廷	Argentina	57	7	6.0	125	107	995	104	2.4	21.5
埃　及	Egypt	72	8	6.0	171	160	1010	101	2.5	23.4
洪都拉斯	Honduras	140	3	4.0	123	152	920	143	3.8	19.0
科特迪瓦	Cote D'Ivoire	149	7	4.0	162	106	525	80	2.2	36.9
厄瓜多尔	Ecuador	125	2	5.0	109	79	523	158	5.3	18.1
菲 律 宾	Philippines	132	2	4.0	104	151	962	63	2.7	21.3
伯 利 兹	Belize	132	3	4.0	111	133	892	87	2.0	56.3
塔吉克斯坦	Tajikistan	38	8	7.0	148	61	430	146	1.7	34.2
乌 干 达	Uganda	110	3	5.0	119	71	490	112	2.2	39.3
伊　朗	Iran	173	7	3.0	121	89	505	131	1.5	37.1
巴巴多斯	Barbados	168	2	4.0	132	170	1340	34	1.8	65.8
圣文森特和格林纳丁斯	Saint Vincent and the Grenadines	99	4	5.0	81	56	595	168		
佛 得 角	Cape Verde	165	1	4.0	114	45	425	168		
尼加拉瓜	Nicaragua	168	1	4.0	85	87	490	106	2.2	35.8
帕　劳	Palau	180		3.0	137	126	810	166	2.0	31.0
圭 亚 那	Guyana	99	5	5.0	146	93	581	162	3.0	18.4
莫桑比克	Mozambique	140	5	4.0	91	167	950	84	1.5	29.1
巴基斯坦	Pakistan	26	6	7.2	142	156	1071	53	2.6	44.5
多　哥	Togo	149	7	4.0	129	137	488	86	3.0	34.4
柬 埔 寨	Cambodia	110	6	5.0	115	182	483	79	6.0	14.5
马尔代夫	Maldives	132		4.0	155	125	760	139	1.5	50.6
圣基茨和尼维斯	Saint Kitts and Nevis	122	4	5.0	68	51	578	168		
塞内加尔	Senegal	140	7	4.0	139	142	740	94	3.0	30.1
黎 巴 嫩	Lebanon	140	9	4.0	150	135	721	151	3.0	31.7
尼 日 尔	Niger	149	7	4.0	124	119	380	114	5.0	21.0
坦桑尼亚	Tanzania	131	2	5.0	183	64	515	117	3.0	20.3
马　里	Mali	149	7	4.0	92	159	620	97	3.6	28.5
尼日利亚	Nigeria	38	7	6.7	182	92	454	149	2.0	27.5
格林纳达	Grenada	132	4	4.0	135	80	688	168		
毛里塔尼亚	Mauritania	110	6	5.0	141	72	370	168		
冈 比 亚	Gambia	165	2	4.0	113	117	407	128	2.0	27.3
马绍尔群岛	Marshall Islands	180	2	3.0	75	103	616	167	2.0	17.1

6-2 续表 6 continued

国家或地区	Country or Area	企业经营环境排名 Ease of Doing Business Rank	开办企业排名 Starting a Business Rank	申请建筑许可 Dealing with Construction Permits			注册财产 Registering Property			信贷融资便利度排名 Getting Credit Rank	缴纳税款排名 Paying Taxes Rank
				排名 Rank	手续(个) Procedures (number)	时间(天) Time (days)	排名 Rank	手续(个) Procedures (number)	时间(天) Time (days)		
布基纳法索	Burkina Faso	151	79	58	14	121	145	4	67	144	153
几内亚	Guinea	152	111	50	15	151	138	6	44	144	181
贝宁	Benin	153	61	51	13	88	130	4	120	144	176
老挝	Laos	154	180	99	12	92	85	6	28	73	155
津巴布韦	Zimbabwe	155	176	176	10	208	109	5	36	85	145
玻利维亚	Bolivia	156	178	160	13	322	148	7	90	134	186
阿尔及利亚	Algeria	157	150	129	19	136	165	10	55	178	156
基里巴斯	Kiribati	158	149	117	15	150	149	5	513	172	96
埃塞俄比亚	Ethiopia	159	167	168	13	134	144	7	52	175	130
密克罗尼西亚	Micronesia, Fed.	160	170	137	14	86	187			99	110
马达加斯加	Madagascar	161	81	183	16	185	162	6	100	124	132
苏丹	Sudan	162	156	105	14	240	93	6	11	161	163
塞拉利昂	Sierra Leone	163	55	182	17	182	167	7	56	161	88
科摩罗	Comoros	164	164	85	10	108	114	4	30	124	168
苏里南	Suriname	165	182	114	10	223	160	6	46	178	105
喀麦隆	Cameroon	166	92	132	15	135	176	5	81	73	182
阿富汗	Afghanistan	167	49	184	13	199	186	9	250	99	177
布隆迪	Burundi	168	17	162	15	70	97	5	23	178	138
加蓬	Gabon	169	124	144	14	276	178	6	102	124	183
圣多美和普林西比	Sao Tome and Principe	170	148	111	16	67	173	8	52	161	135
伊拉克	Iraq	171	155	103	11	167	113	5	51	186	129
缅甸	Myanmar	171	152	81	15	95	136	6	85	178	126
安哥拉	Angola	173	139	87	10	173	170	6	190	184	104
利比里亚	Liberia	174	80	185	25	87	182	10	44	112	67
几内亚比绍	Guinea-Bissau	175	158	178	13	143	128	5	48	144	154
孟加拉国	Bangladesh	176	138	138	16	274	183	8	271	161	151
赤道几内亚	Equatorial Guinea	177	184	163	13	144	164	6	23	124	179
东帝汶	Timor-Leste	178	68	161	16	207	187			172	140
叙利亚	Syrian Arab Republic	179	136	186			157	4	48	175	85
刚果(布)	Congo, Rep.	180	179	127	12	164	177	6	55	134	185
乍得	Chad	181	186	153	13	226	134	6	44	144	188
海地	Haiti	182	189	180	14	98	181	5	312	178	147
中非	Central African Rep.	183	181	181	16	219	172	5	75	144	187
刚果(金)	Congo, Dem. Rep.	184	62	165	13	122	156	8	38	144	180
南苏丹	South Sudan	185	177	169	23	124	179	7	48	178	66
利比亚	Libya	186	160	186			187			186	128
也门	Yemen	187	175	186			81	6	19	186	83
委内瑞拉	Venezuela	188	190	152	11	434	138	9	52	124	189
厄立特里亚	Eritrea	189	187	186			180	11	78	186	152
索马里	Somalia	190	188	186			152	5	188	186	190

6-2 续表 7 continued

国家或地区	Country or Area	中小投资者保护 Protecting Minority Investors			跨境贸易排名 Trading Across Borders Rank	合同执行 Enforcing Contracts		解决破产 Resolving Insolvency		
		排名 Rank	披露指数 Disclosure Index	中小投资者保护指数 Strength of Minority Investor Protection Index		排名 Rank	时间(天) Time (days)	排名 Rank	时间(年) Time (years)	收回率(美分/美元) Recovery rate (cents/dollar)
布基纳法索	Burkina Faso	149	7	4.0	120	165	446	107	4.0	23.7
几 内 亚	Guinea	149	7	4.0	167	118	311	116	3.8	20.4
贝 宁	Benin	149	7	4.0	107	171	750	110	4.0	23.3
老 挝	Laos	174	6	3.0	76	162	828	168		
津巴布韦	Zimbabwe	95	8	5.0	157	168	410	159	3.3	18.0
玻利维亚	Bolivia	149	1	4.0	96	113	591	102	1.8	40.8
阿尔及利亚	Algeria	168	4	4.0	173	112	630	76	1.3	50.8
基里巴斯	Kiribati	125	6	5.0	131	120	660	168		
埃塞俄比亚	Ethiopia	178	3	3.0	154	60	530	148	3.0	27.7
密克罗尼西亚	Micronesia, Fed.	185		3.0	61	184	885	123	5.3	3.2
马达加斯加	Madagascar	99	7	5.0	138	150	871	136	3.0	11.4
苏 丹	Sudan	168	3	4.0	185	144	810	118	2.0	31.3
塞拉利昂	Sierra Leone	89	6	6.0	166	105	515	161	2.3	11.1
科 摩 罗	Comoros	149	7	4.0	118	179	506	168		
苏 里 南	Suriname	168	1	4.0	87	187	1715	138	5.0	7.6
喀 麦 隆	Cameroon	140	7	4.0	186	166	800	127	2.8	15.8
阿 富 汗	Afghanistan	26	8	7.0	177	181	1642	74	2.0	26.5
布 隆 迪	Burundi	132	8	4.0	169	158	832	147	5.0	7.5
加 蓬	Gabon	161	7	4.0	170	180	1160	129	5.0	15.2
圣多美和普林西比	Sao Tome and Principe	188	3	2.0	122	185	1185	168		
伊 拉 克	Iraq	125	4	5.0	181	143	520	168		
缅 甸	Myanmar	185	3	3.0	168	188	1160	164	5.0	14.7
安 哥 拉	Angola	89	4	6.0	174	186	1296	168		
利比里亚	Liberia	180	4	3.0	179	175	1300	111	3.0	17.2
几内亚比绍	Guinea-Bissau	140	7	4.0	144	169	1785	168		
孟加拉国	Bangladesh	89	6	5.5	176	189	1442	153	4.0	29.2
赤道几内亚	Equatorial Guinea	149	7	4.0	175	101		168		
东 帝 汶	Timor-Leste	99	5	5.0	104	190	1285	168		
叙 利 亚	Syrian Arab Republic	95	7	5.0	178	161	872	163	4.1	10.2
刚果(布)	Congo, Rep.	149	7	4.0	184	155		122	3.3	18.0
乍 得	Chad	161	7	4.0	172	153	743	154	4.0	
海 地	Haiti	188	2	2.0	86	124	530	168		
中 非	Central African Rep.	149	7	4.0	163	183	660	154	4.8	
刚果(金)	Congo, Dem. Rep.	165	7	4.0	188	178		168		
南 苏 丹	South Sudan	180	2	3.0	180	85	228	168		
利 比 亚	Libya	185	4	3.0	128	141	690	168		
也 门	Yemen	132	6	4.0	189	139	645	157	3.0	19.1
委内瑞拉	Venezuela	180	3	3.0	187	148	720	165	4.0	5.6
厄立特里亚	Eritrea	174	3	3.0	189	103		168		
索 马 里	Somalia	190			164	114	575	168		

6-3 新注册企业数
New Businesses Registered

资料来源：世界银行WDI数据库。
Source: World Bank WDI Database.

单位：个 (number)

国家或地区	Country or Area	2000	2005	2009	2010	2012	2014	2016
中国香港	Hong Kong, China	38086	73359	109424	139530	150165	167280	144883
孟加拉国	Bangladesh		5157	8007	8755	9193		
柬埔寨	Cambodia		1509	2003				
印度	India		38129	60813	86645	103078	69841	93714
印度尼西亚	Indonesia		23348	29604	38106	47714	57926	58426
以色列	Israel		14364	15211	16898	14504	15680	17802
日本	Japan		112201	5771	7153	9857	11886	
哈萨克斯坦	Kazakhstan		20431	16734	16875	19568	26322	26319
韩国	Korea, Rep.		31879	56337	60312	74162	84697	96155
老挝	Laos			860	818			
马来西亚	Malaysia	33149	37672	41638	44202	45441	49203	46555
蒙古	Mongolia			7164	8482	10486	12492	
巴基斯坦	Pakistan	1051	3917	2461	3021	4148	4892	6893
菲律宾	Philippines	12802		11435	11714	18515	21066	21735
新加坡	Singapore			24234	27483	31531	38306	35021
斯里兰卡	Sri Lanka	2567	4754	4062	6110	6975		
泰国	Thailand	18481		27520	31707	40900	43589	48907
埃及	Egypt		3867	6308				
尼日利亚	Nigeria		28988	65089	65074	81144	71941	75380
南非	South Africa		227624	279397	206826	220910	235602	376727
加拿大	Canada	97000	20868	20191		25723	30904	1564
墨西哥	Mexico		40398	38581	45321	31028	43617	45256
美国	United States		676830					
阿根廷	Argentina	14500	14219	14493	12118	13799	11672	
巴西	Brazil	460602	246722	28390	32510	29134	21850	18393
捷克	Czech Rep.		14062	21717	22456	21571	24366	27881
法国	France	90787	117284	128906	132696	121538	94927	76276
德国	Germany		66923	74055	73966	69332	67458	70720
意大利	Italy	60132	84125	83042	87415	75646	91583	102135
荷兰	Netherlands		46514	35100	33900	48680	64253	67127
波兰	Poland			14434	18120	24753	30155	43523
俄罗斯	Russia	225317	380973	257170	258327	397952	427388	433464
西班牙	Spain	115870		75086	75070	84954	92231	99231
土耳其	Turkey	66236		42237	50414	38823	53375	62674
乌克兰	Ukraine	29777		21567	31450	29619	33406	48138
英国	United Kingdom	225600		364131	400867	492754	585872	663616
澳大利亚	Australia		121994	127258	160615	185009	231920	246623
新西兰	New Zealand		64818	48358	44898	44169	49156	58167

6-4 新注册企业密度
New business density

资料来源：世界银行WDI数据库。
Source: World Bank WDI Database.
单位：个/万人 (unit per 10000 persons)

国家或地区	Country or Area	2005	2009	2010	2012	2014	2016
世　界	**World**	**34.2**	**22.9**	**35.6**	**39.7**	**43.5**	**46.6**
高收入国家	**High Income**	**91.2**	**58.8**	**63.1**	**67.6**	**72.6**	**77.4**
经合组织国家	**OECD Countries**	**46.3**	**43.1**	**43.0**	**52.5**		
欧 元 区	**Euro Area**	**44.7**	**50.4**	**57.2**	**68.0**	**67.3**	**69.4**
非经合组织国家	**High Income: nonOECD**	**91.1**	**100.7**	**123.4**	**113.5**		
中等收入国家	**Middle Income**	**20.6**	**20.7**	**21.6**	**24.1**	**27.6**	**28.9**
中等偏上收入国家	**Upper Middle Income**		**28.2**	**28.2**	**31.8**	**34.3**	**37.0**
中等偏下收入国家	**Lower Middle Income**	**6.4**	**9.0**	**12.0**	**12.9**	**15.9**	**13.1**
中低收入国家	**Low and Middle Income**	**17.5**	**17.3**	**18.7**	**21.5**	**23.9**	**25.1**
东亚和太平洋	**East Asia and Pacific**	**13.9**	**19.6**	**27.6**	**29.7**	**35.2**	**32.8**
欧洲和中亚	**Europe and Central Asia**	**19.2**	**23.7**	**24.0**	**27.2**	**30.4**	**30.1**
拉丁美洲和加勒比	**Latin America and Caribbean**	**30.9**	**13.9**	**15.3**	**16.3**	**16.7**	**17.5**
中东和北非国家	**Middle East and North Africa**	**4.3**	**10.9**	**11.6**	**15.1**	**15.1**	**17.3**
南　亚	**South Asia**	**6.7**	**7.9**	**3.2**	**4.3**	**2.2**	**2.8**
撒哈拉以南非洲	**Sub-Saharan Africa**	**15.8**	**18.4**	**19.5**	**24.2**	**24.7**	**32.0**
低收入国家	**Low Income**	**1.6**	**2.9**	**3.1**	**5.1**	**3.7**	**4.4**
中国香港	Hong Kong, China	146.2	209.5	265.0	281.2	313.0	273.4
孟加拉国	Bangladesh	0.6	0.9	0.9	0.9		
柬埔寨	Cambodia	1.8	2.2				
印　度	India	0.5	0.8	1.1	1.3	0.8	1.1
印度尼西亚	Indonesia	1.6	1.9	2.4	3.0	3.5	3.3
以色列	Israel	33.4	32.6	35.6	29.6	31.1	34.4
日　本	Japan	13.3	0.7	0.9	1.2	1.5	
哈萨克斯坦	Kazakhstan	19.9	15.2	15.1	17.1	22.6	22.5
韩　国	Korea, Rep.	9.3	15.8	16.8	20.3	23.0	25.8
老　挝	Laos		2.3	2.2			
马来西亚	Malaysia	22.3	22.3	23.2	22.8	23.7	22.6
巴基斯坦	Pakistan	0.4	0.2	0.3	0.4	0.4	0.6
菲律宾	Philippines		2.1	2.1	3.1	3.4	3.3
新加坡	Singapore		66.1	73.5	80.4	95.1	86.2
斯里兰卡	Sri Lanka	3.4	3.0	4.4	5.2		
泰　国	Thailand		5.8	6.7	8.5	9.0	9.9
埃　及	Egypt	0.9	1.3				
尼日利亚	Nigeria	3.9	7.9	7.7	9.1	7.6	7.6
南　非	South Africa	74.4	87.1	63.6	66.4	67.2	102.2
加拿大	Canada	9.3	8.6		10.7	12.8	0.6
墨西哥	Mexico	5.9	5.2	6.0	4.0	5.4	5.4
阿根廷	Argentina	5.8	5.6	4.7	5.2	4.3	
巴　西	Brazil	20.0	12.0	13.5	11.7	8.6	1.3
捷　克	Czech Rep.	19.3	29.2	30.3	29.6	34.2	39.8
法　国	France	28.5	30.7	31.5	28.8	22.6	18.4
德　国	Germany	12.2	13.7	13.8	12.9	12.7	13.0
意大利	Italy	21.7	21.0	22.0	19.1	23.2	26.5
荷　兰	Netherlands	42.2	31.6	30.4	43.8	58.2	60.7
波　兰	Poland		5.3	6.6	9.0	11.3	16.6
俄罗斯	Russia	37.5	25.2	25.2	38.7	42.0	43.4
西班牙	Spain		24.0	24.0	27.3	29.9	32.3
土耳其	Turkey		9.0	10.6	7.9	10.5	11.8
乌克兰	Ukraine		6.7	9.8	9.2	10.5	15.4
英　国	United Kingdom		89.2	97.8	119.4	140.6	157.4
澳大利亚	Australia	88.9	86.3	107.7	121.6	149.1	155.1
新西兰	New Zealand	236.0	139.5	126.6	118.9	126.5	145.0

注：新注册企业密度是指1万个15-64岁劳动人口中新注册企业数量。
Note: New registrations per 10,000 people ages 15-64.

6-5 私人部门贷款占国内生产总值比重
Domestic Credit to Private Sector as Percentage of GDP

资料来源：世界银行WDI数据库。
Source: World Bank WDI Database.

单位：% (%)

国家或地区	Country or Area	2000	2005	2010	2015	2017	2018
世　界	**World**	**132.3**	**126.0**	**123.4**	**126.0**	**130.0**	**128.6**
高收入国家	**High Income**	**155.1**	**143.6**	**146.2**	**144.1**	**148.8**	**144.4**
经合组织国家	**OECD Countries**	**159.1**	**149.0**	**153.1**			
非经合组织国家	**High Income: nonOECD**	**45.5**	**43.6**	**53.0**			
中等收入国家	**Middle Income**	**49.5**	**54.7**	**72.2**	**95.4**	**98.9**	**103.6**
中等偏上收入国家	**Upper Middle Income**	**56.0**	**61.8**	**82.0**	**110.2**	**115.3**	**120.8**
中等偏下收入国家	**Lower Middle Income**	**27.9**	**32.8**	**40.7**	**42.5**	**43.6**	**44.5**
中低收入国家	**Low and Middle Income**	**48.6**	**53.9**	**71.4**	**94.6**	**98.2**	**102.8**
东亚和太平洋	**East Asia and Pacific**	**97.2**	**97.8**	**111.9**	**140.8**	**143.8**	**148.7**
欧洲和中亚	**Europe and Central Asia**	**14.9**	**24.7**	**44.5**	**55.6**	**65.2**	**50.0**
拉丁美洲和加勒比	**Latin America and Caribbean**	**22.8**	**22.8**	**37.2**	**45.7**	**44.9**	**49.5**
中东和北非国家	**Middle East and North Africa**	**35.0**	**32.8**	**40.4**	**43.7**		**27.7**
南　亚	**South Asia**	**27.1**	**37.9**	**46.5**	**47.1**	**45.6**	**46.8**
撒哈拉以南非洲	**Sub-Saharan Africa**	**52.8**	**55.5**	**55.2**	**44.4**	**47.1**	
低收入国家	**Low Income**	**8.9**	**11.4**	**14.4**	**18.6**	**20.7**	
中　国	China	111.1	111.8	126.6	153.2	157.0	161.1
中国香港	Hong Kong, China	150.4	143.1	185.6	207.9	223.1	219.1
中国澳门	Macao, China	72.5	44.1	57.1	107.5	113.0	114.9
孟加拉国	Bangladesh	21.8	29.3	41.0	44.4	47.6	46.9
文　莱	Brunei Darussalam	50.3	40.3	36.9	41.4	39.5	34.4
柬埔寨	Cambodia	6.3	9.0	27.6	74.3	86.7	99.6
印　度	India	28.3	40.1	50.6	51.9	48.8	49.9
印度尼西亚	Indonesia	19.9	26.4	27.3	39.1	38.7	38.8
伊　朗	Iran	26.3	38.3	52.0	59.8		
以色列	Israel	72.5	77.3	68.6	66.4	65.6	66.7
日　本	Japan	212.3	170.4	159.8	162.5	169.5	168.5
哈萨克斯坦	Kazakhstan	11.2	35.7	39.3	37.7	29.9	27.3
韩　国	Korea, Rep.	73.6	114.8	135.9	140.1	144.8	150.3
老　挝	Laos	8.9	7.4	20.9			
马来西亚	Malaysia	135.0	106.5	107.1	125.1	118.8	119.4
蒙　古	Mongolia	6.9	27.6	34.2	53.9	53.0	56.2
缅　甸	Myanmar	9.5	4.7	4.8	18.1	24.3	
巴基斯坦	Pakistan	22.3	28.6	21.4	15.4	17.0	19.0
菲律宾	Philippines	36.8	29.1	29.6	41.8	47.8	49.9
新加坡	Singapore	96.1	89.2	94.9	122.4	122.7	121.9
斯里兰卡	Sri Lanka	28.8	33.1	25.5	41.6		
泰　国	Thailand	105.1	93.8	115.7	149.4	145.0	144.6
越　南	Viet Nam	35.3	60.5	114.7	111.9	130.7	133.3
埃　及	Egypt	52.0	51.2	33.1	26.3	28.5	25.5
尼日利亚	Nigeria	8.2	8.4	15.7	14.2	14.2	10.9
南　非	South Africa	130.3	138.2	149.0	147.5	147.5	
加拿大	Canada	93.4	172.7				
墨西哥	Mexico	15.0	16.0	23.3	32.0	35.3	34.5
美　国	United States	162.6	188.7	188.4	188.4	198.9	186.0
阿根廷	Argentina	23.9	10.7	12.7	14.4	16.0	
巴　西	Brazil	31.1	31.8	52.8	66.8	59.8	61.8
委内瑞拉	Venezuela	12.5	13.1	18.8			
捷　克	Czech Rep.	45.1	29.4	46.7	49.9	51.5	52.4
法　国	France	85.1	80.1	95.9	95.1	101.5	104.7
德　国	Germany	119.4	104.9	88.0	77.5	77.4	77.7
意大利	Italy	75.5	71.0	93.4	87.5	81.2	77.4
荷　兰	Netherlands	134.2	116.4	113.7	111.6	111.3	105.9
波　兰	Poland	26.5	27.1	48.7	53.6	52.5	52.7
俄罗斯	Russia	13.6	25.9	42.8	57.3	77.9	51.3
西班牙	Spain	97.8	135.5	170.7	118.9	105.5	99.2
土耳其	Turkey	17.3	21.4	44.7	66.8	70.9	68.5
乌克兰	Ukraine	11.2	32.2	78.6	56.7	38.3	27.8
英　国	United Kingdom	115.9	144.2	187.0	132.3	135.4	
澳大利亚	Australia	87.7	108.8	125.5	136.3	140.1	139.6
新西兰	New Zealand	107.9	120.6	142.3	153.0	155.4	146.6

主要统计指标解释

企业开业所要办理的手续数 是开办一个企业所要求办理的手续数量，包括为获得许可证和执照，完成所有的登记、证明和开业通知书所进行的往来手续。数据是关于企业的所有权性质，规模和产品类型。

企业办理开业手续所需时间 为开办一个企业办理法律手续需要的日历天数。如果缴纳额外成本之后能加快手续办理速度，则选择办理速度最快的手续。

企业经营环境排名 是所有经济体按其企业经营环境的宽松程度排名，排名越高说明该国的政策法规环境越有利于企业经营。该指数是一国在开办企业、申请建筑许可、获得电力、注册财产、信贷融资便利程度、投资者保护、缴纳税款、跨境贸易、合同执行和解决破产这 10 类指标的百分等级的简单平均。每类指标由若干指标组成，每类指标的数值也是由其构成要素的百分等级的简单平均所得。

开办企业 反映了一个企业家在建立和登记新企业需要克服的行政和法规障碍。它调查了开办一家拥有 50 名员工、法定资本金相当于 10 倍人均国民收入的工商业企业所涉及的程序、时间和成本。

新注册企业数 是日历年度内登记注册的有限责任公司数量。

新注册企业密度 是日历年度内每万人新登记注册企业数。

申请建筑许可 以建造一幢库房为例，所需的步骤以及相应的时间和成本，包括获取必要的许可、完成所需的公示和检查以及接通公用设施。

注册财产 假定在一个标准化案例中，一名企业家想在最大的商业城市中购买土地和一幢建筑物（该物产已被登记在册并且不存在所有权争议），他在登记房地产物权时所涉及的步骤、时间和成本。

信贷融资便利程度 包含了两方面问题，信贷信息登记系统以及担保和破产法在促进信贷方面的效能。

缴纳税款 反映了一家中型企业在给定年份所需缴付的税负，以及纳税的行政成本。

跨境贸易 研究了有关进口和出口一个标准化集装箱所需的成本和程序。每一步正规程序都计算在内－－从两方达成合同协议到交接货物——同时统计了完成整个过程所需的时间。

投资者权益保护 针对经理人滥用企业财产为己谋私方面，测量了对保护股东权益监测的力度。

执行合同 通过追踪一件付款纠纷的进展、查询从原告提起诉讼到最终获得赔偿的时间、成本和所需步骤数，研究合同强制执行的效率。

解决破产 研究现有破产法规的缺陷以及破产程序存在的主要程序上和行政上的障碍。

对私人部门的国内贷款 是提供给私营部门的应偿还的金融资源，例如，贷款、购买非股本证券、贸易信贷和其他应收账款。部分国家包括对国有企业的借贷。

Explanatory Notes on Main Statistical Indicators

Number of Procedures for Starting a Business is the number of procedures required to start a business, including interactions to obtain necessary permits and licenses and to complete all inscriptions, verifications, and notifications to start operations. Data are for businesses with specific characteristics of ownership, size, and type of production.

Time Required for Starting a Business is the number of calendar days to complete the procedures for legally operating a business. If a procedure can be expedited at additional cost, the fastest procedure, independent of cost, is chosen.

Ease of Doing Business Rank Economies are ranked on their ease of doing business, with first place being the best. A high ranking means that the regulatory environment is conducive to business operation. The index ranks the simple average of the country's percentile rankings on 10 topics (Starting a business,Dealing with construction permits, Getting electricity, Registering property, Getting credit, Protecting investors, Paying taxes, Trading across borders, Enforcing contracts, Resolving Insolvency). The ranking on each topic is the simple average of the percentile rankings on its component indicators.

Starting a Business identifies the bureaucratic and legal hurdles an entrepreneur must overcome to incorporate and register a new firm. It examines the procedures, time, and cost involved in launching a commercial or industrial firm with up to 50 employees and start-up capital of 10 times the economy's per-capita gross national income (GNI).

New Businesses Registered are the number of limited liability firms registered in the calendar year.

New Businesses Density are the number of new limited liability corporations registered per 10 thousand people in the calendar year.

Dealing with Construction Permits tracks the procedures, time, and costs to build a warehouse, including obtaining necessary licenses and permits, completing required notifications and inspections, and obtaining utility connections.

Registering Property examines the steps, time, and cost involved in registering property, assuming a standardized case of an entrepreneur who wants to purchase land and a building that is already registered and free of title dispute.

Getting Credit explores two sets of issues-credit information registries and the effectiveness of collateral and bankruptcy laws in facilitating lending.

Paying Taxes addresses the taxes and mandatory contributions that a medium-size company must pay or withhold in a given year, as well as measures of administrative burden in paying taxes.

Trading Across Borders looks at the procedural requirements for exporting and importing a standardized cargo of goods. Every official procedure is counted—from the contractual agreement between the 2 parties to the delivery of goods—along with the time necessary for completion.

Protecting Investors measures the strength of minority shareholder protections against misuse of corporate assets by directors for their personal gain.

Enforcing Contracts looks at the efficiency of contract enforcement by following the evolution of a sale of goods dispute and tracking the time, cost, and number of procedures involved from the moment the plaintiff files the lawsuit until actual payment.

Resolving Insolvency identifies weaknesses in existing bankruptcy law and the main procedural and administrative bottlenecks in the bankruptcy process.

Domestic Credit to Private Sector is financial resources provided to the private sector—such as through loans, purchases of non-equity securities, and trade credits and other accounts receivable-that establish a claim for repayment. For some countries these claims include credit to public enterprises.

能　源

Energy

7-1 石油主要指标
Main Oil Indicators

资料来源：美国能源署。
Source: US. Energy Information Administration .

国家和地区	Country or Area	原油探明储量(亿桶)(2018年) Crude Oil Proved Reserves (100 million barrels) (2018)	国家和地区	Country or Area	石油存量(万桶)(2014年) Total Petroleum Stocks (10 000 Barrels) (2014)
委内瑞拉	Venezuela	3020	美　国	United States	185600
沙特阿拉伯	Saudi Arabia	2660	日　本	Japan	57600
加拿大	Canada	1710	德　国	Germany	28900
伊　朗	Iran	1570	加拿大	Canada	19300
伊拉克	Iraq	1490	韩　国	Korea, Rep.	18400
科威特	Kuwait	1020	法　国	France	16800
阿联酋	United Arab Emirates	980	荷　兰	Netherlands	12300
俄罗斯	Russia	800	西班牙	Spain	12100
利比亚	Libya	480	意大利	Italy	11900
美　国	United States	420	英　国	United Kingdom	7900
尼日利亚	Nigeria	370	土耳其	Turkey	6200
哈萨克斯坦	Kazakhstan	300	波　兰	Poland	6000
中　国	China	260	墨西哥	Mexico	5300
卡塔尔	Qatar	250	比利时	Belgium	4200
巴　西	Brazil	130	芬　兰	Finland	3800
阿尔及利亚	Algeria	120	澳大利亚	Australia	3600
安哥拉	Angola	95	瑞　士	Switzerland	3600
厄瓜多尔	Ecuador	83	瑞　典	Sweden	2900
挪　威	Norway	77	希　腊	Greece	2700
墨西哥	Mexico	72	丹　麦	Denmark	2500
阿塞拜疆	Azerbaijan	70	挪　威	Norway	2400
阿　曼	Oman	54	奥地利	Austria	2300
苏　丹	Sudan	50	葡萄牙	Portugal	2200
印　度	India	45	捷　克	Czech Rep.	2000
越　南	Vietnam	44	匈牙利	Hungary	1700
马来西亚	Malaysia	36	智　利	Chile	970
埃　及	Egypt	36	斯洛伐克	Slovakia	970
印度尼西亚	Indonesia	33	爱尔兰	Ireland	930
也　门	Yemen	30	新西兰	New Zealand	830
叙利亚	Syria	25	斯洛文尼亚	Slovenia	460
乌干达	Uganda	25	爱沙尼亚	Estonia	160
英　国	United Kingdom	25	卢森堡	Luxemburg	90

7-1 续表 continued

单位：万桶/天 (10 000 Barrels Per Day)

国家和地区	Country or Area	石油产量(2018年) Total Oil Production (2018)	国家和地区	Country or Area	石油消费量(2016年) Total Petroleum Consumption (2016)
美　国	United States	1794	美　国	United States	1969
沙特阿拉伯	Saudi Arabia	1242	中　国	China	1279
俄罗斯	Russia	1140	印　度	India	444
加拿大	Canada	533	日　本	Japan	401
中　国	China	481	俄罗斯	Russia	363
伊拉克	Iraq	462	沙特阿拉伯	Saudi Arabia	330
伊　朗	Iran	446	巴　西	Brazil	298
阿联酋	United Arab Emirates	379	韩　国	South Korea	261
巴　西	Brazil	343	加拿大	Canada	249
科威特	Kuwait	291	德　国	Germany	238
墨西哥	Mexico	208	墨西哥	Mexico	205
尼日利亚	Nigeria	206	伊　朗	Iran	180
哈萨克斯坦	Kazakhstan	196	法　国	France	171
卡塔尔	Qatar	194	印度尼西亚	Indonesia	162
挪　威	Norway	186	英　国	United Kingdom	158
安哥拉	Angola	166	新加坡	Singapore	136
阿尔及利亚	Algeria	158	泰　国	Thailand	130
委内瑞拉	Venezuela	154	西班牙	Spain	129
英　国	United Kingdom	116	意大利	Italy	124
利比亚	Libya	107	澳大利亚	Australia	112
印　度	India	102	中国台湾	Taiwan,China	98
阿　曼	Oman	99	土耳其	Turkey	94
印度尼西亚	Indonesia	91	荷　兰	Netherlands	94
哥伦比亚	Colombia	89	阿联酋	United Arab Emirates	90
阿塞拜疆	Azerbaijan	81	埃　及	Egypt	88
马来西亚	Malaysia	75	伊拉克	Iraq	86
阿根廷	Argentina	68	阿根廷	Argentina	71
埃　及	Egypt	67	马来西亚	Malaysia	71
厄瓜多尔	Ecuador	52	南　非	South Africa	64
泰　国	Thailand	52	比利时	Belgium	63
澳大利亚	Australia	37	委内瑞拉	Venezuela	60
刚果(布)	Congo,Rep.	35	波　兰	Poland	58
土库曼斯坦	Turkmenistan	28	巴基斯坦	Pakistan	56
越　南	Vietnam	25	越　南	Vietnam	48

7-2　能源平衡表(2015年)
Energy Balance Sheet(2015)

资料来源：国际能源机构。
Source: International Energy Agency.
单位：万吨标准油　　(10 000 TOE)

国家或地区	Country or Area	能源生产量 Energy Production				能源进口 Imports			
		总计 Total	煤和煤制品 Coal and Coal Products	原油,天然气凝析液和给料 Crude,NGL and Feedstocks	天然气 Natural Gas	总计 Total	煤和煤制品 Coal and Coal Products	原油,天然气凝析液和给料 Crude,NGL and Feedstocks	天然气 Natural Gas
世　界	**World**	**1378860**	**387976**	**441336**	**299583**	**531041**	**76699**	**231168**	**87922**
中　国	China		183251	21484	11205		10873		4858
中国香港	Hong Kong, China	10				3095	689		265
孟加拉国	Bangladesh	3117	34	30	2113	707	183	110	
文　莱	Brunei Darussalam	1611		669	941	34		1	
柬埔寨	Cambodia	439				274	59		
印　度	India	53821	26356	4188	2609	37272	11753	20731	1903
印度尼西亚	Indonesia	42687	24507	4044	6549	5392	203	2519	
伊　朗	Iran	32270	81	16367	15573	1248	46	156	725
以色列	Israel	737		8	675	2360	658	1518	13
日　本	Japan	3203	74	47	238	42842	11888	16645	9784
哈萨克斯坦	Kazakhstan	16409	4711	8273	3336	752	59	8	489
朝　鲜	Korea, Dem.	1883	1687			167	71	54	
韩　国	Korea, Rep.	5140	78	66	17	29980	8113	14211	3894
马来西亚	Malaysia	9522	161	3357	5784	4655	1605	844	781
蒙　古	Mongolia	1450	1313	121		130			
缅　甸	Myanmar	2740	44	58	1477	282			
巴基斯坦	Pakistan	6807	174	476	2426	2882	323	900	228
菲律宾	Philippines	2568	389	76	288	3069	1014	1047	
新加坡	Singapore	62				17360	41	4944	851
斯里兰卡	Sri Lanka	538				618	132	173	
泰　国	Thailand	7585	386	2034	2579	7920	1511	4489	1196
越　南	Viet Nam	6988	2333	1826	878	1612	377	19	
埃　及	Egypt	6954		3511	3129	2593	41	329	570
尼日利亚	Nigeria	25601	3	10833	3569	1732			
南　非	South Africa	15661	14453	40	102	3186	38	1739	333
加拿大	Canada	47211	3077	22635	13915	8711	529	5157	1655
墨西哥	Mexico	18958	577	13095	3437	7067	529	40	3017
美　国	United States	202255	43128	58241	63667	56086	605	40837	6290
阿根廷	Argentina	7378	2	3080	3356	1774	98	84	943
巴　西	Brazil	27716	307	13001	2043	7092	1485	1540	1576
委内瑞拉	Venezuela		79	15319	2159				35
白俄罗斯	Belarus	357		172	15	4077	45	2353	1560
捷　克	Czech Rep.	2890	1691	21	20	2191	284	725	616
法　国	France	13876		99	2	15319	919	5948	3938
德　国	Germany	11993	4300	354	634	25835	3748	9266	8592
意大利	Italy	3610	5	579	555	15066	1258	6882	5018
荷　兰	Netherlands	4794		204	3945	19886	1070	6089	2924
波　兰	Poland	6789	5387	95	368	4972	506	2703	999
俄罗斯	Russia	133444	20004	53628	52433	2761	1430	354	723
西班牙	Spain	3356	125	24	5	12547	1095	6886	2818
土耳其	Turkey	3166	1280	266	31	11221	2203	2661	3988
乌克兰	Ukraine	6450	2018	262	1484	3149	985	24	1329
英　国	United Kingdom	11808	511	4705	3496	14368	1495	5245	3834
澳大利亚	Australia	38250	29858	1809	5773	4828	17	2022	479
新西兰	New Zealand	1659	194	216	404	785	22	545	

7-2 续表 1 continued

单位：万吨标准油 (10 000 TOE)

国家或地区	Country or Area	能源进口 imports		能源出口 Exports					
		电力 Electricity	石油产品 Oil Products	总计 Total	煤和煤制品 Coal and Coal Products	原油,天然气凝析液和给料 Crude,NGL and Feedstocks	天然气 Natural Gas	电力 Electricity	石油产品 Oil Products
世　界	**World**	**6433**	**126636**	**-542177**	**-79584**	**-225595**	**-90934**	**-6302**	**-138057**
中　国	China				-321		-218		
中国香港	Hong Kong, China	101	2039	-94				-10	-84
孟加拉国	Bangladesh		414	-4					-4
文　莱	Brunei Darussalam		33	-1355		-636	-719		
柬埔寨	Cambodia	13	202						
印　度	India	45	2839	-6643	-72			-44	-6524
印度尼西亚	Indonesia		2670	-25400	-20606	-1554	-2762		-417
伊　朗	Iran	36	285	-9302	-12	-6552	-767	-59	-1912
以色列	Israel		169	-678		-10		-45	-624
日　本	Japan		4452	-1901	-55				-1846
哈萨克斯坦	Kazakhstan	14	182	-9403	-1365	-6518	-1066	-14	-440
朝　鲜	Korea, Dem.		43	-1267	-1267				
韩　国	Korea, Rep.		3760	-6277		-35			-6243
马来西亚	Malaysia		1422	-5483	-16	-1613	-2812		-1022
蒙　古	Mongolia	12	117	-1097	-984	-112			
缅　甸	Myanmar		282	-1184		-9	-1174		
巴基斯坦	Pakistan	4	1427	-127		-32			-95
菲律宾	Philippines		990	-373	-164	-76			-133
新加坡	Singapore		11519	-9122		-75			-9047
斯里兰卡	Sri Lanka		314	-21					-21
泰　国	Thailand	124	591	-1430	-1	-11		-19	-1394
越　南	Viet Nam	15	1202	-1168	-100	-935		-7	-126
埃　及	Egypt		1654	-1543	-6	-1260	-21	-6	-247
尼日利亚	Nigeria		1732	-12969		-10806	-2151		-12
南　非	South Africa	112	963	-5661	-5073			-126	-440
加拿大	Canada	75	1196	-27556	-1821	-16196	-6601	-589	-2269
墨西哥	Mexico	14	3467	-7224		-6228	-2	-20	-973
美　国	United States	652	7474	-30453	-4397	-4528	-4070	-78	-17160
阿根廷	Argentina	78	571	-437	-4	-188	-5		-169
巴　西	Brazil	298	2150	-4522		-3811		-2	-598
委内瑞拉	Venezuela				-59				
白俄罗斯	Belarus	52	66	-1931	-3	-162		-30	-1727
捷　克	Czech Rep.	139	391	-842	-314	-3		-246	-242
法　国	France	86	4365	-3281	-2	-10	-486	-636	-2128
德　国	Germany	318	3807	-6003	-140	-34	-2724	-733	-2213
意大利	Italy	437	1191	-2924	-26	-127	-18	-38	-2702
荷　兰	Netherlands	264	9472	-15630	-17	-60	-3973	-189	-11227
波　兰	Poland	124	552	-2110	-1059	-26	-5	-127	-820
俄罗斯	Russia	57	196	-64908	-9972	-24753	-16497	-157	-13522
西班牙	Spain	129	1568	-3008	-72	-272	-441	-130	-2003
土耳其	Turkey	61	2308	-859	-17	-43	-51	-27	-720
乌克兰	Ukraine	19	789	-145	-48	-2		-31	-9
英　国	United Kingdom	197	3277	-7094	-35	-3498	-1187	-16	-2327
澳大利亚	Australia		2310	-29799	-25400	-1273	-2936		-190
新西兰	New Zealand		218	-298	-98	-180			-20

7-2　续表 2　continued

单位：万吨标准油　　(10 000 TOE)

国家或地区	Country or Area	国际运输燃料 International Bunkers		能源库存变化 Stock Changes				
		海运 Marine	空运 Aviation	总计 Total	煤和煤制品 Coal and Coal Products	原油,天然气凝析液和给料 Crude,NGL and Feedstocks	天然气 Natural Gas	石油产品 Oil Products
世　界	**World**			**-4643**	**-527**	**-1026**	**-1580**	**-1540**
中　国	China							
中国香港	Hong Kong, China	-857	-641	-13				-13
孟加拉国	Bangladesh	-10	-36	5	10			-5
文　莱	Brunei Darussalam	-9	-9			9	-9	-1
柬埔寨	Cambodia		-9					
印　度	India	-139	-359	-409	-314	-71		-24
印度尼西亚	Indonesia	-23	-139	-41		-14		8
伊　朗	Iran	-466	-139	116		140		-24
以色列	Israel	-25	-90	-34		-24		-10
日　本	Japan	-431	-646	138		122		16
哈萨克斯坦	Kazakhstan	-10	-32	94	19	43	-13	45
朝　鲜	Korea, Dem.							
韩　国	Korea, Rep.	-943	-441	-191	-108	-143	23	35
马来西亚	Malaysia	-35	-251	52	1	6		57
蒙　古	Mongolia		-2	-15	-15			
缅　甸	Myanmar		-5	9				9
巴基斯坦	Pakistan	-5	-73	19			1	18
菲律宾	Philippines	-3	-122	12	24	-4		-8
新加坡	Singapore	-4348	-738	-124		-2	4	-126
斯里兰卡	Sri Lanka	-40	-39	101	6	11		84
泰　国	Thailand	-117	-396	-24	-209	488		-303
越　南	Viet Nam	-27	-69	-12	72	-97		12
埃　及	Egypt	-18	-55					
尼日利亚	Nigeria	-37	-36	211		160		52
南　非	South Africa	-345	-145	12		12		
加拿大	Canada	-22	-86	-129	21	-25	-206	81
墨西哥	Mexico	-85	-345	117	38	37	15	27
美　国	United States	-1701	-2370	-5078	-1933	-1196	-1236	-661
阿根廷	Argentina	-91	-94	28	9	-23		42
巴　西	Brazil	-413	-243	-11	-23	-117		38
委内瑞拉	Venezuela							
白俄罗斯	Belarus		-11	31	3	8	9	2
捷　克	Czech Rep.		-29	-10	-19	-1	11	-1
法　国	France	-164	-634	64	15	11	50	-9
德　国	Germany	-239	-805	36	33	28	14	-40
意大利	Italy	-190	-317	11	-7	-19	-24	60
荷　兰	Netherlands	-1168	-376	-295	38	-68	-32	-233
波　兰	Poland	-19	-65	-75		-107	15	19
俄罗斯	Russia	-1350	-507	-177	162	-228	-233	117
西班牙	Spain	-741	-386	122	187	14	71	-164
土耳其	Turkey	-84	-356	-207	-15	-104	-29	-58
乌克兰	Ukraine		-12	-154	45	2	-205	3
英　国	United Kingdom	-250	-1084	419	421	21	45	-69
澳大利亚	Australia	-55	-389	-174	-183	26		-17
新西兰	New Zealand	-34	-84	39	19	15	5	1

7-2 续表 3 continued

单位：万吨标准油 (10 000 TOE)

国家或地区	Country or Area	一次能源供应量 Total Primary Energy Supply 总计 Total	煤和煤制品 Coal and Coal Products	原油,天然气凝析液和给料 Crude, NGL and Feedstocks	天然气 Natural Gas	电力 Electricity	石油产品 Oil Products
世　界	**World**	**1363080**	**384563**	**445883**	**294991**	**131**	**-12961**
中　国	China						
中国香港	Hong Kong, China	1501	689		265	91	445
孟加拉国	Bangladesh	3779	227	140	2113		358
文　莱	Brunei Darussalam	272		43	214		15
柬埔寨	Cambodia	704	59			13	193
印　度	India	83543	37723	24848	4513	1	-4207
印度尼西亚	Indonesia	22477	4103	4995	3787		2100
伊　朗	Iran	23728	114	10111	15531	-23	-2256
以色列	Israel	2269	658	1492	689	-45	-580
日　本	Japan	43206	11907	16815	10021		1546
哈萨克斯坦	Kazakhstan	7810	3424	1806	2746		-255
朝　鲜	Korea, Dem.	784	491	54			43
韩　国	Korea, Rep.	27268	8084	14100	3935		-3831
马来西亚	Malaysia	8460	1752	2594	3754		171
蒙　古	Mongolia	465	313	9		12	115
缅　甸	Myanmar	1843	44	48	303		286
巴基斯坦	Pakistan	9503	496	1343	2656	4	1272
菲律宾	Philippines	5152	1264	1043	288		725
新加坡	Singapore	3090	41	4866	855		-2740
斯里兰卡	Sri Lanka	1157	138	184			298
泰　国	Thailand	13540	1686	7000	3775	105	-1618
越　南	Viet Nam	7324	2683	813	878	8	992
埃　及	Egypt	7931	35	2581	3677	-6	1333
尼日利亚	Nigeria	14503	3	186	1418		1699
南　非	South Africa	12707	9419	1791	435	-13	33
加拿大	Canada	28130	1807	11572	8764	-514	-1100
墨西哥	Mexico	18489	1144	6944	6466	-6	2091
美　国	United States	218739	37404	93353	64651	573	-14399
阿根廷	Argentina	8557	105	2953	4295	77	259
巴　西	Brazil	29619	1768	10614	3619	296	934
白俄罗斯	Belarus	2523	45	2371	1583	23	-1670
捷　克	Czech Rep.	4200	1642	742	648	-108	118
法　国	France	25180	933	6049	3504	-551	1430
德　国	Germany	30817	7941	9615	6515	-415	509
意大利	Italy	15256	1230	7314	5530	399	-1958
荷　兰	Netherlands	7212	1091	6165	2863	75	-3532
波　兰	Poland	9492	4833	2664	1378	-3	-332
俄罗斯	Russia	69263	11624	29001	36425	-100	-15065
西班牙	Spain	11890	1334	6652	2454	-1	-1726
土耳其	Turkey	12881	3450	2779	3938	34	1091
乌克兰	Ukraine	9288	2999	285	2608	-12	770
英　国	United Kingdom	18167	2391	6472	6188	181	-453
澳大利亚	Australia	12661	4292	2585	3316		1659
新西兰	New Zealand	2068	137	595	409		82

7-2　续表 4　continued

单位：万吨标准油　　(10 000 TOE)

国家或地区	Country or Area	能源最终消费量 Total Final Consumption 总计 Total	煤和煤制品 Coal and Coal Products	原油,天然气凝析液和给料 Crude, NGL and Feedstocks	天然气 Natural Gas	电力 Electricity	石油产品 Oil Products
世　界	**World**	**941413**	**110145**	**1865**	**141099**	**173706**	**380865**
中　国	China						
中国香港	Hong Kong, China	896	126		61	378	324
孟加拉国	Bangladesh	2804	200		880	418	391
文　莱	Brunei Darussalam	130			37	29	64
柬埔寨	Cambodia	592	1			43	187
印　度	India	55437	9708		3124	8896	17562
印度尼西亚	Indonesia	16789	960	109	1705	1744	6754
伊　朗	Iran	18067	60		9530	1815	6612
以色列	Israel	1478			133	464	840
日　本	Japan	29284	2173	29	2879	8164	15352
哈萨克斯坦	Kazakhstan	4016	1230	50	319	586	1184
朝　鲜	Korea, Dem.	658	422			88	60
韩　国	Korea, Rep.	17322	1081		2050	4259	9030
马来西亚	Malaysia	5074	178		957	1140	2761
蒙　古	Mongolia	312	53			45	107
缅　甸	Myanmar	1645	38		71	115	346
巴基斯坦	Pakistan	8051	491		1815	778	1750
菲律宾	Philippines	2899	229		5	583	1507
新加坡	Singapore	1878	16		121	409	1332
斯里兰卡	Sri Lanka	994	6			101	412
泰　国	Thailand	9812	816	58	717	1497	5134
越　南	Viet Nam	5871	1418		106	1211	1779
埃　及	Egypt	5549	19		1003	1348	3004
尼日利亚	Nigeria	12686	3		376	216	1819
南　非	South Africa	6529	1607		174	1667	2525
加拿大	Canada	19361	258		4789	4055	9125
墨西哥	Mexico	11981	388		1394	2214	7271
美　国	United States	151158	1952	430	33708	32509	73765
阿根廷	Argentina	6204	24		2208	1136	2577
巴　西	Brazil	22763	772		1307	4227	10300
白俄罗斯	Belarus	1824	45		435	252	528
捷　克	Czech Rep.	2540	227		512	468	834
法　国	France	15165	228		2886	3718	6849
德　国	Germany	22018	760		5167	4426	9206
意大利	Italy	11884	95		3356	2472	4714
荷　兰	Netherlands	5652	69	219	1965	897	2151
波　兰	Poland	6650	1131		1061	1099	2220
俄罗斯	Russia	45254	2735	9	14121	6297	11456
西班牙	Spain	7969	67		1358	1995	4020
土耳其	Turkey	9360	1201		2144	1844	3508
乌克兰	Ukraine	5086	622	1	1608	1023	946
英　国	United Kingdom	12615	289		3810	2610	5403
澳大利亚	Australia	8124	234	2	1352	1817	4250
新西兰	New Zealand	1416	61		269	341	621

7-3 万美元国内生产总值能耗(2011年不变价,PPP)
Energy Use per Ten Thousand USD of GDP (constant 2011 PPP)

资料来源：世界银行WDI数据库。
Source: World Bank WDI Database.

单位：吨标准油/万美元 (ton of oil equivalent per 10 000 USD)

国家或地区	Country or Area	2000	2005	2010	2013	2014	2015
世　界	**World**	**1.54**	**1.47**	**1.38**	**1.30**	**1.27**	
高收入国家	**High Income**	**1.40**	**1.31**	**1.23**	**1.15**	**1.13**	**1.09**
中等收入国家	**Middle Income**	**1.75**	**1.67**	**1.52**	**1.43**	**1.38**	
中　国	China	2.43	2.44	2.05	1.85	1.75	
中国香港	Hong Kong, China	0.60	0.45	0.40	0.38	0.37	
孟加拉国	Bangladesh	0.85	0.82	0.82	0.76	0.75	
文　莱	Brunei Darussalam	0.87	0.73	1.03	0.95	1.13	
柬 埔 寨	Cambodia	2.03	1.31	1.47	1.34	1.33	
印　度	India	1.68	1.42	1.28	1.20	1.18	
印度尼西亚	Indonesia	1.27	1.16	1.04	0.89	0.88	
伊　朗	Iran	1.42	1.57	1.53	1.74	1.79	
以 色 列	Israel	1.08	0.99	1.02	0.92	0.87	0.87
日　本	Japan	1.21	1.14	1.09	0.96	0.93	0.91
哈萨克斯坦	Kazakhstan	2.41	2.10	2.11	2.08	1.88	
韩　国	Korea, Rep.	1.93	1.71	1.66	1.61	1.58	1.58
马来西亚	Malaysia	1.29	1.38	1.24	1.27	1.23	
蒙　古	Mongolia	2.15	1.96	1.89	1.71	1.62	
巴基斯坦	Pakistan	1.32	1.24	1.16	1.09	1.06	
菲 律 宾	Philippines	1.21	0.94	0.77	0.72	0.72	
新 加 坡	Singapore	0.90	0.82	0.69	0.62	0.63	
斯里兰卡	Sri Lanka	0.80	0.71	0.57	0.48	0.48	
泰　国	Thailand	1.25	1.31	1.30	1.35	1.33	
越　南	Viet Nam	1.40	1.44	1.51	1.30		
埃　及	Egypt	0.79	1.00	0.87	0.85	0.82	
尼日利亚	Nigeria	2.47	1.83	1.47	1.42	1.35	
南　非	South Africa	2.50	2.44	2.31	2.11	2.18	
加 拿 大	Canada	2.20	2.08	1.91	1.83	1.83	1.76
墨 西 哥	Mexico	0.94	1.04	0.95	0.96	0.91	0.88
美　国	United States	1.75	1.58	1.45	1.35	1.34	1.28
巴　西	Brazil	0.94	0.94	0.93	0.94	0.97	
委内瑞拉	Venezuela	1.45	1.41	1.51	1.28		
捷　克	Czech Rep.	1.88	1.71	1.49	1.41	1.34	1.26
法　国	France	1.19	1.17	1.09	1.03	0.98	0.98
德　国	Germany	1.11	1.08	0.99	0.92	0.87	0.87
意 大 利	Italy	0.82	0.85	0.81	0.75	0.71	0.72
荷　兰	Netherlands	1.14	1.15	1.10	1.02	0.95	0.91
波　兰	Poland	1.58	1.40	1.21	1.09	1.02	0.98
俄 罗 斯	Russia	3.01	2.35	2.09	1.99	1.92	
西 班 牙	Spain	1.00	0.99	0.84	0.82	0.79	0.80
土 耳 其	Turkey	0.87	0.76	0.82	0.71	0.70	0.71
乌 克 兰	Ukraine	5.67	4.19	3.69	3.06	2.98	
英　国	United Kingdom	1.14	0.99	0.89	0.80	0.73	0.71
澳大利亚	Australia	1.60	1.43	1.40	1.27	1.22	1.25
新 西 兰	New Zealand	1.60	1.31	1.32	1.29	1.32	1.26

7-4　电力装机容量(2016年)
Net Installed Capacity of Electricity Generating Plants(2016)

资料来源：联合国ESD数据库。
Source: UN ESD Database.
单位：万千瓦　　(10 000 kilowatts)

国家或地区	Country or Area	总装机容量 Self-producers and Public Utilities				
		总 计 Total	热 电 Thermal	水 电 Hydro	核电 Nuclear	地热 Geothermal
中　国	China	176214	116027	34437	3364	
中国香港	Hong Kong, China	1263	1263			
中国澳门	Macao, China	51	51			
孟加拉国	Bangladesh	1175	1150	23		
文　莱	Brunei Darussalam	82	82			
柬 埔 寨	Cambodia	168	75	93		
印　度	India	37712	26713	4459	678	
印度尼西亚	Indonesia	5903	5262	487		133
伊　朗	Iran	7410	6126	1158	102	
以 色 列	Israel	1759	1669	1		
日　本	Japan	33564	19823	5012	4148	53
哈萨克斯坦	Kazakhstan	2522	2250	250		
韩　国	Korea, Rep.	11120	7556	649	2312	
马来西亚	Malaysia	3309	2573	614		
蒙　古	Mongolia	136	127	3		
缅　甸	Myanmar	539	214	326		
巴基斯坦	Pakistan	2994	2049	713	109	
菲 律 宾	Philippines	2104	1449	345		192
新 加 坡	Singapore	1345	1335			
斯里兰卡	Sri Lanka	401	209	172		
泰　国	Thailand	6026	5365	295		
越　南	Viet Nam	4214	2578	1619		
埃　及	Egypt	4570	4201	280		
尼日利亚	Nigeria	1237	1040	197		
南　非	South Africa	4809	4058	74	186	
加 拿 大	Canada	14407	3508	8026	1403	
墨 西 哥	Mexico	7241	5305	1258	161	93
美　国	United States	108685	76479	10269	9957	252
阿 根 廷	Argentina	3743	2531	1013	176	
巴　西	Brazil	15042	4129	9693	199	
捷　克	Czech Rep.	2199	1309	226	429	
法　国	France	13079	2314	2552	6313	
德　国	Germany	20850	9572	1130	1080	3
意 大 利	Italy	11416	6210	2230		77
荷　兰	Netherlands	3418	2731	4	49	
波　兰	Poland	3811	2978	239		
俄 罗 斯	Russia	26653	18761	5102	2719	8
西 班 牙	Spain	11349	5545	2026	740	
土 耳 其	Turkey	7850	4428	2668		82
乌 克 兰	Ukraine	5734	3648	617	1384	
英　国	United Kingdom	9764	5544	458	950	
澳大利亚	Australia	6556	4779	872		
新 西 兰	New Zealand	930	222	536		97

7-4 续表 1 continued

单位：万千瓦 (10 000 kilowatts)

国家或地区	Country or Area	自备电厂装机容量 Self-producers				
		总计 Total	热电 Thermal	水电 Hydro	风电 Wind	太阳能 Solar
中　国	China	11163	9933	1230		
中国香港	Hong Kong, China					
中国澳门	Macao, China	4	4			
孟加拉国	Bangladesh	228	228	27		
文　莱	Brunei Darussalam	11	11			
柬埔寨	Cambodia					
印　度	India	5228	4880	5	320	23
印度尼西亚	Indonesia	1905	1700	130		
伊　朗	Iran	558	558			
以色列	Israel	139	52			86
日　本	Japan	6118	2383	60	35	3639
哈萨克斯坦	Kazakhstan					
韩　国	Korea, Rep.	746	666		2	79
马来西亚	Malaysia	330	251			
蒙　古	Mongolia	21	18	3		
缅　甸	Myanmar	80	63	17		
巴基斯坦	Pakistan	1104	1104			
菲律宾	Philippines	3	1	2		
新加坡	Singapore	42	42			
斯里兰卡	Sri Lanka	41	2	34		5
泰　国	Thailand	1797	1597			200
越　南	Viet Nam	539	506	33	1	
埃　及	Egypt	69	69			
尼日利亚	Nigeria	330	326	4		
南　非	South Africa	708	239	4	223	242
加拿大	Canada	1073	451	508	35	79
墨西哥	Mexico	1660	1277	23	335	19
美　国	United States	4386	2913	36	9	1309
阿根廷	Argentina	361	359	2		
巴　西	Brazil	2420	1919	495		6
捷　克	Czech Rep.	189	170	19		
法　国	France	872	403	20	69	380
德　国	Germany	1059	1031	4		
意大利	Italy	483	466	12		
荷　兰	Netherlands	745	492		55	195
波　兰	Poland	208	189			19
俄罗斯	Russia	2617	2572	45		
西班牙	Spain	730	700	20		1
土耳其	Turkey	528	422	55	2	35
乌克兰	Ukraine	347	346	1		
英　国	United Kingdom	1991	661	36	338	954
澳大利亚	Australia	918	479			439
新西兰	New Zealand	29	22			4

7-5 发电量(2016年)
Electricity Generation (2016)

资料来源：联合国ESD数据库。
Source: UN ESD Database.
单位：百万千瓦时 (million kilowatt hours)

国家或地区	Country or Area	总计 Total	热电 Thermal	水电 Hydro	核电 Nuclear	风电 Wind	太阳能电 Solar
中　国	China	6142486	4437068	1193374	213287	237071	61586
中国香港	Hong Kong, China	38154	38154				
中国澳门	Macao, China	988	988				
孟加拉国	Bangladesh	64327	63591	566		5	165
文　莱	Brunei Darussalam	4270	4269				1
柬埔寨	Cambodia	5594	2972	2619			3
印　度	India	1432358	1188280	122507	37916	35530	12578
印度尼西亚	Indonesia	233355	201209	21475		6	9
伊　朗	Iran	289094	265799	16421	6620	250	4
以色列	Israel	66976	65432				1544
日　本	Japan	1057976	873973	85083	18060	5951	50952
哈萨克斯坦	Kazakhstan	106626	94644	11620		274	88
韩　国	Korea, Rep.	562603	385386	6634	161995	1683	5123
马来西亚	Malaysia	156665	136336	20019			310
蒙　古	Mongolia	5667	5667				
缅　甸	Myanmar	17867	8123	9744			
巴基斯坦	Pakistan	123118	81268	32183	6999	2668	
菲律宾	Philippines	90832	69561	8128		975	1097
新加坡	Singapore	51587	51587				
斯里兰卡	Sri Lanka	14361	9721	4221		345	75
泰　国	Thailand	191321	180615	6983		345	3377
越　南	Viet Nam	181401	115992	65188		221	
埃　及	Egypt	199927	184241	13460		2058	168
尼日利亚	Nigeria	30897	25311	5586			
南　非	South Africa	252747	226927	3994	15026	3700	3100
加拿大	Canada	667438	145136	387208	101143	30766	3031
墨西哥	Mexico	320353	262310	30698	10567	10378	252
美　国	United States	4322038	2886040	292113	839918	229471	50334
阿根廷	Argentina	147220	100573	37800	8285	548	14
巴　西	Brazil	578897	148549	380911	15864	33488	85
捷　克	Czech Rep.	83309	53279	3202	24104	497	2131
法　国	France	556184	57471	64889	403195	21400	8160
德　国	Germany	649119	419591	26135	84634	78598	38098
意大利	Italy	289768	198693	44257		17689	22104
荷　兰	Netherlands	115170	101186	100	3960	8170	1560
波　兰	Poland	166635	151234	2622		12588	124
俄罗斯	Russia	1090973	706663	186640	196614	148	462
西班牙	Spain	274779	113618	39865	58633	48906	13649
土耳其	Turkey	274408	185085	67231		15517	1043
乌克兰	Ukraine	164573	72795	9304	80950	954	491
英　国	United Kingdom	339399	211531	8354	71726	37367	10421
澳大利亚	Australia	256563	222837	15318		12199	6209
新西兰	New Zealand	43033	7464	25730		2303	52

7-6 能源净进口占能源消费比重
Net Energy Imports as Percentage of Energy Use

资料来源：世界银行WDI数据库。
Source: World Bank WDI Database.

单位：% (%)

国家或地区	Country or Area	2000	2005	2010	2012	2013	2014	2015
世　界	**World**	**-2.8**	**-3.2**	**-2.1**	**-2.7**	**-3.1**	**-2.5**	**21.0**
高收入国家	**High Income**	**15.7**	**16.7**	**14.8**	**9.7**	**8.1**	**5.1**	**20.5**
经合组织国家	**OECD Countries**	**29.4**	**32.3**	**29.4**	**26.8**	**25.3**		
非经合组织国家	**High Income: nonOECD**	**-108.4**	**-122.6**	**-98.6**	**-101.2**	**-105.7**		
中等收入国家	**Middle Income**	**-27.0**	**-24.8**	**-16.9**	**-12.5**	**-11.7**	**-8.5**	**28.0**
中等偏上收入国家	**Upper Middle Income**	**-35.7**	**-30.3**	**-19.5**	**-14.0**	**-12.9**	**-9.7**	**28.0**
中等偏下收入国家	**Lower Middle Income**	**-5.8**	**-9.6**	**-9.0**	**-8.2**	**-8.3**	**-4.7**	
中低收入国家	**Low and Middle Income**	**-26.8**	**-24.3**	**-16.6**	**-12.3**	**-11.6**	**-8.3**	**28.0**
东亚和太平洋	**East Asia and Pacific**	**-4.4**	**0.6**	**4.8**	**6.3**	**6.6**	**7.7**	
欧洲和中亚	**Europe and Central Asia**	**-27.1**	**-44.0**	**-48.7**	**-45.4**	**-51.0**	**-51.4**	**75.2**
拉丁美洲和加勒比	**Latin America and Caribbean**	**-49.1**	**-50.2**	**-34.5**	**-31.8**	**-29.8**	**-13.5**	**-4.7**
中东和北非国家	**Middle East and North Africa**	**-157.6**	**-116.4**	**-93.7**	**-71.6**	**-62.1**	**-54.8**	
南　亚	**South Asia**	**21.3**	**21.8**	**27.3**	**30.2**	**30.9**	**32.7**	
撒哈拉以南非洲	**Sub-Saharan Africa**	**-61.2**	**-60.9**	**-58.2**	**-51.6**	**-48.1**	**-48.8**	
低收入国家	**Low Income**	**-19.5**	**-8.2**	**-6.0**	**-4.0**	**-5.8**	**-1.6**	
中　国	China	0.5	6.1	11.4	14.4	14.8	15.0	
中国香港	Hong Kong, China	99.6	99.6	99.3	99.3	99.2	98.7	
孟加拉国	Bangladesh	17.0	15.0	14.5	17.8	15.0	16.8	
文　莱	Brunei Darussalam	-725.5	-849.6	-473.2	-383.5	-458.4	-357.4	
柬埔寨	Cambodia	20.3	27.4	31.7	31.9	31.6	33.1	
印　度	India	20.4	22.1	28.3	31.5	32.5	34.3	
印度尼西亚	Indonesia	-52.6	-55.9	-79.0	-107.2	-112.3	-103.1	
伊　朗	Iran	-106.2	-79.9	-67.5	-37.2	-34.8	-33.4	
以色列	Israel	96.5	88.7	83.4	86.6	71.8	67.0	65.0
日　本	Japan	79.8	80.9	80.1	93.8	93.9	94.0	93.0
哈萨克斯坦	Kazakhstan	-120.2	-133.2	-127.0	-122.9	-107.3	-116.9	
韩　国	Korea, Rep.	81.7	79.6	82.0	82.4	83.5	81.7	81.4
马来西亚	Malaysia	-58.6	-45.4	-21.7	-11.9	-5.8	-5.5	
蒙　古	Mongolia	18.7	-28.5	-297.6	-248.4	-211.4	-168.1	
缅　甸	Myanmar	-20.1	-49.6	-60.9	-46.3	-39.8	-33.0	
巴基斯坦	Pakistan	26.8	20.3	23.6	22.8	23.4	24.1	
菲律宾	Philippines	51.1	44.9	41.7	41.8	45.3	45.8	
新加坡	Singapore	98.9	98.2	97.7	97.6	97.6	97.7	
斯里兰卡	Sri Lanka	43.0	45.3	43.1	47.3	45.9	50.3	
泰　国	Thailand	39.2	44.3	40.1	40.2	42.5	41.6	
越　南	Viet Nam	-38.9	-47.3	-12.7	-15.7	-15.1		
埃　及	Egypt	-30.8	-26.8	-16.5	-5.0	-6.9	-7.4	
尼日利亚	Nigeria	-130.0	-121.8	-111.9	-99.1	-90.6	-93.0	
南　非	South Africa	-33.5	-23.1	-15.6	-19.0	-18.6	-14.5	
加拿大	Canada	-47.8	-49.0	-51.4	-59.1	-64.4	-67.9	-72.5
墨西哥	Mexico	-51.5	-45.0	-22.7	-14.0	-12.7	-10.8	-4.7
美　国	United States	26.7	29.7	22.2	15.7	13.9	9.2	7.3
阿根廷	Argentina	-34.7	-26.5	-1.1	6.1	12.7	13.0	
巴　西	Brazil	21.2	9.6	7.2	10.6	13.9	11.9	
委内瑞拉	Venezuela	-321.1	-296.3	-173.4	-166.1	-178.8		
捷　克	Czech Rep.	25.3	26.7	28.7	23.4	28.1	29.0	31.6
德　国	Germany	59.8	59.5	60.7	60.7	62.1	60.9	61.4
意大利	Italy	83.6	83.8	81.0	78.3	76.3	75.0	76.4
荷　兰	Netherlands	23.3	23.2	16.3	16.9	10.4	19.8	35.0
波　兰	Poland	10.7	15.0	33.2	27.0	27.3	28.4	28.5
俄罗斯	Russia	-57.9	-84.6	-85.8	-77.9	-83.8	-83.7	
西班牙	Spain	74.1	78.8	73.1	73.3	70.3	69.4	71.4
土耳其	Turkey	66.0	71.6	69.6	74.0	73.1	74.2	75.2
乌克兰	Ukraine	42.9	43.3	40.4	30.3	25.7	27.2	
英　国	United Kingdom	-22.2	7.9	26.6	39.2	42.3	39.7	34.6
澳大利亚	Australia	-116.1	-133.7	-153.6	-153.2	-172.4	-192.0	-190.2
新西兰	New Zealand	16.4	24.0	8.1	16.5	16.4	17.1	19.5

7-7　世界能源价格
World Energy Price

资料来源：世界银行全球经济监测数据库。
Source: World Bank GEM Database.

年　份 Year	三大市场平均原油价格（美元/桶）Crude Oil, Avg,Spot ($/bbl)	北海布伦特原油价格（美元/桶）Crude Oil, Brendt ($/bbl)	迪拜原油价格（美元/桶）Crude Oil, Dubai ($/bbl)	西德克萨斯原油价格（美元/桶）Crude Oil, WTI ($/bbl)	澳大利亚煤炭价格（美元/吨）Coal, Australia ($/mt)	日本液化天然气价格（美元/百万英制热量单位）Natural Gas LNG,Japan ($/mmbtu)	欧洲天然气价格（美元/百万英制热量单位）Natural Gas,Europe ($/mmbtu)	美国天然气价格（美元/百万英制热量单位）Natural Gas,US ($/mmbtu)
1980	36.87	37.89	35.85		40.14	5.70	4.22	1.59
1981	35.48	36.68	34.29		53.62	6.03	4.60	1.98
1982	32.65	33.42	31.76	32.77	54.77	6.05	4.45	2.47
1983	29.66	29.83	28.73	30.41	38.19	5.55	4.05	2.59
1984	28.56	28.80	27.49	29.38	30.96	5.24	3.76	2.66
1985	27.18	27.33	26.46	27.76	33.75	5.23	3.65	2.51
1986	14.35	14.77	13.20	15.08	31.13	4.10	3.65	1.94
1987	18.15	18.34	16.94	19.16	27.50	3.35	2.59	1.66
1988	14.72	14.97	13.22	15.97	34.88	3.34	2.36	1.68
1989	17.84	18.22	15.70	19.60	38.00	3.28	2.09	1.70
1990	22.88	23.68	20.46	24.49	39.67	3.64	2.82	1.70
1991	19.37	20.07	16.56	21.48	39.67	3.99	3.11	1.49
1992	19.02	19.31	17.19	20.56	38.56	3.60	2.56	1.77
1993	16.84	17.02	14.94	18.56	31.33	3.51	2.67	2.12
1994	15.89	15.83	14.67	17.16	32.30	3.18	2.44	1.92
1995	17.18	17.07	16.12	18.37	39.37	3.45	2.73	1.72
1996	20.42	20.65	18.54	22.07	38.07	3.67	2.84	2.73
1997	19.17	19.09	18.10	20.33	35.10	3.91	2.74	2.48
1998	13.06	12.72	12.13	14.35	29.23	3.02	2.42	2.09
1999	18.07	17.81	17.17	19.24	25.89	3.14	2.13	2.27
2000	28.23	28.27	26.08	30.33	26.25	4.71	3.86	4.31
2001	24.35	24.42	22.71	25.92	32.31	4.63	4.06	3.96
2002	24.93	24.97	23.72	26.09	25.31	4.28	3.05	3.36
2003	28.90	28.85	26.74	31.11	26.09	4.73	3.91	5.49
2004	37.73	38.30	33.46	41.44	52.95	5.13	4.28	5.89
2005	53.39	54.43	49.29	56.44	47.62	5.99	6.33	8.92
2006	64.29	65.39	61.43	66.04	49.09	7.08	8.47	6.72
2007	71.12	72.70	68.37	72.28	65.73	7.68	8.56	6.98
2008	96.99	97.64	93.78	99.56	127.10	12.53	13.41	8.86
2009	61.76	61.86	61.75	61.65	71.84	8.94	8.71	3.95
2010	79.04	79.64	78.06	79.43	98.97	10.85	8.29	4.39
2011	104.01	110.94	106.03	95.05	121.45	14.66	10.52	4.00
2012	105.01	111.97	108.90	94.16	96.36	16.55	11.47	2.75
2013	104.08	108.86	105.43	97.94	84.56	15.96	11.79	3.72
2014	96.24	98.94	96.66	93.11	70.13	16.04	10.05	4.37
2015	50.75	52.37	51.18	48.71	58.94	10.93	6.82	2.61
2016	42.81	44.05	41.20	43.19	66.12	7.37	4.56	2.49
2017	52.81	54.39	53.12	50.91	88.52	8.61	5.72	2.96
2018	68.35	71.07	69.15	64.82	107.02	10.67	7.68	3.16

7-8 核能及其他清洁能源消费占能源总消费比重
Alternative and Nuclear Energy as Percentage of Total Energy Use

资料来源：世界银行WDI数据库。
Source: World Bank WDI Database.
单位：% (%)

国家或地区	Country or Area	2000	2005	2010	2012	2013	2014	2015
中　国	China	2.3	2.9	3.7	4.3	4.8	5.4	
孟加拉国	Bangladesh	0.4	0.3	0.2	0.2	0.3	0.2	
柬埔寨	Cambodia		0.1		0.8	1.5	2.5	
印　度	India	2.5	2.8	2.8	3.0	3.2	3.0	
印度尼西亚	Indonesia	5.9	6.8	8.3	8.2	8.1	8.2	
伊　朗	Iran	0.3	0.8	0.4	0.7	1.1	1.0	
以色列	Israel	3.3	3.9	4.9	4.7	5.0	5.2	5.2
日　本	Japan	18.4	17.3	17.2	3.2	3.0	2.8	3.7
哈萨克斯坦	Kazakhstan	1.8	1.3	1.0	0.9	0.8	0.9	
韩　国	Korea, Rep.	15.3	18.4	15.7	15.1	14.0	15.5	15.8
马来西亚	Malaysia	1.2	0.7	0.8	1.0	1.1	1.3	
缅　甸	Myanmar	1.3	1.7	3.1	4.3	4.6	3.9	
巴基斯坦	Pakistan	3.1	4.3	4.3	4.3	4.6	4.5	
菲律宾	Philippines	26.7	23.8	22.8	22.4	20.4	20.3	
斯里兰卡	Sri Lanka	3.3	3.3	5.0	2.6	6.1	3.9	
泰　国	Thailand	0.7	0.5	0.4	0.6	0.5	0.5	
越　南	Viet Nam	4.4	3.5	4.0	7.6	7.5		
埃　及	Egypt	2.9	1.8	1.7	1.7	1.7	1.8	
尼日利亚	Nigeria	0.6	0.6	0.5	0.4	0.3	0.3	
南　非	South Africa	3.2	2.4	2.4	2.4	2.8	2.7	
加拿大	Canada	19.6	20.3	20.6	21.8	23.0	22.5	22.9
墨西哥	Mexico	6.7	6.5	4.9	4.5	4.8	5.2	5.2
美　国	United States	10.8	10.6	11.7	11.9	12.1	12.1	12.3
阿根廷	Argentina	6.6	7.1	6.1	6.0	6.2	5.9	
巴　西	Brazil	14.8	14.7	14.7	14.5	13.2	12.5	
委内瑞拉	Venezuela	10.5	11.8	9.1	9.7	10.4		
捷　克	Czech Rep.	9.0	14.9	17.2	19.6	20.3	20.2	18.0
法　国	France	45.3	45.2	45.3	46.8	46.9	50.1	49.5
德　国	Germany	14.0	13.9	13.2	11.3	11.1	11.7	12.0
意大利	Italy	4.7	4.4	5.9	7.1	8.3	9.3	8.5
荷　兰	Netherlands	1.5	1.6	1.7	2.0	1.7	2.4	2.6
波　兰	Poland	0.2	0.2	0.4	0.6	0.8	0.9	1.2
俄罗斯	Russia	7.8	8.4	8.6	8.3	8.4	8.8	
西班牙	Spain	15.7	13.0	19.3	19.5	21.8	22.6	20.7
土耳其	Turkey	4.7	5.7	6.7	7.2	8.0	7.1	9.6
乌克兰	Ukraine	15.8	16.9	18.5	20.1	19.9	22.8	
英　国	United Kingdom	10.2	9.9	8.6	10.7	11.2	11.3	12.8
澳大利亚	Australia	1.4	1.3	1.5	1.8	2.3	2.6	2.3
新西兰	New Zealand	24.0	24.2	32.4	31.5	33.2	34.5	35.0

7-9 易燃的可再生能源及废弃物消费占能源总消费比重
Combustible Renewables and Waste as Percentage of Total Energy Use

资料来源：世界银行WDI数据库。
Source: World Bank WDI Database.
单位：% (%)

国家或地区	Country or Area	2000	2005	2010	2012	2013	2014	2015
中国	China	17.3	9.0	4.4	3.4	3.0	2.9	12.4
中国香港	Hong Kong, China	0.4	0.4	0.4	0.4	0.5	0.5	0.9
中国澳门	Macao, China	0.2	23.3	5.8	9.9	14.4	10.0	7.1
孟加拉国	Bangladesh	40.9	35.7	28.3	26.6	26.4	25.6	34.7
柬埔寨	Cambodia	70.0	63.2	58.6	57.5	57.3	55.2	64.9
印度	India	32.8	29.9	24.1	22.6	22.4	21.4	36.0
印度尼西亚	Indonesia	31.6	27.4	23.5	25.5	25.3	24.8	36.9
伊朗	Iran	0.1	0.3	0.3	0.2	0.2	0.2	0.9
日本	Japan	0.6	0.6	0.9	0.9	1.0	1.1	1.2
哈萨克斯坦	Kazakhstan	0.2		0.1	0.1	0.1		1.6
韩国	Korea, Rep.	0.1	0.2	0.2	0.4	0.5	0.9	0.8
老挝	Laos	85.5	77.2	71.5	63.3	60.7	60.5	59.3
马来西亚	Malaysia	2.7	2.0	1.3	1.4	1.3	1.3	5.2
蒙古	Mongolia	3.5	3.6	2.9	1.9	1.8	1.7	3.4
缅甸	Myanmar	70.2	67.3	71.8	64.3	60.6	52.1	61.5
巴基斯坦	Pakistan	36.7	34.1	34.0	34.8	34.7	35.0	46.5
菲律宾	Philippines	17.2	15.1	13.7	13.6	13.6	13.0	27.5
斯里兰卡	Sri Lanka	53.4	51.2	51.0	49.6	47.4	45.2	52.9
泰国	Thailand	13.0	11.4	12.5	12.3	11.4	12.1	22.9
越南	Viet Nam	46.7	33.8	23.5	23.6	23.8	37.0	35.0
埃及	Egypt	3.2	2.3	2.2	2.1	2.2	2.3	5.7
尼日利亚	Nigeria	77.9	73.2	75.9	74.2	74.9	74.3	86.6
南非	South Africa	8.5	7.8	7.5	7.9	8.0	7.7	17.2
加拿大	Canada	4.8	4.7	4.2	4.3	4.4	4.1	4.1
墨西哥	Mexico	5.5	4.4	4.1	3.7	4.0	3.8	3.8
美国	United States	2.2	2.3	3.2	3.6	3.7	3.7	3.6
阿根廷	Argentina	4.3	2.4	2.6	3.1	3.0	3.2	10.0
巴西	Brazil	19.0	22.1	23.0	21.0	20.5	20.4	43.8
委内瑞拉	Venezuela	1.3	1.3	1.1	1.0	1.1	12.3	12.8
捷克	Czech Rep.	3.1	3.7	5.2	5.8	6.2	6.6	6.8
法国	France	3.4	3.4	4.5	4.5	4.9	4.6	4.8
德国	Germany	1.4	2.6	3.8	3.8	3.7	4.0	4.1
意大利	Italy	0.9	2.4	5.4	5.6	5.9	5.7	6.1
荷兰	Netherlands	0.6	1.0	1.4	1.6	1.5	1.6	1.6
波兰	Poland	4.0	4.3	5.7	6.4	6.5	6.4	6.5
俄罗斯	Russia	0.6	0.5	0.4	0.4	0.4	0.4	3.3
西班牙	Spain	2.8	2.7	4.1	5.0	4.2	4.4	4.4
土耳其	Turkey	8.5	6.3	4.2	3.0	3.1	2.7	2.3
乌克兰	Ukraine	0.2	0.2	0.9	1.0	1.2	1.3	4.1
英国	United Kingdom	0.2	0.3	1.5	1.6	2.0	2.5	2.8
澳大利亚	Australia	3.9	2.8	3.2	3.1	3.4	3.3	3.3
新西兰	New Zealand	5.9	7.1	5.9	5.6	5.3	5.0	5.1

主要统计指标解释

探明储量　是在现有和预期的本地经济条件和现有可用技术下，已探明的可开采的吨数。

能源最终消费量　指各不同经济部门终端能源消费量。

能源生产量　指一定时期内一次能源生产量的总和。

国际运输燃料　指供给国际运输的飞机或轮船的燃料，空运燃料包括航空汽油和喷气发动机燃料，海运燃料,包括硬煤、柴油等。

一次能源供应量　等于“产量＋进口－出口－国际运输燃料－库存变化”。

清洁能源　是指在发电时不产生二氧化碳的非碳能源。它包括水电、核电、地热和太阳能等。

易燃的可再生能源和废弃物　包括固态和液态的生物遗体、沼气、工业垃圾和城市垃圾。

Explanatory Notes on Main Statistical Indicators

Proved Reserves are the tonnage of the proved amount in place that can be recovered under present and expected local economic conditions with existing available technology.

Total Final Consumption refers to the sum of consumption by the different end-use sectors.

Energy Production is the production of primary energy.

Bunkers Airs bunkers refer to bunkers of aviation gasoline and jet fuel. Sea bunkers refer to bunkers of hard coal, gas-diesel oil and residual fuel oil.

Total Primary Energy Supply refers to Production +imports-Exports-Bunkers-Changes in stocks.

Clean energy refer to noncarbohydrate energy that does not produce carbon dioxide when generated. It includes hydropower and nuclear, geothermal, and solar power, among others.

Combustible renewables and waste comprise solid biomass, liquid biomass, biogas, industrial waste, and municipal waste.

财政和金融

Government Finance and Banking

8-1 中央政府财政收入占国内生产总值比重
Central Government Revenue as Percentage of GDP

资料来源：世界银行WDI数据库。
Source: World Bank WDI Database.
单位：%　　(%)

国家或地区	Country or Area	2000	2005	2010	2015	2016	2017
世　界	**World**	**24.3**	**22.6**	**22.3**	**23.7**	**23.5**	**24.7**
高收入国家	**High Income**	**25.7**	**24.4**	**23.7**	**25.1**	**24.9**	**25.4**
中等收入国家	**Middle Income**	**13.8**	**17.3**	**18.8**	**20.1**	**19.9**	
低收入国家	**Low Income**		**11.5**	**13.4**			
中　国	China	7.1	9.6	11.2	16.1	15.8	
中国香港	Hong Kong, China		19.6				
中国澳门	Macao, China	18.1	24.6	36.7	31.5	30.1	31.8
孟加拉国	Bangladesh		9.0	9.7	9.8	10.2	
柬埔寨	Cambodia		9.7	11.5	16.6	17.4	18.6
印　度	India	11.7	12.3	13.2	12.4	13.2	12.9
印度尼西亚	Indonesia		17.5	14.5	13.0	12.5	12.2
伊　朗	Iran	21.6	30.9				
以色列	Israel	37.4	35.6	31.9	32.1	32.0	33.6
日　本	Japan	11.5	11.4	9.9	12.6	12.3	12.8
哈萨克斯坦	Kazakhstan	11.3	21.3	21.4	13.7	13.8	16.6
韩　国	Korea, Rep.	21.2	20.5	21.0	26.3	27.3	27.8
老　挝	Laos			14.5	15.8	14.7	14.5
马来西亚	Malaysia	17.5	19.6	19.4	18.9	17.3	16.3
蒙　古	Mongolia	24.4		29.0	22.6	21.1	24.9
缅　甸	Myanmar	5.3	6.7		18.5	17.8	15.8
巴基斯坦	Pakistan	13.9	13.0	13.8			
菲律宾	Philippines	14.4	14.4	13.4	15.4	15.2	15.6
新加坡	Singapore	25.7	18.2	16.8	18.0	18.5	20.5
斯里兰卡	Sri Lanka	16.8	15.5	12.7	13.3	14.1	13.7
泰　国	Thailand	15.5	19.7	19.0	20.4	19.9	19.2
埃　及	Egypt		24.3	24.8	21.0		
尼日利亚	Nigeria		7.6	5.7			
南　非	South Africa	20.9	18.6	16.9	17.9	17.7	17.8
加拿大	Canada	12.1		18.0	19.0	19.8	20.0
墨西哥	Mexico	20.6	17.9	16.5	19.1	18.7	19.7
美　国	United States	14.2	16.6	21.2	22.2	21.3	19.4
巴　西	Brazil	19.6	22.4	28.3	28.5	28.9	27.2
委内瑞拉	Venezuela	21.2	28.3				
捷　克	Czech Rep.	30.8	31.2	30.4	31.2	31.7	31.8
法　国	France	42.8	42.2	42.9	44.3	44.1	44.7
德　国	Germany	29.7	27.8	27.7	28.1	28.0	28.3
意大利	Italy	35.9	34.4	37.2	38.3	38.3	37.9
荷　兰	Netherlands	37.9	36.5	37.7	37.8	38.9	39.2
波　兰	Poland	34.2	33.3	31.9	32.5	33.0	33.6
俄罗斯	Russia	24.6	30.3	26.1	24.5	24.2	24.4
西班牙	Spain	18.4	17.4	14.7	16.3	15.8	15.6
土耳其	Turkey			31.7	30.7	31.2	29.7
乌克兰	Ukraine	26.8	35.1	34.4	35.8	31.2	32.5
英　国	United Kingdom	33.9	34.8	34.5	34.6	35.1	35.7
澳大利亚	Australia	25.9	27.1	23.3	24.5	24.8	24.6
新西兰	New Zealand		36.2	32.3	32.9	32.6	32.8

8-2 中央政府财政收入
Revenue of Central Government

资料来源：国际货币基金组织GFS数据库。
Source: IMF GFS Database.

		柬埔寨 Cambodia 2013 (亿瑞尔) (100 Million Riel)	印度 India 2013 (亿卢比) (100 Million Rupee)	印度尼西亚 Indonesia 2017 (亿卢比) (100 Million Rupiah)	伊朗 Iran 2009 (亿里亚尔) (100 Million Rial)
财政总收入	**Total Revenue**	**107032**	**141789**	**16661000**	**10423000**
税收	Taxes	74076	123587	13423000	3022000
收入、利润和资本所得税	Taxes on Income, Profits, and Capital Gains	15615	66044	6468000	2017000
个人	Payable by Individuals	3774	24090	1256000	340720
公司和其他企业	Payable by Corporations and Other Enterprises	11840	41950	5212000	1675260
工资税	Taxes on Payroll and Workforce				
财产税	Taxes on Property		95	168000	11000
货物和服务税	Taxes on Goods and Services	41745	38709	6350000	366000
增加值、销售和交易税	General Value Added, Sales, or Turnover Taxes	26697			310150
货物税	Excises	13392	19720	1543000	19420
国际贸易税	Taxes on International Trade and Transactions	16669	18731	386000	626000
其他税	Other Taxes	48		51000	3000
社会缴款	Social Contributions		270		1948000
社会保障缴款	Social Security Contributions				1948000
其它社会缴款	Other Social Contributions		270		
捐赠收入	Grants	22740	146	114000	
来自外国政府捐赠收入	From Foreign Governments	21509	146	42000	
来自国际组织捐赠收入	From International Organizations	18			
来自政府机构捐赠收入	From General Government Units	1213		72000	
其它收入	Other Revenue	10216	17787	3125000	5453000

8-2 续表 1 continued

		以色列 Israel 2017 (亿新谢克尔) (100 Million New Sheqalim)	哈萨克斯坦 Kazakhstan 2016 (亿坚戈) (100 Million Tenge)	韩国 Korea,Rep. 2017 (亿韩元) (100 Million Won)	马来西亚 Malaysia 2013 (亿林吉特) (100 Million Ringgit)
财政总收入	**Total Revenue**	**4431**	**65845**	**4848000**	**2134**
税收	Taxes	3125	46618	2661000	1560
收入、利润和资本所得税	Taxes on Income, Profits, and Capital Gains	1516	19186	1374000	1110
个人	Payable by Individuals	854		778000	231
公司和其他企业	Payable by Corporations and Other Enterprises	419		596000	879
工资税	Taxes on Payroll and Workforce	152			
财产税	Taxes on Property			88000	
货物和服务税	Taxes on Goods and Services	1428	16693	1054000	310
增加值、销售和交易税	General Value Added, Sales, or Turnover Taxes				101
货物税	Excises	193		286000	122
国际贸易税	Taxes on International Trade and Transactions	30	10735	86000	45
其他税	Other Taxes		4	59000	95
社会缴款	Social Contributions	746	2642	1250000	
社会保障缴款	Social Security Contributions	668	2642	1118000	
其它社会缴款	Other Social Contributions	78		133000	
捐赠收入	Grants	164	2191	41000	
来自外国政府捐赠收入	From Foreign Governments	103			
来自国际组织捐赠收入	From International Organizations		17		
来自政府机构捐赠收入	From General Government Units	61	2173	41000	
其它收入	Other Revenue	396	14395	896000	574

8-2 续表 2 continued

		蒙古 Mongolia 2017 (亿图格里克) (100 Million togrog)	缅甸 Myanmar 2017 (亿缅元) (100 Million Kyat)	巴基斯坦 Pakistan 2013 (亿卢比) (100 Million Rupee)	新加坡 Singapore 2017 (亿新加坡元) (100 Million Dollar)
财政总收入	**Total Revenue**	**72122**	**149656**	**33459**	**957**
税收	Taxes	37946	54425	25036	663
收入、利润和资本所得税	Taxes on Income, Profits, and Capital Gains	9621	19350	9320	320
个人	Payable by Individuals			9140	107
公司和其他企业	Payable by Corporations and Other Enterprises	9621			213
工资税	Taxes on Payroll and Workforce				
财产税	Taxes on Property		6		44
货物和服务税	Taxes on Goods and Services	22295	29419	12015	189
增加值、销售和交易税	General Value Added, Sales, or Turnover Taxes		14111	10765	
货物税	Excises	5321	12303	1250	31
国际贸易税	Taxes on International Trade and Transactions	5766	4900	2475	
其他税	Other Taxes	263	750	1226	109
社会缴款	Social Contributions	15440	831		
社会保障缴款	Social Security Contributions	15440	831		
其它社会缴款	Other Social Contributions				
捐赠收入	Grants	2596	6511	1120	
来自外国政府捐赠收入	From Foreign Governments	563		1120	
来自国际组织捐赠收入	From International Organizations		6511		
来自政府机构捐赠收入	From General Government Units	2032			
其它收入	Other Revenue	16141	87889	7303	294

8-2 续表 3 continued

		泰 国 Thailand 2017 (亿泰铢) (100 Million Baht)	南 非 South Africa 2016 (亿兰特) (100 Million Rand)	加拿大 Canada 2018 (亿加元) (100 Million Dollar)	墨西哥 Mexico 2016 (亿比索) (100 Million Peso)
财政总收入	**Total Revenue**	**29724**	**13482**	**4038**	**39856**
税收	Taxes	22892	11788	2852	27243
收入、利润和资本所得税	Taxes on Income, Profits, and Capital Gains	8938	6645	2238	14231
个人	Payable by Individuals	2759			6820
公司和其他企业	Payable by Corporations and Other Enterprises	6178			7010
工资税	Taxes on Payroll and Workforce		153		
财产税	Taxes on Property	1	19		
货物和服务税	Taxes on Goods and Services	12860	4518		12115
增加值、销售和交易税	General Value Added, Sales, or Turnover Taxes				
货物税	Excises	5897			4200
国际贸易税	Taxes on International Trade and Transactions	906	452	67	519
其他税	Other Taxes	187			379
社会缴款	Social Contributions	1535	267	873	4350
社会保障缴款	Social Security Contributions	1535	267		4350
其它社会缴款	Other Social Contributions				
捐赠收入	Grants	24	41	10	17
来自外国政府捐赠收入	From Foreign Governments	24	18		
来自国际组织捐赠收入	From International Organizations		6		
来自政府机构捐赠收入	From General Government Units		17		17
其它收入	Other Revenue	5274	1386	303	8246

8-2 续表 4 continued

		美 国 United States 2018 (亿美元) (100 Million US Dollar)	阿根廷 Argentina 2016 (亿比索) (100 Million Peso)	委内瑞拉 Venezuela 2005 (亿博利瓦) (100 Million Bolivar)	白俄罗斯 Belarus 2016 (亿卢布) (100 Million Rubel)
财政总收入	**Total Revenue**	**35344**	**17580**	**859**	**304**
税收	Taxes	19829	9954	472	131
收入、利润和资本所得税	Taxes on Income, Profits, and Capital Gains	17993	2176	185	7
个人	Payable by Individuals	16416		9	
公司和其他企业	Payable by Corporations and Other Enterprises	1577		175	
工资税	Taxes on Payroll and Workforce		48		
财产税	Taxes on Property	233	85	29	
货物和服务税	Taxes on Goods and Services	1079	4789	214	88
增加值、销售和交易税	General Value Added, Sales, or Turnover Taxes			195	
货物税	Excises	645		17	
国际贸易税	Taxes on International Trade and Transactions	524	1250	43	34
其他税	Other Taxes		1605	1	1
社会缴款	Social Contributions	13447	5682	19	101
社会保障缴款	Social Security Contributions	13358		19	101
其它社会缴款	Other Social Contributions	88			
捐赠收入	Grants	8	90		29
来自外国政府捐赠收入	From Foreign Governments	8			2
来自国际组织捐赠收入	From International Organizations		2		
来自政府机构捐赠收入	From General Government Units		88		26
其它收入	Other Revenue	2060	1854	369	43

8-2 续表 5 continued

		捷克 Czech Rep. 2017 (亿克朗) (100 Million koruna)	法国 France 2017 (亿欧元) (100 Million Euro)	德国 Germany 2017 (亿欧元) (100 Million Euro)	意大利 Italy 2017 (亿欧元) (100 Million Euro)
财政总收入	**Total Revenue**	**16391**	**10265**	**9336**	**6680**
税收	Taxes	7509	5464	3722	4004
收入、利润和资本所得税	Taxes on Income, Profits, and Capital Gains	2491	2660	1663	2079
个人	Payable by Individuals	1353	1989	1384	1741
公司和其他企业	Payable by Corporations and Other Enterprises	1138	668	230	338
工资税	Taxes on Payroll and Workforce		263		
财产税	Taxes on Property	1	202		79
货物和服务税	Taxes on Goods and Services	5001	2329	2059	1593
增加值、销售和交易税	General Value Added, Sales, or Turnover Taxes				
货物税	Excises	1856	441	658	433
国际贸易税	Taxes on International Trade and Transactions		-1		
其他税	Other Taxes	16	12		252
社会缴款	Social Contributions	7587	4305	5209	2245
社会保障缴款	Social Security Contributions	3069	3800	5116	2216
其它社会缴款	Other Social Contributions	4519	504	93	29
捐赠收入	Grants	326		73	128
来自外国政府捐赠收入	From Foreign Governments	25			1
来自国际组织捐赠收入	From International Organizations	280		11	10
来自政府机构捐赠收入	From General Government Units	21	42	62	117
其它收入	Other Revenue	969		332	304

8-2 续表 6 continued

		荷兰 Netherlands 2017 (亿欧元) (100 Million Euro)	波兰 Poland 2016 (亿兹罗提) (100 Million Zloty)	俄罗斯 Russia 2016 (亿卢布) (100 Million Ruble)	西班牙 Spain 2014 (亿欧元) (100 Million Euro)
财政总收入	**Total Revenue**	**2900**	**6111**	**260582**	
税收	Taxes	1705	3012	78622	1271
收入、利润和资本所得税	Taxes on Income, Profits, and Capital Gains	859	752	-3514	520
个人	Payable by Individuals	617		-8310	309
公司和其他企业	Payable by Corporations and Other Enterprises	242		5040	210
工资税	Taxes on Payroll and Workforce	5	42		
财产税	Taxes on Property	35		13	1
货物和服务税	Taxes on Goods and Services	771	2218	55776	751
增加值、销售和交易税	General Value Added, Sales, or Turnover Taxes				516
货物税	Excises	165		7520	182
国际贸易税	Taxes on International Trade and Transactions			26346	
其他税	Other Taxes	36		1	
社会缴款	Social Contributions	1041	2532	68870	1312
社会保障缴款	Social Security Contributions	1019	2363	68870	1200
其它社会缴款	Other Social Contributions	22	169		111
捐赠收入	Grants	14		52327	
来自外国政府捐赠收入	From Foreign Governments	3			
来自国际组织捐赠收入	From International Organizations	3			20
来自政府机构捐赠收入	From General Government Units	8	30	52327	
其它收入	Other Revenue	139		60762	

8-2 续表 7 continued

		乌克兰 Ukraine 2016 (亿格里夫尼亚) (100 Million Hrywnia)	英国 United Kingdom 2017 (亿英镑) (100 Million Pound)	澳大利亚 Australia 2017 (亿澳元) (100 Million Dollar)	新西兰 New Zealand 2017 (新西兰元) (100 Million Dollar)
财政总收入	**Total Revenue**	**7527**	**7321**	**4366**	**939**
税收	Taxes	4683	5272	3898	792
收入、利润和资本所得税	Taxes on Income, Profits, and Capital Gains	1142	2466	2811	495
个人	Payable by Individuals		1879	1988	3412
公司和其他企业	Payable by Corporations and Other Enterprises		588	803	154
工资税	Taxes on Payroll and Workforce		19	6	
财产税	Taxes on Property		353		
货物和服务税	Taxes on Goods and Services	3353	2407	938	270
增加值、销售和交易税	General Value Added, Sales, or Turnover Taxes				
货物税	Excises		623	227	24
国际贸易税	Taxes on International Trade and Transactions	211		142	26
其他税	Other Taxes	-23	26		
社会缴款	Social Contributions	1364	1581		21
社会保障缴款	Social Security Contributions	1364	1307		21
其它社会缴款	Other Social Contributions		274		
捐赠收入	Grants	84	6	19	3
来自外国政府捐赠收入	From Foreign Governments	1	1		3
来自国际组织捐赠收入	From International Organizations	41	3		
来自政府机构捐赠收入	From General Government Units	42	2	19	1
其它收入	Other Revenue	1397	463	449	124

8-3 中央政府财政支出
Expense of Central Government

资料来源：国际货币基金组织GFS数据库。
Source: IMF GFS Database.

		柬埔寨 Cambodia 2013 (亿瑞尔) (100 Million Riel)	印度 India 2013 (亿卢比) (100 Million Rupee)	印度尼西亚 Indonesia 2017 (亿卢比) (100 Million Rupiah)	伊朗 Iran 2009 亿里亚尔) (billion Rial)
财政总支出	**Total Expense**	**72465**	**186910**	**19432000**	**8066000**
雇员报酬	Compensation of Employees	26363	15190	3098000	3210000
工资和薪金	Wages and Salaries	26363		2099000	2836000
社会缴款	Social Contributions			999000	375000
商品和服务的使用	Use of Goods and Services	20753	16340	2846000	865000
固定资本消耗	Consumption of Fixed Capital			1448000	
利息	Interest	2043	36420	2165000	
补贴	Subsidies	1301	42220	1664000	
对国有企业补贴	To Public Corporations			1603000	702000
对私人企业补贴	To Private Enterprises			61000	
捐赠	Grants	6823	75740	7540000	
对外国政府捐赠	To Foreign Governments				
对国际组织捐赠	To International Organizations	140	5910		
对政府机构捐赠	To General Government Units	6683	69830	7539000	
社会福利	Social Benefits	8787		582000	1966000
社会保障福利	Social Security Benefits				
社会救助福利	Social Assistance Benefits			553000	
雇主社会福利	Employer Social Benefits			29000	
其它支出	Other Expense	6395	996	89000	1164000
不含利息的财产支出	Property Expense Other Than Interest				
其它杂项支出	Miscellaneous Other Expense				

8-3 续表 1 continued

		以色列 Israel 2017 (亿新谢克尔) (100 Million New Sheqalim)	哈萨克斯坦 Kazakhstan 2017 (亿坚戈) (billion Tenge)	韩国 Korea,Rep. 2017 (亿韩元) (billion Won)	马来西亚 Malaysia 2013 (亿林吉特) (100 Million Ringgit)
财政总支出	**Total Expense**	**4664**	**103462**	**4399000**	**2099**
雇员报酬	Compensation of Employees	1074	4839	453000	610
工资和薪金	Wages and Salaries	881		435000	610
社会缴款	Social Contributions	193		18000	
商品和服务的使用	Use of Goods and Services	931	43679	611000	339
固定资本消耗	Consumption of Fixed Capital	109		161000	
利息	Interest	276	4106	194000	208
补贴	Subsidies	108	893	172000	433
对国有企业补贴	To Public Corporations	43	893	70000	433
对私人企业补贴	To Private Enterprises	65		102000	
捐赠	Grants	313	25322	1423000	348
对外国政府捐赠	To Foreign Governments	6		1000	
对国际组织捐赠	To International Organizations	8	166	1000	
对政府机构捐赠	To General Government Units	300	25155	1422000	348
社会福利	Social Benefits	1463	23181	1190000	148
社会保障福利	Social Security Benefits	806	1708	1189000	148
社会救助福利	Social Assistance Benefits	435	21473	1000	
雇主社会福利	Employer Social Benefits	223			
其它支出	Other Expense	389	1442	194000	12
不含利息的财产支出	Property Expense Other Than Interest			2000	
其它杂项支出	Miscellaneous Other Expense				

8-3 续表 2 continued

		蒙古 Mongolia 2017 (亿图格里克) (100 Million Togrog)	泰国 Thailand 2017 (亿铢) (100 Million Baht)	巴基斯坦 Pakistan 2013 (亿卢比) ((100 Million Rupee)	加拿大 Canada 2018 (亿加元) ((100 Million Dollar)
财政总支出	**Total Expense**	**66390**	**28430**	**39907**	**3846**
雇员报酬	Compensation of Employees	12015	7967	1550	400
工资和薪金	Wages and Salaries	112310	7784	1550	
社会缴款	Social Contributions	783	183		
商品和服务的使用	Use of Goods and Services	8068	7023	8842	291
固定资本消耗	Consumption of Fixed Capital		1862		98
利息	Interest	11565	1425	11417	241
补贴	Subsidies	1685	1354	2086	28
对国有企业补贴	To Public Corporations	206	1058		
对私人企业补贴	To Private Enterprises	1480	297		
捐赠	Grants	12721	3691	3123	1004
对外国政府捐赠	To Foreign Governments	68			
对国际组织捐赠	To International Organizations		11		
对政府机构捐赠	To General Government Units	12653	3680		
社会福利	Social Benefits	19599	3882	1441	1703
社会保障福利	Social Security Benefits	18728	791		
社会救助福利	Social Assistance Benefits	871	107		
雇主社会福利	Employer Social Benefits		2984		
其它支出	Other Expense	736	1227	11447	81
不含利息的财产支出	Property Expense Other Than Interest				
其它杂项支出	Miscellaneous Other Expense				

8-3 续表 3 continued

		美 国 United States 2018 (亿美元) (100 Million Us Dollar)	阿 根 廷 Argentina 2017 (亿比索) (100 Million Peso)	委内瑞拉 Venezuela 2005 (亿博利瓦) (100 Million Bolivar)	白俄罗斯 Belarus 2017 (亿卢布) (100 Million Rubel)
财政总支出	**Total Expense**	**45723**	**25886**	**762**	**310**
雇员报酬	Compensation of Employees	4230	3301	121	40
工资和薪金	Wages and Salaries			116	34
社会缴款	Social Contributions			6	6
商品和服务的使用	Use of Goods and Services	3485	1023	46	41
固定资本消耗	Consumption of Fixed Capital	2721			
利息	Interest	5453	2438	89	19
补贴	Subsidies	657	2653		16
对国有企业补贴	To Public Corporations		831		2
对私人企业补贴	To Private Enterprises		1823		14
捐赠	Grants	7013	1870	400	47
对外国政府捐赠	To Foreign Governments	537		1	
对国际组织捐赠	To International Organizations	37	34		1
对政府机构捐赠	To General Government Units	6439	1836	399	46
社会福利	Social Benefits	22038	12148	85	137
社会保障福利	Social Security Benefits	17786	10140		120
社会救助福利	Social Assistance Benefits	4252	2007		9
雇主社会福利	Employer Social Benefits		1		8
其它支出	Other Expense	125	2453	21	11
不含利息的财产支出	Property Expense Other Than Interest		1		
其它杂项支出	Miscellaneous Other Expense			21	

8-3 续表 4 continued

		捷 克 Czech Rep. 2017 (亿克朗) (100 Million koruna)	法 国 France 2017 (亿欧元) (100 Million Erro)	德 国 Germany 2017 (亿欧元) (100 Million Erro)	意大利 Italy 2017 (亿欧元) (100 Million Euro)
财政总支出	**Total Expense**	**16203**	**10904**	**9141**	**7166**
雇员报酬	Compensation of Employees	2148	1988	525	976
工资和薪金	Wages and Salaries	1568	1250		635
社会缴款	Social Contributions	580	738		341
商品和服务的使用	Use of Goods and Services	1318	592	466	236
固定资本消耗	Consumption of Fixed Capital	1099	340	194	216
利息	Interest	368	397	182	638
补贴	Subsidies	645	449	92	167
对国有企业补贴	To Public Corporations				
对私人企业补贴	To Private Enterprises				
捐赠	Grants			891	
对外国政府捐赠	To Foreign Governments	117	87	146	28
对国际组织捐赠	To International Organizations			206	
对政府机构捐赠	To General Government Units	2066	603	539	997
社会福利	Social Benefits	7466	5651	6520	3409
社会保障福利	Social Security Benefits				
社会救助福利	Social Assistance Benefits				
雇主社会福利	Employer Social Benefits				
其它支出	Other Expense			272	
不含利息的财产支出	Property Expense Other Than Interest				
其它杂项支出	Miscellaneous Other Expense				

8-3 续表 5 continued

		荷 兰 Netherlands 2015 (亿欧元) (100 Million Euro)	波 兰 Poland 2016 (亿兹罗提) (100 Million Zloty)	俄罗斯 Russia 2017 (亿卢币) (100 Million Ruble)	西班牙 Spain 2014 (亿欧元) (100 Million Euro)
财政总支出	**Total Expense**	**2772**	**6482**	**282101**	
雇员报酬	Compensation of Employees	231	921	36339	241
工资和薪金	Wages and Salaries	173		32074	179
社会缴款	Social Contributions	59		4265	62
商品和服务的使用	Use of Goods and Services	149	433	21706	91
固定资本消耗	Consumption of Fixed Capital	107	250	8996	95
利息	Interest	83	300	7069	319
补贴	Subsidies	56	95	13207	55
对国有企业补贴	To Public Corporations			2914	9
对私人企业补贴	To Private Enterprises			10293	46
捐赠	Grants	770		91006	
对外国政府捐赠	To Foreign Governments			802	
对国际组织捐赠	To International Organizations	87		1294	108
对政府机构捐赠	To General Government Units	683	1329	88909	
社会福利	Social Benefits	1316	2796	95017	1660
社会保障福利	Social Security Benefits	548		75447	1447
社会救助福利	Social Assistance Benefits	753		11859	78
雇主社会福利	Employer Social Benefits	15		7712	134
其它支出	Other Expense	59		8762	438
不含利息的财产支出	Property Expense Other Than Interest				0.1
其它杂项支出	Miscellaneous Other Expense	59			0.2

8-3 续表 6 continued

		乌克兰 Ukraine 2017 (亿格里夫尼亚) (100 Million Hrywnia)	英国 United Kingdom 2017 (亿英镑) (100 Million Pound)	澳大利亚 Australia 2017 (亿澳元) (100 Million Dollar)	新西兰 New Zealand 2017 (亿新西兰元) (100 Million Dollar)
财政总支出	**Total Expense**	**10019**	**7465**	**4686**	**869**
雇员报酬	Compensation of Employees	1403	1201	503	223
工资和薪金	Wages and Salaries	1173	953	385	
社会缴款	Social Contributions	230	248	118	
商品和服务的使用	Use of Goods and Services	1231	1005	483	107
固定资本消耗	Consumption of Fixed Capital		182	101	29
利息	Interest	1115	548	167	35
补贴	Subsidies	137	135	136	6
对国有企业补贴	To Public Corporations	137	6	5	
对私人企业补贴	To Private Enterprises		129	131	
捐赠	Grants	2755	1419	1198	23
对外国政府捐赠	To Foreign Governments			41	
对国际组织捐赠	To International Organizations	29	184		6
对政府机构捐赠	To General Government Units	2726	1235	1157	17
社会福利	Social Benefits	3231	2660	1829	376
社会保障福利	Social Security Benefits	2468	1355	1359	
社会救助福利	Social Assistance Benefits	764	939	470	
雇主社会福利	Employer Social Benefits		366		
其它支出	Other Expense	147	314	269	70
不含利息的财产支出	Property Expense Other Than Interest			84	
其它杂项支出	Miscellaneous Other Expense				

8-4 中央政府各项支出比重
Central Government Outlays by Function as Percentage of Total

资料来源：国际货币基金组织GFS数据库。
Source: IMF GFS Database.
单位：% (%)

国家或地区	Country or Area	年份 Year	社会保障支出 Social Protection	公共服务支出 General Public Services	教育支出 Education	经济事务支出 Economic Affairs	环境保护支出 Environment Protection
中国	China	2016	38.40	8.70	2.40	16.30	0.30
中国香港	Hong Kong, China	2009	14.19	19.39	18.19	11.52	3.42
中国澳门	Macao, China	2017	24.30	13.40	13.90	13.90	1.20
孟加拉国	Bangladesh	2013	6.82	21.72	14.62	26.68	0.36
印度	India	2013		9.30	0.60	3.50	
印度尼西亚	Indonesia	2017	7.40	52.30	6.90	15.30	0.50
伊朗	Iran	2009	36.60	9.20	14.20	16.50	0.10
以色列	Israel	2017	29.50	9.70	17.80	6.50	0.20
哈萨克斯坦	Kazakhstan	2017	21.50	19.30	4.60	31.60	0.30
韩国	Korea, Rep.	2010	22.80	22.00	15.20	18.90	2.20
缅甸	Myanmar	2017	3.80	22.80	8.80	40.00	
巴基斯坦	Pakistan	2007	0.21		1.64		0.03
新加坡	Singapore	2017	6.20	7.00	17.30	17.60	1.90
泰国	Thailand	2017	14.60	28.80	16.90	17.30	0.20
埃及	Egypt	2015	29.00	29.00	12.00	6.00	0.30
南非	South Africa	2017	12.70	48.30	8.50	10.00	0.60
加拿大	Canada	2007	46.94		2.09		1.28
墨西哥	Mexico	2000	20.10	38.40	24.70	8.10	
美国	United States	2017	32.10	13.50	2.30	5.10	
阿根廷	Argentina	2017	47.30	16.50	6.30	13.70	0.40
委内瑞拉	Venezuela	2005	7.64		17.16		
捷克	Czech Rep.	2015	30.18	9.06	8.60	16.47	2.45
意大利	Italy	2016	42.75				
荷兰	Netherlands	2017	35.30	20.20	11.80	6.00	0.30
波兰	Poland	2015	38.32				
俄罗斯	Russia	2017	47.00	16.30	2.10	6.60	0.40
西班牙	Spain	2016	40.50				
土耳其	Turkey	2018	31.70	19.20	11.30	9.90	0.10
乌克兰	Ukraine	2017	45.30	27.70	4.00	4.10	0.50
英国	United Kingdom	2017	34.70	13.10	10.60	6.70	0.90
澳大利亚	Australia	2017	32.60	24.40	11.00	6.50	0.90
新西兰	New Zealand	2017	34.00	11.40	18.10	5.80	0.90

8-4 续表 1 continued

单位：% (%)

国家或地区	Country or Area	年份 Year	卫生保障支出 Health	文化、娱乐和宗教支出 Recreation, Culture and Religion	国防支出 Defense	住户和社区设施建设支出 Housing & Community Amenities	公共秩序与安全支出 Public Order and Safety
中　　国	China	2016	15.70	0.40	15.10	0.10	2.70
中国香港	Hong Kong, China	2009	12.81	3.84		6.85	9.79
中国澳门	Macao, China	2017	9.80	4.30		2.10	17.20
孟加拉国	Bangladesh	2013	6.01	1.19	8.65	7.42	6.53
印　　度	India	2013	0.30		1.80	1.20	
印度尼西亚	Indonesia	2017	2.90	0.70	5.90	1.40	6.80
伊　　朗	Iran	2009	6.90	2.50	7.90	2.00	4.20
以 色 列	Israel	2017	14.70	2.70	15.30	-0.80	4.50
哈萨克斯坦	Kazakhstan	2017	9.40	1.00	6.50	2.40	3.40
韩　　国	Korea, Rep.	2010	1.20	1.20	11.30	1.20	5.00
缅　　甸	Myanmar	2017	5.40	0.60	15.80	0.50	2.30
巴基斯坦	Pakistan	2007	0.86		15.62		
新 加 坡	Singapore	2017	13.50	3.30	19.00	7.30	7.00
泰　　国	Thailand	2017	6.00	1.50	6.60	2.40	5.80
埃　　及	Egypt	2015	5.00	4.00	6.00	3.00	6.00
南　　非	South Africa	2017	3.20	0.80	3.30	4.80	7.80
加 拿 大	Canada	2007	9.67		6.50		
墨 西 哥	Mexico	2000	5.00	0.60	3.00	6.90	2.70
美　　国	United States	2017	29.60	0.10	14.00	1.90	1.40
阿 根 廷	Argentina	2017	7.50	0.20	1.90	1.70	4.60
委内瑞拉	Venezuela	2005	7.38		4.99		
捷　　克	Czech Rep.	2015	16.97	1.05	2.48	2.39	4.93
意 大 利	Italy	2016					
荷　　兰	Netherlands	2017	18.40	0.90	3.00	0.20	4.00
波　　兰	Poland	2015					
俄 罗 斯	Russia	2017	13.40	0.70	6.40	0.30	6.80
西 班 牙	Spain	2016					
土 耳 其	Turkey	2018	13.50	1.60	5.50	1.10	6.00
乌 克 兰	Ukraine	2017	1.60	0.80	7.30	0.10	8.60
英　　国	United Kingdom	2017	19.80	1.20	5.20	3.60	4.20
澳大利亚	Australia	2017	15.80	0.70	6.30	0.80	1.00
新 西 兰	New Zealand	2017	20.30	1.30	2.50	0.10	5.60

8-5 社会缴款占财政收入比重
Social Contributions as Percentage of Revenue

资料来源：世界银行WDI数据库。
Source: World Bank WDI Database.
单位：% (%)

国家或地区	Country or Area	2000	2005	2010	2014	2015	2016	2017
中国香港	Hong Kong, China		0.01					
中国澳门	Macao, China	0.85	0.50	0.19	0.11	0.17	0.18	0.30
印　度	India	0.05	0.18	0.26	0.09	0.10	0.14	0.18
伊　朗	Iran	11.48	10.44					
以色列	Israel	14.95	16.69	17.79	17.12	17.09	17.27	16.84
日　本	Japan	0.95	0.97	0.90	0.77	0.76	0.75	0.69
韩　国	Korea, Rep.	13.31	16.17	16.11	25.79	26.31	25.97	25.79
蒙　古	Mongolia	17.79		13.14	19.77	21.89	24.36	21.41
斯里兰卡	Sri Lanka	1.67	1.19	1.33	1.26	1.04	1.07	1.25
泰　国	Thailand	3.43	4.89	6.44	4.91	5.16	5.04	5.16
南　非	South Africa	2.07	2.04	2.10	2.04	1.89	1.99	1.79
加拿大	Canada	18.87	21.43	23.02	23.45	23.26	23.38	22.10
墨西哥	Mexico	10.48		11.48	11.79	11.56	10.91	10.67
美　国	United States	31.26	36.49	39.31	34.33	34.27	34.93	33.39
巴　西	Brazil	24.76	23.25	31.87	31.30	32.54	32.19	34.84
委内瑞拉	Venezuela	3.50	2.20					
捷　克	Czech Rep.	46.60	46.72	46.44	45.86	44.32	45.64	46.29
法　国	France	40.65	41.87	42.19	42.58	42.34	42.36	41.94
德　国	Germany	57.18	58.61	55.74	54.57	55.03	55.62	55.79
意大利	Italy	32.32	34.91	35.09	33.80	33.84	33.29	33.60
荷　兰	Netherlands	38.70	34.14	34.96	38.38	37.37	38.29	35.91
波　兰	Poland	40.27	39.24	36.65	40.72	41.01	41.23	40.68
俄罗斯	Russia	28.80	17.72	20.29	26.12	21.42	26.43	22.95
西班牙	Spain	5.80	5.47	6.83	5.65	5.54	5.45	5.19
土耳其	Turkey			27.63	28.82	24.74	24.86	24.44
乌克兰	Ukraine	30.42	35.41	36.06	30.01	26.54	18.12	18.94
英　国	United Kingdom	19.45	21.06	21.78	21.05	21.29	21.50	21.60
新西兰	New Zealand		0.18	3.83	3.30	2.86	2.32	2.20

8-6 商品和服务税占财政收入比重
Goods and Services Tax as Percentage of Revenue

资料来源：世界银行WDI数据库。
Source: World Bank WDI Database.
单位：%　　(%)

国家或地区	Country or Area	2000	2005	2010	2014	2015	2016	2017
世　界	**World**	**32.67**	**34.27**	**31.39**	**33.09**	**33.72**	**34.27**	**33.16**
中　国	China	65.10	77.69	63.38	38.42	35.31	34.75	
中国香港	Hong Kong, China		16.55	8.54				
中国澳门	Macao, China	69.39	79.00	89.31	89.48	83.67	83.32	83.42
孟加拉国	Bangladesh		27.50	29.74	28.22	31.29	32.26	
柬埔寨	Cambodia		36.90	35.29	42.04	45.89	44.04	45.77
印　度	India	28.93	30.76	21.68	25.56	29.83	31.76	31.54
印度尼西亚	Indonesia		14.99	30.63	34.06	37.77	35.79	38.11
伊　朗	Iran	7.50	3.02					
以色列	Israel	27.96	30.99	35.20	35.65	34.91	34.77	32.22
日　本	Japan	32.30	33.26	36.90	37.09	37.63	38.03	36.08
哈萨克斯坦	Kazakhstan	40.10	21.00	14.74	16.25	18.10	25.01	19.63
韩　国	Korea, Rep.	30.27	29.58	28.11	21.81	21.25	21.92	21.74
老　挝	Laos			41.98	45.69	45.63	54.91	
马来西亚	Malaysia	24.80	20.30	16.74	14.91	22.78	28.97	28.66
蒙　古	Mongolia	36.02		28.54	32.59	31.47	34.27	30.91
缅　甸	Myanmar	32.84	30.73		12.17	15.28	18.41	19.66
巴基斯坦	Pakistan	30.30	34.07	30.95	31.44			
菲律宾	Philippines	27.60	23.21	24.36	25.30	25.77	26.04	26.96
新加坡	Singapore	18.04	23.41	26.20	23.57	23.17	22.90	19.79
斯里兰卡	Sri Lanka	56.75	55.28	42.60	45.41	49.58	49.65	55.65
泰　国	Thailand	42.05	40.13	40.22	41.72	42.87	42.57	43.27
埃　及	Egypt		23.88	24.23	20.55	26.11		
尼日利亚	Nigeria		1.52	2.63				
南　非	South Africa	34.53	35.19	35.15	33.09	33.98	33.37	33.01
加拿大	Canada	15.51	17.09	14.86				
墨西哥	Mexico	62.13		25.53	25.41	30.17	30.40	27.25
美　国	United States	3.18	3.16	2.76	2.98	2.94	2.86	2.42
巴　西	Brazil	39.80	41.52	23.50	21.96	20.61	19.02	21.00
委内瑞拉	Venezuela	24.92	24.94					
捷　克	Czech Rep.	31.89	27.62	28.80	30.02	30.63	30.59	30.51
法　国	France	25.87	24.59	22.19	22.02	22.34	22.47	22.69
德　国	Germany	21.67	22.92	24.74	23.61	23.18	22.11	22.05
意大利	Italy	23.99	23.22	22.25	23.73	23.68	23.52	23.85
荷　兰	Netherlands	27.25	29.71	26.91	25.71	26.12	26.66	26.58
波　兰	Poland	31.45	36.51	38.55	35.53	35.10	36.69	36.86
俄罗斯	Russia	30.94	23.62	21.12	21.64	19.42	21.40	22.30
西班牙	Spain	41.61	43.60	44.77	45.06	47.09	48.30	48.60
土耳其	Turkey			38.77	37.67	39.50	38.28	38.42
乌克兰	Ukraine	32.67	27.96	31.38	33.82	40.01	44.54	43.99
英　国	United Kingdom	33.40	30.77	31.59	34.00	33.72	33.48	32.88
澳大利亚	Australia	17.91	24.11	24.32	23.80	21.91	21.82	21.49
新西兰	New Zealand		27.26	26.45	28.64	28.81	28.98	28.77

8-7 所得税占财政收入比重
Income Tax as Percentage of Revenue

资料来源：世界银行WDI数据库。
Source: World Bank WDI Database.
单位：% (%)

国家或地区	Country or Area	2000	2005	2010	2014	2015	2016	2017
世　　界	**World**	**20.83**	**20.36**	**21.60**	**23.60**	**23.43**	**22.64**	**23.27**
中　　国	China	8.08	23.80	23.11	19.88	20.64	21.23	
中国香港	Hong Kong, China		39.87	35.77				
中国澳门	Macao, China	8.58	4.42	3.89	3.86	6.97	7.08	6.18
孟加拉国	Bangladesh		12.34	20.06	24.91	26.86	25.17	
柬 埔 寨	Cambodia		7.10	10.30	15.22	18.18	18.32	20.67
印　　度	India	27.01	35.93	43.39	47.67	42.86	41.25	44.16
印度尼西亚	Indonesia		48.84	35.88	35.25	39.99	42.82	38.82
伊　　朗	Iran	13.45	12.72					
以 色 列	Israel	34.79	30.99	27.57	29.00	29.86	30.24	34.20
日　　本	Japan	50.89	49.54	46.44	48.67	46.93	46.55	48.61
哈萨克斯坦	Kazakhstan	23.59	51.27	35.83	32.60	32.47	28.75	26.36
韩　　国	Korea, Rep.	26.28	28.88	28.12	24.92	26.20	27.21	28.34
老　　挝	Laos			13.39	12.45	13.55	15.99	
马来西亚	Malaysia	43.37	46.66	45.59	52.86	46.36	46.89	47.72
蒙　　古	Mongolia	11.82		27.12	10.76	12.69	9.63	13.34
缅　　甸	Myanmar	19.47	25.22		10.02	12.02	12.94	12.93
巴基斯坦	Pakistan	19.03	20.49	24.59	24.51			
菲 律 宾	Philippines	39.09	39.64	40.50	41.16	41.34	41.96	41.47
新 加 坡	Singapore	29.03	30.17	33.99	33.26	32.65	32.36	33.46
斯里兰卡	Sri Lanka	12.69	12.74	16.26	16.69	17.98	15.29	14.93
泰　　国	Thailand	29.85	32.82	33.22	33.77	31.89	30.90	30.07
埃　　及	Egypt		23.75	25.26	23.29	24.11		
尼日利亚	Nigeria		22.57	38.11				
南　　非	South Africa	51.71	48.76	49.09	47.40	47.14	48.79	49.41
加 拿 大	Canada	54.44	53.11	52.77	54.07	54.01	54.55	54.84
墨 西 哥	Mexico	34.12		28.28	30.52	34.72	35.71	35.76
美　　国	United States	57.46	54.23	47.64	53.10	54.10	54.10	50.05
巴　　西	Brazil	25.15	28.36	21.49	22.29	20.77	22.20	22.60
委内瑞拉	Venezuela	26.67	21.46					
捷　　克	Czech Rep.	12.79	17.67	13.94	14.56	14.07	14.80	15.20
法　　国	France	25.48	24.56	23.42	25.73	25.75	25.61	25.91
德　　国	Germany	17.15	14.84	15.02	16.56	16.91	17.43	17.82
意 大 利	Italy	34.26	32.14	32.01	31.79	31.71	31.30	31.13
荷　　兰	Netherlands	25.15	26.09	26.22	24.20	26.74	26.71	29.61
波　　兰	Poland	15.65	12.25	12.51	12.13	12.19	12.25	12.48
俄 罗 斯	Russia	11.52	5.73	2.16	1.90	1.90	-1.35	2.08
西 班 牙	Spain	42.19	43.77	38.46	34.22	33.93	33.54	34.11
土 耳 其	Turkey			17.41	17.38	16.80	17.23	18.06
乌 克 兰	Ukraine	12.34	15.39	10.56	8.51	11.15	15.17	14.50
英　　国	United Kingdom	38.84	37.61	36.43	33.03	33.14	33.63	33.69
澳大利亚	Australia	66.72	65.16	61.55	63.61	65.00	64.21	64.40
新 西 兰	New Zealand		54.93	51.09	50.46	51.60	51.77	52.73

8-8 中央政府财政盈余占GDP比重
Surplus of Central Government Revenue as Percentage of GDP

资料来源：世界银行WDI数据库。
Source: World Bank WDI Database.
单位：%　　(%)

国家或地区	Country or Area	2000	2005	2010	2011	2012	2013	2014
世　界	**World**	**0.52**	**-2.46**	**-5.75**	**-4.80**	**-4.47**	**-3.39**	
中　国	China		-1.39					
中国香港	Hong Kong, China		0.66	4.14	3.78			
中国澳门	Macao, China	1.64	8.36	19.49	24.76	24.07		
孟加拉国	Bangladesh		-0.97	-0.81	-0.81			
柬埔寨	Cambodia		0.04	-3.53	-4.56	-1.16	-2.69	-1.38
印　度	India	-3.74	-3.18	-3.41	-3.04	-3.82		
印度尼西亚	Indonesia		-0.13	-0.68	-1.07	-1.76		
伊　朗	Iran	1.66	5.23					
以色列	Israel	-3.89	-4.73	-4.43	-3.84	-5.18	-4.21	-3.45
日　本	Japan		-3.88	-6.74	-8.20	-7.77	-7.19	
哈萨克斯坦	Kazakhstan	0.09	2.58	4.44	7.81			
韩　国	Korea, Rep.	4.15	0.86	1.53	1.69			
老　挝	Laos			-0.84	-0.95	-0.81		
马来西亚	Malaysia	-4.12	-3.76	-5.00	-4.62	-4.39		
蒙　古	Mongolia	0.18		2.63	-2.65	-7.09		
缅　甸	Myanmar		-1.49					
巴基斯坦	Pakistan	-4.09	-3.20	-4.99	-6.40	-8.01	-5.23	
菲律宾	Philippines	-3.66	-2.84	-3.46	-1.76	-1.95		
新加坡	Singapore	11.06	6.39	7.57	9.21	8.63		
斯里兰卡	Sri Lanka	-8.40	-6.98	-6.31	-5.81	-5.31		
泰　国	Thailand	-1.81	1.87	-0.58	-1.06	-1.17	0.08	0.33
埃　及	Egypt		-6.45	-7.73	-10.08	-10.11		
尼日利亚	Nigeria		-1.10	-1.99	-1.82	-1.34		
南　非	South Africa	-1.91	-0.45	-3.96	-4.56	-5.11	-5.79	-3.31
加拿大	Canada	2.21	0.84	-1.77	-1.12	-0.21	0.15	0.55
墨西哥	Mexico	-0.99						
美　国	United States	2.23	-4.42	-10.08	-9.00	-7.39	-4.19	-5.37
巴　西	Brazil	-1.80	-3.55	-1.62	-2.45	-1.80		
委内瑞拉	Venezuela	-1.24	2.18					
捷　克	Czech Rep.	-3.31	-3.41	-4.55	-4.23	-2.33		
法　国	France	-3.03	-4.55	-6.64	-4.93	-4.48	-3.63	-3.78
德　国	Germany	0.61	-2.85	-3.06	-0.47	0.08	-0.05	0.41
意大利	Italy	-2.36	-4.64	-3.82	-3.31	-3.17	-2.91	-3.49
荷　兰	Netherlands	0.48	-1.46	-3.95	-3.64	-3.45	-2.04	-1.99
波　兰	Poland	-3.01	-5.07	-6.57	-4.08	-3.48	-3.80	-1.62
俄罗斯	Russia	2.47	9.88	-1.86	3.09	2.35	0.89	0.80
西班牙	Spain	-2.03	-0.34	-4.79	-3.44	-7.92	-4.77	-3.86
土耳其	Turkey			-3.14	-1.06	-0.49	0.29	1.51
乌克兰	Ukraine	-0.59	-1.36	-6.52	-2.32	-4.07		
英　国	United Kingdom	0.61	-3.99	-9.54	-7.42	-7.87	-5.49	-4.96
澳大利亚	Australia	1.70	0.76	-4.03	-3.67	-3.03	-1.47	-1.85
新西兰	New Zealand		3.11	-2.03	-7.70	-0.44	-0.55	0.04

8-9 中央政府公共债务占GDP比重
Central Government Debt as Percentage of GDP

资料来源：世界银行WDI数据库。
Source: World Bank WDI Database.
单位：% (%)

国家或地区	Country or Area	2000	2005	2010	2013	2014	2015	2016
中国香港	Hong Kong, China		31.58	35.56				
印　度	India	55.75	63.11	52.18	50.31			
印度尼西亚	Indonesia		47.34	26.17	27.78	27.42	30.31	31.35
日　本	Japan	100.46	130.46	162.30	188.88	194.43	197.04	195.52
哈萨克斯坦	Kazakhstan	21.62	7.05	9.52	10.84	12.65	19.31	16.77
韩　国	Korea, Rep.				36.67	38.39	39.74	40.36
马来西亚	Malaysia		42.07	49.56	53.00	52.68	54.46	52.72
蒙　古	Mongolia	78.42		44.98	45.89			
菲律宾	Philippines	60.51	68.48	52.40	49.24	45.40		
新加坡	Singapore	84.05	95.26	102.90	100.47	100.67	104.65	112.33
斯里兰卡	Sri Lanka	96.90	90.61	71.58	70.82	71.33	77.65	
泰　国	Thailand	21.97	25.46	26.90	34.78	39.57	35.27	
尼日利亚	Nigeria		28.65	9.45	10.50			
南　非	South Africa	44.11						
加拿大	Canada	58.50	45.68	52.27	51.72	50.34	54.71	53.25
墨西哥	Mexico	19.07						
美　国	United States	33.16	56.30	85.62	96.61	96.89	97.38	99.46
巴　西	Brazil			61.32	57.23	58.46	67.54	73.54
捷　克	Czech Rep.	12.65	21.07	33.56	40.61	38.21	36.74	
法　国	France	58.04	65.39	76.49	89.79	97.67	98.04	
德　国	Germany	38.31	43.31	54.33	52.68	53.53	50.47	
意大利	Italy	113.42	109.83	114.79	135.16	148.98	150.39	
荷　兰	Netherlands	49.30	48.29	58.77	68.31	73.43	70.57	
波　兰	Poland	40.62	50.09	55.45	57.85	53.02	53.33	
俄罗斯	Russia	62.15	16.66	9.10	9.05	11.18	13.49	14.15
西班牙	Spain	52.87	40.47	53.61	99.40	111.60	104.51	104.14
土耳其	Turkey			47.43	32.92	31.56	29.21	31.87
乌克兰	Ukraine	45.29	17.70	29.97	37.03	63.67	70.26	71.88
英　国	United Kingdom	42.86	44.47	82.84	96.74	107.65	106.73	116.86
澳大利亚	Australia	29.60	22.53	29.31	38.10	42.28	47.04	54.69
新西兰	New Zealand		44.17	34.90	46.56	44.22	43.40	42.10

8-10 广义货币
Broad Money

资料来源：世界银行WDI数据库。
Source: World Bank WDI Database.
单位：亿本币 (100 million local currency units)

国家或地区	Country or Area	2000	2005	2015	2016	2017	2018
中　国	China	135960	283012	1392278	1550067	1675774	1792928
中国香港	Hong Kong, China	30012	35545	87678	93407	105361	109476
孟加拉国	Bangladesh	8204	20252	97779	114106	129784	144717
文　莱	Brunei Darussalam	89	92	144	146	145	149
柬埔寨	Cambodia	18305	49625	531596	643231	792094	1002405
印　度	India	116934	238079	1074370	1147438	1267127	1400424
印度尼西亚	Indonesia	7488453	12027622	45488004	50049768	54191650	57600462
伊　朗	Iran	2333600	8430385	92911000	118888000		
以色列	Israel	4389	6241	9778	10345	10881	11359
日　本	Japan	12265221	10412000	12561000	13053000	13512000	13838000
哈萨克斯坦	Kazakhstan	3970	20653	171259	197986	194563	208134
韩　国	Korea, Rep.	4130489	10214486	22473750	24074591	25303536	27003624
老　挝	Laos	22556	55603				
马来西亚	Malaysia	4373	6793	15631	16069	16815	17867
蒙　古	Mongolia	2588	11402	100490	121585	158612	194747
缅　甸	Myanmar	8034	26504	337193	396030	477384	546940
巴基斯坦	Pakistan	14767	32409	146333	166257	182769	200743
菲律宾	Philippines	20652	30816	98887	112065	124866	136103
新加坡	Singapore	1709	2198	5202	5621	5801	6024
斯里兰卡	Sri Lanka	4834	10223	57471	66773		
泰　国	Thailand	56381	79269	175546	182957	192129	201094
越　南	Viet Nam	1969944	6485737	57714365	68033899	77733063	87603905
埃　及	Egypt	2610	5231	19059	26589	32027	36287
尼日利亚	Nigeria	10361	26129	204169	253598	259446	303830
南　非	South Africa	4988	10978	29753	31562	33590	35470
加拿大	Canada	7865	21117				
墨西哥	Mexico	14986	25436	67622	76070	84515	89077
美　国	United States	70234	94471	162001	168238	176316	183500
阿根廷	Argentina	905	1670	16459	23297	30306	
巴　西	Brazil	5574	13052	52805	58820	61284	65742
委内瑞拉	Venezuela	158	720				
白俄罗斯	Belarus	2	13	327	339	398	432
捷　克	Czech Rep.	14456	18147	35955	38302	42269	44932
波　兰	Poland	3022	4271	11550	12655	13244	14457
俄罗斯	Russia	15686	72134	513701	509033	546671	614016
土耳其	Turkey	575	2631	12329	14505	16876	19978
乌克兰	Ukraine	316	1941	9941	11027	12089	12776
澳大利亚	Australia	4474	7242	18390	19616	20503	20989
新西兰	New Zealand	945	1283	2533	2727	2926	3114

8-11　广义货币占国内生产总值比重
Broad Money (M2) as Percentage of GDP

资料来源：世界银行WDI数据库。
Source: World Bank WDI Database.
单位：%　　(%)

国家或地区	Country or Area	2000	2005	2010	2015	2016	2017	2018
中　国	China	135.6	151.1	176.1	203.0	209.5	204.2	199.1
中国香港	Hong Kong, China	224.4	251.7	315.3	365.6	375.0	395.7	384.8
中国澳门	Macao, China	157.4	140.0	108.0	130.5	146.9	145.8	147.9
孟加拉国	Bangladesh	30.6	47.4	58.7	64.5	65.8	65.7	64.3
文　莱	Brunei Darussalam	85.7	57.8	67.3	80.8	92.6	86.7	81.6
柬埔寨	Cambodia	12.9	19.3	41.6	72.4	79.2	88.2	100.7
印　度	India	54.6	65.5	77.7	78.0	74.7	74.1	73.5
印度尼西亚	Indonesia	53.9	43.4	36.0	39.5	40.4	39.9	38.8
伊　朗	Iran	37.2	41.5	54.1	81.4	90.4		
以色列	Israel	81.4	97.7	74.6	83.7	84.3	85.6	85.6
日　本	Japan	232.9	198.7	217.6	236.4	243.5	247.9	252.1
哈萨克斯坦	Kazakhstan	15.3	27.2	38.9	41.9	42.2	36.6	35.4
韩　国	Korea, Rep.	65.0	111.1	131.2	143.7	146.6	146.2	151.5
老　挝	Laos	16.5	19.1	36.2				
马来西亚	Malaysia	122.7	125.0	129.6	134.9	130.5	124.2	125.0
蒙　古	Mongolia	21.1	37.5	48.0	43.4	50.8	56.9	60.5
缅　甸	Myanmar	31.5	21.6	23.6	46.4	49.7	52.8	52.6
巴基斯坦	Pakistan	38.6	49.9	52.5	53.3	57.2	57.2	58.4
菲律宾	Philippines	57.7	54.3	61.4	74.2	77.4	79.0	78.1
新加坡	Singapore	103.2	103.3	123.3	122.9	127.9	124.1	122.7
斯里兰卡	Sri Lanka	38.4	41.7	32.6	52.5	55.7		
泰　国	Thailand	111.2	104.1	109.0	127.7	125.7	124.3	123.2
越　南	Viet Nam	44.6	71.0	114.9	137.6	151.1	155.3	158.3
埃　及	Egypt	76.7	97.1	80.7	78.0	98.1	92.3	81.8
尼日利亚	Nigeria	14.7	11.3	21.4	21.5	24.7	22.6	23.5
南　非	South Africa	52.7	67.0	75.8	73.4	72.6	72.2	73.1
加拿大	Canada	71.3	149.0					
墨西哥	Mexico	22.4	26.6	30.6	36.5	37.8	38.6	37.8
美　国	United States	68.5	72.5	85.2	88.9	89.9	90.5	89.5
阿根廷	Argentina	31.8	28.7	25.3	27.6	28.3	28.5	
巴　西	Brazil	46.5	60.1	74.2	88.1	93.9	93.5	96.3
委内瑞拉	Venezuela	19.8	23.7	32.2				
捷　克	Czech Rep.	60.8	55.6	69.7	78.2	80.3	83.7	84.7
法　国	France	101.0	76.1	89.9				
德　国	Germany	169.6	73.8	84.0				
意大利	Italy	81.5	64.6	84.2				
荷　兰	Netherlands	138.2	100.6	108.4				
波　兰	Poland	40.5	43.1	54.2	64.2	68.0	66.6	68.3
俄罗斯	Russia	21.5	33.4	51.4	61.8	59.2	59.4	59.1
西班牙	Spain	97.8	94.0	107.2				
土耳其	Turkey	33.7	39.1	53.2	52.7	55.6	54.3	54.0
乌克兰	Ukraine	18.6	44.0	55.4	50.0	46.2	40.5	35.9
英　国	United Kingdom	95.1	117.0	165.6	135.5	141.9	147.6	
澳大利亚	Australia	67.7	78.5	100.7	113.2	118.0	116.2	113.6
新西兰	New Zealand	78.9	78.7	92.7	99.7	101.0	102.6	105.1

8-12 广义货币增长率
Growth Rate of Broad Money

资料来源：世界银行WDI数据库。
Source: World Bank WDI Database.
单位：%　　(%)

国家或地区	Country or Area	2000	2005	2010	2015	2016	2017	2018
中　　国	China	12.3	16.7	18.9	13.3	11.3	8.1	7.0
中国香港	Hong Kong, China	9.3	3.5	6.9	6.8	6.5	12.8	3.9
中国澳门	Macao, China	-1.4	12.2	14.5	-3.0	12.6	11.1	10.1
孟加拉国	Bangladesh	19.3	15.8	21.1	14.9	16.7	13.7	11.5
文　　莱	Brunei Darussalam	47.7	-4.5	4.8	-1.8	1.5	-0.4	2.8
柬 埔 寨	Cambodia	26.9	15.8	21.3	17.0	21.0	23.1	26.6
印　　度	India	15.2	15.6	17.8	10.6	6.8	10.4	10.5
印度尼西亚	Indonesia	16.6	16.3	15.4	9.0	10.0	8.3	6.3
伊　　朗	Iran	35.4	32.8	24.6	24.4	28.0		
以 色 列	Israel	8.0	10.0	3.1	4.2	5.8	5.2	4.4
日　　本	Japan	1.3	0.5	1.8	3.0	3.9	3.5	2.4
哈萨克斯坦	Kazakhstan	45.0	25.2	13.3	33.8	15.6	-1.7	7.0
韩　　国	Korea, Rep.	25.4	7.0	6.0	8.2	7.1	5.1	6.7
老　　挝	Laos	46.0	7.9	39.1				
马来西亚	Malaysia	10.0	8.8	7.3	3.0	2.8	4.6	6.3
蒙　　古	Mongolia	17.6	34.6	62.5	-5.5	21.0	30.5	22.8
缅　　甸	Myanmar	42.4	27.3	42.5	30.7	17.4	20.5	14.6
巴基斯坦	Pakistan	12.1	16.4	14.6	12.2	13.6	9.9	9.8
菲 律 宾	Philippines	8.1	6.8	10.9	9.2	13.3	11.4	9.0
新 加 坡	Singapore	-2.0	6.2	8.6	1.5	8.0	3.2	3.9
斯里兰卡	Sri Lanka	12.9	19.1	15.8	17.0	16.2		
泰　　国	Thailand	4.9	6.1	10.9	4.4	4.2	5.0	4.7
越　　南	Viet Nam	35.4	30.9	29.7	14.9	17.9	14.3	12.7
埃　　及	Egypt	11.6	11.5	12.4	18.6	39.5	20.5	13.3
尼日利亚	Nigeria	48.1	22.6	6.7	1.5	24.2	2.3	17.1
南　　非	South Africa	7.2	20.7	6.9	10.3	6.1	6.4	5.6
加 拿 大	Canada	6.6	9.6					
墨 西 哥	Mexico	-4.5	10.0	12.8	12.3	12.5	11.1	5.4
美　　国	United States	8.1	8.1	-2.8	3.1	3.8	4.8	4.1
阿 根 廷	Argentina	1.5	21.5	33.1	39.6	41.5	30.1	
巴　　西	Brazil	19.7	18.4	13.7	11.6	11.4	4.2	7.3
委内瑞拉	Venezuela	33.7	47.4	23.5				
捷　　克	Czech Rep.	16.0	11.0	1.9	8.0	6.5	10.4	6.3
法　　国	France	3.4	8.5	4.9				
德　　国	Germany	3.6	6.3	3.7				
意 大 利	Italy	6.3	5.3	-2.8				
荷　　兰	Netherlands	11.5	13.9	2.3				
波　　兰	Poland	11.6	15.0	8.8	9.1	9.6	4.7	9.2
俄 罗 斯	Russia	57.9	36.1	24.5	19.7	-0.9	7.4	12.3
西 班 牙	Spain	10.0	13.6	-4.4				
土 耳 其	Turkey	40.7	36.0	18.5	16.5	17.6	16.4	18.4
乌 克 兰	Ukraine	44.5	54.4	22.7	3.9	10.9	9.6	5.7
英　　国	United Kingdom	11.1	13.9	4.0	2.0	8.7	8.3	
澳大利亚	Australia	3.7	8.5	10.1	6.0	6.7	4.5	2.4
新 西 兰	New Zealand	1.5	9.5	8.4	9.9	7.7	7.3	6.4

8-13 年平均存款利率和贷款利率
Annual Average Deposit Rate and Lending Rate

资料来源：世界银行WDI数据库。
Source: World Bank WDI Database.

单位：% (%)

国家或地区	Country or Area	存款利率 Deposit Interest Rate				贷款利率 Lending Interest Rate			
		2000	2005	2017	2018	2000	2005	2017	2018
中　　国	China	2.25	2.25	1.50	1.50	5.85	5.58	4.35	4.35
中国香港	Hong Kong, China	4.80	1.26	0.01	0.04	9.27	6.21	5.00	5.04
中国澳门	Macao, China	5.33	1.58	0.05	0.11	9.89	7.05	5.25	5.29
孟加拉国	Bangladesh	8.69	5.53	5.61	6.66	12.76	10.62	9.54	9.65
文　　莱	Brunei Darussalam		1.01	0.32	0.31	5.50	5.50	5.50	5.50
柬 埔 寨	Cambodia	6.83	1.92	1.53	1.38	17.34	17.33		
印　　度	India					12.29	10.75	9.51	9.45
印度尼西亚	Indonesia	12.50	8.08	6.52	6.13	18.45	14.05	11.07	10.54
伊　　朗	Iran		11.78				16.00		
以 色 列	Israel	8.63	3.24	0.52	0.56	12.85	6.77	3.50	3.48
日　　本	Japan	0.07	0.27	0.32		2.07	1.68	0.99	
韩　　国	Korea, Rep.	7.94	3.72	1.67	2.03	8.55	5.59	3.48	3.66
老　　挝	Laos	12.00	4.75			32.00	26.83		
马来西亚	Malaysia	3.36	3.00	2.93	3.14	7.67	5.95	4.61	4.93
蒙　　古	Mongolia	16.80	13.00	12.96	12.44	36.95	30.57	20.01	17.71
缅　　甸	Myanmar	9.75	9.50	8.00	8.00	15.25	15.00	13.00	13.00
巴基斯坦	Pakistan		2.60	4.48	5.23		9.07	8.21	8.53
菲 律 宾	Philippines	8.31	5.56	1.88	3.12	10.91	10.19	5.63	6.12
新 加 坡	Singapore	1.71	0.44	0.14	0.16	5.83	5.30	5.28	5.33
斯里兰卡	Sri Lanka	9.17	5.64	9.00		16.16	10.76	11.57	
泰　　国	Thailand	3.29	1.65	1.29	1.29	7.83	4.72	4.42	4.15
越　　南	Viet Nam	3.65	7.15	4.81	4.68	10.55	11.03	7.07	7.41
埃　　及	Egypt	9.46	7.23	12.09	12.32	13.22	13.14	18.18	18.32
尼日利亚	Nigeria	11.69	10.53	9.55	9.70	21.27	17.95	17.55	16.90
南　　非	South Africa	9.20	6.04	7.25	7.00	14.50	10.63	10.38	10.08
加 拿 大	Canada	3.48	0.79	0.10		7.27	4.42	2.70	
墨 西 哥	Mexico	8.26	3.46	2.70	3.27	16.93	9.70	7.34	8.08
美　　国	United States					9.23	6.19	3.90	
阿 根 廷	Argentina	8.34	3.76	21.55		11.09	6.16	31.24	
巴　　西	Brazil	17.20	17.63	8.51	6.87	56.83	55.38	46.92	39.08
委内瑞拉	Venezuela	16.30	11.63	14.73		25.20	16.81	21.06	
捷　　克	Czech Rep.	3.42	1.17	0.28	0.28	7.16	5.78	3.59	3.54
法　　国	France	2.63	2.15	0.79		6.70	4.84		
德　　国	Germany	3.40	1.91			9.63	5.16		
意 大 利	Italy	1.84	1.51			7.02	5.31	3.00	2.68
荷　　兰	Netherlands	2.89	2.34			4.79	2.77		
波　　兰	Poland	14.17	2.79			20.01	6.83		
俄 罗 斯	Russia	6.51	3.99	5.86	5.36	24.43	10.68	10.56	8.87
西 班 牙	Spain	2.95	2.07			5.18	7.97		
土 耳 其	Turkey	47.16	20.40	15.29	23.35				
乌 克 兰	Ukraine	13.72	8.57	9.13	11.78	41.53	16.17	16.38	19.01
英　　国	United Kingdom					5.96	4.65		
澳大利亚	Australia	4.20	3.89	2.01	1.98	7.72	7.26	5.25	5.26
新 西 兰	New Zealand	6.36	6.68	3.30	3.26	7.82	7.76	4.76	

8-14 银行不良贷款占全部贷款比重
Bank Non-performing Loans as Percentage of Total

资料来源：世界银行WDI数据库。
Source: World Bank WDI Database.
单位：%

(%)

国家或地区	Country or Area	2000	2005	2010	2014	2015	2016	2017
世　界	**World**	**9.7**	**3.9**	**3.9**	**4.1**	**4.2**	**3.9**	**3.7**
中　国	China	22.4	8.6	1.1	1.3	1.7	1.7	1.7
中国香港	Hong Kong, China	7.3	1.4	0.8	0.5	0.7	0.9	0.7
中国澳门	Macao, China			0.4	0.1	0.1	0.2	0.2
孟加拉国	Bangladesh	34.9	13.2		9.4	8.4		
文　莱	Brunei Darussalam			6.9	3.9	0.4	4.8	3.5
柬埔寨	Cambodia			3.1	1.6	1.6	2.1	2.1
印　度	India	12.8	5.2	2.4	4.4	5.9	9.2	10.0
印度尼西亚	Indonesia	34.4	7.3	2.5	2.1	2.4	2.9	2.6
以色列	Israel	6.9	2.3	3.1	2.2	1.9	1.6	1.3
日　本	Japan	5.3	1.8	2.5	1.8	1.5	1.4	1.2
哈萨克斯坦	Kazakhstan		3.3	20.9	12.4	8.0	6.7	12.8
韩　国	Korea, Rep.	8.9	1.2	0.6	0.5			
马来西亚	Malaysia	15.4	9.4	3.4	1.7	1.6	1.6	1.6
巴基斯坦	Pakistan	19.5	9.0	14.8	12.3	11.4	10.1	8.4
菲律宾	Philippines	24.0	10.0	3.4	2.0	1.9	1.7	1.6
新加坡	Singapore	3.4	3.8	1.4	0.8	0.9	1.2	1.4
斯里兰卡	Sri Lanka	15.0	9.6		4.2	3.2	2.6	2.5
泰　国	Thailand	17.7	9.1	3.9	2.3	2.7	3.0	3.1
越　南	Viet Nam			2.1	2.9	2.3	2.3	2.3
埃　及	Egypt	13.6	26.5	13.6	8.5	7.2		
尼日利亚	Nigeria	22.6	18.1	20.1	3.0	4.9	12.8	15.1
南　非	South Africa	4.3	1.8	5.8	3.3	3.1	2.9	2.8
加拿大	Canada	1.3	0.5	1.2	0.5	0.5	0.6	0.5
墨西哥	Mexico	5.8	1.5	2.0	3.0	2.5	2.1	2.1
美　国	United States	1.1	0.7	4.4	1.9	1.5	1.3	1.1
阿根廷	Argentina	16.0	7.6	2.1	2.0	1.7	1.8	1.8
巴　西	Brazil	8.3	3.5	3.1	2.9	3.3	3.9	3.6
委内瑞拉	Venezuela	6.6	1.1	3.4	0.8			
捷　克	Czech Rep.	29.3	3.9	5.4	5.6	5.5	4.6	3.7
法　国	France	5.0	3.5	3.8	4.2	4.0	3.6	3.1
德　国	Germany	4.7	4.1	3.2	2.3	2.0	1.7	
意大利	Italy	7.8	7.0	10.0	18.0	18.1	17.1	14.4
荷　兰	Netherlands	1.8	1.2	2.8	3.0	2.7	2.5	2.3
波　兰	Poland	15.5	11.0	4.9	4.8	4.3	4.1	3.9
俄罗斯	Russia	7.7	2.6	8.2	6.7	8.4	9.5	10.0
西班牙	Spain	1.2	0.8	4.7	8.5	6.2	5.6	4.5
土耳其	Turkey	9.2	4.3	3.5	2.7	3.0	3.1	2.8
乌克兰	Ukraine	29.6	58.0	15.3	19.0	28.0	30.5	54.5
英　国	United Kingdom	2.5	1.0	4.0	1.7	1.0	0.9	0.8
澳大利亚	Australia	0.5	0.6	2.2	1.1	0.9	1.0	0.9
新西兰	New Zealand			2.1	0.8	0.6		

8-15 标准普尔全球股票指数(年变化率)
S&P Global Equity Indices (Annual Change)

资料来源：世界银行WDI数据库。
Source: World Bank WDI Database.
单位：% (%)

国家或地区	Country or Area	2000	2005	2010	2014	2015	2016	2017	2018
中　国	China	-9.8	13.3	6.9	3.0	-6.0	-2.0	46.0	-20.5
中国香港	Hong Kong, China	-12.6	8.1	21.3	0.1	-5.4	-3.1	27.8	-11.5
孟加拉国	Bangladesh	28.5	-27.8	37.6	18.5	-5.4	7.4	22.5	-18.2
印　度	India	-31.1	33.6	18.7	31.6	-3.9	-0.2	44.4	-11.4
印度尼西亚	Indonesia	-61.0	9.1	37.9	20.5	-23.1	16.4	16.6	-9.5
以色列	Israel	8.6	23.3	7.4	8.8	4.8	-17.0	9.5	-3.8
日　本	Japan	-34.9	22.5	9.6	7.1	9.1	0.4	19.1	-12.1
哈萨克斯坦	Kazakhstan			-1.0	-16.0	-47.6	29.6	80.3	-38.3
韩　国	Korea, Rep.	-57.1	58.8	25.3	-10.0	-5.0	2.3	43.4	-21.9
马来西亚	Malaysia	-23.3	-2.9	35.1	-11.7	-20.6	-6.8	25.3	-12.7
巴基斯坦	Pakistan	-16.7	58.5	15.3	18.1	-11.5	33.3	-26.5	-33.4
菲律宾	Philippines	-43.6	21.3	56.7	21.7	-10.6	-3.3	22.2	-17.0
新加坡	Singapore	-25.9	10.0	18.4	-1.1	-18.9	-0.5	29.8	-14.4
斯里兰卡	Sri Lanka	-41.7	29.3	84.6	24.2	-19.4	-10.2	2.1	-24.1
泰　国	Thailand	-54.1	3.8	52.1	15.6	-22.8	21.6	25.8	-12.2
越　南	Viet Nam			0.5	7.5	-7.2	-0.6	56.8	-6.1
埃　及	Egypt	-45.7	158.1	11.5	26.3	-27.5	-22.9	21.0	-10.3
尼日利亚	Nigeria		20.7	20.3	-31.9	-26.8	-42.2	37.4	-17.9
南　非	South Africa	-17.3	24.8	32.1	3.9	-26.6	17.6	30.6	-25.9
加拿大	Canada	4.0	26.0	22.0	-2.1	-26.2	22.6	13.8	-19.4
墨西哥	Mexico	-21.5	43.9	26.6	-9.7	-14.9	-12.1	12.9	-16.1
美　国	United States	-10.1	3.0	12.8	11.4	-0.7	9.5	19.4	-6.2
阿根廷	Argentina	-25.1	45.4	55.3	12.7	-10.2	14.0	71.7	-40.6
巴　西	Brazil	-10.3	47.6	6.5	-18.4	-44.3	62.6	22.6	-4.5
委内瑞拉	Venezuela	18.7	-22.0						
捷　克	Czech Rep.	-0.6	43.5	0.2	-10.5	-13.1	-6.6	37.8	-8.2
法　国	France	-6.9	7.7	-9.9	-0.5	8.5	4.9	9.3	-11.0
德　国	Germany	-13.5	10.3	7.4	2.7	9.6	6.9	12.5	-18.3
意大利	Italy	-2.0	-0.3	-17.4	-12.0	3.2	-13.0	29.8	-21.0
荷　兰	Netherlands	-6.7	10.8	1.2	-3.3	0.5	2.9	31.7	-15.4
波　兰	Poland	-3.5	20.8	11.3	-16.4	-23.4	2.4	50.2	-16.9
俄罗斯	Russia	-32.2	64.9	21.7	-49.0	0.8	48.7	4.4	-9.4
西班牙	Spain	-17.6	3.4	-24.5	-6.7	-17.4	-4.6	22.8	-18.7
土耳其	Turkey	-51.2	49.5	21.4	14.4	-32.1	-9.2	33.8	-43.9
乌克兰	Ukraine	75.2	52.8	53.8	-51.5	1.5	27.8	31.2	-16.8
英　国	United Kingdom	-16.9	4.7	5.2	-2.7	-4.9	14.4	7.6	-12.5
澳大利亚	Australia	-8.8	11.7	12.5	-8.3	-13.0	7.0	16.5	-15.8
新西兰	New Zealand	-26.6	-2.7	5.2	6.6	-4.6	6.7	20.0	-4.1

8-16 上市公司数和上市公司总市值占国内生产总值比重
Listed Domestic Companies and Market Capitalization of Listed Companies as Percentage of GDP

资料来源：世界银行WDI数据库。
Source: World Bank WDI Database.

国家或地区	Country or Area	上市公司数(个) Listed Domestic Companies(number)			上市公司总市值占国内生产总值的比重(%) Market Capitalization of Listed Companies as Percentage of GDP(%)		
		2000	2005	2018	2000	2005	2018
世　界	**World**	**39994**	**39089**	**43342**	**102.9**	**92.5**	**93.0**
高收入国家	**High Income**	**25923**	**25492**	**27206**	**111.6**	**104.1**	**119.0**
中等收入国家	**Middle Income**	**14067**	**13597**	**16136**	**35.0**	**39.7**	**49.5**
中低收入国家	**Low and Middle Income**	**14071**	**13597**	**16136**	**34.9**	**39.7**	**49.5**
中　国	China	1086	1377	3584	48.2	17.6	46.5
中国香港	Hong Kong, China	779	1126	2161	363.1	581.0	1052.2
孟加拉国	Bangladesh	364	195	593	4.1	4.8	28.2
印　度	India	5853	4763	5065	31.1	67.4	76.4
印度尼西亚	Indonesia	286	336	619	16.3	28.5	46.7
伊　朗	Iran	285	408	323	24.4	16.1	
以色列	Israel	664	579	420	50.5	86.1	50.7
日　本	Japan	2055	2323	3652	64.6	96.2	106.6
哈萨克斯坦	Kazakhstan	23	62	97	4.4	18.4	21.7
韩　国	Korea, Rep.	1242	1616	2186	30.5	79.9	87.3
马来西亚	Malaysia	787	1015	902	120.7	125.8	112.3
蒙　古	Mongolia	410	392		3.3	1.8	
巴基斯坦	Pakistan	762	661		9.0	41.4	
菲律宾	Philippines	228	235	264	32.1	38.6	78.0
新加坡	Singapore	328	564	482	159.1	201.4	188.7
斯里兰卡	Sri Lanka	239	239	297	6.6	23.4	17.5
泰　国	Thailand	381	504	704	23.1	65.4	99.2
越　南	Viet Nam		33	749		0.8	54.2
埃　及	Egypt	1075	744	250	28.8	88.8	16.7
尼日利亚	Nigeria	195	215	164	9.1	12.6	7.9
南　非	South Africa	604	348	289	149.8	213.2	236.2
加拿大	Canada	1507	3719	3330	103.9	126.8	113.4
墨西哥	Mexico	175	150	140	17.7	27.3	31.5
美　国	United States	6917	5145	4397	147.4	130.4	148.5
阿根廷	Argentina	122	100	93	16.1	24.0	8.9
巴　西	Brazil	457	342	334	34.5	53.2	49.1
委内瑞拉	Venezuela	66	51		6.9	3.5	
捷　克	Czech Rep.	57	23		15.8	25.6	
法　国	France	1185	749	457	106.2	80.1	85.2
德　国	Germany	744	648	465	65.1	42.0	43.9
意大利	Italy	297	275		67.3	43.1	
荷　兰	Netherlands	392	237	103	153.8	86.5	
波　兰	Poland	225	234	823	18.2	30.7	27.4
俄罗斯	Russia	21	414	221	15.0	71.8	34.8
西班牙	Spain	1720	3300	2979	84.7	83.0	50.7
土耳其	Turkey	315	257	377	25.5	31.9	19.5
乌克兰	Ukraine	139	221	78	6.0	29.0	3.4
英　国	United Kingdom	2428	2757		156.4	121.1	
澳大利亚	Australia	1333	1643	2004	89.8	116.0	88.2
新西兰	New Zealand	131	153	131	35.4	35.4	42.0

8-17 股票交易额占国内生产总值的比重及股票交易周转率

Stocks Traded Value as Percentage of GDP and Turnover Ratio of Stocks Traded

资料来源：世界银行WDI数据库。
Source: World Bank WDI Database.

单位：% (%)

国家或地区	Country or Area	股票交易额占国内生产总值的比重 Stocks Traded Value as Percentage of GDP			股票交易周转率 Stocks Traded Turnover Ratio		
		2000	2005	2018	2000	2005	2018
世　界	**World**	**145.8**	**99.9**	**97.8**	**143.8**	**108.5**	**104.7**
高收入国家	**High Income**	**165.1**	**118.1**	**121.0**	**145.9**	**112.4**	**98.6**
中低收入国家	**Low and Middle Income**	**28.6**	**22.4**	**61.7**	**62.8**	**57.4**	**126.5**
低收入国家	**Low Income**				**2.1**	**3.7**	
中　国	China	62.1	17.2	96.1	158.3	97.6	206.7
中国香港	Hong Kong, China	217.3	232.0	624.5	59.8	39.9	59.4
孟加拉国	Bangladesh	1.8	0.3	5.9	42.7	6.2	
印　度	India	4.8	56.5	46.2	306.5	83.9	58.1
印度尼西亚	Indonesia	7.8	9.7	10.0	48.1	34.2	21.5
伊　朗	Iran	4.1	3.2		16.7	19.8	18.3
以色列	Israel	21.7	29.8	16.9	43.0	34.6	33.3
日　本	Japan	50.8	91.2	126.8	78.6	94.9	119.0
哈萨克斯坦	Kazakhstan	0.5	1.8	0.8	4.9	9.9	3.4
韩　国	Korea, Rep.	88.2	133.6	151.6	289.2	167.1	173.7
马来西亚	Malaysia	56.0	31.1	38.2	46.4	24.7	34.0
蒙　古	Mongolia	0.7	0.1		23.2	6.1	
巴基斯坦	Pakistan	41.9	127.3		468.0	307.7	
菲律宾	Philippines	9.1	5.2	8.8	28.4	13.5	11.3
新加坡	Singapore	99.0	91.3	60.3	62.3	45.3	31.9
斯里兰卡	Sri Lanka	0.8	4.4	1.2	12.4	18.9	7.1
泰　国	Thailand	15.3	47.4	76.5	66.2	72.5	77.2
越　南	Viet Nam		0.2	21.6		24.8	39.8
埃　及	Egypt	11.1	28.3	5.8	36.1	43.0	34.5
尼日利亚	Nigeria	0.6	1.1	0.7	7.3	8.8	8.2
南　非	South Africa	51.7	43.2	80.5	34.5	20.3	34.1
加拿大	Canada	84.7	79.7	80.4	81.5	62.9	70.9
墨西哥	Mexico	6.3	6.2	7.7	35.7	22.8	24.4
美　国	United States	290.5	197.8	161.2	197.1	151.7	108.5
阿根廷	Argentina	3.2	2.7	0.9	20.0	11.1	9.9
巴　西	Brazil	14.4	19.2	41.2	41.6	36.0	83.9
委内瑞拉	Venezuela	1.9	0.2		26.9	4.5	
捷　克	Czech Rep.	10.8	25.2		68.2	98.4	
法　国	France	79.3	57.9		74.7	72.3	
德　国	Germany	93.7	45.0	40.4	143.9	107.2	92.1
意大利	Italy	86.7	56.9		128.8	132.2	
荷　兰	Netherlands	156.2	86.8		101.6	100.3	
波　兰	Poland	11.9	8.6	9.4	65.4	27.9	34.1
俄罗斯	Russia	7.8	19.4	8.9	36.6	39.0	25.6
西班牙	Spain	266.0	84.8	43.7	314.1	102.2	86.2
土耳其	Turkey	60.8	39.8	48.3	238.1	124.8	247.8
乌克兰	Ukraine	0.9	0.8		19.2	3.6	
英　国	United Kingdom	111.2	68.5		71.1	56.6	
澳大利亚	Australia	51.4	88.4	54.1	57.2	76.2	61.3
新西兰	New Zealand	19.0	4.8	5.9	53.6	13.4	14.2

8-18 银行资本充足率
Bank Capital to Assets Ratio

资料来源：世界银行WDI数据库。
Source: World Bank WDI Database.
单位：% (%)

国家或地区	Country or Area	2000	2005	2010	2014	2015	2016	2017
中　国	China		4.4	6.1	7.2	8.4	8.1	8.6
中国香港	Hong Kong, China	9.0	13.3	12.3	9.0	9.5	9.8	9.8
中国澳门	Macao, China			4.2	3.6	4.3	4.6	4.8
孟加拉国	Bangladesh	3.5	4.7		5.9	5.4		
文　莱	Brunei Darussalam			10.3	11.8	13.2	13.1	10.9
柬埔寨	Cambodia			20.1	14.4	14.2	14.3	14.0
印　度	India	5.7	6.4	7.1	7.1	7.2	7.2	7.4
印度尼西亚	Indonesia	6.0	8.7	10.7	12.8	13.6	14.4	15.2
以色列	Israel	7.3	5.5	6.7	7.1	7.1	7.2	7.2
日　本	Japan	4.6	4.9	5.3	5.5	5.6	5.5	5.4
哈萨克斯坦	Kazakhstan	13.6	13.0	11.3	13.7	10.5	11.1	11.8
韩　国	Korea, Rep.	4.6	9.3	7.6	8.1			
马来西亚	Malaysia	8.5	7.7	9.4	10.0	10.5	11.0	11.2
巴基斯坦	Pakistan	4.9	7.6	9.8	10.0	8.4	7.8	7.1
菲律宾	Philippines	13.6	12.0	10.2	9.9	10.0	9.7	10.0
新加坡	Singapore	10.0	9.6	9.0	8.4	9.0	9.2	9.2
斯里兰卡	Sri Lanka				8.2	7.9	7.8	8.4
泰　国	Thailand	7.5	9.0	8.5	9.2	10.0	10.5	10.7
越　南	Viet Nam			8.9	8.8	8.3	7.8	7.8
埃　及	Egypt	5.6	5.0	6.2	6.5			
尼日利亚	Nigeria	7.4	12.4	1.5	10.4	12.4	11.4	7.4
南　非	South Africa	8.7	7.9	7.0	7.6	7.0	8.2	8.8
加拿大	Canada	4.7	3.8	4.7	4.9	5.1	5.2	5.3
墨西哥	Mexico	9.6	8.8	10.4	10.8	10.4	9.9	10.4
美　国	United States	8.5	10.3	12.7	11.7	11.7	11.6	11.7
阿根廷	Argentina		12.1	11.3	12.5	12.3	11.2	12.3
巴　西	Brazil	12.1	10.2	10.3	9.0	8.5	9.3	10.0
委内瑞拉	Venezuela	13.0	11.1	9.8	10.5			
捷　克	Czech Rep.	5.4	5.4	6.5	7.3	7.5	7.3	6.5
法　国	France	6.7	4.4	4.9	5.3	5.8	5.9	6.6
德　国	Germany	4.2	4.1	4.3	5.6	5.9	6.0	6.3
意大利	Italy	7.0	4.6	5.0	5.9	6.2	5.5	6.6
荷　兰	Netherlands	5.1	3.1	4.4	5.4	5.6	5.7	6.1
波　兰	Poland	7.1	7.9	8.2	8.9	9.4	9.5	10.0
俄罗斯	Russia	12.1	12.8	12.9	8.5	8.9	10.4	10.5
西班牙	Spain	8.5	6.3	6.1	7.2	7.4	7.8	7.6
土耳其	Turkey	6.1	12.3	12.3	11.6	11.0	10.7	10.7
乌克兰	Ukraine	16.2	11.9	14.6	11.2	8.0	9.8	11.9
英　国	United Kingdom	6.5	6.1	5.4	5.6	6.8	7.0	6.8
澳大利亚	Australia	6.9	6.7	5.4	5.2	6.0	6.6	6.9
新西兰	New Zealand			5.9	7.4	7.2		

8-19 金融部门国内信贷占国内生产总值比重
Domestic Credit Provided by Financial Sector (% of GDP)

资料来源：世界银行WDI数据库。
Source: World Bank WDI Database.
单位：% (%)

国家或地区	Country or Area	2000	2005	2010	2015	2016	2017	2018
中　国	China	118.40	132.59	142.51	194.27	216.21	216.91	218.31
中国香港	Hong Kong, China	133.99	139.77	195.36	211.87	237.95	249.14	251.99
中国澳门	Macao, China	38.10	2.37	-21.34	15.13	28.16	27.36	18.73
孟加拉国	Bangladesh	30.18	47.66	57.41	60.16	61.44	63.67	64.06
文　莱	Brunei Darussalam	38.59	10.38	22.67	39.95	35.48	28.61	28.37
柬埔寨	Cambodia	6.38	7.22	22.74	65.12	71.06	74.38	85.73
印　度	India	52.09	59.35	73.42	75.61	74.50	72.08	
印度尼西亚	Indonesia	60.68	46.21	34.18	46.77	47.96	46.97	47.24
伊　朗	Iran	40.65	42.44	54.25	68.54	77.65		
以色列	Israel	72.23	86.60	88.86	81.96	80.69	79.12	80.26
日　本	Japan	295.00	296.65	313.82	342.73	348.61		
哈萨克斯坦	Kazakhstan	12.35	38.97	45.41	45.69	43.30	34.28	38.23
韩　国	Korea, Rep.	70.94	125.45	151.04	165.96	169.63	170.06	176.88
老　挝	Laos	9.02	8.06	26.69				
马来西亚	Malaysia	138.37	117.66	123.29	144.63	145.13	140.29	143.13
蒙　古	Mongolia	8.95	26.65	25.75	69.28	76.03	65.46	65.46
缅　甸	Myanmar	31.17	23.06	25.22	33.27	39.28	42.53	
巴基斯坦	Pakistan	41.60	46.48	46.19	48.76	52.36	53.86	58.28
菲律宾	Philippines	58.34	47.25	49.23	59.01	63.49	66.28	69.06
新加坡	Singapore	76.46	60.97	79.61	115.05	126.19	134.78	136.60
斯里兰卡	Sri Lanka	43.75	43.52	35.53	68.30	71.32		
泰　国	Thailand	134.26	111.02	133.42	171.16	170.33	169.70	167.02
越　南	Viet Nam	35.15	65.40	124.66	128.35	140.06	141.85	141.89
埃　及	Egypt	89.01	98.02	69.42	95.27	119.60	99.05	91.81
尼日利亚	Nigeria	6.68	5.48	19.09	23.14	26.56	23.33	21.20
南　非	South Africa	148.57	178.16	185.48	176.41	176.40	180.40	
加拿大	Canada	111.06	196.52					
墨西哥	Mexico	28.01	31.01	43.65	52.54	54.74	54.83	54.37
美　国	United States	191.57	217.29	224.75	235.49	240.81	249.70	235.58
阿根廷	Argentina	34.45	34.94	25.33	40.43	37.93	38.92	
巴　西	Brazil	70.68	76.24	93.39	107.06	111.19	111.36	113.70
委内瑞拉	Venezuela	14.91	12.64	22.51				
捷　克	Czech Rep.	45.45	41.57	62.72	68.85	66.82	62.06	63.11
法　国	France	103.51	106.06	143.85	147.41	154.81	157.44	159.96
德　国	Germany	146.49	132.60	164.80	134.11	133.10	128.04	125.88
意大利	Italy	95.84	104.72	160.46	169.73	169.77	165.16	162.91
荷　兰	Netherlands	147.83	164.62	215.65	204.41	207.18	190.84	176.81
波　兰	Poland	34.31	38.42	63.23	73.12	75.59	73.44	73.45
俄罗斯	Russia	24.93	20.81	37.72	51.74	58.84	58.63	53.92
西班牙	Spain	115.25	155.57	240.99	193.63	187.41	178.11	166.56
土耳其	Turkey	37.02	43.95	68.05	77.54	80.60	80.84	83.28
乌克兰	Ukraine	23.82	33.28	94.17	85.19	78.71	65.54	50.65
英　国	United Kingdom	116.65	146.21	205.26	160.53	165.26	166.53	
澳大利亚	Australia	93.36	113.32	153.79	175.65	182.47	176.16	176.79
新西兰	New Zealand	107.98	126.35	150.68	160.92	165.36	165.53	154.85

主要统计指标解释

中央政府 是全国范围内代表中央政府行使领土管辖权的所有单位。

收入 指由于交易导致的净值增加。政府部门有以下四个收入来源:（1）税收和其他由政府强制实施的转让;（2）来自所有权资产的财产收入;（3）商品和服务的销售收入;（4）来自其他部门的自愿转让。

捐赠 从其他政府和国际组织得到的无报酬的、无须偿还的非强制性的收入。

支出 指由于交易导致的净值减少。政府承担以下两方面的经济责任: (1)以非市场方式把部分商品和服务提供给公众;（2）通过转移支付手段重新分配收入和财富。

货币供应量 货币(Money)由流通中现金和除中央政府以外的常住机构活期存款构成；准货币(Quasi-Money)指除中央政府以外的外汇现汇与期汇存款和外汇现汇储蓄与期汇存款之和，即由常住居民的现汇、储蓄、与外汇存款构成。货币(Money)通称为 M_1，而货币和准货币之和通称为广义货币，相当于 M_2。

上市公司总市值 所有上市股价 × 总股数。

上市公司 是指年末在股票交易所的国内上市公司。不包括投资公司、共同基金或其它集体投资工具。

股票交易额 是指在一定时期内股票交易总额。

股票交易周转率 是指一定时期内股票交易总额除以该时期上市公司平均市值。

资本充足率 是指银行资本和储备占总资产的比率。资本和储备包括股东投放的资金、未分配利润、一般和特殊储备、准备金、价值调整。资本包括缴款股票和一般股票等一级资本，以及监管资本。总资产包括所有金融资产和非金融资产。

银行部门国内信贷 是指除发放给中央政府外的其他部门的净贷款之和。银行机构包括货币当局、存款货币银行和其他银行业机构。其他银行业机构包括存款和抵押贷款机构、建房信用协会等。

标准普尔全球股票指数 标准普尔全球股票指数是由美国标准普尔公司编制的衡量股市中美元价格变化的股票指数。

Explanatory Notes on Main Statistical Indicators

Central Government includes all units representing the territorial jurisdiction of the central authority throughout a country.

Revenue is an increase in net worth resulting from a transaction. For general government units, there are four main sources of revenue: taxes and other compulsory transfers imposed by government units, property income derived from the ownership of assets, sales of goods and services, and voluntary transfers received from other units.

Grants are defined as unrequited, nonrepayable, noncompulsory receipts from other governments or international organizations.

Expenditure is a decrease in net worth resulting from a transaction. Governments have two broad economic responsibilities: to assume responsibility for the provision of selected goods and services to the community on a nonmarket basis and to redistribute income and wealth by means of transfer payments.

Money Supply equals the sum of currency outside deposit money banks and demand deposits other than those of the central government. Quasi-Money equals the sum of time & foreign currency outside banks and time, savings & foreign currency deposit, comprising time, savings, and foreign currency deposits of resident sectors other than central government. The data of Money is commonly called M_1,while the sum of Money and Quasi-Money gives a broader measure of money which is commonly called M_2.

Market Capitalization is the share price times the number of shares outstanding.

Listed Domestic Companies are the domestically incorporated companies listed on the country's stock exchanges at the end of the year. This indicator does not include investment companies, mutual funds, or other collective investment vehicles.

Stocks Traded refers to the total value of shares traded during the period.

Turnover Ratio is the total value of shares traded during the period divided by the average market capitalization for the period.

Bank capital to assets is the ratio of bank capital and reserves to total assets. Capital and reserves include funds contributed by owners, retained earnings, general and special reserves, provisions, and valuation adjustments. Capital includes tier 1 capital (paid-up shares and common stock), and total regulatory capital. Total assets include all nonfinancial and financial assets.

Domestic credit provided by the banking sector includes all credit to various sectors on a gross basis, with the exception of credit to the central government, which is net. The banking sector includes monetary authorities and deposit money banks, as well as other banking institutions where data are available. Other banking institutions include savings and mortgage loan institutions and building and loan associations.

S&P Global Equity Indices measure the U.S. dollar price change in the stock markets.

价格指数

Price Indices

9-1 国内生产总值缩减指数
Gross Domestic Product Deflator

资料来源：国际货币基金组织IFS数据库。
Source: IMF IFS Database.

2010年=100 (2010=100)

国家或地区	Country or Area	2000	2014	2015	2016	2017	2018
中 国	China	66.5	115.3	116.5	117.1	120.7	
中国香港	Hong Kong, China	112.2	112.7	116.8	118.7	122.2	126.7
中国澳门	Macao, China	76.5	134.5	140.6	141.8	144.8	150.0
孟加拉国	Bangladesh	58.4	130.8	135.8	144.6	153.1	
文 莱	Brunei Darussalam	70.3	116.0	95.6	86.8	91.1	
柬 埔 寨	Cambodia	64.6	108.5	110.3	114.1	117.9	
印 度	India	56.0	124.3	126.5	131.1	135.7	
印度尼西亚	Indonesia	37.3	123.4	128.3	131.5	137.1	
伊 朗	Iran	20.7	239.6	240.6	244.5	274.3	
以 色 列	Israel	84.4	109.0	111.9	113.0	113.2	114.4
日 本	Japan	112.2	99.0	101.1	101.3	101.1	
哈萨克斯坦	Kazakhstan	26.4	145.7	148.4	168.7	179.5	
韩 国	Korea, Rep.	77.4	104.1	106.6	108.8	111.2	
老 挝	Laos	45.6	127.3	130.3	134.2	135.9	
马来西亚	Malaysia	72.9	109.3	108.9	111.0	115.3	116.3
蒙 古	Mongolia	26.9	143.6	146.0	149.3		
缅 甸	Myanmar	19.7	123.6	128.8	133.3	142.9	
巴基斯坦	Pakistan	43.2	145.8	152.8	154.8	161.5	
菲 律 宾	Philippines	63.3	111.7	111.0	112.9	115.5	
新 加 坡	Singapore	90.1	101.3	105.0	104.9	105.8	
斯里兰卡	Sri Lanka	38.2	125.8	126.6	131.8	142.7	
泰 国	Thailand	73.5	109.6	100.5	99.7	102.0	105.7
越 南	Viet Nam	39.6	146.1	145.8	147.4	153.4	
埃 及	Egypt	45.6	151.8	166.9	177.3	218.0	
尼日利亚	Nigeria	29.1	132.6	136.4	149.4	166.0	
南 非	South Africa	48.4	125.9	132.2	141.3		
加 拿 大	Canada	79.7	108.3	107.4	108.1	110.5	
墨 西 哥	Mexico	55.9	116.8	120.0	126.5	134.3	
美 国	United States	80.9	107.9	109.0	110.2	112.3	
阿 根 廷	Argentina	25.9	263.1	333.0	466.5	584.6	
巴 西	Brazil	44.3	135.6	145.8	157.7		
委内瑞拉	Venezuela	10.7	278.2	589.6	2781.9		
捷 克	Czech Rep.	82.1	105.5	106.7	108.1	109.6	112.0
法 国	France	83.7	103.5	104.7	105.2	105.7	106.6
德 国	Germany	89.7	106.5	108.6	110.1	111.8	113.8
意 大 利	Italy	79.7	105.1	106.1	107.3	107.9	108.8
荷 兰	Netherlands	81.0	103.2	104.0	104.5	105.7	108.0
波 兰	Poland	76.0	106.5	107.3	107.6	109.8	111.0
俄 罗 斯	Russia	25.3	142.5	154.2	159.7	169.7	
西 班 牙	Spain	74.5	100.3	100.8	101.1	102.3	103.3
土 耳 其	Turkey	21.8	132.7	143.1	154.6	171.4	199.1
乌 克 兰	Ukraine	24.8	148.9	206.8	242.1	295.6	341.1
英 国	United Kingdom	80.3	107.6	108.2	110.4		
澳大利亚	Australia	68.1	105.8	105.0	106.2	109.9	112.3
新 西 兰	New Zealand	77.5	110.5	111.1	111.9	114.6	117.9

9-2 生产者价格指数
Producer Price Indices

资料来源：联合国统计月报数据库。
Source: UN Monthly Bulletin of Statistics Database.

2010年=100 (2010=100)

国家或地区	Country or Area	2010	2014	2015	2016	2017	2018
中国香港	**Hong Kong, China**						
工业产品	Industrial Products	100.0	103.3	100.4	101.6	105.6	
孟加拉国①	**Bangladesh①**						
按生产阶段分	by Stage of Processing						
中间产品	Intermediate Products	218.3	328.1				
按最终用途分	by End-Use						
消费品	Consumers' Goods	296.8	351.4				
投资用品	Capital Goods	280.8	292.6				
印　度②	**India②**						
按供给组成分	by Components of Supply						
国内供应	Domestic Supply	100.0	113.6	110.8	108.0	114.1	119.0
农业产品	Agricultural Products	100.0	122.7	130.1	136.1	142.7	142.3
工业产品	Industrial Products	100.0	109.5	110.6	108.0	112.9	117.2
按生产阶段分	by Stage of Processing						
原材料	Raw Materials	100.0	121.2	120.8	124.3	130.2	133.0
印度尼西亚	**Indonesia**						
按供给组成分	by Components of Supply						
农业产品	Agricultural Products	100.0	128.8	129.8	133.0	136.4	140.7
工业产品	Industrial Products	100.0	123.3	134.6	137.7	141.1	144.8
伊　朗	**Iran**						
按供给组成分	by Components of Supply						
国内生产	Domestic Production	63.9③	79.1⑧	90.8⑧	95.3⑧	100.0⑧	110.0⑧
农业产品	Agricultural Products	75.9③	81.2⑧	92.4⑧	97.6⑧	100.0⑧	111.0⑧
工业产品	Industrial Products	53.1③	88.2⑧	96.9⑧	96.5⑧	100.0⑧	110.7⑧
以色列	**Israel**						
按供给组成分	by Components of Supply						
工业产品	Industrial Products	100.0	111.4	104.8	101.0	102.5	105.9
日　本④	**Japan④**						
按供给组成分	by Components of Supply						
国内供应	Domestic Supply	97.4	105.3	100.0	93.2	97.2	100.9
国内生产	Domestic Production	100.2	103.1	100.0	96.5	98.7	101.3
农业产品	Agricultural Products	93.4	100.1	100.0	102.5	107.6	110.0
工业产品	Industrial Products	99.1	102.3	100.0	97.0	98.9	101.1
进口产品	Import Products	88.1	112.7	100.0	83.6	92.7	99.7
按生产阶段分	by Stage of Processing						
原材料	Raw Materials	97.2	134.5	100.0	78.6	95.9	109.5
中间产品	Intermediate Products	96.3	103.9	100.0	93.4	97.4	101.6
按最终用途分	by End-Use						
消费品	Consumers' Goods	98.7	100.0	100.0	96.4	97.0	97.3
投资用品	Capital Goods	99.5	98.8	100.0	97.9	98.0	97.9

9-2 续表 1 continued

2010年=100 (2010=100)

国家或地区	Country or Area	2010	2014	2015	2016	2017	2018
韩 国④	**Korea, Rep.④**						
按供给组成分	by Components of Supply						
国内生产	Domestic Production	101.8	106.7	100.0	96.8	101.1	103.3
农业产品	Agricultural Products	95.3	97.7	100.0	105.8	112.6	116.7
工业产品	Industrial Products	104.0	107.2	100.0	96.5	101.1	103.3
按生产阶段分	by Stage of Processing						
原材料	Raw Materials	126.4	141.2	100.0	84.7	104.0	119.4
中间产品	Intermediate Products	105.9	106.9	100.0	96.8	100.9	103.6
按最终用途分	by End-Use						
消费品	Consumers' Goods	98.0	102.1	100.0	99.2	100.1	100.3
投资用品	Capital Goods	100.2	99.2	100.0	101.5	100.4	100.2
马来西亚	**Malaysia**						
按供给组成分	by Components of Supply						
国内供应	Domestic Supply	100.0	109.3	104.0			
国内生产	Domestic Production	100.0	110.4	102.2	101.1	108.0	106.7
进口产品	Import Products	100.0	106.9	107.7			
巴基斯坦	**Pakistan**						
按供给组成分	by Components of Supply						
国内供应	Domestic Supply	100.0	143.7	140.1	142.5	147.4	159.6
农业产品	Agricultural Products	100.0	138.4	138.6	148.3	156.6	165.8
菲 律 宾	**Philippines**						
按供给组成分	by Components of Supply						
国内供应	Domestic Supply	100.0	114.7	110.3	111.5	116.4	124.6
工业产品	Industrial Products	100.0	91.8	85.8			
新 加 坡	**Singapore**						
按供给组成分	by Components of Supply						
国内供应	Domestic Supply	100.0	102.5	86.8	80.7	86.4	92.0
国内生产	Domestic Production	100.0	99.0	89.9	85.0	88.2	92.1
进口产品	Import Products	100.0	98.7	86.2	81.7	86.4	90.7
泰 国	**Thailand**						
按供给组成分	by Components of Supply						
国内供应	Domestic Supply	100.0	107.0	102.6	101.4	102.7	102.9
按生产阶段分	by Stage of Processing						
原材料	Raw Materials	100.0	99.5	97.5	94.4	95.9	97.9
按最终用途分	by End-Use						
消费品	Consumers' Goods	100.0	109.9	109.5	109.7	106.2	105.1
投资用品	Capital Goods	100.0	103.3	101.1	100.5	99.6	97.8

9-2 续表 2 continued

2010年=100 (2010=100)

国家或地区	Country or Area	2010	2014	2015	2016	2017	2018
埃　及⑤	**Egypt⑤**						
按供给组成分	by Components of Supply						
国内生产	Domestic Production	156.1	208.1	207.6	220.5		
农业产品	Agricultural Products	202.1	292.0	299.5	339.8		
按生产阶段分	by Stage of Processing						
原材料	Raw Materials	152.4	237.4	180.4	140.6		
中间产品	Intermediate Products	129.7	157.9	161.5	178.4		
按最终用途分	by End-Use						
消费品	Consumers' Goods	110.2	123.7	124.7	142.8		
投资用品	Capital Goods	140.6	170.1	171.9	178.5		
南　非⑥	**South Africa⑥**						
按供给组成分	by Components of Supply						
农业产品	Agricultural Products		108.0	113.1	131.6	132.2	134.0
工业产品	Industrial Products		113.9	118.0	126.3	132.5	139.7
按生产阶段分	by Stage of Processing						
中间产品	Intermediate Products		116.7	117.6	125.6	130.6	135.2
加拿大	**Canada**						
按供给组成分	by Components of Supply						
农业产品	Agricultural Products	100.0	124.4	130.2	124.8	125.9	124.3
工业产品	Industrial Products	100.0	111.3	110.3	110.1	113.5	118.0
按生产阶段分	by Stage of Processing						
原材料	Raw Materials	100.0	117.6	94.2	89.8	99.7	108.8
墨西哥	**Mexico**						
按供给组成分	by Components of Supply						
国内供应	Domestic Supply	100.0	114.9	119.2	125.9	136.2	144.6
国内生产	Domestic Production	100.0	114.6	117.9	124.6	133.2	140.5
农业产品	Agricultural Products	100.0	115.2	119.6	130.6	140.3	144.7
工业产品	Industrial Products	100.0	111.9	118.6	128.1	136.6	143.3
进口产品	Import Products	100.0	108.9	105.3	104.2	106.8	110.6
按生产阶段分	by Stage of Processing						
中间产品	Intermediate Products	100.0	118.2	118.1	123.9	135.1	144.1
按最终用途分	**by End-Use**						
消费品	Consumers' Goods	100.0	116.5	120.2	126.4	135.4	142.2
投资用品	Capital Goods	100.0	113.0	118.0	125.4	137.4	148.0

9-2 续表 3 continued

2010年=100 (2010=100)

国家或地区	Country or Area	2010	2014	2015	2016	2017	2018
美　国	**United States**						
按供给组成分	by Components of Supply						
国内生产	Domestic Production	100.0	111.2	103.1	100.4	104.8	109.4
农业产品	Agricultural Products	100.0	130.8	114.8	104.0	107.0	106.6
工业产品	Industrial Products	100.0	109.3	101.0	98.7	103.5	108.9
按生产阶段分	by Stage of Processing						
原材料	Raw Materials	100.0	117.5	89.1	81.7	89.8	94.3
中间产品	Intermediate Products	100.0	110.2	102.6	99.4	104.0	109.5
按最终用途分	by End-Use						
消费品	Consumers' Goods	100.0	113.5	108.1	106.5	110.6	114.7
投资用品	Capital Goods	100.0	105.8	107.1	107.6	108.6	110.4
阿根廷	**Argentina**						
按供给组成分	by Components of Supply						
国内供应	Domestic Supply	100.0	186.3				
国内生产	Domestic Production	100.0	186.6				
农业产品	Agricultural Products	100.0	200.6				
工业产品	Industrial Products	100.0	180.3				
进口产品	Import Products	100.0	181.1				
白俄罗斯	**Belarus**						
按供给组成分	by Components of Supply						
工业产品	Industrial Products	100.0	379.1	444.4	498.0	546.7	584.2
按生产阶段分	by Stage of Processing						
中间产品	Intermediate Products	100.0	395.3	478.1	533.8	593.2	639.1
按最终用途分	by End-Use						
消费品	Consumers' Goods	100.0	362.5	399.5	445.3	474.2	498.9
投资用品	Capital Goods	100.0	356.9	420.6	487.0	532.5	565.6
捷　克	**Czech Rep.**						
按供给组成分	by Components of Supply						
农业产品	Agricultural Products	100.0	127.0	118.9	113.1	122.0	100.8
工业产品	Industrial Products	100.0	107.8	104.4	101.0	102.8	104.9
进口产品	Import Products	100.0	110.5	108.3	103.9	105.0	104.2
按生产阶段分	by Stage of Processing						
中间产品	Intermediate Products	100.0	109.6	106.8	103.9	106.3	108.7
按最终用途分	by End-Use						
消费品	Consumers' Goods	100.0	110.4	108.3	106.6	109.2	109.1
投资用品	Capital Goods	100.0	103.4	103.7	102.8	102.5	102.4

9-2 续表 4 continued

2010年=100 (2010=100)

国家或地区	Country or Area	2010	2014	2015	2016	2017	2018
法　国	**France**						
按供给组成分	by Components of Supply						
国内供应	Domestic Supply	100.0	105.6	102.1	99.2	101.8	104.6
农业产品	Agricultural Products	100.0	117.0	113.3	113.5	117.7	120.2
工业产品	Industrial Products	100.0	107.1	104.8	102.4	104.8	107.6
进口产品	Import Products	100.0	103.4	98.4	94.7	97.6	100.3
按生产阶段分	by Stage of Processing						
原材料	Raw Materials	100.0	115.0	98.6	88.2	96.6	108.8
中间产品	Intermediate Products	100.0	102.8	101.1	98.3	101.5	103.8
按最终用途分	by End-Use						
消费品	Consumers' Goods	100.0	105.9	105.5	104.9	105.5	105.1
投资用品	Capital Goods	100.0	101.0	101.4	100.8	101.2	101.7
德　国	**Germany**						
按供给组成分	by Components of Supply						
农业产品	Agricultural Products	100.0	111.1	105.3	103.9	114.3	114.6
工业产品	Industrial Products	100.0	105.8	103.9	102.2	105.0	107.8
进口产品	Import Products	100.0	103.6	100.7	97.5	101.2	
按生产阶段分	by Stage of Processing						
中间产品	Intermediate Products	100.0	103.6	102.1	100.6	104.6	107.4
按最终用途分	by End-Use						
消费品	Consumers' Goods	100.0	109.0	108.1	108.8	112.1	112.8
投资用品	Capital Goods	100.0	103.5	104.1	104.7	105.9	107.3
意大利	**Italy**						
按供给组成分	by Components of Supply						
工业产品	Industrial Products	100.0	106.2	102.6	100.3	102.9	107.0
按生产阶段分	by Stage of Processing						
中间产品	Intermediate Products	100.0	104.3	103.8	102.6	105.5	107.6
按最终用途分	by End-Use						
消费品	Consumers' Goods	100.0	107.1	107.1	106.9	108.2	108.9
投资用品	Capital Goods	100.0	103.4	104.0	104.4	105.3	105.9
荷　兰	**Netherlands**						
按供给组成分	by Components of Supply						
工业产品	Industrial Products	100.0	105.6	100.9	98.4	102.7	105.9
按生产阶段分	by Stage of Processing						
中间产品	Intermediate Products	100.0	108.2	103.5	100.8	106.4	110.0
按最终用途分	by End-Use						
消费品	Consumers' Goods	100.0	111.5	109.1	110.1	113.6	113.7
投资用品	Capital Goods	100.0	103.1	105.2	106.2	108.0	109.3
波　兰	**Poland**						
按供给组成分	by Components of Supply						
工业产品	Industrial Products	100.0	108.7	106.1	106.0	111.1	114.2
按生产阶段分	by Stage of Processing						
原材料	Raw Materials	100.0	114.4	106.4	103.4	111.6	
中间产品	Intermediate Products	100.0	108.6	108.6	108.9	113.3	117.5
按最终用途分	by End-Use						
消费品	Consumers' Goods	100.0	108.7	106.5	107.7	111.8	112.5
投资用品	Capital Goods	100.0	99.8	101.0	104.3	105.9	105.0
俄罗斯	**Russia**						
按供给组成分	by Components of Supply						
农业产品	Agricultural Products	100.0	131.5	148.5	142.3	150.3	148.2
工业产品	Industrial Products	100.0	135.1	153.8	160.5	172.7	193.7

9-2 续表 5 continued

2010年=100 (2010=100)

国家或地区	Country or Area	2010	2014	2015	2016	2017	2018
西 班 牙	**Spain**						
按供给组成分	by Components of Supply						
工业产品	Industrial Products	100.0	110.1	107.9	104.5	109.1	112.3
按生产阶段分	by Stage of Processing						
中间产品	Intermediate Products	100.0	106.6	105.8	104.3	107.8	110.6
按最终用途分	by End-Use						
消费品	Consumers' Goods	100.0	107.0	108.2	108.5	110.5	110.3
投资用品	Capital Goods	100.0	101.7	102.5	103.1	104.0	104.8
土 耳 其	**Turkey**						
按供给组成分	by Components of Supply						
农业产品	Agricultural Products	100.0	117.7	100.0④	103.0④	115.5④	128.9④
工业产品	Industrial Products	100.0	135.8	142.9	149.1	172.7	219.3
乌 克 兰⑦	**Ukraine⑦**						
按供给组成分	by Components of Supply						
农业产品	Agricultural Products		317.0	234.6	264.2		327.2
工业产品	Industrial Products		329.3	196.4	237.0	299.7	352.4
英 国	**United Kingdom**						
按供给组成分	by Components of Supply						
农业产品	Agricultural Products	100.0	114.5	104.1	108.7	124.8	129.5
工业产品	Industrial Products	100.0	108.4	106.6	107.1	110.7	113.9
进口产品	Import Products	100.0	105.0	98.6	103.4	111.0	114.3
按生产阶段分	by Stage of Processing						
原材料	Raw Materials	100.0	109.8	95.7	97.6	108.3	116.2
中间产品	Intermediate Products	100.0	107.8	106.3	106.5	110.6	115.5
按最终用途分	by End-Use						
消费品	Consumers' Goods	100.0	109.9	108.8	108.6	112.2	114.3
投资用品	Capital Goods	100.0	107.4	108.7	111.5	115.0	116.8
澳大利亚	**Australia**						
按供给组成分	by Components of Supply						
国内供应	Domestic Supply	100.0	107.8	109.2	110.2	111.8	113.9
国内生产	Domestic Production	100.0	108.5	109.3	110.4	112.6	114.5
农业产品	Agricultural Products	100.0	114.3	127.1	131.4	133.3	134.9
工业产品	Industrial Products	100.0	107.2	107.4	106.8	110.2	116.0
进口产品	Import Products	100.0	103.1	110.5	110.7	108.5	111.3
按生产阶段分	by Stage of Processing						
原材料	Raw Materials	100.0	111.5	110.6	111.0	113.8	118.8
中间产品	Intermediate Products	100.0	110.5	110.7	111.3	114.2	118.9
按最终用途分	by End-Use						
消费品	Consumers' Goods	100.0	110.1	110.9	111.9	113.9	115.7
投资用品	Capital Goods	100.0	106.0	109.2	110.0	111.1	114.0
新 西 兰	**New Zealand**						
按供给组成分	by Components of Supply						
农业产品	Agricultural Products	100.0	114.5	99.2	102.1	121.5	127.4
工业产品	Industrial Products	100.0	107.4	103.1	100.5	108.8	108.5
按生产阶段分	by Stage of Processing						
中间产品	Intermediate Products	100.0	107.5	105.1	105.6	110.4	111.1

注：①1988年7月1日至1989年6月30日为基期。②以2011—2012年为基期。③以2011财政年度(2011年3月21日—2012年3月20日)为基期。④以2015年为基期。⑤2004年7月1日至2005年6月30日为基期。⑥以2012年为基期。⑦以2005年为基期。⑧以2016财政年度(2016年3月21日—2017年3月20日)为基期。

Note: ①The base year is from 1 July 1988 to 30 June 1989.②The base year is 2011-2012.③The base year is fiscal year 2011(from 21 March 2011 to 20 March 2012).④The base year is 2015.⑤The base year is from 1 July 2004 to 30 June 2005.⑥The base year is 2012. ⑦The base year is 2005. ⑧The base year is fiscal year 2016(from 21 March 2016 to 20 March 2017).

9-3 居民消费价格指数
Consumer Price Indices

资料来源：世界银行WDI数据库。
Source: World Bank WDI Database.
2010年=100 (2010=100)

国家和地区	Country or Area	2012	2013	2014	2015	2016	2017	2018
中　国	China	108.3	111.2	113.3	114.9	117.2	119.1	121.6
中国香港	Hong Kong, China	109.6	114.3	119.4	122.9	125.9	127.8	130.8
中国澳门	Macao, China	112.3	118.5	125.6	131.3	134.5	136.1	140.2
孟加拉国	Bangladesh	118.3	127.2	136.1	144.6	152.5	161.2	170.2
文　莱	Brunei Darussalam	100.3	100.6	100.4	100.0	99.3	99.1	99.3
柬埔寨	Cambodia	108.6	111.8	116.1	117.5	121.1	124.6	
印　度	India	119.0	132.0	140.4	148.6	155.9	159.8	167.6
印度尼西亚	Indonesia	109.9	116.9	124.4	132.3	137.0	142.2	146.7
伊　朗	Iran	152.0	211.7	248.1	282.1	306.5	337.1	
以色列	Israel	105.2	106.9	107.4	106.7	106.1	106.4	107.2
日　本	Japan	99.7	100.0	102.8	103.6	103.5	104.0	105.0
哈萨克斯坦	Kazakhstan	114.1	120.9	129.1	137.8	157.6	169.3	
韩　国	Korea, Rep.	106.3	107.7	109.1	109.8	110.9	113.1	114.7
老　挝	Laos	112.1	119.3	124.2	125.8	127.8	128.9	131.5
马来西亚	Malaysia	104.9	107.1	110.5	112.8	115.1	119.6	120.7
蒙　古	Mongolia	123.9	136.9	153.7	163.8	165.5	172.2	183.9
缅　甸	Myanmar	106.6	112.4	118.1	129.3	138.3	144.6	154.5
巴基斯坦	Pakistan	122.8	132.2	141.7	145.3	150.8	156.9	164.9
菲律宾	Philippines	107.9	110.7	114.7	115.4	116.9	120.2	126.5
新加坡	Singapore	110.1	112.7	113.8	113.2	112.6	113.3	113.8
斯里兰卡	Sri Lanka	114.8	122.7	126.6	131.4	136.6	147.1	150.2
泰　国	Thailand	106.9	109.3	111.3	110.3	110.6	111.3	112.5
越　南	Viet Nam	129.5	138.0	144.5	145.8	150.5	155.8	161.3
埃　及	Egypt	117.9	129.0	142.1	156.8	178.5	231.1	
尼日利亚	Nigeria	124.4	134.9	145.8	158.9	183.9	214.2	240.1
南　非	South Africa	111.0	117.4	124.6	130.3	138.9	146.1	152.6
加拿大	Canada	104.5	105.5	107.5	108.7	110.2	112.0	114.5
墨西哥	Mexico	107.7	111.8	116.2	119.4	122.8	130.2	136.6
美　国	United States	105.3	106.8	108.6	108.7	110.1	112.4	115.2
阿根廷	Argentina			105.5				
巴　西	Brazil	112.4	119.4	126.9	138.4	150.5	155.7	161.4
委内瑞拉	Venezuela	152.7	214.7	348.2	772.0	2740.3		
捷　克	Czech Rep.	105.3	106.8	107.1	107.5	108.2	110.9	113.3
法　国	France	104.1	105.0	105.5	105.6	105.8	106.9	108.8
德　国	Germany	104.1	105.7	106.7	107.2	107.7	109.4	111.2
意大利	Italy	105.9	107.2	107.5	107.5	107.4	108.7	110.0
荷　兰	Netherlands	104.9	107.5	108.5	109.2	109.5	111.0	112.9
波　兰	Poland	108.0	109.0	109.1	108.1	107.4	109.6	111.6
俄罗斯	Russia	113.9	121.6	131.2	151.5	162.2	168.2	173.0
西班牙	Spain	105.7	107.2	107.0	106.5	106.3	108.4	110.2
土耳其	Turkey	115.9	124.6	135.7	146.1	157.4	175.0	203.5
乌克兰	Ukraine	108.6	108.3	121.4	180.5	205.6	235.3	261.1
英　国	United Kingdom	106.5	109.0	110.6	111.0	112.1	114.9	117.6
澳大利亚	Australia	105.1	107.7	110.4	112.0	113.5	115.7	117.9
新西兰	New Zealand	105.1	106.3	107.6	107.9	108.6	110.7	112.4

9-4 初级产品市场价格指数和单位价值指数
Indices of Primary Commodities Market Prices and Unit Values

资料来源：国际货币基金组织初级商品价格数据库。
Source: International Monetary Fund Primary Commodity Prices Database.

2016年=100 (2016=100)

商品	Commodities	2016	2017	2018
非燃料商品	**Non-Fuel Commodities**	**100.0**	**106.4**	**108.2**
农业	**Agriculture**	**100.0**	**103.5**	**102.7**
食品	**Food**	**100.0**	**103.9**	**103.3**
谷物	Cereals	100.0	101.0	114.9
小麦	Wheat	100.0	101.5	130.0
玉米	Maize	100.0	97.1	103.3
大米	Rice	100.0	102.8	103.8
大麦	Barley	100.0	103.9	106.7
植物油和蛋白质粉	Vegetable Oils and Protein Meals	100.0	101.2	95.4
大豆	Soybeans	100.0	98.9	94.4
大豆粉	Soybean Meal	100.0	99.6	106.6
大豆油	Soybean Oil	100.0	102.0	91.3
棕榈油	Palm Oil	100.0	101.2	87.5
鱼粉	Fish Meal	100.0	81.9	95.2
葵花籽油	Sunflower Oil	100.0	94.4	89.2
橄榄油	Olive Oil	100.0	113.9	98.3
花生和树坚果	Groundnuts + Tree Nuts	100.0	108.4	113.9
菜籽油	Rapeseed Oil	100.0	106.1	100.9
肉	Meat	100.0	109.9	106.5
牛肉	Beef	100.0	107.5	103.0
羊肉	Lamb	100.0	112.7	117.8
猪肉	Swine Meat	100.0	109.4	99.6
家禽	Poultry	100.0	118.8	126.7
海鲜	Seafood	100.0	105.6	109.0
鱼	Fish	100.0	104.3	105.4
虾	Shrimp	100.0	107.9	115.4
糖	Sugar	100.0	88.6	69.9
自由市场	Free Market	100.0	87.3	67.5
美国	United States	100.0	101.0	91.7
香蕉	Bananas	100.0	107.2	114.5
橘子	Oranges	100.0	91.4	88.7

9-4 续表 continued

2016年=100 (2016=100)

商品	Commodities	2016	2017	2018
饮料	**Beverages**	**100.0**	**95.3**	**87.5**
咖啡	Coffee	100.0	101.5	88.6
可可豆	Cocoa Beans	100.0	70.2	79.3
茶	Tea	100.0	126.0	103.8
农业原材料	**Agricultural Raw Materials**	**100.0**	**105.2**	**107.2**
木材	Timber	100.0	97.8	103.6
硬木	Hardwood	100.0	95.5	98.5
软木	Softwood	100.0	99.7	107.7
棉	Cotton	100.0	112.6	123.1
羊毛	Wool	100.0	118.0	149.4
精	Fine	100.0	128.9	149.5
粗	Coarse	100.0	107.1	149.4
橡胶	Rubber	100.0	121.9	94.5
兽皮	Hides	100.0	91.6	78.9
金属	**Metals**	**100.0**	**111.7**	**116.1**
铜	Copper	100.0	126.7	134.1
铝	Aluminum	100.0	122.7	131.4
铁矿	Iron Ore	100.0	121.5	119.8
锡	Tin	100.0	111.9	112.3
镍	Nickel	100.0	108.5	136.7
锌	Zinc	100.0	138.3	139.8
铅	Lead	100.0	124.0	120.0
铀	Uranium	100.0	83.4	92.7
能源	**Energy**	**100.0**	**123.6**	**156.7**
现货原油	Spot Crude	100.0	116.1	146.7
天然气	Natural Gas	100.0	131.9	181.8
荷兰TTF中心	Netherlands TTF	100.0	97.4	131.7
东北亚液化天然气	LNG - Northeast Asia	100.0	118.9	126.6
亨利港	Henry Hub	100.0	118.9	126.6
煤炭	Coal	100.0	132.7	156.8
澳大利亚出口市场	Australian, Export Markets	100.0	134.3	161.6
南非出口市场	South African, Export Markets	100.0	131.2	152.0

主要统计指标解释

国内生产总值缩减指数 衡量在一定时期内整体经济中价格年度变化情况的指标。

生产者价格指数 生产者价格指生产者从购买者那里得到的某一单位货物和服务的价值，具体为总产出减去由购买者支付的增加税等可扣减税。它包括生产者发票上单独列支的运费。

消费者价格指数 是反映报告期经济体为消费目的而获取、使用和支付的货物和服务的价格总体水平随时间变化的指标。每个总指数是通过将大量要素加总指数加权平均而得到，每个要素加总指数是基于某一地区或其居民从某一指定出处或其他消费源获取指定货物和服务的价格的抽样调查数而进行的估算。

Explanatory Notes on Main Statistical Indicators

Gross Domestic Product Deflator measures the average annual rate of price change in the economy as whole for the periods shown.

Producer Price Indices The Amount receivable by the producer from the purchaser for a unit of a good or service produced as output minus any value-added tax, or similar deductible tax, invoiced to the purchaser. It includes any transport charges invoiced separately by the producer.

Consumer Price Indices measures the period-to-period proportional change in the prices of a fixed set of consumer goods and services of constant quantity and characteristics, acquired, used or paid for by the reference population. Each summary measure is constructed as a weighted average of a large number of elementary aggregate indices. Each of the elementary aggregate indices is estimated using a sample of prices for a defined set of goods and services obtained in, or by residents of, a specific region from a given set of outlets or other sources of consumption goods and services.

居民收支和贫困

Household Income and Expenditure and Poverty

10-1 居民消费支出
Household Consumption Expenditure

资料来源：世界银行WDI数据库。
Source: World Bank WDI Database.

国家或地区	Country or Area	居民最终消费支出(现价，亿美元) Household Final Consumption Expenditure (current 100 million USD)			人均居民最终消费支出(2010年价格，美元) Household Final Consumption Expenditure per Capita (constant 2010 US$)		
		2010	2015	2017	2010	2015	2017
世　界	**World**	**378384**	**429221**	**462076**	**5466**	**5866**	**6070**
高收入国家	**High Income**	**270658**	**284943**	**304063**	**23376**	**24502**	**25318**
中等收入国家	**Middle Income**	**105198**	**141019**	**154678**	**2028**	**2474**	**2638**
低收入国家	**Low Income**	**3005**	**4009**		**401**	**437**	
中　国	China	21573	42711	47044	1613	2529	2893
中国香港	Hong Kong, China	1403	2055	2291	19978	24597	26120
中国澳门	Macao, China	66	118	123	12216	15095	14793
孟加拉国	Bangladesh	854	1413	1715	579	701	760
文　莱	Brunei Darussalam	20	26	25	5189	5978	6005
柬埔寨	Cambodia	91	139	163	639	796	862
印　度	India	9170	12413	15646	743	977	1112
印度尼西亚	Indonesia	4245	4946	5820	1755	2120	2283
伊　朗	Iran	2091	1941	2162	2834	2628	2720
以色列	Israel	1326	1639	1940	17391	19064	20164
日　本	Japan	32918	24835	26968	25703	26644	26989
哈萨克斯坦	Kazakhstan	672	990	846	4116	5388	5384
韩　国	Korea, Rep.	5508	6818	7362	11114	11996	12509
老　挝	Laos	53	103	110	851	1073	1155
马来西亚	Malaysia	1227	1604	1741	4350	5709	6298
蒙　古	Mongolia	40	69	57	1460	2299	2151
缅　甸	Myanmar	280	284		553		
巴基斯坦	Pakistan	1414	2158	2499	788	864	970
菲律宾	Philippines	1428	2159	2304	1520	1867	2056
新加坡	Singapore	871	1144	1205	17165	19015	19917
斯里兰卡	Sri Lanka	388	543	615	1916	2500	2690
泰　国	Thailand	1780	2047	2218	2649	2929	3082
越　南	Viet Nam	772	1313	1522	877	1109	1252
埃　及	Egypt	1632	2742	2074	1972	2206	2306
尼日利亚	Nigeria	2440	3909	3002	1540	1586	1430
南　非	South Africa	2215	1895	2073	4325	4566	4568
加拿大	Canada	9220	8999	9586	27112	28995	29980
墨西哥	Mexico	6913	7675	7558	6059	6403	6692
美　国	United States	101858	122945	133214	32929	35573	36966
阿根廷	Argentina	2721	3920	4262	6671	7168	7242
巴　西	Brazil	13302	11528	13141	6797	7227	6927
委内瑞拉	Venezuela	2198			7728		
捷　克	Czech Rep.	1016	875	1024	9697	10121	10885
法　国	France	14628	13178	13968	22496	22632	23261
德　国	Germany	19155	18088	19520	23423	24896	25551
意大利	Italy	12965	11163	11826	21872	20428	21082
荷　兰	Netherlands	3848	3447	3684	23157	22778	23197
波　兰	Poland	2951	2789	3070	7757	8541	9313
俄罗斯	Russia	7851	7148	8316	5496	5999	6063
西班牙	Spain	8195	6943	7556	17594	16850	17711
土耳其	Turkey	4867	5190	5028	6730	8406	8952
乌克兰	Ukraine	867	617	753	1891	1998	2261
英　国	United Kingdom	15986	18875	17335	25468	26388	27387
澳大利亚	Australia	6439	7731	7551	29226	30888	31450
新西兰	New Zealand	851	1018	1166	19567	21703	22904

10-2 居民收入分配
Personal Income Distribution

资料来源：世界银行WDI数据库。
Source: World Bank WDI Database.

国家或地区	Country or Area	年份 Year	基尼系数 GINI Index	各组占全部收入或消费的比重(%) As Percentage of Total Income or Consumption(%)				
				最低的20% Lowest 20% (%)	第二个20% Second 20% (%)	第三个20% Third 20% (%)	第四个20% Fourth 20% (%)	最高的20% Highest 20% (%)
中　国	China	2015	0.39	6.4	10.6	15.3	22.3	45.4
中国香港	Hong Kong, China	1996	0.43	5.3	9.4	13.9	20.8	50.8
孟加拉国	Bangladesh	2016	0.32	8.6	12.4	16.1	21.4	41.4
柬埔寨	Cambodia	2012	0.31	9.1	12.7	16.3	21.8	40.2
印　度	India	2011	0.36	8.1	11.7	15.2	20.5	44.4
印度尼西亚	Indonesia	2017	0.38	6.8	10.7	15.2	22.0	45.2
伊　朗	Iran	2016	0.40	6.1	10.5	14.9	21.7	46.7
以色列	Israel	2016	0.39	5.2	10.7	16.4	23.6	44.2
日　本	Japan	2008	0.32	7.4	12.9	17.3	22.7	39.7
哈萨克斯坦	Kazakhstan	2017	0.28	9.8	13.6	17.1	22.1	37.4
韩　国	Korea, Rep.	2012	0.32	7.3	13.0	17.5	23.2	39.0
老　挝	Laos	2012	0.36	7.6	11.5	15.3	21.0	44.6
马来西亚	Malaysia	2015	0.41	5.8	10.1	14.8	22.0	47.3
蒙　古	Mongolia	2016	0.32	8.0	12.4	16.6	22.3	40.6
缅　甸	Myanmar	2015	0.38	7.3	11.3	15.0	20.6	45.7
巴基斯坦	Pakistan	2015	0.34	8.9	12.2	15.6	20.5	42.8
菲律宾	Philippines	2015	0.40	6.6	10.2	14.5	21.4	47.3
新加坡	Singapore	1998	0.42	5.0	9.4	14.6	22.0	49.0
斯里兰卡	Sri Lanka	2016	0.40	7.0	10.7	14.5	20.3	47.6
泰　国	Thailand	2017	0.37	7.3	11.1	15.5	22.1	44.1
越　南	Viet Nam	2016	0.35	6.9	11.9	16.3	22.4	42.5
埃　及	Egypt	2015	0.32	9.1	12.8	16.0	20.6	41.5
尼日利亚	Nigeria	2011	0.40	5.9	10.5	15.3	22.2	46.1
南　非	South Africa	2014	0.63	2.4	4.8	8.2	16.5	68.2
加拿大	Canada	2013	0.34	6.6	12.3	17.0	23.3	40.7
墨西哥	Mexico	2016	0.43	5.7	9.8	14.0	20.4	50.1
美　国	United States	2016	0.42	5.0	10.2	15.3	22.6	46.9
阿根廷	Argentina	2017	0.41	5.2	15.5	10.1	23.2	46.0
巴　西	Brazil	2017	0.53	3.2	7.4	12.2	19.5	57.8
委内瑞拉	Venezuela	2006	0.47	3.2	9.2	14.5	22.3	50.7
捷　克	Czech Rep.	2015	0.26	9.7	14.7	17.8	21.9	35.9
法　国	France	2015	0.33	7.9	12.8	16.7	21.7	40.9
德　国	Germany	2015	0.32	7.8	12.9	17.0	22.6	39.7
意大利	Italy	2015	0.35	5.9	12.1	17.2	23.5	41.3
荷　兰	Netherlands	2015	0.28	8.9	13.9	17.5	22.4	37.3
波　兰	Poland	2016	0.31	8.5	12.8	16.8	22.4	39.5
俄罗斯	Russia	2015	0.38	6.9	11.1	15.2	21.5	45.3
西班牙	Spain	2015	0.36	5.8	11.7	17.0	23.5	42.1
土耳其	Turkey	2016	0.42	5.7	9.9	14.5	21.6	48.3
乌克兰	Ukraine	2016	0.25	10.1	14.4	17.9	22.4	35.1
英　国	United Kingdom	2015	0.33	7.5	12.2	16.8	23.0	40.6
澳大利亚	Australia	2014	0.36	6.8	12.0	16.1	22.1	43.0
新西兰	New Zealand	1997	0.36	6.5	11.4	15.8	22.6	43.8

10-3 国内贫困率
Domestic Poverty Rate

资料来源：世界银行WDI数据库。
Source: World Bank WDI Database.
单位：% (%)

国家或地区	Country or Area	年份 Year	全国 National	农村 Rural	城市 Urban
中　国	China	2017	3.1		
阿富汗	Afghanistan	2016	54.5		
阿尔巴尼亚	Albania	2012	14.3	15.3	13.6
阿尔及利亚	Algeria	2011	5.5	4.8	5.8
安哥拉	Angola	2008	36.6	58.3	18.7
阿根廷	Argentina	2017	25.7		
亚美尼亚	Armenia	2017	25.7		
阿塞拜疆	Azerbaijan	2012	6.0		
孟加拉国	Bangladesh	2016	24.3		
白俄罗斯	Belarus	2017	5.9		
伯利兹	Belize	2002	33.5	44.2	23.7
贝　宁	Benin	2015	40.1		
不　丹	Bhutan	2017	8.2		
玻利维亚	Bolivia	2017	36.4		
波　黑	Bosnia and Herzegovinian	2015	16.9		
博茨瓦纳	Botswana	2009	19.3	24.3	11.0
巴　西	Brazil	2017	26.5		
保加利亚	Bulgaria	2016	23.4		
布基纳法索	Burkina Faso	2014	40.1	47.5	13.7
布隆迪	Burundi	2014	64.9	68.8	27.6
柬埔寨	Cambodia	2012	17.7	20.8	6.4
喀麦隆	Cameroon	2014	37.5	56.8	8.9
佛得角	Cape Verde	2015	35.0		
中　非	Central African Rep.	2008	62.0	69.4	49.6
乍　得	Chad	2011	46.7	52.5	20.9
智　利	Chile	2017	8.6		
哥伦比亚	Colombia	2018	27.0		
科摩罗	Comoros	2014	42.0		
刚果(金)	Congo, Dem. Rep.	2012	63.9	64.9	61.6
刚果(布)	Congo, Rep.	2011	46.5	74.8	
哥斯达黎加	Costa Rica	2017	20.0		
科特迪瓦	Cote D'Ivoire	2015	46.3	56.8	35.9
克罗地亚	Croatia	2015	19.5		
捷　克	Czech Rep.	2013	9.7		
吉布提	Djibouti	2017	21.1		
多米尼加	Dominican Rep.	2016	30.5		
厄瓜多尔	Ecuador	2018	23.2		
埃　及	Egypt	2015	27.8		
萨尔瓦多	El Salvador	2017	29.2		
赤道几内亚	Equatorial Guinea	2006	76.8	79.9	31.5
厄立特里亚	Eritrea	1994	53.0		
爱沙尼亚	Estonia	2013	21.8		
埃塞俄比亚	Ethiopia	2015	23.5		
斐　济	Fiji	2013	34.0		

10-3 续表 1 continued

单位：% (%)

国家或地区	Country or Area	年份 Year	全国 National	农村 Rural	城市 Urban
加　蓬	Gabon	2017	33.4		
冈比亚	Gambia	2015	48.6		
格鲁吉亚	Georgia	2017	21.9		
加　纳	Ghana	2016	23.4		
危地马拉	Guatemala	2014	59.3	76.1	42.2
几内亚	Guinea	2012	55.2	64.7	35.4
几内亚比绍	Guinea-Bissau	2010	69.3	75.6	51.0
圭亚那	Guyana	1998	35.0		
海　地	Haiti	2012	58.5	74.9	40.6
洪都拉斯	Honduras	2018	61.9		
匈牙利	Hungary	2014	14.9		
印　度	India	2012	21.9	25.7	13.7
印度尼西亚	Indonesia	2017	10.6		
伊拉克	Iraq	2012	18.9	30.6	14.8
牙买加	Jamaica	2012	19.9		
约　旦	Jordan	2010	14.4	16.8	13.9
哈萨克斯坦	Kazakhstan	2017	2.5		
肯尼亚	Kenya	2015	36.1		
基里巴斯	Kiribati	2006	21.8		
吉尔吉斯斯坦	Kyrgyzstan	2017	25.6		
老　挝	Laos	2012	23.4	28.6	10.0
拉脱维亚	Latvia	2014	22.5		
黎巴嫩	Lebanon	2012	27.4		
莱索托	Lesotho	2010	57.1	61.2	39.6
利比里亚	Liberia	2016	50.9		
立陶宛	Lithuania	2014	22.2		
前南马其顿	Macedonia, FYR	2017	22.2		
马达加斯加	Madagascar	2012	70.7		
马拉维	Malawi	2016	51.5		
马来西亚	Malaysia	2015	0.4		
马尔代夫	Maldives	2016	8.2		
马　里	Mali	2010	43.6	50.6	18.9
毛里塔尼亚	Mauritania	2014	31.0		
毛里求斯	Mauritius	2012	7.9		
墨西哥	Mexico	2016	43.6		
密克罗尼西亚	Micronesia, Fed.	2013	41.2		
摩尔多瓦	Moldova	2015	9.6		
蒙　古	Mongolia	2014	21.6	26.4	18.8
黑　山	Montenegro	2015	24.0		
摩洛哥	Morocco	2013	4.8		
莫桑比克	Mozambique	2014	46.1		
缅　甸	Myanmar	2015	32.1		
纳米比亚	Namibia	2015	17.4		
尼泊尔	Nepal	2011	25.2	27.4	
尼加拉瓜	Nicaragua	2016	24.9		
尼日尔	Niger	2014	44.5		

10-3 续表 2 continued

单位：% (%)

国家或地区	Country or Area	年份 Year	全国 National	农村 Rural	城市 Urban
尼日利亚	Nigeria	2010	46.0	52.8	34.1
巴基斯坦	Pakistan	2015	24.3		
帕　劳	Palau	2006	24.9		
巴拿马	Panama	2016	22.1		
巴布亚新几内亚	Papua New Guinea	2009	39.9	41.6	29.3
巴拉圭	Paraguay	2017	26.4		
秘　鲁	Peru	2017	21.7		
菲律宾	Philippines	2015	21.6		
波　兰	Poland	2016	15.0		
罗马尼亚	Romania	2016	23.6		
俄罗斯	Russia	2017	13.2		
卢旺达	Rwanda	2016	38.2		
萨摩亚	Samoa	2013	20.3		
圣多美和普林西比	Sao Tome and Principe	2010	66.2		
塞内加尔	Senegal	2011	46.7	57.1	
塞尔维亚	Serbia	2016	25.7		
塞舌尔	Seychelles	2013	39.3		
塞拉利昂	Sierra Leone	2011	52.9	66.1	31.2
斯洛伐克	Slovakia	2013	12.6		
斯洛文尼亚	Slovenia	2014	14.3		
所罗门群岛	Solomon Islands	2013	12.7		
南　非	South Africa	2014	55.5		
斯里兰卡	Sri Lanka	2016	4.1		
苏　丹	Sudan	2009	46.5	57.6	26.5
斯威士兰	Swaziland	2009	63.0	73.1	31.1
叙利亚	Syrian Arab Republic	2007	35.2	36.9	30.8
塔吉克斯坦	Tajikistan	2015	31.3	35.2	23.2
坦桑尼亚	Tanzania	2012	28.2	33.3	15.5
泰　国	Thailand	2016	8.6		
东帝汶	Timor-Leste	2014	41.8	47.1	28.3
多　哥	Togo	2015	55.1	68.7	35.9
汤　加	Tonga	2009	22.5		
特立尼达和多巴哥	Trinidad and Tobago	1992	21.0	20.0	24.0
突尼斯	Tunisia	2015	15.2		
土耳其	Turkey	2017	13.5		
图瓦卢	Tuvalu	2010	26.3	27.5	24.8
乌干达	Uganda	2016	21.4		
乌克兰	Ukraine	2017	2.4		
乌拉圭	Uruguay	2017	7.9		
乌兹别克斯坦	Uzbekistan	2013	14.1		
瓦努阿图	Vanuatu	2010	12.7		
委内瑞拉	Venezuela	2015	33.1		
越　南	Viet Nam	2016	9.8		
约旦河西岸和加沙	West Bank and Gaza	2016	29.2		
也　门	Yemen	2014	48.6		
赞比亚	Zambia	2015	54.4		
津巴布韦	Zimbabwe	2011	72.3	84.3	46.5
科索沃	Kosovo	2015	17.6		

10-4 国际贫困率
International Poverty Ratio

资料来源：世界银行WDI数据库。
Source: World Bank WDI Database.

单位：% (%)

国家或地区	Country or Area	日均收入不足1.9美元的贫困人口占总人口比重 Poverty headcount ratio at $1.9 a day(2011 PPP)(% of population)		日均收入不足3.2美元的贫困人口占总人口比重 Poverty headcount ratio at $3.2 a day(2011 PPP)(% of population)	
		2010	2017	2010	2017
中国	China	11.2	0.7①	28.5	7.0①
阿根廷	Argentina	1.1	0.4	3.7	2.0
荷兰	Netherlands				0.2①
亚美尼亚	Armenia	1.9	1.4	20.5	12.3
澳大利亚	Australia	0.5	0.7②	0.5	1.0②
奥地利	Austria	0.5	0.7①	0.5	0.7①
孟加拉国	Bangladesh	19.6	14.8③	60.4	52.9③
白俄罗斯	Belarus			0.2	
比利时	Belgium	0.2		0.2	0.2①
贝宁①	Benin①		49.5		76.2
玻利维亚	Bolivia		5.8		11.8
波黑①	Bosnia and Herzegovinian①		0.2		0.8
巴西	Brazil		4.8		9.6
保加利亚	Bulgaria	2.0	1.5②	4.2	3.7②
布基纳法索②	Burkina Faso②		43.7		76.4
布隆迪	Burundi				
柬埔寨	Cambodia	4.6			
喀麦隆②	Cameroon②		23.8		44.7
加拿大	Canada	0.2		0.2	
智利	Chile		0.7		1.8
哥伦比亚	Colombia	7.7	3.9	18.3	10.8
哥斯达黎加	Costa Rica	1.5	1.0	4.0	2.7
科特迪瓦①	Cote D'Ivoire①		28.2		57.4
克罗地亚	Croatia	1.2	0.7①	2.2	1.2①
捷克	Czech Rep.			0.2	
丹麦	Denmark		0.2①		0.2①
吉布提	Djibouti		17.1		40.2
多米尼加	Dominican Rep.	2.5	1.6③	12.0	5.9③
厄瓜多尔	Ecuador	5.6	3.2	14.7	8.7
埃及	Egypt	3.0	1.3①	26.6	16.1①
萨尔瓦多	El Salvador	5.5	1.9	17.9	8.5
爱沙尼亚	Estonia	0.7	0.5①	1.7	1.0①
埃塞俄比亚	Ethiopia	33.5	27.3①	73.1	62.2①
法国	France			0.2	0.2①
冈比亚	Gambia	25.1	10.1①	53.0	37.8①
格鲁吉亚	Georgia	12.2	5.0	31.1	16.3
希腊	Greece	1.0	1.5①	1.2	2.7①
危地马拉②	Guatemala②		8.7		24.2
几内亚比绍	Guinea-Bissau	67.1		84.5	
洪都拉斯	Honduras	15.0	17.2	29.4	31.6
匈牙利	Hungary		0.5①	0.2	1.0①
冰岛	Iceland	0.2		0.2	
印度	India	32.7			
印度尼西亚	Indonesia	15.7	5.7	48.1	27.3
伊朗③	Iran③		0.3		2.5
爱尔兰	Ireland	0.5	0.2①	0.7	0.5①
以色列	Israel	0.2	0.2③	1.0	0.7③
意大利	Italy	1.2	2.0①	1.7	2.5①
约旦	Jordan	0.1		2.1	
哈萨克斯坦	Kazakhstan	0.1		1.9	0.4
韩国	Korea, Rep.	0.5		0.7	
科索沃	Kosovo	2.2	0.2	13.5	2.6
吉尔吉斯斯坦	Kyrgyzstan	4.1	1.5	23.2	19.6

10-4 续表 continued

单位：% (%)

国家或地区	Country or Area	日均收入不足1.9美元的贫困人口占总人口比重 Poverty headcount ratio at $1.9 a day(2011 PPP)(% of population)		日均收入不足3.2美元的贫困人口占总人口比重 Poverty headcount ratio at $3.2 a day(2011 PPP)(% of population)	
		2010	2017	2010	2017
拉脱维亚	Latvia	1.7	0.7①	3.7	1.5①
莱 索 托	Lesotho	59.7		78.1	
利比里亚③	Liberia③		40.9		72.6
立 陶 宛	Lithuania	1.5	0.7①	3.2	1.5①
前南马其顿	Macedonia, FYR	10.0	5.0①	17.4	10.0②
马达加斯加	Madagascar	78.5		91.3	
马 拉 维	Malawi	71.7	70.3③	89.1	89.4③
马　　里	Mali	50.6			
马 耳 他	Malta	0.2		0.2	0.2①
毛里塔尼亚	Mauritania		6.0		24.1
墨 西 哥	Mexico	4.2	2.5③	14.0	11.2③
摩尔多瓦	Moldova	0.5	0.1	6.0	1.1
蒙　　古	Mongolia	0.8	0.6③	10.1	6.9③
黑　　山	Montenegro			0.8	0.8②
莫桑比克②	Mozambique②		62.4		81.5
缅　　甸①	Myanmar①		6.2		29.5
尼 泊 尔	Nepal	15.0		50.8	
尼加拉瓜②	Nicaragua②		3.2		12.8
尼 日 尔②	Niger②		44.5		76.9
尼日利亚	Nigeria	62.0			
挪　　威	Norway		0.2①	0.2	0.2①
巴基斯坦	Pakistan	8.3	3.9①	47.8	34.7①
巴 拿 马	Panama	4.5	2.5	10.7	6.3
巴 拉 圭	Paraguay	5.5	1.2	13.3	5.6
秘　　鲁	Peru	5.5	3.4	14.8	9.8
菲 律 宾①	Philippines①		7.8		32.6
波　　兰	Poland			0.4	0.1③
葡 萄 牙	Portugal	0.2	0.5①	0.5	1.2①
罗马尼亚	Romania	4.5		11.9	3.3③
俄 罗 斯	Russia	0.1		0.5	0.3①
卢 旺 达	Rwanda	62.3	55.5③	83.6	79.7③
圣多美和普林西比	Sao Tome and Principe	32.3		70.1	
塞尔维亚	Serbia	0.2	0.1①	2.1	1.1①
斯洛伐克	Slovakia	0.5	0.7①	1.0	1.0①
南　　非	South Africa	16.5	18.9②	35.8	37.6②
西 班 牙	Spain	0.7	1.0①	1.0	1.5①
斯里兰卡	Sri Lanka	4.1	0.8③		10.1③
斯威士兰	Swaziland	40.6			
瑞　　典	Sweden	0.5	0.5①	0.7	0.7①
瑞　　士	Switzerland			0.2	
塔吉克斯坦①	Tajikistan①		4.8		20.3
泰　　国	Thailand	0.1		2.5	0.5
东 帝 汶②	Timor-Leste②		30.7		73.3
多　　哥①	Togo①		49.2		73.2
突 尼 斯	Tunisia	2.0	0.3①	9.1	3.2①
土 耳 其	Turkey	0.8	0.2③	4.5	1.8③
图 瓦 卢	Tuvalu	3.3		17.6	
乌 克 兰	Ukraine		0.1③	0.3	0.5③
英　　国	United Kingdom	0.2	0.2①	0.2	0.2①
美　　国	United States	1.0	1.2③	1.2	1.5③
乌 拉 圭	Uruguay	0.1	0.1	1.3	0.4
瓦努阿图	Vanuatu	13.1		39.2	
越　　南	Viet Nam	4.2	2.0③	17.3	8.4③
约旦河西岸和加沙	West Bank and Gaza	0.2	1.0③	3.7	5.0③
也　　门	Yemen		18.8		52.2
赞 比 亚	Zambia	64.4	57.5①	79.7	74.3①

注：①2015年数据。②2014年数据。③2016年数据。
Note:①Data refer to 2015.②Data refer to 2014.③Data refer to 2016.

10-5 贫困人口社会指标
Social Indicators of Poverty

资料来源：世界银行WDI数据库。
Source: World Bank WDI Database.

国家或地区	Country or Area	全部人口营养不良发生率(%) Prevalence of Undernourishment (% of population)	5岁以内儿童死亡率(‰) Mortality Rate, Under-5 (‰)	12-23个月儿童麻疹疫苗免疫接种率(%) Immunization, Measles (% of children ages 12-23 months)	在熟练医护人员护理下的分娩率(%) Births Attended by Skilled Health Staff (% of total)
		2016	2017	2016	2016
世　界	**World**	**10.8**	**39.1**	**84.8**	**80.1①**
中　国	China	8.7	9.3	99.0	99.9②
阿富汗	Afghanistan	30.3	67.9	62.0	50.5②
阿根廷	Argentina	3.8	10.4	90.0	99.6②
孟加拉国	Bangladesh	15.2	32.4	94.0	49.8
玻利维亚	Bolivia	19.8	34.9	94.0	89.8
巴　西	Brazil	2.5	14.8	95.0	99.2②
保加利亚	Bulgaria	3.0	7.5	92.0	99.8②
柬埔寨	Cambodia	18.5	29.2	84.0	89.0①
古　巴	Cuba	2.5	5.4	99.0	99.9
塞浦路斯	Cyprus	4.6	2.7	90.0	97.4①
埃　及	Egypt	4.8	22.1	95.0	91.5①
萨尔瓦多	El Salvador	10.3	14.5	90.0	99.9
加　纳	Ghana	6.1	49.3	89.0	70.8①
几内亚	Guinea	19.7	85.7	48.0	62.7
印　度	India	14.8	39.4	88.0	81.4
印度尼西亚	Indonesia	7.7	25.4	76.0	92.59
伊　朗	Iran	4.9	14.9	99.0	99.0①
伊拉克	Iraq	27.7	30.4	66.0	
哈萨克斯坦	Kazakhstan	2.5	10.0	99.0	99.4②
吉尔吉斯斯坦	Kyrgyzstan	6.5	20.0	97.0	98.4①
老　挝	Laos	16.6	63.4	76.0	
利比亚	Libya		12.4	97.0	
马来西亚	Malaysia	2.9	7.9	93.0	99.4②
墨西哥	Mexico	3.8	13.4	96.0	97.7②
蒙　古	Mongolia	18.7	17.2	98.0	98.9①
缅　甸	Myanmar	10.5	48.6	91.0	60.2
尼泊尔	Nepal	9.5	33.7	83.0	58.0
尼日利亚	Nigeria	11.5	100.2	42.0	
巴基斯坦	Pakistan	20.5	74.9	75.0	
巴拿马	Panama	9.2	16.1	95.0	94.6
巴拉圭	Paraguay	11.2	21.0	85.0	95.5
秘　鲁	Peru	8.8	15.0	88.0	92.4
菲律宾	Philippines	13.7	28.1	80.0	
卢旺达	Rwanda	36.1	37.9	95.0	90.7②
塞拉利昂	Sierra Leone	25.5	110.5	85.0	
南　非	South Africa	6.1	37.1	75.0	96.7
泰　国	Thailand	9.0	9.5	99.0	99.1
土耳其	Turkey	2.5	11.6	98.0	97.4①
乌克兰	Ukraine	3.3	8.8	42.0	99.9①
乌兹别克斯坦	Uzbekistan	7.4	22.5	99.0	100.0②
越　南	Viet Nam	10.8	20.9	99.0	93.8①

注：①2014年数据。②2015年数据。
Note:①Data refer to 2014.②Data refer to 2015.

10-6 居民消费支出构成
Composition of Household Final Consumption Expenditure

资料来源：经合组织OLIS数据库。
Source:OECD OLIS Database.
单位：% (%)

国家或地区	Country or Area	年 份 Year	食品、非酒精饮料 Food and Non-alcoholic Beverages	酒精饮料、烟草和麻醉品 Alcoholic Beverages,Tobacco and Narcotics	服装和鞋类 Clothing and Footwear	住房、水、电、天然气和其他燃料 Housing, Water, Electricity, Gas and other Fuels	家具、家用设备及住房日常维护 Furnishings, Households Equipment and Routine Maintenance of the House
澳大利亚	Australia	2017	9.31	3.87	3.40	22.96	4.44
奥 地 利	Austria	2017	9.85	3.25	5.90	22.58	6.40
比 利 时	Belgium	2017	13.38	4.24	4.23	24.21	6.13
加 拿 大	Canada	2018	9.04	3.75	4.02	24.10	5.36
捷 克	Czech Rep.	2018	16.03	7.91	3.65	25.23	5.37
丹 麦	Denmark	2017	11.43	3.41	4.13	28.74	5.22
芬 兰	Finland	2017	11.63	4.34	4.17	28.83	4.74
法 国	France	2018	13.11	3.72	3.63	26.28	4.75
德 国	Germany	2017	10.64	3.17	4.78	23.55	6.82
希 腊	Greece	2017	16.95	4.92	3.70	19.82	2.79
匈 牙 利	Hungary	2017	18.18	7.42	3.78	18.80	4.39
冰 岛	Iceland	2018	12.62	3.90	3.17	22.13	5.34
爱 尔 兰	Ireland	2018	8.70	4.89	3.81	24.34	4.36
意 大 利	Italy	2017	14.23	4.08	6.11	23.28	6.24
日 本	Japan	2017	15.32	2.26	3.44	25.11	4.26
韩 国	Korea, Rep.	2017	13.80	2.73	5.90	18.41	3.27
卢 森 堡	Luxemburg	2017	8.94	8.27	5.16	24.52	5.49
墨 西 哥	Mexico	2017	24.34	3.12	2.90	17.56	5.74
荷 兰	Netherlands	2017	11.41	3.23	5.38	24.11	5.73
挪 威	Norway	2017	11.92	4.02	4.71	22.83	6.26
波 兰	Poland	2017	16.83	5.91	5.32	20.76	5.41
葡 萄 牙	Portugal	2017	16.71	3.19	6.24	18.33	5.06
斯洛伐克	Slovakia	2017	18.15	5.04	4.02	23.68	6.15
西 班 牙	Spain	2017	12.27	3.59	4.43	21.71	4.26
瑞 典	Sweden	2017	12.39	3.47	4.78	26.06	5.36
瑞 士	Switzerland	2013	8.93	3.59	3.29	24.90	3.99
英 国	United Kingdom	2018	8.10	3.38	5.35	26.54	5.55
美 国	United States	2017	6.41	1.76	3.05	19.02	4.10
智 利	Chile	2016	17.82	3.28	5.84	14.59	6.61
爱沙尼亚	Estonia	2017	20.31	8.08	7.02	17.63	4.31
以 色 列	Israel	2017	16.05	2.75	2.71	25.63	5.62
斯洛文尼亚	Slovenia	2017	14.64	5.16	5.31	19.25	4.83

10-6 续表 continued

单位：% (%)

国家或地区	Country or Area	年份 Year	医疗保健 Health	交通 Transport	通讯 Communic-ations	休闲与文化 Recreation and Culture	教育 Education	饭店和旅馆 Restaurants and Hotels	其他 Others
澳大利亚	Australia	2017	6.50	10.33	2.04	9.91	4.78	6.90	15.57
奥地利	Austria	2017	3.89	12.05	1.87	9.96	0.86	13.36	10.03
比利时	Belgium	2017	6.63	11.09	2.25	8.23	0.40	6.50	12.70
加拿大	Canada	2018	4.33	15.63	2.65	7.97	1.74	7.22	14.19
捷克	Czech Rep.	2018	2.41	10.43	2.73	8.87	0.52	8.90	7.96
丹麦	Denmark	2017	2.86	12.07	2.07	11.52	0.81	6.08	11.65
芬兰	Finland	2017	4.70	11.94	2.33	10.54	0.40	6.63	9.75
法国	France	2018	3.98	14.05	2.37	7.90	0.48	7.56	12.16
德国	Germany	2017	5.19	14.73	2.85	9.18	0.89	5.52	12.66
希腊	Greece	2017	4.44	13.59	4.36	4.59	2.11	15.38	7.35
匈牙利	Hungary	2017	4.24	13.18	3.58	7.20	1.62	9.22	8.40
冰岛	Iceland	2018	2.58	14.25	2.15	11.25	1.07	14.42	7.14
爱尔兰	Ireland	2018	4.96	12.91	2.44	5.75	2.37	16.73	8.75
意大利	Italy	2017	3.53	12.27	2.29	6.75	0.98	10.30	9.91
日本	Japan	2017	3.69	10.20	3.71	7.82	2.10	7.96	14.14
韩国	Korea, Rep.	2017	5.58	12.00	3.16	8.32	5.30	8.05	13.50
卢森堡	Luxemburg	2017	3.26	14.43	1.41	5.89	1.12	7.19	14.32
墨西哥	Mexico	2017	3.51	18.30	2.18	5.54	1.43	4.86	10.52
荷兰	Netherlands	2017	3.44	11.85	2.68	10.07	0.72	8.43	12.95
挪威	Norway	2017	3.09	15.35	2.12	11.48	0.45	7.04	10.73
波兰	Poland	2017	5.73	12.34	2.25	7.98	0.98	3.58	12.90
葡萄牙	Portugal	2017	5.06	12.83	2.37	6.34	1.17	12.32	10.40
斯洛伐克	Slovakia	2017	2.51	7.95	3.35	10.42	1.59	6.16	10.97
西班牙	Spain	2017	4.07	11.58	2.58	7.42	1.78	16.82	9.50
瑞典	Sweden	2017	3.48	12.80	3.05	11.02	0.28	6.53	10.77
瑞士	Switzerland	2013	14.71	9.45	2.56	8.62	0.62	7.05	11.83
英国	United Kingdom	2018	2.11	13.29	1.84	9.69	1.76	9.42	12.99
美国	United States	2017	21.83	9.46	2.12	9.04	2.17	6.93	14.11
智利	Chile	2016	7.46	12.45	3.73	6.84	4.19	5.76	11.90
爱沙尼亚	Estonia	2017	3.18	11.56	2.57	8.16	0.44	8.57	8.18
以色列	Israel	2017	3.03	14.48	2.72	5.47	2.61	6.99	11.93
斯洛文尼亚	Slovenia	2017	3.86	16.28	2.83	8.95	1.35	7.45	10.10

主要统计指标解释

居民最终消费支出(私人消费) 是指由家庭购买的包括耐用消费品(比如小汽车、洗衣机和家用电脑)在内的各种产品和服务的市场价值。

基尼系数 反映个人或家庭收入分配（或消费）与完全平均收入分配之间差异程度的指标，介于“0”和“1”之间。“0”表示收入分配绝对平均，即每个家庭或每个人都得到同样份额的收入；“1”表示收入分配极端不平等，一个家庭或个人拥有全社会的收入。

国家贫困线 国家贫困线反映了当地消费或收入水平，它是衡量国民是否处于贫困的数量界限。贫困和非贫困线的界定是随着一个国家平均收入水平而变化的,到目前为止国家间贫困率的比较还没有一个统一的标准来衡量。然而国家贫困线的变化可以在一定程度上反映国家减贫政策及成效。几乎所有国家的贫困线的界定是基于大众化食品消费和非食品支出补助。但平均收入贫困线的提高主要取决于非食品构成，而不是来自于食品构成。

国家贫困率 是指生活在国家贫困线以下的人口的百分比。

城市贫困率 是指生活在国家城市贫困线以下的城市人口的百分比。

农村贫困率 是指生活在农村贫困线以下的农村人口的百分比。

Explanatory Notes on Main Statistical Indicators

Household Final Consumption Expenditure (Private Consumption) is the market value of all goods and services, including durable products (such as cars, washing machines, and home computers), purchased by households.

GINI Index measures the extent to which the distribution of income (or, in some cases, consumption expenditure) among individuals or households within an economy deviates from a perfectly equal distribution. Thus a GINI index of zero represents perfect equality, while an index of 1 implies perfect inequality.

National Poverty Lines The setting of national poverty lines reflects local perceptions of the level of consumption or income needed not to be poor. The perceived boundary between poor and not poor rises with the average income of a country and so does not provide a uniform measure for comparing poverty rates across countries. Nevertheless, national poverty estimates are clearly the appropriate measure for setting national policies for poverty reduction and for monitoring their results. Almost all the national poverty lines use a food bundle based on prevailing diets that attains predetermined nutritional requirements for good health and normal activity levels, plus an allowance for nonfood spending. The rise in poverty lines with average income is driven more by the gradient in the nonfood component of the poverty lines than in the food component, although there is still an appreciable share attributable to the gradient in food poverty lines.

National Poverty Rate is the percentage of the country's population living below the national poverty line.

Urban Poverty Rate is the percentage of the urban population living below the national urban poverty line.

Rural Poverty Rate is the percentage of the rural population living below the national rural poverty line.

农　业

Agriculture

11-1 农业生产指数
Agriculture Production Indices

资料来源：联合国FAO数据库。
Source: FAO Database.

2004-2006年=100 (2004-2006=100)

国家或地区	Country or Area	农业 Agriculture 2010	农业 Agriculture 2015	农业 Agriculture 2016	食品 Food 2010	食品 Food 2015	食品 Food 2016
世 界	**World**	**112.9**	**125.9**	**127.3**	**113.4**	**126.4**	**127.8**
中 国	China	119.9	136.5	139.2	120.5	137.5	140.3
中国香港	Hong Kong, China	54.8	59.0	59.2	54.8	59.0	59.2
中国澳门	Macao, China	95.3	89.4	90.0	95.3	89.4	90.0
孟加拉国	Bangladesh	128.1	141.2	144.4	128.5	140.6	144.0
文 莱	Brunei Darussalam	139.1	169.6	169.1	139.5	170.2	169.6
柬 埔 寨	Cambodia	147.9	177.1	185.5	147.6	178.5	187.2
印 度	India	124.3	141.8	144.9	123.2	140.9	144.2
印度尼西亚	Indonesia	123.0	142.4	143.1	123.9	143.8	144.5
伊 朗	Iran	101.7	109.6	110.1	102.2	110.4	111.0
以 色 列	Israel	104.1	106.0	108.8	105.0	106.5	109.4
日 本	Japan	97.1	95.6	92.1	97.3	95.9	92.4
哈萨克斯坦	Kazakhstan	106.5	130.9	139.2	107.5	131.3	139.7
韩 国	Korea, Rep.	101.3	104.3	102.8	101.3	104.4	103.0
老 挝	Laos	131.9	211.5	219.3	130.0	204.4	211.9
马来西亚	Malaysia	110.6	121.9	122.7	114.6	129.9	131.2
蒙 古	Mongolia	114.3	153.3	161.4	115.1	155.5	163.9
缅 甸	Myanmar	135.5	136.5	137.0	134.7	135.1	135.5
巴基斯坦	Pakistan	110.6	128.2	127.6	113.4	130.7	130.0
菲 律 宾	Philippines	111.9	115.8	113.4	112.0	116.0	113.8
新 加 坡	Singapore	92.3	109.4	114.8	92.3	109.4	114.8
斯里兰卡	Sri Lanka	123.2	127.4	128.1	124.8	130.5	131.2
泰 国	Thailand	113.6	121.6	118.3	115.6	118.2	114.4
越 南	Viet Nam	119.6	140.4	138.4	118.5	137.9	135.5
埃 及	Egypt	108.9	120.9	124.4	109.7	122.1	125.7
尼日利亚	Nigeria	105.3	119.9	118.9	105.3	120.6	119.5
南 非	South Africa	116.7	121.6	116.6	117.3	122.3	117.2
加 拿 大	Canada	102.7	110.4	113.1	103.3	110.6	113.8
墨 西 哥	Mexico	108.0	119.6	125.7	108.3	119.5	125.9
美 国	United States	105.9	111.7	116.5	106.8	113.0	118.0
阿 根 廷	Argentina	112.3	130.8	130.9	112.2	130.9	131.0
巴 西	Brazil	122.2	139.4	135.8	123.3	141.1	137.1
委内瑞拉	Venezuela	111.4	119.7	108.5	111.6	120.6	109.5
捷 克	Czech Rep.	91.4	96.1	100.1	91.5	96.3	100.3
法 国	France	98.8	103.5	95.8	99.0	103.6	95.8
德 国	Germany	102.7	107.8	106.8	102.8	107.8	106.8
意 大 利	Italy	97.0	92.4	91.6	97.1	92.6	91.8
荷 兰	Netherlands	111.6	116.1	117.8	111.6	116.1	117.9
波 兰	Poland	101.1	106.7	113.1	101.1	106.8	113.1
俄 罗 斯	Russia	98.6	131.0	138.8	98.5	130.7	138.5
西 班 牙	Spain	103.3	105.0	103.6	103.6	105.2	103.9
土 耳 其	Turkey	109.8	128.4	129.0	111.3	130.5	131.2
乌 克 兰	Ukraine	106.8	134.7	153.0	106.8	134.7	153.0
英 国	United Kingdom	102.1	108.2	103.1	102.0	108.2	103.1
澳大利亚	Australia	94.9	107.9	104.4	96.3	107.2	103.4
新 西 兰	New Zealand	103.9	118.2	117.3	105.0	120.1	119.2

11-2 收获面积(2018年)
Harvest Areas of Major Farm Crops(2018)

资料来源：联合国FAO数据库。
Source: FAO Database.
单位：千公顷 (1 000 hectares)

国家或地区	Country or Area	谷物 Cereals,Total	稻谷 Rice,paddy	小麦 Wheat	玉米 Maize
世　界	**World**	**728642.6**	**167132.6**	**214791.5**	**193743.2**
中　国	China	100357.9	30189.5	24266.2	42130.1
孟加拉国	Bangladesh	12695.1	11910.4	351.2	400.5
文　莱	Brunei Darussalam	0.8	0.8		
柬埔寨	Cambodia	3105.1	2981.7		123.4
印　度	India	98008.0	44500.0	29580.0	9200.0
印度尼西亚	Indonesia	21675.4	15995.0		5680.4
伊　朗	Iran	8981.2	580.0	6700.0	192.3
以色列	Israel	69.0		52.9	3.3
日　本	Japan	1807.3	1470.0	211.9	0.1
哈萨克斯坦	Kazakhstan	14856.8	101.5	11354.4	150.1
朝　鲜	Korea, Dem.	1181.7	471.0	23.9	508.0
韩　国	Korea, Rep.	824.4	737.7	10.3	15.0
老　挝	Laos	1013.8	848.2		165.6
马来西亚	Malaysia	677.2	666.9		10.2
蒙　古	Mongolia	367.1		342.7	
缅　甸	Myanmar	7771.9	6705.6	74.1	516.3
巴基斯坦	Pakistan	13680.2	2810.0	8797.2	1318.1
菲律宾	Philippines	7311.9	4800.4		2511.4
斯里兰卡	Sri Lanka	1118.7	1041.0		70.9
泰　国	Thailand	11745.4	10407.3	1.2	1110.9
越　南	Viet Nam	8605.2	7570.7		1032.6
埃　及	Egypt	3084.8	555.1	1315.5	935.8
尼日利亚	Nigeria	17373.5	3346.0	82.9	4853.3
南　非	South Africa	3034.8	1.1	503.4	2318.9
加拿大	Canada	14978.1		9881.0	1430.7
墨西哥	Mexico	9426.5	45.2	541.3	7122.7
美　国	United States	53839.4	1179.7	16027.8	33079.4
阿根廷	Argentina	15111.2	198.2	5822.2	7138.6
巴　西	Brazil	21445.9	1861.3	2065.3	16121.1
委内瑞拉	Venezuela	545.1	119.0		407.5
白俄罗斯	Belarus	2133.7		659.9	174.6
捷　克	Czech Rep.	1341.2		819.7	81.9
法　国	France	9113.2	13.4	5231.6	1422.0
德　国	Germany	6102.3		3036.3	411.0
意大利	Italy	3105.0	229.5	1821.7	591.2
荷　兰	Netherlands	161.2		111.7	9.4
波　兰	Poland	7806.3		2417.2	645.4
俄罗斯	Russia	41983.1	180.2	26472.1	2375.6
西班牙	Spain	5989.2	105.0	2063.7	322.4
土耳其	Turkey	10871.3	120.1	7288.6	591.5
乌克兰	Ukraine	14242.4	12.6	6619.6	4564.2
英　国	United Kingdom	3105.8		1748.0	
澳大利亚	Australia	16635.2	61.2	10919.2	52.8
新西兰	New Zealand	121.2		41.4	17.3

11-2 续表 1 continued

单位：千公顷 (1 000 hectares)

国家或地区	Country or Area	大豆 Soybeans	根茎类作物 Roots and Tubers,Total	花生 Groundnuts, with shell	油菜籽 Rapeseed	籽棉 Seed Cotton
世　界	**World**	**124922.0**	**62052.9**	**28515.4**	**37579.6**	**32420.4**
中　国	China	7970.9	7578.1	4619.7	6550.6	3354.4
孟加拉国	Bangladesh	59.4	503.2	38.0	307.5	15.5
文　莱	Brunei Darussalam		0.7			
柬 埔 寨	Cambodia	105.0	284.0	18.0		0.2
印　度	India	11400.0	2501.3	4940.0	6700.0	12350.0
印度尼西亚	Indonesia	723.8	927.1	353.8		5.3
伊　朗	Iran	85.0	164.4	3.1	76.8	66.8
以 色 列	Israel		17.3	2.7		6.5
日　本	Japan	146.6	131.3	6.4	1.9	
哈萨克斯坦	Kazakhstan	123.6	192.3		365.4	132.6
朝　鲜	Korea, Dem.	107.0	260.4			20.2
韩　国	Korea, Rep.	50.6	47.4	5.1	1.0	
老　挝	Laos	4.7	77.3	20.0		2.1
马来西亚	Malaysia		5.0	0.1		
蒙　古	Mongolia		12.9		3.8	
缅　甸	Myanmar	143.2	71.6	1029.0		164.2
巴基斯坦	Pakistan		228.9	98.6	223.4	2373.0
菲 律 宾	Philippines	0.5	344.0	23.9		
斯里兰卡	Sri Lanka	1.5	31.6	15.8		
泰　国	Thailand	32.0	1423.8	30.0		2.0
越　南	Viet Nam	53.4	655.6	185.9		0.6
埃　及	Egypt	15.0	192.6	65.0		140.0
尼日利亚	Nigeria	780.7	15642.6	2911.7		316.3
南　非	South Africa	787.2	98.8	56.3	77.0	37.0
加 拿 大	Canada	2539.6	134.1		9119.7	
墨 西 哥	Mexico	190.6	72.9	52.0	5.0	240.6
美　国	United States	35657.2	472.7	553.8	788.7	4261.6
阿 根 廷	Argentina	16318.1	114.6	443.9	18.2	319.3
巴　西	Brazil	34771.7	1402.4	151.8	36.0	1150.0
委内瑞拉	Venezuela	6.0	65.1	1.0		6.0
白俄罗斯	Belarus		271.8		349.4	
捷　克	Czech Rep.	15.2	22.9		411.8	
法　国	France	153.7	205.9		1615.5	
德　国	Germany	24.0	252.2		1224.4	
意 大 利	Italy	326.6	46.8		14.4	
荷　兰	Netherlands		164.7		2.0	
波　兰	Poland	5.4	297.5		835.7	
俄 罗 斯	Russia	2740.9	1313.5		1499.2	
西 班 牙	Spain	1.5	70.2	0.2	78.4	65.1
土 耳 其	Turkey	32.8	136.0	44.3	37.8	518.6
乌 克 兰	Ukraine	1728.7	1319.9		1039.3	
英　国	United Kingdom		140.0		583.0	
澳大利亚	Australia	37.0	31.7	4.4	3171.1	485.1
新 西 兰	New Zealand		11.3		1.4	

11-2 续表 2 continued

单位：千公顷 (1 000 hectares)

国家或地区	Country or Area	甘蔗 Sugar Cane	甜菜 Sugar Beet	茶叶 Tea	水果 Fruit Primary
世　界	**World**	**26269.8**	**4821.6**	**4193.2**	**68049.8**
中　国	China	1405.8	216.1	2336.1	15338.1
孟加拉国	Bangladesh	90.2		67.0	383.5
文　莱	Brunei Darussalam				2.0
柬埔寨	Cambodia	26.8			63.4
印　度	India	4730.0		628.2	7208.0
印度尼西亚	Indonesia	416.7		113.2	820.5
伊　朗	Iran	101.2	87.7	18.5	1655.3
以色列	Israel				80.8
日　本	Japan	23.3	57.3	42.9	190.0
哈萨克斯坦	Kazakhstan		16.5		166.5
朝　鲜	Korea, Dem.				276.3
韩　国	Korea, Rep.			2.5	186.8
老　挝	Laos	30.6		4.2	63.0
马来西亚	Malaysia	0.8		1.9	100.3
蒙　古	Mongolia				3.9
缅　甸	Myanmar	167.5		89.1	493.5
巴基斯坦	Pakistan	1101.9	5.3		849.5
菲律宾	Philippines	437.5			1543.7
斯里兰卡	Sri Lanka	15.7		202.5	124.5
泰　国	Thailand	1372.2		10.8	1227.7
越　南	Viet Nam	269.4		116.6	749.6
埃　及	Egypt	136.9	219.1		673.6
尼日利亚	Nigeria	91.9			1963.8
南　非	South Africa	285.8		0.7	312.7
加拿大	Canada		7.3		87.8
墨西哥	Mexico	785.9			1483.1
美　国	United States	364.1	443.3		1104.0
阿根廷	Argentina	426.2		39.6	465.9
巴　西	Brazil	10042.2		0.2	2268.3
委内瑞拉	Venezuela	67.7	1.1		219.2
白俄罗斯	Belarus		100.9		86.6
捷　克	Czech Rep.		64.8		35.0
法　国	France	37.7	485.3		888.0
德　国	Germany		413.9		184.5
意大利	Italy		34.4		1120.5
荷　兰	Netherlands		85.2		21.4
波　兰	Poland		238.9		379.1
俄罗斯	Russia		1105.3	0.6	656.7
西班牙	Spain		35.3		1736.1
土耳其	Turkey		307.1	83.6	1368.1
乌克兰	Ukraine		274.7		291.6
英　国	United Kingdom		114.2		30.7
澳大利亚	Australia	443.0			272.5
新西兰	New Zealand				73.7

11-3 主要农产品产量

Production of Major Farm Crops

资料来源：联合国FAO数据库。
Source:FAO Database.

单位：万吨 (10 000 tons)

国家或地区	Country or Area	谷物 Cereals,Total		国家或地区	Country or Area	稻谷 Rice, paddy	
		2010	2018			2010	2018
世　界	**World**	**246741.5**	**296439.4**	**世　界**	**World**	**70113.9**	**78200.0**
中　国	China	49634.3	61003.6	中　国	China	19576.1	21212.9
美　国	United States	40112.6	46795.1	印　度	India	14396.3	17258.0
印　度	India	26783.8	31832.0	印度尼西亚	Indonesia	6646.9	8303.7
印度尼西亚	Indonesia	8479.7	11329.1	孟加拉国	Bangladesh	5006.1	5641.7
俄罗斯	Russia	5961.9	10983.8	越　南	Viet Nam	4000.6	4404.6
巴　西	Brazil	7516.0	10306.5	泰　国	Thailand	3570.3	3219.2
阿根廷	Argentina	4026.7	7059.1	缅　甸	Myanmar	3206.5	2541.8
乌克兰	Ukraine	3868.6	6910.9	菲律宾	Philippines	1577.2	1906.6
法　国	France	6583.9	6274.0	巴　西	Brazil	1123.6	1174.9
孟加拉国	Bangladesh	5186.3	6081.8	巴基斯坦	Pakistan	723.5	1080.3
加拿大	Canada	4612.2	5809.6	柬埔寨	Cambodia	824.5	1064.7
越　南	Viet Nam	4461.4	4892.4	美　国	United States	1102.7	1017.0
巴基斯坦	Pakistan	3481.1	4274.2	日　本	Japan	1060.4	972.8
德　国	Germany	4403.9	3795.6	尼日利亚	Nigeria	447.3	680.9
泰　国	Thailand	4088.9	3756.5	韩　国	Korea, Rep.	581.1	519.5
墨西哥	Mexico	3492.5	3606.9	尼泊尔	Nepal	402.4	515.2
土耳其	Turkey	3276.5	3439.6	埃　及	Egypt	433.0	490.0
澳大利亚	Australia	3346.5	3386.1	马达加斯加	Madagascar	473.8	403.0
罗马尼亚	Romania	1671.3	3155.3	斯里兰卡	Sri Lanka	430.1	393.0
缅　甸	Myanmar	3404.3	2801.4	老　挝	Laos	307.1	358.5
菲律宾	Philippines	2214.9	2683.9	秘　鲁	Peru	283.1	355.8
波　兰	Poland	2722.8	2678.0	哥伦比亚	Colombia	198.8	332.3
尼日利亚	Nigeria	2465.0	2621.6	马　里	Mali	129.6	316.8
埃塞俄比亚	Ethiopia	1776.1	2519.2	坦桑尼亚	Tanzania	265.0	301.7
西班牙	Spain	1988.0	2436.3	马来西亚	Malaysia	246.5	271.9
埃　及	Egypt	1946.5	2205.2	几内亚	Guinea	161.4	234.0
英　国	United Kingdom	2094.6	2108.4	科特迪瓦	Cote D'Ivoire	120.6	210.9
伊　朗	Iran	1959.7	2064.6	朝　鲜	Korea, Dem.	242.6	208.8
哈萨克斯坦	Kazakhstan	1211.6	2019.6	伊　朗	Iran	249.0	199.0
意大利	Italy	1850.3	1634.7	中国台湾	Taiwan, China	145.1	195.0
南　非	South Africa	1470.1	1497.2	意大利	Italy	151.6	151.2
匈牙利	Hungary	1226.9	1489.3	阿根廷	Argentina	124.3	136.8
乌兹别克斯坦	Uzbekistan	747.4	1171.9	乌拉圭	Uruguay	114.9	136.0
柬埔寨	Cambodia	901.9	1125.2	厄瓜多尔	Ecuador	170.6	135.0
日　本	Japan	1136.7	1069.7	俄罗斯	Russia	106.1	103.8
塞尔维亚	Serbia	929.5	1055.0	刚果(金)	Congo, Dem. Rep.	31.8	99.0
摩洛哥	Morocco	783.5	1038.9	圭亚那	Guyana	55.6	96.5
坦桑尼亚	Tanzania	864.3	1030.5	土耳其	Turkey	86.0	94.0
马　里	Mali	533.9	1016.0	塞拉利昂	Sierra Leone	102.7	92.0
保加利亚	Bulgaria	713.6	993.2	巴拉圭	Paraguay	31.5	89.5
尼泊尔	Nepal	777.1	993.0	西班牙	Spain	92.8	80.8
苏　丹	Sudan	356.2	827.0	加　纳	Ghana	49.2	76.9
巴拉圭	Paraguay	497.6	707.0	塞内加尔	Senegal	60.4	76.3
丹　麦	Denmark	886.3	700.5	澳大利亚	Australia	19.7	63.5
捷　克	Czech Rep.	688.2	697.5	多米尼加	Dominican Rep.	85.0	62.7

11-3 续表 1 continued

单位：万吨 (10 000 tons)

国家或地区	Country or Area	小麦 Wheat 2010	小麦 Wheat 2018	国家或地区	Country or Area	玉米 Maize 2010	玉米 Maize 2018
世　界	**World**	**64080.3**	**73518.0**	**世　界**	**World**	**85168.0**	**114768.9**
中　国	China	11518.1	13144.1	美　国	United States	31561.8	39245.1
印　度	India	8080.4	9970.0	中　国	China	17742.5	25717.4
俄罗斯	Russia	4150.8	7213.6	巴　西	Brazil	5536.4	8228.8
美　国	United States	6006.2	5128.7	阿根廷	Argentina	2266.3	4346.2
法　国	France	3820.7	3579.8	乌克兰	Ukraine	1195.3	3580.1
加拿大	Canada	2330.0	3176.9	印度尼西亚	Indonesia	1832.8	3025.4
巴基斯坦	Pakistan	2331.1	2507.6	印　度	India	2172.6	2782.0
乌克兰	Ukraine	1685.1	2465.3	墨西哥	Mexico	2330.2	2717.0
澳大利亚	Australia	2183.4	2094.1	罗马尼亚	Romania	904.2	1866.4
德　国	Germany	2378.3	2026.4	加拿大	Canada	1204.3	1388.5
土耳其	Turkey	1967.4	2000.0	法　国	France	1397.5	1266.7
阿根廷	Argentina	901.6	1851.8	南　非	South Africa	1281.5	1251.0
伊　朗	Iran	1214.3	1450.0	俄罗斯	Russia	308.4	1141.9
哈萨克斯坦	Kazakhstan	963.8	1394.4	尼日利亚	Nigeria	767.7	1015.5
英　国	United Kingdom	1487.8	1355.5	匈牙利	Hungary	698.5	796.3
罗马尼亚	Romania	581.2	1014.4	菲律宾	Philippines	637.7	777.2
波　兰	Poland	940.8	982.0	埃塞俄比亚	Ethiopia	498.6	736.0
埃　及	Egypt	717.7	880.0	埃　及	Egypt	704.1	730.0
西班牙	Spain	594.1	799.0	塞尔维亚	Serbia	720.7	696.5
摩洛哥	Morocco	487.6	732.1	巴基斯坦	Pakistan	370.7	630.9
意大利	Italy	685.0	693.3	意大利	Italy	849.6	617.9
保加利亚	Bulgaria	409.5	583.2	坦桑尼亚	Tanzania	473.3	598.7
巴　西	Brazil	617.1	541.9	土耳其	Turkey	431.0	570.0
乌兹别克斯坦	Uzbekistan	674.5	541.1	巴拉圭	Paraguay	310.9	534.5
匈牙利	Hungary	374.5	524.6	泰　国	Thailand	486.1	500.4
捷　克	Czech Rep.	416.2	441.8	越　南	Viet Nam	460.7	487.4
埃塞俄比亚	Ethiopia	285.6	423.9	肯尼亚	Kenya	346.5	401.4
阿尔及利亚	Algeria	260.5	398.1	波　兰	Poland	199.4	386.4
阿富汗	Afghanistan	453.2	361.3	西班牙	Spain	332.5	384.3
伊拉克	Iraq	274.9	321.1	马　里	Mali	135.6	362.5
墨西哥	Mexico	367.7	294.3	保加利亚	Bulgaria	204.7	347.8
塞尔维亚	Serbia	163.0	294.2	德　国	Germany	421.2	334.4
立陶宛	Lithuania	171.0	283.9	孟加拉国	Bangladesh	88.7	328.8
丹　麦	Denmark	506.0	265.5	乌干达	Uganda	237.4	296.4
叙利亚	Syrian Arab Republic	308.3	233.5	马拉维	Malawi	341.9	269.8
阿塞拜疆	Azerbaijan	127.2	199.2	尼泊尔	Nepal	185.5	247.3
尼泊尔	Nepal	155.7	194.9	赞比亚	Zambia	279.6	239.5
斯洛伐克	Slovakia	118.5	192.8	喀麦隆	Cameroon	167.0	234.5
南　非	South Africa	143.0	186.8	加　纳	Ghana	187.2	230.6
白俄罗斯	Belarus	173.9	181.5	安哥拉	Angola	107.3	227.1
比利时	Belgium	185.0	165.2	克罗地亚	Croatia	206.8	214.7
瑞　典	Sweden	214.3	162.0	奥地利	Austria	195.6	213.0
突尼斯	Tunisia	82.2	150.0	刚果(金)	Congo, Dem. Rep.	115.6	207.8
智　利	Chile	152.4	146.9	摩尔多瓦	Moldova	142.0	207.4
拉脱维亚	Latvia	98.9	143.2	缅　甸	Myanmar	135.4	198.3
奥地利	Austria	151.8	137.1	危地马拉	Guatemala	163.8	192.2
摩尔多瓦	Moldova	74.4	116.3	朝　鲜	Korea, Dem.	168.3	187.6
孟加拉国	Bangladesh	90.2	109.9	布基纳法索	Burkina Faso	113.4	170.0

11-3 续表 2 continued

单位：万吨 (10 000 tons)

国家或地区	Country or Area	大豆 Soybeans 2010	大豆 Soybeans 2018	国家或地区	Country or Area	根茎类作物 Roots and Tubers 2010	根茎类作物 Roots and Tubers 2018
世 界	**World**	**26508.8**	**34871.3**	**世 界**	**World**	**74114.5**	**83221.0**
美 国	United States	9066.3	12366.4	中 国	China	14836.0	15014.4
巴 西	Brazil	6875.6	11788.8	尼日利亚	Nigeria	8731.2	11570.4
阿根廷	Argentina	5267.6	3778.8	印 度	India	4573.2	5458.0
中 国	China	1508.3	1418.9	泰 国	Thailand	2245.7	3221.3
印 度	India	1273.6	1378.6	刚果(金)	Congo, Dem. Rep.	1631.2	3166.3
巴拉圭	Paraguay	746.0	1104.6	加 纳	Ghana	2094.0	3031.7
加拿大	Canada	444.5	726.7	乌克兰	Ukraine	1870.5	2250.4
乌克兰	Ukraine	168.0	446.1	俄罗斯	Russia	2114.1	2239.5
俄罗斯	Russia	122.2	402.7	巴 西	Brazil	2925.7	2232.6
玻利维亚	Bolivia	169.3	294.2	美 国	United States	1943.3	2185.1
南 非	South Africa	56.6	154.0	印度尼西亚	Indonesia	2739.5	1963.3
乌拉圭	Uruguay	179.3	133.4	科特迪瓦	Cote D'Ivoire	784.1	1242.7
意大利	Italy	55.3	113.9	马拉维	Malawi	1149.5	1220.5
印度尼西亚	Indonesia	90.7	95.4	越 南	Viet Nam	1026.7	1159.8
尼日利亚	Nigeria	36.5	75.8	安哥拉	Angola	1568.7	1074.1
塞尔维亚	Serbia	54.1	64.6	坦桑尼亚	Tanzania	845.6	1066.7
罗马尼亚	Romania	15.0	46.6	孟加拉国	Bangladesh	823.7	999.1
法 国	France	14.0	40.0	莫桑比克	Mozambique	1079.9	943.5
墨西哥	Mexico	16.8	32.4	埃塞俄比亚	Ethiopia	622.3	942.1
赞比亚	Zambia	11.2	30.3	德 国	Germany	1014.3	892.1
哈萨克斯坦	Kazakhstan	11.4	25.5	喀麦隆	Cameroon	629.5	836.5
克罗地亚	Croatia	15.4	24.5	法 国	France	665.8	790.7
贝 宁	Benin	6.3	22.2	柬埔寨	Cambodia	436.1	773.1
日 本	Japan	22.3	21.1	波 兰	Poland	844.8	747.8
伊 朗	Iran	15.7	21.0	秘 鲁	Peru	560.2	690.8
奥地利	Austria	9.5	18.4	贝 宁	Benin	614.8	683.1
匈牙利	Hungary	8.5	17.8	荷 兰	Netherlands	684.4	603.0
马拉维	Malawi	7.3	17.6	哥伦比亚	Colombia	439.8	589.1
缅 甸	Myanmar	25.5	17.1	白俄罗斯	Belarus	783.1	586.5
柬埔寨	Cambodia	15.7	17.0	加拿大	Canada	544.1	579.1
加 纳	Ghana	14.6	15.2	埃 及	Egypt	413.8	540.5
土耳其	Turkey	8.7	14.0	伊 朗	Iran	427.5	532.1
朝 鲜	Korea, Dem.	35.0	13.5	巴基斯坦	Pakistan	361.3	513.2
斯洛伐克	Slovakia	2.4	10.5	英 国	United Kingdom	605.6	502.8
孟加拉国	Bangladesh	7.0	9.9	阿尔及利亚	Algeria	330.0	465.3
埃塞俄比亚	Ethiopia	1.6	9.8	土耳其	Turkey	454.9	455.1
津巴布韦	Zimbabwe	5.7	9.0	乌干达	Uganda	517.1	436.4
韩 国	Korea, Rep.	10.5	8.9	马达加斯加	Madagascar	438.8	407.7
越 南	Viet Nam	29.9	8.1	哈萨克斯坦	Kazakhstan	255.5	380.7
哥伦比亚	Colombia	5.4	7.7	肯尼亚	Kenya	389.7	371.6
澳大利亚	Australia	6.0	6.3	菲律宾	Philippines	291.6	350.4
德 国	Germany	0.2	5.9	日 本	Japan	355.5	342.0
摩尔多瓦	Moldova	11.1	5.8	巴拉圭	Paraguay	266.8	334.8
泰 国	Thailand	15.9	5.6	布隆迪	Burundi	166.3	333.5
埃 及	Egypt	4.3	4.8	尼泊尔	Nepal	267.5	326.6
危地马拉	Guatemala	4.4	3.8	卢旺达	Rwanda	381.3	324.8
布基纳法索	Burkina Faso	2.2	3.1	朝 鲜	Korea, Dem.	213.5	312.5
乌干达	Uganda	2.7	2.9	比利时	Belgium	345.6	304.5

11-3 续表 3 continued

单位：万吨 (10 000 tons)

国家或地区	Country or Area	花生 Groundnuts, with Shell 2010	花生 Groundnuts, with Shell 2018	国家或地区	Country or Area	油菜籽 Rapeseed 2010	油菜籽 Rapeseed 2018
世　界	**World**	**4348.2**	**4595.1**	**世　界**	**World**	**5985.0**	**7500.2**
中　国	China	1564.4	1733.3	加拿大	Canada	1278.9	2034.3
印　度	India	826.5	669.5	中　国	China	1308.2	1328.1
尼日利亚	Nigeria	379.9	288.7	印　度	India	660.8	843.0
苏　丹	Sudan	76.3	288.4	法　国	France	481.5	494.6
美　国	United States	188.6	247.7	澳大利亚	Australia	190.7	389.3
缅　甸	Myanmar	137.0	159.9	德　国	Germany	569.8	367.1
坦桑尼亚	Tanzania	46.5	94.0	乌克兰	Ukraine	147.0	275.1
阿根廷	Argentina	61.1	92.1	波　兰	Poland	222.9	220.4
乍　得	Chad	110.3	89.4	英　国	United Kingdom	223.0	201.2
塞内加尔	Senegal	128.7	84.6	俄罗斯	Russia	67.0	198.9
几内亚	Guinea	33.2	77.0	美　国	United States	111.2	164.4
尼日尔	Niger	40.6	59.4	罗马尼亚	Romania	94.3	161.1
喀麦隆	Cameroon	53.6	59.4	捷　克	Czech Rep.	104.2	141.1
巴　西	Brazil	26.2	56.3	匈牙利	Hungary	53.1	100.0
加　纳	Ghana	53.1	52.1	丹　麦	Denmark	58.0	48.9
印度尼西亚	Indonesia	130.2	45.7	斯洛伐克	Slovakia	32.3	48.0
越　南	Viet Nam	48.7	45.7	保加利亚	Bulgaria	54.5	47.1
马拉维	Malawi	29.8	34.5	白俄罗斯	Belarus	37.5	45.6
布基纳法索	Burkina Faso	34.0	33.0	立陶宛	Lithuania	41.7	43.4
马　里	Mali	31.5	31.2	哈萨克斯坦	Kazakhstan	10.9	39.4
刚果(金)	Congo, Dem. Rep.	38.8	30.8	孟加拉国	Bangladesh	22.2	35.2
乌干达	Uganda	27.6	24.2	巴基斯坦	Pakistan	16.2	26.1
埃　及	Egypt	20.3	23.7	拉脱维亚	Latvia	22.6	23.0
贝　宁	Benin	15.4	22.6	智　利	Chile	4.4	22.0
尼加拉瓜	Nicaragua	18.0	19.5	瑞　典	Sweden	27.6	21.8
赞比亚	Zambia	16.4	18.2	西班牙	Spain	3.6	17.5
土耳其	Turkey	9.7	17.4	克罗地亚	Croatia	3.3	15.6
安哥拉	Angola	11.5	15.5	伊　朗	Iran	14.6	14.0
中　非	Central African Rep.	14.0	15.3	塞尔维亚	Serbia	2.4	13.5
埃塞俄比亚	Ethiopia	7.2	14.4	土耳其	Turkey	10.7	12.5
冈比亚	Gambia	13.8	11.1	奥地利	Austria	17.1	12.1
莫桑比克	Mozambique	15.8	10.8	爱沙尼亚	Estonia	13.1	11.4
巴基斯坦	Pakistan	6.8	9.7	南　非	South Africa	3.7	10.4
墨西哥	Mexico	8.2	9.1	乌拉圭	Uruguay	0.9	9.1
孟加拉国	Bangladesh	5.4	6.7	摩尔多瓦	Moldova	3.7	8.6
中国台湾	Taiwan, China	6.5	6.0	瑞　士	Switzerland	6.8	8.1
马达加斯加	Madagascar	3.0	5.8	芬　兰	Finland	17.9	7.1
南　非	South Africa	8.8	5.7	埃塞俄比亚	Ethiopia	1.8	6.1
老　挝	Laos	5.1	4.9	巴　西	Brazil	7.0	4.5
几内亚比绍	Guinea-Bissau	3.6	4.7	比利时	Belgium	4.6	4.3
多　哥	Togo	4.7	4.4	爱尔兰	Ireland	2.8	4.1
津巴布韦	Zimbabwe	13.7	4.2	意大利	Italy	5.0	3.9
摩洛哥	Morocco	5.0	3.2	巴拉圭	Paraguay	10.2	3.6
泰　国	Thailand	4.9	3.2	阿根廷	Argentina	2.3	3.5
菲律宾	Philippines	3.0	2.9	阿尔及利亚	Algeria	2.5	2.3
海　地	Haiti	2.7	2.8	希　腊	Greece	2.5	1.6
肯尼亚	Kenya	1.1	2.8	蒙　古	Mongolia	0.3	1.1
斯里兰卡	Sri Lanka	1.4	2.8	卢森堡	Luxemburg	1.6	1.1

11-3 续表 4 continued

单位：万吨 (10 000 tons)

国家或地区	Country or Area	芝麻 Sesame Seed 2010	芝麻 Sesame Seed 2018	国家或地区	Country or Area	籽棉 Seed Cotton 2010	籽棉 Seed Cotton 2018
世　界	**World**	**432.2**	**601.6**	**世　界**	**World**	**6922.0**	**7102.9**
苏　丹	Sudan	24.8	98.1	中　国	China	1791.0	1771.2
缅　甸	Myanmar	78.7	76.9	印　度	India	1776.0	1465.7
印　度	India	89.3	74.6	美　国	United States	947.4	1143.0
尼日利亚	Nigeria	14.9	57.3	巴　西	Brazil	295.0	495.6
坦桑尼亚	Tanzania	14.4	56.1	巴基斯坦	Pakistan	561.4	482.8
中　国	China	58.7	43.2	土 耳 其	Turkey	215.0	257.0
埃塞俄比亚	Ethiopia	32.8	30.1	澳大利亚	Australia	93.9	250.0
布基纳法索	Burkina Faso	9.1	25.4	乌兹别克斯坦	Uzbekistan	344.3	229.3
乍　得	Chad	12.6	17.3	墨 西 哥	Mexico	44.1	116.3
乌 干 达	Uganda	11.9	14.0	希　腊	Greece	71.1	83.7
尼 日 尔	Niger	8.6	9.0	阿 根 廷	Argentina	75.4	81.4
莫桑比克	Mozambique	6.3	6.5	贝　宁	Benin	13.7	75.8
墨 西 哥	Mexico	3.7	5.7	马　里	Mali	24.4	75.0
马　里	Mali	1.3	4.7	土库曼斯坦	Turkmenistan	128.6	61.8
埃　及	Egypt	4.6	4.4	布基纳法索	Burkina Faso	53.0	48.2
危地马拉	Guatemala	5.0	3.8	哈萨克斯坦	Kazakhstan	24.0	34.4
巴基斯坦	Pakistan	3.1	3.6	科特迪瓦	Cote D'Ivoire	17.5	31.6
孟加拉国	Bangladesh	3.2	3.5	缅　甸	Myanmar	50.5	31.3
喀 麦 隆	Cameroon	1.3	3.3	埃　及	Egypt	37.8	31.1
阿 富 汗	Afghanistan	3.2	3.2	塔吉克斯坦	Tajikistan	31.1	30.0
泰　国	Thailand	4.8	3.1	尼日利亚	Nigeria	60.2	27.1
柬 埔 寨	Cambodia	3.0	3.0	喀 麦 隆	Cameroon	19.0	24.9
伊　朗	Iran	4.6	2.9	坦桑尼亚	Tanzania	26.7	23.8
委内瑞拉	Venezuela	1.5	2.8	阿塞拜疆	Azerbaijan	3.8	23.4
中　非	Central African Rep.	2.9	2.7	苏　丹	Sudan	13.6	16.0
索 马 里	Somalia	2.6	2.6	西 班 牙	Spain	11.5	15.6
也　门	Yemen	2.6	2.3	伊　朗	Iran	16.7	15.3
越　南	Viet Nam	1.7	2.1	埃塞俄比亚	Ethiopia	5.8	14.0
巴 拉 圭	Paraguay	4.0	1.8	多　哥	Togo	4.3	12.8
土 耳 其	Turkey	2.4	1.7	乍　得	Chad	5.2	12.0
老　挝	Laos	1.0	1.6	玻利维亚	Bolivia	10.7	11.7
巴　西	Brazil	0.5	1.4	南　非	South Africa	2.1	10.2
玻利维亚	Bolivia	1.0	1.4	叙 利 亚	Syrian Arab Republic	47.3	9.1
韩　国	Korea, Rep.	1.3	1.3	赞 比 亚	Zambia	10.7	8.8
贝　宁	Benin	1.0	1.0	乌 干 达	Uganda	8.4	8.7
乌兹别克斯坦	Uzbekistan	0.4	1.0	吉尔吉斯斯坦	Kyrgyzstan	7.4	7.5
肯 尼 亚	Kenya	1.1	0.9	哥伦比亚	Colombia	9.0	7.4
斯里兰卡	Sri Lanka	1.7	0.9	孟加拉国	Bangladesh	4.3	5.7
塞内加尔	Senegal	0.5	0.8	莫桑比克	Mozambique	6.2	4.8
厄立特里亚	Eritrea	0.4	0.5	秘　鲁	Peru	6.4	4.4
刚果(金)	Congo, Dem. Rep.	0.5	0.5	几 内 亚	Guinea	3.7	4.4
尼加拉瓜	Nicaragua	0.4	0.4	阿 富 汗	Afghanistan	3.3	4.0
海　地	Haiti	0.4	0.4	朝　鲜	Korea, Dem.	3.5	3.9
科特迪瓦	Cote D'Ivoire	0.3	0.3	津巴布韦	Zimbabwe	15.0	3.9
安 哥 拉	Angola	0.3	0.3	伊 拉 克	Iraq	4.5	3.2
沙特阿拉伯	Saudi Arabia	0.5	0.3	刚果(金)	Congo, Dem. Rep.	2.6	2.8
哥伦比亚	Colombia	0.2	0.3	马 拉 维	Malawi	2.9	2.4
马 拉 维	Malawi		0.3	以 色 列	Israel	1.8	2.3

11-3 续表 5 continued

单位：万吨 (10 000 tons)

国家或地区	Country or Area	甘蔗 Sugar Cane 2010	甘蔗 Sugar Cane 2018	国家或地区	Country or Area	甜菜 Sugar Beets 2010	甜菜 Sugar Beets 2018
世　界	**World**	**168284.0**	**190702.5**	**世　界**	**World**	**22840.9**	**27548.6**
巴　西	Brazil	71746.4	74682.8	俄罗斯	Russia	2225.6	4206.6
印　度	India	29230.2	37690.0	法　国	France	3187.5	3958.0
中　国	China	11078.9	10809.7	美　国	United States	2906.1	3006.9
泰　国	Thailand	6880.8	10436.1	德　国	Germany	2343.2	2619.1
巴基斯坦	Pakistan	4937.3	6717.4	土耳其	Turkey	1794.2	1890.0
墨西哥	Mexico	5042.2	5684.2	波　兰	Poland	997.3	1430.3
哥伦比亚	Colombia	3253.9	3627.7	乌克兰	Ukraine	1374.9	1396.8
危地马拉	Guatemala	2231.4	3556.8	中　国	China	929.6	1207.8
澳大利亚	Australia	3123.5	3350.7	埃　及	Egypt	784.0	1122.3
美　国	United States	2482.1	3133.6	英　国	United Kingdom	652.8	762.0
菲律宾	Philippines	1792.9	2473.1	荷　兰	Netherlands	528.0	650.8
印度尼西亚	Indonesia	2660.0	2174.4	比利时	Belgium	446.5	519.2
古　巴	Cuba	1160.0	1964.8	伊　朗	Iran	386.7	490.2
南　非	South Africa	1601.6	1930.2	白俄罗斯	Belarus	377.3	480.6
阿根廷	Argentina	1889.0	1904.0	捷　克	Czech Rep.	306.5	372.4
越　南	Viet Nam	1616.2	1794.5	摩洛哥	Morocco	243.6	371.1
埃　及	Egypt	1570.9	1524.3	日　本	Japan	309.0	361.1
缅　甸	Myanmar	925.0	1065.9	西班牙	Spain	353.5	287.1
秘　鲁	Peru	985.5	1033.6	智　利	Chile	142.0	237.5
玻利维亚	Bolivia	640.3	961.6	塞尔维亚	Serbia	332.5	232.5
伊　朗	Iran	564.8	811.5	奥地利	Austria	313.2	215.0
厄瓜多尔	Ecuador	834.7	750.2	丹　麦	Denmark	240.9	210.8
尼加拉瓜	Nicaragua	489.4	722.4	意大利	Italy	355.0	194.2
萨尔瓦多	El Salvador	512.7	704.6	瑞　典	Sweden	197.4	169.8
巴拉圭	Paraguay	513.1	616.0	瑞　士	Switzerland	130.2	162.6
苏　丹	Sudan	752.7	590.3	斯洛伐克	Slovakia	97.8	131.2
洪都拉斯	Honduras	649.1	552.6	罗马尼亚	Romania	83.8	97.8
多米尼加	Dominican Rep.	457.7	527.8	匈牙利	Hungary	81.9	94.2
肯尼亚	Kenya	571.0	526.2	立陶宛	Lithuania	70.7	88.9
赞比亚	Zambia	350.0	446.1	克罗地亚	Croatia	124.9	77.7
哥斯达黎加	Costa Rica	373.5	442.1	吉尔吉斯斯坦	Kyrgyzstan	13.9	77.3
委内瑞拉	Venezuela	684.2	416.7	摩尔多瓦	Moldova	83.8	70.7
乌干达	Uganda	355.0	397.7	叙利亚	Syrian Arab Republic	142.8	66.5
孟加拉国	Bangladesh	449.1	363.9	加拿大	Canada	50.8	50.5
尼泊尔	Nepal	259.3	355.8	哈萨克斯坦	Kazakhstan	15.2	50.5
津巴布韦	Zimbabwe	269.2	330.5	芬　兰	Finland	54.2	35.5
毛里求斯	Mauritius	436.6	315.5	希　腊	Greece	88.9	35.3
马达加斯加	Madagascar	290.6	314.3	巴基斯坦	Pakistan	5.3	29.6
莫桑比克	Mozambique	272.0	307.3	阿塞拜疆	Azerbaijan	25.2	27.7
坦桑尼亚	Tanzania	280.1	305.2	土库曼斯坦	Turkmenistan	23.4	24.3
马拉维	Malawi	250.0	302.5	爱尔兰	Ireland	5.0	7.9
巴拿马	Panama	222.9	293.1	突尼斯	Tunisia		7.7
刚果(金)	Congo, Dem. Rep.	207.9	235.9	亚美尼亚	Armenia	2.6	5.4
法　国	France		227.4	伊拉克	Iraq	2.0	3.0
科特迪瓦	Cote D'Ivoire	180.1	194.8	哥伦比亚	Colombia	1.5	3.0
老　挝	Laos	81.9	183.5	阿尔巴尼亚	Albania	4.0	2.8
伯利兹	Belize	112.3	170.8	委内瑞拉	Venezuela	2.0	2.4
海　地	Haiti	122.0	150.2	马　里	Mali	0.4	1.2

11-3 续表 6 continued

单位：万吨 (10 000 tons)

国家或地区	Country or Area	茶叶 Tea 2010	茶叶 Tea 2018	国家或地区	Country or Area	水果 Fruit Primary 2010	水果 Fruit Primary 2018
世 界	**World**	**462.2**	**633.8**	**世 界**	**World**	**74054.2**	**86808.5**
中 国	China	145.0	261.0	中 国	China	19604.6	24075.0
印 度	India	99.1	134.5	印 度	India	7640.9	9872.2
肯 尼 亚	Kenya	39.9	49.3	巴 西	Brazil	4142.6	4004.7
斯里兰卡	Sri Lanka	33.1	30.4	美 国	United States	2915.7	2601.5
土 耳 其	Turkey	23.5	27.0	土 耳 其	Turkey	1922.9	2359.9
越 南	Viet Nam	19.9	27.0	墨 西 哥	Mexico	1705.9	2276.8
印度尼西亚	Indonesia	15.0	14.1	印度尼西亚	Indonesia	1563.5	2043.6
伊 朗	Iran	12.1	10.9	西 班 牙	Spain	1791.5	1933.2
缅 甸	Myanmar	9.5	10.9	伊 朗	Iran	1783.0	1889.9
日 本	Japan	8.5	8.3	意 大 利	Italy	1861.3	1800.9
阿 根 廷	Argentina	9.2	8.2	菲 律 宾	Philippines	1937.9	1676.7
孟加拉国	Bangladesh	6.0	7.8	埃 及	Egypt	1231.3	1515.3
乌 干 达	Uganda	4.9	6.2	尼日利亚	Nigeria	1076.3	1198.6
布 隆 迪	Burundi	3.8	5.4	哥伦比亚	Colombia	856.5	1193.6
泰 国	Thailand	6.7	5.1	泰 国	Thailand	1039.5	1132.6
马 拉 维	Malawi	5.2	4.9	越 南	Viet Nam	732.7	924.1
坦桑尼亚	Tanzania	3.3	3.7	法 国	France	904.4	911.1
莫桑比克	Mozambique	2.9	3.3	厄瓜多尔	Ecuador	936.5	806.8
卢 旺 达	Rwanda	2.2	3.1	阿 根 廷	Argentina	748.3	806.6
津巴布韦	Zimbabwe	2.4	2.6	南 非	South Africa	613.0	724.8
尼 泊 尔	Nepal	1.7	2.5	巴基斯坦	Pakistan	707.9	722.3
中国台湾	Taiwan, China	1.8	1.5	哥斯达黎加	Costa Rica	530.4	707.0
马来西亚	Malaysia	2.0	1.1	阿尔及利亚	Algeria	575.1	670.4
埃塞俄比亚	Ethiopia	0.8	1.0	秘 鲁	Peru	501.9	665.7
老 挝	Laos	0.1	0.8	危地马拉	Guatemala	432.9	623.5
喀 麦 隆	Cameroon	0.6	0.6	智 利	Chile	613.9	622.3
巴布亚新几内亚	Papua New Guinea	0.6	0.6	乌兹别克斯坦	Uzbekistan	388.0	614.6
刚果(金)	Congo, Dem. Rep.	0.3	0.4	摩 洛 哥	Morocco	429.7	608.9
韩 国	Korea, Rep.	0.2	0.3	刚果(金)	Congo, Dem. Rep.	406.9	603.0
格鲁吉亚	Georgia	0.4	0.2	加 纳	Ghana	488.7	599.2
南 非	South Africa	0.2	0.2	俄 罗 斯	Russia	361.5	591.5
毛里求斯	Mauritius	0.2	0.2	喀 麦 隆	Cameroon	495.1	583.6
厄瓜多尔	Ecuador	0.2	0.1	坦桑尼亚	Tanzania	497.3	561.7
玻利维亚	Bolivia	0.1	0.1	波 兰	Poland	278.9	514.0
秘 鲁	Peru	0.3	0.1	希 腊	Greece	404.3	479.3
赞 比 亚	Zambia	0.1	0.1	孟加拉国	Bangladesh	391.8	469.3
阿塞拜疆	Azerbaijan	0.1	0.1	多米尼加	Dominican Rep.	256.5	462.7
俄 罗 斯	Russia		0.1	安 哥 拉	Angola	264.1	444.1
危地马拉	Guatemala	0.1	0.1	乌 干 达	Uganda	534.9	439.4
巴 西	Brazil	0.4	0.1	澳大利亚	Australia	348.3	379.7
萨尔瓦多	El Salvador	0.1	0.1	马 拉 维	Malawi	168.1	349.6
马达加斯加	Madagascar			肯 尼 亚	Kenya	320.9	349.5
哥伦比亚	Colombia			罗马尼亚	Romania	280.0	349.4
马 里	Mali			苏 丹	Sudan		347.3
葡 萄 牙	Portugal			乌 克 兰	Ukraine	281.9	341.4
黑 山	Montenegro			委内瑞拉	Venezuela	283.3	327.5
塞 舌 尔	Seychelles			日 本	Japan	345.5	323.0
美属维尔京群岛	Virgin Islands(US)			韩 国	Korea, Rep.	362.0	321.5

11-4 主要林产品产量
Output of Major Forest Products

资料来源：联合国FAO数据库。
Source: FAO Database.
单位：吨 (ton)

国家或地区	Country or Area	栗子 Chestnuts		榛子 Hazelnuts, with Shell		天然橡胶 Natural Rubber		核桃 Walnuts, with Shell	
		2010	2018	2010	2018	2010	2018	2010	2018
世　界	**World**	**1999712**	**2353825**	**854742**	**863888**	**10839418**	**14334823**	**2767426**	**3662507**
中　国	China	1644717	1965351	19500	24790	690812	824000	1284351	1586367
孟加拉国	Bangladesh					5814	6878		
文　莱	Brunei Darussalam					240	255		
柬埔寨	Cambodia					42319	21872		
印　度	India					862000	978317	38000	32500
印度尼西亚	Indonesia					2734900	3630268		
伊　朗	Iran			18443	15839			268135	409562
日　本	Japan	23500	16500						
哈萨克斯坦	Kazakhstan							1180	3089
朝　鲜	Korea, Dem.	10751	12823						
韩　国	Korea, Rep.	68630	53384					1061	1151
马来西亚	Malaysia					939244	781996		
蒙　古	Mongolia			314	326				
缅　甸	Myanmar					126200	212949		
巴基斯坦	Pakistan							10838	14618
菲律宾	Philippines					395237	423371		
斯里兰卡	Sri Lanka					152990	82560		
泰　国	Thailand					3051781	4744250		
越　南	Viet Nam					751700	1137725		
埃　及	Egypt							20865	24081
尼日利亚	Nigeria					144912	145150		
墨西哥	Mexico					32097	75923	76627	159535
美　国	United States			25401	46270			457221	613260
阿根廷	Argentina							10000	18412
巴　西	Brazil					133981	199870	5319	7373
白俄罗斯	Belarus			1200	1275			13500	16997
捷　克	Czech Rep.							69	154
法　国	France	9464	8683	10073	14988			31594	37347
德　国	Germany							16997	18423
意大利	Italy	55240	53280	90270	132699			14000	12173
波　兰	Poland	363		2649	6642			9175	8477
西班牙	Spain	17900	15091	15086	8033			13525	15176
土耳其	Turkey	59171	63580	600000	515000			178142	215000
乌克兰	Ukraine	200	229	20	20			87400	127190
澳大利亚	Australia							1900	2681

11-5 牲畜饲养量(2017年)
Number of Livestock(2017)

资料来源：联合国FAO数据库。
Source: FAO Database.
单位：万头(只) (10 000 heads)

国家或地区	Country or Area	牛 Cattle	马 Horses	山羊 Goats	绵羊 Sheep	猪 Pigs
世 界	**World**	**149168.7**	**6056.7**	**103440.7**	**120243.1**	**96738.5**
中 国	China	8321.0	550.7	13976.9	16135.1	43503.7
孟加拉国	Bangladesh	2393.5		5971.5	221.0	
文 莱	Brunei Darussalam	0.1		0.7	0.5	0.1
柬埔寨	Cambodia	296.2	3.0			192.6
印 度	India	18510.4	62.5	13334.8	6306.9	880.0
印度尼西亚	Indonesia	1659.9	44.3	1841.0	1646.2	813.8
伊 朗	Iran	487.9	13.3	1571.1	4003.0	
以色列	Israel	54.3	0.4	9.0	52.0	19.0
日 本	Japan	382.2	1.5	1.6	1.5	934.6
哈萨克斯坦	Kazakhstan	676.4	241.6	227.9	1605.0	81.5
朝 鲜	Korea, Dem.	57.6	4.8	368.4	16.8	260.1
韩 国	Korea, Rep.	342.8	2.8	40.9	0.1	1127.3
老 挝	Laos	198.4	3.3	58.8		386.9
马来西亚	Malaysia	74.4	0.4	43.1	13.8	164.8
蒙 古	Mongolia	438.8	394.0	2734.7	3011.0	3.2
缅 甸	Myanmar	1714.7	10.0	813.3	165.4	1799.9
巴基斯坦	Pakistan	4440.0	40.0	7220.0	3010.0	
菲律宾	Philippines	254.8	24.9	371.0	3.0	1242.8
斯里兰卡	Sri Lanka	100.1	0.1	28.7	1.0	9.5
泰 国	Thailand	468.0	0.7	46.9	4.1	787.2
越 南	Viet Nam	565.5	8.7	255.6		2740.7
埃 及	Egypt	506.5	7.6	435.2	569.8	0.9
尼日利亚	Nigeria	2077.3	10.2	7803.7	4250.0	750.6
南 非	South Africa	1295.3	32.3	547.5	2268.9	148.1
加拿大	Canada	1153.5	39.8	3.0	81.4	1425.0
墨西哥	Mexico	3177.2	638.0	872.5	890.2	1721.0
美 国	United States	9370.5	1051.1	264.0	525.0	7341.5
阿根廷	Argentina	5335.4	252.8	472.1	1484.3	540.0
巴 西	Brazil	21490.0	550.2	959.2	1797.6	4109.9
委内瑞拉	Venezuela	1648.3	52.2	141.9	60.3	342.5
白俄罗斯	Belarus	436.3	4.9	6.5	9.0	315.6
捷 克	Czech Rep.	142.1	3.5	2.7	21.7	149.1
法 国	France	1923.3	36.7	122.4	693.5	1230.1
德 国	Germany	1228.1	44.8	14.0	158.0	2757.8
意大利	Italy	594.9	36.8	99.2	721.5	857.1
荷 兰	Netherlands	403.0	14.1	53.3	79.9	1240.9
波 兰	Poland	614.3	18.5	4.4	26.1	1135.3
俄罗斯	Russia	1875.3	138.1	209.9	2274.4	2202.8
西班牙	Spain	646.6	26.1	306.0	1596.3	2997.1
土耳其	Turkey	1408.0	12.0	1034.5	3098.4	0.1
乌克兰	Ukraine	368.2	29.2	59.6	71.9	666.9
英 国	United Kingdom	1000.4	40.9	10.4	3483.2	496.9
澳大利亚	Australia	2617.6	26.5	360.0	7212.5	248.6
新西兰	New Zealand	1014.6	4.4	9.9	2752.7	27.4

11-6 畜产品产量(2017年)
Output of Livestock Products(2017)

资料来源：联合国FAO数据库。
Source: FAO Database.
单位：万吨 (10 000 tons)

国家或地区	Country or Area	肉类总产量 Meat Total	牛肉 Beef and Buffalo Meat	羊肉 Sheep and Goat Meat	猪肉 Pig Meat	禽肉 Poultry Meat
世　界	**World**	**33423.0**	**7008.9**	**1535.2**	**11988.7**	**12200.7**
中　国	China	8652.8	726.1	467.5	5451.8	1823.6
孟加拉国	Bangladesh	69.0	19.7	22.8		24.9
文　莱	Brunei Darussalam	2.4	0.1			2.3
柬埔寨	Cambodia	19.3	6.6		9.8	2.8
印　度	India	729.7	252.4	73.4	30.5	354.4
印度尼西亚	Indonesia	333.7	56.4	12.5	34.4	230.1
伊　朗	Iran	303.5	48.5	36.0		217.4
以色列	Israel	79.7	14.1	1.3	1.5	62.9
日　本	Japan	396.3	46.9		127.2	221.5
哈萨克斯坦	Kazakhstan	100.9	45.0	17.1	9.2	17.1
朝　鲜	Korea, Dem.	35.6	2.1	1.5	12.4	4.3
韩　国	Korea, Rep.	240.5	28.1	0.2	128.0	83.8
老　挝	Laos	17.7	5.5	0.2	8.6	3.3
马来西亚	Malaysia	197.3	5.0	0.5	19.4	172.4
蒙　古	Mongolia	35.5	9.8	20.7		
缅　甸	Myanmar	320.2	47.5	10.4	96.1	166.2
巴基斯坦	Pakistan	368.7	187.7	50.5		128.1
菲律宾	Philippines	349.8	31.2	6.0	183.7	127.2
新加坡	Singapore	11.8			2.1	9.8
斯里兰卡	Sri Lanka	21.9	2.4	0.1	0.1	19.2
泰　国	Thailand	273.5	15.4	0.2	90.2	167.6
越　南	Viet Nam	510.4	41.0	1.6	373.3	91.8
埃　及	Egypt	218.3	81.6	12.5		113.0
尼日利亚	Nigeria	142.5	37.3	39.7	27.8	20.1
南　非	South Africa	312.5	101.4	16.7	23.5	166.5
加拿大	Canada	448.0	88.0	1.6	214.2	141.7
墨西哥	Mexico	680.2	192.7	10.1	144.2	324.9
美　国	United States	4579.0	1190.7	7.7	1161.1	2191.4
阿根廷	Argentina	569.8	284.2	6.2	56.6	216.1
巴　西	Brazil	2771.7	955.0	11.9	382.5	1420.1
委内瑞拉	Venezuela	120.3	43.2	0.7	16.3	60.0
白俄罗斯	Belarus	76.9	31.7	0.1	40.0	4.9
捷　克	Czech Rep.	49.5	6.8	0.4	22.0	16.3
法　国	France	554.4	142.3	11.6	213.6	174.6
德　国	Germany	829.8	113.7	3.2	550.6	151.4
意大利	Italy	365.8	75.6	3.5	146.7	131.5
荷　兰	Netherlands	301.0	44.1	1.4	145.6	110.0
波　兰	Poland	499.4	57.2	0.1	204.8	235.1
俄罗斯	Russia	1038.4	161.4	22.2	353.0	444.4
西班牙	Spain	666.3	64.4	12.6	429.9	151.5
土耳其	Turkey	358.4	98.9	40.1		219.2
乌克兰	Ukraine	234.5	36.4	1.4	73.6	121.1
英　国	United Kingdom	392.5	90.2	29.8	90.1	181.4
澳大利亚	Australia	444.5	204.9	70.3	39.7	126.9
新西兰	New Zealand	139.2	64.2	45.3	4.7	22.3

11-6 续表 contunued

单位：万吨 (10 000 tons)

国家或地区	Country or Area	蛋类 Eggs Total	鸡蛋 Hen eggs	奶类总产量 Milk Total	牛奶 Cow milk	羊毛① Wool Greasy①	蜂蜜 Natural Honey
世 界	**World**	**8701.4**	**8008.9**	**82788.4**	**67562.1**	**217.6**	**186.1**
中 国	China	3645.8	3096.3	3446.9	3038.6	47.1	54.3
孟加拉国	Bangladesh	69.3	49.1	200.5	82.8	0.2	
文 莱	Brunei Darussalam	0.8	0.8				
柬 埔 寨	Cambodia	2.4	2.0	2.5	2.5		
印 度	India	484.8	484.8	17627.2	8363.4	4.7	6.5
印度尼西亚	Indonesia	189.6	152.7	154.0	92.0	3.1	
伊 朗	Iran	78.2	78.2	764.4	681.1	6.2	7.0
以 色 列	Israel	14.9	14.9	155.6	151.3	0.1	0.4
日 本	Japan	260.1	260.1	728.3	728.1		0.3
哈萨克斯坦	Kazakhstan	28.6	28.5	549.6	546.0	3.8	0.3
朝 鲜	Korea, Dem.	12.5	12.5	8.3	8.3		
韩 国	Korea, Rep.	74.7	71.5	206.9	205.8		2.7
老 挝	Laos	1.5	1.5	6.1	6.1		
马来西亚	Malaysia	87.3	85.8	4.6	3.8		
蒙 古	Mongolia	0.5	0.5	66.7	54.0	1.7	
缅 甸	Myanmar	61.9	56.1	241.8	220.0	0.1	0.4
巴基斯坦	Pakistan	81.5	80.3	4429.4	1611.5	4.4	0.4
菲 律 宾	Philippines	53.8	49.2	2.0	2.0		
新 加 坡	Singapore	3.2	3.1				
斯里兰卡	Sri Lanka	11.6	11.6	41.0	32.8		
泰 国	Thailand	108.0	69.0	42.2	42.2		1.0
越 南	Viet Nam	53.2	53.2	90.9	88.1		1.9
埃 及	Egypt	42.9	42.9	460.1	245.1	1.3	0.5
尼日利亚	Nigeria	51.0	51.0	52.6	52.6		
南 非	South Africa	43.3	43.3	320.0	320.0	4.0	0.1
加 拿 大	Canada	55.0	55.0	810.0	810.0	0.1	3.9
墨 西 哥	Mexico	277.1	277.1	1198.8	1176.8	0.5	5.1
美 国	United States	625.9	625.9	9776.1	9773.5	1.4	6.7
阿 根 廷	Argentina	81.3	81.3	1009.8	1009.8	4.5	7.6
巴 西	Brazil	272.2	254.7	3374.2	3349.1	1.2	4.2
委内瑞拉	Venezuela	16.4	16.4	180.0	180.0		0.1
白俄罗斯	Belarus	21.0	20.7	732.2	730.5		0.3
捷 克	Czech Rep.	8.4	8.4	309.2	307.9		0.9
法 国	France	95.5	95.5	2526.0	2440.0	1.4	1.2
德 国	Germany	82.6	82.6	3269.5	3266.6	1.4	2.0
意 大 利	Italy	74.0	74.0	1202.9	1138.0	0.8	1.0
荷 兰	Netherlands	72.0	72.0	1454.4	1429.7	0.3	
波 兰	Poland	59.5	59.5	1370.2	1369.4	0.1	1.7
俄 罗 斯	Russia	251.9	248.4	3117.8	3091.5	5.5	6.6
西 班 牙	Spain	82.7	82.6	803.3	702.8	2.3	2.9
土 耳 其	Turkey	120.5	120.5	2070.0	1876.2	5.1	11.4
乌 克 兰	Ukraine	90.1	88.7	1052.0	1028.1	0.4	6.6
英 国	United Kingdom	76.6	75.2	1525.6	1525.6	6.8	1.0
澳大利亚	Australia	24.8	24.8	880.0	880.0	36.1	1.3
新 西 兰	New Zealand	6.2	6.0	2137.2	2137.2	16.5	1.5

注：①2013年数据。
Note:①Data refer to 2013.

11-7 鱼类产量
Output of Total Fishes

资料来源：联合国FAO数据库。
Source: FAO Database.
单位：万吨 (10 000 tons)

国家或地区	Country or Area	鱼类产量 Output of Total Fishes		海域鱼类产量 Ocean Area		内陆水域鱼类产量 Inland Area	
		2010	2017	2010	2017	2010	2017
中　国	China	3240.3	3780.6	1014.6	1078.0	2225.6	2702.6
印度尼西亚	Indonesia	681.0	1093.7	512.1	705.5	168.8	388.2
印　度	India	778.9	1007.6	278.4	312.5	500.6	695.1
越　南	Viet Nam	405.7	533.6	185.1	267.7	220.6	265.9
俄罗斯	Russia	403.8	480.9	366.4	437.6	37.4	43.2
美　国	United States	362.6	437.2	336.2	416.9	26.4	20.2
秘　鲁	Peru	383.7	387.9	377.6	379.0	6.2	8.9
孟加拉国	Bangladesh	283.4	387.3	62.9	70.4	220.5	316.9
挪　威	Norway	354.7	349.2	354.7	349.2	0.1	0.1
缅　甸	Myanmar	270.4	310.3	114.9	123.1	155.5	187.2
日　本	Japan	348.4	297.6	342.0	292.7	6.4	4.9
智　利	Chile	282.5	249.8	278.8	249.5	3.7	0.3
菲律宾	Philippines	292.3	240.8	249.8	198.9	42.5	41.9
埃　及	Egypt	127.5	179.1	9.9	9.0	117.6	170.1
泰　国	Thailand	195.3	161.2	134.1	106.4	61.2	54.8
马来西亚	Malaysia	141.7	141.1	125.8	130.4	15.9	10.7
墨西哥	Mexico	128.6	133.9	116.0	110.4	12.6	23.5
摩洛哥	Morocco	107.4	128.0	106.6	126.4	0.8	1.6
冰　岛	Iceland	105.3	117.4	105.2	116.9		0.5
伊　朗	Iran	63.9	115.1	35.1	68.7	28.9	46.4
巴　西	Brazil	103.4	115.0	46.6	41.7	56.8	73.4
尼日利亚	Nigeria	78.5	114.7	29.1	43.0	49.4	71.6
韩　国	Korea, Rep.	131.9	113.0	129.2	110.1	2.6	2.9
西班牙	Spain	96.3	95.8	94.0	93.6	2.2	2.2
丹　麦	Denmark	81.9	87.5	79.5	85.3	2.3	2.2
中国台湾	Taiwan, China	94.8	83.1	82.3	72.9	12.4	10.1
柬埔寨	Cambodia	52.7	81.2	6.4	9.0	46.2	72.2
英　国	United Kingdom	62.9	78.6	61.4	77.5	1.6	1.1
法罗群岛	Faeroe Islands	43.1	78.1	43.1	78.1		
毛里塔尼亚	Mauritania	25.6	74.2	24.1	72.7	1.5	1.5
厄瓜多尔	Ecuador	44.1	67.0	39.1	64.1	4.9	2.9
巴基斯坦	Pakistan	55.7	64.2	30.2	34.6	25.5	29.6
加拿大	Canada	61.7	58.0	58.0	54.0	3.7	4.0
土耳其	Turkey	60.4	57.2	48.9	43.9	11.5	13.4
南　非	South Africa	61.5	52.3	61.3	52.0	0.2	0.3
安哥拉	Angola	30.6	50.2	29.6	47.7	1.0	2.5
乌干达	Uganda	50.9	50.2			50.9	50.2
纳米比亚	Namibia	38.1	49.8	37.8	49.5	0.3	0.3
斯里兰卡	Sri Lanka	37.1	48.8	31.4	38.3	5.7	10.5
荷　兰	Netherlands	41.7	48.2	40.9	47.6	0.9	0.6
塞内加尔	Senegal	38.7	46.4	35.3	43.2	3.4	3.2
阿根廷	Argentina	60.3	45.4	58.5	42.9	1.8	2.6
法　国	France	38.7	45.1	34.1	41.4	4.6	3.7
加　纳	Ghana	35.4	43.6	25.4	28.9	10.0	14.7
新西兰	New Zealand	40.8	41.5	40.6	41.3	0.2	0.3

11-8 化肥施用量(2017年)
Consumption of Fertilizers(2017)

资料来源：联合国FAO数据库。
Source: FAO Database.
单位：万吨 (10 000 tons)

国家或地区	Country or Area	化肥 Fertilizers	氮肥 Nitrogenous Fertilizers	磷肥 Phosphate Fertilizers	钾肥 Potash Fertilizers
世 界	**World**	**19222.4**	**10913.7**	**4545.1**	**3763.6**
中 国	China	5258.3	2961.9	1232.4	1064.0
孟加拉国	Bangladesh	235.5	124.0	64.2	47.3
柬 埔 寨	Cambodia	8.5	5.6	2.5	0.4
印 度	India	2659.3	1695.9	685.4	278.0
印度尼西亚	Indonesia	582.5	295.2	78.5	208.8
伊 朗	Iran	69.8	56.5	9.8	3.5
以 色 列	Israel	9.2	5.0	0.6	3.6
日 本	Japan	103	38.0	34.0	31.0
哈萨克斯坦	Kazakhstan	12.8	9.2	3.3	0.3
韩 国	Korea, Rep.	49.4	21.7	13.6	14.1
马来西亚	Malaysia	152	28.1	28.8	95.1
蒙 古	Mongolia	3.7	3.6	0.1	
缅 甸	Myanmar	42.9	25.6	9.4	7.9
巴基斯坦	Pakistan	475.9	344.7	125.8	5.4
菲 律 宾	Philippines	96.1	76.6	15.5	4.0
新 加 坡	Singapore	2.3	2.3		
斯里兰卡	Sri Lanka	15.5	11.0	1.9	2.6
泰 国	Thailand	237.3	148.2	32.2	56.9
越 南	Viet Nam	318.6	154.9	87.3	76.4
埃 及	Egypt	172	137.0	30.1	4.9
尼日利亚	Nigeria	64.5	44.5	9.5	10.5
南 非	South Africa	73.1	40.3	20.8	12.0
加 拿 大	Canada	392.1	247.1	102.3	42.7
墨 西 哥	Mexico	240.3	145.6	68.4	26.3
美 国	United States	2045.9	1164.9	406.0	475.0
阿 根 廷	Argentina	165.9	97.6	64.0	4.3
巴 西	Brazil	1658.3	517.3	515.4	625.6
委内瑞拉	Venezuela	48.8	25.2	10.0	13.6
白俄罗斯	Belarus	81.6	40.7	7.8	33.1
捷 克	Czech Rep.	45.5	36.6	5.5	3.4
法 国	France	314.8	223.4	45.1	46.3
德 国	Germany	209.8	149.7	20.9	39.2
意 大 利	Italy	87.8	60.2	16.0	11.6
荷 兰	Netherlands	29.7	26.1	0.9	2.7
波 兰	Poland	207.7	117.9	33.9	55.9
俄 罗 斯	Russia	247.3	151.3	59.0	37.0
西 班 牙	Spain	190.5	107.9	43.6	39.0
土 耳 其	Turkey	264.5	176.5	75.5	12.5
乌 克 兰	Ukraine	202.7	136.5	36.3	29.9
英 国	United Kingdom	148.3	103.3	18.8	26.2
澳大利亚	Australia	211.6	109.0	93.0	9.6
新 西 兰	New Zealand	101.3	43.3	54.0	4.0

主要统计指标解释

农业生产指数 表明每年的农业生产总量与基期2004-2006年相比的相对水平。它根据不同农产品扣除种子和饲料用量后的价格加权数量之和计算得出，其中各种种子和饲料也采用同样方法加权汇总。因此，最后汇总结果代表除种子和饲料外各种用途的可支配产量。国家、地区和世界水平的指数用拉氏公式计算。各年份每种商品的生产量均以2004-2006年的国际平均商品价格作为权数进行加总，然后将某年得到的加总量除以基期2004-2006年三年总量的算术平均数，从而求得指数。

谷物 指收获用做干粒粮食的作物，不包括收获后用作干草或未成熟时收割用作食物、饲料或青贮饲料或作牧草用的农作物。

根茎类作物 包括其他的块根作物，如箭叶黄体芋和竹芋。主要用作饲料的根用作物，不包括芜菁、甜菜和甘蓝在内。

除瓜类外的水果总计 指新鲜水果的总产量，无论它们最终是被当作食物或饲料直接消费，还是被加工成干果、果汁、果酱、酒精等各种产品。

茶 指成品茶。

黄麻和麻类纤维 黄麻纤维从黄麻和长蒴黄麻中得到，同类纤维包括许多黄麻纤维的替代品，主要是洋麻纤维和玫瑰茄纤维（木槿属）以及刚果黄麻纤维。

牲畜 包括所有的家养动物，不管年龄、饲养地点和饲养目的。

肉 指不考虑动物的原产地，在一国境内屠宰的动物肉类产量。

牛奶 指全部鲜奶的总产量，不包括被幼畜吸吮的奶，但包括用来饲喂家畜的奶。

蛋 指农业和非农业方面的总产量，包括用于孵化的蛋。

羊毛 羊毛产量统计数字一般以带脂羊毛给出，它包含了30-65%的杂质。为了便于数字比较，数据也按脱脂羊毛表示。

肥料 包含有机物肥,无机物肥或矿物肥。有机肥在农作物生产中发挥着重要作用，它来源于动物、植物和混合肥。矿物肥是以固体或液体形式提供给农民，并以散装、袋子或压缩容器等方式运送到农场。所有肥料应包含氮、磷、钾三种植物营养素中的至少一种营养物质。

Explanatory Notes on Main Statistical Indicators

Indices of Agricultural Production The indices of agricultural production show the relative level of the aggregate volume of agricultural production for each year in comparison with the base period 2004-2006. They are based on the sum of price-weighted quantities of different agricultural commodities produced after deductions of quantities used as seed and feed weighted in a similar manner. The resulting aggregate represents, therefore, disposable production for any use except as seed and feed. All the indices at the country, regional and world levels are calculated by the Laspeyres formula. Production quantities of each commodity are weighted by 2004-2006 average international commodity prices and summed for each year. To obtain the index, the aggregate for a given year is divided by the average aggregate for the base period 2004-2006.

Cereals Area and production data on cereals relate to crops harvested for dry grain only. Cereal crops harvested for hay or harvested green for food, feed or silage or used for grazing are therefore excluded.

Roots and Tubers, Total Includes other root crops such as yautia and arrowroot. Root crops grown principally for feed such as turnips, mangels and swedes are not included.

Fruit Excl. Melons Total Data refer to total production of fresh fruit, whether finally used for direct consumption for food or feed, or processed into different products: dry fruit, juice, jam, alcohol, etc.

Tea Production figures relate to made tea.

Jute and Jute-like Fibres are obtained from corchorus capsularis and corchorus olitorius. Allied fibres include a number of jute substitutes, the main ones being kenaf or mesta and roselle (hibiscus spp.) and congo jute or paka (urena lobata).

Livestock Numbers The data on livestock numbers are intended to cover all domestic animals irrespective of their age and the place or purpose of their breeding.

Meat Data relate to animals slaughtered within national boundaries, irrespective of their origin.

Cow Milk Data on cow milk production relate to total production of whole fresh milk, excluding the milk sucked by young animals but including amounts fed to livestock.

Eggs Data generally refer to total production, including eggs for hatching, in both agricultural and nonagricultural sectors.

Wool Wool production statistics are generally given for greasy wool, which contains from 30 to 65 percent impurities. In order to make figures comparable, data are given also on a degreased (scoured) basis.

Fertilizers may be organic, inorganic or mineral. Organic fertilizers play an important role in crop production and are derived from animal, plant and compost. Mineral fertilizers are available to the farmer in solid or liquid form, and are delivered to the farm either in bulk, in bags or in pressurized containers. All fertilizers contain at least one of the major plant nutrients: nitrogen (N), phosphorus (P) and potassium (K).

工业和建筑业

Industry and Construction

12-1 工业生产指数
Indices of Industrial Production

资料来源：联合国统计月报数据库。
Source:UN Monthly Bulletin of Statistics Database.

2010年=100 (2010=100)

国家或地区	Country or Area	2010	2012	2013	2014	2015
孟加拉国	Bangladesh	100.0	127.8	142.3	153.9	171.5
印　度	India	100.0	104.1	104.0	106.9	109.5
以色列	Israel	100.0	106.2	106.7	108.0	110.4
日　本	Japan	100.0	97.7	96.9	98.7	97.4
韩　国	Korea, Rep.	100.0	107.4	108.2	108.4	107.7
马来西亚	Malaysia	100.0	106.7	110.3	116.0	121.2
蒙　古	Mongolia	100.0	96.6	108.0	118.2	
加拿大	Canada	100.0	105.0	106.7	110.8	110.1
墨西哥	Mexico	100.0	106.4	107.2	110.3	110.8
美　国	United States	100.0	106.3	108.5	111.8	112.3
巴　西	Brazil	100.0	98.1	100.1	97.1	89.1
俄罗斯	Russia	100.0	108.6	109.0	110.9	107.1
捷　克	Czech Rep.	100.0	105.0	104.9	110.1	115.2
法　国	France	100.0	100.3	99.6	98.8	100.6
德　国	Germany	100.0	106.2	106.1	107.5	109.1
意大利	Italy	100.0	94.4	91.5	90.5	92.1
荷　兰	Netherlands	100.0	99.0	99.5	96.7	93.5
波　兰	Poland	100.0	108.6	111.0	114.7	120.3
西班牙	Spain	100.0	91.8	90.2	91.6	94.6
土耳其	Turkey	100.0	112.9	116.3	120.5	124.3
乌克兰	Ukraine	100.0	107.2	102.6	92.2	80.2
英　国	United Kingdom	100.0	96.6	96.0	97.4	98.8
澳大利亚	Australia	100.0	104.8	107.3	111.0	114.0
新西兰	New Zealand	100.0	98.9	100.3	102.4	104.7

12-2 制造业生产指数
Indices of Manufacturing Production

资料来源：联合国统计月报数据库。
Source: UN Monthly Bulletin of Statistics Database.

2010年=100 (2010=100)

国家或地区	Country or Area	2010	2012	2013	2014	2015
中国香港	Hong Kong, China	100.0	99.9	100.1	99.6	98.1
中国澳门	Macao, China	100.0	161.0	188.3	214.6	205.3
孟加拉国	Bangladesh	100.0	129.5	144.6	156.5	174.9
文　莱	Brunei Darussalam	100.0	104.2	106.1	98.9	101.3
印　度	India	100.0	104.3	103.5	105.9	108.0
以色列	Israel	100.0	107.1	106.0	106.6	109.1
日　本	Japan	100.0	97.8	97.0	99.0	97.8
韩　国	Korea, Rep.	100.0	107.5	108.2	108.5	107.8
马来西亚	Malaysia	100.0	111.3	116.0	123.0	128.9
蒙　古	Mongolia	100.0	124.7	129.3	133.3	
巴基斯坦	Pakistan	100.0	105.6	111.3	115.1	
菲律宾	Philippines	100.0	108.9	124.1	133.1	136.4
新加坡	Singapore	100.0	108.1	109.9	112.9	107.1
斯里兰卡	Sri Lanka	100.0	108.8	108.3	114.9	125.4
泰　国	Thailand	100.0	101.2	103.6	98.2	98.6
越　南	Viet Nam	100.0	110.9	121.1	132.4	155.0
埃　及	Egypt	100.0	96.9	96.8	100.2	100.4
尼日利亚	Nigeria	100.0	133.7	162.8	186.8	184.1
南　非	South Africa	100.0	105.1	106.5	106.6	106.5
加拿大	Canada	100.0	105.5	105.3	108.5	109.0
墨西哥	Mexico	100.0	108.5	110.1	114.5	117.7
美　国	United States	100.0	106.2	107.4	108.8	110.0
阿根廷	Argentina	100.0	115.6	119.7	118.6	
巴　西	Brazil	100.0	97.9	100.6	96.4	87.0
委内瑞拉	Venezuela	100.0	103.7			
捷　克	Czech Rep.	100.0	106.8	107.6	114.8	121.7
法　国	France	100.0	100.8	99.8	99.7	101.5
德　国	Germany	100.0	107.3	107.2	109.3	110.5
意大利	Italy	100.0	94.2	91.5	91.0	92.7
荷　兰	Netherlands	100.0	102.6	101.5	102.6	103.2
波　兰	Poland	100.0	110.0	112.5	117.7	124.5
俄罗斯	Russia	100.0	113.5	114.1	116.5	110.2
西班牙	Spain	100.0	91.0	89.7	91.7	95.4
土耳其	Turkey	100.0	113.0	117.5	121.3	125.7
乌克兰	Ukraine	100.0	107.5	99.6	90.4	79.0
英　国	United Kingdom	100.0	100.7	99.7	102.6	102.6
澳大利亚	Australia	100.0	100.5	97.1	96.0	94.6
新西兰	New Zealand	100.0	101.8	103.3	105.0	107.0

12-3 采矿业生产指数
Indices of Mining Production

资料来源：联合国统计月报数据库。
Source: UN Monthly Bulletin of Statistics Database.

2010年=100 (2010=100)

国家或地区	Country or Area	2010	2012	2013	2014	2015
孟加拉国	Bangladesh	100.0	104.5	112.3	119.2	126.8
文　莱	Brunei Darussalam	100.0	99.3	89.0	86.6	85.7
印　度	India	100.0	95.7	95.1	96.5	98.7
印度尼西亚	Indonesia	100.0	108.4	114.5	120.4	126.1
以色列	Israel	100.0	88.9	117.5•	129.8	129.6
日　本	Japan	100.0	101.0	96.6	94.4	90.4
韩　国	Korea, Rep.	100.0	99.8	103.8	95.6	96.1
马来西亚	Malaysia	100.0	96.2	97.0	99.5	103.6
蒙　古	Mongolia	100.0	88.1	102.0	114.1	
巴基斯坦	Pakistan	100.0	106.4	109.3	110.3	
越　南	Viet Nam	100.0	108.0	107.1	104.1	112.1
尼日利亚	Nigeria	100.0	97.5	85.0	84.1	79.6
南　非	South Africa	100.0	96.0	99.5	98.1	101.2
加拿大	Canada	100.0	104.9	108.4	114.9	112.2
墨西哥	Mexico	100.0	100.5	100.4	98.8	93.1
美　国	United States	100.0	113.4	120.7	134.0	131.7
巴　西	Brazil	100.0	101.6	98.0	104.6	108.4
捷　克	Czech Rep.	100.0	96.8	85.9	83.3	81.3
法　国	France	100.0	95.5	94.2	90.3	92.7
德　国	Germany	100.0	94.3	83.4	82.1	78.1
意大利	Italy	100.0	103.2	94.4	92.0	88.4
荷　兰	Netherlands	100.0	91.3	97.6	81.5	65.6
波　兰	Poland	100.0	97.5	101.1	95.0	96.7
俄罗斯	Russia	100.0	102.8	103.9	105.4	105.7
西班牙	Spain	100.0	62.1	53.3	53.3	48.8
土耳其	Turkey	100.0	108.8	104.9	112.7	107.3
乌克兰	Ukraine	100.0	108.3	109.2	94.3	80.9
英　国	United Kingdom	100.0	76.4	74.3	74.8	81.4
澳大利亚	Australia	100.0	109.9	119.5	130.9	139.4
新西兰	New Zealand	100.0	81.6	81.1	88.5	91.2

12-4 制造业主要指标
Main Indicators of Manufacturing

资料来源：联合国工发组织数据库。
Source: United Nations Industrial Development Organization Database .

国家或地区	Country or Area	年份 Year	机构数（个） Number of Establishments (number)	雇员数（万人） Number of Employees (10 000 persons)	雇员工资和薪金（亿本币） Wages and Salaries Paid to Employees (100 million LCU)	产出（亿本币） Output (100 million LCU)	增加值（亿本币） Value added (100 million LCU)
中　　国	China	2017	354715①	8762	48383	1158484	232048
中国香港	Hong Kong, China	2017	8037②	9	221	2046	341
中国澳门	Macao, China	2016	877	1	14	69	23
孟加拉国	Bangladesh	2011	42792	497	5175	53949	15632
文　　莱	Brunei Darussalam	2010	671	1	1	65	
印　　度	India	2017	216174①	1405	34655	717084	132853
印度尼西亚	Indonesia	2017	26322①	572	2127408	49087649	21857074
伊　　朗	Iran	2017	13129①	138	4378205	55633830	15510700
以 色 列	Israel	2017	23917②	37	579		1153
日　　本	Japan	2017	217601①	782	271724	3277188	1025957
哈萨克斯坦	Kazakhstan	2017	22616②	31	6219	112962	58626
韩　　国	Korea, Rep.	2017	85468③	287	1266477	14505178	5169231
马来西亚	Malaysia	2017	49101①	231	769	13407	3019
蒙　　古	Mongolia	2017	4856②	7	4654	46904	15587
缅　　甸	Myanmar	2013	295	3	349	1125	699
巴基斯坦	Pakistan	2006	6221	93	1311	28708	9122
菲 律 宾	Philippines	2017	6521①	122	3280	49861	12832
新 加 坡	Singapore	2017	8988②	43	233	3037	778
斯里兰卡	Sri Lanka	2017	6650②	128	4331	43284	15842
泰　　国	Thailand	2013	424196④	454	5826	106009	24750
越　　南	Viet Nam	2017	75351②	765	6506305	72053211	15235831
埃　　及	Egypt	2017	7894①	99	766	7810	3304
南　　非	South Africa	2017	66664⑤	128	2578	21770	4950
加 拿 大	Canada	2017		160	884	6501	2391
墨 西 哥	Mexico	2017	204723②	364	5279	77449	26597
美　　国	United States	2017	341912①	1128	6668	55531	24967
巴　　西	Brazil	2017	179233①	707	2948	27028	7218
捷　　克	Czech Rep.	2017	177256	116	4162	44536	10912
法　　国	France	2017	200815	282	1222	8894	2282
德　　国	Germany	2017	200357	719	3371	18294	5660
意 大 利	Italy	2017	387866②	321	1003	8837	2291
荷　　兰	Netherlands	2017	66663	66	308	3171	724
波　　兰	Poland	2017	198757	243	1206	12520	3040
俄 罗 斯	Russia	2017	259165②	712	30654	402621	109446
西 班 牙	Spain	2017	168698	180	515	4801	1140
土 耳 其	Turkey	2017	391024	372	1356	15748	3436
乌 克 兰	Ukraine	2017	32435②	149	1098	15915	4019
英　　国	United Kingdom	2017	136730	252	755	5346	1748
澳大利亚	Australia	2017	125043	83	547	3640	995
新 西 兰	New Zealand	2017	11910②	25	141	994	285

注：①2015年数据。②2016年数据。③2012年数据。④2011年数据。⑤2014年数据。
Note:①Data refer to 2015.②Data refer to 2016.③Data refer to 2012.④Data refer to 2011.⑤Data refer to 2014.

12-5 制造业增加值及构成
Composition of Value Added in Manufacturing

资料来源：世界银行WDI数据库。
Source: World Bank WDI Database.

国家或地区	Country or Area	制造业增加值(亿美元) Value Added in Manufacturing (100 million USD)		主要行业所占比重(%) Major Industry of Value Added in Manufacturing(%)			
				食品、饮料和烟草 Food, Beverages and Tobacco		纺织和服装 Textiles and Clothing	
		2000	2018	2000	2016	2000	2016
中　　国	China	3849.4	40027.5	14.4	11.8	11.2	10.0
中国香港	Hong Kong, China	78.8	35.0①	7.2	31.5	19.9	4.7
中国澳门	Macao, China	5.0	2.8①	3.1	31.7②	79.1	9.0②
孟加拉国	Bangladesh	74.9	492.1		13.5③		51.0③
文　　莱	Brunei Darussalam	9.2	19.1				
柬 埔 寨	Cambodia	5.9	40.2	6.6		86.5	
印　　度	India	746.0	4086.9	13.2	9.8	12.6	8.5
印度尼西亚	Indonesia	373.9	2070.2	18.0	29.6	16.7	11.1
伊　　朗	Iran	182.4	544.6①	10.4	11.0	5.9	2.6
以 色 列	Israel	222.3	438.7①	11.6	12.0	5.0	2.1
日　　本	Japan	11025.4	10073.3①	11.4	12.4	3.0	1.6
哈萨克斯坦	Kazakhstan	30.2	198.3		24.8		0.9
韩　　国	Korea, Rep.	1461.0	4409.4	8.3	6.7	8.0	3.5
老　　挝	Laos	1.5	13.3				
马来西亚	Malaysia	289.5	777.7	8.0	12.5	4.1	1.9
蒙　　古	Mongolia	0.8	12.0	49.4	24.7	39.6	15.7
缅　　甸	Myanmar	6.4	159.1①		5.3④		23.0④
巴基斯坦	Pakistan	101.0	379.1				
菲 律 宾	Philippines	198.3	630.5	28.0	32.3	6.8	3.1
新 加 坡	Singapore	248.5	758.1	2.5	5.5	1.0	0.3
斯里兰卡	Sri Lanka	24.6	144.2	38.6	36.1	31.3	34.2
泰　　国	Thailand	361.4	1359.3	17.7	20.1④	12.4	6.8④
越　　南	Viet Nam	57.5	392.3	30.2	17.0②	21.0	15.4②
埃　　及	Egypt	179.7	408.5	15.8	13.2	16.3	4.4
尼日利亚	Nigeria	96.8	309.1				
南　　非	South Africa	238.3	432.8	15.5	22.2	4.9	1.8
加 拿 大	Canada	1289.2	1605.3②	11.9	15.9	3.7	3.7
墨 西 哥	Mexico	1344.2	2085.0	25.4	22.6	3.9	2.9
美　　国	United States	15498.3	21733.2①	13.0	15.5	3.4	1.3
阿 根 廷	Argentina	468.8	661.2	28.9		8.0	
巴　　西	Brazil	860.9	1805.4	16.7	23.3	6.9	6.4
委内瑞拉	Venezuela	217.1	582.4⑤				
捷　　克	Czech Rep.	145.6	567.8	11.8	8.3④	6.2	2.5④
法　　国	France	1972.2	2739.7	12.9	17.8	4.3	2.9
德　　国	Germany	4042.0	8324.3	8.2	7.5	2.3	1.3
意 大 利	Italy	1999.4	3109.0	8.5	11.4	12.5	9.4
荷　　兰	Netherlands	556.1	990.3	17.1	18.4	2.3	1.7
波　　兰	Poland	277.0	852.2⑥	5.4	16.6	6.5	3.1
俄 罗 斯	Russia		2039.9	19.6	15.9	2.2	1.8
西 班 牙	Spain	963.8	1802.6	14.1	19.3	6.7	3.8
土 耳 其	Turkey	512.0	1460.8	17.8	12.5	15.7	17.1
乌 克 兰	Ukraine	51.0	150.7		31.1		2.0
英　　国	United Kingdom	2138.0	2519.9	13.7	17.9	4.0	2.1
澳大利亚	Australia	481.4	827.4	21.1	26.0	4.7	2.4
新 西 兰	New Zealand	81.6	187.8⑥	33.3	39.0		2.4

12-5 续表 1 continued

单位：% (%)

国家或地区	Country or Area	机器和运输设备 Machinery and Transport Equipment		化工 Chemicals		其他 Other	
		2000	2016	2000	2016	2000	2016
中　国	China	14.1	24.5	12.0	10.8	48.3	42.8
中国香港	Hong Kong, China	11.7	26.0	3.7	11.3	57.5	26.4
中国澳门	Macao, China	3.5		2.4		17.8	59.3②
孟加拉国	Bangladesh		2.3③		4.6③		28.6③
文　莱	Brunei Darussalam						
柬埔寨	Cambodia	0.1		0.1		6.6	
印　度	India	15.6	18.9	21.1	16.1	37.5	46.6
印度尼西亚	Indonesia	20.2	16.7	10.5	13.2	34.5	29.4
伊　朗	Iran	19.7	15.8	18.6	26.7	45.5	43.9
以色列	Israel	31.9	40.7	10.3		41.3	45.2
日　本	Japan	33.9	39.6	10.4	11.0	41.2	35.5
哈萨克斯坦	Kazakhstan		6.6		6.5		61.1
韩　国	Korea, Rep.	41.3	48.7	9.5	10.3	32.9	30.9
老　挝	Laos						
马来西亚	Malaysia	37.8	31.0	7.9	9.9	42.2	44.6
蒙　古	Mongolia	0.3	1.4	2.0	2.8	8.6	55.3
缅　甸	Myanmar		3.6④		1.4④		66.6④
巴基斯坦	Pakistan						
菲律宾	Philippines	22.8	34.8	9.9	7.5	32.5	22.3
新加坡	Singapore	56.9	50.3	14.2	26.7	25.5	17.3
斯里兰卡	Sri Lanka	4.0	1.9	3.8	4.5	22.4	23.4
泰　国	Thailand	25.9	30.7④	6.2	5.7④	37.8	36.7④
越　南	Viet Nam	11.8	29.0②	6.3	5.5②	30.8	33.2②
埃　及	Egypt	11.9	3.4	20.8	8.1	35.2	70.9
尼日利亚	Nigeria						
南　非	South Africa	13.8	14.6	6.5	7.0	59.4	54.4
加拿大	Canada	31.7	19.5	7.6	9.0	45.1	51.9
墨西哥	Mexico	24.2	29.5	15.4	9.0	31.2	36.0
美　国	United States	29.7	28.9	11.8	16.3	42.0	37.9
阿根廷	Argentina	10.8		15.2		37.1	
巴　西	Brazil	19.1	18.4	12.4	14.0	45.0	37.8
委内瑞拉	Venezuela						
捷　克	Czech Rep.	23.9	34.8④	6.7	4.8④	51.4	49.7④
法　国	France	26.3	33.5	11.8	12.9	44.7	32.8
德　国	Germany	32.7	44.1	9.8	10.4	47.1	36.7
意大利	Italy	22.7	29.5	7.9	8.8	48.5	40.9
荷　兰	Netherlands	21.0	29.3	13.7	16.4	45.9	34.2
波　兰	Poland	14.9	23.2	7.5	7.5	65.7	49.6
俄罗斯	Russia	19.5	8.2	8.6	15.3	50.1	58.8
西班牙	Spain	19.0	24.0	9.5	12.2	50.7	40.7
土耳其	Turkey	14.6	19.3	10.1	6.7	41.8	44.4
乌克兰	Ukraine		18.4		9.4		39.1
英　国	United Kingdom	25.3	34.0	9.9	8.7	47.2	37.2
澳大利亚	Australia	14.9	13.9	8.4	9.5	50.9	48.2
新西兰	New Zealand	9.2	12.1	3.2	5.1	54.3	41.5

注：①2017年数据。②2015年数据。③2011年数据。④2013年数据。⑤2014年数据。⑥2016年数据。
Note:①Data refer to 2017.②Data refer to 2015.③Data refer to 2011.④Data refer to 2013.⑤Data refer to 2014.⑥Data refer to 2016.

12-6　主要工业产品产量

Output of Major Industrial Products

资料来源：联合国统计月报数据库、国际汽车制造协会、世界钢铁协会。
Source: UN Monthly Bulletin of Statistics Database,International Organization of Motor Vehicle Manufacturers,World Steel Association.

国家或地区	Country or Area	粗钢(万吨) Crude Steel (10 000 tons)	
		2010	2018
中　国	China	62670	92830
印　度	India	6830	10650
日　本	Japan	10960	10430
美　国	United States	8050	8660
韩　国	Korea, Rep.	5840	7250
俄罗斯	Russia	6690	7170
德　国	Germany	4380	4240
土耳其	Turkey	2910	3730
巴　西	Brazil	3290	3490
伊　朗	Iran	1200	2450
意大利	Italy	2580	2450
中国台湾	Taiwan, China	1980	2320
乌克兰	Ukraine	3340	2110
墨西哥	Mexico	1670	2020
法　国	France	1540	1540
西班牙	Spain	1630	1430
越　南	Viet Nam	270	1410
加拿大	Canada	1300	1290
波　兰	Poland	800	1020
比利时	Belgium	800	800
埃　及	Egypt	670	780
英　国	United Kingdom	970	730
奥地利	Austria	720	690
荷　兰	Netherlands	670	680
南　非	South Africa	760	630
澳大利亚	Australia	730	570
印度尼西亚	Indonesia	360	550
阿根廷	Argentina	510	520
沙特阿拉伯	Saudi Arabia	500	520
斯洛伐克	Slovakia	460	520
捷　克	Czech Rep.	520	490
巴基斯坦	Pakistan		470
瑞　典	Sweden	480	470
哈萨克斯坦	Kazakhstan	420	460
泰　国	Thailand	370	430
芬　兰	Finland	400	410
马来西亚	Malaysia	410	350
罗马尼亚	Romania	370	350
阿联酋	United Arab Emirates		320
卡塔尔	Qatar	200	260
卢森堡	Luxemburg	250	220

国家或地区	Country or Area	煤(万吨) Coal (10 000 tons)	
		2010	2018
中　国	China	342800	368300
美　国	United States	98372	68375
印　度	India	45632	67624④
澳大利亚	Australia	44900	57900
俄罗斯	Russia	32171	43968
南　非	South Africa	25416	25232
德　国	Germany	18222	16626
波　兰	Poland	13300	12226
土耳其	Turkey	7843	5892③
捷　克	Czech Rep.	5509	4371
越　南	Viet Nam	4467	4136
塞尔维亚	Serbia	3791	3763
希　腊	Greece	5363	3615
保加利亚	Bulgaria	2933	3029
乌克兰	Ukraine	5444	2615
罗马尼亚	Romania	3076	2364
爱沙尼亚	Estonia	1789	2188
泰　国	Thailand		1698③
墨西哥	Mexico	1125	744
斯洛文尼亚	Slovenia	443	322
英　国	United Kingdom	1842	258
智　利	Chile	57	230
塔吉克斯坦	Tajikistan	28	192
吉尔吉斯斯坦	Kyrgyzstan		187④
黑　山	Montenegro	184	148①
西班牙	Spain	799	53
赞比亚	Zambia		
日　本	Japan		
印度尼西亚	Indonesia	22468	
阿根廷	Argentina		
沙特阿拉伯	Saudi Arabia		
斯洛伐克	Slovakia	238	
巴　西	Brazil		
巴基斯坦	Pakistan	337	
瑞　典	Sweden		
哈萨克斯坦	Kazakhstan		
伊　朗	Iran		
芬　兰	Finland		
马来西亚	Malaysia		
法　国	France	26	
阿联酋	United Arab Emirates		

12-6 续表 1 continued

国家或地区	Country or Area	原油(万吨) Crude Petroleum (10 000 tons)		国家或地区	Country or Area	发电量(亿千瓦小时) Electricity (100 million kwh)	
		2010	2018			2010	2018
美国	United States	37658	55285	中国	China	42072	71118
俄罗斯	Russia	50533	52264	美国	United States	41251	41778
沙特阿拉伯	Saudi Arabia	40700	51424	俄罗斯	Russia	10380	11094
伊拉克	Iraq	11697	21666	日本	Japan	9290	9048
加拿大	Canada	13388	20573	加拿大	Canada	5668	6415
中国	China	20383	18911	法国	France	5189	5615
伊朗	Iran	17598	18182③	德国	Germany	4995	3875
阿联酋	United Arab Emirates	11165	15572	意大利	Italy	2982	2807
委内瑞拉	Venezuela	14475	13889④	土耳其	Turkey	2102	2712③
科威特	Kuwait	11640	13777	西班牙	Spain	2822	2611
巴西	Brazil	10480	13186	澳大利亚	Australia	2328	2459
墨西哥	Mexico	13392	9511	埃及	Egypt		1984
尼日利亚	Nigeria	12008	9312	波兰	Poland	1574	1702
哈萨克斯坦	Kazakhstan		7749	乌克兰	Ukraine	1877	1589
挪威	Norway	9132	7359	瑞典	Sweden	1443	1578
安哥拉	Angola	8459	7279	挪威	Norway	1240	1468
阿曼	Oman	4305	4885④	荷兰	Netherlands	1181	1129
英国	United Kingdom	5805	4755	捷克	Czech Rep.	859	880
阿尔及利亚	Algeria	5405	4672	智利	Chile	583	756
阿塞拜疆	Azerbaijan	5103	3886	比利时	Belgium	931	692
印度尼西亚	Indonesia	4600	3814	奥地利	Austria	708	675
印度	India	3670	3469	芬兰	Finland	766	649①
埃及	Egypt	3593	3328	罗马尼亚	Romania	598	645
卡塔尔	Qatar	3568	2923	瑞士	Switzerland	663	610①
厄瓜多尔	Ecuador	2489	2697	葡萄牙	Portugal	422	581
阿根廷	Argentina	3069	2494	秘鲁	Peru		526①
澳大利亚	Australia	2373	1506	新加坡	Singapore	454	516③
泰国	Thailand	1207	1124	希腊	Greece	538	507
巴林	Bahrain	159	976	保加利亚	Bulgaria	460	459
丹麦	Denmark	1212	567	新西兰	New Zealand	425	420
德国	Germany	480	511	白俄罗斯	Belarus	345	384
文莱	Brunei Darussalam	762	493	塞尔维亚	Serbia	381	370
意大利	Italy	513	478	中国香港	Hong Kong, China	383	369①
特立尼达和多巴哥	Trinidad and Tobago	71	368③	丹麦	Denmark	368	289
罗马尼亚	Romania	417	348	阿塞拜疆	Azerbaijan	184	245
土耳其	Turkey	260	269③	斯洛伐克	Slovakia	275	243
秘鲁	Peru	841	233①	匈牙利	Hungary	297	238
乌克兰	Ukraine	349	228	塔吉克斯坦	Tajikistan	164	196
突尼斯	Tunisia	373	176	冰岛	Iceland	167	195
白俄罗斯	Belarus	170	167	突尼斯	Tunisia	148	191
新西兰	New Zealand	246	110	斯洛文尼亚	Slovenia	162	162
波兰	Poland	65	101	克罗地亚	Croatia	147	135
荷兰	Netherlands	102	91	吉尔吉斯斯坦	Kyrgyzstan		130④
塞尔维亚	Serbia	87	88	拉脱维亚	Latvia	66	75①
匈牙利	Hungary	72	79	塞浦路斯	Cyprus	52	50

12-6 续表 2 continued

国家或地区	Country or Area	水泥(万吨) Cement (10 000 tons)	
		2010	2017
中　　国	China	186796	231625
越　　南	Viet Nam	5640	9120
美　　国	United States	6436	8412
土 耳 其	Turkey	6035	7195③
韩　　国	Korea, Rep.	5070	6155③
日　　本	Japan	5153	5520
俄 罗 斯	Russia	5039	5467
墨 西 哥	Mexico	3920	4612
泰　　国	Thailand	3808	4056
巴基斯坦	Pakistan	2956	3890
波　　兰	Poland	1538	1723
摩 洛 哥	Morocco	1489	1415③
孟加拉国	Bangladesh	293	1402
加 拿 大	Canada	1243	1187③
秘　　鲁	Peru	833	1057
哈萨克斯坦	Kazakhstan	668	943
乌 克 兰	Ukraine	946	931
罗马尼亚	Romania	701	844
塞内加尔	Senegal	408	520
克罗地亚	Croatia	270	503
白俄罗斯	Belarus	454	450
智　　利	Chile	366	400
斯洛伐克	Slovakia	302	384
玻利维亚	Bolivia	241	334②
塔吉克斯坦	Tajikistan	29	322
阿塞拜疆	Azerbaijan	128	293
保加利亚	Bulgaria	196	211
中国香港	Hong Kong, China	146	194②
塞尔维亚	Serbia	214	191
芬　　兰	Finland	118	126②
塞浦路斯	Cyprus	133	102③
立 陶 宛	Lithuania	84	102
蒙　　古	Mongolia	32	67
爱沙尼亚	Estonia	37	50
亚美尼亚	Armenia	49	36
卢 旺 达	Rwanda	10	23④
斐　　济	Fiji	17	20④
也　　门	Yemen		
葡 萄 牙	Portugal		
冰　　岛	Iceland	805	
突 尼 斯	Tunisia		
斯洛文尼亚	Slovenia		
吉尔吉斯斯坦	Kyrgyzstan	76	
新 西 兰	New Zealand		
拉脱维亚	Latvia		

国家或地区	Country or Area	化肥(万吨) Fertilizer (10 000 tons)	
		2010	2017
中　　国	China	5491	5842
美　　国	United States	2215	2415
俄 罗 斯	Russia	1682	2257
印　　度	India	1639	1815
加 拿 大	Canada	1393	1623
白俄罗斯	Belarus	618	816
印度尼西亚	Indonesia	404	452
德　　国	Germany	379	433
埃　　及	Egypt	460	415
摩 洛 哥	Morocco	234	403
沙特阿拉伯	Saudi Arabia	225	368
巴基斯坦	Pakistan	312	362
卡 塔 尔	Qatar	138	297
波　　兰	Poland	245	296
巴　　西	Brazil	324	288
以 色 列	Israel	266	261
荷　　兰	Netherlands	161	231
伊　　朗	Iran	137	183
约　　旦	Jordan	170	171
西 班 牙	Spain	146	158
阿　　曼	Oman	150	151
越　　南	Viet Nam	91	148
土 耳 其	Turkey	130	140
智　　利	Chile	99	131
比 利 时	Belgium	108	123
立 陶 宛	Lithuania	107	118
乌兹别克斯坦	Uzbekistan	106	114
阿尔及利亚	Algeria	4	108
乌 克 兰	Ukraine	210	98
英　　国	United Kingdom	83	95
阿 联 酋	United Arab Emirates	38	93
澳大利亚	Australia	70	89
意 大 利	Italy	121	83
挪　　威	Norway	83	81
墨 西 哥	Mexico	99	80
阿 根 廷	Argentina	43	78
日　　本	Japan	91	75
委内瑞拉	Venezuela	70	71
突 尼 斯	Tunisia	132	66
特立尼达和多巴哥	Trinidad and Tobago	73	66
尼日利亚	Nigeria	4	65
马来西亚	Malaysia	78	62
法　　国	France	173	59
孟加拉国	Bangladesh	54	57
科 威 特	Kuwait	44	47

12-6 续表 3 continued

国家或地区	Country or Area	汽车(万辆) Motor Vehicles (10 000 vehicles)		国家或地区	Country or Area	天然气产量(万亿焦耳) Natural Gas (terajoule)	
		2010	2018			2010	2018
中 国	China	1826	2781	美 国	United States	23155033	330673561
美 国	United States	774	1131	俄 罗 斯	Russia	219522131	24530345
日 本	Japan	963	973	加 拿 大	Canada	5565760	6658571
印 度	India	356	517	中 国	China	3642774	5760231①
德 国	Germany	591	512	挪 威	Norway	4274954	4948890
墨 西 哥	Mexico	234	410	澳大利亚	Australia	1604109	4670733
韩 国	Korea, Rep.	427	403	印度尼西亚	Indonesia	2994709	2983147
巴 西	Brazil	338	288	墨 西 哥	Mexico	3228878	2217099
西 班 牙	Spain	239	282	埃 及	Egypt		1787240
法 国	France	223	227	英 国	United Kingdom	2391672	1619370
泰 国	Thailand	164	217	特立尼达和多巴哥	Trinidad and Tobago		1420269④
加 拿 大	Canada	207	202	荷 兰	Netherlands	2632678	1388222
俄 罗 斯	Russia	140	177	印 度	India		1256288
英 国	United Kingdom	139	160	泰 国	Thailand		1109143
土 耳 其	Turkey	109	155	孟加拉国	Bangladesh	701350	968711①
捷 克	Czech Rep.	108	135	阿塞拜疆	Azerbaijan	650811	746261
印度尼西亚	Indonesia	70	134	乌 克 兰	Ukraine	672241	691976
伊 朗	Iran	160	110	文 莱	Brunei Darussalam	521225	506607
斯洛伐克	Slovakia	56	109	秘 鲁	Peru	279745	505017①
意 大 利	Italy	84	106	越 南	Viet Nam	364929	389340
波 兰	Poland	87	66	罗马尼亚	Romania	371886	358216
南 非	South Africa	47	61	德 国	Germany	500451	217580
马来西亚	Malaysia	57	56	意 大 利	Italy	316156	207684
罗马尼亚	Romania	35	48	新 西 兰	New Zealand	179342	172610
阿 根 廷	Argentina	72	47	菲 律 宾	Philippines	141823	162733
匈 牙 利	Hungary	21	43	波 兰	Poland	171547	158683
摩 洛 哥	Morocco		40	爱 尔 兰	Ireland	15118	127093
比 利 时	Belgium	56	31	日 本	Japan	139301	111046
葡 萄 牙	Portugal	16	29	丹 麦	Denmark	177835	84016
中国台湾	Taiwan, China	30	25	突 尼 斯	Tunisia	121886	76493
瑞 典	Sweden	22	23①	匈 牙 利	Hungary	90196	67672
乌兹别克斯坦	Uzbekistan	16	22	智 利	Chile	46186	60880
斯洛文尼亚	Slovenia	21	21	克罗地亚	Croatia	94833	50958
奥 地 利	Austria	10	16	南 非	South Africa	43865	21225
荷 兰	Netherlands	9	16①	塞尔维亚	Serbia	16367	19735
芬 兰	Finland	1	11	韩 国	Korea, Rep.	22579	12676
澳大利亚	Australia	24	10①	白俄罗斯	Belarus	8328	8245
埃 及	Egypt	12	7	捷 克	Czech Rep.	7496	7614
哥伦比亚	Colombia		7	西 班 牙	Spain	2074	3599
塞尔维亚	Serbia	2	6	斯洛伐克	Slovakia	4062	3287

注：①2017年数据。②2014年数据。③2016年数据。④2015年数据。
Note:①Data refer to 2017.②Data refer to 2014.③Data refer to 2016.④Data refer to 2015.

12-7 竣工房屋建筑
Construction of New Buildings

资料来源：联合国统计月报数据库。
Source: UN Monthly Bulletin of Statistics Database.

国家或地区	Country or Area	2010	2013	2014	2015	2016	2017
竣工房屋建筑面积	**Constrction Area of New Buildings**						
(万平方米)	**(10 000 sq.m.)**						
中　国	China	61216	78740	80868			
以色列	Israel	617	796	854	808	853	869
日　本	Japan	7690	9173	8021	7892	8221	8171
哈萨克斯坦	Kazakhstan	641	684	752	894	1051	1117
韩　国	Korea, Rep.	5147	5024	5710	8552	7842	7026
菲律宾	Philippines	1141	1259	1494	1448	1651	1513
南　非	South Africa	494	514	484	512		
法　国	France	3667	3304	2866	2780	3025	3504
德　国	Germany	1904	2906	2978	3218	3626	3440
波　兰	Poland	1386	1469	1397	1434	1499	1613
俄罗斯	Russia	5812	6940	8419	8536	8024	7859
土耳其	Turkey	9052	9416	11372	10788		
乌克兰	Ukraine	934	1122	974	1104	937	1021
新西兰	New Zealand	311	408	462	486	547	550
竣工房屋建筑(套)	**Number of New Buildings(unit)**						
以色列	Israel	33156	42564	44652	43560	45912	45600
日　本	Japan	815640	980028	892260	908304	967236	964644
韩　国	Korea, Rep.	81792	93048	101892	124788	130488	116364
菲律宾	Philippines	105228	107832	126876	124428	140388	140604
南　非	South Africa	39552	33864	38568	39672		
美　国	United States	648000	768000	885996	969000	1061004	
捷　克	Czech Rep.	36444	25248	23880	25092		
法　国	France	414900	376104	341604	335004	375000	430200
德　国	Germany	167784	270360	283128	305580	375588	348132
波　兰	Poland	135720	145140	143172	147708	163320	178344
俄罗斯	Russia	714120	912108	1117920	1195044	1167144	1131444
西班牙	Spain	257448	64632	46836	45636		
土耳其	Turkey	584280	688044	757176	714144		
乌克兰	Ukraine	76776	102288	105240	117444	112572	125520
英　国	United Kingdom	135948	135324	144984	170676	170988	194712
澳大利亚	Australia	156948	152304	175896	195912	212868	213084
新西兰	New Zealand	15600	21288	24684	27132	30072	31092

主要统计指标解释

工业生产指数　按国际标准产业分类的大类，包括矿业，制造业，电力、煤气、水，不包括建筑业。工业生产指数反映按美元不变价计算的增加值的变化趋势，采用拉氏公式计算，基期为2010年。

机构数　这里所用的机构的概念大部分情况下指的是经济活动单位，即能够单独核算的、在一个地点经营的、主要从事一种经济活动的单位。

雇员数　指所有在企业中工作的人，包括企业主本人、合伙人、不领工资的家庭成员和所有雇员，但不包括家务劳动者。

工资和薪金　指报告期内用现金或以货代款方式支付给企业雇员的所有款项。款项包括（1）直接工资和薪金；（2）非工作时间的报酬；（3）奖金和小费；（4）雇主直接支付的住房补贴和家庭补贴；（5）以货代款方式的支付。雇员的补偿相当于工资和薪金加雇主为雇员支付的社会保障、养老金缴款雇员因此而得到的收益、解雇和辞职时加发的工资。

产值　指企业的工业活动所产出的价值。它包括(1)企业创造的全部产品总值;(2)收到或发出的在产品期初期末差额价值或库存品价值;(3)为其他部门提供工业生产或服务价值;(4)收到或发出的商品价值减去支付这些商品的数额;(5)报告期内生产单位自己使用而生产的固定资产价值。发出的制成品库存的期初期末差额价值。

Explanatory Notes on Main Statistical Indicators

Industrial Production Indices are classified according to tabulation categories, division and combination of division of the revised version of the International Standard Industrial Classification of All Economic Activities (ISIC) for mining, manufacturing and electricity, gas and water, excluding construction. The indices indicate trends in value added in constant US dollars. Each series is compiled by use of the Laspeyres. The base year is 2010.

Establishment is ideally a unit that engages, under a single ownership or control, in one, or predominantly one, kind of activity at a single location.

Number of Employees is defined as the total number of persons who worked in or for the establishment during the reference year. However, home workers are excluded.

Wages and Salaries Estimates of wages and salaries include all payments in cash or in kind made to “employees” during the reference year in relation to work done for the establishment. Payment include: (a)direct wages and salaries;(b)remuneration for time not worked; (c)bonuses and gratuities;(d)housing allowances and family allowances paid directly by the employer, and (e)payments in kind.

Output The measure of output normally used in the tables is the census concept that covers only activities of an industrial nature. it include:(a)the value of all products of the establishment; (b)the net change between the beginning and the end of the reference period in the value of work in progress and stocks of goods to be shipped in the same condition as received;(c)the value of industrial work done or industrial services rendered to others; (d)the value of goods shipped in the same condition as received less the amount paid for these goods; and(e)the value of fixed assets produced during the period by the unit for its own use. In the case of estimates compiled on a shipment basis, the net change in the value of stocks of finished goods between the beginning and the end of the reference period is also included.

运输和通讯

Transportation and Communication

13-1 公路货运客运周转量
Freight Ton-km and Passenger-km of Road

资料来源：国际公路协会《世界公路统计2019年》。
Source: International Road Federation World Road Statistics 2019.

国家或地区	Country or Area	公路货运周转量(亿吨公里) Roads, Goods Transported (100 million ton-km)			公路客运周转量(亿人公里) Roads, Passengers Carried (100 million passenger-km)		
		2010	2015	2017	2010	2015	2017
中　　国	China	43389.7	57955.7	66771.5	15020.8	10742.7	9765.2
孟加拉国	Bangladesh		712.2	823		902.6	1004
印　　度	India	12873	18243		84090	134030	
日　　本	Japan	2461.8	2043.2	2108.3	55559		
哈萨克斯坦	Kazakhstan	802.6	1618.6	1661.5	1261.5	2227.2	2405.9
韩　　国	Korea, Rep.	1028.1	1323.8		3788.6	3728.9	
老　　挝	Laos				1046.7	3609.4	
蒙　　古	Mongolia	18.3	23.7	56.6	14.8	19.4	20.4
缅　　甸	Myanmar					0.2	0.2
巴基斯坦	Pakistan	1634.2			2976.9		
新 加 坡	Singapore				56.8		
越　　南	Viet Nam	361.8	515.1	638	692	1053.8	1234.9
埃　　及	Egypt				1.3	3.2	
加 拿 大	Canada	1352.9	1681.8	1852.5			
墨 西 哥	Mexico	2202.9	2451	2561	4520.3	5085	5287
美　　国	United States	36680.8	29192.8	29541.9	49993.5	85356.7	8552.8
阿 根 廷	Argentina				439.7		
巴　　西	Brazil					336.2	329.3
捷　　克	Czech Rep.	518.3	587.1	442.7	743.9	958	1033.3
法　　国	France	1744.1	2813.2	3076.5	7641.6	7953.3	8153.9
德　　国	Germany	3131	4602	4913	9628.9	10087.7	
意 大 利	Italy	1625.1	1168.2		8006.1	8270.4	
荷　　兰	Netherlands	301.1	320.8	329.6	1533		
波　　兰	Poland	2142	2731.1	3485.6	2304.6	2433.5	2620
俄 罗 斯	Russia	1993.4	2325.5	2531.4	1406.3	1262.7	1233.6
西 班 牙	Spain	2100.6	2548.8	2805	3925.3	3660.9	3687.2
土 耳 其	Turkey	1903.7	2443.3	2627.4	2269.1	2907.3	3147.3
乌 克 兰	Ukraine	343.9	366.8	426.5	514.6	339.2	340.5
英　　国	United Kingdom	1538.3	1472.3	1518.2	6894.1	7045.2	7184.8
澳大利亚	Australia	1843.3	2083	2199	2820.2	3399.9	
新 西 兰	New Zealand	200.5	233	252.9	3202.3	3399.9	

13-2 铁路运输
Railway Traffic

资料来源：世界银行WDI数据库。
Source: World Bank WDI Database.
单位：公里 (km)

国家或地区	Country or Area	铁路总长度 Rail Lines Total		铁路货运周转量(亿吨公里) Rail,Goods Transported (100 million ton-km)		铁路客运周转量(亿人公里) Rail,Passengers Carried (100 million passenger-km)	
		2010	2017	2010	2017	2010	2017
世　界	**World**	**1076590**	**1051768①**	**46.73②**	**48.07③**	**21.34②**	**29.46③**
中　国	China	66239	67278	24511.85	21464.66	7911.58	6852.13
孟加拉国	Bangladesh	2835	2835④	7.10	7.10④	73.05	73.05④
印　度	India	63974	67368	6005.48	6201.75	9034.65	11498.35
印度尼西亚	Indonesia	4684	4684④	71.66	71.66④	203.40	256.54
伊　朗	Iran	8217	9021	217.79	302.99	176.11	132.70
以色列	Israel	1034	1495	10.62	14.04①	19.86	27.65
日　本	Japan	20140	16976	202.55	212.65①	2445.91	1972.54
哈萨克斯坦	Kazakhstan	14184	16040	2131.74	2062.58	154.48	192.41
韩　国	Korea, Rep.	3618	4192	94.52	82.29	330.12	219.35
马来西亚	Malaysia	2210	2250④	14.83	12.34	24.15	20.29
蒙　古	Mongolia	1814	1810	205.74	134.93	24.40	9.73
巴基斯坦	Pakistan	7791	7791	61.87	50.31	247.31	224.76
菲律宾	Philippines	479②	509①				3.84①
斯里兰卡	Sri Lanka	1463②	1561.71①	1.35②	1.27⑤	47.67②	74.07⑤
泰　国	Thailand	4458	5327.00④	27.01	24.55④	81.87	75.04④
越　南	Viet Nam	2577	2367	39.01	35.74	43.78	36.57
埃　及	Egypt	5195	5153①	15.92	15.92④	408.37	408.37④
尼日利亚	Nigeria	3528⑥		0.77⑥		1.74⑥	
南　非	South Africa	22051	20953	1133.42	1346.00④	188.65	146.89④
加拿大	Canada	255	48150	3227.41	5401.41⑤	13.46	15.35
墨西哥	Mexico	26704	14280	711.36②	738.79⑤	1.78	4.79④
美　国	United States	194431	150966	24687.38	24451.32	103.31	106.60
阿根廷	Argentina	25023	17609	120.25	121.11④		76.32①
巴　西	Brazil	29817	29817④	2677.00	2677.00④		158.07
委内瑞拉	Venezuela	336②		0.81⑥			
捷　克	Czech Rep.	9469	9408	119.21	118.19	65.53	73.80①
法　国	France	29929	29248	228.40	331.16⑤	848.60	846.82⑤
德　国	Germany	33714	33488	1057.94	706.14	785.82	775.00
意大利	Italy	16704	16787	120.37	99.69	433.49	390.16
荷　兰	Netherlands	3016	3016④			163.59	179.82
波　兰	Poland	19702	18513	343.27	287.20⑤	157.15	94.66①
俄罗斯	Russia	85292	85545	20113.08	24918.76	1390.28	1229.20
西班牙	Spain	15590	15557	78.45	66.49	223.04	269.90
土耳其	Turkey	9594	10207	109.32	107.73①	54.91	45.66
乌克兰	Ukraine	21705	21626	2180.83	1919.14	502.40	280.01
英　国	United Kingdom	15888	16257	125.12②		536.11	29.00⑤
澳大利亚	Australia	8615		641.72	596.49④	15.00	

注：①2016年数据。②2008年数据。③2013年数据。④2014年数据。⑤2015年数据。⑥2007年数据。
Note:①Data refer to 2016.②Data refer to 2008.③Data refer to 2013.④Data refer to 2014.⑤Data refer to 2015.⑥Data refer to 2007.

13-3 国际海运装货量和卸货量
International Maritime Freight Loaded and Unloaded

资料来源：联合国统计月报数据库。
Source: UN Monthly Bulletin of Statistics Database.
单位：万吨 (10 000 tons)

国家或地区	Country or Area	国际海运装货量 International Maritime Freight Loaded			国际海运卸货量 International Maritime Freight Unloaded		
		2000	2010	2018	2000	2010	2018
中国香港	Hong Kong, China	6770	11346	9904	10693	15428	15952
孟加拉国	Bangladesh	89	466	713	1408	3860	9126
文　莱	Brunei Darussalam	10			102		
印度尼西亚	Indonesia	14153	50118		4504	11254	
伊　朗	Iran	3065	5942	8010	4486	7804	5657
以色列	Israel	1387	1927	2054①	2920	2414	3738①
日　本	Japan	13010			80654		
韩　国	Korea, Rep.	15078			41882		
马来西亚	Malaysia	5483	11240		6922	13682	
巴基斯坦	Pakistan	617	1950		3080	4870	
新加坡	Singapore	32618					
斯里兰卡	Sri Lanka	919					
南　非	South Africa	2598					
美　国	United States	34334			83352		
阿根廷	Argentina	1550				2374	
法　国	France	6810	10421	11116①	20273	20746	20764①
德　国	Germany	8602	10230	11566①	14725	17070	17525①
荷　兰	Netherlands	9940			32507		
波　兰	Poland	3152	3017	2988	1582	2838	5893
俄罗斯	Russia	828	20152		84	2353	
西班牙	Spain	5627			19343		
乌克兰	Ukraine	4271	8371		684	1744	
澳大利亚	Australia	48750	88736	150077	5418	8896	10436
新西兰	New Zealand	2214	3040	4253	1379	1798	2458

注：①2017年数据。
Note:①Data refer to 2017.

13-4 空运货物周转量和客运量
Freight and Passengers Carried by Air

资料来源：世界银行WDI数据库。
Source: World Bank WDI Database.
单位：万吨公里 (10 000 ton-km)

国家或地区	Country or Area	空运货物周转量（万吨公里） Air Transport,Freight(10 000 ton-km)			航空客运量(万人) Air Transport,Passengers Carried(10 000 persons)		
		2000	2010	2018	2000	2010	2018
世界	**World**	**11825721**	**182025621**	**220707191**	**167406**	**262826**	**423264**
高收入国家	**High Income**	**101074111**	**143461581**	**162466081**	**136254**	**175888**	**244228**
中等收入国家	**Middle Income**	**1689370**	**3793783**	**5607841**	**30608**	**85586**	**176741**
低收入国家	**Low Income**	**28939**	**62621**	**216269**	**544**	**1352**	**2295**
中　国	China	390008	1719388	2525621	6189	26629	61144
中国香港	Hong Kong, China	511151	1037344	1267672	1438	2835	4710
中国澳门	Macao, China	2190	3671	3184	153	133	316
孟加拉国	Bangladesh	19387	16443	6382	133	182	598
文　莱	Brunei Darussalam	14023	14852	12935	86	126	123
柬埔寨	Cambodia		2	68		28	141
印　度	India	54765	163096	270396	1730	6437	16404
印度尼西亚	Indonesia	40854	66566	113191	992	5938	11515
伊　朗	Iran	7372	9654	29074	872	1876	2560
以色列	Israel	88570	85643	99454	444	508	740
日　本	Japan	867205	769880	942066	10912	10962	12639
哈萨克斯坦	Kazakhstan	1175	4238	5022	46	310	714
韩　国	Korea, Rep.	765134	1294273	1192956	3433	3699	8816
老　挝	Laos	167	12	153	21	44	125
马来西亚	Malaysia	186384	256466	140441	1656	3424	6048
蒙　古	Mongolia	844	390	782	25	39	67
缅　甸	Myanmar	77	206	474	44	92	341
巴基斯坦	Pakistan	34031	33296	21753	529	659	688
菲律宾	Philippines	28995	46019	83591	576	2258	4308
新加坡	Singapore	600489	712142	519490	1670	2486	4040
斯里兰卡	Sri Lanka	25571	33905	43620	176	301	588
泰　国	Thailand	171288	293867	266626	1739	2878	7605
越　南	Viet Nam	11733	42692	48137	288	1438	4705
埃　及	Egypt	27806	41699	43763	452	952	1234
尼日利亚	Nigeria	882		1942	51	420	817
南　非	South Africa	68757	102556	71625	800	1578	2392
加拿大	Canada	189611	195733	343407	4177	6328	8938
墨西哥	Mexico	30986	90895	109038	2089	3127	6457
美　国	United States	3017198	3935326	4298530	66533	72050	88902
阿根廷	Argentina	29665	19330	31157	892	903	1808
巴　西	Brazil	172790	130248	184565	3129	7463	10211
委内瑞拉	Venezuela	3310	122	155	430	643	214
捷　克	Czech Rep.	3222	1799	2523	223	515	573
法　国	France	522434	507972	444379	5258	6086	7019
德　国	Germany	712771	748748	796986	5796	9733	10980
意大利	Italy	174841	78497	141801	3042	3265	2763
荷　兰	Netherlands	436734	644438	588652	2090	2698	4400
波　兰	Poland	7783	7661	27149	234	410	928
俄罗斯	Russia	104141	353158	681061	1769	4386	9933
西班牙	Spain	87950	123587	111707	3971	5285	8067
土耳其	Turkey	38504	114928	594921	1219	4567	11560
乌克兰	Ukraine	1220	6932	7526	95	396	785
英　国	United Kingdom	516087	608274	619837	7044	10152	16539
澳大利亚	Australia	173074	293831	202764	3258	6064	7567
新西兰	New Zealand	81714	46864	134930	1078	1330	1725

13-5 机动车使用量
Vehicles in Use

资料来源：国际公路协会《世界公路统计2019年》。
Source: International Road Federation World Road Statistics 2019.

国家或地区	Country or Area	年份 Year	总计（万辆） Total (10 000 units)	乘用车（万辆） Passenger Cars (10 000 units)	公共汽车（万辆） Buses (10 000 units)	卡车和货车（万辆） Lorries and Vans (10 000 units)
中　国	China	2017	20808.4	18237.7	231.9	2338.8
中国香港	Hong Kong, China	2017	70.5	57.1	2.1	11.3
孟加拉国	Bangladesh	2017	98.8	56.8	7.1	34.8
文　莱	Brunei Darussalam	2017	27.4	25.5	0.2	1.6
印　度	India	2016	4251.5	3024.2	175.7	1051.6
印度尼西亚	Indonesia	2017	2552.6	1549.3	250.9	752.4
伊　朗	Iran	2013	80.0	69.3	0.1	10.6
以色列	Israel	2017	323.8	288.1	3.3	32.4
日　本	Japan	2017	7765.8	6125.3	23.3	1617.1
哈萨克斯坦	Kazakhstan	2017	438.3	385.2	9.0	44.1
韩　国	Korea, Rep.	2017	2244.2	1803.5	86.8	354.0
老　挝	Laos	2015	39.1	8.6	0.4	30.1
马来西亚	Malaysia	2016	1493.6	1356.1	18.4	119.1
蒙　古	Mongolia	2017	52.8	38.8	1.9	12.1
缅　甸	Myanmar	2017	100.1	52.9	2.7	44.5
巴基斯坦	Pakistan	2017	356.3	305.7	23.4	27.3
菲律宾	Philippines	2017	423.7	160.9	3.5	259.3
新加坡	Singapore	2017	82.0	63.9	1.9	16.2
斯里兰卡	Sri Lanka	2017	165.2	75.7	10.7	78.7
泰　国	Thailand	2017	1634.2	883.5	42.5	708.1
埃　及	Egypt	2017	662.9	512.2	15.6	135.1
南　非	South Africa	2015	992.8	682.9	35.8	274.1
加拿大	Canada	2017	2384.6	2267.8	9.1	107.7
墨西哥	Mexico	2017	4190.2	3069.7	39.9	1080.7
美　国	United States	2017	26376.6	19367.2	98.3	6911.0
阿根廷	Argentina	2016	1412.1			
巴　西	Brazil	2017	7087.8	5370.8	100.3	1616.7
白俄罗斯	Belarus	2017	354.4	309.5	4.3	40.6
捷　克	Czech Rep.	2017	625.2	553.8	2.1	69.4
法　国	France	2017	3950.3	3270.0	9.2	671.1
德　国	Germany	2017	5179.0	4647.5	7.9	523.6
意大利	Italy	2017	4419.6	3929.5	9.9	480.2
荷　兰	Netherlands	2017	940.6	837.3	1.0	102.3
波　兰	Poland	2017	2625.9	2250.4	11.6	363.9
俄罗斯	Russia	2017	5421.6	4688.7	89.6	643.4
西班牙	Spain	2017	2960.2	2350.0	6.4	603.8
土耳其	Turkey	2017	1721.8	1203.6	70.1	448.1
乌克兰	Ukraine	2011	848.8	690.1	25.0	133.8
英　国	United Kingdom	2017	3575.6	3120.0	15.8	439.8
澳大利亚	Australia	2017	1793.2	1407.9	9.7	375.6
新西兰	New Zealand	2017	369.6	305.8	2.6	61.2

13-5 续表 continued

国家或地区	Country or Area	年份 Year	摩托车(万辆) Motorcycles (10 000 units)	每千人拥有乘用车数量(辆) Passenger Cars per 1000 Persons (unit)	每千人拥有汽车数量(辆) Total Vehicles per 1000 Persons (unit)	每公里道路汽车数量(辆) Total Vehicles per km of Road (unit)
中 国	China	2017	7403.3	131.5	150.1	43.6
中国香港	Hong Kong, China	2017	5.3	77.2	95.4	333.8
孟加拉国	Bangladesh	2017	229.8	3.4	6.0	2.6
文 莱	Brunei Darussalam	2017	0.4	595.0	638.0	74.4
印 度	India	2016	16897.5	22.8	32.1	7.6
印度尼西亚	Indonesia	2017	11303.1	58.7	96.7	47.3
伊 朗	Iran	2013	31.3			
以色列	Israel	2017	13.5	330.7	371.6	165.6
日 本	Japan	2017	1095.6	483.1	612.5	220.9
哈萨克斯坦	Kazakhstan	2017	4.1	213.5	243.0	45.9
韩 国	Korea, Rep.	2017	219.6	350.4	436.1	220.3
老 挝	Laos	2015	131.8	12.8	58.6	6.9
马来西亚	Malaysia	2016	1300.0	434.8	478.9	62.5
蒙 古	Mongolia	2017	1.5	126.3	171.6	4.7
缅 甸	Myanmar	2017	573.5	9.9	18.8	23.6
巴基斯坦	Pakistan	2017	1794.3	15.5	18.1	13.3
菲律宾	Philippines	2017	617.4	15.3	40.4	128.9
新加坡	Singapore	2017	13.7	113.8	146.0	234.2
斯里兰卡	Sri Lanka	2017	518.4	35.3	77.0	14.5
泰 国	Thailand	2017	2071.8	128.0	236.7	32.3
埃 及	Egypt	2017	312.0	52.5	67.9	35.8
南 非	South Africa	2015	36.6	124.1	180.5	27.3
加拿大	Canada	2017	72.1	617.8	649.6	21.2
墨西哥	Mexico	2017	357.4	237.7	324.4	127.4
美 国	United States	2017	871.5	595.6	811.2	39.5
阿根廷	Argentina	2016			322.0	58.6
巴 西	Brazil	2017	2616.8	256.6	338.7	44.8
白俄罗斯	Belarus	2017	41.8	325.8	373.2	34.6
捷 克	Czech Rep.	2017	110.2	522.7	590.2	47.8
法 国	France	2017		487.3	588.7	35.8
德 国	Germany	2017	437.3	562.1	626.3	80.6
意大利	Italy	2017	991.5	649.1	730.1	90.6
荷 兰	Netherlands	2017	187.3	488.8	549.1	50.7
波 兰	Poland	2017	275.5	592.6	691.5	62.2
俄罗斯	Russia	2017	230.6	324.5	375.2	35.9
西班牙	Spain	2017	332.7	504.4	635.3	44.4
土耳其	Turkey	2017	310.3	149.1	213.2	69.6
乌克兰	Ukraine	2011	120.6	151.0	186.0	50.0
英 国	United Kingdom	2017	123.4	472.6	541.6	84.6
澳大利亚	Australia	2017	84.9	572.3	728.9	20.5
新西兰	New Zealand	2017	9.9	637.9	771.0	38.8

13-6 汽车燃料价格
Motor Fuel Prices

资料来源：国际公路协会《世界公路统计2019年》。
Source: International Road Federation World Road Statistics 2019.
单位：美分/升 (USD cent/liter)

国家或地区	Country or Area	高级汽油价格 Super Gasoline Price				
		2000	2010	2012	2014	2016
中国	China	40	111	137	117	96
中国香港	Hong Kong, China	146	192	216	206	186
孟加拉国	Bangladesh	46	109	115	130	112
印度	India	60	115	125	110	97
印度尼西亚	Indonesia	17	79	47	93	63
伊朗	Iran	5	10	33	37	40
以色列	Israel	114	185	201	188	157
日本	Japan	106	160	200	138	106
哈萨克斯坦	Kazakhstan	36	71	101	81	42
韩国	Korea, Rep.	92	152	180	155	122
马来西亚	Malaysia	28	59	62	68	45
蒙古	Mongolia	38	111	129	101	72
缅甸	Myanmar	33	80	104	114	54
巴基斯坦	Pakistan	53	86	114	94	79
菲律宾	Philippines	37	105	125	105	86
新加坡	Singapore	84	142	168	158	125
斯里兰卡	Sri Lanka	66	119	129	127	88
泰国	Thailand	39	141	156	129	71
越南	Viet Nam	38	88	115	104	80
埃及	Egypt	26	48	45	88	40
尼日利亚	Nigeria	27	44	62	56	46
南非	South Africa	50	119	138	119	92
加拿大	Canada	58	121	132	117	81
墨西哥	Mexico	61	81	86	103	73
美国	United States	47	76	97	76	71
阿根廷	Argentina	107	96	146	152	110
巴西	Brazil	92	158	139	127	102
委内瑞拉	Venezuela	12	2	2	2	1
捷克	Czech Rep.	77	175	193	167	117
法国	France	99	198	191	179	139
德国	Germany	91	190	196	180	139
意大利	Italy	97	187	228	214	161
荷兰	Netherlands	103	213	233	215	168
波兰	Poland	76	157	174	142	107
俄罗斯	Russia	33	84	99	81	59
西班牙	Spain	73	156	175	163	126
土耳其	Turkey	88	252	254	206	142
乌克兰	Ukraine	37	101	135	117	83
英国	United Kingdom	117	192	217	192	146
澳大利亚	Australia	57	127	139	123	93
新西兰	New Zealand	48	147	177	171	140

13-6 续表 continued

单位：美分/升 (USD cent/liter)

国家或地区	Country or Area	柴油价格 Diesel Price				
		2000	2010	2012	2014	2016
中　国	China	45	104	128	109	81
中国香港	Hong Kong, China	80	132	157	156	142
孟加拉国	Bangladesh	29	63	76	90	84
印　度	India	39	82	86	91	81
印度尼西亚	Indonesia	6	51	47	62	61
伊　朗	Iran	2	2	12	19	22
以 色 列	Israel	64	187	212	208	
日　本	Japan	76	137	161	110	88
哈萨克斯坦	Kazakhstan	29	51	67	64	40
韩　国	Korea, Rep.	66	135	163	137	105
马来西亚	Malaysia	16	56	59	65	44
蒙　古	Mongolia	38	104	122	96	67
缅　甸	Myanmar	12	80		93	51
巴基斯坦	Pakistan	27	92	120	101	70
菲 律 宾	Philippines	28	84	101	82	58
新 加 坡	Singapore	38	104	126	116	77
斯里兰卡	Sri Lanka	27	66	93	90	65
泰　国	Thailand	35	95	97	90	68
越　南	Viet Nam	27	77	106	91	59
埃　及	Egypt	10	19	18	25	15
尼日利亚	Nigeria	27	77	109	84	64
南　非	South Africa	50	114	142	117	90
加 拿 大	Canada	47	108	123	116	73
墨 西 哥	Mexico	45	72	85	102	72
美　国	United States	48	84	105	97	65
阿 根 廷	Argentina	52	105	133	133	100
巴　西	Brazil	34	114	102	102	95
委内瑞拉	Venezuela	6	1	1	1	
捷　克	Czech Rep.	68	169	187	160	111
法　国	France	82	172	178	163	120
德　国	Germany	78	168	188	158	120
意 大 利	Italy	83	169	218	201	144
荷　兰	Netherlands	78	171	195	180	134
波　兰	Poland	65	150	173	139	104
俄 罗 斯	Russia	29	72	100	75	55
西 班 牙	Spain	65	147	175	155	113
土 耳 其	Turkey	66	203	233	190	123
乌 克 兰	Ukraine	30	92	125	116	73
英　国	United Kingdom	122	198	227	199	149
澳大利亚	Australia	57	123	157	128	92
新 西 兰	New Zealand	34	97	124	111	79

13-7 港口集装箱吞吐量
Container Port Traffic

资料来源：世界银行WDI数据库。
Source: World Bank WDI Database.
单位：万标准集装箱 (10 000 TEUs)

国家或地区	Country or Area	2000	2010	2013	2014	2015	2016	2017
世　界	**World**	**22477**	**56016**	**65633**	**68708**	**69580**	**71006**	**75270**
高收入国家	**High Income**	**14777**	**28832**	**32409**	**33719**	**33362**	**34002**	**35688**
中等收入国家	**Middle Income**	**7676**	**26860**	**32931**	**34697**	**35925**	**36704**	**39285**
中　国	China	4100	14297	17594	18668	19528	19955	21372
中国香港	Hong Kong, China		2360	2229	2230	2011	1958	2077
孟加拉国	Bangladesh	46	135	149	164	204	238	259
文　莱	Brunei Darussalam		9	12	13	13	12	12
柬埔寨	Cambodia		22	23	34	39	40	49
印　度	India	245	892	1063	1132	1188	1209	1326
印度尼西亚	Indonesia	380	969	1186	1162	1198	1248	1386
伊　朗	Iran		305	213	227	217	256	309
以色列	Israel		228	254	245	252	252	286
日　本	Japan	1310	1955	2105	2114	2058	2078	2190
韩　国	Korea, Rep.	903	1946	2371	2482	2535	2615	2743
马来西亚	Malaysia	464	1814	2138	2265	2426	2457	2472
缅　甸	Myanmar		34	57	72	83	103	107
巴基斯坦	Pakistan		215	226	253	276	276	299
菲律宾	Philippines	303	509	583	618	721	762	820
新加坡	Singapore	1710	2915	3339	3469	3171	3267	3360
斯里兰卡	Sri Lanka	173	410	431	491	519	555	600
泰　国	Thailand	318	755	889	942	952	994	1073
越　南	Viet Nam	119	597	897	1019	1148	1185	1228
埃　及	Egypt	163	683	735	790	719	738	743
尼日利亚	Nigeria		123	158	170	140	144	166
南　非	South Africa	185	396	469	457	466	445	463
加拿大	Canada	293	478	525	543	579	584	630
墨西哥	Mexico	132	370	489	506	540	540	631
美　国	United States	2830	4206	4443	4785	4953	5018	5143
阿根廷	Argentina	114	199	214	172	172	174	175
巴　西	Brazil	241	746	997	1032	1030	993	1005
委内瑞拉	Venezuela	67	105	141	92	72	84	72
法　国	France	292	522	570	591	591	638	671
德　国	Germany	770	1472	1926	2013	1914	1936	1945
意大利	Italy	692	868	1017	1025	1002	1026	1070
荷　兰	Netherlands	641	1141	1180	1247	1241	1266	1395
波　兰	Poland		105	197	214	186	203	246
俄罗斯	Russia	32	362	550	516	385	391	452
西班牙	Spain	579	1256	1390	1421	1427	1527	1707
土耳其	Turkey	159	660	943	934	883	858	993
乌克兰	Ukraine		70	79	66	48	59	63
英　国	United Kingdom	643	786	816	936	960	977	1053
澳大利亚	Australia	354	641	718	740	763	769	769
新西兰	New Zealand	107	253	289	300	317	317	323

13-8 公路线路长度
Length of Road

资料来源：国际公路协会《世界公路统计2019年》。
Source: International Road Federation World Road Statistics 2019.

国家或地区	Country or Area	公路网长度(公里) Total Road Network (km)		有路面公路所占比重(%) Road paved (% of total roads)		公路密度(公里)(每百平方公里土地公路长度) Road Density (km of road per 100 sq.km of land area)	
		2005	2017	2005	2017	2005	2017
中国	China	3345187	4773469	40.8	79.5		50.8
中国香港	Hong Kong, China	1955	2112	100.0	100.0①		201.1
中国澳门	Macao, China		428		100.0		1407.9
文莱	Brunei Darussalam	3650	3674	77.2			69.7
印度	India		5897671		63.2		198.4
印度尼西亚	Indonesia	391009	539353	55.4	59.5		29.8
伊朗	Iran	172027	216151		87.6		13.3
以色列	Israel	17589	19555	100.0	100.0	81.3	90.4
日本	Japan	1192400	351562	79.0		327.3	96.4
哈萨克斯坦	Kazakhstan	90845	95410	91.2	85.8		3.5
韩国	Korea, Rep.	102293	101869	76.8	92.8	103.5	104.5
老挝	Laos	33861		13.4			
马来西亚	Malaysia	93109	237022	79.8	75.7		72.1
缅甸	Myanmar	27000	42421	11.9	67.6		6.5
巴基斯坦	Pakistan		267002		72.6		34.6
新加坡	Singapore	3234	3500	100.0	100.0		493.7
埃及	Egypt		185028		95.6		18.6
墨西哥	Mexico	355796	328780	37.0	53.2		16.9
美国	United States	6544257	6673131	65.3	67.1	70.2	73.0
阿根廷	Argentina		241038①		34.4①		8.8
巴西	Brazil		1580965		15.6		18.9
捷克	Czech Rep.	127810	130676			71.8	169.2
法国	France	950985	1103112	100.0	100.0	183.9	201.5
德国	Germany	231480	642903			184.8	184.0
意大利	Italy	487700				59.6	
荷兰	Netherlands	126100	185364		75.4	397.6	550.2
波兰	Poland		422303		71.0	124.5	137.9
俄罗斯	Russia	859000	1508840	84.4	70.6		9.2
西班牙	Spain		666739			133.6	133.5
土耳其	Turkey	426914	247514		91.4	45.4	32.2
乌克兰	Ukraine	169323	169743	97.4	97.9		29.3
英国	United Kingdom	388008	422691	100.0	100.0	170.8	174.7
澳大利亚	Australia		875913			10.6	11.4
新西兰	New Zealand	93460	95272	64.9	67.6	35.4	36.2

注：①2016年数据。
Note:①Data refer to 2016.

13-9 公路交通事故
Road Accidents

资料来源：国际公路协会《世界公路统计2019年》。
Source: International Road Federation World Road Statistics 2019.

国家或地区	Country or Area	年份 Year	事故发生数(起) Accidents (case)	受伤人数 Persons Injured (person)	死亡人数 Persons Killed (person)
中　国	China	2017	203049	209654	63772
中国香港	Hong Kong, China	2017	15725	19780	108
孟加拉国	Bangladesh	2017	2566①	1767	2513
文　莱	Brunei Darussalam	2017		529	29
柬埔寨	Cambodia	2013			2635
印　度	India	2017	430167	470975	147913
印度尼西亚	Indonesia	2017	103228	134340	30568
伊　朗	Iran	2017	310635	386273	16202
以色列	Israel	2017	12700	22780	321
日　本	Japan	2017	472165	576419	4431
哈萨克斯坦	Kazakhstan	2017	17019	22256	2086
韩　国	Korea, Rep.	2017	216335	322829	4185
马来西亚	Malaysia	2017	16790	10050	6740
蒙　古	Mongolia	2017		4712	507
缅　甸	Myanmar	2017	16610	29144	5250
菲律宾	Philippines	2014	10599	9347	1252
新加坡	Singapore	2017	8304①	9953	121
泰　国	Thailand	2014		20118	6338
越　南	Viet Nam	2017	20084	17040	8281
埃　及	Egypt	2017	11098	13998	3747
尼日利亚	Nigeria	2017	9383	31094	5121
南　非	South Africa	2016			14071
加拿大	Canada	2017	114158	154886	1841
墨西哥	Mexico	2017	6448	8905	2919
美　国	United States	2017	2211439①	3144000①	37132
巴　西	Brazil	2017	58831	84256	6245
白俄罗斯	Belarus	2017	3418	3620	
捷　克	Czech Rep.	2017	21263	27079	577
芬　兰	Finland	2017	4432	5574	238
法　国	France	2017	58613	73384	3448
德　国	Germany	2017	302656	390312	3180
意大利	Italy	2016	175791	249175	3283
荷　兰	Netherlands	2017			613
波　兰	Poland	2017	32760	39466	2831
俄罗斯	Russia	2017	169432	215374	19088
西班牙	Spain	2017	102233	139162	1830
土耳其	Turkey	2017	182669	300383	7427
乌克兰	Ukraine	2017	27220	34677	3432
英　国	United Kingdom	2017	129982	169200	1793
澳大利亚	Australia	2017			1222
新西兰	New Zealand	2017	11256	14052	378

13-9 续表 continued

国家或地区	Country or Area	年 份 Year	每十万人口交通事故死亡人数(人) Number of Deaths per 100 000 Persons (person)	每十万人口交通事故受伤人数(起) Number of Injuries per 100 000 Persons (person)	每亿公里车程交通事故数(起) Number of Accidents per 100 Million Vehicle-km (person)
中 国	China	2017	5	15	
中国香港	Hong Kong,China	2017	2	213	118
中国澳门	Macao,China	2017	1	81	
孟加拉国	Bangladesh	2017	2	2①	
印 度	India	2017	11	32	
印度尼西亚	Indonesia	2017	12	39	
伊 朗	Iran	2017	20	383	
以 色 列	Israel	2017	4	146	23
日 本	Japan	2017	4	372	64
哈萨克斯坦	Kazakhstan	2017	12	94	2127①
韩 国	Korea,Rep.	2017	8	420	45576
马来西亚	Malaysia	2017	21	53	
蒙 古	Mongolia	2017	17		
缅 甸	Myanmar	2017	10	31	987
菲 律 宾	Philippines	2014	1		
新 加 坡	Singapore	2017	2	148①	
斯里兰卡	SriLanka	2017	15		
泰 国	Thailand	2016	12		
越 南	Vietnam	2017	9	21	
埃 及	Egypt	2017	4	11	
尼日利亚	Nigeria	2017	3	5	
南 非	South Africa	2016	25		
加 拿 大	Canada	2017	5	311	
墨 西 哥	Mexico	2017	2	5	4
美 国	United States	2017	11	684①	44①
巴 西	Brazil	2017	3	28	
白俄罗斯	Belarus	2017	6	36	270
捷 克	Czech Republic	2017	5	201	
法 国	France	2017	5	87	10
德 国	Germany	2017	4	366	41
意 大 利	Italy	2016	5	290	
荷 兰	Netherlands	2017	4		
波 兰	Poland	2017	8	86	14
俄 罗 斯	Russia	2017	13	117	
西 班 牙	Spain	2017	4	219	81
土 耳 其	Turkey	2017	9	226	69①
乌 克 兰	Ukraine	2017	8	61	
英 国	United Kingdom	2017	3	197	25
澳大利亚	Australia	2017	5		
新 西 兰	New Zealand	2017	8	235	24

注：①2016年数据。
Note:①Data refer to 2016.

13-10 公路支出
Road Expenditure

资料来源：国际公路协会《世界公路统计2019年》。
Source: International Road Federation World Road Statistics 2019.

单位：万美元 (10 000 USD)

国家或地区	Country or Area	年 份 Year	支出总计 Total Expenditure	公路支出构成－按行政管理级别分 Road Expenditure by Administration Levels 中央政府 Central Government	地方政府 Local Government	私 人 Private
中 国	China	2011	21990164	761194	21228970	
中国香港	Hong Kong,China	2017	343486	343486		
柬埔寨	Cambodia	2000	8683	8683		
印 度	India	2012	769774			368072
韩 国	Korea,Rep.	2017	1004557	860850	134804	8904
老 挝	Laos	2006	16193	16193		
马来西亚	Malaysia	2003	34656	34656		
蒙 古	Mongolia	2009	91			
新加坡	Singapore	2010	126475	126475		
斯里兰卡	Sri Lanka	2010	79285			
南 非	South Africa	2017	436133	232112	204021	
墨西哥	Mexico	2017	317269	283204		34065
美 国	United States	2016	8858100	477300	8380800	
巴 西	Brazil	2017	420261	260038		160223
俄罗斯	Russia	2017				
捷 克	Czech Republic	2017	210885	210885		
法 国	France	2017	2292690	264518	1402581	625591
荷 兰	Netherlands	2000	146859	125173	21686	
波 兰	Poland	2017	693161	357998		335162
西班牙	Spain	2017	437440	202518	196758	38164
土耳其	Turkey	2017	695177	695177		
乌克兰	Ukraine	2017	111483	77881	33602	
英 国	United Kingdom	2017	1424330	670967	753363	
澳大利亚	Australia	2017		548180	1641674	
新西兰	New Zealand	2017	272335	214653	57682	

13-10 续表 continued

单位：万美元 (10 000 USD)

国家或地区	Country or Area	年份 Year	公路支出构成－按支出性质分 Road Expenditure-by Nature 建设 Construction	维护 Maintenance	其它 Others
中国	China	2011			
中国香港	Hong Kong,China	2017	343486		
柬埔寨	Cambodia	2000	1979	6703	
印度	India	2012	742269	26419	8
韩国	Korea,Rep.	2017	694713	309845	
老挝	Laos	2006	14352	1842	
马来西亚	Malaysia	2003	69	34061	526
蒙古	Mongolia	2009			
新加坡	Singapore	2010			
斯里兰卡	Sri Lanka	2010	73524	5761	
南非	South Africa	2017	200576		235557
墨西哥	Mexico	2017	233057	84212	
美国	United States	2016	1912600	4974900	1970600
巴西	Brazil	2017	202110	164023	54128
俄罗斯	Russia	2017	938142		
捷克	Czech Republic	2017	121699	89186	
法国	France	2017	1156041	1136649	
荷兰	Netherlands	2000	51469	71782	
波兰	Poland	2017	693161		
西班牙	Spain	2017			
土耳其	Turkey	2017	670145	25031	
乌克兰	Ukraine	2017	16022	77680	17781
英国	United Kingdom	2017	1104883	319446	
澳大利亚	Australia	2017			
新西兰	New Zealand	2017	142681	129654	

13-11 电话主线和移动电话普及率
Telephone Mainlines and Mobile Phones

资料来源：世界银行WDI数据库。
Source:World Bank WDI Database.

国家或地区	Country or Area	电话主线(条/千人) Telephone Mainlines (lines per 1 000 persons)			移动电话(部/千人) Mobile Phones (sets per 1 000 persons)		
		2000	2010	2018	2000	2010	2018
世　界	**World**	**159.1**	**176.8**	**127.3**	**120.4**	**761.4**	**1049.4**
高收入国家	**High Income**	**547.2**	**473.9**	**397.7**	**491.8**	**1093.3**	**1260.3**
中等收入国家	**Middle Income**	**82.8**	**128.6**	**81.3**	**45.1**	**739.5**	**1049.7**
低收入国家	**Low Income**	**9.7**	**17.9**	**9.8**	**2.1**	**295.8**	**613.8**
中　国	China	112.2	215.1	127.7	66.1	627.6	1149.6
中国香港	Hong Kong, China	594.3	626.1	572.4	824.6	1980.1	2594.3
中国澳门	Macao, China	413.4	312.8	195.5	329.7	2085.1	3453.3
孟加拉国	Bangladesh	3.9	8.7	4.4	2.2	460.3	972.8
文　莱	Brunei Darussalam	241.6	205.6	182.6	285.1	1119.5	1319.3
柬埔寨	Cambodia	2.5	25.1	5.4	10.7	569.5	1194.9
印　度	India	30.7	28.4	16.2	3.4	609.4	869.4
印度尼西亚	Indonesia	31.5	169.3	41.9	17.4	873.7	1198.4
伊　朗	Iran	144.6	350.0	372.8	14.7	732.8	1084.6
以色列	Israel	500.2	463.9	381.8	740.0	1240.2	1276.6
日　本	Japan	485.9	510.5	498.8	523.7	959.1	1392.0
哈萨克斯坦	Kazakhstan	122.9	249.7	182.9	13.2	1193.8	1419.7
韩　国	Korea, Rep.	545.9	576.1	506.3	566.0	1024.7	1296.7
老　挝	Laos	7.7	16.5	209.9	2.4	640.6	518.6
马来西亚	Malaysia	199.5	163.4	204.1	220.8	1200.3	1345.3
蒙　古	Mongolia	49.0	71.1	116.7	64.5	923.0	1331.8
缅　甸	Myanmar	5.8	9.8	9.7	0.3	11.7	1138.4
巴基斯坦	Pakistan	21.5	33.9	13.2	2.2	552.8	725.6
菲律宾	Philippines	39.3	35.5	39.6①	82.8	884.9	1101.3①
新加坡	Singapore	483.0	389.0	341.6	681.9	1439.2	1457.1
斯里兰卡	Sri Lanka	40.9	176.6	116.2	22.9	856.8	1150.6
泰　国	Thailand	88.8	101.7	42.2	48.5	1067.4	1801.8
越　南	Viet Nam	31.8	163.4	149.6	9.9	1268.3	1471.9
埃　及	Egypt	79.7	116.2	79.9	19.8	853.8	952.9
尼日利亚	Nigeria	4.5	6.6	0.7	0.3	550.8	881.8
南　非	South Africa	110.3	94.9	53.7	185.4	983.5	1532.5
加拿大	Canada	681.3	538.7	374.9	285.3	756.3	892.3
墨西哥	Mexico	124.7	174.6	169.3	142.3	801.0	930.1
美　国	United States	683.4	484.3	356.9	388.6	922.7	1236.9
阿根廷	Argentina	214.1	242.4	219.0	176.0	1395.8	1320.9
巴　西	Brazil	176.9	215.3	182.9	132.7	1006.2	988.4
委内瑞拉	Venezuela	104.8	249.1	192.0	225.2	980.3	717.7
捷　克	Czech Rep.	376.3	224.7	140.1	422.4	1227.6	1191.7
法　国	France	575.9	646.0	594.2	492.3	919.0	1084.1
德　国	Germany	617.0	654.5	517.3	592.2	1093.7	1293.2
意大利	Italy	479.0	379.9	336.4	745.2	1578.9	1374.7
荷　兰	Netherlands	620.9	433.5	345.9	675.3	1149.6	1242.7
波　兰	Poland	283.9	200.0	195.3①	175.0	1225.0	1347.5
俄罗斯	Russia	219.1	313.1	219.6①	22.3	1656.6	1574.3
西班牙	Spain	419.0	430.0	420.8	594.4	1095.0	1158.7
土耳其	Turkey	290.9	224.0	141.3	255.1	854.0	973.0
乌克兰	Ukraine	213.3	282.6	138.0	16.8	1177.7	1225.5
英　国	United Kingdom	597.9	526.5	476.2	737.4	1209.1	1175.5
澳大利亚	Australia	529.2	479.6	324.9	450.8	1015.6	1135.8
新西兰	New Zealand	474.5	430.2	371.1	399.6	1077.8	1349.3

注：①2017年数据。
Note:①Data refer to 2017.

13-12 互联网网民占总人口比重
Individuals Using the Internet as Percentage of Population

资料来源：世界银行WDI数据库。
Source: World Bank WDI Database.
单位：% (%)

国家或地区	Country or Area	2010	2014	2015	2016	2017	2018
世　界	**World**	**28.8**	**39.9**	**41.7**	**44.7**	**49.7**	
高收入国家	**High Income**	**72.2**	**78.4**	**79.8**	**84.2**	**85.0**	
中等收入国家	**Middle Income**	**21.8**	**35.0**	**36.8**	**39.9**	**46.1**	
低收入国家	**Low Income**	**4.2**	**8.6**	**12.2**	**13.1**	**16.4**	
中　国	China	34.3	47.9	50.3	53.2	54.3	
中国香港	Hong Kong, China	72.0	79.9	85.0	87.5	89.4	
中国澳门	Macao, China	55.2	69.8	77.6	81.6	83.2	83.8
孟加拉国	Bangladesh	3.7	13.9	14.4	18.0	15.0	
文　莱	Brunei Darussalam	53.0	68.8	71.2	90.0	94.9	94.6
柬埔寨	Cambodia	1.3	14.0	6.4	32.4	32.5	40.0
印　度	India	7.5	21.0	17.0	22.0	34.5	
印度尼西亚	Indonesia	10.9	17.1	22.0	25.5	32.3	39.8
伊　朗	Iran	15.9	39.4	45.3	53.2	64.0	70.0
以色列	Israel	67.5	75.0	77.4	79.7	81.6	
日　本	Japan	78.2	89.1	91.1	93.2	84.6	
哈萨克斯坦	Kazakhstan	31.6	66.0	70.8	74.6	76.4	78.9
韩　国	Korea, Rep.	83.7	87.6	89.9	92.8	95.1	95.9
老　挝	Laos	7.0	14.3	18.2	21.9	25.5	
马来西亚	Malaysia	56.3	63.7	71.1	78.8	80.1	81.2
蒙　古	Mongolia	10.2	19.9	22.5	22.3	23.7	
缅　甸	Myanmar	0.3	11.5	21.7	25.1	30.7	
巴基斯坦	Pakistan	8.0	12.0	14.0	12.4	15.5	
菲律宾	Philippines	25.0	49.6	36.0	55.5	60.1	
新加坡	Singapore	71.0	79.0	79.0	84.5	84.5	88.2
斯里兰卡	Sri Lanka	12.0	25.8	12.1	16.4	34.1	
泰　国	Thailand	22.4	34.9	39.3	47.5	52.9	56.8
越　南	Viet Nam	30.7	41.0	45.0	53.0	58.1	70.4
埃　及	Egypt	21.6	33.9	37.8	41.3	45.0	46.9
尼日利亚	Nigeria	11.5	21.0	36.0	25.7	42.0	
南　非	South Africa	24.0	49.0	51.9	54.0	56.2	
加拿大	Canada	80.3	87.1	90.0	91.2	91.0	
墨西哥	Mexico	31.1	44.4	57.4	59.5	63.9	65.8
美　国	United States	71.7	73.0	74.6	85.5	87.3	
阿根廷	Argentina	45.0	64.7	68.0	71.0	74.3	
巴　西	Brazil	40.7	54.6	58.3	60.9	67.5	
委内瑞拉	Venezuela	37.4	57.0	64.0	60.0	72.0	
捷　克	Czech Rep.	68.8	74.2	75.7	76.5	78.7	80.7
法　国	France	77.3	83.8	78.0	79.3	80.5	82.0
德　国	Germany	82.0	86.2	87.6	84.2	84.4	89.7
意大利	Italy	53.7	55.6	58.1	61.3	63.1	74.4
荷　兰	Netherlands	90.7	91.7	91.7	90.4	93.2	94.7
波　兰	Poland	62.3	66.6	68.0	73.3	76.0	77.5
俄罗斯	Russia	43.0	70.5	70.1	73.1	76.0	80.9
西班牙	Spain	65.8	76.2	78.7	80.6	84.6	86.1
土耳其	Turkey	39.8	51.0	53.8	58.4	64.7	71.0
乌克兰	Ukraine	23.3	46.2	48.9	53.0	58.9	
英　国	United Kingdom	85.0	91.6	92.0	94.8	94.6	94.9
澳大利亚	Australia	76.0	84.0	84.6	86.5	86.6	
新西兰	New Zealand	80.5	85.5	88.2	88.5	90.8	

13-13 互联网服务商
Internet Servers

资料来源：世界银行WDI数据库。
Source: World Bank WDI Database.
单位：个/百万人 (number/per 1 000 000 persons)

国家或地区	Country or Area	2010	2014	2015	2016	2017	2018
世　界	**World**	**187.3**	**450.4**	**573.5**	**1267.7**	**3519.7**	**6172.8**
高收入国家	**High Income**	**1089.2**	**2613.1**	**3314.8**	**7016.9**	**18739.4**	**34193.1**
中等收入国家	**Middle Income**	**6.2**	**28.4**	**44.2**	**179.5**	**683.6**	**924.5**
低收入国家	**Low Income**	**0.3**	**1.4**	**1.9**	**3.7**	**15.3**	**18.7**
中　国	China	1.2	9.8	19.7	47.9	209.1	446.7
中国香港	Hong Kong, China	447.5	1553.6	2331.8	3873.3	10484.9	19403.6
中国澳门	Macao, China	210.0	503.2	752.4	1111.2	1779.7	2650.3
孟加拉国	Bangladesh	0.2	1.3	2.0	23.6	65.2	116.0
文　莱	Brunei Darussalam	41.2	241.6	573.6	612.2	1620.8	1988.5
柬埔寨	Cambodia	0.7	4.7	10.2	20.5	55.2	81.1
印　度	India	1.7	8.5	11.7	38.3	123.1	187.8
印度尼西亚	Indonesia	1.6	11.8	17.7	306.2	1280.7	1283.0
伊　朗	Iran	1.3	5.2	12.3	64.1	225.7	494.6
以色列	Israel	444.4	1008.7	1305.0	2119.6	6967.6	9610.9
日　本	Japan	552.9	1376.7	1504.3	2109.5	5980.2	11670.8
哈萨克斯坦	Kazakhstan	3.5	26.9	48.2	264.2	1232.3	1374.2
韩　国	Korea, Rep.	175.3	406.6	557.7	720.6	1196.5	2064.0
老　挝	Laos	0.5	3.3	4.2	8.3	16.4	20.4
马来西亚	Malaysia	44.9	151.1	233.9	945.7	4917.7	5713.0
蒙　古	Mongolia	9.2	59.2	75.0	437.5	1527.1	1689.8
缅　甸	Myanmar	…	0.7	1.0	20.5	9.9	9.2
巴基斯坦	Pakistan	0.6	2.5	3.4	31.7	115.1	109.1
菲律宾	Philippines	5.0	16.1	21.0	40.5	87.9	92.9
新加坡	Singapore	531.6	2544.0	3585.2	19060.8	58690.3	84713.9
斯里兰卡	Sri Lanka	3.6	15.9	20.9	71.1	305.2	412.4
泰　国	Thailand	11.2	51.9	69.4	146.5	578.3	953.9
越　南	Viet Nam	2.3	20.3	32.7	278.7	1348.7	1769.5
埃　及	Egypt	2.5	8.0	10.6	14.7	36.2	35.1
尼日利亚	Nigeria	0.6	3.0	3.6	47.4	222.8	184.2
南　非	South Africa	52.1	221.9	272.8	917.7	9430.7	12034.3
加拿大	Canada	1282.7	2697.8	3386.9	10221.4	26568.9	30952.3
墨西哥	Mexico	13.4	41.0	57.9	119.7	185.5	225.8
美　国	United States	2481.7	5129.5	6358.8	11435.1	30335.7	65767.6
阿根廷	Argentina	25.2	89.9	123.3	735.0	1628.6	1872.6
巴　西	Brazil	28.3	112.3	159.0	410.0	1581.6	2036.4
委内瑞拉	Venezuela	7.1	16.4	21.4	148.1	293.5	275.6
捷　克	Czech Rep.	305.5	1417.6	2048.8	11991.4	25419.9	42361.5
法　国	France	278.1	1188.9	1897.2	6674.5	14831.2	20415.0
德　国	Germany	1049.3	3352.8	4297.9	11625.0	34181.3	56391.6
意大利	Italy	127.1	493.1	628.0	1305.1	7744.1	12256.0
荷　兰	Netherlands	2084.8	7204.7	9728.9	24130.8	70412.1	100585.1
波　兰	Poland	155.0	681.1	955.8	2492.5	6534.9	16225.5
俄罗斯	Russia	17.1	120.4	321.4	1164.0	3541.1	5190.6
西班牙	Spain	207.1	625.9	889.6	2762.6	7247.0	11320.7
土耳其	Turkey	86.3	298.7	363.5	1301.1	3351.9	4335.1
乌克兰	Ukraine	12.4	74.7	141.8	1905.5	3948.3	6027.8
英　国	United Kingdom	1315.4	3250.5	4385.4	8698.6	21195.9	27250.1
澳大利亚	Australia	1402.8	3938.6	4574.1	9810.2	21544.8	32890.8
新西兰	New Zealand	1388.7	3490.9	3932.8	6430.2	14980.5	17672.5

13-14 宽带用户
Broadband Subscribers

资料来源：世界银行WDI数据库。
Source:World Bank WDI Database.

国家或地区	Country or Area	宽带用户(个) Broadband Subscribers (number)			每千人宽带用户(个/千人) Broadband Subscribers (unit per 1 000 persons)		
		2000	2010	2018	2000	2010	2018
世　界	**World**	**15890822**	**531768684**	**1066860573**	**3.6**	**78.5**	**148.1**
高收入国家	**High Income**	**15733382**	**303781033**	**411375624**	**16.8**	**262.9**	**341.0**
中等收入国家	**Middle Income**	**160641**	**227633933**	**652122954**	**0.1**	**44.6**	**117.9**
低收入国家	**Low Income**		**353718**			**0.7**	
中　国	China	22660	126337000	407382000	…	92.3	285.4
中国香港	Hong Kong, China	444450	2167714	2688949	67.3	311.2	364.8
中国澳门	Macao, China	3731	132081	193057	8.7	245.4	305.7
孟加拉国	Bangladesh		414569	10221069		2.8	63.3
文　莱	Brunei Darussalam		21699	51174		55.8	119.3
柬埔寨	Cambodia		35666	166200		2.5	10.2
印　度	India		10990000	18170000		8.9	13.4
印度尼西亚	Indonesia	4000	2280316	8781060	…	9.4	32.8
伊　朗	Iran	176	987549	9806123		13.4	119.9
以色列	Israel		1762000	2410000		239.8	287.5
日　本	Japan	854655	34101778	40910708	6.7	265.3	321.6
哈萨克斯坦	Kazakhstan		869600	2462900		53.5	134.4
韩　国	Korea, Rep.	3870000	17194272	21285858	81.7	347.0	416.0
老　挝	Laos		5885	45379		0.9	6.4
马来西亚	Malaysia		2097800	2696000		74.4	85.5
蒙　古	Mongolia		76754	306150		28.2	96.6
缅　甸	Myanmar		22950	120733		0.5	2.3
巴基斯坦	Pakistan		789487	1811365		4.4	8.5
菲律宾	Philippines		1722400			18.4	
新加坡	Singapore	69000	1338400	1490000	17.1	260.8	258.8
斯里兰卡	Sri Lanka		228316	1530720		11.3	72.1
泰　国	Thailand		3251851	9189000		48.4	132.4
越　南	Viet Nam		3669321	12994451		41.7	136.0
埃　及	Egypt		1451628	6579762		17.5	66.9
尼日利亚	Nigeria		99108	73965		0.6	0.4
南　非	South Africa		743000	1386841		14.5	24.0
加拿大	Canada	1410932	10817103	14299293	46.1	316.8	385.7
墨西哥	Mexico	15000	10582865	18478088	0.2	92.8	146.4
美　国	United States	7069874	84522000	116467000	25.1	273.5	356.1
阿根廷	Argentina		4028238	8473655		98.5	191.0
巴　西	Brazil	100000	14100890	31177903	0.6	72.1	148.8
委内瑞拉	Venezuela	4473	1673076	2522213	0.2	58.8	87.3
捷　克	Czech Rep.	2500	2261179	3193782	0.2	214.6	299.4
法　国	France	196601	21337000	29097000	3.3	339.3	447.7
德　国	Germany	265000	26161950	34152000	3.3	323.7	410.9
意大利	Italy	115000	13098028	16993703	2.0	220.8	280.3
荷　兰	Netherlands	260000	6329000	7350000	16.3	379.4	430.8
波　兰	Poland		5858498	7150494		152.8	188.6
俄罗斯	Russia		15700000	32344264		109.4	221.9
西班牙	Spain	76358	10652372	14956581	1.9	227.0	320.3
土耳其	Turkey		7098163	13407226		98.1	162.8
乌克兰	Ukraine		2955862	5405125		64.6	122.8
英　国	United Kingdom	52890	19151508	26586110	0.9	301.8	396.0
澳大利亚	Australia		5510000	8396000		248.7	337.2
新西兰	New Zealand	4658	1092000	1647000	1.2	249.9	347.2

主要统计指标解释

空运货物周转量 指承载的每个航班的货物、快递和邮包重量之和乘以飞机从起飞到降落的飞行距离。该指标按航空承运商登记国统计。

航空客运量 指承载的国内或国际飞机乘客人数。该指标按航空承运商登记国统计。

宽带用户 指互联网的使用者以订购或付费方式以高速率接入公共网络。高速接入是至少以一个或二个方向每秒速率在 256kbits.

港口集装箱吞吐量 港口集装箱吞吐量反映的是从陆地到海上或者从海上到陆地流动运输的集装箱数量，一个标准集装箱单位为 20 英尺当量单位。数据包括沿海和国际航运。转运集装箱在中转港作两次计算（一次卸下和再次出境），其中包括空集装箱。

移动电话 指手提式电话用户。利用蜂窝技术，这些用户被接入公共交换电话网的自动公共移动电话服务系统。

电话主线 是指将客户的设备接入公共交换电话网的电话线。

公路货运周转量 指利用公路交通工具进行货物运输。用重量乘以里程，以亿吨公里来衡量。

互联网网民 指过去三个月自任何地址通过计算机、移动电话、PDA、游戏机、数字电视等使用过互联网的个人。

Explanatory Notes on Main Statistical Indicators

Air Freight is the sum of the metric tons of freight, express, and diplomatic bags carried on each flight stage (the operation of an aircraft from takeoff to its next landing) multiplied by the stage distance of air carriers registered in the country.

Air Transport, Passengers Carried Air passengers carried include both domestic and international aircraft passengers of air carriers registered in the country.

Broadband Subscribers are users of the Internet who subscribe to paid high-speed access to the public Internet. High-speed access is at least 256 kilobits per second in one or both directions.

Container Port Traffic Port container traffic measures the flow of containers from land to sea transport modes and vice versa, in twenty-foot equivalent units (TEUs), a standard-size container. Data refer to coastal shipping as well as international journeys. Transshipment traffic is counted as two lifts at the intermediate port (once to off-load and again as an outbound lift) and includes empty units.

Mobile Phones Mobile phones refers to users of portable telephones subscribing to an automatic public mobile telephone service using cellular technology that provides access to the public switched telephone network.

Telephone Mainlines Telephone mainlines are telephone lines connecting a customer's equipment to the public switched telephone network.

Roads, Goods Transported Goods transported by road are the volume of goods transported by road vehicles, measured in 100 millions of metric tons times kilometers traveled.

Individuals using the Internet are individuals who have used the Internet (from any location) in the last 3 months. The Internet can be used via a computer, mobile phone, personal digital assistant, games machine, digital TV etc.

对外贸易和旅游

External Trade and Tourism

14-1 世界货物进出口总额
World Merchandise Imports and Exports

资料来源：世界贸易组织数据库。
Source: WTO Database.

单位：亿美元 (100 million USD)

	世 界 World	北美洲 North America	拉丁美洲和加勒比地区 South and Central America and the Caribbean	欧 洲 Europe	亚 洲 Asia	非 洲 Africa
出口 Exports						
1995	51676	8565	1518	23355	14472	1120
1996	54061	9228	1644	24211	14654	1254
1997	55923	10141	1797	24130	15472	1275
1998	55031	10140	1681	25132	14510	1061
1999	57194	10707	1687	25218	15484	1168
2000	64548	12250	2016	26325	18355	1472
2001	61929	11475	1947	26543	16739	1384
2002	64980	11062	1964	28379	18077	1449
2003	75861	11630	2255	33848	21383	1776
2004	92214	13197	2932	40522	26534	2366
2005	105076	14758	3722	44053	30608	3085
2006	121284	16641	4498	49799	35761	3679
2007	140262	18407	5151	58061	41412	4365
2008	161652	20352	6182	64884	47247	5621
2009	125605	16019	4752	50269	38907	3936
2010	153009	19643	5933	56501	50760	5217
2011	183381	22834	7614	66541	59751	6107
2012	185111	23721	7519	64640	61200	6398
2013	189506	24179	7384	67770	62936	5909
2014	189845	24938	6867	68063	64377	5618
2015	165306	22931	5425	59580	59608	3884
2016	160305	22150	5147	59479	57669	3561
2017	177319	23765	5869	65090	63813	4213
2018	194754	25645	6352	71118	69051	4786
进口 Imports						
1995	52853	10143	1783	23346	14035	1266
1996	55473	10898	1853	24155	14743	1256
1997	57387	12137	2154	24186	14952	1324
1998	56826	12802	2165	25592	12479	1329
1999	59263	14265	1879	25965	13655	1280
2000	67231	16843	2092	27731	16778	1297
2001	64819	15803	2067	27318	15587	1349
2002	67411	16016	1823	28736	16594	1359
2003	78666	17240	1931	34594	19773	1655
2004	95745	20089	2465	41647	24883	2125
2005	108704	22844	3090	45799	28895	2565
2006	124611	25417	3743	52529	33337	3029
2007	143478	27021	4682	61172	38192	3749
2008	165953	29081	6091	68955	45745	4814
2009	128018	21779	4523	52170	36773	4116
2010	155326	26832	5853	59044	48617	4793
2011	185266	30917	7357	69232	59648	5671
2012	187387	31943	7501	66208	62183	6167
2013	190495	31969	7754	67275	63445	6407
2014	191307	32996	7469	68071	63203	6429
2015	167870	31510	6257	59035	54508	5545
2016	162849	30619	5372	59324	52234	4890
2017	180433	32840	5804	65274	60029	5167
2018	198665	35610	6454	71505	67635	5739

14-2 世界主要国家和地区货物进出口总额
Merchandise Imports and Exports by Country or Area

资料来源：世界贸易组织数据库。
Source: WTO Database.
单位：亿美元 (100 million USD)

国家或地区	Country or Area	2000	2005	2010	2015	2017	2018
世　界	**World**	**131780**	**213780**	**308335**	**333176**	**357752**	**393419**
中　国	China	4743	14219	29740	39530	41071	46230
中国香港	Hong Kong, China	4167	5923	8421	10700	11402	11968
中国澳门	Macao, China	52	70	65	119	109	127
孟加拉国	Bangladesh	153	232	470	744	887	1008
文　莱	Brunei Darussalam	50	77	114	96	87	107
柬 埔 寨	Cambodia	33	70	119	218	276	334
印　度	India	939	2425	5766	6603	7477	8362
印度尼西亚	Indonesia	1090	1627	2934	2931	3258	3689
伊　朗	Iran	426	963	1667	1152	1423	1573
以 色 列	Israel	691	899	1196	1287	1330	1452
日　本	Japan	8588	11108	14638	12728	13701	14871
哈萨克斯坦	Kazakhstan	139	452	911	765	781	935
韩　国	Korea, Rep.	3327	5457	8916	9633	10522	11401
老　挝	Laos	9	14	38	93	105	116
马来西亚	Malaysia	1802	2560	3632	3752	4125	4648
蒙　古	Mongolia	12	22	62	85	105	129
缅　甸	Myanmar	40	57	134	283	331	363
巴基斯坦	Pakistan	199	414	592	659	793	840
菲 律 宾	Philippines	751	907	1100	1336	1706	1822
新 加 坡	Singapore	2723	4297	6627	6434	7009	7833
斯里兰卡	Sri Lanka	117	152	221	294	323	344
泰　国	Thailand	1309	2291	3762	4170	4582	5018
越　南	Viet Nam	301	692	1571	3277	4258	4898
埃　及	Egypt	199	354	794	849	872	996
尼日利亚	Nigeria	297	712	1282	949	757	1025
南　非	South Africa	597	1139	1882	1855	1901	2079
加 拿 大	Canada	5214	6829	7902	8394	8630	9188
墨 西 哥	Mexico	3458	4424	6085	7858	8416	9271
美　国	United States	20412	26338	32477	38179	39547	42784
阿 根 廷	Argentina	515	690	1250	1170	1256	1271
巴　西	Brazil	1138	1962	3935	3700	3754	4284
委内瑞拉	Venezuela	497	797	1047	706	431	446
捷　克	Czech Rep.	611	1546	2596	2992	3455	3860
法　国	France	6666	9676	11348	10770	11538	12544
德　国	Germany	10490	17480	23137	23773	26111	28465
意 大 利	Italy	4793	7579	9344	8679	9605	10474
荷　兰	Netherlands	4514	7702	10907	10825	12267	13687
波　兰	Poland	808	1911	3378	3956	4682	5271
俄 罗 斯	Russia	1499	3692	6493	5344	5917	6931
西 班 牙	Spain	2714	4814	5814	5941	6715	7332
土 耳 其	Turkey	823	1903	2994	3511	3908	3910
乌 克 兰	Ukraine	285	704	1124	756	929	1044
英　国	United Kingdom	6335	9101	10071	10859	10846	11593
澳大利亚	Australia	1354	2314	4143	3965	4598	4926
新 西 兰	New Zealand	272	479	620	709	782	835

14-3 货物出口总额
Merchandise Exports

资料来源：世界贸易组织数据库。
Source: WTO Database.
单位：亿美元 (100 million USD)

国家或地区	Country or Area	2000	2005	2010	2015	2017	2018
世　界	**World**	**64548**	**105076**	**153009**	**165306**	**177319**	**194754**
中　国	China	2492	7620	15778	22735	22633	24870
中国香港	Hong Kong, China	2027	2921	4007	5106	5503	5692
中国澳门	Macao, China	25	25	9	13	14	15
孟加拉国	Bangladesh	64	93	192	324	359	393
文　莱	Brunei Darussalam	39	62	89	64	56	54
柬埔寨	Cambodia	14	31	51	85	121	144
印　度	India	424	996	2264	2674	2993	3256
印度尼西亚	Indonesia	654	870	1578	1504	1688	1802
伊　朗	Iran	287	563	1013	703	928	1079
以色列	Israel	314	428	584	637	611	574
日　本	Japan	4792	5949	7698	6248	6981	7384
哈萨克斯坦	Kazakhstan	88	278	600	460	485	610
韩　国	Korea, Rep.	1723	2844	4664	5268	5737	6049
老　挝	Laos	3	6	17	37	48	53
马来西亚	Malaysia	982	1416	1986	1992	2177	2474
蒙　古	Mongolia	5	11	29	47	62	70
缅　甸	Myanmar	16	38	87	114	139	168
巴基斯坦	Pakistan	90	161	214	221	216	235
菲律宾	Philippines	381	413	515	588	687	675
新加坡	Singapore	1378	2296	3519	3466	3732	4126
斯里兰卡	Sri Lanka	54	63	86	105	114	119
泰　国	Thailand	690	1109	1933	2143	2366	2521
越　南	Viet Nam	145	324	722	1621	2143	2456
埃　及	Egypt	53	129	264	213	256	276
尼日利亚	Nigeria	210	505	840	502	445	607
南　非	South Africa	300	516	913	809	888	940
加拿大	Canada	2766	3605	3875	4100	4208	4498
墨西哥	Mexico	1664	2142	2983	3806	4094	4506
美　国	United States	7819	9011	12785	15026	15463	16641
阿根廷	Argentina	263	404	682	568	586	616
巴　西	Brazil	551	1185	2019	1911	2178	2397
委内瑞拉	Venezuela	335	557	657	373	325	337
捷　克	Czech Rep.	291	781	1330	1579	1821	2022
法　国	France	3276	4634	5238	5063	5352	5818
德　国	Germany	5518	9709	12589	13262	14482	15608
意大利	Italy	2405	3731	4473	4570	5074	5466
荷　兰	Netherlands	2331	4064	5743	5704	6521	7227
波　兰	Poland	317	894	1597	1991	2344	2606
俄罗斯	Russia	1050	2438	4006	3414	3535	4440
西班牙	Spain	1153	1926	2544	2823	3195	3452
土耳其	Turkey	278	735	1139	1438	1570	1680
乌克兰	Ukraine	146	342	515	381	433	473
英　国	United Kingdom	2854	3909	4160	4596	4411	4857
澳大利亚	Australia	639	1061	2126	1877	2311	2569
新西兰	New Zealand	133	217	314	344	381	397

14-4 货物进口总额
Merchandise Imports

资料来源：世界贸易组织数据库。
Source: WTO Database.
单位：亿美元 (100 million USD)

国家或地区	Country or Area	2000	2005	2010	2015	2017	2018
世　界	**World**	**67231**	**108704**	**155326**	**167870**	**180433**	**198665**
中　国	China	2251	6600	13962	16796	18438	21359
中国香港	Hong Kong, China	2140	3002	4414	5594	5899	6275
中国澳门	Macao, China	26	45	56	106	95	112
孟加拉国	Bangladesh	89	139	278	420	528	615
文　莱	Brunei Darussalam	11	15	25	32	31	52
柬埔寨	Cambodia	19	39	68	133	155	191
印　度	India	515	1429	3502	3929	4484	5107
印度尼西亚	Indonesia	436	757	1357	1427	1570	1887
伊　朗	Iran	139	400	654	449	495	494
以色列	Israel	377	471	612	650	719	878
日　本	Japan	3795	5159	6941	6480	6719	7487
哈萨克斯坦	Kazakhstan	50	174	311	306	296	325
韩　国	Korea, Rep.	1605	2612	4252	4365	4785	5352
老　挝	Laos	5	9	21	57	56	63
马来西亚	Malaysia	820	1143	1646	1760	1948	2175
蒙　古	Mongolia	6	12	33	38	43	59
缅　甸	Myanmar	24	19	48	169	193	195
巴基斯坦	Pakistan	109	254	378	438	577	605
菲律宾	Philippines	370	495	585	748	1019	1147
新加坡	Singapore	1345	2000	3108	2967	3277	3706
斯里兰卡	Sri Lanka	63	88	135	189	210	225
泰　国	Thailand	619	1182	1829	2027	2215	2497
越　南	Viet Nam	156	368	848	1656	2115	2442
埃　及	Egypt	146	224	529	636	616	720
尼日利亚	Nigeria	87	208	442	447	313	419
南　非	South Africa	297	623	968	1047	1013	1139
加拿大	Canada	2448	3224	4027	4294	4422	4690
墨西哥	Mexico	1795	2282	3102	4053	4322	4766
美　国	United States	12593	17327	19692	23153	24085	26143
阿根廷	Argentina	252	287	568	602	669	654
巴　西	Brazil	586	776	1915	1788	1575	1887
委内瑞拉	Venezuela	162	240	390	333	105	109
捷　克	Czech Rep.	320	765	1267	1414	1634	1838
法　国	France	3389	5041	6111	5708	6186	6726
德　国	Germany	4972	7771	10548	10511	11629	12856
意大利	Italy	2388	3848	4870	4109	4531	5008
荷　兰	Netherlands	2183	3638	5164	5121	5746	6460
波　兰	Poland	490	1016	1780	1965	2338	2665
俄罗斯	Russia	449	1254	2486	1930	2381	2491
西班牙	Spain	1561	2888	3270	3119	3520	3880
土耳其	Turkey	545	1168	1855	2072	2338	2230
乌克兰	Ukraine	140	361	609	375	496	570
英　国	United Kingdom	3481	5193	5911	6262	6435	6735
澳大利亚	Australia	715	1253	2016	2088	2288	2357
新西兰	New Zealand	139	262	306	366	401	438

14-5 世界主要国家和地区服务贸易进出口总额
Total of Service Imports and Exports by Country or Area

资料来源：世界贸易组织数据库。
Source:WTO Database.
单位：亿美元 (100 million USD)

国家或地区	Country or Area	2000	2005	2010	2015	2017	2018
世　界	**World**	**29551**	**51339**	**75645**	**96532**	**104660**	**112549**
中　国	China	660	1613	3696	6505	6905	7857
中国香港	Hong Kong, China	650	1034	1507	1782	1817	1952
中国澳门	Macao, China	41	93	261	372	433	485
孟加拉国	Bangladesh	18	28	54	91	113	134
文　莱	Brunei Darussalam	10	16	15	23	18	21
柬埔寨	Cambodia	7	17	29	60	71	82
印　度	India	349	1120	2308	2784	3386	3799
印度尼西亚	Indonesia	204	346	423	523	573	622
伊　朗	Iran	36	153	268	260	257	
以色列	Israel	275	314	439	611	733	804
日　本	Japan	1822	2371	2948	3349	3724	3853
哈萨克斯坦	Kazakhstan	27	94	151	166	162	188
韩　国	Korea, Rep.	639	1084	1788	2080	2068	2182
老　挝	Laos	1	2	7	19	20	21
马来西亚	Malaysia	304	414	670	748	789	838
蒙　古	Mongolia	2	8	13	21	31	42
缅　甸	Myanmar	8	7	11	61	66	90
巴基斯坦	Pakistan	34	93	95	117	138	136
菲律宾	Philippines	86	150	295	524	607	639
新加坡	Singapore	584	1022	2016	3185	3536	3704
斯里兰卡	Sri Lanka	25	44	67	123	142	151
泰　国	Thailand	291	464	752	1036	1216	1388
越　南	Viet Nam	60	87	171	269	298	331
埃　及	Egypt	168	240	366	348	347	407
尼日利亚	Nigeria	50	78	225	216	225	349
南　非	South Africa	105	234	348	298	311	317
加拿大	Canada	829	1233	1725	1800	1937	2035
墨西哥	Mexico	295	380	421	552	638	654
美　国	United States	4874	6389	9209	12057	12988	13445
阿根廷	Argentina	137	136	269	317	392	375
巴　西	Brazil	245	358	870	1019	1000	990
委内瑞拉	Venezuela	53	64	155	148		
捷　克	Czech Rep.	121	235	396	424	485	545
法　国	France	1397	2892	3820	4881	5193	5478
德　国	Germany	2163	3611	4821	5657	6326	6753
意大利	Italy	1103	1840	2108	1970	2241	2437
荷　兰	Netherlands	1033	2210	2956	4089	4220	4691
波　兰	Poland	193	336	663	780	965	1124
俄罗斯	Russia	258	681	1219	1380	1442	1572
西班牙	Spain	851	1526	1802	1829	2138	2339
土耳其	Turkey	287	383	545	671	661	700
乌克兰	Ukraine	64	170	299	226	261	291
英　国	United Kingdom	2149	4030	4532	5636	5601	6023
澳大利亚	Australia	380	642	1081	1165	1307	1389
新西兰	New Zealand	94	183	215	258	288	303

14-6 服务贸易出口总额
Commercial Service Exports

资料来源：世界贸易组织数据库。
Source: WTO Database.
单位：亿美元 (100 million USD)

国家或地区	Country or Area	2000	2005	2010	2015	2017	2018
世　界	**World**	**14913**	**26008**	**38501**	**48906**	**53577**	**57697**
中　国	China	301	780	1774	2176	2264	2651
中国香港	Hong Kong, China	404	473	805	1043	1042	1139
中国澳门	Macao, China	33	78	237	334	388	436
孟加拉国	Bangladesh	3	7	12	17	23	30
文　莱	Brunei Darussalam	2	6	5	6	5	6
柬埔寨	Cambodia	4	11	19	38	44	52
印　度	India	160	519	1166	1557	1847	2045
印度尼西亚	Indonesia	51	126	163	216	247	272
伊　朗	Iran	14	49	87	108	99	
以色列	Israel	156	173	254	368	447	499
日　本	Japan	683	997	1318	1583	1816	1873
哈萨克斯坦	Kazakhstan	9	20	39	59	63	70
韩　国	Korea, Rep.	308	493	822	967	865	954
老　挝	Laos	1	2	5	8	9	9
马来西亚	Malaysia	138	196	346	348	370	396
蒙　古	Mongolia	1	4	5	7	10	11
缅　甸	Myanmar	5	3	3	37	38	51
巴基斯坦	Pakistan	13	20	29	35	39	40
菲律宾	Philippines	34	86	178	290	348	375
新加坡	Singapore	284	462	1006	1555	1723	1837
斯里兰卡	Sri Lanka	9	15	25	64	77	84
泰　国	Thailand	138	198	341	614	752	838
越　南	Viet Nam	27	42	74	111	129	149
埃　及	Egypt	97	144	236	181	186	229
尼日利亚	Nigeria	18	14	26	27	45	43
南　非	South Africa	49	116	157	147	154	156
加拿大	Canada	393	589	753	799	868	917
墨西哥	Mexico	133	157	154	227	270	284
美　国	United States	2824	3601	5435	7352	7784	8082
阿根廷	Argentina	48	63	126	130	145	139
巴　西	Brazil	90	143	291	330	337	332
委内瑞拉	Venezuela	11	13	16	15		
捷　克	Czech Rep.	67	128	219	228	269	299
法　国	France	800	1559	2011	2548	2740	2910
德　国	Germany	796	1530	2200	2717	3034	3256
意大利	Italy	559	908	998	971	1108	1208
荷　兰	Netherlands	514	1187	1599	1959	2158	2405
波　兰	Poland	104	181	354	451	584	692
俄罗斯	Russia	96	286	486	508	568	638
西班牙	Spain	522	916	1124	1179	1383	1490
土耳其	Turkey	202	275	360	462	434	481
乌克兰	Ukraine	38	100	177	122	139	155
英　国	United Kingdom	1184	2333	2749	3522	3531	3727
澳大利亚	Australia	194	317	511	539	640	683
新西兰	New Zealand	50	100	114	142	160	167

14-7 服务贸易进口总额
Commercial Service Imports

资料来源：世界贸易组织数据库。
Source: WTO Database.
单位：亿美元　　(100 million USD)

国家或地区	Country or Area	2000	2005	2010	2015	2017	2018
世　界	**World**	**14637**	**25330**	**37144**	**47627**	**51083**	**54852**
中　国	China	359	834	1923	4330	4641	5206
中国香港	Hong Kong, China	246	561	703	739	775	813
中国澳门	Macao, China	8	15	24	38	44	49
孟加拉国	Bangladesh	15	21	41	74	90	104
文　莱	Brunei Darussalam	8	9	11	16	12	15
柬埔寨	Cambodia	3	6	10	22	27	30
印　度	India	189	602	1142	1227	1540	1755
印度尼西亚	Indonesia	154	220	260	308	326	350
伊　朗	Iran	22	104	182	151	159	
以色列	Israel	119	141	185	243	286	305
日　本	Japan	1139	1374	1629	1766	1908	1980
哈萨克斯坦	Kazakhstan	18	74	112	107	100	117
韩　国	Korea, Rep.	332	591	966	1113	1203	1228
老　挝	Laos	0	0	3	11	11	12
马来西亚	Malaysia	166	218	324	399	420	443
蒙　古	Mongolia	2	4	8	14	22	31
缅　甸	Myanmar	3	5	8	24	29	39
巴基斯坦	Pakistan	21	73	66	82	99	96
菲律宾	Philippines	52	64	117	234	259	265
新加坡	Singapore	300	560	1010	1630	1813	1867
斯里兰卡	Sri Lanka	16	29	43	59	65	68
泰　国	Thailand	153	267	411	422	464	550
越　南	Viet Nam	33	44	98	158	168	182
埃　及	Egypt	72	95	130	167	161	178
尼日利亚	Nigeria	31	64	199	188	180	306
南　非	South Africa	57	119	192	151	158	161
加拿大	Canada	436	645	972	1001	1069	1118
墨西哥	Mexico	163	223	267	324	368	371
美　国	United States	2050	2788	3774	4704	5204	5362
阿根廷	Argentina	90	72	143	187	247	236
巴　西	Brazil	156	215	578	689	663	657
委内瑞拉	Venezuela	42	52	138	133		
捷　克	Czech Rep.	53	107	177	196	216	246
法　国	France	597	1333	1809	2333	2453	2568
德　国	Germany	1367	2081	2621	2940	3293	3497
意大利	Italy	544	932	1110	999	1133	1229
荷　兰	Netherlands	518	1023	1357	2131	2061	2285
波　兰	Poland	89	155	309	329	381	432
俄罗斯	Russia	162	395	732	872	874	933
西班牙	Spain	329	610	678	650	755	849
土耳其	Turkey	85	108	185	209	227	219
乌克兰	Ukraine	26	70	122	104	122	137
英　国	United Kingdom	965	1697	1782	2115	2070	2295
澳大利亚	Australia	186	325	569	626	666	706
新西兰	New Zealand	44	83	101	116	128	136

14-8 出口和进口单位价值指数
Indices of Export Unit Value and Import Unit Value

资料来源：国际货币基金组织IFS数据库。
Source: IMF IFS Database.

2010年=100 (2010=100)

国家或地区	Country or Area	进口单位价值指数 Import Unit Values Index			出口单位价值指数 Export Unit Values Index		
		2015	2017	2018	2015	2017	2018
中国香港	Hong Kong, China	114.7	114.2	116.5	115.9	115.3	117.5
中国澳门	Macao, China	108.6	106.3		106.9	105.4	
荷　兰	Netherlands	84.4	85.7		85.5	87.2	
奥地利	Austria				85.3	87.4	92.4
比利时	Belgium	109.8			110.8		
巴　西	Brazil	46.7	42.4	43.3	41.3	45.0	42.1
智　利	Chile	92.4			79.2		
哥斯达黎加	Costa Rica	101.5	100.8	104.7	101.7	102.0	103.1
捷　克	Czech Rep.	76.3	81.1		77.6	82.3	
丹　麦	Denmark	83.0	84.8	87.9	84.4	83.1	85.1
萨尔瓦多	El Salvador	110.0					
芬　兰	Finland	100.1			101.1		
德　国	Germany	91.7	94.8		91.7	95.2	
希　腊	Greece	94.2			96.0		
冰　岛	Iceland	97.2	101.1	115.1	97.5	98.5	108.3
印　度	India	156.4	141.9	148.0	104.7	117.6	118.7
爱尔兰	Ireland	82.9			88.7		
意大利	Italy	89.1	91.7		97.7	103.0	
日　本	Japan	90.8	91.6		90.6	96.0	
约　旦	Jordan	117.2			108.5		
拉脱维亚	Latvia	93.4			98.1		
马耳他	Malta	81.1	81.9	90.0	75.1	80.5	85.5
挪　威	Norway	89.5			80.6		
巴基斯坦	Pakistan	122.3	108.8	101.9	113.9	107.0	100.5
巴布亚新几内亚	Papua New Guinea				78.1		
波　兰	Poland	88.3	89.0	95.8	91.1	92.5	98.4
塞内加尔	Senegal	78.2			97.9		
新加坡	Singapore	86.2			89.7		
西班牙	Spain	86.5	89.8		89.0	89.9	
瑞　士	Switzerland	85.5			95.5		
泰　国	Thailand	95.9	98.5	104.1	100.1	103.4	107.0
乌干达	Uganda	120.3			105.7		
乌克兰	Ukraine	76.0	96.5	95.1	65.3	92.0	88.7
美　国	United States	97.7			100.6		
委内瑞拉	Venezuela	457.5					

14-9 货物和服务进出口占国内生产总值比重
Exports and Imports of Goods and Services as Percentage of GDP

资料来源：世界银行WDI数据库。
Source: World Bank WDI Database.

单位：% (%)

国家或地区	Country or Area	货物和服务出口占国内生产总值比重 Exports of Goods and Services as percentage of GDP			货物和服务进口占国内生产总值比重 Imports of Goods and Services as percentage of GDP		
		2000	2010	2018	2000	2010	2018
世　界	**World**	**26.0**	**28.8**	**29.4①**	**25.1**	**28.0**	**28.5①**
中　国	China	20.9	26.3	19.5	18.5	22.7	18.7
中国香港	Hong Kong, China	126.0	205.3	188.0	121.6	199.4	188.0
中国澳门	Macao, China	90.0	87.8	83.4	59.0	32.7	32.9
孟加拉国	Bangladesh	12.3	16.0	14.8	17.0	21.8	23.4
文　莱	Brunei Darussalam	67.4	67.4	51.9	35.8	28.0	42.0
柬埔寨	Cambodia	49.5	54.1	61.6	61.4	59.5	63.3
印　度	India	13.0	22.4	19.7	13.9	26.9	23.4
印度尼西亚	Indonesia	41.0	24.3	21.0	30.5	22.4	22.1
伊　朗	Iran	21.5	24.4	24.9①	19.8	19.4	23.8①
以色列	Israel	35.6	35.0	29.2①	35.7	32.9	27.6①
日　本	Japan	10.6	15.0	17.8①	9.2	13.6	16.8①
哈萨克斯坦	Kazakhstan	56.6	44.2	34.4①	49.1	29.9	26.3①
韩　国	Korea, Rep.	35.0	49.4	44.0	32.9	46.2	39.0
老　挝	Laos	30.7	35.4	34.3①	38.2	49.3	41.5①
马来西亚	Malaysia	119.8	86.9	69.7	100.6	71.0	62.6
蒙　古	Mongolia	54.0	46.7	60.3	67.9	56.7	63.5
缅　甸	Myanmar	0.5	0.1	20.0①	0.6	0.1	28.0①
巴基斯坦	Pakistan	13.4	13.5	8.5	14.7	19.4	19.4
菲律宾	Philippines	51.4	34.8	31.7	53.4	36.6	44.4
新加坡	Singapore	188.4	198.0	176.4	176.0	171.7	149.8
斯里兰卡	Sri Lanka	39.0	19.6	22.8	49.6	26.8	30.1
泰　国	Thailand	64.8	66.5	66.8	56.5	60.8	56.5
越　南	Viet Nam	53.9	72.0	95.4	57.5	80.2	92.1
埃　及	Egypt	16.2	21.3	18.9	22.8	26.6	29.4
尼日利亚	Nigeria	36.0	25.7	13.2①	13.0	17.7	13.2①
南　非	South Africa	27.2	28.6	30.1	24.3	27.4	29.7
加拿大	Canada	44.3	29.1	31.9	38.7	31.0	34.0
墨西哥	Mexico	25.4	29.7	39.2	27.0	31.1	41.1
美　国	United States	10.7	12.3	12.1①	14.4	15.7	15.0①
阿根廷	Argentina	11.0	18.9	14.4	11.6	16.0	16.4
巴　西	Brazil	10.2	10.9	14.8	12.5	11.9	14.3
委内瑞拉	Venezuela	29.7	28.5		18.1	17.6	
捷　克	Czech Rep.	48.2	66.0	78.8	50.0	62.9	72.6
法　国	France	28.6	26.8	31.3	27.3	28.1	32.1
德　国	Germany	30.8	42.3	47.0	30.6	37.1	40.2
意大利	Italy	25.7	25.2	31.8	24.8	27.2	29.3
荷　兰	Netherlands	66.0	69.8	83.0	59.5	61.7	72.4
波　兰	Poland	27.2	40.1	55.3	33.6	42.1	51.9
俄罗斯	Russia	44.1	29.2	30.7	24.0	21.1	20.8
西班牙	Spain	28.6	25.5	34.3	31.6	26.8	32.3
土耳其	Turkey	19.4	20.4	29.6	22.6	25.5	30.8
乌克兰	Ukraine	62.4	47.1	45.2	57.4	51.1	53.8
英　国	United Kingdom	24.9	28.2	29.9	26.8	30.4	31.4
澳大利亚	Australia	19.4	19.8	21.7	21.6	20.8	21.3
新西兰	New Zealand	35.7	30.3	27.6①	32.8	28.0	26.7①

注：①2017年数据。
Note:①Data refer to 2017.

14-10 出口货物构成(2018年)
Exports by Commodity Groups(2018)

资料来源：世界银行WDI数据库。
Source: World Bank WDI Database.

单位：% (%)

国家或地区	Country or Area	农业原材料 Agricultural Raw Materials	食品 Food	燃料 Fuel	矿物和金属 Ores and Metals	制成品 Manufactures	其它 Others
世　界	**World**	**1.6**	**9.3**	**13.1**	**4.4**	**66.4**	**5.4**
高收入国家	**High Income**	**1.5**	**7.9**	**10.5**	**3.8**	**70.4**	**6.0**
中等收入国家①	**Middle Income①**	**1.4**	**11.0**	**17.4**	**4.7**	**64.7**	**0.8**
中　国①	China①	0.4	3.0	1.6	1.2	93.6	0.2
中国香港	Hong Kong, China	0.1	2.3	0.1	1.2	96.1	0.1
中国澳门②	Macao, China②	0.1	0.7		1.0		
孟加拉国③	Bangladesh③	0.8	2.7	0.6	0.2	95.8	
文　莱	Brunei Darussalam	…	0.1	95.6	…	4.3	…
柬埔寨②	Cambodia②	2.1	4.6	…	0.1	93.2	…
印　度	India	1.4	10.5	14.9	3.3	69.8	0.1
印度尼西亚	Indonesia	4.7	20.7	23.2	6.7	44.7	…
伊　朗①	Iran①	0.3	5.9	70.8	3.2	19.7	0.1
以色列	Israel	0.7	2.9	2.3	1.1	91.8	1.3
日　本	Japan	0.7	1.0	1.7	2.5	88.0	6.3
哈萨克斯坦	Kazakhstan	0.3	4.9	70.1	11.5	13.2	…
韩　国	Korea, Rep.	1.0	1.3	7.8	2.1	87.8	0.1
老　挝②	Laos②	3.2	30.6	0.3	38.6	27.3	…
马来西亚	Malaysia	1.4	9.2	15.3	4.3	69.5	0.4
蒙　古	Mongolia	5.4	2.9	46.8	42.9	2.0	…
缅　甸	Myanmar	1.9	27.8	21.6	5.5	43.1	0.2
巴基斯坦	Pakistan	0.8	20.8	2.1	2.1	74.1	…
菲律宾	Philippines	0.7	8.8	1.6	5.0	83.8	0.1
新加坡	Singapore	0.6	3.3	13.5	0.9	75.1	6.6
斯里兰卡①	Sri Lanka①	2.6	26.0	2.6	0.8	67.9	…
泰　国	Thailand	3.3	13.7	4.0	1.6	77.5	…
越　南①	Viet Nam①	1.5	12.1	2.3	0.9	83.2	0.1
埃　及	Egypt	1.7	16.4	25.9	4.2	51.7	0.1
尼日利亚	Nigeria	0.1	2.0	94.0	0.3	3.6	…
南　非	South Africa	2.3	11.5	11.1	26.5	47.9	0.6
加拿大	Canada	4.7	12.3	24.7	7.6	49.0	1.8
墨西哥	Mexico	0.3	7.6	6.7	2.8	81.3	1.4
美　国	United States	2.3	9.5	13.7	3.0	59.4	12.1
阿根廷	Argentina	1.0	56.5	4.3	0.5	20.5	17.3
巴　西	Brazil	5.1	34.1	12.5	11.3	36.1	0.9
捷　克	Czech Rep.	1.3	4.1	1.9	1.3	91.0	0.3
法　国	France	0.9	12.2	3.2	2.1	80.1	1.5
德　国	Germany	0.8	5.3	2.1	2.5	85.4	4.0
意大利	Italy	0.7	8.9	3.5	2.1	83.2	1.6
荷　兰	Netherlands	2.8	14.9	9.8	2.4	65.9	4.2
波　兰	Poland	1.3	12.9	2.5	3.0	80.2	0.2
俄罗斯	Russia	2.2	5.5	52.0	5.5	20.6	14.1
西班牙	Spain	1.0	16.6	6.2	3.9	72.2	0.2
土耳其	Turkey	0.5	10.5	2.4	4.3	80.9	1.4
乌克兰	Ukraine	2.0	39.1	1.5	8.3	48.8	0.3
英　国	United Kingdom	0.5	6.8	9.4	4.0	74.5	4.7
澳大利亚	Australia	2.3	12.6	24.5	28.3	13.2	19.1
新西兰	New Zealand	12.7	62.6	1.8	3.0	16.4	3.4

注：①2017年数据。②2016年数据。③2015年数据。
Note:①Data refer to 2017.②Data refer to 2016.③Data refer to 2015.

14-11 进口货物构成(2018年)
Imports by Commodity Groups(2018)

资料来源：世界银行WDI数据库。
Source: World Bank WDI Database.
单位：% (%)

国家或地区	Country or Area	农业原材料 Agricultural Raw Materials	食品 Food	燃料 Fuel	矿物和金属 Ores and Metals	制成品 Manufactures	其它 Others
世　界	**World**	**1.2**	**8.2**	**12.9**	**3.4**	**72.1**	**2.2**
高收入国家	**High Income**	**1.1**	**8.2**	**12.1**	**3.2**	**73.1**	**2.3**
中等收入国家①	**Middle Income①**	**2.3**	**8.9**	**13.8**	**6.2**	**67.1**	**1.7**
中　国①	China①	3.7	6.8	14.5	11.4	62.7	0.9
中国香港	Hong Kong, China	0.1	4.9	2.6	1.1	91.1	0.1
中国澳门③	Macao, China③	0.3	16.8	5.6	0.2	65.5	11.6
孟加拉国②	Bangladesh②	6.4	16.6	10.9	2.7	63.2	0.3
文　莱	Brunei Darussalam	0.1	12.1	6.6	1.1	79.9	0.2
柬埔寨③	Cambodia③	2.1	7.3	8.9	1.5	80.2	…
印　度	India	1.9	4.2	35.3	6.0	52.1	0.5
印度尼西亚	Indonesia	2.9	10.3	16.7	3.5	65.9	0.6
伊　朗①	Iran①	2.7	20.2	0.7	1.5	66.9	8.0
以色列	Israel	1.0	8.4	12.8	1.4	75.5	0.9
日　本	Japan	1.3	9.4	23.3	6.3	58.1	1.6
哈萨克斯坦	Kazakhstan	0.6	10.8	5.4	3.3	79.7	0.1
韩　国	Korea, Rep.	1.3	5.8	27.3	6.4	59.1	0.1
老　挝③	Laos③	0.3	13.5	15.3	1.2	69.8	…
马来西亚	Malaysia	1.8	7.6	14.6	5.3	70.3	0.4
蒙　古	Mongolia	0.3	11.4	22.2	0.3	65.8	…
缅　甸	Myanmar	0.6	13.1	20.7	0.8	64.8	0.1
巴基斯坦	Pakistan	4.4	10.0	28.6	4.0	52.9	0.1
菲律宾	Philippines	0.6	11.2	12.0	2.3	73.8	0.1
新加坡	Singapore	0.4	3.8	24.7	1.1	69.1	0.9
斯里兰卡①	Sri Lanka①	2.0	13.4	15.6	1.5	66.7	0.9
泰　国	Thailand	1.6	6.3	17.8	4.4	69.8	0.2
越　南①	Viet Nam①	3.1	8.0	5.2	3.9	79.6	0.1
埃　及	Egypt	2.7	16.7	17.5	5.0	58.0	…
尼日利亚	Nigeria	0.8	10.9	29.7	1.2	57.5	…
南　非	South Africa	1.0	7.1	18.6	2.0	63.1	8.2
加拿大	Canada	0.8	8.1	8.1	2.6	78.0	2.4
墨西哥	Mexico	1.0	5.6	10.1	2.7	77.0	3.7
美　国	United States	0.9	6.0	9.3	2.2	77.7	4.0
阿根廷	Argentina	0.9	6.9	9.6	2.4	79.4	0.9
巴　西	Brazil	1.2	5.6	15.1	3.6	74.5	0.1
捷　克	Czech Rep.	1.17	5.43	6.08	2.96	84.28	0.1
法　国	France	1.1	9.4	11.3	2.3	75.7	0.1
德　国	Germany	1.3	7.7	8.9	4.0	73.0	5.1
意大利	Italy	2.0	10.0	13.8	4.8	68.6	0.8
荷　兰	Netherlands	1.7	12.2	14.5	2.6	65.7	3.3
波　兰	Poland	1.7	8.3	8.8	3.5	76.2	1.6
俄罗斯	Russia	1.0	11.9	0.9	1.8	83.3	1.1
西班牙	Spain	1.2	11.1	15.0	4.1	68.6	0.1
土耳其	Turkey	2.6	5.9	9.5	8.2	62.6	11.2
乌克兰	Ukraine	1.0	8.6	23.5	2.5	63.5	0.9
英　国	United Kingdom	1.3	10.0	10.4	2.8	73.2	2.2
澳大利亚	Australia	0.6	6.7	13.6	1.5	74.3	3.4
新西兰	New Zealand	0.7	11.3	12.2	1.3	73.5	1.0

注：①2017年数据。②2015年数据。③2016年数据。
Note:①Data refer to 2017.②Data refer to 2015.③Data refer to 2016.

14-12 农产品进出口额
Imports and Exports of Agriculture Products

资料来源：世界贸易组织数据库。
Source: WTO Database.
单位：亿美元 (100 million USD)

国家或地区	Country or Area	农产品进口额 Imports			农产品出口额 Exports		
		2000	2010	2017	2000	2010	2017
世　界	**World**	**5939.83**	**13915.29**	**17716.49**	**5498.47**	**13544.29**	**17360.24**
中　国	China	195.44	1082.60	1809.44	163.84	516.07	759.81
中国香港	Hong Kong, China	117.28	206.22	289.55	56.93	80.28	121.02
中国澳门	Macao, China	2.89	9.60	15.67	0.45	0.75	1.43
孟加拉国	Bangladesh	17.16	59.92	160.07	4.98	10.13	12.13
文　莱	Brunei Darussalam		4.35	4.68		0.05	0.13
柬埔寨	Cambodia	1.89	4.24	12.53	0.53	2.08	7.15
印　度	India	39.93	178.64	332.54	59.51	231.06	394.96
印度尼西亚	Indonesia	57.27	156.44	237.47	77.64	359.57	492.93
伊　朗	Iran	29.43	94.14	110.48	9.32	49.92	63.23
以色列	Israel	22.88	50.56	67.38	11.82	23.06	21.83
日　本	Japan	621.50	775.59	790.61	43.49	101.43	110.12
哈萨克斯坦	Kazakhstan	5.06	24.28	35.15	7.25	20.40	25.08
韩　国	Korea, Rep.	128.37	266.14	350.67	42.98	93.46	128.07
老　挝	Laos		2.12	5.73		5.03	10.99
马来西亚	Malaysia	46.10	160.53	193.24	80.16	288.40	287.16
蒙　古	Mongolia	1.06	3.26	6.12	1.48	1.49	4.73
缅　甸	Myanmar		3.64	29.07		23.06	47.81
巴基斯坦	Pakistan	18.82	67.37	90.20	12.34	39.40	42.43
菲律宾	Philippines	31.04	68.23	118.20	19.30	41.15	70.05
新加坡	Singapore	48.90	108.71	139.87	37.20	78.40	118.49
斯里兰卡	Sri Lanka	9.34	20.63	31.50	10.93	25.61	32.81
泰　国	Thailand	44.84	119.85	179.21	122.18	348.18	431.73
越　南	Viet Nam	12.69	102.72	225.56	39.54	168.35	295.97
埃　及	Egypt	41.95	118.50	153.61	6.10	51.22	50.57
尼日利亚	Nigeria	12.12	48.82	53.86	0.39	43.03	9.17
南　非	South Africa	16.50	63.07	73.53	32.70	99.32	116.94
加拿大	Canada	152.72	319.69	390.67	347.91	521.18	667.43
墨西哥	Mexico	109.89	235.31	292.49	91.00	187.88	331.76
美　国	United States	691.15	1164.48	1697.48	714.08	1425.73	1698.20
阿根廷	Argentina	16.44	21.33	33.97	119.53	346.50	355.83
巴　西	Brazil	47.62	107.68	118.51	154.63	685.87	878.34
委内瑞拉	Venezuela	19.70	53.88	23.05	5.23	1.10	0.23
捷　克	Czech Rep.	22.50	88.01	112.98	19.08	72.71	105.93
法　国	France	301.42	601.64	679.74	369.39	667.85	724.99
德　国	Germany	450.24	991.27	1159.27	292.75	802.75	944.04
意大利	Italy	299.05	564.04	575.18	163.57	386.27	482.76
荷　兰	Netherlands	263.63	611.25	743.91	420.10	940.51	1075.74
波　兰	Poland	39.50	167.42	240.88	30.99	193.05	331.86
俄罗斯	Russia	75.61	364.73	300.97	75.22	210.53	344.80
西班牙	Spain	171.37	386.65	444.48	174.66	420.89	571.90
土耳其	Turkey	41.33	128.78	182.92	38.28	123.70	172.91
乌克兰	Ukraine	10.92	62.45	47.42	15.85	104.75	184.60
英　国	United Kingdom	325.41	611.37	696.76	170.69	289.87	322.45
澳大利亚	Australia	42.34	110.85	163.92	164.46	270.48	420.89
新西兰	New Zealand	12.04	33.76	49.91	76.65	195.65	274.74

14-13 出口去向构成(2018年)
Exports by Destination(2018)

资料来源：联合国贸发会议统计手册。
Source: UNCTAD Handbook of Statistics.
单位：%　　(%)

国家或地区	Country or Area	发达国家 Developed Countries	欧洲 Europe	美国 United States	日本 Japan	其他 Other
中　　国	China	45.7	16.7	19.2	5.9	3.9
中国香港	Hong Kong, China	22.3	9.6	8.1	2.9	1.7
中国澳门	Macao, China	4.2	2.1	1.3	0.5	0.4
孟加拉国	Bangladesh	82.1	58.8	14.7	3.1	5.5
文　　莱	Brunei Darussalam	45.3	0.8	1.2	34.4	8.9
柬 埔 寨	Cambodia	74.9	38.4	21.0	8.2	7.2
印　　度	India	39.2	18.4	16.0	1.5	3.3
印度尼西亚	Indonesia	33.4	9.9	10.2	10.8	2.4
伊　　朗	Iran	16.1	11.8	0.1	4.0	0.2
以 色 列	Israel	62.0	30.8	27.1	1.8	2.2
日　　本	Japan	35.3	12.0	19.1		4.2
哈萨克斯坦	Kazakhstan	60.5	55.5	1.6	2.5	0.9
韩　　国	Korea, Rep.	30.4	10.1	12.1	5.0	3.1
马来西亚	Malaysia	30.5	10.2	9.1	6.9	4.2
蒙　　古	Mongolia	8.0	7.4	0.1	0.4	0.0
缅　　甸	Myanmar	28.1	16.1	3.0	8.3	0.7
巴基斯坦	Pakistan	53.5	34.1	16.1	0.9	2.3
菲 律 宾	Philippines	45.0	13.6	15.6	14.0	1.7
新 加 坡	Singapore	26.3	9.8	8.2	4.2	4.1
斯里兰卡	Sri Lanka	64.3	31.6	26.2	1.9	4.5
泰　　国	Thailand	37.9	11.0	11.1	9.9	5.8
越　　南	Viet Nam	48.9	17.7	19.9	7.9	3.5
埃　　及	Egypt	44.4	33.5	7.7	0.6	2.6
尼日利亚	Nigeria	48.5	37.3	8.0	1.3	1.8
南　　非	South Africa	37.9	24.6	6.8	4.8	1.7
加 拿 大	Canada	86.2	8.4	75.0	2.2	0.5
墨 西 哥	Mexico	85.7	4.9	76.5	0.7	3.5
美　　国	United States	46.1	20.9		4.5	20.6
阿 根 廷	Argentina	28.5	17.1	6.9	0.8	3.7
巴　　西	Brazil	34.1	18.3	12.2	1.8	1.8
捷　　克	Czech Rep.	89.4	86.0	2.1	0.5	0.9
法　　国	France	74.1	63.2	8.0	1.4	1.6
德　　国	Germany	75.3	63.1	8.6	1.6	2.0
意 大 利	Italy	74.5	61.5	9.2	1.4	2.4
荷　　兰	Netherlands	83.7	76.9	4.4	0.7	1.7
波　　兰	Poland	86.7	82.5	2.8	0.3	1.1
俄 罗 斯	Russia	52.9	46.8	2.8	2.8	0.6
西 班 牙	Spain	76.0	68.7	4.6	0.9	1.9
土 耳 其	Turkey	61.0	52.2	4.9	0.3	3.6
乌 克 兰	Ukraine	47.2	42.9	2.4	0.5	1.5
英　　国	United Kingdom	70.9	52.5	13.4	1.7	3.3
澳大利亚	Australia	29.1	5.4	3.8	16.4	3.5
新 西 兰	New Zealand	43.0	10.0	10.0	6.2	16.8

14-13 续表 continued

单位：% (%)

国家或地区	Country or Area	经济转型国家 Economies in Transition	发展中国家 Developing Countries	非洲 Africa	美洲 America	亚洲 Asia	大洋洲 Oceania
中国	China	3.3	51.0	4.2	5.9	40.8	0.2
中国香港	Hong Kong, China	0.8	76.9	1.0	1.8	74.1	…
中国澳门	Macao, China		95.8	0.1	0.1	95.5	0.1
孟加拉国	Bangladesh	2.5	15.4	1.0	2.1	12.2	…
文莱	Brunei Darussalam	…	54.7	0.2	…	54.4	…
柬埔寨	Cambodia	1.1	24.1	0.3	1.8	22.0	…
印度	India	1.1	58.9	8.4	4.1	46.4	…
印度尼西亚	Indonesia	0.8	65.8	2.6	2.0	61.1	0.2
伊朗	Iran	2.8	81.1	0.6	0.2	80.4	
以色列	Israel	1.9	30.5	1.3	3.5	25.8	…
日本	Japan	1.2	63.5	1.1	4.1	58.0	0.3
哈萨克斯坦	Kazakhstan	15.7	23.8	0.6	0.1	23.1	…
韩国	Korea, Rep.	1.8	67.8	1.7	4.5	61.2	0.5
马来西亚	Malaysia	0.4	69.1	1.9	1.7	65.2	0.3
蒙古	Mongolia	1.0	91.0		…	91.0	…
缅甸	Myanmar	0.2	71.6	1.2	0.3	70.2	
巴基斯坦	Pakistan	1.6	44.9	6.3	1.9	36.5	0.1
菲律宾	Philippines	0.2	54.8	0.4	1.7	52.5	0.2
新加坡	Singapore	0.3	73.4	1.5	2.3	67.9	1.7
斯里兰卡	Sri Lanka	2.7	33.0	2.2	3.7	27.2	…
泰国	Thailand	0.6	61.3	3.0	3.2	55.0	0.2
越南	Viet Nam	1.1	50.0	0.9	2.7	46.4	
埃及	Egypt	2.3	51.4	12.1	1.5	37.7	
尼日利亚	Nigeria	0.1	51.4	12.0	4.2	35.2	…
南非	South Africa	0.6	54.4	26.6	1.4	26.3	0.1
加拿大	Canada	0.2	13.7	0.8	2.8	10.0	…
墨西哥	Mexico	0.1	8.8	0.2	5.1	3.5	…
美国	United States	0.7	53.2	1.6	25.7	25.9	0.1
阿根廷	Argentina	1.5	68.1	7.4	35.4	25.3	…
巴西	Brazil	1.0	64.2	3.4	18.8	41.9	0.1
捷克	Czech Rep.	3.9	6.6	1.1	0.8	4.8	…
法国	France	1.7	23.8	5.1	2.6	15.7	0.3
德国	Germany	3.2	20.5	1.7	2.7	16.0	0.1
意大利	Italy	3.5	20.6	3.9	3.1	13.6	…
荷兰	Netherlands	1.4	13.9	2.6	1.9	9.3	…
波兰	Poland	6.8	6.4	1.1	1.0	4.4	…
俄罗斯	Russia	12.8	33.9	3.9	1.8	28.2	…
西班牙	Spain	1.2	21.7	6.6	5.6	9.5	…
土耳其	Turkey	8.0	29.7	8.6	1.9	19.0	0.1
乌克兰	Ukraine	16.6	35.9	8.7	0.9	26.2	…
英国	United Kingdom	1.6	25.7	2.3	1.7	21.7	…
澳大利亚	Australia	0.2	70.1	1.1	0.8	67.1	1.0
新西兰	New Zealand	0.5	56.0	2.6	2.3	48.6	2.6

14-14 进口来源构成(2018年)
Imports by Origin(2018)

资料来源：联合国贸发会议统计手册。
Source: UNCTAD Handbook of Statistics.

单位：% (%)

国家或地区	Country or Area	发达国家 Developed Countries	欧洲 Europe	美国 United States	日本 Japan	其他 Other
中国	China	40.4	15.9	7.9	9.1	7.5
中国香港	Hong Kong, China	21.8	9.2	5.1	5.6	2.0
中国澳门	Macao, China	46.9	32.8	4.0	8.1	2.0
孟加拉国	Bangladesh	17.7	8.1	3.4	3.7	2.6
文莱	Brunei Darussalam	21.2	7.2	8.7	3.8	1.4
柬埔寨	Cambodia	8.3	4.0	1.4	2.3	0.5
印度	India	27.7	14.6	6.8	2.4	3.9
印度尼西亚	Indonesia	25.7	7.3	5.0	9.1	4.2
伊朗	Iran	29.6	26.6	1.3	1.3	0.5
以色列	Israel	56.6	37.7	15.3	2.9	0.7
日本	Japan	32.4	13.0	11.2		8.2
哈萨克斯坦	Kazakhstan	25.0	20.1	3.1	1.3	0.5
韩国	Korea, Rep.	39.2	12.5	11.0	10.2	5.4
马来西亚	Malaysia	28.8	11.0	7.4	7.2	3.2
蒙古	Mongolia	24.9	10.1	3.6	9.5	1.7
缅甸	Myanmar	10.9	4.5	1.7	3.6	1.1
巴基斯坦	Pakistan	20.4	9.8	4.9	3.8	1.9
菲律宾	Philippines	27.9	8.1	7.2	9.9	2.6
新加坡	Singapore	34.9	15.4	10.5	6.4	2.5
斯里兰卡	Sri Lanka	22.8	10.4	3.4	5.1	3.9
泰国	Thailand	35.4	11.8	6.1	14.2	3.3
越南	Viet Nam	22.6	6.4	5.5	8.2	2.4
埃及	Egypt	39.3	30.4	6.2	1.3	1.4
尼日利亚	Nigeria	46.6	36.4	7.5	0.8	1.8
南非	South Africa	40.8	29.5	6.0	3.1	2.3
加拿大	Canada	68.9	13.5	51.1	2.8	1.4
墨西哥	Mexico	64.9	11.8	46.6	3.9	2.6
美国	United States	40.4	21.0		5.6	13.9
阿根廷	Argentina	33.1	18.2	11.8	1.7	1.4
巴西	Brazil	41.9	20.7	16.2	2.4	2.5
捷克	Czech Rep.	70.3	65.6	2.5	1.7	0.5
法国	France	70.9	61.8	6.3	1.8	1.0
德国	Germany	70.1	60.9	6.1	2.3	0.9
意大利	Italy	67.2	61.8	3.8	0.9	0.7
荷兰	Netherlands	63.0	52.2	7.5	1.9	1.5
波兰	Poland	65.4	60.4	2.8	1.6	0.6
俄罗斯	Russia	50.8	42.7	3.8	3.4	0.8
西班牙	Spain	61.6	55.2	4.1	1.3	1.0
土耳其	Turkey	47.4	37.9	5.6	1.8	2.2
乌克兰	Ukraine	51.6	44.1	5.2	1.3	1.1
英国	United Kingdom	73.1	58.7	9.4	1.9	3.0
澳大利亚	Australia	41.3	19.6	10.5	7.4	3.9
新西兰	New Zealand	50.9	18.1	10.1	6.7	16.0

14-14 续表 continued

单位：%　　　　(%)

国家或地区	Country or Area	经济转型国家 Economies in Transition	发展中国家 Developing Countries	非洲 Africa	美洲 America	亚洲 Asia	大洋洲 Oceania
中　　国	China	4.1	55.5	5.0	7.9	42.4	0.2
中国香港	Hong Kong, China	0.2	78.0	0.6	1.0	76.4	…
中国澳门	Macao, China	0.1	53.1	0.4	0.8	52.0	
孟加拉国	Bangladesh	2.6	79.7	3.4	3.8	72.5	…
文　　莱	Brunei Darussalam		78.8	0.2	0.7	78.1	
柬 埔 寨	Cambodia	0.1	91.7	0.1	0.2	91.4	0.1
印　　度	India	2.3	69.9	8.3	4.9	56.6	…
印度尼西亚	Indonesia	1.5	72.8	3.4	2.0	67.2	0.1
伊　　朗	Iran	2.7	67.7	0.5	3.8	63.3	
以 色 列	Israel	4.7	35.0	1.3	1.9	31.9	
日　　本	Japan	2.5	65.1	1.2	3.7	59.9	0.4
哈萨克斯坦	Kazakhstan	44.7	30.4	0.5	0.6	29.4	
韩　　国	Korea, Rep.	3.6	56.7	1.7	3.6	51.3	0.2
马来西亚	Malaysia	0.7	70.4	1.4	2.0	66.9	0.1
蒙　　古	Mongolia	30.8	44.3	0.2	0.5	43.4	
缅　　甸	Myanmar	0.4	88.8	0.1	0.7	88.0	
巴基斯坦	Pakistan	0.9	77.5	5.3	1.3	70.9	
菲 律 宾	Philippines	1.5	70.6	0.2	1.2	69.0	0.3
新 加 坡	Singapore	1.4	63.7	1.2	1.7	60.6	0.2
斯里兰卡	Sri Lanka	1.5	75.7	1.5	1.0	73.2	
泰　　国	Thailand	1.2	63.4	1.8	1.8	59.6	0.2
越　　南	Viet Nam	1.0	76.4	0.6	2.8	73.0	
埃　　及	Egypt	9.8	50.9	3.0	4.5	43.4	
尼日利亚	Nigeria	2.7	50.7	4.2	2.2	44.2	…
南　　非	South Africa	0.7	57.8	12.3	3.3	42.1	…
加 拿 大	Canada	0.6	30.5	0.7	9.0	20.8	…
墨 西 哥	Mexico	0.5	34.5	0.5	3.2	30.8	…
美　　国	United States	1.0	58.5	1.4	18.3	38.9	…
阿 根 廷	Argentina	0.9	64.9	1.4	35.6	27.9	
巴　　西	Brazil	2.3	55.8	3.6	19.4	32.8	
捷　　克	Czech Rep.	5.6	23.7	0.7	0.8	22.2	…
法　　国	France	2.7	25.0	4.7	1.7	18.5	…
德　　国	Germany	3.7	23.4	2.0	2.1	19.3	…
意 大 利	Italy	6.6	25.8	5.2	2.2	18.4	…
荷　　兰	Netherlands	6.6	30.4	2.8	3.6	23.9	0.1
波　　兰	Poland	10.2	24.1	1.0	1.9	21.2	…
俄 罗 斯	Russia	11.9	37.3	0.9	3.0	33.4	…
西 班 牙	Spain	2.4	35.3	8.7	5.9	20.6	0.1
土 耳 其	Turkey	13.0	34.0	3.2	3.8	27.0	…
乌 克 兰	Ukraine	23.7	24.6	1.3	1.4	21.9	
英　　国	United Kingdom	1.8	23.8	2.9	1.6	19.3	…
澳大利亚	Australia	0.2	56.6	1.5	2.0	51.9	1.2
新 西 兰	New Zealand	0.3	48.7	0.5	1.8	46.2	0.2

14-15 按行业划分的服务出口额(2018年)
Exports of Services by Sector(2018)

资料来源：联合国贸发会议统计手册。
Source: UNCTAD Handbook of Statistics.
单位：亿美元 (100 million USD)

国家或地区	Country or Area	服务总额 Total Services	交通运输 Transport	旅游 Travel	其他服务 Other Services		
						建筑 Construction	保险 Insurance
中　　国	China	2668.4	423.0	394.6	1604.8	265.9	49.2
中国香港	Hong Kong, China	1140.2	327.9	367.3	441.5	1.7①	14.9
中国澳门	Macao, China	435.9	7.0	403.6	24.8	…	1.7①
孟加拉国	Bangladesh	55.0	7.5	3.5	43.1	2.8	…
柬 埔 寨	Cambodia	54.5	6.9	43.6	4.0	0.1	…
印　　度	India	2051.1	190.0	285.7	1571.0	31.8	25.8
印度尼西亚	Indonesia	279.3	36.0	141.1	96.0	4.2	0.9
伊　　朗②	Iran②	101.1					
以 色 列	Israel	499.3	43.4	72.0	374.1	8.2	0.4
日　　本	Japan	1920.1	289.3	411.3	1201.6	92.2	24.3
哈萨克斯坦	Kazakhstan	72.8	39.8	22.6	9.5	0.2	0.8
韩　　国	Korea, Rep.	966.0	275.2	153.9	509.3	113.2	7.3
马来西亚	Malaysia	396.4	50.4	191.3	120.6	8.6	3.1
蒙　　古	Mongolia	11.1	3.5	4.5	3.1	0.4	…
缅　　甸	Myanmar	53.7	5.3	19.8	15.4	1.3	…
巴基斯坦	Pakistan	52.6	8.5	3.9	40.2	0.6	0.5
菲 律 宾	Philippines	374.7	26.8	74.6	232.3	0.6	0.9
新 加 坡	Singapore	1840.2	514.6	205.3	1052.3	7.6	70.0
斯里兰卡	Sri Lanka	84.1	25.2	43.8	15.1	0.7	1.3
泰　　国	Thailand	840.9	76.2	630.5	134.3	2.9	1.2
越　　南	Viet Nam	151.1	30.0	102.7	18.5		0.6
埃　　及	Egypt	235.7	88.4	116.2	31.1	6.6	2.0
尼日利亚	Nigeria	48.1	13.3	19.6	15.2		2.2
南　　非	South Africa	159.6	22.1	89.9	47.1	0.2	2.2
加 拿 大	Canada	928.8	136.8	218.4	555.5	2.3	16.7
墨 西 哥	Mexico	285.6	21.8	225.1	38.6		31.1
美　　国	United States	8284.3	923.0	2144.7	4916.2	20.5③	191.6
阿 根 廷	Argentina	141.3	18.0	55.6	67.0	…	0.5
巴　　西	Brazil	340.2	58.8	59.2	218.1	0.1	5.4
捷　　克	Czech Rep.	299.3	74.1	74.1	121.0	4.2	3.0
法　　国	France	2914.9	474.6	657.8	1576.2	35.7	92.9
德　　国	Germany	3311.6	687.5	426.2	2009.5	23.0	120.4
意 大 利	Italy	1215.9	161.2	484.1	501.3	5.2	20.7
荷　　兰	Netherlands	2424.9	413.7	185.3	1715.4	35.8	16.2
波　　兰	Poland	692.5	193.7	139.6	290.9	21.9	4.2
俄 罗 斯	Russia	648.6	220.9	114.9	280.5	56.1	4.7
西 班 牙	Spain	1491.7	191.8	728.6	513.5	15.6	22.8
土 耳 其	Turkey	487.5	176.2	252.2	55.3	5.5	12.5
乌 克 兰	Ukraine	157.7	59.2	14.5	64.6	1.5	0.2
英　　国	UnitedKingdom	3761.6	408.1	541.8	2764.8	33.4	260.1
澳大利亚	Australia	691.7	57.1	453.2	181.2	6.7	4.5
新 西 兰	New Zealand	169.0	22.6	107.7	36.4	0.2	1.7

注：①2015年数据。②2017年数据。③2016年数据。
Note:①Data refer to 2015.②Data refer to 2017.③Data refer to 2016.

14-15 续表 continued

单位：亿美元 (100 million USD)

国家或地区	Country or Area	金融服务 Financial Services	版税和许可证费用 Royalties and Licence Fees	其他商务服务 Other Business Services	个人、文化和休闲服务 Personal,Cultural and Recreational Services	政府服务及其他 Government Services n.i.e.	通讯、计算机和信息服务 Telecommunications, Computer,and Information Services
中　国	China	34.8	55.6	699.0	12.1	17.5	470.6
中国香港	Hong Kong, China	237.3				1.1	
中国澳门	Macao, China		…			…	0.3
孟加拉国	Bangladesh	1.1	…	8.1	0.2	25.2	5.7
柬埔寨	Cambodia	0.2	…	1.0	…	2.0	0.7
印　度	India	54.3	7.9	649.3	18.8	6.3	582.5
印度尼西亚	Indonesia	6.6	0.6	60.0	3.7	7.2	12.9
伊　朗	Iran						
以色列	Israel		19.1	170.3		0.2	144.0
日　本	Japan	114.7	455.6	415.7	6.4	47.0	45.7
哈萨克斯坦	Kazakhstan	0.2	…	4.6	…	2.5	1.2
韩　国	Korea, Rep.	28.3	75.9	213.9	11.0	11.5	48.3
马来西亚	Malaysia	6.2	2.6	66.3	4.9	0.8	28.1
蒙　古	Mongolia	0.1	…	2.0	…	…	0.5
缅　甸	Myanmar	0.1	…	10.2	0.4	2.9	0.7
巴基斯坦	Pakistan	1.1	0.1	14.4	0.1	12.5	10.9
菲律宾	Philippines	2.8	0.4	166.5	1.5	0.2	59.4
新加坡	Singapore	271.5	87.3	475.3	5.5	3.0	132.1
斯里兰卡	Sri Lanka	2.4		0.4		0.4	10.0
泰　国	Thailand	7.8	1.6	110.3	0.9	3.2	6.3
越　南	Viet Nam	1.9				1.9	
埃　及	Egypt	1.27②		4.9	1.5	6.6	7.5
尼日利亚	Nigeria	5.4	…	0.6	…	4.7	2.3
南　非	South Africa	9.7	1.2	21.3	2.5	3.7	6.3
加拿大	Canada	83.0	47.9	276.3	26.7	12.3	90.2
墨西哥	Mexico	4.4	0.1	0.6	…	1.8	0.6
美　国	United States	1130.4	1304.5	1597.0	25.1③	202.0	439.6
阿根廷	Argentina	1.5	2.7	37.4	4.0	2.2	18.8
巴　西	Brazil	7.8	8.3	160.2	3.5	8.0	25.0
捷　克	Czech Rep.	4.7	5.0	59.3	2.1	0.4	42.4
法　国	France	95.4	165.8	924.1	50.0	5.1	207.2
德　国	Germany	244.0	233.5	903.7	21.8	55.4	407.7
意大利	Italy	59.7	50.0	260.8	2.0	7.8	95.3
荷　兰	Netherlands	73.8	565.7	718.0	14.4	19.7	271.8
波　兰	Poland	10.0	6.1	161.2	9.0		78.5
俄罗斯	Russia	14.8	8.8	127.4	5.9	10.2	52.6
西班牙	Spain	37.5	25.1	253.6	13.5	6.0①	143.9
土耳其	Turkey	6.5	0.3	9.3	12.5	6.6	2.3
乌克兰	Ukraine	1.1	0.9	22.6	0.5	3.0	34.7
英　国	United Kingdom	830.8	189.7	1078.1	57.7	34.1	281.0
澳大利亚	Australia	36.4	9.4	74.9	8.1	8.5	32.7
新西兰	New Zealand	6.0	3.9	14.8	2.1	1.7	6.1

注：①2015年数据。②2017年数据。③2016年数据。
Note:①Data refer to 2015.②Data refer to 2017.③Data refer to 2016.

14-16 货币汇率(年平均价)
Exchange Rate (Period Average)

资料来源：世界银行WDI数据库。
Source: World Bank WDI Database.
单位：1美元合本币数 (local currency unit per US dollar)

国家或地区	Country or Area	2000	2005	2010	2015	2017	2018
中　国	China	8.28	8.19	6.77	6.23	6.76	6.62
中国香港	Hong Kong, China	7.79	7.78	7.77	7.75	7.79	7.84
中国澳门	Macao, China	8.03	8.01	8.00	7.99	8.03	8.07
孟加拉国	Bangladesh	52.14	64.33	69.65	77.95	80.44	83.47
文　莱	Brunei Darussalam	1.72	1.66	1.36	1.38	1.38	1.35
柬埔寨	Cambodia	3840.75	4092.50	4184.92	4067.75	4050.58	4051.17
印　度	India	44.94	44.10	45.73	64.15	65.12	68.39
印度尼西亚	Indonesia	8421.78	9704.74	9090.43	13389.41	13380.83	14236.94
伊　朗	Iran	1764.86	8963.96	10254.18	29011.49	33226.30	40864.33
以色列	Israel	4.08	4.49	3.74	3.89	3.60	3.59
日　本	Japan	107.77	110.22	87.78	121.04	112.17	110.42
哈萨克斯坦	Kazakhstan	142.13	132.88	147.35	221.73	326.00	344.71
韩　国	Korea, Rep.	1130.96	1024.12	1156.06	1131.16	1130.43	1100.56
老　挝	Laos	7887.64	10655.17	8258.77	8147.91	8351.53	8489.24
马来西亚	Malaysia	3.80	3.79	3.22	3.91	4.30	4.04
蒙　古	Mongolia	1076.67	1205.25	1357.06	1970.31	2439.78	2472.48
缅　甸	Myanmar	6.52	5.82	5.64	1162.62	1360.36	1429.81
巴基斯坦	Pakistan	53.65	59.51	85.19	102.77	105.46	121.82
菲律宾	Philippines	44.19	55.09	45.11	45.50	50.40	52.66
新加坡	Singapore	1.72	1.66	1.36	1.38	1.38	1.35
斯里兰卡	Sri Lanka	77.01	100.50	113.06	135.86	152.45	162.47
泰　国	Thailand	40.11	40.22	31.69	34.25	33.94	32.31
越　南	Viet Nam	14167.75	15858.92	18612.92	21697.57	22370.09	22602.05
埃　及	Egypt	3.47	5.78	5.62	7.69	17.78	17.77
尼日利亚	Nigeria	101.70	131.27	150.30	192.44	305.79	306.08
南　非	South Africa	6.94	6.36	7.32	12.76	13.33	13.24
加拿大	Canada	1.49	1.21	1.03	1.28	1.30	1.30
墨西哥	Mexico	9.46	10.90	12.64	15.85	18.93	19.24
美　国	United States	1.00	1.00	1.00	1.00	1.00	1.00
阿根廷	Argentina	1.00	2.90	3.90	9.23	16.56	28.10
巴　西	Brazil	1.83	2.43	1.76	3.33	3.19	3.65
委内瑞拉	Venezuela	0.68	2.09	2.58	6.28	9.98	33765.99
捷　克	Czech Rep.	38.60	23.96	19.10	24.60	23.38	21.73
法　国	France	1.09	0.80	0.76	0.90	0.89	0.85
德　国	Germany	1.09	0.80	0.76	0.90	0.89	0.85
意大利	Italy	1.09	0.80	0.76	0.90	0.89	0.85
荷　兰	Netherlands	1.09	0.80	0.76	0.90	0.89	0.85
波　兰	Poland	4.35	3.24	3.02	3.77	3.78	3.61
俄罗斯	Russia	28.13	28.28	30.37	60.94	58.34	62.67
西班牙	Spain	1.09	0.80	0.76	0.90	0.89	0.85
土耳其	Turkey	0.63	1.34	1.50	2.72	3.65	4.83
乌克兰	Ukraine	5.44	5.13	7.94	21.85	26.60	27.20
英　国	United Kingdom	0.66	0.55	0.65	0.66	0.78	0.75
澳大利亚	Australia	1.73	1.31	1.09	1.33	1.31	1.34
新西兰	New Zealand	2.20	1.42	1.39	1.43	1.41	1.45

14-17 国际旅游收支
Expenditures and Receipts of International Tourism

资料来源：世界银行WDI数据库。
Source: World Bank WDI Database.
单位：亿美元 (100 million USD)

国家或地区	Country or Area	国际旅游支出 International Tourism Expenditures			国际旅游收入 International Tourism Receipts		
		2000	2010	2017	2000	2010	2017
世　界	**World**	**5368.2**	**10049.9**	**14491.5**	**5709.9**	**10987.3**	**15256.8**
中　国	China	141.7	548.8	2577.3	173.2	458.1	326.2
中国香港	Hong Kong, China	125.0	173.6	253.9	82.0	272.1	380.4
中国澳门	Macao, China		8.8	12.4	32.1	226.9	357.3
孟加拉国	Bangladesh	4.7	8.4	11.2	0.5	1.0	3.4
柬埔寨	Cambodia	0.5	1.3	9.2	3.5	16.7	40.2
印　度	India	36.9	104.9	218.6	36.0	144.9	278.8
印度尼西亚	Indonesia	32.0	84.3	109.5	49.8	76.2	141.2
伊　朗	Iran	6.7	105.7		6.8	26.3	
以色列	Israel	37.3	46.8	89.9	46.1	56.2	75.7
日　本	Japan	426.4	393.1	181.8	59.7	153.6	369.8
哈萨克斯坦	Kazakhstan	4.8	14.9	18.9	4.0	12.4	19.9
韩　国	Korea, Rep.	79.5	207.9	333.5	85.3	143.7	170.0
老　挝	Laos	0.1	2.2	9.9	1.1	3.9	7.7
马来西亚	Malaysia	25.4	83.2	107.0	58.7	181.5	183.5
蒙　古	Mongolia	0.5	3.2	6.2	0.4	2.9	4.6
缅　甸	Myanmar	0.3	0.5	1.4	2.0	0.9	22.8
巴基斯坦	Pakistan	5.7	13.7	32.2	5.5	10.0	8.8
菲律宾	Philippines	18.4	59.6	127.9	23.3	34.4	83.5
新加坡	Singapore	45.4	187.0	245.4	51.4	141.8	197.1
斯里兰卡	Sri Lanka	3.8	8.3	24.1	3.9	10.4	50.8
泰　国	Thailand	32.2	71.6	115.8	99.4	238.0	621.6
越　南	Viet Nam		14.7	50.4		44.5	88.9
埃　及	Egypt	12.1	27.0	24.2	46.6	136.3	86.4
尼日利亚	Nigeria	6.1	83.5	81.8	1.9	7.4	26.1
南　非	South Africa	26.8	81.4	60.6	33.4	103.1	97.0
加拿大	Canada	151.3	369.8	318.2	130.4	184.4	204.0
墨西哥	Mexico	63.7	90.0	136.5	91.3	126.3	224.7
美　国	United States	914.7	1100.5	1739.2	1209.1	1680.0	2513.6
阿根廷	Argentina	54.6	64.5	135.2	32.0	56.1	55.1
巴　西	Brazil	45.5	188.8	229.9	19.7	55.2	61.8
委内瑞拉	Venezuela	16.5	29.4		4.7	8.9	
捷　克	Czech Rep.	12.8	43.5	55.2	29.7	80.7	76.9
法　国	France	267.0	467.0	503.3	385.3	561.9	698.9
德　国	Germany	576.0	908.8	976.0	249.4	491.3	561.7
意大利	Italy	181.7	269.1	278.8	287.1	384.4	445.5
荷　兰	Netherlands	136.5	190.4	220.4	112.9	116.5	203.5
波　兰	Poland	34.2	91.0	95.7	61.3	100.4	140.8
俄罗斯	Russia	88.5	301.7	355.9	34.3	132.4	149.8
西班牙	Spain	77.1	169.3	223.2	326.6	543.1	684.4
土耳其	Turkey	17.1	58.2	51.8	76.4	263.2	318.7
乌克兰	Ukraine	5.6	41.3	75.4	5.6	47.0	20.0
英　国	United Kingdom	470.1	737.9	716.7	299.8	405.3	514.7
澳大利亚	Australia	90.7	278.5	394.9	115.9	310.6	439.8
新西兰	New Zealand	12.4	30.4	44.5	22.7	65.2	105.8

14-18 国际旅游人数

Number of Arrivals and Departures of International Tourism

资料来源：世界银行WDI数据库。
Source: World Bank WDI Database.

单位：万人 (10 000 persons)

国家或地区	Country or Area	入境(过夜)旅游人数 Number of Arrivals			出境旅游人数 Number of Departures		
		2000	2010	2017	2000	2010	2017
世　界	**World**	**67739**	**95637**	**134146**	**82962**	**114006**	**156693**
高收入国家	**High Income**	**47227**	**57420**	**81474**	**55258**	**65841**	**81273**
中等收入国家	**Middle Income**	**19307**	**35602**	**49576**	**14345**	**29506**	**51718**
低收入国家	**Low Income**	**623**	**2006**				
中　国	China	3123	5566	6074	1047	5739	14304
中国香港	Hong Kong, China	881	2009	2788	5890	8444	9130
中国澳门	Macao, China	520	1193	1726	14	75	139
孟加拉国	Bangladesh	20	30		113	191	
文　莱	Brunei Darussalam	98	21	26			
柬埔寨	Cambodia	47	251	560	4	51	175
印　度	India	265	578	1554	442	1299	2394
印度尼西亚	Indonesia	506	700	1404	221	624	886
伊　朗	Iran	134	294	487	229		1054
以色列	Israel	242	280	361	353	427	760
日　本	Japan	476	861	2869	1782	1664	1789
哈萨克斯坦	Kazakhstan	168	410	770	125	589	
韩　国	Korea, Rep.	532	880	1334	551	1249	2650
老　挝	Laos	19	167	326		169	305
马来西亚	Malaysia	1022	2458	2595	3053		
蒙　古	Mongolia	15	46	47			
缅　甸	Myanmar	42	79	344			
巴基斯坦	Pakistan	56	91				
菲律宾	Philippines	199	352	662	167		
新加坡	Singapore	606	916	1390	444	734	989
斯里兰卡	Sri Lanka	40	65	212	52	112	144
泰　国	Thailand	958	1594	3559	191	545	896
越　南	Viet Nam	214	505	1292			
埃　及	Egypt	512	1405	816	296	462	
尼日利亚	Nigeria	81	156				
南　非	South Africa	587	807	1029	383	517	
加拿大	Canada	1963	1622	2080	1918	2868	3306
墨西哥	Mexico	2064	2329	3929	1108	1433	1907
美　国	United States	5124	6001	7694	6133	6106	8770
阿根廷	Argentina	291	533	672	495	531	1226
巴　西	Brazil	531	516	659	323	646	946
委内瑞拉	Venezuela	47	53	43	95	148	108
捷　克	Czech Rep.	477	633	1016		867	678
法　国	France	7719	7665	8686	1989	2504	2906
德　国	Germany	1898	2688	3745	8051	8587	9240
意大利	Italy	4118	4363	5825	2008	2819	3181
荷　兰	Netherlands	1000	1088	1792	1390	1837	
波　兰	Poland	1740	1247	1826	5668	4276	4670
俄罗斯	Russia	2117	2228	2439	1837	3932	3963
西班牙	Spain	4640	5268	8179	410	1238	1703
土耳其	Turkey	959	3136	3760	528	656	889
乌克兰	Ukraine	643	2120	1423	1342	1718	2644
英　国	United Kingdom	2321	2830	3765	5684	5556	7419
澳大利亚	Australia	493	579	882	350	710	1093
新西兰	New Zealand	178	244	356	128	203	285

主要统计指标解释

出口 即货物离开一国的统计疆界。在通常的贸易体系中，一国的统计疆界与它的经济领土是一致的。在特殊的贸易体系中，一国的统计疆界只包括一部分经济领土，一般这部分与货物自由贸易区是一致的。自由贸易地区是一国经济疆界的一部分，在此间货物可以无进口税限制地流通。

进口 货物进入一国统计疆界。

服务贸易 服务(原为非要素服务)指无形商品的经济产出。它可以在同一时间产生、转让和消费。商品服务的出口（贷方和收入）和进口（借方和支付）来自于国际收支统计中的国际服务交易统计，其概念、定义和分类与国际货币基金组织1993年《国际收支手册》第五版一致。

官方汇率 是指由国家机关或货币金融机构公布的汇率。年平均汇率是以月均价为基础计算的。

国际旅游支出 是指出境游客在他国的旅游消费，包括在国际旅行时，搭乘他国运输工具所支付的交通费（有些国家不包括这项交通费）。除非特别声明外，国际旅游支出包括境外一日游客（不过夜游客）在访问地的消费。

国际旅游收入 是指入境游客（过夜旅客）在本国的旅游消费，包括国际旅行时，入境游客搭乘本国运输工具所付给本国的交通费（有些国家不包括这项交通费）。国际旅游收入包括目的地国接受的所有商品和服务的支付。除特别声明外，国际旅游收入可以包括入境一日游游客（不过夜游客）在本国的消费。

Explanatory Notes on Main Statistical Indicators

Exports Goods leaving the statistical territory of a country. In the general trade system, the definition of the statistical territory of a country coincides with its economic territory. In the special trade system, the definition of the statistical territory comprises only a particular part of the economic territory, mainly that part which coincides with the free circulation area for goods. The free circulation area is a part of the economic territory of a country within which goods may be disposed of without customs restrictions.

Imports Goods entering the statistical territory of a country.

Commercial Service Exports/Commercial Service Imports Services(previously no factor services) refer to economic output of intangible commodities that may be produced, transferred, and consumed at the same time. Exports (credits or receipts) and imports (debits or payments) of commercial services derived from statistics on international service transactions are included in the balance of payments statistics, in conformity with the concepts, definitions and classification of the fifth (1993) edition of the IMF Balance of Payments Manual.

Official Exchange Rate refers to the exchange rate determined by national authorities or to the rate determined in the legally sanctioned exchange market. It is calculated as an annual average based on monthly averages (local currency units relative to the U.S. dollar).

International Tourism Expenditures are expenditures of international outbound visitors in other countries, including payments to foreign carriers for international transport. These expenditures may include those by residents traveling abroad as same-day visitors, except in cases where these are important enough to justify separate classification. For some countries they do not include expenditures for passenger transport items.

International Tourism Receipts are expenditures by international inbound visitors, including payments to national carriers for international transport. These receipts include any other prepayment made for goods or services received in the destination country. They also may include receipts from same-day visitors, except when these are important enough to justify separate classification. For some countries they do not include receipts for passenger transport items..

国际收支和外债

Balance of Payments and External Debts

15-1 世界国际收支
Summary of International Transactions

资料来源：国际货币基金组织BOP数据库。
Source: IMF BOP Database.
单位：亿美元 (100 million USD)

		2010	2014	2015	2016	2017
经常账户差额	**Current Account Balances**	**2839.7**	**4125.6**	**2640.3**	**3115.7**	**4448.7**
货物差额	Goods balance	3862.1	5154.2	3407.2	3473.1	3809.5
贷方	Credits	149050.4	186515.3	162134.3	157237.2	173965.9
借方	Debits	145188.3	181361.0	158727.1	153764.1	170156.4
服务差额	Services Balance	777.3	1032.8	1472.1	1928.1	2385.1
贷方	Credits	38173.1	51218.5	49138.6	49684.2	53317.0
借方	Debits	37395.8	50185.7	47666.4	47756.1	50931.8
初次收入差额	Primary Income Balance	-603.0	-486.8	-617.7	-689.1	-369.5
贷方	Credits	34887.7	40640.7	37227.2	37386.9	40598.2
借方	Debits	35490.7	41127.5	37844.9	38076.1	40967.7
二次收入差额	Secondary Income Balance	-1196.6	-1566.9	-1621.4	-1596.4	-1376.5
贷方	Credits	7927.6	10511.4	9781.4	9778.6	10554.0
借方	Debits	9124.3	12078.3	11402.7	11375.1	11930.5
资本账户差额	**Capital Account Balances**	**743.7**	**100.8**	**187.1**	**212.6**	**237.5**
金融账户差额	**Financial Account Balances**	**145.4**	**3663.6**	**816.0**	**457.7**	**2398.8**
直接投资净值	Direct Investment net	-1290.1	-1670.9	-3807.7	-4135.7	-1336.2
资产	Assets	18994.1	17999.6	27161.8	20997.0	15423.5
负债	Liabilities	20284.2	19670.5	30969.5	25132.8	16759.7
证券投资净值	Portfolio Investment Net	-12019.5	-350.2	3199.8	4205.1	-1138.0
资产	Assets	11959.3	26849.9	18490.1	12101.6	25552.6
负债	Liabilities	23978.9	27200.1	15290.3	7896.5	26690.5
金融衍生工具和股票期权净值	Finan. Deriv.& ESOs Net	-978.1	113.1	-332.1	235.3	311.4
资产	Assets	-6195.1	-5317.7	-2008.3	-7486.8	-5945.3
负债	Liabilities	-5217.1	-5430.8	-1676.2	-7722.2	-6256.7
其它投资净值	Other Investment Net	2697.0	3452.2	4611.9	3078.9	439.9
资产	Assets	22827.9	16511.7	-153.0	17575.6	18741.1
负债	Liabilities	20130.9	13059.5	-4764.9	14496.6	18301.2
储备资产	**Reserve Assets**	**11735.9**	**2152.9**	**-2780.4**	**-2937.7**	**4117.0**
净误差与遗漏	**Net Errors and Omissions**	**-3441.8**	**-514.8**	**-1989.0**	**-2904.4**	**-2288.9**

15-2 分国别(地区)的国际收支(2017年)

资料来源：国际货币基金组织BOP数据库。
Source: IMF BOP Database.
单位：亿美元

国家或地区	Country or Area	经常账户 Current Account	货物 Goods		服务 Services	
			贷方 Credit	借方 Debit	贷方 Credit	借方 Debit
中　国	China	1951.2	22162.1	17402.7	2130.6	4720.0
中国澳门	Macao, China	167.3	17.4	122.5	388.4	45.8
孟加拉国	Bangladesh	-59.8	353.0	482.7	38.7	85.0
文　莱	Brunei Darussalam	19.8	54.7	30.7	5.5	12.5
柬埔寨	Cambodia	-17.4	112.2	155.0	46.1	27.5
印　度	India	-381.7	3041.1	4522.4	1852.9	1093.7
印度尼西亚	Indonesia	-162.0	1688.8	1500.7	253.3	327.1
以色列	Israel	81.9	571.7	685.2	440.9	287.2
日　本	Japan	2016.4	6886.6	6448.3	1868.5	1930.5
哈萨克斯坦	Kazakhstan	-51.0	473.0	305.7	65.0	100.8
韩　国	Korea, Rep.	752.3	5803.1	4667.2	897.0	1264.4
老　挝	Laos	-12.6	48.7	56.7	7.8	11.2
马来西亚	Malaysia	89.6	1865.9	1592.7	371.2	424.4
蒙　古	Mongolia	-11.6	58.3	43.4	9.7	21.8
缅　甸	Myanmar	-45.0	98.1	155.8	38.5	28.8
巴基斯坦	Pakistan	-169.3	231.6	536.7	57.3	108.3
菲律宾	Philippines	-21.4	518.1	920.3	348.3	261.4
中国香港	Hong Kong, China	158.9	5404.6	5633.9	1043.1	776.9
新加坡	Singapore	554.0	4085.4	3160.4	1715.5	1794.2
斯里兰卡	Sri Lanka	-23.1	113.6	209.8	77.2	44.2
泰　国	Thailand	440.7	2336.9	2011.1	709.6	466.7
越　南	Viet Nam	-16.5	2151.2	2042.7	130.7	171.0
埃　及	Egypt	-79.4	233.4	524.0	195.4	178.2
尼日利亚	Nigeria	104.0	458.2	326.7	50.3	182.6
南　非	South Africa	-89.1	876.8	828.1	157.7	161.8
加拿大	Canada	-463.8	4233.0	4425.0	881.2	1078.8
墨西哥	Mexico	-201.1	4098.1	4207.9	276.4	375.1
美　国	United States	-4396.4	15535.9	23587.9	7989.6	5438.8
阿根廷	Argentina	-316.0	586.4	641.0	147.5	249.0
巴　西	Brazil	-150.1	2180.7	1541.1	344.8	724.1
捷　克	Czech Rep.	31.5	1458.5	1349.6	273.4	218.5
法　国	France	-164.7	5596.2	6100.7	2723.3	2490.6
德　国	Germany	2963.4	14192.7	11334.5	3189.8	3440.8
意大利	Italy	516.3	4976.3	4350.8	1115.0	1163.2
荷　兰	Netherlands	901.7	5206.3	4394.1	1751.7	1668.1
波　兰	Poland	1.0	2280.5	2265.1	587.4	384.3
俄罗斯	Russia	324.3	3531.0	2383.8	576.3	888.6
西班牙	Spain	250.1	3135.3	3382.6	1394.0	763.4
土耳其	Turkey	-473.5	1661.6	2251.1	439.9	240.6
乌克兰	Ukraine	-24.4	397.0	493.6	141.7	131.5
英　国	United Kingdom	-930.3	4347.8	6098.6	3760.2	2331.8
澳大利亚	Australia	-358.4	2315.5	2210.6	651.6	685.0
新西兰	New Zealand	-55.6	381.9	397.4	171.2	131.5

Balance of Payments by Country or Area(2017)

初次收入 Primary income		资本账户 Capital Account	非生产非金融资产的处置贷方 Gross Disposals of Nonproduced, Nonfinancial Assets,Credit	非生产非金融资产的取得借方 Gross Acquisitions of Nonproduced, Nonfinancial Assets,Debit	资本转移贷方 Capital Transfers, Credit	资本转移借方 Capital Transfers, Debit
贷方 Credit	借方 Debit					
2875.7	2976.1	-0.9				
52.6	93.5	-0.4		0.1		0.4
1.1	25.0	2.9			2.9	
10.6	3.4					
4.4	15.3	2.8			2.8	
185.5	449.7	0.4	1.9	1.1	2.3	2.7
55.7	377.1	0.5			0.5	
118.3	155.0	3.4			3.4	
2788.8	959.2	-25.0	2.2	2.0	4.1	29.3
24.5	206.0	3.5			3.5	
294.7	241.4	-0.3	0.7	1.6	1.8	1.2
1.2	5.7	0.2			0.2	
125.0	215.0	-0.1			0.1	0.2
0.8	16.9	0.8			0.8	
11.8	31.6					
6.6	58.7	4.4			4.4	
105.8	73.6	0.7	0.3	0.3	0.7	
1825.1	1676.9	-0.8				
914.3	1149.6					
1.7	24.9	0.1			0.4	0.3
85.5	288.9	-1.4		1.4		
7.5	177.4					
7.3	61.0	-1.6			0.1	1.7
15.7	130.8					
61.3	166.3	0.2			0.3	0.1
907.6	960.0	-0.6				
107.1	400.9	1.5				
9333.1	7075.1	189.5				
40.0	203.9	1.4	1.4	0.5	0.6	0.1
232.3	664.0	3.8	3.6	0.7	1.7	0.9
116.1	228.2	18.3	7.2	8.9	20.7	0.7
1898.4	1300.1	3.5	0.5	6.0	14.2	5.2
2401.8	1487.2	-21.6	227.8	199.3	40.8	90.9
818.0	709.6	6.4	16.8	30.3	37.1	17.3
2975.5	2912.5	-3.3	6.4	6.0	11.3	15.1
131.1	347.2	68.0	1.7	5.4	71.6	
465.8	886.3	-1.9	1.1	1.5	4.9	6.4
614.5	625.4	30.7				
49.6	160.0	0.2	0.9	0.7		
93.3	67.5		0.2	0.3		
2410.3	2729.0	-20.4	11.5	15.6	9.6	25.9
428.3	845.1	-3.9	2.7			6.5
61.1	137.7	1.8				

15-2 续表

单位：亿美元

国家或地区	Country or Area	金融账户 Financial Account	直接投资 Direct Investment		证券投资 Portfolio Investment	
			资产 Assets	负债 Liabilities	资产 Assets	负债 Liabilities
中　　国	China	-180.1	1382.9	1660.8	948.0	1243.0
中国澳门	Macao, China	170.9	16.0	4.3	144.1	39.5
孟加拉国	Bangladesh	-61.9	1.3	18.1	6.2	4.4
文　　莱	Brunei Darussalam	11.7		4.7	-0.6	
柬 埔 寨	Cambodia	-14.7	1.1	27.9	0.1	
印　　度	India	-395.6	110.9	399.7	2.8	309.2
印度尼西亚	Indonesia	-171.0	20.1	205.1	33.6	244.1
以 色 列	Israel	100.6	61.5	181.7	43.3	19.4
日　　本	Japan	1662.0	1738.4	204.2	1035.5	1527.6
哈萨克斯坦	Kazakhstan	-68.4	9.6	47.1	-32.5	21.5
韩　　国	Korea, Rep.	844.2	340.7	179.1	753.3	174.7
老　　挝	Laos	-19.6	0.1	16.9		3.3
马来西亚	Malaysia	49.9	56.1	93.7	44.6	11.6
蒙　　古	Mongolia	-11.3	0.5	14.9	-0.3	4.7
缅　　甸	Myanmar	-47.8		40.0	0.5	
巴基斯坦	Pakistan	-168.1	0.5	32.3	1.3	13.2
菲 律 宾	Philippines	-36.6	33.0	102.6	16.6	-8.0
中国香港	Hong Kong, China	97.1	1017.6	1257.2	70.1	410.1
新 加 坡	Singapore	534.3	437.0	948.1	479.1	143.9
斯里兰卡	Sri Lanka	-21.2	0.7	13.7		17.7
泰　　国	Thailand	383.9	186.3	80.5	115.5	94.0
越　　南	Viet Nam	-74.8	4.8	141.0		20.7
埃　　及	Egypt	-150.1	2.0	74.1	-1.0	237.9
尼日利亚	Nigeria	40.0	12.9	35.0	0.1	85.3
南　　非	South Africa	-82.0	74.5	20.6	44.2	208.8
加 拿 大	Canada	-405.5	821.8	278.1	654.1	1461.4
墨 西 哥	Mexico	-335.2	33.5	329.5	138.2	240.1
美　　国	United States	-3575.9	3845.7	3546.5	5693.8	7925.3
阿 根 廷	Argentina	-313.0	11.6	115.2	55.0	414.2
巴　　西	Brazil	-99.3	213.4	688.9	123.7	-53.5
捷　　克	Czech Rep.	47.9	94.0	112.3	29.7	129.1
法　　国	France	-336.5	514.9	375.6	513.2	293.1
德　　国	Germany	3200.9	1374.6	834.4	1202.0	-1043.5
意 大 利	Italy	589.4	130.1	91.7	1296.3	322.6
荷　　兰	Netherlands	856.5	1442.7	962.6	250.4	-203.1
波　　兰	Poland	-27.5	39.3	117.6	12.8	59.6
俄 罗 斯	Russia	348.0	367.6	285.6	12.6	92.4
西 班 牙	Spain	257.8	261.2	62.0	952.3	687.1
土 耳 其	Turkey	-467.2	27.0	115.5	-3.9	240.8
乌 克 兰	Ukraine	-19.7	2.3	28.3		18.0
英　　国	United Kingdom	-1041.8	1380.4	1212.5	961.5	2223.7
澳大利亚	Australia	-406.5	83.3	475.4	578.8	783.5
新 西 兰	New Zealand	-13.4	-0.8	20.9	26.9	27.3

continued

(100 million USD)

金融衍生工具 Financial Derivatives,n.i.e		其他投资 Other Investment		储备资产 Reserves Assets	净误差和遗漏 Net Errors and Omissions
资产 Assets	负债 Liabilities	资产 Assets	负债 Liabilities		
-15.4	-11.8	1008.5	1527.4	915261.7	-2130.4
-3.1		68.7	13.0	1934.4	4.0
		11.3	64.3	6153.9	-4.9
		21.1	1.4	-2701.2	-8.1
		2.0	6.4	16310.4	-0.1
189.8	191.3	603.0	772.7	370705.0	-14.3
-4.4	-5.7	134.9	27.4	115851.2	-9.5
-13.5		96.9	-30.6	82859.0	15.2
-4007.5	-4313.1	65.3	-13.4	235774.4	-329.4
-0.3	-1.5	45.4	9.8	-13653.7	-20.9
		156.8	13.7	43566.2	92.2
		5.0	6.7	2147.4	-7.2
-5.5	-6.1	43.5	28.9	39320.5	-39.6
	-0.2	-3.5	4.4	15774.2	-0.6
		-4.4	6.7	2833.8	-2.8
		8.9	92.8	-40328.6	-3.2
-5.0	-4.5	22.6	5.1	-8623.9	-15.9
-829.6	-750.3	1928.6	1494.2	321365.0	-61.0
-52.7	-134.7	698.1	344.3	274434.0	-19.7
		0.8	19.2	27842.4	1.8
-44.2	-43.0	93.5	95.4	259563.3	-55.4
		96.0	139.4	125454.6	-58.3
		129.5	91.5	122909.5	-69.1
		109.9	84.9	122418.9	-64.0
-167.8	-171.1	53.1	46.7	19051.3	7.0
		292.0	442.4	8566.9	58.9
		55.4	-24.2	-47696.8	-135.5
		2151.9	4018.5	-16952.4	631.0
	1.0	125.1	119.6	145320.8	1.6
-81.5	-88.6	-16.5	-157.5	50883.0	47.0
-21.0	-14.6	-6.3	315.4	493698.4	-1.8
64.3	74.4	1402.8	2055.0	-33635.1	-175.3
132.4		1441.9	1144.2	-14827.3	259.1
		275.3	643.2	29164.2	66.8
		27.2	-216.4	-18759.2	-41.9
		64.9	-121.8	-77856.8	-96.5
-137.8	-141.5	-93.7	-209.6	226276.9	25.6
		423.0	646.5	41255.3	-23.0
		81.0	132.8	-82072.3	6.1
		6.3	8.8	26730.4	4.8
		2746.2	2894.7	75271.3	-91.1
-618.8	-762.6	-140.1	-99.2	87354.2	-44.2
-33.5	-41.8	-36.6	-18.4	18701.2	40.4

15-3 经常项目差额占GDP的比重
Current Account Balance as Percentage of GDP

资料来源：世界银行WDI数据库。
Source: World Bank WDI Database.
单位：%　　(%)

国家或地区	Country or Area	2000	2005	2010	2015	2016	2017	2018
中　　国	China	1.7	5.8	3.9	2.8	1.8	1.6	0.4
中国香港	Hong Kong, China	4.4	11.9	7.0	3.3	4.0	4.7	4.3
中国澳门	Macao, China		24.0	39.4	25.3	27.2	33.0	
孟加拉国	Bangladesh	-0.6	0.7	1.8	1.3	0.4	-2.6	
文　　莱	Brunei Darussalam		42.3	36.6	16.7	12.9	16.7	
柬 埔 寨	Cambodia	-3.7	-4.9	-8.7	-8.7	-8.4	-7.9	-11.3
印　　度	India	-1.0	-1.3	-3.3	-1.1	-0.5	-1.4	
印度尼西亚	Indonesia	4.8	0.1	0.7	-2.0	-1.8	-1.6	-3.0
以 色 列	Israel	-1.6	3.2	3.7	5.3	3.8	2.8	2.9
日　　本	Japan	2.7	3.6	3.9	3.1	4.0	4.2	3.5
哈萨克斯坦	Kazakhstan	2.0	-1.8	0.9	-3.3	-5.9	-3.1	0.0
韩　　国	Korea, Rep.	1.8	1.4	2.6	7.6	6.9	4.9	4.7
老　　挝	Laos	-0.5	-6.4	0.4	-15.8	-8.8	-7.1	
马来西亚	Malaysia	9.1	13.9	10.1	3.1	2.4	3.0	
蒙　　古	Mongolia	-6.1	3.5	-12.3	-8.1	-6.3	-10.1	-17.0
缅　　甸	Myanmar	-2.4	4.9	3.2	-4.8	-2.8	-6.8	
巴基斯坦	Pakistan	-0.1	-3.3	-0.8	-1.0	-2.6	-5.3	-5.8
菲 律 宾	Philippines	-2.8	1.9	3.6	2.5	-0.4	-0.7	-2.4
新 加 坡	Singapore	10.8	22.0	23.1	16.9	17.5	15.9	17.6
斯里兰卡	Sri Lanka	-6.4	-2.7	-1.9	-2.3	-2.1	-2.6	
泰　　国	Thailand	7.4	-4.0	3.4	8.0	11.7	11.0	7.0
越　　南	Viet Nam	3.6	-1.0	-3.7	0.5	4.0	2.7	
埃　　及	Egypt	-1.0	2.4	-2.1	-5.2	-6.2	-3.4	
尼日利亚	Nigeria	10.7	20.7	3.6	-3.2	0.7	2.8	
南　　非	South Africa	-0.1	-3.1	-1.5	-4.6	-2.8	-2.6	-3.7
加 拿 大	Canada	2.5	1.9	-3.6	-3.6	-3.2	-2.8	-2.7
墨 西 哥	Mexico	-2.7	-1.0	-0.5	-2.6	-2.3	-1.7	-1.8
美　　国	United States	-3.9	-5.7	-2.9	-2.2	-2.3	-2.3	-2.4
阿 根 廷	Argentina	-3.2	2.7	-0.4	-3.0	-2.7	-4.9	-5.4
巴　　西	Brazil	-3.7	1.6	-3.6	-3.0	-1.3	-0.4	-0.8
委内瑞拉	Venezuela	10.1	17.5	1.4				
捷　　克	Czech Rep.	-4.4	-2.1	-3.5	0.3	1.6	1.5	0.4
法　　国	France	1.2	…	-0.8	-0.4	-0.8	-0.5	-0.3
德　　国	Germany	-1.7	4.7	5.7	8.5	8.4	8.0	7.3
意 大 利	Italy	0.1	-0.9	-3.4	1.3	2.5	2.7	2.4
荷　　兰	Netherlands	1.7	6.1	7.3	6.3	8.0	10.5	10.8
波　　兰	Poland	-6.0	-2.6	-5.4	-0.6	-0.5	0.1	-0.7
俄 罗 斯	Russia	17.5	11.1	4.4	5.0	1.9	2.1	6.9
西 班 牙	Spain	-4.4	-7.5	-3.9	1.2	2.3	1.9	0.9
土 耳 其	Turkey	-3.6	-4.2	-5.8	-3.7	-3.8	-5.6	-3.5
乌 克 兰	Ukraine	4.3	3.0	-2.2	1.8	-1.4	-2.2	-3.5
英　　国	UnitedKingdom	-2.4	-2.0	-3.4	-4.9	-5.3	-3.3	-3.9
澳大利亚	Australia	-3.7	-6.3	-3.9	-4.2	-3.4	-2.7	-2.1
新 西 兰	New Zealand	-3.3	-7.0	-2.3	-2.8	-2.2	-2.9	-3.6

15-4 外商直接投资
Foreign Direct Investment

资料来源：联合国贸发会议FDI数据库。
Source: UNCTAD FDI Database .
单位：亿美元 (100 million USD)

国家或地区	Country or Area	外商直接投资 FDI Inflows			对外直接投资 FDI Outflows		
		2000	2010	2018	2000	2010	2018
世　界	**World**	**13586.1**	**13651.1**	**12971.5**	**11636.7**	**13731.9**	**10141.7**
中　国	China	407.1	1147.3	1390.4	9.2	688.1	1298.3
中国香港	Hong Kong, China	545.8	705.4	1156.6	540.8	862.5	851.6
中国澳门	Macao, China		28.3	11.1		-4.4	-5.0
孟加拉国	Bangladesh	5.8	9.1	36.1		0.2	0.2
文　莱	Brunei Darussalam	5.5	4.8	5.0	0.3	-0.4	
柬埔寨	Cambodia	1.5	14.0	31.0	0.1	0.2	1.2
印　度	India	35.9	274.2	422.9	5.1	159.5	110.4
印度尼西亚	Indonesia	-45.5	137.7	219.8		26.6	81.4
伊　朗	Iran	1.9	36.5	34.8	0.1	2.4	0.7
以色列	Israel	69.6	69.8	218.0	33.4	79.4	60.1
日　本	Japan	83.2	-12.5	98.6	315.6	562.6	1431.6
哈萨克斯坦	Kazakhstan	12.8	115.5	38.2		78.9	-11.0
韩　国	Korea, Rep.	115.1	95.0	144.8	48.4	282.2	389.2
老　挝	Laos	0.3	2.8	13.2	0.1	0.3	…
马来西亚	Malaysia	37.9	90.6	80.9	20.3	134.0	52.8
蒙　古	Mongolia	0.5	16.9	21.7		0.6	0.4
缅　甸	Myanmar	0.9	66.7	35.5			
巴基斯坦	Pakistan	3.1	20.2	23.5	0.1	0.5	0.1
菲律宾	Philippines	22.4	13.0	64.6	1.3	29.4	6.0
新加坡	Singapore	147.5	574.6	776.5	68.5	354.1	371.4
斯里兰卡	Sri Lanka	1.8	4.8	16.1		0.4	0.7
泰　国	Thailand	34.1	145.6	104.9	-0.2	79.4	177.1
越　南	Viet Nam	12.9	80.0	155.0		9.0	6.0
埃　及	Egypt	12.4	63.9	68.0	0.5	11.8	3.2
尼日利亚	Nigeria	13.1	61.0	20.0	1.7	9.2	13.8
南　非	South Africa	8.9	36.4	53.3	2.7	-0.8	45.5
加拿大	Canada	668.0	284.0	396.2	446.8	347.2	504.5
墨西哥	Mexico	182.5	273.4	316.0		143.7	68.6
美　国	United States	3140.1	1980.5	2518.1	1426.3	2777.8	-635.5
阿根廷	Argentina	104.2	113.3	121.6	9.0	9.6	19.1
巴　西	Brazil	327.8	776.9	612.2	22.8	220.6	-130.4
委内瑞拉	Venezuela	47.0	15.7	9.6	5.2	24.9	16.5
捷　克	Czech Rep.	49.9	61.4	94.8	0.4	11.7	52.8
法　国	France	275.0	138.9	372.9	1619.5	481.5	1024.2
德　国	Germany	1982.8	656.4	257.1	570.9	1254.5	770.8
意大利	Italy	133.7	91.8	242.8	66.9	326.9	205.8
荷　兰	Netherlands	638.6	-71.8	696.6	756.3	683.6	589.8
波　兰	Poland	94.5	128.0	114.8	0.2	61.5	8.6
俄罗斯	Russia	26.5	316.7	133.3	31.5	411.2	364.4
西班牙	Spain	395.8	398.7	435.9	582.1	378.4	316.2
土耳其	Turkey	9.8	90.9	129.4	8.7	14.7	36.1
乌克兰	Ukraine	6.0	65.0	23.6		7.4	…
英　国	United Kingdom	1153.0	582.0	644.9	2327.4	480.9	498.8
澳大利亚	Australia	141.9	368.0	604.4	28.6	198.0	36.3
新西兰	New Zealand	13.5	-0.6	14.0	6.1	7.2	4.0

15-5 外汇储备与黄金储备
Foreign Exchange and Gold Reserves

资料来源：国际货币基金组织IFS数据库。
Source: IMF IFS Database.

国家或地区	Country or Area	外汇储备(亿美元) Foreign Exchange (100 million USD)			黄金储备(万盎司) Gold Reserves (10000 fine troy ounces)		
		2000	2010	2018	2000	2010	2018
中　国	China	1655.7	28473.4	30727.1	1270.0	3389.0	5956.0
中国香港	Hong Kong, China	1075.4	2686.5	4244.9	7.0	7.0	7.0
中国澳门	Macao, China	33.2	237.3	202.8			
孟加拉国	Bangladesh	14.9	99.0	299.7	11.0	43.0	45.0
文　·　莱	Brunei Darussalam	3.6	12.1	28.7			15.0
柬 埔 寨	Cambodia	5.0	31.5	132.2	40.0	40.0	40.0
印　度	India	372.6	2678.1	3698.0	1150.0	1793.0	1930.0
印度尼西亚	Indonesia	282.8	899.7	1147.8	310.0	235.0	253.0
以 色 列	Israel	231.6	692.7	1135.3			
日　本	Japan	3472.1	10362.6	12095.0	2455.0	2460.0	2460.0
哈萨克斯坦	Kazakhstan	15.9	246.9	157.7	184.0	216.0	1127.0
韩　国	Korea, Rep.	958.6	2869.3	3933.3	44.0	46.0	336.0
老　挝	Laos	1.4	6.2	8.7	2.0	29.0	3.0
马来西亚	Malaysia	274.3	1023.2	977.9	117.0	117.0	125.0
蒙　古	Mongolia	1.8	21.2	27.2	8.0	6.0	60.0
缅　甸	Myanmar	2.2	57.1	53.5	23.0	23.0	23.0
巴基斯坦	Pakistan	15.0	131.2	87.6	209.0	207.0	208.0
菲 律 宾	Philippines	129.7	539.9	693.8	723.0	495.0	636.0
新 加 坡	Singapore	795.1	2236.8	2853.5	410.0	410.0	410.0
斯里兰卡	Sri Lanka	9.8	66.3	60.3	34.0	35.0	64.0
泰　国	Thailand	319.3	1656.6	1970.3	237.0	320.0	495.0
越　南	Viet Nam	34.2	120.5	550.7			
埃　及	Egypt	129.1	323.5	376.4	243.0	243.0	252.0
尼日利亚	Nigeria	99.1	323.4	405.1	69.0	69.0	
南　非	South Africa	57.9	354.2	435.6	590.0	402.0	403.0
加 拿 大	Canada	290.2	448.9	732.8	118.0	11.0	
墨 西 哥	Mexico	351.4	1148.8	1652.0	25.0	23.0	386.0
美　国	United States	312.4	520.8	419.4	26161.0	26150.0	26150.0
阿 根 廷	Argentina	244.1	466.2	592.4	2.0	176.0	176.0
巴　西	Brazil	324.3	2805.7	3655.4	212.0	108.0	217.0
委内瑞拉	Venezuela	126.3	91.9		1024.0	1176.0	
捷　克	Czech Rep.	130.2	403.4	1409.3	45.0	41.0	28.0
法　国	France	321.1	362.1	485.3	9725.0	7830.0	7832.0
德　国	Germany	496.7	373.6	364.1	11152.0	10934.0	10834.0
意 大 利	Italy	224.2	356.8	391.4	7883.0	7883.0	7883.0
荷　兰	Netherlands	70.0	89.0	47.4	2932.0	1969.0	1969.0
波　兰	Poland	263.2	863.2	1103.8	331.0	331.0	414.0
俄 罗 斯	Russia	242.6	4329.5	3717.3	1236.0	2536.0	6794.0
西 班 牙	Spain	295.2	133.1	526.2	1683.0	905.0	905.0
土 耳 其	Turkey	223.1	790.5	713.7	374.0	373.0	1570.0
乌 克 兰	Ukraine	11.0	333.2	198.1	45.0	89.0	78.0
英　国	United Kingdom	341.6	493.3	1401.7	1567.0	997.0	998.0
澳大利亚	Australia	167.8	327.9	453.8	256.0	257.0	221.0
新 西 兰	New Zealand	36.2	151.3	160.6			

15-6 外债及其构成(2018年)
External Debts by Type(2018)

资料来源：世界银行WDI数据库。
Source: World Bank WDI Database.
单位：亿美元 (100 million USD)

国家或地区	Country or Area	外债总额 Total External Debt	长期外债 Long-term Debt	私人非担保外债 Private Nonguaranteed Debt	政府及政府担保外债 Public and Publicly Guaranteed Debt	国际货币基金组织贷款 Use of IMF Credit
中等收入国家	**Middle Income**	**76604.55**	**53735.69**	**25556.64**	**28179.05**	**1421.79**
低收入国家	**Low Income**	**1495.00**	**1315.84**	**142.54**	**1173.30**	**88.40**
中 国	China	19623.04	7336.82	4902.27	2434.55	97.21
孟加拉国	Bangladesh	521.24	415.57	48.92	366.64	15.36
柬埔寨	Cambodia	153.36	128.53	61.22	67.31	1.17
印 度	India	5213.91	4116.86	2311.79	1805.08	55.33
印度尼西亚	Indonesia	3698.40	3140.78	963.95	2176.84	27.54
伊 朗	Iran	63.24	3.82		3.82	19.83
哈萨克斯坦	Kazakhstan	1569.21	1480.77	1238.96	241.81	4.78
老 挝	Laos	155.88	151.13	59.52	91.61	0.70
蒙 古	Mongolia	293.77	259.92	181.35	78.56	2.87
缅 甸	Myanmar	149.36	137.15	0.14	137.01	3.42
巴基斯坦	Pakistan	909.57	753.79	108.87	644.93	72.76
菲律宾	Philippines	788.24	615.91	252.45	363.46	11.65
斯里兰卡	Sri Lanka	526.26	429.00	85.81	343.19	15.45
泰 国	Thailand	1692.41	1075.86	719.80	356.06	13.49
越 南	Viet Nam	1080.96	880.74	347.52	533.21	4.38
埃 及	Egypt	987.05	791.44	4.46	786.98	92.20
尼日利亚	Nigeria	462.38	439.07	194.85	244.22	23.30
南 非	South Africa	1793.06	1401.93	631.65	770.29	24.83
墨西哥	Mexico	4529.91	3879.31	928.88	2950.42	39.65
阿根廷	Argentina	2805.16	1820.11	508.28	1311.82	309.23
巴 西	Brazil	5578.23	4869.63	2968.20	1901.43	40.15
委内瑞拉	Venezuela	1548.98	1051.40	343.03	708.37	35.37
俄罗斯	Russia	4539.38	3977.50	2206.00	1771.50	78.88
土耳其	Turkey	4451.39	3282.28	2068.67	1213.61	14.90
乌克兰	Ukraine	1145.12	808.25	446.04	362.21	129.97

15-7 外债风险指标(2018年)
Risk Indicators on Foreign Debts(2018)

资料来源：世界银行WDI数据库。
Source: World Bank WDI Database.
单位：% (%)

国家或地区	Country or Area	政府及政府担保外债占出口比重 PPG Debt Service as Percentage of Exports	债务率 Present Value of Debt as Percentage of Exports of Goods and Services and Income	短期债务比重 Short-term Debt as Percentage of Total External Debt	偿债率 Total Debt Service as Percentage of Exports of Goods, Services and Income	外债本息占GNI比重 Total Debt Service as Percentage of GNI
中等收入国家	**Middle Income**	**4.72**		**28.00**	**13.72**	**3.58**
低收入国家	**Low Income**	**3.64**		**6.07**		**1.74**
中　国	China	0.76	6.98	62.12	8.16	1.74
孟加拉国	Bangladesh	4.12	61.96	17.33	6.33	0.98
柬 埔 寨	Cambodia	1.40	28.69	15.43	4.55	3.77
印　度	India	4.23	31.52	19.98	11.36	2.36
印度尼西亚	Indonesia	7.37	99.77	14.33	10.89	2.35
伊　朗	Iran		0.53	62.60	0.80	
哈萨克斯坦	Kazakhstan	2.13	36.33	5.33	48.34	22.64
老　挝	Laos	10.78	121.88	2.59	14.58	5.36
蒙　古	Mongolia	11.57	94.18	10.55	101.63	69.72
缅　甸	Myanmar	4.84	86.08	5.89	4.93	1.22
巴基斯坦	Pakistan	14.88	211.39	9.13	19.88	1.86
菲 律 宾	Philippines	4.52	46.11	20.38	8.66	2.21
斯里兰卡	Sri Lanka	21.61	167.57	15.55	36.02	8.55
泰　国	Thailand	0.47	8.26	35.63	5.37	3.84
越　南	Viet Nam	1.39	18.68	18.12	7.09	7.96
埃　及	Egypt	13.73	140.72	10.48	15.00	3.22
尼日利亚	Nigeria	0.65①	26.74		8.27	1.53
南　非	South Africa	10.17	74.33	20.43	19.93	6.56
墨 西 哥	Mexico	6.22	70.13	13.49	11.86	4.90
阿 根 廷	Argentina	32.30	206.93	24.09	45.04	7.45
巴　西	Brazil	11.37	63.86	11.98	31.75	5.18
委内瑞拉	Venezuela			29.84		
俄 罗 斯	Russia	11.06	43.08	10.64	19.60	6.80
土 耳 其	Turkey	6.79	59.44	25.93	36.66	11.15
乌 克 兰	Ukraine	7.14	75.79	18.07	20.68	11.49

注：①2017年数据。
Note:①Data refer to 2017.

主要统计指标解释

经常账户 为货物、服务、收入差额与经常转移的贷方、借方之和。

货物进口 FOB 和货物出口 FOB 是指以出口国离岸价格计算的货物进口值或出口值。货物项目包括：一般货物、用于加工的货物、用于维修的货物、各种运输工具在港口购买的货物和非货币用黄金。

贸易差额 出口 FOB 与进口 FOB 的差额。贸易差额为正表示货物出口大于进口。反之，差额为负表示进口大于出口。

服务 包括运输、旅游、通讯服务、建筑服务、保险服务、金融服务、计算机和信息服务、专有权力使用费和特许费、体育、文化和娱乐服务、别处未提及的政府服务和其它商业服务。

货物和服务差额 为货物差额与服务借方、贷方之和。

收入 包括投资收益 （包括直接投资收益、证券投资收益和其他投资收益）和职工报酬。

货物、服务、收入差额 货物和服务差额与收入借方、贷方之和。

经常转移 经常转移包括政府间的经常转移和其他转移如雇员汇款等。贷方是指报告经济体接受的所有经常转移。借方是指由报告经济体提供的经常转移。

资本账户 资本账户贷方、借方之和。资本账户贷方包括：固定资产的获取，非生产、非金融资产的出让（但不包括债务减免）。资本账户借方包括：固定资产的出让，非生产、非金融资产的购买。

金融账户 为直接投资、证券投资、金融衍生工具和其他投资之和。

证券投资 包括股本证券和债务证券投资。

股本证券 包括股票和可以表明股本所有权的类似文件（如美国的存股证）。

债务证券 包括短期、中期和长期债券以及货币市场工具（一种期限为一年获一年以下的债券），以及各种可兑现的债券工具。

金融衍生工具 是同其他金融工具、指数、商品挂钩的一种金融工具。通过金融衍生工具，可以在金融市场中就具体的金融风险（如利率风险、外汇风险、股票和商品风险、信贷风险等）本身进行交易。

经常项目差额占 GDP 的比重 经常帐户差额是货物和服务的净出口，净收入，净经常转移的总和。

黄金储备（货币黄金） 一国当局拥有的、作为储备资产的黄金。参见国际储备。

外债总额 指欠非本地居民的，可用外币、货物或服务偿还的债务。它是长期公共债务、公共担保债务和私人非担保长期债务、IMF 贷款和短期外债的总和。

长期债务 指初始到期日或宽限期在一年以上的债务。它有三个构成部分：公共债务、公共担保债务和私人非担保债务。用现价美元表示。

短期债务 包括初始到期日为 ·年及 ·年期以下的所有债务和长期债务到期未付的利息。用现价美元表示。

Explanatory Notes on Main Statistical Indicators

Current Account is the sum of the balance on goods, services, and income, plus current transfers: credit, plus current transferse: debit.

Goods: Exports f.o.b. and Goods: Imports f.o.b. are both measured on the "free-on-board" (f.o.b.) basis—that is, by the value of the goods at the border of the exporting economy. The goods item covers general merchandise, goods for processing, repairs on goods, goods procured in ports by carriers, and nonmonetary gold.

Trade Balance is the balance of exports f.o.b. and imports f.o.b. A positive trade balance shows that merchandise exports are larger than merchandise imports, whereas a negative trade balance shows that merchandise imports are larger than merchandise exports.

Services comprise services in transportation, travel, communication, construction, insurance, finance, computer and information, royalties and license fees, other business, personal, cultural and recreational, and government, n.i.e.

Balance on Goods and Services is the sum of the balance on goods, plus services: credit, plus services: debit.

Income comprise (1) investment income (consisting of direct investment income, portfolio investment income, and other investment income), and (2) compensation of employees.

Balance on Goods, Services, and Income is the sum of the balance on goods and services, plus income: credit, plus income: debit.

Current Transfers. Credit comprise all current transfers received by the reporting economy. Current transfers comprise (1) general government transfers and (2) other sector transfers, including workers' remittances.

Current Transfers，Debit comprise all current transfers paid by the reporting economy.

Capital Account, n.i.e is the balance on the capital account (capital account, n.i.e.: credit, plus capital account: debit). Capital account, n.i.e.: credit covers (1) transfers linked to the acquisition of a fixed asset and (2) the disposal of nonproduced, nonfinancial assets. Capital account: debit covers (1) transfers linked to the disposal of fixed assets, and (2) acquisition of nonproduced, nonfinancial assets.

Financial Account, n.i.e. is the net sum of direct investment, portfolio investment, financial derivatives, and other investment.

Portfolio Investment includes Equity Securities and Debt Securities.

Equity Securities include shares, stocks, participation, and similar documents (such as American depository receipts) that usually denote ownership of equity.

Debt Securities covers (1) bonds, debentures, notes, etc., and (2) money market or negotiable debt instruments.

Financial Derivatives cover financial instruments that are linked to other specific financial instruments, indicators, or commodities, and through which specific financial risks (such as interest rate risk, foreign exchange risk, equity and commodity price risks, credit risk, etc.) can, in their own right, be traded in financial markets.

Current Account Blance as percentage of GDP Current account balance is the sum of net exports of goods, services, net income, and net current transfers.

Gold Reserves (Monetary Gold) Gold owned by the authorities and held as a reserve asset. See also international reserves.

External Debt Total Total external debt is debt owed to nonresidents repayable in foreign currency, goods, or services. Total external debt is the sum of public, publicly guaranteed, and private no guaranteed long-term debt, use of IMF credit, and short-term debt.

Long-term Debt Long-term debt is debt that has an original or extended maturity of more than one year. It has three components: public, publicly guaranteed, and private no guaranteed debt. Data are in current U.S. dollars.

Short-term Debt includes all debt having an original maturity of one year or less and interest in arrears on long-term debt. Data are in current U.S. dollars.

教育、科技、文化和卫生

Education, Science and Technology, Culture and Health

16-1 15岁及以上成人识字率
Adult Literacy Rate(As Percentage of People Ages 15 and Above)

资料来源：世界银行WDI数据库。
Source: World Bank WDI Database.
单位：% (%)

国家或地区	Country or Area	总计 Total		男性 Male		女性 Female	
		2000	2017	2000	2017	2000	2017
中　　国	China	90.9	96.4①	95.1	98.2①	86.5	94.5①
中国澳门②	Macao, China②		96.5		98.2		95.0
孟加拉国	Bangladesh		72.9		75.7		70.1
文　　莱①	Brunei Darussalam①		96.7		97.8		95.4
柬 埔 寨	Cambodia	67.3③	80.5①	79.5③	86.5①	57.0③	75.0①
印　　度①	India①		72.2		80.9		63.0
印度尼西亚②	Indonesia②		95.4		97.2		93.6
伊　　朗②	Iran②		85.5		90.4		80.8
哈萨克斯坦	Kazakhstan	99.5④	99.8①	99.8④	99.8①	99.3④	99.8①
老　　挝	Laos	69.6	84.7①	81.4	90.0①	58.5	79.4①
马来西亚	Malaysia	88.7	93.7②	92.0	96.3②	85.4	91.1②
蒙　　古	Mongolia	97.8	98.4①	98.0	98.2①	97.5	98.6①
缅　　甸	Myanmar	89.9	75.6②	93.9	80.0②	86.4	71.9②
巴基斯坦	Pakistan	42.70③	59.1	55.30③	71.1	29.04③	46.5
菲 律 宾	Philippines	92.6	98.2①	92.6	98.1①	92.7	98.2①
新 加 坡	Singapore	92.6	97.2	96.6	98.8	88.7	95.7
斯里兰卡	Sri Lanka		91.9		93.0		91.0
泰　　国	Thailand	92.7	92.9①	94.9	94.7①	90.5	91.2①
越　　南	Viet Nam	90.2	94.5①	93.9	96.3①	86.6	92.8①
埃　　及	Egypt		71.2		76.5		65.5
尼日利亚①	Nigeria①		59.6		69.2		49.7
南　　非	South Africa		87.1		87.7		86.5
墨 西 哥	Mexico	90.5	95.0	92.6	95.9	88.7	94.2
阿 根 廷②	Argentina②		99.1		99.1		99.1
巴　　西	Brazil	86.4	93.1	86.2	92.9	86.5	93.2
委内瑞拉②	Venezuela②		97.1		97.0		97.2
意 大 利①	Italy①		99.0		99.3		98.8
波　　兰	Poland	98.7③	99.8①	99.3③	99.9①	98.3③	99.7①
俄 罗 斯①	Russia①		99.7		99.7		99.7
西 班 牙②	Spain②		98.3		98.8		97.7
土 耳 其	Turkey		96.2		98.8		93.5
乌 克 兰①	Ukraine①		99.8		99.8		99.7

注：①2015年数据。②2016年数据。③1998年数据。④1999年数据。
Note:①Data refer to 2015.②Data refer to 2016.③Data refer to 1998.④Data refer to 1999.

16-2 入学率
School Enrollment Ratio

资料来源：世界银行WDI数据库。
Source: World Bank WDI Database.
单位：%　　(%)

国家或地区	Country or Area	高等教育粗入学率 Gross School Enrollment Ratio,Tertiary		中等教育粗入学率 Gross School Enrollment Ratio,Secondary		初等教育粗入学率 Gross School Enrollment Ratio,Primary	
		2005	2017	2005	2017	2005	2017
世　界	**World**	**24.3**	**37.9**	**64.1**	**75.4**	**102.2**	**103.7**
高收入国家	**High Income**	**66.0**	**76.8**	**100.8**	**107.0**	**101.6**	**101.6**
中等收入国家	**Middle Income**	**19.6**	**35.8**	**62.4**	**76.4**	**103.6**	**104.2**
低收入国家	**Low Income**	**5.5**	**8.8**	**31.9**	**41.2**	**93.7**	**102.5**
中　国	China	19.1	49.1	62.1①	94.3②	118.9①	99.4
中国香港	Hong Kong, China	33.5	74.3	82.3	105.3	96.1	107.8
中国澳门	Macao, China	54.4	84.7	86.3	100.0	100.0	101.4
孟加拉国	Bangladesh	6.4	18.2	47.0	69.7	101.6	111.1
文　莱	Brunei Darussalam	14.6	33.6	96.6	92.9	110.6	104.9
柬埔寨	Cambodia	3.4	13.1	31.3③		130.9	107.8
印　度	India	10.7	27.4	54.0	73.5	102.7①	113.0
印度尼西亚	Indonesia	17.2	36.4	60.2	87.1	108.0	105.9
伊　朗	Iran	23.8	69.6④	77.2	86.3	99.2	110.7
以色列	Israel	58.7	63.4	106.0	105.1	104.8	104.9
日　本	Japan	54.3	63.6④	98.2	102.4④	100.3	98.2④
哈萨克斯坦	Kazakhstan	52.9	50.1	96.5	114.2	102.5	108.7
韩　国	Korea, Rep.	91.7	94.4	97.1	100.3	101.1	98.1
老　挝	Laos	7.8	15.7	43.6	67.5	112.4	106.0
马来西亚	Malaysia	27.9	43.7	80.7	85.4	100.0	105.3
蒙　古	Mongolia	44.7	64.2	90.3	100.3④	98.0	102.9
缅　甸	Myanmar		15.7	44.3	64.3	98.1	112.2
巴基斯坦	Pakistan	4.9	9.3	25.6	40.4	81.3	90.6
菲律宾	Philippines	27.5	35.5	82.9	86.2	106.0	107.5
新加坡	Singapore		84.8		107.6		100.6
斯里兰卡	Sri Lanka		19.0		98.0	99.6	100.6
泰　国	Thailand	44.6	49.3④	73.6	116.7	101.9	99.6
越　南	Viet Nam	16.2	28.5④			97.7	109.2
埃　及	Egypt	30.1	35.2	81.9③	86.7	95.7	106.1
尼日利亚	Nigeria	10.5		35.0	42.0④	101.4	84.7④
南　非	South Africa		22.4	87.4	104.7	105.9	100.9
加拿大	Canada	59.5⑤	68.9	101.4	113.8	97.4	100.9
墨西哥	Mexico	24.2	40.2	82.3	104.4	108.6	105.8
美　国	United States	80.6	88.2	95.1	99.0	101.9	101.8
阿根廷	Argentina	64.0	90.0	92.8	108.7	115.3	109.7
巴　西	Brazil	26.0	51.3	101.3	100.8	133.3	115.4
委内瑞拉	Venezuela	42.2③		74.6	88.1	104.2	97.2
捷　克	Czech Rep.	48.3	64.1	95.7	103.5	99.2	100.7
法　国	France	53.9	65.6	106.8	103.8	104.6	102.5
德　国	Germany		70.2	102.3	98.4	103.1	104.0
意大利	Italy	64.4	61.9	99.3	101.3	102.3	101.9
荷　兰	Netherlands	58.7	85.0	118.4	135.6	106.7	104.2
波　兰	Poland	63.6	67.8	99.6	109.9	94.5	100.0
俄罗斯	Russia	72.6	81.9	82.9	103.4	95.2	102.6
西班牙	Spain	67.2	88.9	117.3	126.0	103.1	102.7
土耳其	Turkey	33.1	103.7④	83.9	106.0	103.2	93.2
乌克兰	Ukraine	70.3	82.7⑥	95.6	96.0⑥	106.4	99.0⑥
英　国	United Kingdom	59.0	60.0	105.4	125.9	106.4	101.2
澳大利亚	Australia	72.3	113.1	148.4	150.3	102.7	100.3
新西兰	New Zealand	80.6	82.0	120.2	114.6	99.7	100.0

注：①2003年数据。②2015年数据。③2004年数据。④2016年数据。⑤2002年数据。⑥2014年数据。
Note:①Data refer to 2003.②Data refer to 2015.③Data refer to 2004.④Data refer to 2016.⑤Data refer to 2002.⑥Data refer to 2014.

16-3 每个学生教育支出占人均国内生产总值比重
Expenditure per Student as Percentage of GDP per Capita

资料来源：世界银行WDI数据库。
Source: World Bank WDI Database.
单位：% (%)

国家或地区	Country or Area	大学生 Tertiary School Student		中学生 Secondary School Student		小学生 Primary School Student	
		2000	2016	2000	2016	2000	2016
高收入国家	**High Income**	**27.8**	**26.8①**	**21.2**	**22.9①**	**17.2**	**19.9①**
中国香港	Hong Kong, China		24.3		21.3		15.0
孟加拉国	Bangladesh	38.2	30.8	9.6	10.2		9.3
柬埔寨	Cambodia	77.4③		10.8③		5.6	5.3④
印度	India	97.9	49.2⑤	25.6	16.8⑤	15.0	9.8⑤
伊朗	Iran		18.3		17.1		9.6
以色列	Israel	27.5	19.3①	17.8	18.7①	20.1	21.4①
日本	Japan	17.0	24.6④	20.3	23.9④	20.7	22.5④
哈萨克斯坦	Kazakhstan		9.9	22.0②	21.2		0.3
老挝	Laos	69.8	20.2④	5.5	12.4④	3.9	9.0④
马来西亚	Malaysia	80.8	26.3	21.7	21.5	12.4	16.4
菲律宾	Philippines	14.5		10.3		12.1	
泰国	Thailand	35.3	18.2⑤	18.8③	18.0⑤	17.5	23.3⑤
南非	South Africa	55.1	40.0①	18.1	19.1①	14.2	17.9④
加拿大	Canada	50.0	36.6				17.6①
墨西哥	Mexico	39.8⑥	37.6①	11.8⑥	15.6①	11.1	14.9①
美国	United States	25.8⑥	21.3④	21.9	22.5④	18.3	19.9①
阿根廷	Argentina	17.4	16.3	15.8	21.8	12.4	15.4
巴西	Brazil	54.9	33.3①	10.3	21.7①	10.6	20.2①
白俄罗斯	Belarus		17.0				
捷克	Czech Rep.	28.0	21.0①	19.4	23.7①	10.6	14.9①
法国	France	29.4	33.0①	28.3	26.5①	17.4	17.5①
德国	Germany		34.0①	21.6	23.0①	15.3	17.5①
意大利	Italy	25.6	25.3①	25.6	22.9①	22.3	21.7①
荷兰	Netherlands	42.3	33.4①	21.2	22.9①	14.4	17.0①
波兰	Poland	17.5	28.1①	10.8③	22.1①		23.6①
俄罗斯	Russia	11.0	18.7①				
西班牙	Spain	20.2	22.9①	22.8	18.5①	17.2	17.3①
土耳其	Turkey	32.1	32.2①	9.6	11.5①	9.8	14.3①
乌克兰	Ukraine	36.5	38.6	11.2	25.7	7.6	26.3
英国	United Kingdom	20.7	36.9	21.9	19.0	12.7	25.7
澳大利亚	Australia	26.0	21.5①	14.0	17.2①	16.8	18.8①
新西兰	New Zealand	39.2⑥	26.6	22.0	20.8	19.6	19.1

注：①2015年数据。②1997年数据。③1998年数据。④2014年数据。⑤2013年数据。⑥1999年数据。
Note:①Data refer to 2015.②Data refer to 1997.③Data refer to 1998.④Data refer to 2014.⑤Data refer to 2013.⑥Data refer to 1999.

16-4 研究与开发经费支出和公共教育经费支出占国内生产总值比重
Research and Development Expenditure and Public Spending on Education as Percentage of GDP

资料来源：世界银行WDI数据库。
Source: World Bank WDI Database.

单位：% (%)

国家或地区	Country or Area	研究与开发经费支出占国内生产总值比重 Research and Development Expenditure as of GDP			公共教育经费支出占国内生产总值比重 Public Spending on Education, Total as of GDP		
		2000	2010	2016	2000	2010	2016
世　界	**World**	**2.1**	**2.0**	**2.2**	**3.9**	**4.6**	**4.8①**
高收入国家	**High Income**	**2.3**	**2.4**	**2.5**	**4.8**	**5.4**	**5.2①**
中等收入国家	**Middle Income**	**0.6**	**1.1**	**1.6**	**3.8**	**4.5**	**4.7②**
中　国	China	0.9	1.7	2.1			
中国香港	Hong Kong, China	0.5	0.7	0.8		3.5	3.3
中国澳门	Macao, China		0.1	0.2	3.3	2.6	3.1
孟加拉国	Bangladesh				2.1	1.9③	1.5
文　莱	Brunei Darussalam				3.7	2.0	4.4
柬埔寨	Cambodia			0.1①	1.7	1.5	1.9②
印　度	India	0.8	0.8	0.6①	4.4	3.4	3.8④
印度尼西亚	Indonesia	0.1	0.1③	0.1④		2.8	3.6①
伊　朗	Iran		0.3	0.3④	4.0	3.7	3.4
以色列	Israel	3.9	3.9	4.3	6.1	5.5	5.9①
日　本	Japan	2.9	3.1	3.1	3.5	3.6	3.5
哈萨克斯坦	Kazakhstan	0.2	0.2	0.1	3.3	3.1③	3.0
韩　国	Korea, Rep.	2.2	3.5	4.2		4.7③	5.3①
老　挝	Laos				1.5	1.7	2.9②
马来西亚	Malaysia	0.5	1.0	1.3①	6.0	5.0	4.8
蒙　古	Mongolia	0.2	0.2	0.2	5.6	4.6	5.2
缅　甸	Myanmar	0.1			0.6		
巴基斯坦	Pakistan	0.1	0.4③	0.2①	1.8	2.3	2.5
菲律宾	Philippines		0.1③	0.1④	3.3	2.7③	3.4④
新加坡	Singapore	1.8	2.0	2.2②	3.3	3.1	2.9④
斯里兰卡	Sri Lanka	0.1	0.1	0.1①		1.7	3.5
泰　国	Thailand	0.2	0.2③	0.8	5.3	3.5	4.1④
越　南	Viet Nam			0.4①		5.1	5.7④
埃　及	Egypt	0.2	0.4	0.7		3.8⑤	
尼日利亚	Nigeria		0.2⑥				
南　非	South Africa		0.7	0.8①	5.4	5.7	5.9
加拿大	Canada	1.9	1.8	1.6	5.4	5.4	
墨西哥	Mexico	0.3	0.5	0.5	4.0	5.2	5.2①
美　国	United States	2.6	2.7	2.7		5.4	5.0②
阿根廷	Argentina	0.4	0.6	0.5	4.6	5.0	5.6
巴　西	Brazil	1.0	1.2	1.3	3.9	5.6	6.2①
委内瑞拉	Venezuela	0.4	0.2	0.1		6.9③	
捷　克	Czech Rep.	1.1	1.3	1.7	3.7	4.1	5.8①
法　国	France	2.1	2.2	2.2	5.5	5.7	5.5①
德　国	Germany	2.4	2.7	2.9		4.9	4.8①
意大利	Italy	1.0	1.2	1.3	4.3	4.4	4.1①
荷　兰	Netherlands	1.8	1.7	2.0	4.6	5.6	5.4①
波　兰	Poland	0.6	0.7	1.0	5.0	5.1	4.8①
俄罗斯	Russia	1.1	1.1	1.1	2.9	4.1⑤	3.8①
西班牙	Spain	0.9	1.4	1.2	4.2	4.8	4.3①
土耳其	Turkey	0.5	0.8	0.9①	2.5		4.3①
乌克兰	Ukraine	1.0	0.8	0.5	4.2	7.3③	5.0
英　国	United Kingdom	1.6	1.7	1.7	4.1	5.8	5.5
澳大利亚	Australia	1.6	2.4	1.9①	4.9	5.6	5.3①
新西兰	New Zealand		1.3③	1.3①		7.0	6.3

注：①2015年数据。②2014年数据。③2009年数据。④2013年数据。⑤2008年数据。⑥2007年数据。
Note:①Data refer to 2015.②Data refer to 2014.③Data refer to 2009.④Data refer to 2013.⑤Data refer to 2008.⑥Data refer to 2007.

16-5 每百万人中研究人员和技术人员数
Researchers and Technicians in R&D (per Million People)

资料来源：世界银行WDI数据库。
Source: World Bank WDI Database.
单位：人 (person)

国家或地区	Country or Area	每百万人中研究人员数 Researchers in R&D (per million people)			每百万人中技术人员数 Technicians in R&D (per million people)		
		2000	2010	2016	2000	2010	2016
高收入国家	**High Income**	**3080.4**	**3829.6**	**4196.2**			
中等收入国家	**Middle Income**	**488.4**	**657.8**	**774.7①**			
中　　国	China	541.7	890.5	1205.7			
中国香港	Hong Kong, China	1159.7	2929.7	3404.8	206.2	307.3	321.9
印　　度	India	110.1	156.6	216.2①	85.5	100.9	95.6①
印度尼西亚	Indonesia	212.7		179.2			16.3
日　　本	Japan	5077.6	5103.2	5210.0	619.1	582.3	502.6
哈萨克斯坦	Kazakhstan	602.4	367.2	687.6	79.1	27.7	147.9
韩　　国	Korea, Rep.	2286.9	5330.0	7113.2	447.4	959.7	1232.4
马来西亚	Malaysia	277.0	1467.5	2357.9	39.7	130.7	259.0
巴基斯坦	Pakistan			293.6①			71.0①
新 加 坡	Singapore	4249.6	6312.4	6729.7②	347.5	461.5	457.1②
斯里兰卡	Sri Lanka	135.1	105.9	107.0①		91.6	75.4①
南　　非	South Africa		362.9	493.7		104.9	135.0
加 拿 大	Canada	3510.6	4643.4	4274.7	1234.7	1519.8	1213.8
墨 西 哥	Mexico	218.5	328.1	244.2③	92.6	177.0	133.4③
美　　国	United States	3493.0	3889.7	4256.3			
阿 根 廷	Argentina	712.9	1120.7	1232.6	157.5	246.0	310.1
巴　　西	Brazil	421.5	682.4	881.4②	337.3	750.4	963.0②
委内瑞拉	Venezuela	61.0	199.9	283.9	7.3		
捷　　克	Czech Rep.	1346.2	2774.0	3518.8	711.3	1515.8	1830.3
法　　国	France	2886.7	3864.0	4307.2①		1878.0	1798.2①
德　　国	Germany	3164.6	4054.6	4878.3		1399.5	1952.3
意 大 利	Italy	1153.9	1731.5	2249.8			
荷　　兰	Netherlands	2649.3	3219.0	4775.1	1514.3	1326.4	
波　　兰	Poland	1431.2	1683.3	2306.5	354.0	285.4	397.3
俄 罗 斯	Russia	3459.2	3088.1	2979.1	570.3	475.3	465.1
西 班 牙	Spain	1874.4	2877.9	2732.3	626.4	1297.3	1196.6
土 耳 其	Turkey	365.0	889.6	1259.7	37.3	143.1	317.5
英　　国	United Kingdom	2893.2	4053.0	4391.7		936.6	1315.5
澳大利亚	Australia	3461.8	4539.5		816.3		
新 西 兰	New Zealand			4052.4①			1018.5①

注：①2015年数据。②2014年数据。③2013年数据。
Note:①Data refer to 2015.②Data refer to 2014.③Data refer to 2013.

16-6　高技术产品出口额占制成品出口额的比重
High-technology Exports as Percentage of Manufactured Exports

资料来源：世界银行WDI数据库。
Source: World Bank WDI Database.
单位：%　　(%)

国家或地区	Country or Area	2000	2005	2010	2015	2016	2017
世　界	**World**	**24.4**	**19.7**	**17.5**	**18.5**	**17.9**	**16.1**
高收入国家	**High Income**	**25.6**	**20.0**	**17.7**	**18.6**	**17.8**	**16.0**
中等收入国家	**Middle Income**	**19.7**	**19.0**	**17.0**	**18.4**	**18.0**	**16.5**
低收入国家	**Low Income**	**5.5**	**3.8**	**2.0**	**3.5**	**5.1**	
中　国	China	19.0	30.8	27.5	25.7	25.2	23.8
中国香港	Hong Kong, China	23.4	15.6	16.1	10.6	12.1	29.7
中国澳门	Macao, China	0.9	0.7				
孟加拉国	Bangladesh	0.2	0.3	0.2	0.3		
文　莱	Brunei Darussalam			26.0	17.9	8.3	29.9
柬埔寨	Cambodia	0.1	0.1	0.1	0.8	0.4	
印　度	India	6.3	5.8	7.2	7.5	7.1	7.0
印度尼西亚	Indonesia	16.4	16.6	9.8	6.6	5.8	5.4
伊　朗	Iran	0.6	2.5	4.5		1.4	1.3
以色列	Israel	19.4	14.0	14.7	19.7	18.4	13.0
日　本	Japan	28.7	23.0	18.0	16.8	16.2	13.8
哈萨克斯坦	Kazakhstan	0.9	11.3	34.2	41.2	30.4	22.7
韩　国	Korea, Rep.	35.1	32.5	29.5	26.8	26.6	14.2
老　挝	Laos			6.6	35.2	33.6	
马来西亚	Malaysia	59.6	54.7	44.5	42.8	43.0	28.2
蒙　古	Mongolia	0.5	0.1		4.0	16.3	3.2
缅　甸	Myanmar				0.4	7.6	6.1
巴基斯坦	Pakistan	0.4	1.4	1.7	1.6	1.9	2.1
菲律宾	Philippines	72.6	70.8	55.3	53.1	55.1	57.7
新加坡	Singapore	62.8	34.7	49.9	49.3	48.8	49.2
斯里兰卡	Sri Lanka	3.1	2.3	1.0	0.8	0.8	0.9
泰　国	Thailand	33.4	26.7	24.0	21.4	21.5	
越　南	Viet Nam	11.1	5.4	8.6		29.8	29.5
埃　及	Egypt	0.3	0.4	0.9	0.8	0.5	0.6
尼日利亚	Nigeria	0.6		1.1		2.0	1.9
南　非	South Africa	7.0	6.7	4.6	6.2	5.3	4.6
加拿大	Canada	17.7	13.1	14.1	13.8	12.9	12.9
墨西哥	Mexico	22.5	19.6	16.9	14.7	15.3	15.2
美　国	United States	33.8	25.0	20.0	19.0	20.0	13.8
阿根廷	Argentina	9.4	6.8	7.4	9.0	8.8	9.0
巴　西	Brazil	18.7	12.8	11.2	12.3	13.5	12.3
委内瑞拉	Venezuela	2.9	2.3	5.1			
捷　克	Czech Rep.	8.5	13.0	15.3	14.9	14.0	12.8
法　国	France	24.6	20.3	24.9	26.9	26.7	23.6
德　国	Germany	18.6	17.4	15.3	16.7	16.9	13.9
意大利	Italy	9.5	8.0	7.2	7.3	7.5	6.9
荷　兰	Netherlands	35.8	30.9	21.3	18.0	17.8	18.6
波　兰	Poland	3.4	3.8	6.7	8.8	8.5	7.7
俄罗斯	Russia	16.1	8.4	9.1	13.8	10.7	11.5
西班牙	Spain	8.0	7.3	6.4	7.2	7.0	7.1
土耳其	Turkey	4.8	1.5	1.9	2.2	2.0	2.5
乌克兰	Ukraine	5.2	3.7	4.3	7.3	5.8	5.0
英　国	United Kingdom	32.4	28.0	21.0	20.8	21.8	21.1
澳大利亚	Australia	15.4	12.8	11.9	13.5	14.8	12.8
新西兰	New Zealand	9.7	10.2	9.0	9.6	10.1	8.6

16-7 专利申请数量
Patent Applications

资料来源：世界银行WDI数据库。
Source: World Bank WDI Database.
单位：件 (unit)

国家和地区	Country or Area	居民专利申请数量 Residents			非居民专利申请数量 Non-residents		
		2000	2010	2017	2000	2010	2017
世　界	**World**	**824055**	**1161617**	**2161610**	**447515**	**674241**	**821403**
高收入国家	**High Income**	**753415**	**787260**	**831986**	**335279**	**453213**	**551643**
中等收入国家	**Middle Income**	**70326**	**366286**	**1329457**	**112077**	**220871**	**269189**
低收入国家	**Low Income**	**928**			**1559**		
中　国	China	25346	293066	1245709	26560	98111	135885
中国香港	Hong Kong, China	51	133	324	8244	11569	12975
中国澳门	Macao, China		4	1		58	67
孟加拉国	Bangladesh	70	66	61	248	276	241
文　莱	Brunei Darussalam			8	21	42①	99
柬埔寨	Cambodia			2②		26	65③
印　度	India	2206	8853	14961	6332	30909	31621
印度尼西亚	Indonesia	157	508	2271	3733	5122	7032
伊　朗	Iran	410	11108	15264	206	528	995
以色列	Israel	1599	1450	1436	5203	5856	5377
日　本	Japan	384201	290081	260290	35342	54517	58189
哈萨克斯坦	Kazakhstan	1399	1691	1055	116	273	173
韩　国	Korea, Rep.	72831	131805	159084	29179	38296	45691
马来西亚	Malaysia	206	1231	1166	6021	5152	5906
蒙　古	Mongolia	148④	110	124	32④	69	104
巴基斯坦	Pakistan	46	114	193	1149	980	505
菲律宾	Philippines	154	170	323	3482	3223	3072
新加坡	Singapore	516	895	1609	7720	8878	9321
斯里兰卡	Sri Lanka	71	225	277	250	235	266
泰　国	Thailand	561	1214	979	4488	723	6886
越　南	Viet Nam	34	306	592	1205	3276	4790
埃　及	Egypt	534	605	918⑤	1081	1625	1231⑤
尼日利亚⑥	Nigeria⑥			50			869
南　非	South Africa	895	821	728	2400	5562	6816
加拿大	Canada	4187	4550	4053	35435	30899	30969
墨西哥	Mexico	431	951	1334	12630	13625	15850
美　国	United States	164795	241977	293904	131100	248249	313052
阿根廷	Argentina	1062	552	393	5574	4165	3050
巴　西	Brazil	3179	4228	5480	14104	20771	20178
委内瑞拉	Venezuela	56	70	96	2292	1773	338
捷　克	Czech Rep.	555	868	794	4384	114	66
法　国	France	13870	14748	14415	3483	1832	1832
德　国	Germany	51736	47047	47785	10406	12198	19927
意大利	Italy	7877	8877	8643	1396	846	1031
荷　兰	Netherlands	2465	2527	2241	529	240	365
波　兰	Poland	2404	3203	3924	4899	227	117
俄罗斯	Russia	23377	28722	22777	8960	13778	14106
西班牙	Spain	2710	3566	2167	484	213	176
土耳其	Turkey	277	3180	8175	3156	177	380
乌克兰	Ukraine	5620	2556	2283	1604	2756	1764
英　国	United Kingdom	22050	15490	13301	10697	6439	8771
澳大利亚	Australia	1928	2409	2503	20073	22478	26403
新西兰	New Zealand	1463	1585	1014	5585	5051	5146

注：①2009年数据。②2014年数据。③2015年数据。④1998年数据。⑤2016年数据。⑥2013年数据。
Note:①Data refer to 2009.②Data refer to 2014.③Data refer to 2015.④Data refer to 1998.⑤Data refer to 2016.⑥Data refer to 2013.

16-8 享有基本卫生服务和基本饮用服务人口占总人口比重
Percentage of Population Using at least Basic Sanitation and Drinking Water Services

资料来源：世界银行WDI数据库。
Source: World Bank WDI Database.

单位：% (%)

国家或地区	Country or Area	享有基本卫生服务的人口占总人口比重 Percentage of Population Using at least Basic Sanitation Services			享有基本饮用水服务的人口占总人口比重 Percentage of Population Using at least Basic Drinking Water Services		
		2000	2010	2017	2000	2010	2017
世　界	**World**	**55.5**	**66.4**	**73.4**	**80.4**	**86.5**	**89.6**
高收入国家	**High Income**	**98.6**	**99.1**	**99.4**		**99.3**	**99.5**
中等收入国家	**Middle Income**	**49.3**	**63.6**	**73.1**	**81.2**	**87.5**	**91.4**
低收入国家	**Low Income**	**19.0**	**27.4**	**30.4**	**42.7**	**51.7**	**57.5**
中　国	China	56.3	73.6	84.8	80.4	88.5	92.9
孟加拉国	Bangladesh	25.6	39.2	48.2	95.2	96.5	97.0
文　莱	Brunei Darussalam		96.4		99.9	99.9	99.9
柬埔寨	Cambodia	10.0	37.8	59.2	52.4	67.6	78.5
印　度	India	16.4	41.5	59.5	79.0	86.9	92.7
印度尼西亚	Indonesia	41.1	60.0	73.1	75.7	84.3	89.3
伊　朗	Iran	87.3	88.0	88.4	94.9	95.1	95.3
以色列	Israel	100.0	100.0	100.0	100.0	100.0	100.0
日　本	Japan	100.0	100.0	99.9	98.5	98.7	99.0
哈萨克斯坦	Kazakhstan	96.8	97.4	97.9	84.6	91.2	95.6
韩　国	Korea, Rep.	100.0	100.0	100.0		99.0	99.8
老　挝	Laos	28.3	56.5	74.5	46.5	68.1	82.1
马来西亚	Malaysia	96.8	98.8	99.6	97.4	97.0	96.7
蒙　古	Mongolia	48.0	55.5	58.5	61.8	76.7	83.3
缅　甸	Myanmar	70.9	67.0	64.3	46.3	68.4	81.8
巴基斯坦	Pakistan	31.4	49.1	59.9	86.0	89.2	91.5
菲律宾	Philippines	62.1	68.7	76.5	85.6	90.1	93.6
新加坡	Singapore	100.0	100.0	100.0	100.0	100.0	100.0
斯里兰卡	Sri Lanka	84.6	91.0	95.8	79.6	85.4	89.4
泰　国	Thailand	92.0	95.8	98.8	93.6	97.8	99.9
越　南	Viet Nam	52.4	71.0	83.5	80.1	88.7	94.7
埃　及	Egypt	92.2	93.4	94.2	97.9	98.6	99.1
尼日利亚	Nigeria	29.5	34.3	39.2	48.2	61.8	71.4
南　非	South Africa	58.8	69.1	75.8	84.5	89.6	92.7
加拿大	Canada	99.8	99.6	99.3	99.1	99.3	99.4
墨西哥	Mexico	75.2	84.9	91.2	89.0	95.8	99.3
美　国	United States	100.0	100.0	100.0		99.2	99.3
阿根廷	Argentina	87.0	92.6		96.2	98.5	
巴　西	Brazil	72.9	82.1	88.3	93.7	96.3	98.2
委内瑞拉	Venezuela	87.3	93.9	93.9	96.7	96.1	95.7
捷　克	Czech Rep.	99.1	99.1	99.1	99.8	99.9	99.9
法　国	France	98.7	98.7	98.7	99.9	100.0	100.0
德　国	Germany	99.2	99.2	99.2	100.0	100.0	100.0
意大利	Italy		98.8	98.8	100.0	99.6	99.4
荷　兰	Netherlands	98.1	97.8	97.7	100.0	100.0	100.0
波　兰	Poland	87.6	94.3	98.8		97.4	99.7
俄罗斯	Russia	83.4	87.6	90.5	95.0	96.2	97.1
西班牙	Spain	99.9	99.9	99.9	100.0	100.0	99.9
土耳其	Turkey	82.0	92.3	97.3	95.5	97.9	98.9
乌克兰	Ukraine	94.4	95.7	96.2	98.0	95.1	93.8
英　国	United Kingdom	99.1	99.1	99.1	100.0	100.0	100.0
澳大利亚	Australia	100.0	100.0	100.0	99.7	99.9	100.0
新西兰	New Zealand	100.0	100.0	100.0	100.0	100.0	100.0

16-9 医疗支出占国内生产总值比重及人均医疗支出

Health Expenditure as Percentage of GDP and Per Capita Health Expenditure

资料来源：世界银行WDI数据库。
Source: World Bank WDI Database.

国家或地区	Country or Area	医疗支出占国内生产总值的比重（%） Health Expenditure, Total as Percentage of GDP(%)			人均医疗支出（美元） Health Expenditure per Capita (USD)		
		2000	2010	2016	2000	2010	2016
世　界	**World**	**8.6**	**9.6**	**10.0**	**472.5**	**912.7**	**1026.2**
高收入国家	**High Income**	**9.4**	**11.6**	**12.6**	**2430.2**	**4603.3**	**5179.7**
中等收入国家	**Middle Income**	**4.9**	**5.2**	**5.4**	**62.5**	**203.9**	**255.0**
低收入国家	**Low Income**	**4.1**	**5.9**	**5.4**	**14.7**	**33.7**	**32.9**
中　国	China	4.5	4.2	5.0	42.4	187.7	398.3
孟加拉国	Bangladesh	2.0	2.5	2.4	8.3	20.2	34.2
文　莱	Brunei Darussalam	2.5	2.3	2.3	508.4	803.5	630.6
柬埔寨	Cambodia	6.5	6.9	6.1	19.7	54.3	77.7
印　度	India	4.0	3.3	3.7	18.6	45.3	62.7
印度尼西亚	Indonesia	1.9	3.0	3.1	16.3	92.2	111.6
伊　朗	Iran	4.7	6.8	8.1	80.2	440.9	415.4
以色列	Israel	6.8	7.1	7.3	1496.9	2218.2	2837.1
日　本	Japan	7.2	9.2	10.9	2740.5	4060.2	4233.0
哈萨克斯坦	Kazakhstan	4.2	2.7	3.5	50.5	246.2	262.0
韩　国	Korea, Rep.	4.0	6.2	7.3	473.9	1378.4	2043.9
老　挝	Laos	4.3	2.9	2.4	14.4	35.0	55.2
马来西亚	Malaysia	2.6	3.2	3.8	111.4	292.9	361.5
蒙　古	Mongolia	5.3	3.4	3.8	29.4	88.9	140.7
缅　甸	Myanmar	1.8	1.9	5.1	3.3	15.3	62.1
巴基斯坦	Pakistan	2.9	2.6	2.8	16.0	26.6	39.6
菲律宾	Philippines	3.2	4.3	4.4	32.8	91.8	129.4
新加坡	Singapore	3.4	3.2	4.5	820.7	1502.2	2462.4
斯里兰卡	Sri Lanka	4.2	3.9	3.9	43.7	108.6	153.1
泰　国	Thailand	3.1	3.4	3.7	62.3	172.1	221.9
越　南	Viet Nam	4.8	6.0	5.7	18.8	78.2	122.8
埃　及	Egypt	4.9	4.2	4.6	72.5	111.4	131.0
尼日利亚	Nigeria	2.6	3.3	3.6	14.6	75.9	79.3
南　非	South Africa	7.4	7.4	8.1	221.8	539.6	428.2
加拿大	Canada	8.3	10.6	10.5	1998.6	4984.5	4458.2
墨西哥	Mexico	4.4	5.8	5.5	309.6	518.6	461.8
美　国	United States	12.5	16.4	17.1	4559.9	7957.7	9869.7
阿根廷	Argentina	8.5	8.6	7.5	705.2	891.0	955.2
巴　西	Brazil	6.6	9.7	11.8	245.4	1090.8	1015.9
委内瑞拉	Venezuela	5.0	6.1	3.2	239.3	830.4	
捷　克	Czech Rep.	5.7	6.9	7.2	342.9	1373.9	1321.6
法　国	France	9.5	11.2	11.5	2156.5	4576.3	4263.4
德　国	Germany	9.8	11.0	11.1	2332.3	4596.6	4714.3
意大利	Italy	7.6	9.0	8.9	1520.5	3214.5	2738.7
荷　兰	Netherlands	7.1	10.4	10.4	1836.2	5249.4	4742.0
波　兰	Poland	5.3	6.4	6.5	238.0	809.2	809.0
俄罗斯	Russia	5.0	5.0	5.3	95.4	567.4	469.1
西班牙	Spain	6.8	9.0	9.0	1002.8	2778.4	2389.9
土耳其	Turkey	4.6	5.1	4.3	199.5	539.3	468.6
乌克兰	Ukraine	5.3	7.0	6.7	35.1	207.4	141.2
英　国	United Kingdom	6.0	8.5	9.8	1674.0	3309.3	3958.0
澳大利亚	Australia	7.6	8.4	9.3	1632.4	4952.8	5002.4
新西兰	New Zealand	7.5	9.6	9.2	1053.9	3216.2	3745.2

16-10 每千人口医生数和病床数
Physician and Hospital Bed per 1000 Persons

资料来源：世界银行WDI数据库。
Source: World Bank WDI Database.

国家或地区	Country or Area	每千人口医生数(人) Physicians per 1000 Persons(person)			每千人口病床数(张) Hospital Beds per 1000 Persons(unit)		
		2000	2010	2016	2000	2010	2016
高收入国家	**High Income**	**2.6**	**3.0**	**3.0①**	**6.3**	**4.2**	**4.1④**
中等收入国家	**Middle Income**	**1.1**	**1.3**	**1.3①**		**2.3②**	**2.4③**
中　　国	China	1.2	1.5	1.8①	2.5	3.6	4.2⑤
孟加拉国	Bangladesh	0.2⑥	0.4	0.5	0.3⑦	0.3②	0.8①
文　　莱	Brunei Darussalam	1.0	1.4	1.8①	2.6	2.6⑧	2.7①
柬 埔 寨	Cambodia	0.2	0.2	0.2⑨		0.8	0.8①
印　　度	India	0.5	0.7	0.8		0.9②	0.7③
印度尼西亚	Indonesia	0.2	0.1	0.3①	0.6⑩	0.6	1.2①
伊　　朗	Iran	1.0⑩	0.9	1.1①	1.6	1.7	1.5⑨
以 色 列	Israel	3.8	3.4	3.2	3.7	3.2	3.1④
日　　本	Japan	2.0	2.2	2.4	14.7	13.7⑧	13.4⑤
哈萨克斯坦	Kazakhstan	3.3	3.5	3.3⑨	7.2	7.3	6.7④
韩　　国	Korea, Rep.	1.3	2.0	2.3	6.1	10.3⑧	11.5①
老　　挝	Laos	0.3	0.8	0.5⑨		0.7	1.5⑤
马来西亚	Malaysia	0.7	1.2	1.5①		1.8	1.9①
蒙　　古	Mongolia	2.5⑦	2.8	2.9		5.8	7.0⑤
缅　　甸	Myanmar	0.3	0.5	0.6	0.7	0.6⑪	0.9⑤
巴基斯坦	Pakistan	0.7	0.9	1.0①	0.7	0.6	0.6⑨
菲 律 宾	Philippines	1.2	1.3			0.5	1.0③
新 加 坡	Singapore	1.4⑦	1.7	2.3		3.1⑫	2.4①
斯里兰卡	Sri Lanka	0.4	0.7	1.1	2.9	3.5	3.6⑤
泰　　国	Thailand	0.4	0.4	0.4	2.2	2.1	
越　　南	Viet Nam	0.5⑦	0.7	0.8	1.7⑥	2.0	2.6⑨
埃　　及	Egypt	2.1	2.8	0.8	2.1	1.7	1.6⑨
尼日利亚	Nigeria	0.3	0.2	0.4④	1.2		
南　　非	South Africa		0.7	0.8		2.8②	
加 拿 大	Canada	2.1	2.0	2.6	3.4	2.7	2.7⑤
墨 西 哥	Mexico	1.9	2.2	2.2	1.1	1.7	1.5①
美　　国	United States	2.6	2.4	2.6	3.5	3.0	2.9④
阿 根 廷	Argentina	3.0⑩	3.2	3.9④	4.1	4.5	5.0⑨
巴　　西	Brazil	1.1	1.8	1.9④		2.4	2.2⑨
委内瑞拉	Venezuela	2.0⑥				1.1⑧	0.8⑨
捷　　克	Czech Rep.	3.4	3.6	4.3	7.8	7.0	6.5①
法　　国	France	3.3	3.4	3.2	8.2	6.6	6.5④
德　　国	Germany	3.3	3.8	4.2	9.1	8.2	8.3④
意 大 利	Italy	4.2	3.5	4.0	4.7	3.6	3.4⑤
荷　　兰	Netherlands	3.2	3.0	3.5	4.8	4.7⑧	
波　　兰	Poland	2.2	2.2	2.4	4.9	6.5	6.5④
俄 罗 斯	Russia	4.2	2.4	4.0	10.9	8.8	8.2④
西 班 牙	Spain	4.4	3.7	4.1	3.7	3.2	3.0④
土 耳 其	Turkey	1.3	1.7	1.8⑨	2.1	2.5	2.7④
乌 克 兰	Ukraine	3.0	3.5	3.0⑨	8.8	9.4	8.8④
英　　国	United Kingdom	1.9	2.7	2.8	4.1	3.0	2.8④
澳大利亚	Australia	2.5	3.3	3.6	7.8	3.9	3.8⑨
新 西 兰	New Zealand	2.2	2.6	3.0	6.2⑩		2.8④

注：①2015年数据。②2005年数据。③2011年数据。④2013年数据。⑤2012年数据。⑥1997年数据。⑦1999年数据。⑧2009年数据。⑨2014年数据。⑩1998年数据。⑪2006年数据。⑫2008年数据。

Note:①Data refer to 2015.②Data refer to 2005.③Data refer to 2011.④Data refer to 2013.⑤Data refer to 2012.⑥Data refer to 1997.⑦Data refer to 1999.⑧Data refer to 2009.⑨Data refer to 2014.⑩Data refer to 1998.⑪Data refer to 2006.⑫Data refer to 2008.

主要统计指标解释

成人识字率 是指15岁及以上人口中有一定理解、阅读、使用文字能力的人口占总人口的百分比。

粗入学率 是指入学总人数(不考虑年龄)与适龄人数之比。

研究与发展经费支出 是经常性和资本性支出（包括超前支出）,目的在于增加知识存量的创造性、系统性活动。具体包括基础研究、应用研究和目的在于寻求新型设备，产品和工艺的科学实验活动。

研究与发展技术人员 是指专门从事研究与发展活动，在知识或技术某一分支领域接受过职业或技术培训的人员。

高技术出口产品 是指技术含量密集的出口产品。它包括的高技术产品有：航空、计算机、医药、科学仪器和电气设备等。

Explanatory Notes on Main Statistical Indicators

Adult Literacy Rate is the percentage of people ages 15 and above who can, with understanding, read and write a short, simple statement on their everyday life.

Gross Enrollment Ratio is the ratio of total enrollment, regardless of age, to the population of the age group.

Expenditures for Research and Development are current and capital expenditures (including overhead) on creative, systematic activity intended to increase the stock of knowledge. Included are fundamental and applied research and experimental development work leading to new devices, products, or processes.

Technicians in R&D are people engaged in professional R&D activity who have received vocational or technical training in any branch of knowledge or technology.

High-technology Exports are products with high R&D intensity. They include high-technology products such as in aerospace, computers, pharmaceuticals, scientific instruments, and electrical machinery.

经济社会综合评价指标

Comprehensive Evaluation Indicators

17-1 人类发展指数(2018年)
Human Development Index(2018)

资料来源：联合国开发计划署《人类发展报告2019》。
Source: UNDP Human Development Report2019.

排名 Rank	国家或地区	Country or Area	人类发展指数 Human Development Index (HDI)	出生时预期寿命(岁) Life Expectancy at Birth (years)	预期受教育年限(年) Expected Years of Schooling (years)	平均受教育年限(年) Mean Years of Schooling (years)	人均国民总收入(美元，2011年PPP) Gross National Income per Capita (2011 PPP $)
	世 界	**World**	**0.731**	**72.6**	**12.7**	**8.4**	**15745**
	超高人类发展水平	**Very high human development**	**0.892**	**79.5**	**16.4**	**12.0**	**40112**
1	挪 威	Norway	0.954	82.3	18.1	12.6	68059
2	瑞 士	Switzerland	0.946	83.6	16.2	13.4	59375
3	爱尔兰	Ireland	0.942	82.1	18.8	12.5	55660
4	中国香港	Hong Kong, China	0.939	84.7	16.5	12.0	60221
4	德 国	Germany	0.939	81.2	17.1	14.1	46946
6	澳大利亚	Australia	0.938	83.3	22.1	12.7	44097
6	冰 岛	Iceland	0.938	82.9	19.2	12.5	47566
8	瑞 典	Sweden	0.937	82.7	18.8	12.4	47955
9	新加坡	Singapore	0.935	83.5	16.3	11.5	83793
10	荷 兰	Netherlands	0.933	82.1	18.0	12.2	50013
11	丹 麦	Denmark	0.930	80.8	19.1	12.6	48836
12	芬 兰	Finland	0.925	81.7	19.3	12.4	41779
13	加拿大	Canada	0.922	82.3	16.1	13.3	43602
14	新西兰	New Zealand	0.921	82.1	18.8	12.7	35108
15	英 国	United Kingdom	0.920	81.2	17.4	13.0	39507
15	美 国	United States	0.920	78.9	16.3	13.4	56140
17	比利时	Belgium	0.919	81.5	19.7	11.8	43821
18	列支敦士登	Liechtenstein	0.917	80.5	14.7	12.5	99732
19	日 本	Japan	0.915	84.5	15.2	12.8	40799
20	奥地利	Austria	0.914	81.4	16.3	12.6	46231
21	卢森堡	Luxemburg	0.909	82.1	14.2	12.2	65543
22	以色列	Israel	0.906	82.8	16.0	13.0	33650
22	韩 国	Korea, Rep.	0.906	82.8	16.4	12.2	36757
24	斯洛文尼亚	Slovenia	0.902	81.2	17.4	12.3	32143
25	西班牙	Spain	0.893	83.4	17.9	9.8	35041
26	法 国	France	0.891	82.5	15.5	11.4	40511
26	捷 克	Czech Rep.	0.891	79.2	16.8	12.7	31597
28	马耳他	Malta	0.885	82.4	15.9	11.3	34795
29	意大利	Italy	0.883	83.4	16.2	10.2	36141
30	爱沙尼亚	Estonia	0.882	78.6	16.1	13.0	30379
31	塞浦路斯	Cyprus	0.873	80.8	14.7	12.1	33100
32	希 腊	Greece	0.872	82.1	17.3	10.5	24909
32	波 兰	Poland	0.872	78.5	16.4	12.3	27626
34	立陶宛	Lithuania	0.869	75.7	16.5	13.0	29775
35	阿联酋	United Arab Emirates	0.866	77.8	13.6	11.0	66912
36	安道尔	Andorra	0.857	81.8	13.3	10.2	48641
36	沙特阿拉伯	Saudi Arabia	0.857	75.0	17.0	9.7	49338
36	斯洛伐克	Slovakia	0.857	77.4	14.5	12.6	30672
39	拉脱维亚	Latvia	0.854	75.2	16.0	12.8	26301
40	葡萄牙	Portugal	0.850	81.9	16.3	9.2	27935
41	卡塔尔	Qatar	0.848	80.1	12.2	9.7	110489

17-1 续表 1 continued

排名 Rank	国家或地区	Country or Area	人类发展指数 Human Development Index (HDI)	出生时预期寿命(岁) Life Expectancy at Birth (years)	预期受教育年限(年) Expected Years of Schooling (years)	平均受教育年限(年) Mean Years of Schooling (years)	人均国民总收入 (美元，2011年PPP) Gross National Income per Capita (2011 PPP $)
42	智　　利	Chile	0.847	80.0	16.5	10.4	21972
43	匈 牙 利	Hungary	0.845	76.7	15.1	11.9	27144
43	文　　莱	Brunei Darussalam	0.845	75.7	14.4	9.1	76389
45	巴　　林	Bahrain	0.838	77.2	15.3	9.4	40399
46	克罗地亚	Croatia	0.837	78.3	15.0	11.4	23061
47	阿　　曼	Oman	0.834	77.6	14.7	9.7	37039
48	阿 根 廷	Argentina	0.830	76.5	17.6	10.6	17611
49	俄 罗 斯	Russia	0.824	72.4	15.5	12.0	25036
50	白俄罗斯	Belarus	0.817	74.6	15.4	12.3	17039
50	哈萨克斯坦	Kazakhstan	0.817	73.2	15.3	11.8	22168
52	黑　　山	Montenegro	0.816	76.8	15.0	11.4	17511
52	罗马尼亚	Romania	0.816	75.9	14.3	11.0	23906
52	保加利亚	Bulgaria	0.816	74.9	14.8	11.8	19646
55	帕　　劳	Palau	0.814	73.7	15.6	12.4	16720
56	巴巴多斯	Barbados	0.813	79.1	15.2	10.6	15912
57	乌 拉 圭	Uruguay	0.808	77.8	16.3	8.7	19435
57	科 威 特	Kuwait	0.808	75.4	13.8	7.3	71164
59	土 耳 其	Turkey	0.806	77.4	16.4	7.7	24905
60	巴 哈 马	Bahamas	0.805	73.8	12.8	11.5	28395
61	马来西亚	Malaysia	0.804	76.0	13.5	10.2	27227
62	塞 舌 尔	Seychelles	0.801	73.3	15.5	9.7	25077
高人类发展水平		**High human development**	**0.750**	**75.1**	**13.8**	**8.3**	**14403**
63	塞尔维亚	Serbia	0.799	75.8	14.8	11.2	15218
63	特立尼达和多巴哥	Trinidad and Tobago	0.799	73.4	13.0	11.0	28497
65	伊　　朗	Iran	0.797	76.5	14.7	10.0	18166
66	毛里求斯	Mauritius	0.796	74.9	15.0	9.4	22724
67	巴 拿 马	Panama	0.795	78.3	12.9	10.2	20455
68	哥斯达黎加	Costa Rica	0.794	80.1	15.4	8.7	14790
69	阿尔巴尼亚	Albania	0.791	78.5	15.2	10.1	12300
70	格鲁吉亚	Georgia	0.786	73.6	15.4	12.8	9570
71	斯里兰卡	Sri Lanka	0.780	76.8	14.0	11.1	11611
72	古　　巴	Cuba	0.778	78.7	14.4	11.8	7811
73	圣基茨和尼维斯	Saint Kitts and Nevis	0.777	74.6	13.6	8.5	26770
74	安提瓜和巴布达	Antigua and Barbuda	0.776	76.9	12.5	9.3	22201
75	波　　黑	Bosnia and Herzegovinian	0.769	77.3	13.8	9.7	12690
76	墨 西 哥	Mexico	0.767	75.0	14.3	8.6	17628
77	泰　　国	Thailand	0.765	76.9	14.7	7.7	16129
78	格林纳达	Grenada	0.763	72.4	16.6	8.8	12684
79	巴　　西	Brazil	0.761	75.7	15.4	7.8	14068
79	哥伦比亚	Colombia	0.761	77.1	14.6	8.3	12896
81	亚美尼亚	Armenia	0.760	74.9	13.2	11.8	9277
82	阿尔及利亚	Algeria	0.759	76.7	14.7	8.0	13639
82	秘　　鲁	Peru	0.759	76.5	13.8	9.2	12323
82	前南马其顿	Macedonia, FYR	0.759	75.7	13.5	9.7	12874
85	厄瓜多尔	Ecuador	0.758	76.8	14.9	9.0	10141
85	中　　国	China	0.758	76.7	13.9	7.9	16127
87	阿塞拜疆	Azerbaijan	0.754	72.9	12.4	10.5	15240
88	乌 克 兰	Ukraine	0.750	72.0	15.1	11.3	7994
89	圣卢西亚	Saint Lucia	0.745	76.1	13.9	8.5	11528
89	多米尼加	Dominican Rep.	0.745	73.9	14.1	7.9	15074
91	突 尼 斯	Tunisia	0.739	76.5	15.1	7.2	10677
92	蒙　　古	Mongolia	0.735	69.7	14.2	10.2	10784

17-1 续表 2 continued

排名 Rank	国家或地区	Country or Area	人类发展指数 Human Development Index (HDI)	出生时预期寿命(岁) Life Expectancy at Birth (years)	预期受教育年限(年) Expected Years of Schooling (years)	平均受教育年限(年) Mean Years of Schooling (years)	人均国民总收入(美元，2011年PPP) Gross National Income per Capita (2011 PPP $)
93	黎巴嫩	Lebanon	0.730	78.9	11.3	8.7	11136
94	圣文森特和格林纳丁	Saint Vincent and the Grenadines	0.728	72.4	13.6	8.6	11746
94	博茨瓦纳	Botswana	0.728	69.3	12.7	9.3	15951
96	牙买加	Jamaica	0.726	74.4	13.1	9.8	7932
96	委内瑞拉	Venezuela	0.726	72.1	12.8	10.3	9070
98	多米尼克	Dominica	0.724	78.1	13.0	7.8	9245
98	巴拉圭	Paraguay	0.724	74.1	12.7	8.5	11720
98	苏里南	Suriname	0.724	71.6	12.9	9.1	11933
98	斐济	Fiji	0.724	67.3	14.4	10.9	9110
102	约旦	Jordan	0.723	74.4	11.9	10.5	8268
103	伯利兹	Belize	0.720	74.5	13.1	9.8	7136
104	马尔代夫	Maldives	0.719	78.6	12.1	6.8	12549
105	汤加	Tonga	0.717	70.8	14.3	11.2	5783
106	菲律宾	Philippines	0.712	71.1	12.7	9.4	9540
107	摩尔多瓦	Moldova	0.711	71.8	11.6	11.6	6833
108	乌兹别克斯坦	Uzbekistan	0.710	71.6	12.0	11.5	6462
108	土库曼斯坦	Turkmenistan	0.710	68.1	10.9	9.8	16407
110	利比亚	Libya	0.708	72.7	12.8	7.6	11685
111	萨摩亚	Samoa	0.707	73.2	12.5	10.6	5885
111	印度尼西亚	Indonesia	0.707	71.5	12.9	8.0	11256
113	南非	South Africa	0.705	63.9	13.7	10.2	11756
114	玻利维亚	Bolivia	0.703	71.2	14.0	9.0	6849
115	加蓬	Gabon	0.702	66.2	12.9	8.3	15794
116	埃及	Egypt	0.700	71.8	13.1	7.3	10744
中等人类发展水平		**Medium human development**	**0.634**	**69.3**	**11.7**	**6.4**	**6240**
117	马绍尔群岛	Marshall Islands	0.698	73.9	12.4	10.9	4633
118	越南	Viet Nam	0.693	75.3	12.7	8.2	6220
120	伊拉克	Iraq	0.689	70.5	11.1	7.3	15365
121	摩洛哥	Morocco	0.676	76.5	13.1	5.5	7480
122	吉尔吉斯斯坦	Kyrgyzstan	0.674	71.3	13.4	10.9	3317
123	圭亚那	Guyana	0.670	69.8	11.5	8.5	7615
124	萨尔瓦多	El Salvador	0.667	73.1	12.0	6.9	6973
125	塔吉克斯坦	Tajikistan	0.656	70.9	11.4	10.7	3482
126	尼加拉瓜	Nicaragua	0.651	74.3	12.2	6.8	4790
126	危地马拉	Guatemala	0.651	74.1	10.6	6.5	7378
126	佛得角	Cape Verde	0.651	72.8	11.9	6.2	6513
129	印度	India	0.647	69.4	12.3	6.5	6829
130	纳米比亚	Namibia	0.645	63.4	12.6	6.9	9683
131	东帝汶	Timor-Leste	0.626	69.3	12.4	4.5	7527
132	洪都拉斯	Honduras	0.623	75.1	10.2	6.6	4258
132	基里巴斯	Kiribati	0.623	68.1	11.8	7.9	3917
134	不丹	Bhutan	0.617	71.5	12.1	3.1	8609
135	孟加拉国	Bangladesh	0.614	72.3	11.2	6.1	4057
135	密克罗尼西亚	Micronesia, Fed.	0.614	67.8	11.5	7.7	3700
137	圣多美和普林西比	Sao Tome and Principe	0.609	70.2	12.7	6.4	3024
138	刚果(布)	Congo, Rep.	0.608	64.3	11.6	6.5	5804
140	老挝	Laos	0.604	67.6	11.1	5.2	6317
141	瓦努阿图	Vanuatu	0.597	70.3	11.4	6.8	2808

17-1 续表 3 continued

排名 Rank	国家或地区	Country or Area	人类发展指数 Human Development Index (HDI)	出生时预期寿命(岁) Life Expectancy at Birth (years)	预期受教育年限(年) Expected Years of Schooling (years)	平均受教育年限(年) Mean Years of Schooling (years)	人均国民总收入(美元，2011年PPP) Gross National Income per Capita (2011 PPP $)
142	加　纳	Ghana	0.596	63.8	11.5	7.2	4099
143	赞比亚	Zambia	0.591	63.5	12.1	7.1	3582
144	赤道几内亚	Equatorial Guinea	0.588	58.4	9.2	5.6	17796
145	缅　甸	Myanmar	0.584	66.9	10.3	5.0	5764
146	柬埔寨	Cambodia	0.581	69.6	11.3	4.8	3597
147	尼泊尔	Nepal	0.579	70.5	12.2	4.9	2748
147	肯尼亚	Kenya	0.579	66.3	11.1	6.6	3052
149	安哥拉	Angola	0.574	60.8	11.8	5.1	5555
150	津巴布韦	Zimbabwe	0.563	61.2	10.5	8.3	2661
150	喀麦隆	Cameroon	0.563	58.9	12.7	6.3	3291
152	巴基斯坦	Pakistan	0.560	67.1	8.5	5.2	5190
153	所罗门群岛	Solomon Islands	0.557	72.8	10.2	5.5	2027
低人类发展水平		**Low human development**	**0.507**	**61.3**	**9.3**	**4.8**	**2581**
154	叙利亚	Syrian Arab Republic	0.549	71.8	8.9	5.1	2725
155	巴布亚新几内亚	Papua New Guinea	0.543	64.3	10.0	4.6	3686
156	科摩罗	Comoros	0.538	64.1	11.2	4.9	2426
157	卢旺达	Rwanda	0.536	68.7	11.2	4.4	1959
158	尼日利亚	Nigeria	0.534	54.3	9.7	6.5	5086
159	坦桑尼亚	Tanzania	0.528	65.0	8.0	6.0	2805
159	乌干达	Uganda	0.528	63.0	11.2	6.1	1752
161	毛里塔尼亚	Mauritania	0.527	64.7	8.5	4.6	3746
162	马达加斯加	Madagascar	0.521	66.7	10.4	6.1	1404
163	贝　宁	Benin	0.520	61.5	12.6	3.8	2135
164	莱索托	Lesotho	0.518	53.7	10.7	6.3	3244
165	科特迪瓦	Cote D'Ivoire	0.516	57.4	9.6	5.2	3589
166	塞内加尔	Senegal	0.514	67.7	9.0	3.1	3256
167	多　哥	Togo	0.513	60.8	12.6	4.9	1593
168	苏　丹	Sudan	0.507	65.1	7.7	3.7	3962
169	海　地	Haiti	0.503	63.7	9.5	5.4	1665
170	阿富汗	Afghanistan	0.496	64.5	10.1	3.9	1746
171	吉布提	Djibouti	0.495	66.6	6.5	4.0	3601
172	马拉维	Malawi	0.485	63.8	11.0	4.6	1159
173	埃塞俄比亚	Ethiopia	0.470	66.2	8.7	2.8	1782
174	冈比亚	Gambia	0.466	61.7	9.5	3.7	1490
174	几内亚	Guinea	0.466	61.2	9.0	2.7	2211
176	利比里亚	Liberia	0.465	63.7	9.6	4.7	1040
177	也　门	Yemen	0.463	66.1	8.7	3.2	1433
178	几内亚比绍	Guinea-Bissau	0.461	58.0	10.5	3.3	1593
179	刚果(金)	Congo, Dem. Rep.	0.459	60.4	9.7	6.8	800
180	莫桑比克	Mozambique	0.446	60.2	9.7	3.5	1154
181	塞拉利昂	Sierra Leone	0.438	54.3	10.2	3.6	1381
182	厄立特里亚	Eritrea	0.434	65.9	5.0	3.9	1708
182	布基纳法索	Burkina Faso	0.434	61.2	8.9	1.6	1705
184	马　里	Mali	0.427	58.9	7.6	2.4	1965
185	布隆迪	Burundi	0.423	61.2	11.3	3.1	660
187	乍　得	Chad	0.401	54.0	7.5	2.4	1716
188	中　非	Central African Rep.	0.381	52.8	7.6	4.3	777
189	尼日尔	Niger	0.377	62.0	6.5	2.0	912

17-2 世界主要国家和地区全球化指数排名(2019年)

资料来源：KOF瑞士经济学会。
Source: KOF Swiss Economic Institute.

排名	全球化指数 Globalization Index			经济全球化 Economic Globalization		
Rank	国家或地区	Country or Area	数值 Score	国家或地区	Country or Area	数值 Score
1	瑞　士	Switzerland	91.19	新加坡	Singapore	94.00
2	荷　兰	Netherlands	90.71	荷　兰	Netherlands	88.66
3	比利时	Belgium	90.59	比利时	Belgium	88.54
4	瑞　典	Sweden	89.93	卢森堡	Luxembourg	88.30
5	英　国	United Kingdom	89.84	中国香港	Hong Kong, China	88.21
6	奥地利	Austria	88.85	爱尔兰	Ireland	87.97
7	德　国	Germany	88.60	瑞　士	Switzerland	86.79
8	丹　麦	Denmark	88.26	马耳他	Malta	86.50
9	芬　兰	Finland	87.70	爱沙尼亚	Estonia	86.27
10	法　国	France	87.25	阿联酋	United Arab Emirates	85.95
11	挪　威	Norway	86.17	丹　麦	Denmark	84.46
12	西班牙	Spain	85.70	塞浦路斯	Cyprus	84.28
13	捷　克	Czech Republic	85.60	捷　克	Czech Republic	84.04
14	匈牙利	Hungary	84.98	瑞　典	Sweden	83.35
15	葡萄牙	Portugal	84.72	斯洛伐克	Slovak Republic	83.07
16	加拿大	Canada	84.64	芬　兰	Finland	82.97
17	爱尔兰	Ireland	84.47	奥地利	Austria	82.86
18	爱沙尼亚	Estonia	83.77	匈牙利	Hungary	82.69
19	斯洛伐克	Slovak Republic	83.72	巴　林	Bahrain	82.54
20	新加坡	Singapore	83.62	毛里求斯	Mauritius	82.16
21	卢森堡	Luxembourg	83.60	拉脱维亚	Latvia	82.08
22	意大利	Italy	83.37	格鲁吉亚	Georgia	82.02
23	美　国	United States	82.41	英　国	United Kingdom	81.47
24	希　腊	Greece	82.38	德　国	Germany	80.49
25	澳大利亚	Australia	81.99	葡萄牙	Portugal	80.17
26	马来西亚	Malaysia	81.49	立陶宛	Lithuania	79.56
27	克罗地亚	Croatia	81.42	法　国	France	78.06
28	立陶宛	Lithuania	81.34	黑　山	Montenegro	78.06
29	波　兰	Poland	81.33	保加利亚	Bulgaria	77.82
30	斯洛文尼亚	Slovenia	81.14	挪　威	Norway	77.53
31	保加利亚	Bulgaria	80.78	斯洛文尼亚	Slovenia	77.26
32	拉脱维亚	Latvia	80.57	马来西亚	Malaysia	76.77
33	罗马尼亚	Romania	79.74	西班牙	Spain	76.59
34	韩　国	Korea, Rep.	79.29	巴拿马	Panama	76.07
35	塞浦路斯	Cyprus	79.14	卡塔尔	Qatar	76.06
36	塞尔维亚	Serbia	78.98	克罗地亚	Croatia	75.70
37	日　本	Japan	78.59	塞舌尔	Seychelles	74.82
38	新西兰	New Zealand	78.34	波　兰	Poland	73.53
39	马耳他	Malta	77.79	塞尔维亚	Serbia	73.42
40	智　利	Chile	77.74	希　腊	Greece	72.88
41	以色列	Israel	76.82	科威特	Kuwait	72.48
42	格鲁吉亚	Georgia	75.55	密克罗尼西亚	Micronesia, Fed. Sts.	72.25
43	阿联酋	United Arab Emirates	74.95	加拿大	Canada	71.71
44	卡塔尔	Qatar	74.88	马其顿	Macedonia, FYR	71.31
45	乌克兰	Ukraine	74.83	罗马尼亚	Romania	71.03
46	约　旦	Jordan	73.99	阿塞拜疆	Azerbaijan	70.92
47	乌拉圭	Uruguay	73.33	新西兰	New Zealand	70.28
48	巴拿马	Panama	72.99	意大利	Italy	70.20
49	墨西哥	Mexico	72.56	智　利	Chile	70.18
50	毛里求斯	Mauritius	72.47	以色列	Israel	69.92

The Ranking of Globalization Index in 2019

排名 Rank	社会全球化 Social Globalization 国家或地区	Country or Area	数值 Score	政治全球化 Political Globalization 国家或地区	Country or Area	数值 Score
1	卢森堡	Luxembourg	91.91	意大利	Italy	98.26
2	摩纳哥	Monaco	91.13	法国	France	98.17
3	挪威	Norway	90.76	德国	Germany	97.96
4	瑞士	Switzerland	90.42	英国	United Kingdom	97.90
5	英国	United Kingdom	90.15	西班牙	Spain	97.46
6	加拿大	Canada	89.81	荷兰	Netherlands	97.33
7	瑞典	Sweden	89.17	瑞典	Sweden	97.26
8	爱尔兰	Ireland	88.50	瑞士	Switzerland	96.37
9	新加坡	Singapore	88.42	比利时	Belgium	96.27
10	安道尔	Andorra	88.41	奥地利	Austria	95.96
11	奥地利	Austria	87.72	葡萄牙	Portugal	93.84
12	澳大利亚	Australia	87.58	芬兰	Finland	93.82
13	列支敦士登	Liechtenstein	87.50	丹麦	Denmark	93.77
14	德国	Germany	87.37	美国	United States	93.62
15	新西兰	New Zealand	86.89	俄罗斯	Russia	93.05
16	比利时	Belgium	86.84	印度	India	92.96
17	丹麦	Denmark	86.55	土耳其	Turkey	92.47
18	圣马力诺	San Marino	86.49	加拿大	Canada	92.41
19	塞浦路斯	Cyprus	86.45	希腊	Greece	91.95
20	芬兰	Finland	86.32	匈牙利	Hungary	91.85
21	荷兰	Netherlands	86.15	埃及	Egypt, Arab Rep.	91.83
22	中国澳门	Macao, China	86.13	阿根廷	Argentina	91.66
23	冰岛	Iceland	86.12	波兰	Poland	91.61
24	以色列	Israel	85.85	韩国	Korea, Rep.	91.16
25	中国香港	Hong Kong, China	85.76	罗马尼亚	Romania	91.11
26	法国	France	85.51	中国	China	90.61
27	美国	United States	85.47	挪威	Norway	90.23
28	立陶宛	Lithuania	85.25	澳大利亚	Australia	90.21
29	爱沙尼亚	Estonia	85.00	捷克	Czech Republic	90.16
30	巴哈马群岛	Bahamas, The	84.93	乌克兰	Ukraine	89.24
31	马耳他	Malta	84.71	日本	Japan	88.73
32	法罗群岛	Faeroe Islands	84.38	墨西哥	Mexico	88.61
33	阿鲁巴	Aruba	84.28	智利	Chile	87.73
34	克罗地亚	Croatia	83.09	南非	South Africa	87.60
35	西班牙	Spain	83.05	印度尼西亚	Indonesia	87.28
36	斯洛伐克	Slovak Republic	82.90	摩洛哥	Morocco	87.06
37	斯洛文尼亚	Slovenia	82.71	保加利亚	Bulgaria	87.02
38	捷克	Czech Republic	82.59	塞尔维亚	Serbia	87.02
39	新喀里多尼亚	New Caledonia	82.51	秘鲁	Peru	85.90
40	韩国	Korea, Rep.	82.43	尼日利亚	Nigeria	85.72
41	马来西亚	Malaysia	82.41	克罗地亚	Croatia	85.47
42	希腊	Greece	82.30	马来西亚	Malaysia	85.28
43	圣基茨和尼维斯	St. Kitts and Nevis	82.16	斯洛伐克	Slovak Republic	85.19
44	意大利	Italy	81.66	巴基斯坦	Pakistan	85.05
45	百慕大	Bermuda	81.64	突尼斯	Tunisia	83.65
46	拉脱维亚	Latvia	81.32	斯洛文尼亚	Slovenia	83.45
47	开曼群岛	Cayman Islands	81.25	塞内加尔	Senegal	83.34
48	安提瓜和巴布达岛	Antigua and Barbuda	80.91	菲律宾	Philippines	82.96
49	匈牙利	Hungary	80.39	乌拉圭	Uruguay	82.80
50	日本	Japan	80.39	泰国	Thailand	82.14

17-2 续表 1

排名 Rank	全球化指数 Globalization Index 国家或地区	Country or Area	数值 Score	经济全球化 Economic Globalization 国家或地区	Country or Area	数值 Score
51	俄罗斯	Russia	72.45	阿尔巴尼亚	Albania	69.92
52	泰 国	Thailand	72.44	亚美尼亚	Armenia	69.51
53	冰 岛	Iceland	72.34	基里巴斯	Kiribati	69.24
54	哥斯达黎加	Costa Rica	72.25	冰 岛	Iceland	69.20
55	黑 山	Montenegro	72.05	约 旦	Jordan	69.04
56	土耳其	Turkey	71.58	黎巴嫩	Lebanon	69.00
57	科威特	Kuwait	71.18	安提瓜和巴布达	Antigua and Barbuda	68.57
58	马其顿	Macedonia, FYR	70.79	澳大利亚	Australia	68.17
59	摩洛哥	Morocco	70.65	美 国	United States	68.13
60	秘 鲁	Peru	70.35	柬埔寨	Cambodia	67.97
61	南 非	South Africa	70.12	中国澳门	Macao, China	67.35
62	阿根廷	Argentina	69.90	阿 曼	Oman	67.30
63	巴 林	Bahrain	69.30	泰 国	Thailand	67.06
64	波 黑	Bosnia and Herzegovina	69.19	百慕大	Bermuda	66.87
65	摩尔多瓦	Moldova	69.18	文 莱	Brunei Darussalam	66.80
66	亚美尼亚	Armenia	68.24	日 本	Japan	66.65
67	白俄罗斯	Belarus	68.21	特立尼达和多巴哥	Trinidad and Tobago	66.47
68	突尼斯	Tunisia	68.09	马绍尔群岛	Marshall Islands	66.33
69	埃 及	Egypt, Arab Rep.	68.00	蒙 古	Mongolia	65.68
70	中国香港	Hong Kong, China	67.91	摩尔多瓦	Moldova	65.30
71	黎巴嫩	Lebanon	67.58	圣卢西亚	Saint Lucia	65.29
72	菲律宾	Philippines	67.41	乌克兰	Ukraine	64.97
73	多米尼加	Dominican Republic	67.35	尼加拉瓜	Nicaragua	64.91
74	萨尔瓦多	El Salvador	67.33	格林纳达	Grenada	64.39
75	阿尔巴尼亚	Albania	67.30	韩 国	Korea, Rep.	64.27
76	蒙 古	Mongolia	66.28	哥斯达黎加	Costa Rica	64.14
77	牙买加	Jamaica	66.21	瓦努阿图	Vanuatu	63.69
78	沙特阿拉伯	Saudi Arabia	65.92	多米尼克	Dominica	63.38
79	特立尼达和多巴哥	Trinidad and Tobago	65.69	白俄罗斯	Belarus	62.99
80	中 国	China	65.08	莫桑比克	Mozambique	62.96
81	哥伦比亚	Colombia	65.06	牙买加	Jamaica	62.92
82	阿塞拜疆	Azerbaijan	65.00	伯利兹	Belize	62.90
83	越 南	Vietnam	64.55	阿鲁巴岛	Aruba	62.86
84	哈萨克斯坦	Kazakhstan	64.45	马尔代夫	Maldives	62.25
85	吉尔吉斯斯坦	Kyrgyz Republic	63.67	吉尔吉斯斯坦	Kyrgyzstan	62.04
86	危地马拉	Guatemala	63.26	萨尔瓦多	El Salvador	61.96
87	巴拉圭	Paraguay	62.98	墨西哥	Mexico	61.84
88	洪都拉斯	Honduras	62.88	赤道几内亚	Equatorial Guinea	61.51
89	阿 曼	Oman	62.87	秘 鲁	Peru	61.47
90	文 莱	Brunei Darussalam	62.55	巴巴多斯	Barbados	61.11
91	塞舌尔	Seychelles	62.50	乌拉圭	Uruguay	61.08
92	印度尼西亚	Indonesia	62.47	波 黑	Bosnia and Herzegovinian	60.99
93	巴巴多斯	Barbados	62.35	沙特阿拉伯	Saudi Arabia	60.83
94	古 巴	Cuba	62.15	圣基茨和尼维斯	Saint Kitts and Nevis	60.80
95	印 度	India	62.10	越 南	Viet Nam	60.40
96	尼加拉瓜	Nicaragua	61.53	苏里南	Suriname	59.51
97	加 纳	Ghana	61.32	洪都拉斯	Honduras	59.39
98	塞内加尔	Senegal	61.27	汤 加	Tonga	59.38
99	厄瓜多尔	Ecuador	60.95	吉布提	Djibouti	59.30
100	安提瓜和巴布达	Antigua and Barbuda	60.56	圣文森特和格林纳丁斯	Saint Vincent and the Grenadines	59.26

continued

排名 Rank	社会全球化 Social Globalization			政治全球化 Political Globalization		
	国家或地区	Country or Area	数值 Score	国家或地区	Country or Area	数值 Score
51	葡萄牙	Portugal	80.15	约 旦	Jordan	82.06
52	帕 劳	Palau	80.00	加 纳	Ghana	81.39
53	巴巴多斯	Barbados	79.29	阿尔及利亚	Algeria	80.36
54	毛里求斯	Mauritius	79.17	爱沙尼亚	Estonia	80.05
55	黑 山	Montenegro	78.95	哥伦比亚	Colombia	79.64
56	卡塔尔	Qatar	78.89	肯尼亚	Kenya	79.62
57	波 兰	Poland	78.85	伊 朗	Iran	79.52
58	哥斯达黎加	Costa Rica	77.63	古 巴	Cuba	79.43
59	格陵兰	Greenland	77.52	立陶宛	Lithuania	79.20
60	保加利亚	Bulgaria	77.50	巴 西	Brazil	79.17
61	阿联酋	United Arab Emirates	77.28	危地马拉	Guatemala	78.75
62	罗马尼亚	Romania	76.94	拉脱维亚	Latvia	78.30
63	波多黎各	Puerto Rico	76.73	埃塞俄比亚	Ethiopia	78.04
64	多米尼克	Dominica	76.53	斯里兰卡	Sri Lanka	78.03
65	巴拿马	Panama	76.21	新西兰	New Zealand	77.85
66	乌拉圭	Uruguay	76.11	坦桑尼亚	Tanzania	77.19
67	塞尔维亚	Serbia	75.98	厄瓜多尔	Ecuador	77.12
68	智 利	Chile	75.31	爱尔兰	Ireland	76.94
69	格鲁吉亚	Georgia	75.19	波 黑	Bosnia and Herzegovinian	76.55
70	法属波立尼西亚	French Polynesia	74.79	萨尔瓦多	El Salvador	75.38
71	科威特	Kuwait	74.65	白俄罗斯	Belarus	75.22
72	塞舌尔	Seychelles	74.58	孟加拉国	Bangladesh	75.10
73	圣卢西亚	Saint Lucia	74.37	巴拉圭	Paraguay	75.02
74	巴 林	Bahrain	73.51	哥斯达黎加	Costa Rica	74.97
75	萨摩亚	Samoa	73.30	以色列	Israel	74.68
76	特立尼达和多巴哥	Trinidad and Tobago	72.90	越 南	Viet Nam	74.39
77	马绍尔群岛	Marshall Islands	72.84	科特迪瓦	Cote D'Ivoire	73.99
78	阿根廷	Argentina	72.84	喀麦隆	Cameroon	73.63
79	美属维尔京群岛	Virgin Islands(US)	72.81	玻利维亚	Bolivia	73.54
80	汤 加	Tonga	71.85	多米尼加	Dominican Rep.	73.37
81	多米尼加	Dominican Rep.	71.76	布基纳法索	Burkina Faso	72.74
82	格林纳达	Grenada	71.47	委内瑞拉	Venezuela	72.51
83	文 莱	Brunei Darussalam	71.22	前南马其顿	Macedonia, FYR	72.24
84	阿 曼	Oman	71.16	哈萨克斯坦	Kazakhstan	71.61
85	摩尔多瓦	Moldova	71.08	乌干达	Uganda	71.59
86	约 旦	Jordan	70.87	赞比亚	Zambia	71.33
87	伯利兹	Belize	70.81	摩尔多瓦	Moldova	71.16
88	圣文森特和格林纳丁斯	Saint Vincent and the Grenadin	70.74	卢森堡	Luxemburg	71.03
89	俄罗斯	Russia	70.31	贝 宁	Benin	70.79
90	乌克兰	Ukraine	70.29	亚美尼亚	Armenia	70.57
91	马尔代夫	Maldives	70.25	蒙 古	Mongolia	70.14
92	波 黑	Bosnia and Herzegovinian	70.13	卡塔尔	Qatar	69.68
93	沙特阿拉伯	Saudi Arabia	70.07	格鲁吉亚	Georgia	69.41
94	牙买加	Jamaica	70.05	洪都拉斯	Honduras	69.02
95	苏里南	Suriname	69.67	马 里	Mali	68.64
96	哈萨克斯坦	Kazakhstan	69.15	津巴布韦	Zimbabwe	68.49
97	前南马其顿	Macedonia, FYR	68.67	新加坡	Singapore	68.43
98	斐 济	Fiji	68.57	几内亚	Guinea	68.41
99	泰 国	Thailand	68.11	刚果(金)	Congo, Dem. Rep.	68.36
100	阿尔巴尼亚	Albania	67.87	黎巴嫩	Lebanon	67.96

17-2 续表 2

排名 Rank	全球化指数 Globalization Index 国家或地区	Country or Area	数值 Score	经济全球化 Economic Globalization 国家或地区	Country or Area	数值 Score
101	巴 西	Brazil	60.52	摩洛哥	Morocco	58.92
102	斯里兰卡	Sri Lanka	59.51	博茨瓦纳	Botswana	57.66
103	伯利兹	Belize	59.11	帕 劳	Palau	57.52
104	纳米比亚	Namibia	59.10	菲律宾	Philippines	57.48
105	柬埔寨	Cambodia	59.02	佛得角	Cape Verde	57.43
106	玻利维亚	Bolivia	58.95	多米尼加	Dominican Rep.	56.91
107	斐 济	Fiji	58.13	东帝汶	Timor-Leste	56.27
108	圣卢西亚	Saint Lucia	57.16	巴布亚新几内亚	Papua New Guinea	56.24
109	赞比亚	Zambia	57.14	土耳其	Turkey	55.82
110	圣马力诺	San Marino	57.09	突尼斯	Tunisia	55.55
111	多米尼克	Dominica	56.90	南 非	South Africa	55.30
112	佛得角	Cape Verde	56.78	利比亚	Libya	55.07
113	阿尔及利亚	Algeria	56.38	圭亚那	Guyana	55.06
114	肯尼亚	Kenya	56.03	莱索托	Lesotho	54.93
115	尼日利亚	Nigeria	55.97	俄罗斯	Russia	53.98
116	博茨瓦纳	Botswana	55.95	斐 济	Fiji	53.56
117	格林纳达	Grenada	55.59	刚果(布)	Congo, Rep.	53.38
118	巴哈马	Bahamas	55.51	萨摩亚	Samoa	53.14
119	科特迪瓦	Cote D'Ivoire	55.22	斯威士兰	Swaziland	52.72
120	利比亚	Libya	55.22	纳米比亚	Namibia	52.61
121	刚果(布)	Congo, Rep.	55.09	哈萨克斯坦	Kazakhstan	52.59
122	吉布提	Djibouti	54.99	约旦河西岸和加沙	West Bank and Gaza	52.59
123	莫桑比克	Mozambique	54.66	赞比亚	Zambia	52.28
124	苏里南	Suriname	54.65	危地马拉	Guatemala	52.24
125	圭亚那	Guyana	54.40	所罗门群岛	Solomon Islands	52.20
126	列支敦士登	Liechtenstein	54.36	哥伦比亚	Colombia	51.95
127	乌干达	Uganda	54.24	巴哈马	Bahamas	51.26
128	加 蓬	Gabon	53.96	多 哥	Togo	50.36
129	布基纳法索	Burkina Faso	53.94	加 纳	Ghana	49.79
130	巴基斯坦	Pakistan	53.79	圣多美和普林西比	Sao Tome and Principe	49.78
131	伊 朗	Iran	53.70	马达加斯加	Madagascar	49.42
132	委内瑞拉	Venezuela	53.63	埃 及	Egypt	49.28
133	中国澳门	Macao, China	53.47	卢旺达	Rwanda	49.27
134	萨摩亚	Samoa	52.98	老 挝	Laos	49.25
135	多 哥	Togo	52.96	海 地	Haiti	49.22
136	冈比亚	Gambia	52.54	巴拉圭	Paraguay	49.21
137	卢旺达	Rwanda	52.37	乌干达	Uganda	48.50
138	圣文森特和格林纳丁斯	Saint Vincent and the Grenadines	52.19	印度尼西亚	Indonesia	48.10
139	毛里塔尼亚	Mauritania	51.98	冈比亚	Gambia	48.09
140	巴布亚新几内亚	Papua New Guinea	51.94	中 国	China	47.87
141	圣基茨和尼维斯	Saint Kitts and Nevis	51.88	科特迪瓦	Cote D'Ivoire	47.19
142	贝 宁	Benin	51.51	塞内加尔	Senegal	45.90
143	孟加拉国	Bangladesh	51.19	布基纳法索	Burkina Faso	45.66
144	喀麦隆	Cameroon	51.11	毛里塔尼亚	Mauritania	45.34
145	叙利亚	Syrian Arab Republic	50.97	阿根廷	Argentina	45.20
146	坦桑尼亚	Tanzania	50.86	塔吉克斯坦	Tajikistan	44.99
147	津巴布韦	Zimbabwe	50.76	玻利维亚	Bolivia	44.76
148	瓦努阿图	Vanuatu	50.70	叙利亚	Syrian Arab Republic	44.49
149	汤 加	Tonga	50.52	也 门	Yemen	44.01
150	摩纳哥	Monaco	50.39	马拉维	Malawi	43.89

continued

排名 Rank	社会全球化 Social Globalization 国家或地区	Country or Area	数值 Score	政治全球化 Political Globalization 国家或地区	Country or Area	数值 Score
101	南非	South Africa	67.45	沙特阿拉伯	Saudi Arabia	67.03
102	墨西哥	Mexico	67.22	尼泊尔	Nepal	66.69
103	佛得角	Cape Verde	66.71	塞浦路斯	Cyprus	66.69
104	土耳其	Turkey	66.46	巴拿马	Panama	66.68
105	密克罗尼西亚	Micronesia, Fed.	66.45	科威特	Kuwait	66.56
106	摩洛哥	Morocco	65.96	也门	Yemen	66.40
107	白俄罗斯	Belarus	65.81	莫桑比克	Mozambique	65.69
108	黎巴嫩	Lebanon	65.66	牙买加	Jamaica	65.67
109	吉尔吉斯斯坦	Kyrgyzstan	65.41	卢旺达	Rwanda	65.10
110	博茨瓦纳	Botswana	65.17	多哥	Togo	64.99
111	突尼斯	Tunisia	65.07	阿塞拜疆	Azerbaijan	64.74
112	约旦河西岸和加沙	West Bank and Gaza	64.87	加蓬	Gabon	64.49
113	巴拉圭	Paraguay	64.70	尼日尔	Niger	64.28
114	亚美尼亚	Armenia	64.65	阿尔巴尼亚	Albania	64.12
115	萨尔瓦多	El Salvador	64.64	阿联酋	United Arab Emirates	63.75
116	厄瓜多尔	Ecuador	64.14	毛里塔尼亚	Mauritania	63.67
117	秘鲁	Peru	63.69	吉尔吉斯斯坦	Kyrgyzstan	63.55
118	哥伦比亚	Colombia	63.58	纳米比亚	Namibia	63.26
119	蒙古	Mongolia	63.01	马达加斯加	Madagascar	62.40
120	巴西	Brazil	62.97	马耳他	Malta	62.15
121	埃及	Egypt	62.89	刚果(布)	Congo, Rep.	61.96
122	圭亚那	Guyana	62.39	利比亚	Libya	61.94
123	瓦努阿图	Vanuatu	62.32	冰岛	Iceland	61.68
124	菲律宾	Philippines	61.79	马拉维	Malawi	61.12
125	基里巴斯	Kiribati	61.77	黑山	Montenegro	60.55
126	纳米比亚	Namibia	61.43	柬埔寨	Cambodia	60.21
127	洪都拉斯	Honduras	60.22	尼加拉瓜	Nicaragua	59.64
128	尼加拉瓜	Nicaragua	60.04	苏丹	Sudan	59.02
129	阿塞拜疆	Azerbaijan	58.93	乍得	Chad	59.00
130	危地马拉	Guatemala	58.79	叙利亚	Syrian Arab Republic	58.94
131	不丹	Bhutan	58.72	冈比亚	Gambia	58.66
132	越南	Viet Nam	58.61	布隆迪	Burundi	58.34
133	玻利维亚	Bolivia	58.57	塞拉利昂	Sierra Leone	58.13
134	委内瑞拉	Venezuela	58.07	特立尼达和多巴哥	Trinidad and Tobago	57.70
135	斯里兰卡	Sri Lanka	58.00	巴布亚新几内亚	Papua New Guinea	56.89
136	伊朗	Iran	57.98	利比里亚	Liberia	56.46
137	加蓬	Gabon	57.84	毛里求斯	Mauritius	56.09
138	中国	China	56.76	吉布提	Djibouti	55.94
139	圣多美和普林西比	Sao Tome and Principe	54.32	缅甸	Myanmar	54.25
140	塞内加尔	Senegal	54.12	伊拉克	Iraq	53.51
141	斯威士兰	Swaziland	53.95	斐济	Fiji	52.80
142	所罗门群岛	Solomon Islands	53.01	巴林	Bahrain	52.03
143	加纳	Ghana	52.41	乌兹别克斯坦	Uzbekistan	51.48
144	东帝汶	Timor-Leste	52.41	安哥拉	Angola	51.17
145	莱索托	Lesotho	52.13	中非	Central African Rep.	51.17
146	印度尼西亚	Indonesia	52.02	阿曼	Oman	51.07
147	印度	India	51.62	文莱	Brunei Darussalam	50.30
148	阿尔及利亚	Algeria	51.48	塔吉克斯坦	Tajikistan	49.28
149	冈比亚	Gambia	50.79	几内亚比绍	Guinea-Bissau	48.75
150	吉布提	Djibouti	50.43	海地	Haiti	48.30

17-2 续表 3

排名 Rank	全球化指数 Globalization Index			经济全球化 Economic Globalization		
	国家或地区	Country or Area	数值 Score	国家或地区	Country or Area	数值 Score
151	马尔代夫	Maldives	50.19	伊拉克	Iraq	43.76
152	马达加斯加	Madagascar	50.03	利比里亚	Liberia	43.62
153	马拉维	Malawi	49.77	斯里兰卡	Sri Lanka	42.43
154	也 门	Yemen	49.71	不 丹	Bhutan	41.92
155	莱索托	Lesotho	49.39	印 度	India	41.72
156	尼泊尔	Nepal	49.09	厄瓜多尔	Ecuador	41.60
157	马 里	Mali	48.85	尼日利亚	Nigeria	41.29
158	斯威士兰	Swaziland	48.69	肯尼亚	Kenya	41.00
159	几内亚	Guinea	48.41	塞拉利昂	Sierra Leone	40.84
160	利比里亚	Liberia	47.96	尼日尔	Niger	40.57
161	密克罗尼西亚	Micronesia, Fed.	47.73	乌兹别克斯坦	Uzbekistan	40.27
162	东帝汶	Timor-Leste	47.50	加 蓬	Gabon	39.80
163	乌兹别克斯坦	Uzbekistan	47.04	缅 甸	Myanmar	39.46
164	尼日尔	Niger	46.97	巴 西	Brazil	39.43
165	安道尔	Andorra	46.90	土库曼斯坦	Turkmenistan	39.39
166	阿鲁巴岛	Aruba	46.70	坦桑尼亚	Tanzania	39.32
167	基里巴斯	Kiribati	46.57	马 里	Mali	38.68
168	帕 劳	Palau	46.35	贝 宁	Benin	38.01
169	海 地	Haiti	46.24	喀麦隆	Cameroon	37.55
170	塔吉克斯坦	Tajikistan	46.23	阿尔及利亚	Algeria	37.29
171	百慕大	Bermuda	46.11	安哥拉	Angola	36.89
172	伊拉克	Iraq	45.60	几内亚	Guinea	36.39
173	马绍尔群岛	Marshall Islands	45.53	厄立特里亚	Eritrea	36.35
174	老 挝	Laos	45.44	苏 丹	Sudan	35.46
175	塞拉利昂	Sierra Leone	45.33	津巴布韦	Zimbabwe	34.87
176	刚果(金)	Congo, Dem. Rep.	44.91	巴基斯坦	Pakistan	34.01
177	赤道几内亚	Equatorial Guinea	44.66	几内亚比绍	Guinea-Bissau	33.65
178	所罗门群岛	Solomon Islands	44.60	索马里	Somalia	33.20
179	埃塞俄比亚	Ethiopia	44.11	尼泊尔	Nepal	32.07
180	缅 甸	Myanmar	43.95	刚果(金)	Congo, Dem. Rep.	31.91
181	苏 丹	Sudan	43.00	中 非	Central African Rep.	31.14
182	法罗群岛	Faeroe Islands	42.73	委内瑞拉	Venezuela	30.30
183	不 丹	Bhutan	42.61	乍 得	Chad	29.95
184	圣多美和普林西比	Sao Tome and Princip	41.99	孟加拉国	Bangladesh	29.78
185	开曼群岛	Cayman Islands	41.39	布隆迪	Burundi	29.55
186	几内亚比绍	Guinea-Bissau	41.36	科摩罗	Comoros	29.55
187	土库曼斯坦	Turkmenistan	41.15	阿富汗	Afghanistan	29.39
188	安哥拉	Angola	40.85	埃塞俄比亚	Ethiopia	26.58
189	乍 得	Chad	40.67	伊 朗	Iran	23.59
190	布隆迪	Burundi	40.09	史瓦帝尼	Eswatini (Kingdom of)	
191	中 非	Central African Rep.	38.85	开曼群岛	Cayman Islands	
192	阿富汗	Afghanistan	38.03	列支敦士登	Liechtenstein	
193	科摩罗	Comoros	36.91	安道尔	Andorra	
194	约旦河西岸和加沙	West Bank and Gaza	36.26	法罗群岛	Faeroe Islands	
195	波多黎各	Puerto Rico	34.40	摩纳哥	Monaco	
196	索马里	Somalia	31.29	波多黎各	Puerto Rico	
197	厄立特里亚	Eritrea	30.15	古 巴	Cuba	
198	北塞浦路斯	North Cyprus		圣马力诺	San Marino	
199	法国(包括摩纳哥)	Franc(incl. Monaco)		北塞浦路斯	North Cyprus	
200	马约特岛	Mayotte		法国(包括摩纳哥)	Franc(incl. Monaco)	

continued

排名 Rank	社会全球化 Social Globalization 国家或地区	Country or Area	数值 Score	政治全球化 Political Globalization 国家或地区	Country or Area	数值 Score
151	刚果(布)	Congo, Rep.	49.85	佛得角	Cape Verde	47.52
152	叙利亚	Syrian Arab Republic	49.48	阿富汗	Afghanistan	47.43
153	古　巴	Cuba	49.25	圭亚那	Guyana	46.66
154	津巴布韦	Zimbabwe	48.93	巴巴多斯	Barbados	46.63
155	柬埔寨	Cambodia	48.87	博茨瓦纳	Botswana	45.03
156	孟加拉国	Bangladesh	48.68	伯利兹	Belize	43.63
157	尼泊尔	Nepal	48.47	老　挝	Laos	42.94
158	乌兹别克斯坦	Uzbekistan	48.15	莱索托	Lesotho	41.24
159	赞比亚	Zambia	47.79	土库曼斯坦	Turkmenistan	39.87
160	利比亚	Libya	47.74	斯威士兰	Swaziland	39.68
161	肯尼亚	Kenya	47.46	塞舌尔	Seychelles	39.45
162	毛里塔尼亚	Mauritania	45.89	圣卢西亚	Saint Lucia	37.58
163	贝　宁	Benin	45.33	苏里南	Suriname	36.53
164	科摩罗	Comoros	45.21	东帝汶	Timor-Leste	35.74
165	塔吉克斯坦	Tajikistan	44.42	安提瓜和巴布达	Antigua and Barbuda	35.33
166	科特迪瓦	Cote D'Ivoire	44.31	科摩罗	Comoros	35.03
167	马拉维	Malawi	44.30	萨摩亚	Samoa	35.02
168	老　挝	Laos	44.07	多米尼克	Dominica	34.36
169	土库曼斯坦	Turkmenistan	43.77	赤道几内亚	Equatorial Guinea	34.00
170	利比里亚	Liberia	43.17	格林纳达	Grenada	33.89
171	多　哥	Togo	42.91	圣马力诺	San Marino	33.67
172	卢旺达	Rwanda	42.74	索马里	Somalia	33.25
173	布基纳法索	Burkina Faso	42.72	朝　鲜	Korea, Dem.	33.14
174	乌干达	Uganda	42.63	巴哈马	Bahamas	32.01
175	巴基斯坦	Pakistan	42.30	圣文森特和格林纳丁斯	Saint Vincent and the Grenadines	31.62
176	巴布亚新几内亚	Papua New Guinea	42.01	所罗门群岛	Solomon Islands	31.25
177	几内亚比绍	Guinea-Bissau	41.73	瓦努阿图	Vanuatu	31.02
178	喀麦隆	Cameroon	41.56	中国香港	Hong Kong, China	30.80
179	海　地	Haiti	41.37	不　丹	Bhutan	28.97
180	赤道几内亚	Equatorial Guinea	40.98	摩纳哥	Monaco	27.55
181	尼日利亚	Nigeria	40.91	厄立特里亚	Eritrea	27.55
182	伊拉克	Iraq	39.27	汤　加	Tonga	25.85
183	马　里	Mali	39.23	列支敦士登	Liechtenstein	24.47
184	几内亚	Guinea	39.22	圣多美和普林西比	Sao Tome and Principe	24.38
185	马达加斯加	Madagascar	38.26	马尔代夫	Maldives	21.90
186	也　门	Yemen	38.23	圣基茨和尼维斯	Saint Kitts and Nevis	20.37
187	缅　甸	Myanmar	37.86	安道尔	Andorra	18.13
188	塞拉利昂	Sierra Leone	37.00	基里巴斯	Kiribati	15.43
189	坦桑尼亚	Tanzania	36.07	中国澳门	Macao, China	15.10
190	莫桑比克	Mozambique	35.34	密克罗尼西亚	Micronesia, Fed.	14.14
191	尼日尔	Niger	35.33	马绍尔群岛	Marshall Islands	13.29
192	阿富汗	Afghanistan	34.68	波多黎各	Puerto Rico	13.21
193	安哥拉	Angola	34.17	帕　劳	Palau	12.61
194	苏　丹	Sudan	33.89	约旦河西岸和加沙	West Bank and Gaza	7.46
195	中　非	Central African Rep.	33.71	百慕大	Bermuda	7.35
196	刚果(金)	Congo, Dem. Rep.	32.68	开曼群岛	Cayman Islands	7.28
197	布隆迪	Burundi	32.36	阿鲁巴岛	Aruba	5.26
198	乍　得	Chad	30.04	法属波立尼西亚	French Polynesia	4.57
199	厄立特里亚	Eritrea	27.96	法罗群岛	Faeroe Islands	4.35
200	埃塞俄比亚	Ethiopia	27.72	美属维尔京群岛	Virgin Islands(US)	4.34

17-3 世界主要国家和地区全球竞争力指数排名(2019年)
The Ranking of the Global Competitiveness Index (2019)

资料来源：世界经济论坛《全球竞争力报告 2019》。
Source: World Economic Forum The Global Competitiveness Report 2019.

排名 Rank	国家或地区	Country or Area	全球竞争力指数4.0	排名 Rank	国家或地区	Country or Area	全球竞争力指数4.0
1	新加坡	Singapore	84.8	36	沙特阿拉伯	Saudi Arabia	70.0
2	美国	United States	83.7	37	波兰	Poland	68.9
3	中国香港	Hong Kong, China	83.1	38	马耳他	Malta	68.5
4	荷兰	Netherlands	82.4	39	立陶宛	Lithuania	68.4
5	日本	Japan	82.3	40	泰国	Thailand	68.1
6	瑞士	Switzerland	82.3	41	拉脱维亚	Latvia	67.0
7	德国	Germany	81.8	42	斯洛伐克	Slovakia	66.8
8	丹麦	Denmark	81.2	43	俄罗斯	Russia	66.7
9	瑞典	Sweden	81.2	44	塞浦路斯	Cyprus	66.4
10	英国	United Kingdom	81.2	45	巴林	Bahrain	65.4
11	芬兰	Finland	80.2	46	匈牙利	Hungary	65.1
12	中国台湾	Taiwan, China	80.2	47	科威特	Kuwait	65.1
13	加拿大	Canada	79.6	48	保加利亚	Bulgaria	64.9
14	韩国	Korea, Rep.	79.6	49	墨西哥	Mexico	64.9
15	法国	France	78.8	50	印度尼西亚	Indonesia	64.6
16	澳大利亚	Australia	78.7	51	罗马尼亚	Romania	64.4
17	挪威	Norway	78.1	52	毛里求斯	Mauritius	64.3
18	卢森堡	Luxemburg	77.0	53	阿曼	Oman	63.6
19	以色列	Israel	76.7	54	乌拉圭	Uruguay	63.5
20	新西兰	New Zealand	76.7	55	哈萨克斯坦	Kazakhstan	62.9
21	奥地利	Austria	76.6	56	文莱	Brunei Darussalam	62.8
22	比利时	Belgium	76.4	57	阿塞拜疆	Azerbaijan	62.7
23	西班牙	Spain	75.3	58	哥伦比亚	Colombia	62.7
24	爱尔兰	Ireland	75.1	59	希腊	Greece	62.6
25	阿联酋	United Arab Emirates	75.0	60	南非	South Africa	62.4
26	冰岛	Iceland	74.7	61	土耳其	Turkey	62.1
27	马来西亚	Malaysia	74.6	62	哥斯达黎加	Costa Rica	62.0
28	中国	China	73.9	63	克罗地亚	Croatia	61.9
29	卡塔尔	Qatar	72.9	64	菲律宾	Philippines	61.9
30	意大利	Italy	71.5	65	秘鲁	Peru	61.7
31	捷克	Czech Rep.	70.9	66	巴拿马	Panama	61.6
32	爱沙尼亚	Estonia	70.9	67	越南	Viet Nam	61.5
33	智利	Chile	70.5	68	印度	India	61.4
34	葡萄牙	Portugal	70.4	69	亚美尼亚	Armenia	61.3
35	斯洛文尼亚	Slovenia	70.2	70	巴西	Brazil	60.9

17-3 续表 continued

排名 Rank	国家或地区	Country or Area	全球竞争力指数4.0	排名 Rank	国家或地区	Country or Area	全球竞争力指数4.0
71	约 旦	Jordan	60.9	107	玻利维亚	Bolivia	51.8
72	塞尔维亚	Serbia	60.9	108	尼泊尔	Nepal	51.6
73	黑 山	Montenegro	60.8	109	尼加拉瓜	Nicaragua	51.5
74	格鲁吉亚	Georgia	60.6	110	巴基斯坦	Pakistan	51.4
75	摩洛哥	Morocco	60.0	111	加 纳	Ghana	51.2
76	塞舌尔	Seychelles	59.6	112	佛得角	Cape Verde	50.8
77	巴巴多斯	Barbados	58.9	113	老 挝	Laos	50.1
78	多米尼加	Dominican Rep.	58.3	114	塞内加尔	Senegal	49.7
79	特立尼达和多巴哥	Trinidad and Tobago	58.3	115	乌干达	Uganda	48.9
80	牙买加	Jamaica	58.3	116	尼日利亚	Nigeria	48.3
81	阿尔巴尼亚	Albania	57.6	117	坦桑尼亚	Tanzania	48.2
82	前南马其顿	Macedonia, FYR	57.3	118	科特迪瓦	Cote D'Ivoire	48.1
83	阿根廷	Argentina	57.2	119	加 蓬	Gabon	47.5
84	斯里兰卡	Sri Lanka	57.1	120	赞比亚	Zambia	46.5
85	乌克兰	Ukraine	57.0	121	史瓦帝尼	Eswatini	46.4
86	摩尔多瓦	Moldova	56.7	122	几内亚	Guinea	46.1
87	突尼斯	Tunisia	56.4	123	喀麦隆	Cameroon	46.0
88	阿尔及利亚	Algeria	56.3	124	冈比亚	Gambia	45.9
89	黎巴嫩	Lebanon	56.3	125	贝 宁	Benin	45.8
90	厄瓜多尔	Ecuador	55.7	126	埃塞俄比亚	Ethiopia	44.4
91	博茨瓦纳	Botswana	55.5	127	津巴布韦	Zimbabwe	44.2
92	波 黑	Bosnia and Herzegovinian	54.7	128	马拉维	Malawi	43.7
93	埃 及	Egypt	54.5	129	马 里	Mali	43.6
94	纳米比亚	Namibia	54.5	130	布基纳法索	Burkina Faso	43.4
95	肯尼亚	Kenya	54.1	131	莱索托	Lesotho	42.9
96	吉尔吉斯斯坦	Kyrgyzstan	54.0	132	马达加斯加	Madagascar	42.9
97	巴拉圭	Paraguay	53.6	133	委内瑞拉	Venezuela	41.8
98	危地马拉	Guatemala	53.5	134	毛里塔尼亚	Mauritania	40.9
99	伊 朗	Iran	53.0	135	布隆迪	Burundi	40.3
100	卢旺达	Rwanda	52.8	136	安哥拉	Angola	38.1
101	洪都拉斯	Honduras	52.7	137	莫桑比克	Mozambique	38.1
102	萨尔瓦多	El Salvador	52.6	138	海 地	Haiti	36.3
103	蒙 古	Mongolia	52.6	139	刚果(金)	Congo, Dem. Rep.	36.1
104	塔吉克斯坦	Tajikistan	52.4	140	也 门	Yemen	35.5
105	孟加拉国	Bangladesh	52.1	141	乍 得	Chad	35.1
106	柬埔寨	Cambodia	52.1				

17-4 世界主要国家和地区幸福指数排名(2016-2018年)
The Ranking of Happiness Index in 2016-2018

资料来源：联合国《2019年世界幸福指数报告》。
Source: UN World Happiness Index Report in 2019.

排名 Rank	国家或地区	Country or Area	幸福指数	排名 Rank	国家或地区	Country or Area	幸福指数
1	芬　兰	Finland	7.769	40	波　兰	Poland	6.182
2	丹　麦	Denmark	7.600	41	乌兹别克斯坦	Uzbekistan	6.174
3	挪　威	Norway	7.554	42	立陶宛	Lithuania	6.149
4	冰　岛	Iceland	7.494	43	哥伦比亚	Colombia	6.125
5	荷　兰	Netherlands	7.488	44	斯洛文尼亚	Slovenia	6.118
6	瑞　士	Switzerland	7.480	45	尼加拉瓜	Nicaragua	6.105
7	瑞　典	Sweden	7.343	46	科索沃	Kosovo	6.100
8	新西兰	New Zealand	7.307	47	阿根廷	Argentina	6.086
9	加拿大	Canada	7.278	48	罗马尼亚	Romania	6.070
10	奥地利	Austria	7.246	49	塞浦路斯	Cyprus	6.046
11	澳大利亚	Australia	7.228	50	厄瓜多尔	Ecuador	6.028
12	哥斯达黎加	Costa Rica	7.167	51	科威特	Kuwait	6.021
13	以色列	Israel	7.139	52	泰　国	Thailand	6.008
14	卢森堡	Luxemburg	7.090	53	拉脱维亚	Latvia	5.940
15	英　国	United Kingdom	7.054	54	韩　国	Korea, Rep.	5.895
16	爱尔兰	Ireland	7.021	55	爱沙尼亚	Estonia	5.893
17	德　国	Germany	6.985	56	牙买加	Jamaica	5.890
18	比利时	Belgium	6.923	57	毛里求斯	Mauritius	5.888
19	美　国	United States	6.892	58	日　本	Japan	5.886
20	捷　克	Czech Rep.	6.852	59	洪都拉斯	Honduras	5.860
21	阿联酋	United Arab Emirates	6.825	60	哈萨克斯坦	Kazakhstan	5.809
22	马耳他	Malta	6.726	61	玻利维亚	Bolivia	5.779
23	墨西哥	Mexico	6.595	62	匈牙利	Hungary	5.758
24	法　国	France	6.592	63	巴拉圭	Paraguay	5.743
25	中国台湾	Taiwan, China	6.446	64	北塞浦路斯	Northern Cyprus	5.718
26	智　利	Chile	6.444	65	秘　鲁	Peru	5.697
27	危地马拉	Guatemala	6.436	66	葡萄牙	Portugal	5.693
28	沙特阿拉伯	Saudi Arabia	6.375	67	巴基斯坦	Pakistan	5.653
29	卡塔尔	Qatar	6.374	68	俄罗斯	Russia	5.648
30	西班牙	Spain	6.354	69	菲律宾	Philippines	5.631
31	巴拿马	Panama	6.321	70	塞尔维亚	Serbia	5.603
32	巴　西	Brazil	6.300	71	摩尔多瓦	Moldova	5.529
33	乌拉圭	Uruguay	6.293	72	利比亚	Libya	5.525
34	新加坡	Singapore	6.262	73	黑　山	Montenegro	5.523
35	萨尔瓦多	El Salvador	6.253	74	塔吉克斯坦	Tajikistan	5.467
36	意大利	Italy	6.223	75	克罗地亚	Croatia	5.432
37	巴　林	Bahrain	6.199	76	中国香港	Hong Kong, China	5.430
38	斯洛伐克	Slovakia	6.198	77	多米尼加	Dominican Rep.	5.425
39	特立尼达和多巴哥	Trinidad and Tobago	6.192	78	波　黑	Bosnia and Herzegovinian	5.386

17-4 续表 continued

排名 Rank	国家或地区	Country or Area	幸福指数	排名 Rank	国家或地区	Country or Area	幸福指数
79	土耳其	Turkey	5.373	118	几内亚	Guinea	4.534
80	马来西亚	Malaysia	5.339	119	格鲁吉亚	Georgia	4.519
81	白俄罗斯	Belarus	5.323	120	冈比亚	Gambia	4.516
82	希　腊	Greece	5.287	121	肯尼亚	Kenya	4.509
83	蒙　古	Mongolia	5.285	122	毛里塔尼亚	Mauritania	4.490
84	前南马其顿	Macedonia, FYR	5.274	123	莫桑比克	Mozambique	4.466
85	尼日利亚	Nigeria	5.265	124	突尼斯	Tunisia	4.461
86	吉尔吉斯斯坦	Kyrgyzstan	5.261	125	孟加拉国	Bangladesh	4.456
87	土库曼斯坦	Turkmenistan	5.247	126	伊拉克	Iraq	4.437
88	阿尔及利亚	Algeria	5.211	127	刚果(金)	Congo, Dem. Rep.	4.418
89	摩洛哥	Morocco	5.208	128	马　里	Mali	4.390
90	阿塞拜疆	Azerbaijan	5.208	129	塞拉利昂	Sierra Leone	4.374
91	黎巴嫩	Lebanon	5.197	130	斯里兰卡	Sri Lanka	4.366
92	印度尼西亚	Indonesia	5.192	131	缅　甸	Myanmar	4.360
93	中　国	China	5.191	132	乍　得	Chad	4.350
94	越　南	Viet Nam	5.175	133	乌克兰	Ukraine	4.332
95	不　丹	Bhutan	5.082	134	埃塞俄比亚	Ethiopia	4.286
96	喀麦隆	Cameroon	5.044	135	斯威士兰	Swaziland	4.212
97	保加利亚	Bulgaria	5.011	136	乌干达	Uganda	4.189
98	加　纳	Ghana	4.996	137	埃　及	Egypt	4.166
99	象牙海岸	Ivory Coast	4.944	138	赞比亚	Zambia	4.107
100	尼泊尔	Nepal	4.913	139	多　哥	Togo	4.085
101	约　旦	Jordan	4.906	140	印　度	India	4.015
102	贝　宁	Benin	4.883	141	利比里亚	Liberia	3.975
103	刚果(布)	Congo, Rep.	4.812	142	科摩罗	Comoros	3.973
104	加　蓬	Gabon	4.799	143	马达加斯加	Madagascar	3.933
105	老　挝	Laos	4.796	144	莱索托	Lesotho	3.802
106	南　非	South Africa	4.722	145	布隆迪	Burundi	3.775
107	阿尔巴尼亚	Albania	4.719	146	津巴布韦	Zimbabwe	3.663
108	委内瑞拉	Venezuela	4.707	147	海　地	Haiti	3.597
109	柬埔寨	Cambodia	4.700	148	博茨瓦纳	Botswana	3.488
110	巴勒斯坦	Palestinian Territiries	4.696	149	叙利亚	Syrian Arab Republic	3.462
111	塞内加尔	Senegal	4.681	150	马拉维	Malawi	3.410
112	索马里	Somalia	4.668	151	也　门	Yemen	3.380
113	纳米比亚	Namibia	4.639	152	卢旺达	Rwanda	3.334
114	尼日尔	Niger	4.628	153	坦桑尼亚	Tanzania	3.231
115	布基纳法索	Burkina Faso	4.587	154	阿富汗	Afghanistan	3.203
116	亚美尼亚	Armenia	4.559	155	中　非	Central African Rep.	3.083
117	伊　朗	Iran	4.548	156	南苏丹	South Sudan	2.853

17-5 世界主要国家和地区全球创新指数(GII)排名(2019年)
The Ranking of Global Innovation Index(GII) in 2019

资料来源：《全球创新指数2019》。
Source:The Global Innovation Index 2019.

排名 Rank	全球创新指数 Global Innovation Index			创新投入分指数 Innovation Input Sub-Index			创新产出分指数 Innovation Output Sub-Index		
	国家或地区	Country or Area	数值 Score	国家或地区	Country or Area	数值 Score	国家或地区	Country or Area	数值 Score
1	瑞士	Switzerland	67.24	新加坡	Singapore	72.15	瑞士	Switzerland	63.45
2	瑞典	Sweden	63.65	瑞士	Switzerland	71.02	荷兰	Netherlands	57.49
3	美国	United States	61.73	美国	United States	70.85	瑞典	Sweden	56.87
4	荷兰	Netherlands	61.44	瑞典	Sweden	70.43	英国	United Kingdom	54.38
5	英国	United Kingdom	61.30	丹麦	Denmark	69.33	中国	China	52.75
6	芬兰	Finland	59.83	英国	United Kingdom	68.22	美国	United States	52.61
7	丹麦	Denmark	58.44	芬兰	Finland	68.04	芬兰	Finland	51.62
8	新加坡	Singapore	58.37	中国香港	Hong Kong, China	66.69	以色列	Israel	51.59
9	德国	Germany	58.19	加拿大	Canada	66.40	德国	Germany	51.10
10	以色列	Israel	57.43	韩国	Korea, Rep.	65.95	爱尔兰	Ireland	50.08
11	韩国	Korea, Rep.	56.55	荷兰	Netherlands	65.40	卢森堡	Luxemburg	49.20
12	爱尔兰	Ireland	56.10	德国	Germany	65.28	丹麦	Denmark	47.55
13	中国香港	Hong Kong, China	55.54	挪威	Norway	65.27	韩国	Korea, Rep.	47.15
14	中国	China	54.82	日本	Japan	65.03	法国	France	45.00
15	日本	Japan	54.68	澳大利亚	Australia	64.35	新加坡	Singapore	44.59
16	法国	France	54.25	法国	France	63.50	中国香港	Hong Kong, China	44.40
17	加拿大	Canada	53.88	以色列	Israel	63.28	日本	Japan	44.32
18	比利时-卢森堡	Belgium-Luxembourg	53.47	新西兰	New Zealand	63.09	冰岛	Iceland	43.99
19	挪威	Norway	51.87	奥地利	Austria	62.82	爱沙尼亚	Estonia	43.83
20	冰岛	Iceland	51.53	爱尔兰	Ireland	62.13	捷克	Czech Rep.	43.44
21	奥地利	Austria	50.94	比利时	Belgium	60.73	马耳他	Malta	43.44
22	澳大利亚	Australia	50.34	冰岛	Iceland	59.07	加拿大	Canada	41.36
23	比利时	Belgium	50.18	卢森堡	Luxemburg	57.73	塞浦路斯	Cyprus	41.13
24	爱沙尼亚	Estonia	49.97	阿联酋	United Arab Emirates	57.65	比利时	Belgium	39.63
25	新西兰	New Zealand	49.55	西班牙	Spain	57.29	奥地利	Austria	39.06
26	捷克	Czech Rep.	49.43	中国	China	56.88	匈牙利	Hungary	38.67
27	马耳他	Malta	49.01	爱沙尼亚	Estonia	56.10	挪威	Norway	38.46
28	塞浦路斯	Cyprus	48.34	塞浦路斯	Cyprus	55.54	西班牙	Spain	38.42
29	西班牙	Spain	47.85	捷克	Czech Rep.	55.43	意大利	Italy	37.87
30	意大利	Italy	46.30	意大利	Italy	54.74	斯洛文尼亚	Slovenia	36.40
31	斯洛文尼亚	Slovenia	45.25	葡萄牙	Portugal	54.69	澳大利亚	Australia	36.33
32	葡萄牙	Portugal	44.65	马耳他	Malta	54.58	新西兰	New Zealand	36.01

17-5 续表 1 continued

排名 Rank	全球创新指数 Global Innovation Index 国家或地区	Country or Area	数值 Score	创新投入分指数 Innovation Input Sub-Index 国家或地区	Country or Area	数值 Score	创新产出分指数 Innovation Output Sub-Index 国家或地区	Country or Area	数值 Score
33	匈牙利	Hungary	44.51	斯洛文尼亚	Slovenia	54.10	斯洛伐克	Slovakia	35.55
34	拉脱维亚	Latvia	43.23	马来西亚	Malaysia	52.93	拉脱维亚	Latvia	35.17
35	马来西亚	Malaysia	42.68	文莱	Brunei Darussalam	51.74	葡萄牙	Portugal	34.60
36	阿联酋	United Arab Emirates	42.17	拉脱维亚	Latvia	51.29	乌克兰	Ukraine	34.07
37	斯洛伐克	Slovakia	42.05	波兰	Poland	50.97	越南	Viet Nam	33.93
38	立陶宛	Lithuania	41.46	立陶宛	Lithuania	50.58	保加利亚	Bulgaria	32.61
39	波兰	Poland	41.31	匈牙利	Hungary	50.35	马来西亚	Malaysia	32.42
40	保加利亚	Bulgaria	40.35	希腊	Greece	50.20	立陶宛	Lithuania	32.34
41	希腊	Greece	38.90	俄罗斯	Russia	49.11	波兰	Poland	31.66
42	越南	Viet Nam	38.84	斯洛伐克	Slovakia	48.54	菲律宾	Philippines	30.68
43	泰国	Thailand	38.63	智利	Chile	48.26	泰国	Thailand	30.67
44	克罗地亚	Croatia	37.82	格鲁吉亚	Georgia	48.19	蒙古	Mongolia	30.35
45	黑山	Montenegro	37.70	保加利亚	Bulgaria	48.08	摩尔多瓦	Moldova	30.26
46	俄罗斯	Russia	37.62	克罗地亚	Croatia	47.37	黑山	Montenegro	29.96
47	乌克兰	Ukraine	37.40	泰国	Thailand	46.58	伊朗	Iran	29.85
48	格鲁吉亚	Georgia	36.98	秘鲁	Peru	46.50	哥斯达黎加	Costa Rica	29.31
49	土耳其	Turkey	36.95	沙特阿拉伯	Saudi Arabia	46.40	土耳其	Turkey	28.64
50	罗马尼亚	Romania	36.76	白俄罗斯	Belarus	46.02	亚美尼亚	Armenia	28.60
51	智利	Chile	36.64	南非	South Africa	45.74	印度	India	28.49
52	印度	India	36.58	前南马其顿	Macedonia, FYR	45.72	克罗地亚	Croatia	28.28
53	蒙古	Mongolia	36.29	卡塔尔	Qatar	45.59	罗马尼亚	Romania	28.02
54	菲律宾	Philippines	36.18	罗马尼亚	Romania	45.51	希腊	Greece	27.61
55	哥斯达黎加	Costa Rica	36.13	黑山	Montenegro	45.43	墨西哥	Mexico	27.38
56	墨西哥	Mexico	36.06	土耳其	Turkey	45.26	科威特	Kuwait	27.21
57	塞尔维亚	Serbia	35.71	阿曼	Oman	45.08	塞尔维亚	Serbia	26.93
58	摩尔多瓦	Moldova	35.52	哥伦比亚	Colombia	45.06	阿联酋	United Arab Emirates	26.68
59	前南马其顿	Macedonia, FYR	35.29	墨西哥	Mexico	44.74	俄罗斯	Russia	26.13
60	科威特	Kuwait	34.55	巴西	Brazil	44.71	格鲁吉亚	Georgia	25.76
61	伊朗	Iran	34.43	印度	India	44.66	乌拉圭	Uruguay	25.32
62	乌拉圭	Uruguay	34.32	塞尔维亚	Serbia	44.50	智利	Chile	25.03
63	南非	South Africa	34.04	越南	Viet Nam	43.75	前南马其顿	Macedonia, FYR	24.86
64	亚美尼亚	Armenia	33.98	哈萨克斯坦	Kazakhstan	43.74	肯尼亚	Kenya	24.20
65	卡塔尔	Qatar	33.86	卢旺达	Rwanda	43.46	突尼斯	Tunisia	23.54

17-5 续表 2 continued

排名 Rank	全球创新指数 Global Innovation Index			创新投入分指数 Innovation Input Sub-Index			创新产出分指数 Innovation Output Sub-Index		
	国家或地区	Country or Area	数值 Score	国家或地区	Country or Area	数值 Score	国家或地区	Country or Area	数值 Score
66	巴　西	Brazil	33.82	乌拉圭	Uruguay	43.31	摩洛哥	Morocco	23.34
67	哥伦比亚	Colombia	33.00	毛里求斯	Mauritius	43.25	巴　西	Brazil	22.93
68	沙特阿拉伯	Saudi Arabia	32.93	哥斯达黎加	Costa Rica	42.95	南　非	South Africa	22.34
69	秘　鲁	Peru	32.93	巴　林	Bahrain	42.89	牙买加	Jamaica	22.14
70	突尼斯	Tunisia	32.83	阿尔巴尼亚	Albania	42.42	卡塔尔	Qatar	22.13
71	文　莱	Brunei Darussalam	32.35	波　黑	Bosnia and Herzegovinian	42.41	约　旦	Jordan	22.12
72	白俄罗斯	Belarus	32.07	阿根廷	Argentina	42.34	巴拿马	Panama	21.95
73	阿根廷	Argentina	31.95	蒙　古	Mongolia	42.24	坦桑尼亚	Tanzania	21.78
74	摩洛哥	Morocco	31.63	突尼斯	Tunisia	42.13	埃　及	Egypt	21.62
75	巴拿马	Panama	31.51	科威特	Kuwait	41.90	阿根廷	Argentina	21.56
76	波　黑	Bosnia and Herzegovinian	31.41	菲律宾	Philippines	41.68	哥伦比亚	Colombia	20.94
77	肯尼亚	Kenya	31.13	阿塞拜疆	Azerbaijan	41.59	斯里兰卡	Sri Lanka	20.83
78	巴　林	Bahrain	31.10	吉尔吉斯斯坦	Kyrgyzstan	41.48	印度尼西亚	Indonesia	20.80
79	哈萨克斯坦	Kazakhstan	31.03	巴拿马	Panama	41.06	波　黑	Bosnia and Herzegovinian	20.41
80	阿　曼	Oman	30.98	博茨瓦纳	Botswana	40.86	埃塞俄比亚	Ethiopia	20.10
81	牙买加	Jamaica	30.80	摩尔多瓦	Moldova	40.77	塞内加尔	Senegal	20.09
82	毛里求斯	Mauritius	30.61	乌克兰	Ukraine	40.73	黎巴嫩	Lebanon	20.00
83	阿尔巴尼亚	Albania	30.34	摩洛哥	Morocco	39.91	塔吉克斯坦	Tajikistan	19.74
84	阿塞拜疆	Azerbaijan	30.21	牙买加	Jamaica	39.47	柬埔寨	Cambodia	19.68
85	印度尼西亚	Indonesia	29.72	亚美尼亚	Armenia	39.36	沙特阿拉伯	Saudi Arabia	19.46
86	约　旦	Jordan	29.61	伊　朗	Iran	39.00	秘　鲁	Peru	19.35
87	多米尼加	Dominican Rep.	28.56	印度尼西亚	Indonesia	38.64	巴　林	Bahrain	19.31
88	黎巴嫩	Lebanon	28.54	特立尼达和多巴哥	Trinidad and Tobago	38.63	多米尼加	Dominican Rep.	19.25
89	斯里兰卡	Sri Lanka	28.45	肯尼亚	Kenya	38.07	巴基斯坦	Pakistan	19.10
90	吉尔吉斯斯坦	Kyrgyzstan	28.38	多米尼加	Dominican Rep.	37.86	阿塞拜疆	Azerbaijan	18.83
91	特立尼达和多巴哥	Trinidad and Tobago	28.08	约　旦	Jordan	37.10	科特迪瓦	Cote D'Ivoire	18.67
92	埃　及	Egypt	27.47	黎巴嫩	Lebanon	37.08	哈萨克斯坦	Kazakhstan	18.32
93	博茨瓦纳	Botswana	27.43	尼泊尔	Nepal	36.71	阿尔巴尼亚	Albania	18.26
94	卢旺达	Rwanda	27.38	斯里兰卡	Sri Lanka	36.07	巴拉圭	Paraguay	18.25
95	巴拉圭	Paraguay	27.09	巴拉圭	Paraguay	35.93	白俄罗斯	Belarus	18.12
96	塞内加尔	Senegal	26.83	乌干达	Uganda	35.66	毛里求斯	Mauritius	17.96
97	坦桑尼亚	Tanzania	26.63	萨尔瓦多	El Salvador	35.62	加　纳	Ghana	17.74

17-5 续表 3 continued

排名 Rank	全球创新指数 Global Innovation Index 国家或地区	Country or Area	数值 Score	创新投入分指数 Innovation Input Sub-Index 国家或地区	Country or Area	数值 Score	创新产出分指数 Innovation Output Sub-Index 国家或地区	Country or Area	数值 Score
98	柬埔寨	Cambodia	26.59	厄瓜多尔	Ecuador	35.42	厄瓜多尔	Ecuador	17.71
99	厄瓜多尔	Ecuador	26.56	纳米比亚	Namibia	34.97	特立尼达和多巴哥	Trinidad and Tobago	17.54
100	塔吉克斯坦	Tajikistan	26.43	阿尔及利亚	Algeria	34.64	马里	Mali	17.34
101	纳米比亚	Namibia	25.85	洪都拉斯	Honduras	34.46	阿曼	Oman	16.88
102	乌干达	Uganda	25.60	玻利维亚	Bolivia	34.43	危地马拉	Guatemala	16.81
103	科特迪瓦	Cte d'Ivoire	25.55	塞内加尔	Senegal	33.58	纳米比亚	Namibia	16.73
104	洪都拉斯	Honduras	25.48	柬埔寨	Cambodia	33.51	洪都拉斯	Honduras	16.51
105	巴基斯坦	Pakistan	25.36	危地马拉	Guatemala	33.33	尼日利亚	Nigeria	16.40
106	加纳	Ghana	25.27	埃及	Egypt	33.32	喀麦隆	Cameroon	16.09
107	危地马拉	Guatemala	25.07	塔吉克斯坦	Tajikistan	33.12	乌干达	Uganda	15.55
108	萨尔瓦多	El Salvador	24.89	尼加拉瓜	Nicaragua	32.96	孟加拉国	Bangladesh	15.55
109	尼泊尔	Nepal	24.85	加纳	Ghana	32.80	马达加斯加	Madagascar	15.47
110	玻利维亚	Bolivia	24.76	科特迪瓦	Cote D'Ivoire	32.43	津巴布韦	Zimbabwe	15.38
111	埃塞俄比亚	Ethiopia	24.16	布基纳法索	Burkina Faso	32.32	吉尔吉斯斯坦	Kyrgyzstan	15.29
112	马里	Mali	24.03	喀麦隆	Cameroon	31.71	马拉维	Malawi	15.25
113	阿尔及利亚	Algeria	23.98	巴基斯坦	Pakistan	31.62	玻利维亚	Bolivia	15.09
114	尼日利亚	Nigeria	23.93	贝宁	Benin	31.49	莫桑比克	Mozambique	14.82
115	喀麦隆	Cameroon	23.90	坦桑尼亚	Tanzania	31.47	布基纳法索	Burkina Faso	14.29
116	孟加拉国	Bangladesh	23.31	尼日利亚	Nigeria	31.46	萨尔瓦多	El Salvador	14.16
117	布基纳法索	Burkina Faso	23.30	孟加拉国	Bangladesh	31.07	博茨瓦纳	Botswana	13.99
118	马拉维	Malawi	23.00	莫桑比克	Mozambique	30.92	阿尔及利亚	Algeria	13.32
119	莫桑比克	Mozambique	22.87	马拉维	Malawi	30.76	尼泊尔	Nepal	12.99
120	尼加拉瓜	Nicaragua	22.55	马里	Mali	30.73	文莱	Brunei Darussalam	12.95
121	马达加斯加	Madagascar	22.38	多哥	Togo	29.79	赞比亚	Zambia	12.74
122	津巴布韦	Zimbabwe	22.30	马达加斯加	Madagascar	29.30	尼加拉瓜	Nicaragua	12.13
123	贝宁	Benin	20.42	津巴布韦	Zimbabwe	29.22	卢旺达	Rwanda	11.31
124	赞比亚	Zambia	20.36	埃塞俄比亚	Ethiopia	28.23	几内亚	Guinea	11.24
125	几内亚	Guinea	19.50	尼日尔	Niger	27.99	贝宁	Benin	9.36
126	多哥	Togo	18.54	赞比亚	Zambia	27.97	布隆迪	Burundi	8.75
127	尼日尔	Niger	18.13	几内亚	Guinea	27.76	尼日尔	Niger	8.26
128	布隆迪	Burundi	17.65	布隆迪	Burundi	26.54	多哥	Togo	7.29
129	也门	Yemen	14.49	也门	Yemen	22.53	也门	Yemen	6.44

17-6 按营业额排序的世界最大500家企业(2018年)

资料来源：美国《财富》杂志2019年。
Source: United States Fortune, 2019.

排名 Rank 2018	2017	企业名称	Company Name	国家	Country
1	1	沃尔玛	Walmart	美国	U.S.
2	3	中国石油化工集团公司	Sinopec Group	中国	China
3	5	荷兰皇家壳牌石油公司	Royal Dutch Shell	荷兰	Netherlands
4	4	中国石油天然气集团公司	China National Petroleum	中国	China
5	2	国家电网公司	State Grid	中国	China
6	--	沙特阿美公司	Saudi Aramco	沙特阿拉伯	Saudi Arabia
7	8	英国石油公司	Bp	英国	Britain
8	9	埃克森美孚	Exxon Mobil	美国	U.S.
9	7	大众公司	Volkswagen	德国	Germany
10	6	丰田汽车公司	Toyota Motor	日本	Japan
11	11	苹果公司	Apple	美国	U.S.
12	10	伯克希尔－哈撒韦公司	Berkshire Hathaway	美国	U.S.
13	18	亚马逊	Amazon.Com	美国	U.S.
14	15	联合健康集团	Unitedhealth Group	美国	U.S.
15	12	三星电子	Samsung Electronics	韩国	South Korea
16	14	嘉能可	Glencore	瑞士	Switzerland
17	13	麦克森公司	Mckesson	美国	U.S.
18	16	戴姆勒股份公司	Daimler	德国	Germany
19	17	CVS Health公司	Cvs Health	美国	U.S.
20	28	道达尔公司	Total	法国	France
21	23	中国建筑集团有限公司	China State Construction Engineering	中国	China
22	32	托克集团	Trafigura Group	新加坡	Singapore
23	24	鸿海精密工业股份有限公司	Hon Hai Precision Industry	中国	China
24	19	EXOR集团	Exor Group	荷兰	Netherlands
25	20	美国电话电报公司	At&T	美国	U.S.
26	26	中国工商银行	Industrial & Commercial Bank Of China	中国	China
27	25	美源伯根公司	Amerisourcebergen	美国	U.S.
28	33	雪佛龙	Chevron	美国	U.S.
29	29	中国平安保险(集团)股份有限公司	Ping An Insurance	中国	China
30	22	福特汽车公司	Ford Motor	美国	U.S.
31	31	中国建设银行	China Construction Bank	中国	China
32	21	通用汽车公司	General Motors	美国	U.S.
33	129	三菱商事株式会社	Mitsubishi	日本	Japan
34	30	本田汽车	Honda Motor	日本	Japan
35	35	好市多	Costco Wholesale	美国	U.S.
36	40	中国农业银行	Agricultural Bank Of China	中国	China
37	52	Alphabet公司	Alphabet	美国	U.S.
38	34	嘉德诺	Cardinal Health	美国	U.S.
39	36	上海汽车集团股份有限公司	Saic Motor	中国	China
40	43	沃博联	Walgreens Boots Alliance	美国	U.S.
41	47	摩根大通公司	Jpmorgan Chase & Co.	美国	U.S.
42	49	俄罗斯天然气工业股份公司	Gazprom	俄罗斯	Russia
43	37	威瑞森电信	Verizon Communications	美国	U.S.
44	46	中国银行	Bank Of China	中国	China
45	38	安联保险集团	Allianz	德国	Germany
46	27	安盛集团	Axa	法国	France
47	39	克罗格	Kroger	美国	U.S.
48	41	通用电气公司	General Electric	美国	U.S.
49	48	房利美	Fannie Mae	美国	U.S.
50	63	卢克石油公司	Lukoil	俄罗斯	Russia

The 500 Largest Companies in the World Sorted by Revenue in 2018

营业额 Revenues 百万美元 (mil.USD)	营业额 Revenues 比上年增长% % Change from 2017	利润额 Profits 百万美元 (mil.USD)	利润额 Profits 比上年增长% % Change from 2017	资产额（百万美元） Assets (mil.USD)	雇员人数（人） Employees (person)
514405.0	2.8	6670.0	-32.4	219295.0	2200000
414649.9	26.8	5845.0	280.1	329186.3	619151
396556.0	27.2	23352.0	79.9	399194.0	81000
392976.6	20.5	2270.5	-	601899.9	1382401
387056.0	10.9	8174.8	-14.3	572309.5	917717
355905.0	35.3	110974.5	46.9	358872.9	76418
303738.0	24.2	9383.0	176.9	282176.0	73000
290212.0	18.8	20840.0	5.7	346196.0	71000
278341.5	7.0	14322.5	9.3	523672.3	664496
272612.0	2.8	16982.0	-24.6	469295.6	370870
265595.0	15.9	59531.0	23.1	365725.0	132000
247837.0	2.4	4021.0	-91.1	707794.0	389000
232887.0	30.9	10073.0	232.1	162648.0	647500
226247.0	12.5	11986.0	13.5	152221.0	300000
221579.4	4.5	39895.2	9.1	304165.3	309630
219754.0	6.9	3408.0	-41.0	128672.0	85504
214319.0	2.9	34.0	-49.3	59672.0	70000
197515.3	6.6	8555.0	-27.9	321890.5	298683
194579.0	5.3	-594.0	-109.0	196456.0	295000
184106.0	23.5	11446.0	32.6	256762.0	104460
181524.5	16.3	3159.5	18.1	272768.8	302827
180744.1	32.5	849.2	0.2	53801.0	4316
175617.0	13.5	4281.6	-6.1	110012.9	667680
175009.5	8.2	1589.7	1.3	190052.3	314790
170756.0	6.4	19370.0	-34.2	531864.0	268220
168979.0	10.4	45002.3	6.3	4034481.6	449296
167939.6	9.7	1658.4	355.0	37669.8	20500
166339.0	23.6	14824.0	61.2	253863.0	48600
163597.4	13.5	16237.2	23.2	1040383.4	376900
160338.0	2.3	3677.0	-51.6	256540.0	199000
151110.8	9.0	38498.4	7.4	3382421.7	366996
147049.0	-6.5	8014.0	-	227339.0	173000
145243.3	112.7	5328.0	5.4	149388.3	79994
143302.9	3.4	5504.6	-42.4	184504.6	219722
141576.0	9.7	3134.0	17.0	40830.0	194000
139523.6	14.0	30656.5	7.4	3293105.0	477526
136819.0	23.4	30736.0	142.7	232792.0	98771
136809.0	5.3	256.0	-80.1	39951.0	50200
136392.5	5.9	5443.8	6.9	114011.7	147738
131537.0	11.3	5024.0	23.2	68124.0	299000
131412.0	15.4	32474.0	32.9	2622532.0	256105
131302.0	17.3	23199.1	89.4	300354.8	466100
130863.0	3.8	15528.0	-48.4	264829.0	144500
127714.1	10.6	27225.2	6.7	3097612.0	310119
126799.6	2.6	8806.4	14.8	1025919.1	142460
125578.2	-16.0	2525.6	-63.9	1063784.4	104065
121162.0	-1.2	3110.0	63.1	38118.0	453000
120268.0	-1.6	-22355.0	-	309129.0	283000
120101.0	6.9	15959.0	547.9	3418318.0	7400
119145.0	26.9	9863.7	37.3	82734.8	102500

17-6 续表 1

排名 Rank		企业名称	Company Name	国家	Country
2018	2017				
51	42	中国人寿保险(集团)公司	China Life Insurance	中国	China
52	45	日本邮政控股公司	Japan Post Holdings	日本	Japan
53	51	宝马集团	Bmw Group	德国	Germany
54	67	Phillips 66公司	Phillips 66	美国	U.S.
55	56	中国铁路工程集团有限公司	China Railway Engineering Group	中国	China
56	53	中国移动通信集团公司	China Mobile Communications	中国	China
57	74	瓦莱罗能源公司	Valero Energy	美国	U.S.
58	60	美国银行	Bank Of America Corp.	美国	U.S.
59	58	中国铁道建筑总公司	China Railway Construction	中国	China
60	71	微软	Microsoft	美国	U.S.
61	72	华为投资控股有限公司	Huawei Investment & Holding	中国	China
62	57	家得宝	Home Depot	美国	U.S.
63	87	中国海洋石油总公司	China National Offshore Oil	中国	China
64	55	日本电报电话公司	Nippon Telegraph & Telephone	日本	Japan
65	204	日本伊藤忠商事株式会社	Itochu	日本	Japan
66	54	日产汽车	Nissan Motor	日本	Japan
67	--	国家开发银行	China Development Bank	中国	China
68	64	波音	Boeing	美国	U.S.
69	62	美国富国银行	Wells Fargo	美国	U.S.
70	66	西门子	Siemens	德国	Germany
71	76	花旗集团	Citigroup	美国	U.S.
72	131	马拉松原油公司	Marathon Petroleum	美国	U.S.
73	84	SK集团	Sk Holdings	韩国	South Korea
74	73	巴西国家石油公司	Petrobras	巴西	Brazil
75	80	美国康卡斯特电信公司	Comcast	美国	U.S.
76	69	雀巢公司	Nestlé	瑞士	Switzerland
77	75	博世集团	Bosch Group	德国	Germany
78	88	Uniper公司	Uniper	德国	Germany
79	70	Anthem公司	Anthem	美国	U.S.
80	86	中国华润有限公司	China Resources	中国	China
81	68	家乐福	Carrefour	法国	France
82	65	东风汽车公司	Dongfeng Motor	中国	China
83	89	埃尼石油公司	Eni	意大利	Italy
84	93	戴尔科技公司	Dell Technologies	美国	U.S.
85	77	西班牙国家银行	Banco Santander	西班牙	Spain
86	115	俄罗斯石油公司	Rosneft Oil	俄罗斯	Russia
87	125	中国第一汽车集团公司	China Faw Group	中国	China
88	98	中国中化集团公司	Sinochem Group	中国	China
89	83	意大利国家电力公司	Enel	意大利	Italy
90	81	德国电信	Deutsche Telekom	德国	Germany
91	82	法国农业信贷银行	Crédit Agricole	法国	France
92	59	意大利忠利保险公司	Assicurazioni Generali	意大利	Italy
93	91	中国交通建设集团有限公司	China Communications Construction	中国	China
94	78	现代汽车	Hyundai Motor	韩国	South Korea
95	107	墨西哥石油公司	Pemex	墨西哥	Mexico
96	108	标致	Peugeot	法国	France
97	96	太平洋建设集团	Pacific Construction Group	中国	China
98	85	软银集团	Softbank Group	日本	Japan
99	90	汇丰银行控股公司	Hsbc Holdings	英国	Britain
100	147	杜邦公司	Dupont	美国	U.S.

continued

营业额 Revenues		利润额 Profits		资产额（百万美元）Assets (mil.USD)	雇员人数（人）Employees (person)
百万美元 (mil.USD)	比上年增长% % Change from 2017	百万美元 (mil.USD)	比上年增长% % Change from 2017		
116171.5	-3.4	-2566.9	-1063.1	580331.6	175077
115220.5	-1.2	4324.0	4.0	2585802.0	245922
115042.8	3.4	8399.3	-13.6	238864.1	134682
114217.0	24.7	5595.0	9.6	54302.0	14200
112132.7	9.1	1240.9	6.1	137914.2	307992
112096.0	1.8	11745.3	7.4	255216.6	462046
111407.0	26.0	3122.0	-23.2	50155.0	10261
110584.0	10.3	28147.0	54.4	2354507.0	204489
110455.9	9.5	1186.9	-9.3	134180.2	356326
110360.0	22.7	16571.0	-21.8	258848.0	131000
109030.4	22.1	8953.9	27.5	96973.7	188000
108203.0	7.2	11121.0	28.9	44003.0	413000
108130.4	32.7	7331.1	142.9	177193.6	93601
107146.9	0.6	7707.5	-6.1	201456.1	303351
104627.3	110.4	4514.3	24.9	91250.6	139157
104390.6	-3.2	2878.4	-57.3	171251.0	148513
103072.9	28.3	16744.3	0.7	2356616.2	9507
101127.0	8.3	10460.0	27.6	117359.0	153000
101060.0	3.4	22393.0	0.9	1895883.0	258700
98802.0	7.9	6908.9	3.6	161335.9	379000
97120.0	10.4	18045.0	-	1917383.0	204000
97102.0	43.6	2780.0	-19.0	92940.0	60350
95904.5	14.8	2048.0	38.0	107069.1	104374
95584.0	7.6	7173.0	-	222068.0	63361
94507.0	11.8	11731.0	-48.4	251684.0	184000
93512.5	2.5	10364.8	42.0	139045.1	308000
92601.9	5.2	3596.0	15.9	95616.5	409881
92260.8	13.3	-533.4	-	57841.5	11828
92105.0	2.3	3750.0	-2.4	71571.0	63900
91986.0	11.9	3474.6	10.2	209651.5	421274
91955.2	0.7	-662.1	-	54153.1	363862
90934.2	-2.5	1599.7	14.3	66397.1	167528
90799.8	13.5	4869.4	28.0	135300.3	31701
90621.0	15.2	-2310.0	-	111820.0	157000
90531.9	3.6	9217.1	23.5	1667946.8	194015
90055.0	25.0	8745.8	129.7	189980.1	308000
89804.7	29.2	2660.3	-6.8	66682.9	142451
89358.1	16.4	701.4	-6.9	71332.7	66713
89305.7	6.1	5651.8	32.7	189079.6	69272
89286.8	5.7	2556.2	-34.5	166163.6	215675
88325.0	4.9	5192.7	26.2	1856682.3	73346
88157.4	-12.3	2725.0	14.6	589590.3	70734
88140.9	11.0	1585.2	2.6	198943.7	178572
87999.2	3.2	1370.8	-61.6	161921.4	122217
87403.3	18.4	-9377.9	-	105384.4	131108
87364.3	18.9	3336.3	53.4	70811.1	216539
86622.6	12.2	3390.9	7.9	58175.0	387525
86604.7	4.8	12727.9	35.7	326163.2	76866
86131.0	8.2	13727.0	27.1	2558124.0	235217
85977.0	37.2	3844.0	163.3	188030.0	98000

17-6 续表 2

排名 Rank		企业名称	Company Name	国家	Country
2018	2017				
101	113	中国邮政集团公司	China Post Group	中国	China
102	79	日立	Hitachi	日本	Japan
103	102	乐购	Tesco	英国	Britain
104	44	法国巴黎银行	Bnp Paribas	法国	France
105	99	JXTG控股有限公司	Jxtg Holdings	日本	Japan
106	148	信实工业公司	Reliance Industries	印度	India
107	101	国家能源投资集团	China Energy Investment	中国	China
108	95	州立农业保险公司	State Farm Insurance Cos.	美国	U.S.
109	100	强生	Johnson & Johnson	美国	U.S.
110	94	法国电力公司	Electricité De France	法国	France
111	110	中国南方电网有限责任公司	China Southern Power Grid	中国	China
112	109	中国五矿集团有限公司	China Minmetals	中国	China
113	150	Equinor公司	Equinor	挪威	Norway
114	92	国际商业机器公司	International Business Machines	美国	U.S.
115	112	巴斯夫	Basf	德国	Germany
116	97	索尼	Sony	日本	Japan
117	137	印度石油公司	Indian Oil	印度	India
118	103	日本永旺集团	Aeon	日本	Japan
119	111	正威国际集团	Amer International Group	中国	China
120	127	安赛乐米塔尔	Arcelormittal	卢森堡	Luxembourg
121	117	中国人民保险集团股份有限公司	People'S Insurance Co. Of China	中国	China
122	116	塔吉特公司	Target	美国	U.S.
123	105	空中客车公司	Airbus	荷兰	Netherlands
124	119	德国邮政敦豪集团	Deutsche Post Dhl Group	德国	Germany
125	126	日本生命保险公司	Nippon Life Insurance	日本	Japan
126	104	Engie集团	Engie	法国	France
127	118	皇家阿霍德德尔海兹集团	Royal Ahold Delhaize	荷兰	Netherlands
128	106	房地美	Freddie Mac	美国	U.S.
129	124	北京汽车集团	Beijing Automotive Group	中国	China
130	163	泰国国家石油有限公司	Ptt	泰国	Thailand
131	114	松下	Panasonic	日本	Japan
132	138	联合包裹速递服务公司	United Parcel Service	美国	U.S.
133	128	美国劳氏公司	Lowe'S	美国	U.S.
134	122	中粮集团有限公司	Cofco	中国	China
135	146	英特尔公司	Intel	美国	U.S.
136	123	美国邮政	U.S. Postal Service	美国	U.S.
137	149	中国中信集团有限公司	Citic Group	中国	China
138	230	中国恒大集团	China Evergrande Group	中国	China
139	181	京东集团	Jd.Com	中国	China
140	140	中国兵器工业集团公司	China North Industries Group	中国	China
141	141	中国电信集团公司	China Telecommunications	中国	China
142	136	大都会人寿	Metlife	美国	U.S.
143	134	雷诺	Renault	法国	France
144	167	中国化工集团公司	Chemchina	中国	China
145	120	慕尼黑再保险集团	Munich Re Group	德国	Germany
146	135	宝洁公司	Procter & Gamble	美国	U.S.
147	130	丸红株式会社	Marubeni	日本	Japan
148	159	联合技术公司	United Technologies	美国	U.S.
149	162	中国宝武钢铁集团	China Baowu Steel Group	中国	China
150	168	交通银行	Bank Of Communications	中国	China

continued

营业额 Revenues		利润额 Profits		资产额 (百万美元) Assets (mil.USD)	雇员人数 (人) Employees (person)
百万美元 (mil.USD)	比上年增长% % Change from 2017	百万美元 (mil.USD)	比上年增长% % Change from 2017		
85627.9	18.6	4133.6	-16.7	1429122.3	935191
85507.8	1.1	2007.2	-38.7	86984.7	295941
84270.6	11.8	1743.1	10.2	65227.6	321490
83973.7	-28.5	8881.9	1.6	2332675.5	197162
82733.3	8.0	2907.1	-11.0	76604.4	40695
82331.2	32.1	5660.8	1.2	144715.2	194056
81977.7	8.5	3531.4	41.5	259644.4	338472
81732.2	4.3	8788.4	298.3	272518.4	56788
81581.0	6.7	15297.0	1076.7	152954.0	135100
81403.3	3.7	1389.1	-61.2	323662.2	165790
80963.6	11.2	1782.4	-8.0	118705.6	289735
80076.4	9.7	-373.6	-	130626.8	199442
79593.0	30.1	7535.0	64.2	112508.0	20525
79591.0	0.6	8728.0	51.7	123382.0	381100
78798.7	8.4	5555.1	-18.9	98933.5	122404
78157.7	1.4	8264.0	86.6	189586.9	114400
77587.0	17.7	2484.7	-27.8	48385.6	35442
77122.5	2.4	214.0	-2.8	90293.6	288326
76363.1	4.9	1483.0	-4.1	21240.6	16901
76033.0	10.7	5149.0	12.7	91249.0	208583
75377.3	5.3	1952.0	-18.1	150259.3	198457
75356.0	4.8	2937.0	0.1	41290.0	360000
75185.0	-0.1	3604.2	11.3	131671.3	133671
75000.9	6.3	2448.8	-19.9	57687.2	499018
74202.3	8.0	2514.5	14.2	712112.7	89198
74144.1	-1.5	1219.1	-24.0	175681.4	160301
74103.9	4.5	2116.0	3.3	38097.3	225000
73598.0	-1.4	9235.0	64.2	2063060.0	6621
72677.4	4.4	1097.7	-29.4	66789.5	127163
72307.2	22.9	3704.4	-7.0	72348.4	26613
72178.4	0.2	2562.8	20.3	54341.1	271869
71861.0	9.1	4791.0	-2.4	50016.0	364575
71309.0	3.9	2314.0	-32.9	34508.0	245000
71223.3	2.2	337.8	-14.2	81657.4	117842
70848.0	12.9	21053.0	119.3	127963.0	107400
70660.0	1.5	-3913.0	-	26688.0	565802
70659.0	15.2	4566.0	41.6	986297.0	287500
70478.9	53.2	5652.6	56.8	273829.0	131694
69847.6	29.4	-376.7	-	30465.2	178927
68777.7	6.4	966.4	12.7	57675.4	210507
68709.5	7.4	1664.6	-8.5	122945.9	403014
67941.0	2.7	5123.0	27.8	687538.0	48000
67764.1	2.3	3896.9	-32.4	131440.4	183002
67397.5	16.2	-2207.6	-	116353.6	138652
67225.9	-4.2	2726.2	544.9	308802.0	41410
66832.0	0.9	9750.0	-36.4	118310.0	92000
66753.5	-1.9	2082.5	9.2	61526.0	46711
66501.0	11.1	5269.0	15.8	134211.0	240200
66310.0	12.5	2168.2	721.3	103676.1	161399
65644.8	13.7	11131.3	7.1	1388230.0	92714

17-6　续表 3

排名 Rank		企业名称	Company Name	国家	Country
2018	2017				
151	161	中国航空工业集团公司	Aviation Industry Corp. Of China	中国	China
152	155	联邦快递	Fedex	美国	U.S.
153	145	第一生命控股有限公司	Dai-Ichi Life Holdings	日本	Japan
154	144	百事公司	Pepsico	美国	U.S.
155	152	ADM公司	Archer Daniels Midland	美国	U.S.
156	160	保德信金融集团	Prudential Financial	美国	U.S.
157	246	三井物产株式会社	Mitsui	日本	Japan
158	191	马来西亚国家石油公司	Petronas	马来西亚	Malaysia
159	179	Seven ＆ I 控股公司	Seven & I Holdings	日本	Japan
160	197	印度石油天然气公司	Oil & Natural Gas	印度	India
161	182	中国电力建设集团有限公司	Powerchina	中国	China
162	165	丰田通商公司	Toyota Tsusho	日本	Japan
163	169	瑞士罗氏公司	Roche Group	瑞士	Switzerland
164	156	欧尚集团	Auchan Holding	法国	France
165	157	艾伯森公司	Albertsons Cos.	美国	U.S.
166	177	三菱日联金融集团	Mitsubishi Ufj Financial Group	日本	Japan
167	153	联合利华	Unilever	英国/荷兰	Britain/Neth
168	210	Centene公司	Centene	美国	U.S.
169	194	中国医药集团	Sinopharm	中国	China
170	176	华特迪士尼公司	Walt Disney	美国	U.S.
171	184	韩国浦项制铁公司	Posco	韩国	South Korea
172	174	西斯科公司	Sysco	美国	U.S.
173	190	惠普公司	Hp	美国	U.S.
174	121	法国兴业银行	Société Générale	法国	France
175	253	印尼国家石油公司	Pertamina	印度尼西亚	Indonesia
176	164	西班牙电话公司	Telefónica	西班牙	Spain
177	353	碧桂园控股有限公司	Country Garden Holdings	中国	China
178	186	东京电力公司	Tokyo Electric Power	日本	Japan
179	183	哈门那公司	Humana	美国	U.S.
180	272	布鲁克菲尔德资产管理公司	Brookfield Asset Management	加拿大	Canada
181	235	恒力集团	Hengli Group	中国	China
182	300	阿里巴巴集团	Alibaba Group Holding	中国	China
183	214	莱茵集团	Rwe	德国	Germany
184	274	Facebook公司	Facebook	美国	U.S.
185	178	LG电子	Lg Electronics	韩国	South Korea
186	198	日本制铁集团公司	Nippon Steel Corporation	日本	Japan
187	208	迪奥公司	Christian Dior	法国	France
188	213	招商银行	China Merchants Bank	中国	China
189	202	广州汽车工业集团	Guangzhou Automobile Industry Group	中国	China
190	238	卡特彼勒	Caterpillar	美国	U.S.
191	133	伊塔乌联合银行控股公司	Itaú Unibanco Holding	巴西	Brazil
192	170	百威英博	Anheuser-Busch Inbev	比利时	Belugium
193	188	韩国电力公司	Korea Electric Power	韩国	South Korea
194	217	Energy Transfer公司	Energy Transfer	美国	U.S.
195	195	西农	Wesfarmers	澳大利亚	Australia
196	180	美洲电信	América Móvil	墨西哥	Mexico
197	200	洛克希德－马丁	Lockheed Martin	美国	U.S.
198	187	辉瑞制药有限公司	Pfizer	美国	U.S.
199	220	中国太平洋保险(集团)公司	China Pacific Insurance (Group)	中国	China
200	262	雷普索尔公司	Repsol	西班牙	Spain

continued

营业额 Revenues		利润额 Profits		资产额 (百万美元) Assets (mil.USD)	雇员人数 (人) Employees (person)
百万美元 (mil.USD)	比上年增长% % Change from 2017	百万美元 (mil.USD)	比上年增长% % Change from 2017		
65534.4	10.6	695.0	91.4	138082.7	446613
65450.0	8.5	4572.0	52.6	52330.0	359530
64794.9	2.0	2029.6	-38.2	505478.1	62938
64661.0	1.8	12515.0	157.7	77648.0	267000
64341.0	5.8	1810.0	13.5	40833.0	31600
62992.0	5.5	4074.0	-48.2	815078.0	50492
62751.4	42.1	3735.9	-1.1	107940.5	43993
62230.6	19.6	11868.3	35.5	154071.2	48001
61486.5	13.4	1838.0	13.0	52069.2	58165
61420.4	19.9	4360.6	27.2	71563.4	43743
61224.0	13.7	803.8	-15.1	123815.2	185269
60994.3	4.1	1196.1	1.8	40132.5	58565
60846.2	7.4	10738.1	22.4	79680.3	94442
60749.2	1.2	-1351.3	-535.9	41073.7	340577
60534.5	1.0	131.1	183.2	20776.6	267000
60405.3	10.3	7871.0	-11.9	2811411.4	119390
60167.3	-0.6	11080.6	62.4	67958.2	154848
60116.0	23.8	900.0	8.7	30901.0	47300
59980.2	15.7	884.4	28.2	49823.4	128600
59434.0	7.8	12598.0	40.3	98598.0	201000
59223.2	11.2	1556.1	-36.2	70607.7	33784
58727.3	6.1	1430.8	25.2	18070.4	67000
58472.0	12.3	5327.0	110.9	34622.0	55000
58390.0	-16.5	4560.2	44.2	1496676.2	140250
57933.6	34.9	2526.8	-0.5	64718.5	31569
57465.9	-2.0	3931.1	11.3	130355.7	120138
57308.7	70.7	5233.5	35.7	237367.5	131387
57167.4	8.3	2096.1	-27.0	115274.2	41086
56912.0	5.8	1683.0	-31.3	25413.0	41600
56771.0	39.2	3584.0	145.1	256281.0	100750
56198.6	23.3	582.9	-42.6	22400.3	81350
56147.2	48.7	13094.4	35.4	143608.2	101958
56016.7	17.1	465.0	-78.8	91563.4	58441
55838.0	37.4	22112.0	38.8	97334.0	35587
55757.4	2.7	1127.2	-26.2	39731.5	72600
55720.2	8.1	2265.3	38.8	72734.5	115878
55262.6	12.3	3037.8	20.3	88320.8	141914
55063.5	15.2	12179.0	17.3	982526.0	74590
55037.2	9.4	885.5	-10.5	42549.7	113474
54722.0	20.4	6147.0	715.3	78509.0	104000
54662.5	-17.5	6814.8	-9.0	400690.8	100335
54619.0	-3.2	4368.0	-45.4	232103.0	172603
54567.9	4.0	-1194.9	-204.0	166038.4	46377
54436.0	14.6	1694.0	77.6	88246.0	11768
53985.3	4.6	927.4	-57.2	27282.4	217000
53977.6	-0.1	2733.0	76.3	72580.0	194431
53762.0	5.3	5046.0	152.0	44876.0	105000
53647.0	2.1	11153.0	-47.7	159422.0	92400
53572.1	13.2	2724.1	25.6	194584.5	107741
53176.0	27.0	2762.8	15.6	69469.3	22735

17-6 续表 4

排名 Rank		企业名称	Company Name	国家	Country
2018	2017				
201	203	诺华公司	Novartis	瑞士	Switzerland
202	252	绿地控股集团有限公司	Greenland Holding Group	中国	China
203	243	中国建材集团	China National Building Material Group	中国	China
204	259	高盛	Goldman Sachs Group	美国	U.S.
205	206	德国大陆集团	Continental	德国	Germany
206	226	万喜集团	Vinci	法国	France
207	196	Finatis公司	Finatis	法国	France
208	211	德国联邦铁路公司	Deutsche Bahn	德国	Germany
209	192	日本三井住友金融集团	Sumitomo Mitsui Financial Group	日本	Japan
210	299	Alimentation Couche-Tard公司	Alimentation Couche-Tard	加拿大	Canada
211	234	山东能源集团有限公司	Shandong Energy Group	中国	China
212	240	联想集团	Lenovo Group	中国	China
213	237	兴业银行	Industrial Bank	中国	China
214	239	河钢集团	Hbis Group	中国	China
215	218	蒂森克虏伯	Thyssenkrupp	德国	Germany
216	227	上海浦东发展银行	Shanghai Pudong Development Bank	中国	China
217	158	沃达丰集团	Vodafone Group	英国	Britain
218	249	摩根士丹利	Morgan Stanley	美国	U.S.
219	199	巴西JBS公司	Jbs	巴西	Brazil
220	267	浙江吉利控股集团	Zhejiang Geely Holding Group	中国	China
221	166	巴西布拉德斯科银行	Banco Bradesco	巴西	Brazil
222	221	MS&AD保险集团控股有限公司	Ms&Ad Insurance Group Holdings	日本	Japan
223	151	法国BPCE银行集团	Groupe Bpce	法国	France
224	209	东京海上日动火灾保险公司	Tokio Marine Holdings	日本	Japan
225	212	思科公司	Cisco Systems	美国	U.S.
226	231	圣戈班集团	Saint-Gobain	法国	France
227	219	起亚汽车	Kia Motors	韩国	South Korea
228	225	Orange公司	Orange	法国	France
229	263	信诺	Cigna	美国	U.S.
230	229	电装公司	Denso	日本	Japan
231	250	住友商事	Sumitomo	日本	Japan
232	251	中国民生银行	China Minsheng Banking	中国	China
233	228	伍尔沃斯集团	Woolworths Group	澳大利亚	Australia
234	224	西班牙对外银行	Banco Bilbao Vizcaya Argentaria	西班牙	Spain
235	207	美国国际集团	American International Group	美国	U.S.
236	216	印度国家银行	State Bank Of India	印度	India
237	331	腾讯控股有限公司	Tencent Holdings	中国	China
238	142	苏黎世保险集团	Zurich Insurance Group	瑞士	Switzerland
239	223	德意志银行	Deutsche Bank	德国	Germany
240	193	拜耳集团	Bayer	德国	Germany
241	215	HCA 医疗保健公司	Hca Healthcare	美国	U.S.
242	312	中国保利集团	China Poly Group	中国	China
243	245	中国船舶重工集团公司	China Shipbuilding Industry	中国	China
244	280	招商局集团	China Merchants Group	中国	China
245	236	日本KDDI电信公司	Kddi	日本	Japan
246	296	必和必拓集团	Bhp Group	澳大利亚	Australia
247	233	邦吉公司	Bunge	美国	U.S.
248	201	法国国家人寿保险公司	Cnp Assurances	法国	France
249	270	物产中大集团	Wuchan Zhongda Group	中国	China
250	256	中国机械工业集团有限公司	Sinomach	中国	China

continued

营业额 Revenues		利润额 Profits		资产额（百万美元）Assets (mil.USD)	雇员人数（人）Employees (person)
百万美元 (mil.USD)	比上年增长% % Change from 2017	百万美元 (mil.USD)	比上年增长% % Change from 2017		
53166.0	6.0	12611.0	63.7	145563.0	125161
52720.9	22.7	1719.6	28.6	150974.5	39091
52610.6	17.7	69.4	356.3	84608.2	207958
52528.0	24.3	10459.0	144.0	931796.0	36600
52404.7	5.6	3419.3	1.6	46229.1	243226
52345.2	13.1	3520.4	13.7	86133.1	211233
52272.0	1.3	-208.9	-	45172.5	218923
52004.1	8.1	623.1	-25.8	66896.4	318528
51728.0	-0.6	6554.1	-1.1	1840238.1	86659
51394.4	35.6	1673.6	38.4	23140.6	130000
51245.6	12.3	573.0	17.1	43756.6	160064
51037.9	12.5	596.3	-	29988.5	57000
50991.4	12.1	9164.5	8.3	977563.4	59659
50920.6	12.2	-77.8	-	63725.2	118656
50856.1	7.3	9.5	-	39334.3	161096
50545.7	9.2	8453.0	5.3	916091.0	55692
50532.4	-15.6	-9281.1	-425.7	160391.2	98996
50193.0	15.0	8748.0	43.2	853531.0	60348
49709.7	-2.8	6.9	-95.9	29454.7	230086
49665.4	20.6	1969.3	8.2	48564.8	124846
49612.3	-14.6	4537.5	-15.2	336888.4	86772
49609.6	5.3	1738.0	25.0	209022.7	41467
49529.3	-19.0	3571.2	4.8	1456097.4	100245
49395.7	1.4	2476.5	-3.4	203590.9	40848
49330.0	2.8	110.0	-98.9	108784.0	74200
49300.4	7.2	495.7	-71.9	50340.0	181001
49238.4	4.0	1050.7	22.7	46416.2	52578
48836.5	5.4	2306.0	7.3	110404.7	150711
48650.0	16.9	2637.0	17.9	153226.0	73800
48368.0	4.9	2295.6	-20.7	52339.5	171992
48155.7	10.5	2890.9	3.8	71532.7	65662
47981.3	10.8	7608.4	3.2	873155.3	58338
47842.1	3.6	1335.7	15.5	17402.3	201522
47608.0	2.4	6283.2	58.4	773455.5	125627
47389.0	-4.3	-6.0	-	491984.0	49600
47286.0	-0.6	328.8	-	561369.6	257252
47272.7	34.4	11900.6	12.5	105382.0	54309
47180.0	-26.2	3716.0	23.7	395342.0	52267
46969.5	1.0	315.1	-	1540920.6	91737
46718.1	-10.0	2000.4	-75.8	144343.8	116998
46677.0	-2.0	3787.0	70.9	39207.0	229000
46207.1	24.9	1495.9	29.8	158364.3	97527
46114.4	3.8	930.2	29.8	73372.6	165274
45925.7	14.9	4468.7	10.6	203620.6	115281
45820.8	0.7	5570.9	7.8	66236.7	41996
45809.0	19.7	3705.0	-37.1	111993.0	27161
45743.0	-0.1	267.0	66.9	19425.0	31000
45461.3	-10.4	1612.9	11.4	474944.3	5243
45435.0	11.0	362.4	9.6	12533.7	20142
45424.0	6.5	487.8	3.4	57450.7	147099

17-6　续表 5

排名 Rank		企业名称	Company Name	国家	Country
2018	2017				
251	222	中国铝业公司	Aluminum Corp. Of China	中国	China
252	281	沙特基础工业公司	Sabic	沙特阿拉伯	Saudi Arabia
253	286	沃尔沃集团	Volvo	瑞典	Sweden
254	332	万科企业股份有限公司	China Vanke	中国	China
255	205	俄罗斯联邦储蓄银行	Sberbank	俄罗斯	Russia
256	292	加拿大皇家银行	Royal Bank Of Canada	加拿大	Canada
257	260	美国航空集团	American Airlines Group	美国	U.S.
258	248	丰益国际	Wilmar International	新加坡	Singapore
259	285	和硕	Pegatron	中国	China
260	266	达美航空	Delta Air Lines	美国	U.S.
261	244	韩华集团	Hanwha	韩国	South Korea
262	273	中国联合网络通信股份有限公司	China United Network Communications	中国	China
263	288	陕西延长石油(集团)公司	Shaanxi Yanchang Petroleum (Group)	中国	China
264	264	特许通讯公司	Charter Communications	美国	U.S.
265	232	印度塔塔汽车公司	Tata Motors	印度	India
266	268	采埃孚	Zf Friedrichshafen	德国	Germany
267	269	麦德龙	Metro	德国	Germany
268	258	美国纽约人寿保险公司	New York Life Insurance	美国	U.S.
269	175	巴西银行	Banco Do Brasil	巴西	Brazil
270	327	美国运通公司	American Express	美国	U.S.
271	247	美国全国保险公司	Nationwide	美国	U.S.
272	284	西班牙ACS集团	Acs	西班牙	Spain
273	185	山东魏桥创业集团	Shandong Weiqiao Pioneering Group	中国	China
274	306	瑞银集团	Ubs Group	瑞士	Switzerland
275	314	巴拉特石油公司	Bharat Petroleum	印度	India
276	261	百思买	Best Buy	美国	U.S.
277	362	厦门建发集团有限公司	Xiamen C&D	中国	China
278	255	美国利宝互助保险集团	Liberty Mutual Insurance Group	美国	U.S.
279	335	中国远洋海运集团有限公司	China Cosco Shipping	中国	China
280	283	怡和集团	Jardine Matheson	中国	China
281	294	陕西煤业化工集团	Shaanxi Coal & Chemical Industry	中国	China
282	291	Talanx公司	Talanx	德国	Germany
283	371	中国航空油料集团公司	China National Aviation Fuel Group	中国	China
284	277	汉莎集团	Lufthansa Group	德国	Germany
285	276	默沙东	Merck	美国	U.S.
286	289	中国华能集团公司	China Huaneng Group	中国	China
287	307	法国布伊格集团	Bouygues	法国	France
288	271	赛诺菲	Sanofi	法国	France
289	322	中国光大集团	China Everbright Group	中国	China
290	275	霍尼韦尔国际公司	Honeywell International	美国	U.S.
291	360	厦门国贸控股集团有限公司	Xiamen Itg Holding Group	中国	China
292	330	Iberdrola公司	Iberdrola	西班牙	Spain
293	301	美国联合大陆控股有限公司	United Continental Holdings	美国	U.S.
294	305	马士基集团	Maersk Group	丹麦	Denmark
295	337	多伦多道明银行	Toronto-Dominion Bank	加拿大	Canada
296	290	英国葛兰素史克公司	Glaxosmithkline	英国	Britain
297	319	美国教师退休基金会	Tiaa	美国	U.S.
298	316	埃森哲	Accenture	爱尔兰	Ireland
299	287	麦格纳国际	Magna International	加拿大	Canada
300	279	三菱电机股份有限公司	Mitsubishi Electric	日本	Japan

continued

营业额 Revenues		利润额 Profits		资产额（百万美元）Assets (mil.USD)	雇员人数（人）Employees (person)
百万美元 (mil.USD)	比上年增长% % Change from 2017	百万美元 (mil.USD)	比上年增长% % Change from 2017		
45383.8	-2.8	112.7	-	93408.3	124965
45096.4	12.9	5738.3	16.8	85231.2	33000
44957.0	14.8	2863.9	16.6	53558.6	98652
44912.6	27.9	5105.7	23.0	222652.2	104300
44898.4	-9.7	13268.5	3.1	450270.0	293752
44609.3	15.7	9635.8	10.3	1016475.5	81870
44541.0	5.5	1412.0	-26.4	60580.0	128900
44497.7	1.5	1128.0	-7.5	45679.9	90000
44453.3	13.3	368.7	-23.6	19011.9	156477
44438.0	7.7	3935.0	10.0	60266.0	88680
44303.0	-0.6	425.8	18.7	151966.1	58070
43974.4	8.1	616.9	879.1	78908.5	246299
43858.1	12.8	306.5	83.7	53958.1	136016
43634.0	4.9	1230.0	-87.6	146130.0	98000
43599.2	-4.9	-4122.0	-395.6	44349.0	81090
43582.4	6.1	1064.5	-12.9	30897.6	148969
43466.5	6.1	409.3	14.2	17702.1	132293
43425.3	2.7	880.0	-52.9	311449.3	11388
43332.9	-21.6	3782.9	13.6	360361.1	96889
43281.0	21.6	6921.0	153.0	188602.0	59000
43270.0	-1.5	512.6	107.9	214141.9	30472
43263.2	10.0	1079.9	19.5	39199.6	195461
43008.4	-19.2	852.6	-32.9	35359.2	106044
42960.0	7.6	4516.0	322.1	958489.0	66888
42935.6	16.5	1115.7	-20.2	19768.3	12865
42879.0	1.7	1464.0	46.4	12901.0	125000
42726.3	31.1	631.3	106.9	36868.0	24016
42685.0		2160.0	12605.9	125989.0	50000
42607.7	22.9	1554.5	10.7	117702.0	111397
42527.0	7.8	1732.0	-54.2	86258.0	469000
42418.8	10.2	90.8	23.3	72966.0	120095
42390.5	9.8	829.7	9.5	186170.7	20780
42370.9	32.6	476.2	18.6	8054.1	13181
42302.0	5.5	2552.7	-4.2	43677.5	115882
42294.0	5.4	6220.0	159.8	82637.0	69000
42280.9	8.8	8.9	-95.9	156327.2	136031
42179.2	13.2	1547.2	26.5	43084.2	129275
42104.9	3.2	5081.8	-46.5	127339.3	104226
41879.7	16.9	1890.8	-0.2	696969.9	70000
41802.0	3.1	6765.0	308.8	57773.0	114000
41437.5	25.9	62.8	-41.0	15123.3	23159
41395.4	17.5	3557.1	12.5	129202.3	33216
41303.0	9.5	2129.0	-0.1	44792.0	92000
41256.0	10.0	3169.0	-	56636.0	84404
41198.7	19.4	8751.5	10.1	1016604.2	84383
41108.5	5.8	4832.3	145.0	73941.2	95490
41052.1	14.0	1560.5	48.7	568190.2	17643
40993.0	11.5	4059.9	17.8	24449.1	459000
40827.0	4.8	2296.0	4.1	25945.0	174000
40766.1	1.9	2044.2	-16.7	39362.2	145817

17-6 续表 6

排名 Rank		企业名称	Company Name	国家	Country
2018	2017				
301	361	雪松控股集团	Cedar Holdings Group	中国	China
302	173	路易达孚集团	Louis Dreyfus	荷兰	Netherlands
303	278	力拓集团	Rio Tinto Group	英国	Britain
304	310	德国艾德卡公司	Edeka Zentrale	德国	Germany
305	--	巴西联邦储蓄银行	Caixa Econômica Federal	巴西	Brazil
306	297	泰森食品	Tyson Foods	美国	U.S.
307	302	甲骨文公司	Oracle	美国	U.S.
308	293	好事达	Allstate	美国	U.S.
309	351	全球燃料服务公司	World Fuel Services	美国	U.S.
310	171	荷兰国际集团	Ing Group	荷兰	Netherlands
311	318	英国森特理克集团	Centrica	英国	Britain
312	323	美的集团股份有限公司	Midea Group	中国	China
313	298	费森尤斯集团	Fresenius	德国	Germany
314	357	万通人寿保险公司	Massachusetts Mutual Life Insurance	美国	U.S.
315	324	意大利联合圣保罗银行	Intesa Sanpaolo	意大利	Italy
316	338	利安德巴塞尔工业公司	Lyondellbasell Industries	荷兰	Netherlands
317	321	TJX公司	Tjx	美国	U.S.
318	399	兖矿集团	Yankuang Group	中国	China
319	363	康菲石油公司	Conocophillips	美国	U.S.
320	336	巴克莱	Barclays	英国	Britain
321	303	森宝利公司	J. Sainsbury	英国	Britain
322	346	中国航天科工集团公司	China Aerospace Science & Industry	中国	China
323	343	中国航天科技集团公司	China Aerospace Science & Technology	中国	China
324	309	日本明治安田生命保险公司	Meiji Yasuda Life Insurance	日本	Japan
325	308	乔治威斯顿公司	George Weston	加拿大	Canada
326	320	法国国家铁路公司	Sncf Mobilités	法国	France
327	342	大和房建	Daiwa House Industry	日本	Japan
328	341	瑞士ABB集团	Abb	瑞士	Switzerland
329	394	迪尔公司	Deere	美国	U.S.
330	315	Tech Data公司	Tech Data	美国	U.S.
331	282	加拿大鲍尔集团	Power Corp. Of Canada	加拿大	Canada
332	257	瑞士再保险股份有限公司	Swiss Re	瑞士	Switzerland
333	427	苏宁易购集团	Suning.Com Group	中国	China
334	311	日本三菱重工业股份有限公司	Mitsubishi Heavy Industries	日本	Japan
335	442	SK海力士公司	Sk Hynix	韩国	South Korea
336	325	巴西淡水河谷公司	Vale	巴西	Brazil
337	403	Enterprise Products公司	Enterprise Products Partners	美国	U.S.
338	375	象屿集团	Xmxyg	中国	China
339	329	爱信精机	Aisin Seiki	日本	Japan
340	364	江苏沙钢集团	Jiangsu Shagang Group	中国	China
341	340	耐克公司	Nike	美国	U.S.
342	334	大众超级市场公司	Publix Super Markets	美国	U.S.
343	383	通用动力	General Dynamics	美国	U.S.
344	356	Exelon公司	Exelon	美国	U.S.
345	317	佳能	Canon	日本	Japan
346	345	Enbridge公司	Enbridge	加拿大	Canada
347	359	冀中能源集团	Jizhong Energy Group	中国	China
348	254	意昂集团	E.On	德国	Germany
349	313	富士通	Fujitsu	日本	Japan
350	367	日本瑞穗金融集团	Mizuho Financial Group	日本	Japan

continued

营业额 Revenues		利润额 Profits		资产额 (百万美元) Assets (mil.USD)	雇员人数 (人) Employees (person)
百万美元 (mil.USD)	比上年增长% % Change from 2017	百万美元 (mil.USD)	比上年增长% % Change from 2017		
40640.8	24.2	844.7	-20.9	20932.8	31547
40571.0	-26.8	355.0	12.0	18440.0	16785
40522.0	1.2	13638.0	55.6	90949.0	47458
40454.2	9.0	380.0	10.1	8322.9	376000
40240.5	-26.1	2833.3	-27.7	326182.5	84952
40052.0	4.7	3024.0	70.5	29109.0	121000
39831.0	5.6	3825.0	-59.0	137264.0	137000
39815.0	3.4	2252.0	-29.4	112249.0	45420
39750.3	18.0	127.7	-	5676.9	5000
39598.2	-29.7	5618.8	-8.8	1011101.2	53768
39594.7	9.7	244.1	-43.1	26177.3	31780
39581.6	10.6	3058.5	19.6	38408.5	114765
39571.0	3.6	2392.2	17.0	64811.5	276750
39267.2	17.2	397.9	-22.4	265812.6	9844
39050.6	9.2	4779.7	-42.0	900365.1	92117
39004.0	13.1	4688.0	-3.9	28278.0	19450
38972.9	8.7	3059.8	17.3	14326.0	270000
38887.3	31.9	-258.0	-	44774.8	104668
38727.0	18.9	6257.0	-	69980.0	10800
38278.3	10.9	2862.3	-	1443122.6	83500
38064.0	0.9	287.4	-29.8	30669.2	116400
37869.8	11.1	1846.4	14.9	47048.1	146346
37727.6	10.1	2463.7	10.7	63496.8	179788
37722.9	1.5	2070.6	-13.4	380597.4	42950
37474.8	0.7	442.9	-24.3	32084.1	197000
37388.9	4.2	5313.1	314.9	48482.6	203865
37371.2	9.1	2141.5	0.4	39161.8	44947
37360.0	8.9	2173.0	-1.8	44441.0	146600
37357.7	25.6	2368.4	9.7	70108.0	74413
37239.0	1.3	340.6	192.0	12986.6	14000
37112.2	-6.0	1033.2	0.2	331211.9	30000
37047.0	-12.8	462.0	16.1	207570.0	14943
37032.2	33.2	2014.8	223.3	29052.7	130455
36783.5	-0.3	914.1	-	46469.0	80744
36763.1	38.0	14125.4	50.0	57056.9	33000
36696.0	2.8	6860.0	24.6	88190.0	70270
36534.2	24.9	4172.4	49.1	56969.8	7000
36503.7	15.2	199.3	35.4	16891.8	10350
36465.7	3.4	993.2	-18.2	33901.5	119732
36440.9	11.9	1869.2	76.0	33173.7	31290
36397.0	6.0	1933.0	-54.4	22536.0	73100
36395.7	4.5	2381.2	3.9	18982.5	202000
36193.0	16.9	3345.0	14.9	45408.0	105600
35985.0	7.3	2010.0	-46.7	119666.0	33383
35796.9	-1.6	2289.5	6.1	44662.4	195056
35785.0	4.6	2223.7	0.9	122221.0	12000
35721.3	7.6	-152.8	-	33772.3	112859
35703.6	-16.6	3803.7	-14.0	62092.3	43302
35647.9	-3.6	943.1	-38.3	28055.0	132138
35406.3	10.2	870.9	-83.3	1814332.9	59132

17-6 续表 7

排名 Rank		企业名称	Company Name	国家	Country
2018	2017				
351	352	三菱化学控股	Mitsubishi Chemical Holdings	日本	Japan
352	374	长江和记实业有限公司	Ck Hutchison Holdings	中国	China
353	189	英国劳埃德银行集团	Lloyds Banking Group	英国	Britain
354	398	日本出光兴产株式会社	Idemitsu Kosan	日本	Japan
355	304	意大利邮政集团	Poste Italiane	意大利	Italy
356	358	日本钢铁工程控股公司	Jfe Holdings	日本	Japan
357	348	铃木汽车	Suzuki Motor	日本	Japan
358	370	江西铜业集团公司	Jiangxi Copper	中国	China
359	--	中国中车集团	Crrc Group	中国	China
360	373	瑞士信贷	Credit Suisse Group	瑞士	Switzerland
361	--	青山控股集团	Tsingshan Holding Group	中国	China
362	395	国家电力投资集团公司	State Power Investment	中国	China
363	368	台积公司	Taiwan Semiconductor Manufacturing	中国	China
364	333	中国能源建设集团	China Energy Engineering Group	中国	China
365	354	广达电脑公司	Quanta Computer	中国	China
366	452	Plains GP Holdings公司	Plains Gp Holdings	美国	U.S.
367	242	中国兵器装备集团公司	China South Industries Group	中国	China
368	464	阳光龙净集团有限公司	Yango Longking Group	中国	China
369	--	金川集团	Jinchuan Group	中国	China
370	388	中国电子科技集团公司	China Electronics Technology Group	中国	China
371	326	东芝	Toshiba	日本	Japan
372	50	英国保诚集团	Prudential	英国	Britain
373	349	澳洲联邦银行	Commonwealth Bank Of Australia	澳大利亚	Australia
374	365	普利司通	Bridgestone	日本	Japan
375	369	中国电子信息产业集团有限公司	China Electronics	中国	China
376	438	GS加德士	Gs Caltex	韩国	South Korea
377	347	损保控股有限公司	Sompo Holdings	日本	Japan
378	350	住友生命保险公司	Sumitomo Life Insurance	日本	Japan
379	386	斯伦贝谢公司	Schlumberger	美国	U.S.
380	376	3M公司	3M	美国	U.S.
381	422	艾伯维	Abbvie	美国	U.S.
382	366	安达保险公司	Chubb	瑞士	Switzerland
383	372	CHS公司	Chs	美国	U.S.
384	453	英美烟草集团	British American Tobacco	英国	Britain
385	428	鞍钢集团公司	Ansteel Group	中国	China
386	397	中国华电集团公司	China Huadian	中国	China
387	391	第一资本金融公司	Capital One Financial	美国	U.S.
388	295	友邦保险集团	Aia Group	中国	China
389	378	马自达汽车株式会社	Mazda Motor	日本	Japan
390	404	仁宝电脑	Compal Electronics	中国	China
391	437	前进保险公司	Progressive	美国	U.S.
392	355	德国中央合作银行	Dz Bank	德国	Germany
393	380	现代摩比斯公司	Hyundai Mobis	韩国	South Korea
394	436	台湾中油股份有限公司	Cpc	中国	China
395	328	可口可乐公司	Coca-Cola	美国	U.S.
396	392	欧莱雅	L'Oréal	法国	France
397	382	CRH公司	Crh	爱尔兰	Ireland
398	430	加拿大丰业银行	Bank Of Nova Scotia	加拿大	Canada
399	389	江森自控国际公司	Johnson Controls International	爱尔兰	Ireland
400	390	联合服务汽车协会	United Services Automobile Assn.	美国	U.S.

continued

营业额 Revenues		利润额 Profits		资产额（百万美元）Assets (mil.USD)	雇员人数（人）Employees (person)
百万美元 (mil.USD)	比上年增长% % Change from 2017	百万美元 (mil.USD)	比上年增长% % Change from 2017		
35386.4	5.3	1529.0	-20.0	50352.5	72020
35361.2	10.9	4976.3	10.5	157392.8	300000
35251.9	-32.8	5737.9	17.1	1015661.3	64928
35091.0	18.5	734.6	-49.9	26116.4	9476
35071.1	-7.0	1651.1	112.6	238753.3	132388
34937.4	6.7	1474.7	67.3	42551.7	62083
34917.9	3.0	1612.3	-17.2	30739.8	67721
34870.0	9.1	131.4	15.8	18618.3	23194
34673.0	8.0	486.6	-28.7	58038.3	187959
34284.2	7.5	2069.9	-	780308.5	45680
34242.2	43.2	578.6	50.7	8522.6	56088
34229.2	15.1	170.7	-14.0	157347.6	124678
34218.2	6.5	12043.9	6.2	67999.5	48752
34176.5	-2.5	432.6	16.4	57758.7	129929
34102.6	1.6	501.5	6.2	21455.9	112421
34055.0	29.9	334.0	-	26830.0	4900
33895.8	-24.3	268.1	-63.7	48455.2	198932
33394.8	30.4	613.6	35.6	51585.3	21849
33391.6	4.0	234.0	90.0	16925.3	27594
33323.8	10.4	1755.2	-1.1	51672.9	179636
33312.8	-6.5	9138.8	25.9	38830.3	128697
33252.6	-70.2	4014.7	30.5	647708.5	23792
33186.3	-2.1	7228.0	-3.4	720354.4	45753
33062.9	1.7	2641.7	2.7	35220.6	143509
33055.7	3.3	350.3	110.0	40323.2	135297
33052.7	23.2	639.5	-49.7	17531.2	3212
32857.4	-3.4	1322.5	4.8	108595.4	49837
32825.0	-2.9	435.3	-30.9	341659.6	42848
32815.0	7.8	2138.0	-	70507.0	100000
32765.0	3.5	5349.0	10.1	36500.0	93516
32753.0	16.1	5687.0	7.1	59352.0	30000
32717.0	1.5	3962.0	2.6	167771.0	32700
32683.3	2.0	775.9	983.8	16381.2	10495
32667.0	25.0	8045.4	-83.4	186351.9	63877
32619.4	17.4	-254.5	-516.6	49469.6	136319
32421.4	9.5	464.4	39.3	118796.5	97629
32377.0	7.9	6015.0	203.5	372538.0	47600
32369.0	-18.8	2597.0	-60.0	229806.0	22000
32150.8	2.5	572.5	-43.4	25942.2	49998
32102.8	10.0	295.7	56.5	13007.4	82374
31979.0	19.2	2615.3	64.3	46575.0	37346
31975.5	-4.7	972.5	-9.9	592911.8	28682
31949.4	2.8	1716.9	23.8	38604.6	34782
31928.9	17.8	1137.6	-14.1	25035.7	15712
31856.0	-10.0	6434.0	415.5	83216.0	62600
31790.7	6.2	4597.2	13.9	43956.9	86030
31625.0	1.8	2970.5	39.1	40202.7	89831
31589.3	14.6	6642.5	8.6	760409.0	97629
31400.0	4.1	2162.0	34.2	48797.0	122000
31367.8	4.5	2291.9	-5.4	158506.8	33689

17-6 续表 8

排名 Rank		企业名称	Company Name	国家	Country
2018	2017				
401	406	法国航空－荷兰皇家航空集团	Air France-Klm Group	法国	France
402	431	首钢集团	Shougang Group	中国	China
403	413	康帕斯集团	Compass Group	英国	Britain
404	409	慧与公司	Hewlett Packard Enterprise	美国	U.S.
405	377	英国电信集团	Bt Group	英国	Britain
406	408	Inditex公司	Inditex	西班牙	Spain
407	419	法国威立雅环境集团	Veolia Environnement	法国	France
408	433	雅培公司	Abbott Laboratories	美国	U.S.
409	--	美光科技公司	Micron Technology	美国	U.S.
410	469	波兰国营石油公司	Pkn Orlen Group	波兰	Poland
411	424	施耐德电气	Schneider Electric	法国	France
412	417	菲尼克斯医药公司	Phoenix Pharma	德国	Germany
413	407	Travelers Cos.公司	Travelers Cos.	美国	U.S.
414	--	珠海格力电器股份有限公司	Gree Electrical Appliances	中国	China
415	412	Coop集团	Coop Group	瑞士	Switzerland
416	461	美国诺斯洛普格拉曼公司	Northrop Grumman	美国	U.S.
417	476	森科能源公司	Suncor Energy	加拿大	Canada
418	241	宏利金融	Manulife Financial	加拿大	Canada
419	396	美敦力公司	Medtronic	爱尔兰	Ireland
420	420	关西电力	Kansai Electric Power	日本	Japan
421	440	艾睿电子	Arrow Electronics	美国	U.S.
422	411	菲利普－莫里斯国际公司	Philip Morris International	美国	U.S.
423	435	KOC集团	Koç Holding	土耳其	Turkey
424	432	纬创集团	Wistron	中国	China
425	402	意大利联合信贷集团	Unicredit Group	意大利	Italy
426	421	三星人寿保险	Samsung Life Insurance	韩国	South Korea
427	446	SAP公司	Sap	德国	Germany
428	434	法国邮政	La Poste	法国	France
429	401	西北互助人寿保险公司	Northwestern Mutual	美国	U.S.
430	429	西班牙能源集团	Naturgy Energy Group	西班牙	Spain
431	415	Migros集团	Migros Group	瑞士	Switzerland
432	426	达能	Danone	法国	France
433	414	西太平洋银行	Westpac Banking	澳大利亚	Australia
434	471	KB金融集团	Kb Financial Group	韩国	South Korea
435	460	国际航空集团	International Airlines Group	英国	Britain
436	418	Medipal控股公司	Medipal Holdings	日本	Japan
437	425	住友电工	Sumitomo Electric Industries	日本	Japan
438	468	中国大唐集团公司	China Datang	中国	China
439	456	新疆广汇实业投资（集团）有限责任公司	Xinjiang Guanghui Industry Investmer	中国	China
440	384	斯巴鲁公司	Subaru	日本	Japan
441	--	安徽海螺集团	Anhui Conch Group	中国	China
442	--	华夏保险	Huaxia Life Insurance	中国	China
443	454	墨西哥国家电力公司	Cfe	墨西哥	Mexico
444	458	三星C&T公司	Samsung C&T	韩国	South Korea
445	441	德科集团	Adecco Group	瑞士	Switzerland
446	450	任仕达公司	Randstad	荷兰	Netherlands
447	444	拉法基豪瑞集团	Lafargeholcim	瑞士	Switzerland
448	499	海尔智家股份有限公司	Haier Smart Home	中国	China
449	400	国际资产控股公司	Intl Fcstone	美国	U.S.
450	449	英美资源集团	Anglo American	英国	Britain

continued

营业额 Revenues		利润额 Profits		资产额（百万美元）Assets (mil.USD)	雇员人数（人）Employees (person)
百万美元 (mil.USD)	比上年增长% % Change from 2017	百万美元 (mil.USD)	比上年增长% % Change from 2017		
31292.2	7.7	482.7	-	33212.2	81527
31103.8	13.2	84.2	9568.3	73067.1	108086
30878.8	8.1	1512.7	2.9	16443.5	595841
30852.0	6.9	1908.0	454.7	55493.0	60000
30743.0	-2.2	2833.1	5.2	60302.7	106700
30686.7	6.2	4042.3	5.3	24878.1	174386
30579.5	8.0	518.4	14.5	42968.6	170819
30578.0	11.6	2368.0	396.4	67173.0	103000
30391.0	49.5	14135.0	177.8	43376.0	36000
30389.9	20.3	1539.1	-12.7	17079.2	21282
30353.9	8.8	2754.5	13.7	48302.0	137534
30296.0	6.7	-174.5	-194.7	9599.5	29631
30282.0	4.8	2523.0	22.7	104233.0	30400
30239.4	36.2	3961.3	19.5	36592.7	88800
30235.4	5.7	483.7	-1.8	20665.7	77448
30095.0	16.6	3229.0	60.2	37653.0	85000
30081.4	21.3	2540.9	-26.0	65596.8	12480
30070.6	-33.1	3703.7	128.4	549407.6	34000
29953.0	0.8	3104.0	-22.9	91393.0	98003
29832.5	5.5	1037.9	-24.3	65576.6	32597
29676.8	10.7	716.2	78.2	17784.4	20100
29625.0	3.1	7911.0	31.1	39801.0	77400
29592.3	9.2	1143.8	-15.0	23570.7	92631
29509.5	7.4	162.8	27.5	11032.7	82955
29332.3	0.3	4593.7	-25.5	950368.8	86786
29305.8	3.7	1512.9	46.7	259413.5	5420
29159.6	10.3	4818.6	6.4	58854.2	96498
29149.0	7.3	941.8	-1.8	298904.8	233076
29124.0	-0.7	783.0	-23.0	272167.0	5870
29123.0	5.3	-3330.4	-317.2	46441.2	13945
29098.2	2.0	511.3	-2.5	67587.8	79913
29092.3	4.6	2772.2	0.3	50494.3	105783
29027.9	1.6	6151.5	1.1	636296.9	35029
29000.9	15.8	2782.5	-5.0	429854.2	27040
28803.2	11.2	3404.8	51.0	32042.9	64734
28698.5	1.1	309.9	-1.3	14619.2	15623
28662.9	3.0	1064.8	-2.0	27588.9	272796
28654.9	13.3	323.4	-5.4	108633.2	93800
28564.0	9.4	137.0	321.8	38415.2	82175
28505.4	-7.3	1333.1	-33.0	26951.5	34200
28499.0	144.1	1628.9	92.1	27967.9	55380
28492.8	87.4	398.8	-33.9	74401.5	500000
28457.1	9.0	2322.3	-59.3	84234.7	91369
28319.4	9.3	1556.9	175.1	38009.0	17274
28167.1	5.6	540.5	-39.1	11107.7	34000
28102.2	7.1	830.8	16.7	11359.1	38820
28088.8	5.8	1536.1	-	60579.5	77055
27713.6	17.6	1124.8	9.8	24280.1	87447
27622.7	-6.1	55.5	767.2	7824.7	1701
27610.0	5.2	3549.0	12.1	52196.0	64000

17-6 续表 9

排名 Rank		企业名称	Company Name	国家	Country
2018	2017				
451	465	中国太平保险集团有限责任公司	China Taiping Insurance Group	中国	China
452	439	曼福集团	Mapfre Group	西班牙	Spain
453	462	日本中部电力	Chubu Electric Power	日本	Japan
454	--	PBF 能源公司	Pbf Energy	美国	U.S.
455	410	国泰人寿保险股份有限公司	Cathay Life Insurance	中国	China
456	--	Financi è re de l'Odet公司	Financière De L'Odet	法国	France
457	448	澳新银行集团	Australia & New Zealand Banking Group	澳大利亚	Australia
458	443	东日本旅客铁道株式会社	East Japan Railway	日本	Japan
459	--	奥地利石油天然气集团	Omv Group	奥地利	Austria
460	467	雷神公司	Raytheon	美国	U.S.
461	--	铜陵有色金属集团	Tongling Nonferrous Metals Group	中国	China
462	495	潞安集团	Shanxi Luan Mining Group	中国	China
463	493	CJ集团	Cj Corp.	韩国	South Korea
464	497	大同煤矿集团有限责任公司	Datong Coal Mine Group	中国	China
465	--	山西焦煤集团有限责任公司	Shanxi Coking Coal Group	中国	China
466	457	诺基亚	Nokia	芬兰	Finland
467	475	喜力控股公司	Heineken Holding	荷兰	Netherlands
468	--	小米集团	Xiaomi	中国	China
469	494	山西阳泉煤业(集团)有限责任公司	Yangquan Coal Industry Group	中国	China
470	463	日本电气公司	Nec	日本	Japan
471	479	富邦金融控股股份有限公司	Fubon Financial Holding	中国	China
472	451	卡夫亨氏公司	Kraft Heinz	美国	U.S.
473	--	海亮集团有限公司	Hailiang Group	中国	China
474	466	伟创力	Flex	新加坡	Singapore
475	381	新兴际华集团	Xinxing Cathay International Group	中国	China
476	474	阿联酋航空集团	Emirates Group	阿拉伯联合酋长国	U.A.E
477	486	德国Ceconomy公司	Ceconomy	德国	Germany
478	478	米其林公司	Michelin	法国	France
479	485	澳大利亚国民银行	National Australia Bank	澳大利亚	Australia
480	459	亿滋国际	Mondelez International	美国	U.S.
481	480	阿迪达斯集团	Adidas	德国	Germany
482	481	山西晋城无烟煤矿业集团	Shanxi Jincheng Anthracite Coal Mining Group	中国	China
483	492	荷兰合作银行集团	Rabobank Group	荷兰	Netherlands
484	496	河南能源化工集团	Henan Energy & Chemical	中国	China
485	--	中国通用技术(集团)控股有限责任公司	China General Technology	中国	China
486	490	美国合众银行	U.S. Bancorp	美国	U.S.
487	473	梅西百货	Macy'S	美国	U.S.
488	487	FMX公司	Fomento Económico Mexicano	墨西哥	Mexico
489	--	Dollar General公司	Dollar General	美国	U.S.
490	--	LG化学公司	Lg Chem	韩国	South Korea
491	447	Onex公司	Onex	加拿大	Canada
492	--	台塑石化股份有限公司	Formosa Petrochemical	中国	China
493	--	赛峰集团	Safran	法国	France
494	472	Achmea公司	Achmea	荷兰	Netherlands
495	405	拉加什出口有限公司	Rajesh Exports	印度	India
496	--	纽柯	Nucor	美国	U.S.
497	--	蒙特利尔银行	Bank Of Montreal	加拿大	Canada
498	489	泰康保险集团	Taikang Insurance Group	中国	China
499	470	巴西Ultrapar控股公司	Ultrapar Holdings	巴西	Brazil
500	--	法国液化空气集团	Air Liquide	法国	France

continued

营业额 Revenues		利润额 Profits		资产额（百万美元）Assets (mil.USD)	雇员人数（人）Employees (person)
百万美元 (mil.USD)	比上年增长% % Change from 2017	百万美元 (mil.USD)	比上年增长% % Change from 2017		
27485.8	7.4	434.0	-3.4	96189.1	75341
27423.5	2.3	624.1	-21.0	76913.4	35390
27374.1	6.3	716.3	6.7	54102.5	30321
27186.1	24.8	128.3	-69.1	8005.4	3266
27183.4	-5.6	1001.5	-16.0	207944.9	38694
27172.7	31.5	144.1	-65.4	61194.7	81003
27147.9	3.3	4863.4	-0.3	681894.2	39924
27076.1	1.7	2662.6	2.1	75537.0	85718
27061.3	18.7	1789.1	195.0	42246.4	20231
27058.0	6.7	2909.0	43.7	31864.0	67000
26846.7	15.3	-70.2	-	12668.5	24848
26840.5	12.8	1.2	139.0	35084.4	100637
26835.7	12.8	250.9	-38.8	28439.1	64832
26697.6	12.7	-181.8	-372.0	49898.2	156268
26692.8	18.2	141.6	19.3	49288.0	199872
26628.1	2.1	-401.3	-	45167.9	103083
26608.1	7.2	1134.1	3.0	47955.7	85610
26443.5	55.9	2049.1	-	21152.7	16683
26290.1	10.5	-131.1	-	34909.5	129150
26277.0	2.4	362.5	-12.4	26661.6	110595
26276.5	6.4	1583.4	-11.0	251010.5	45174
26268.0	0.7	-10192.0	-193.2	103461.0	38000
26251.0	9.1	237.6	-11.5	8036.4	19510
26210.5	3.0	93.4	-78.2	13499.4	200000
26207.9	-15.7	103.6	-76.4	20671.3	52024
26147.7	5.3	237.1	-68.8	34687.8	60282
26129.4	6.9	-252.2	-120.8	9842.9	53954
25996.7	5.0	1979.1	3.3	33659.1	111117
25942.7	5.7	4220.6	4.9	583429.3	33283
25938.0	0.2	3381.0	15.7	62729.0	80000
25920.0	5.1	2008.6	62.4	17844.5	57016
25844.7	4.8	52.6	-8.2	40137.8	128795
25823.3	8.4	2235.2	31.4	674869.5	41861
25781.9	8.8	-133.3	-	39328.4	171334
25779.1	11.0	442.7	7.8	25230.8	34752
25775.0	7.4	7096.0	14.1	467374.0	75772
25739.0	3.6	1108.0	-28.4	19194.0	130000
25679.0	5.5	1247.3	-44.4	29270.3	297073
25625.0	9.2	1589.5	3.3	13204.0	135000
25617.3	12.7	1338.5	-22.2	25942.6	33694
25606.0	-2.6	-663.0	-127.7	45417.0	217000
25462.8	24.1	1993.4	-24.3	13201.8	5285
25191.9	24.4	1514.2	-72.0	46428.7	92639
25180.1	1.2	370.6	52.9	93515.7	13714
25142.6	-13.7	184.8	-5.9	4163.8	383
25067.3	23.8	2360.8	79.0	17920.6	26300
25002.7	16.5	4235.1	3.6	589481.4	45454
24931.7	3.6	1794.6	6.6	117398.3	57406
24816.0	-1.0	314.8	-36.2	7870.2	17034
24796.6	7.1	2494.2	0.6	47983.8	66000

主要统计指标解释

人类发展指数　是人类发展的一项综合指标，它测量了人类发展的三个方面的平均成就：寿命，教育程度以及体面的生活。人类发展指数是对这三个方面的指标标准化后的几何平均值。

期望受教育年限　是指在现有入学率保持不变的情况下适龄儿童预期获得的受教育年限。

平均受教育年限　是指25岁及以上人口已经获得的文化程度转换成理论教育年限的平均值。

KOF 全球化指数　包括经济，社会和政治三个方面的全球化，是 23 个具体指标标准化后的加权平均值。全球化被定义为突破国家的界限，融合国家的经济、文化、技术和管理，并产生相互依存的复杂关系的过程。经济全球化是指商品、资本和服务以及伴随着市场交流的信息与观念的长途流动；政治全球化是指政府政策的扩散；社会全球化是指思想、信息、图像和人的传播。

全球竞争力指数 4.0（GCI 4.0），通过测算一个国家的基础设施设置、政策及生产力水平决定因素等各方面情况来评价国家竞争力。全球竞争力的指标体系由三个层次构成：第一层次包括支撑环境、市场、人力资本以及创新生态系统四大板块；第二层次是 12 个竞争力“支柱”，包括制度、基础设施、信息通讯技术的应用、宏观经济的稳定性、医疗卫生、技能、产品市场、劳动力市场、金融制度、市场规模、商业活力和创新能力等；第三层次是具体指标。

幸福指数　是衡量一国幸福感的综合指标，由联合国可持续发展解决方案网络（SDSN）与哥伦比亚大学地球研究所自 2012 起开始计算和发布。幸福感调查以盖洛普全球民意调查为基础，通过人均 GDP、健康期望寿命、社会支持度、慷慨指数、自由度和贪污腐败程度六个方面作为评判基础和标准。幸福指数是对这六个方面的加权平均值，幸福指数在 0 和 10 之间，指数越大表明幸福程度越高，指数越小表明幸福程度越低。

全球创新指数（GII）　是通过对创新的制度与政策、人力资本与研究、基础设施、市场成熟度、企业成熟度、知识与技术产出以及创新产出等方面的综合评价来衡量一个国家的经济创新能力。

Explanatory Notes on Main Statistical Indicators

The Human Development Index (HDI) is a summary measure of human development. It measures the average achievements in a country in three basic dimensions of human development: a long and healthy life, access to knowledge and a decent standard of living. The HDI is the geometric mean of normalized indices measuring achievements in each dimension.

Expected years of schooling Number of years of schooling that a child of school entrance age can expect to receive if prevailing patterns of age-specific enrolment rates were to stay the same throughout the child's life.

Mean years of schooling Average number of years of education received by people ages 25 and older in their lifetime based on education attainment levels of the population converted into years of schooling based on theoretical durations of each level of education attended.

The KOF Index of Globalization covers the economic, social and political dimensions of globalization and is the weighted average value of standardized twenty-three indicators. Globalization is conceptualized as a process that erodes national boundaries, integrates national economies, cultures, technologies and governance and produces complex relations of mutual interdependence. economic globalization, characterized as long distance flows of goods, capital and services as well as information and perceptions that accompany market exchanges; political globalization, characterized by a diffusion of government policies; and social globalization, expressed as the spread of ideas, information, images and people

Global Competitiveness Index 4.0(GCI 4.0) assess national competitiveness by measuring a country's Infrastructure, policy, factors that determine productivity and other aspects. GCI system consists of three layers: The first level includes four plates of Enabling environment, Markets, Human capital and Innovation ecosystem; The second level is the competitiveness of 12 major "pillars", including Institutions; Infrastructure; ICT adoption; Macroeconomic stability; Health; Skills; Product market; Labour market; Financial system; Market size; Business dynamism; and Innovation capability; The third level is the specific indicators.

Happiness Index is a summary measure the degree of happiness of a country. It is designed and published by UN Sustainable Development Solutions Network (SDSN) and the Earth Institute at Columbia University from 2012. The Happiness survey is based on the Gallup World Pull through six factors as the foundation and standard. The six factors are GDP per capita, healthy years of life expectancy, social support, generosity, perceived freedom to make life decisions, corruption in government and business. The Happiness Index is the weighted average of the above six factors, it is between 0-10. The bigger data shows the higher level happiness, the smaller shows the lower level happiness.

Global Innovation Index(GII) evaluates a country's economic innovation ability based on measuring innovation institutions, human capital and research, infrastructure, market sophistication, business sophistication, knowledge and technology outputs, and creative outputs.

附　录

Appendix

附录1　主要国际组织及缩写

一、主要国际组织及其组成成员

经济合作与发展组织（经合组织，OECD），成员国有36个：澳大利亚、奥地利、比利时、加拿大、智利、捷克、丹麦、爱沙尼亚、芬兰、法国、德国、希腊、匈牙利、冰岛、爱尔兰、以色列、意大利、日本、韩国、拉脱维亚、立陶宛、卢森堡、墨西哥、荷兰、新西兰、挪威、波兰、葡萄牙、斯洛伐克、斯洛文尼亚、西班牙、瑞典、瑞士、土耳其、英国、美国。

欧洲联盟（欧盟，EU），成员国有28个：法国、德国、意大利、荷兰、比利时、卢森堡、丹麦、爱尔兰、英国、希腊、西班牙、葡萄牙、奥地利、芬兰、瑞典、塞浦路斯、捷克、爱沙尼亚、匈牙利、拉脱维亚、立陶宛、马耳他、波兰、斯洛伐克、斯洛文尼亚、保加利亚、罗马尼亚和克罗地亚。

欧洲货币联盟（欧元区，Euro Area），成员国有19个：德国、比利时、奥地利、荷兰、法国、意大利、西班牙、葡萄牙、卢森堡、爱尔兰、芬兰、希腊、斯洛文尼亚、塞浦路斯、马耳他、斯洛伐克、爱沙尼亚、拉脱维亚和立陶宛。

东南亚国家联盟（东盟，ASEAN），成员国有10个：菲律宾、马来西亚、泰国、新加坡、印度尼西亚、文莱（1984年）、越南（1995年）、缅甸（1997年）、老挝（1997年）和柬埔寨（1999年）。

北美自由贸易区（NAFTA）：成立于1994年1月1日，成员国有3个，加拿大、墨西哥和美国。

西方七国（G7）：包括美国、日本、英国、德国、法国、意大利和加拿大。

二、主要国家(地区)分类

按收入分组国家：按照世界银行2018年分组标准，高收入国家指按图表集法计算的人均国民总收入12376美元及以上的国家，中等偏上收入国家指人均国民总收入3996美元至12375美元的国家，中等偏下收入国家指人均国民总收入1026美元至3995美元的国家，低收入国家指人均国民总收入1025美元及以下的国家。

发达国家或地区与发展中国家或地区：联合国统计司对“发达国家或地区”及“发展中国家或地区”没有一个明确的划分标准。通常是把亚洲的日本、塞浦路斯和以色列，北美的加拿大、美国、百慕大、格陵兰、圣皮埃尔和密克隆，大洋洲的澳大利亚、新西兰、赫德岛和麦克唐纳岛、诺福克岛、科科斯（基林）群岛、圣诞岛，欧洲，都列入发达国家或地区。国际货币基金组织指出“发达经济体”包括39个国家或地区，他们是：澳大利亚、奥地利、比利时、加拿大、塞浦路斯、捷克、丹麦、爱沙尼亚、芬兰、法国、德国、希腊、中国香港、冰岛、爱尔兰、以色列、意大利、日本、韩国、拉脱维亚、立陶宛、卢森堡、中国澳门、马耳他、荷兰、新西兰、挪威、葡萄牙、波多黎各、圣马力诺、新加坡、斯洛伐克、斯洛文尼亚、西班牙、瑞典、瑞士、中国台湾、英国及美国。其他为新兴市场及发展中经济体。

三、本年鉴中使用的缩写及含义如下：

sq.km（square kilometer）＝平方公里

ha（hectare）＝公顷

kwh（kilowatt-hour）＝千瓦时

g（gram）＝克

kg（kilogram）＝千克

TJ（terojoule）＝10^{12}焦耳

TCE（ton of standard coal equivalent）＝吨标准煤当量

TOE（ton of standard oil equivalent）＝吨标准油当量

UNSD（Statistics Division of the United Nations）＝联合国统计司

IMF（International Monetary Fund）＝国际货币基金组织

FAO（Food and Agriculture Organization of the United Nations）＝联合国粮食及农业组织

UNCTAD（United Nations Conference on Trade and Development）＝联合国贸易和发展会议

UNDP（United Nations Development Program）＝联合国开发计划署

ILO（International Labor Organization）＝国际劳工组织

WHO（World Health Organization）＝世界卫生组织

Appendix1 International Organizations and Abbreviations

I.Some international organizations and the members included are as following,

Organization for Economic Co-operation and Development (OECD), has 36 members, i.e., Australia, Austria, Belgium, Canada, Chile, Czech Republic, Denmark, Estonia, Finland, France, Germany, Greece, Hungary, Iceland, Ireland, Israel, Italy, Japan, Korea, Latvia, Lithuania, Luxembourg, Mexico, Netherlands, New Zealand, Norway, Poland, Portugal, Slovak Republic, Slovenia, Spain, Sweden, Switzerland, Turkey, United Kingdom, United States.

European Union (EU), it expanded to 28 members, i.e., France, Germany, Italy, Netherlands, Belgium, Luxembourg, Denmark, Ireland, United Kingdom, Greece, Spain, Portugal, Austria, Finland, Sweden, Cyprus, the Czech Republic, Estonia, Hungary, Latvia, Lithuania, Malta, Poland, Slovakia , Slovenia, Bulgaria, Romania and Croatia.

European Monetary Union (Euro Area), it has 19 members and member countries are Germany, Belgium, Austria, Netherlands, France, Italy, Spain, Portugal, Luxembourg, Ireland, Finland, Greece, Slovenia, Cyprus, Malta, Slovak, Estonia, Latvia and Lithuania.

Association of South East Asian Countries (ASEAN), it has 10 members, i.e., the Philippines, Malaysia, Thailand, Singapore, Indonesia, Brunei Darussalam (1984), Viet Nam (1995), Myanmar (1997), Lao People's Democratic Republic (1997) and Cambodia (1999).

North American Free Trade Area(NAFTA), was founded on January 1, 1994, with members unchanged hitherto, i.e., Canada, Mexico and the United States.

Group 7, includes the United States, Japan, the United Kingdom, Germany, France, Italy and Canada.

II. Countries (territory) groups and their meanings are as following,

Countries by Income Group According to the criteria by the World Bank, countries and territories (referred to as economies) are classified into high income (higher than $12376), higher middle income (between $3996 and $12375), lower middle income (between $1026 and $3995) and low income ($1025 and below) groups by their per capita GNI (calculated by Atlas method)in the year 2018.

Developed and Developing Countries or Areas There is no established convention for the designation of "developed" and "developing" countries or areas in the United Nations system. In common practice, Japan, Cyprus, Israelin Asia, Canada, the United States, Bermuda, Greenland, Saint Pierre and Miquelon in northern America, Australia, New Zealand, Heard Island and McDonald Islands, Norfolk Island, Cocos (Keeling) Islands, Christmas Island in Oceania, and Europe are considered "developed" regions or areas. Advanced economies in International Monetary Fund (IMF) are composed of 39 countries: Australia, Austria, Belgium, Canada, Cyprus, Czech Republic, Denmark, Estonia, Finland, France, Germany, Greece, Hong Kong SAR, Iceland, Ireland, Israel, Italy, Japan, Korea, Latvia, Lithuania, Luxembourg, Macao SAR, Malta, Netherlands, New Zealand, Norway, Portugal, Puerto Rico, San Marino, Singapore, Slovak Republic, Slovenia, Spain, Sweden, Switzerland, Taiwan Province of China, United Kingdom, and United States. Others are emerging market and developing economies.

III. The abbreviations used in this book and their meanings are as following,

Sq.km=square kilometer
ha = hectare
kwh = kilowatt-hour
g = gram
kg = kilogram
TJ = terojoule (10^{12} joule)
TCE = ton of standard coal equivalent
TOE = ton of standard oil equivalent
UNSD = Statistics Division of the United Nations
IMF = International Monetary Funds
FAO = Food and Agriculture Organization of the United Nations
UNCTAD = United Nations Conference on Trade and Development
UNDP = United Nations Development Program
ILO = International Labor Organization
WHO = World Health Organization